쏘나쌤의 소방학개론 OX+빈칸노트

CONTENTS 차례

PART 01 | 빈칸노트

CHAPTER 01 기초이론
제1장 주기율표 ··· 6
제2장 원자 및 분자 ·································· 7
제3장 화학결합 및 화학반응식 ············· 8
제4장 물질의 상태변화 ··························· 9
제5장 이상기체에 관한 법칙 ················· 12

CHAPTER 02 연소이론
제1장 연소의 정의 및 연소반응식 ········· 13
제2장 연소의 종류 ···································· 15
제3장 연소의 필수요소 ··························· 20
제4장 연소의 조건 ···································· 28
제5장 연소생성물 ······································ 31
제6장 폭발 ··· 39

CHAPTER 03 화재이론
제1장 화재의 개요 및 분류 ····················· 45
제2장 실내건축물의 구획실 화재 ········· 51
제3장 목조건축물과 내화건축물의 화재 ······· 56
제4장 화재의 용어 ···································· 59
제5장 소방의 화재조사에 관한 법률 ····· 61
제6장 화재조사 및 보고규정 ·················· 68

CHAPTER 04 소화이론
제1장 소화방법 ··· 75
제2장 소화약제의 개요 ··························· 77
제3장 수계 소화약제 ······························· 78
제4장 비수계(가스계) 소화약제 ············ 84

CHAPTER 05 건축방재 및 피난
제1장 내장재료 ··· 92
제2장 건축물의 구조 ······························· 94
제3장 방화구획, 방화벽, 방화문 ············ 95
제4장 기타 건축용어 ······························· 96
제5장 건축물의 방재계획 ······················· 97
제6장 건축물의 피난계획 ······················· 99

CHAPTER 06 위험물 및 특수가연물
제1장 위험물의 종류 및 특성 ················ 101
제2장 위험물안전관리법 ························· 112
제3장 특수가연물 ······································ 120

CHAPTER 07 소방시설
제1장 소방시설의 분류 ··························· 122
제2장 소화설비 ··· 124
제3장 경보설비 ··· 150
제4장 피난구조설비 ································· 160
제5장 소화용수설비 ································· 166
제6장 소화활동설비 ································· 168

CHAPTER 08 소방행정 및 조직

제1장 소방의 개념 ················· 173
제2장 우리나라 소방의 시대별 발전과정 ············· 175
제3장 소방행정체제 ················· 180
제4장 소방조직관리의 기초이론 ············· 187
제5장 소방자원관리 ················· 189

CHAPTER 09 소방기능

제1장 소방활동 ················· 195
제2장 화재의 예방 및 경계 ············· 200
제3장 화재진압 및 소방전술 ············· 203
제4장 화재조사의 기초이론 ············· 205
제5장 구조·구급의 행정관리 ············· 206
제6장 구조·구급 활동 ············· 210
제7장 응급의료(「응급의료에 관한 법률」) ············· 211

CHAPTER 10 재난관리론

제1장 재난 ················· 216
제2장 재난 및 안전관리 기본법 ············· 220

PART 02 | OX 문제

CHAPTER 01 기초이론 260
CHAPTER 02 연소이론 267
CHAPTER 03 화재이론 301
CHAPTER 04 소화이론 325
CHAPTER 05 건축방재 및 피난 344
CHAPTER 06 위험물 및 특수가연물 354
CHAPTER 07 소방시설 376
CHAPTER 08 소방행정 및 조직 411
CHAPTER 09 소방기능 429
CHAPTER 10 재난관리론 442

PART 01

빈칸노트

CHAPTER 01 기초이론

제1장 주기율표

✎ 기본서 p.15

1. 주기율표
① [①] : 전자껍질 가장 바깥쪽 전자(최외각 전자)의 수
② [②] : 전자껍질의 수

2. 주기율표와 소방
1) [③]
   ① 종류 : 리튬(Li), [④], [④] 등
   ② 대체로 은백색이고, 상대적으로 다른 금속들에 비해서 매우 [⑤ 단단하다. / 무르다.]
   ③ 반응성이 매우 [⑥ 강해서 / 약해서] 공기 중의 산소와 반응하여 산화물을 형성하고 그 과정에서 금속의 광택을 잃는다.

2) [⑦]
   ① 종류 : 베릴륨(Be), [⑧], [⑧] 등
   ② 이온이 되면 주로 [⑨ 1가 양이온 / 2가 양이온]이 되는 성질을 가진다.
   ③ 알칼리금속보다 화학적 활성은 [⑩ 약한 / 강한] 편이다.

3) [⑪] 원소
   ① 종류 : 불소(= 플루오르, F), [⑫], [⑫], [⑫] 등
   ② 전자 1개를 얻어 [⑬ 1가 양이온 / 1가 음이온]이 형성하려는 경향이 크다.
   ③ 반응성이 [⑭ 작기 / 크기] 때문에 다른 원소와 화합물의 상태로 존재한다.

4) [⑮] 기체
   ① 종류 : 헬륨(He), [⑯], [⑯], 크립톤(Kr), 크세논(Xe), 라돈(Rn) 등
   ② 헬륨을 제외하고는 모든 원자의 최외각전자수가 8개이므로 [⑰ 불안정적 / 안정적]이다.
   ③ 반응성이 아주 [⑱ 낮으며 / 높으며] 쉽게 화합물을 만들지 않는다.

제2장 원자 및 분자

📝 기본서 p.17

1. 원자

1) 구조
   ① (+)전하의 [⑲]을 중심으로 그 주위를 (-)전하의 [⑳]가 둘러싸고 있는 형태이다.
   ② 양성자의 수와 전자의 수가 동일하므로 전기적으로 중성상태이다.

2) 원자의 표현방법

구분	의미	구분	의미	원자의 표시방법
㉮	[㉑]	㉰	[㉓]	㉮X㉰
㉯	[㉒]	㉱	[㉔]	㉯ ㉱

3) 원자량
   ① 질량수가 12인 탄소원자(C)를 기준으로 다른 원자의 질량을 상대적으로 나타낸 것
   ② 필수 원자량

원소	원자량	원소	원자량
수소(H)	[㉕]	질소(N)	[㉗]
탄소(C)	[㉖]	산소(O)	[㉘]

2. 분자

1) 정의 : 물질의 [㉙]을 갖는 가장 작은 입자

2) 분자량
   ① 분자를 구성하는 모든 원자량의 합계
   ② 필수 분자량

분자	분자량	분자	분자량
물(H_2O)	[㉚]	암모니아(NH_3)	[㉝]
일산화탄소(CO)	[㉛]	메탄(CH_4)	[㉞]
이산화탄소(CO_2)	[㉜]		

🔔 **정답**

① 족 ② 주기 ③ 알칼리금속 ④ 나트륨, 칼륨 ⑤ 무르다 ⑥ 강해서 ⑦ 알칼리토금속 ⑧ 마그네슘, 칼슘 ⑨ 2가 양이온 ⑩ 약한
⑪ 할로겐 ⑫ 염소, 브롬(브로민), 요오드(아이오딘) ⑬ 1가 음이온 ⑭ 크기 ⑮ 불활성(비활성) ⑯ 네온, 아르곤 ⑰ 안정적 ⑱ 낮으며
⑲ 원자핵 ⑳ 전자 ㉑ 질량수 ㉒ 원자번호 ㉓ 이온상태 ㉔ 원자의 개수 ㉕ 1 ㉖ 12 ㉗ 14 ㉘ 16
㉙ 성질 ㉚ 18 ㉛ 28 ㉜ 44 ㉝ 17 ㉞ 16

제3장 화학결합 및 화학반응식

📝 기본서 p.19

1. 화학결합
1) 분자 내 결합
   ① [① 금속 / 공유 / 이온]결합 : 금속 (+)양이온과 비금속 (−)음이온 사이의 정전기적 인력에 의해 작용하는 화학 결합
   ② [② 금속 / 공유 / 이온]결합 : 금속 (+)이온과 자유전자의 결합
   ③ [③ 금속 / 공유 / 이온]결합 : 비금속원소와 비금속원소가 서로 전자를 내놓아 전자를 공유하며 결합
2) 분자 간 결합
   ① 수소결합 : [④], [④], [④] 등 전기음성도가 강한 2개의 원자 사이에 [⑤]가 들어감으로써 생기는 강한 분자 간의 인력

2. 화학반응식 이해하기

화학반응식	CH_4	+	$2O_2$	→	CO_2	+	$2H_2O$
[⑥]	1	:	2	:	1	:	2
[⑦]	1	:	2	:	1	:	2
[⑧]	1	:	2	:	1	:	2
[⑨]	16	:	2×32	:	44	:	2×18

3. 화학반응식 관련 법칙
1) [⑩ 배수비례 / 질량보존 / 일정성분비]의 법칙 : 반응 전 물질의 전체 질량과 반응 후 물질의 전체 질량은 항상 같다.
2) [⑪ 배수비례 / 질량보존 / 일정성분비]의 법칙 : 두 물질이 결합하여 화합물을 만들 때 반응하는 두 물질 사이의 질량 사이에는 일정한 비가 성립한다.
3) [⑫ 배수비례 / 질량보존 / 일정성분비]의 법칙 : 두 가지의 원소 A와 B가 화합하여 두 가지 이상의 화합물을 만들 때 A의 일정량과 화합하는 B의 질량 사이에는 간단한 정수비가 성립한다.

제4장 물질의 상태변화

기본서 p.22

1. 물질의 상태와 성질

구분	고체	액체	기체
분자배열	[⑬ 매우 불규칙 / 불규칙 / 규칙]	[⑭ 매우 불규칙 / 불규칙 / 규칙]	[⑮ 매우 불규칙 / 불규칙 / 규칙]
분자 간 거리	[⑯ 가깝다. / 멀다.]	중간	[⑰ 가깝다. / 멀다.]
분자 간 인력	[⑱ 약하다. / 강하다.]	중간	[⑲ 약하다. / 강하다.]
분자 운동	[⑳ 진동운동 / 비교적 활발 / 매우 활발]	[㉑ 진동운동 / 비교적 활발 / 매우 활발]	[㉒ 진동운동 / 비교적 활발 / 매우 활발]
에너지	[㉓ 적다. / 많다.]	중간	[㉔ 적다. / 많다.]

2. 물리적 변화와 화학적 변화

구분	물리적 변화	화학적 변화
정의	물질의 모양, 크기, 상태는 바뀌지만 원래의 [㉕]은 바뀌지 않은 것	물질의 모양, 크기뿐만 아니라 [㉕]까지 바뀌는 것
변화하지 않는 것	[㉖]의 종류, 개수	[㉖]의 종류, 개수
변화하는 것	[㉗]의 배열	[㉘]의 종류, [㉙]의 배열
예시	[㉚ 철이 녹스는 과정 / 얼음이 녹는 과정]	[㉛ 철이 녹스는 과정 / 얼음이 녹는 과정]

3. 물질의 상태변화

구분	변화과정	상태변화 명칭	구분	변화과정	상태변화 명칭
열 흡수 (가열)	고체 → 액체	[㉜]	열 방출 (냉각)	기체 → 고체	[㉟]
	액체 → 기체	[㉝]		기체 → 액체	[㊱]
	고체 → 기체	[㉞]		액체 → 고체	[㊲]

정답

① 이온 ② 금속 ③ 공유 ④ 불소, 산소, 질소 ⑤ 수소 ⑥ 계수비 ⑦ 부피비 ⑧ 분자수비 ⑨ 질량비 ⑩ 질량보존 ⑪ 일정성분비 ⑫ 배수비례
⑬ 규칙 ⑭ 불규칙 ⑮ 매우 불규칙 ⑯ 가깝다. ⑰ 멀다. ⑱ 강하다. ⑲ 약하다. ⑳ 진동운동 ㉑ 비교적 활발 ㉒ 매우 활발
㉓ 적다. ㉔ 많다. ㉕ 성질, 성질 ㉖ 원자, 원자 ㉗ 분자 ㉘ 분자 ㉙ 원자 ㉚ 얼음이 녹는 과정 ㉛ 철이 녹스는 과정 ㉜ 융해
㉝ 기화 ㉞ 승화 ㉟ 승화 ㊱ 액화 ㊲ 응고

4. 현열과 잠열

1) 현열(= 감열)

   ① 정의 : 전달된 에너지가 물질의 [① 온도 / 상태]변화 없이 [② 온도 / 상태]변화에만 사용되는 열

   ② 산정식

   > [③]
   > 여기서, Q : 현열[kcal], c : 비열[kcal/kg·℃], m : 질량[kg], ΔT : 온도변화[℃]

   ③ [④] : 어떤 물질 1kg을 온도 1℃ 높이는데 필요한 열량[kcal]

2) 잠열(= 숨은열)

   ① 정의 : 얼음이 녹거나 물이 증발하는 것과 같이 물질의 [⑤ 온도 / 상태]변화 없이 [⑥ 온도 / 상태]변화에만 사용되는 열

   ② 산정식

   > [⑦]
   > 여기서, Q : 잠열[kcal], r : 융해열, 기화열[kcal/kg], m : 질량[kg]

   ③ [⑧] (= [⑧]) : 물질 1kg당 고체에서 액체로 상태변화 하는데 흡수하는 열량 (물 : [⑨]kcal/kg)

   ④ [⑩] (= [⑩]) : 물질 1kg당 액체에서 기체로 상태변화 하는데 흡수하는 열량 (물 : [⑪]kcal/kg)

5. 얼음의 가열곡선

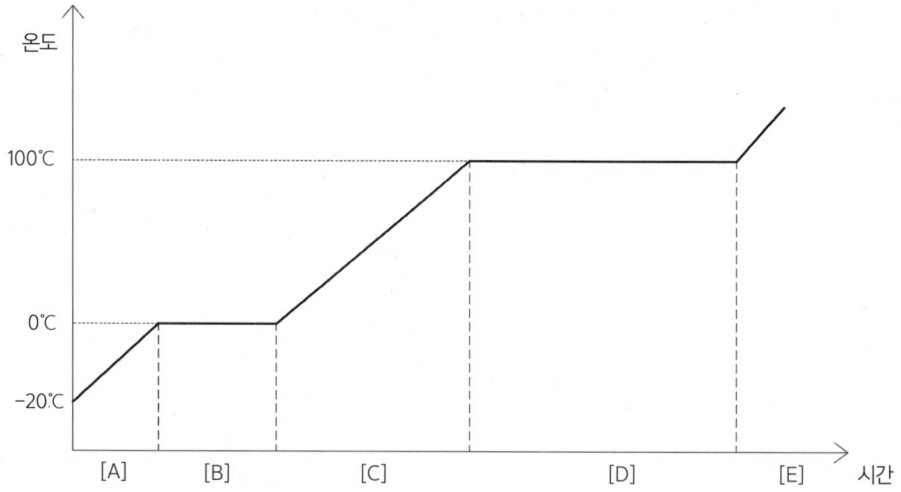

1) 각 구간 및 각 지점의 의미
   ① 현열구간 : [⑫ A / B / C / D / E] 구간
   ② 잠열구간 : [⑬ A / B / C / D / E] 구간
   ③ 0[℃] : [⑭] 또는 [⑭]
   ④ 100[℃] : [⑮]

2) 각 구간의 비교정리
   ① A구간의 기울기가 C구간의 기울기보다 가파른 이유 : 얼음의 비열이 물의 비열보다 [⑯ 작기 / 크기] 때문이다.
   ② B구간의 길이보다 D구간의 길이가 긴 이유 : 얼음의 융해열보다 물의 기화열이 [⑰ 작기 / 크기] 때문이다.

참고 온도의 단위

1 상대온도
① 섭씨온도(℃)
  - 정의 : 물의 어는점과 끓는점을 [⑱]등분 한 것
  - 산정식(℉ → ℃) : [⑲]
② 화씨온도(℉)
  - 정의 : 물의 어는점과 끓는점을 [⑳]등분 한 것
  - 산정식(℃ → ℉) : [㉑]

2 절대온도
① 켈빈온도(K)
  - 정의 : 국제표준으로 사용하는 온도의 단위
  - 산정식(℃ → K) : K = ℃ + [㉒]
② 랭킨온도(R)
  - 정의 : 절대온도를 화씨 단위계에 맞춘 단위
  - 산정식(℉ → R) : R = ℉ + [㉓]

6. 발열반응과 흡열반응

구분	발열반응	흡열반응
정의	화학반응이 일어날 때 열을 [㉔ 흡수 / 방출]하는 반응	화학반응이 일어날 때 열을 [㉕ 흡수 / 방출]하는 반응
반응과정	반응물 → 생성물 + 열량(Q)	반응물 + 열량(Q) → 생성물
에너지	반응물질의 에너지 [㉖ > / <] 생성물질의 에너지	반응물질의 에너지 [㉗ > / <] 생성물질의 에너지
예시	[㉘ 소화과정 / 연소과정]	[㉙ 소화과정 / 연소과정]

정답

① 상태 ② 온도 ③ $Q=cm\Delta T$ ④ 비열 ⑤ 온도 ⑥ 상태 ⑦ $Q=r \cdot m$ ⑧ 융해열, 융용잠열 ⑨ 80 ⑩ 기화열, 증발잠열
⑪ 539 ⑫ A, C, E ⑬ B, D ⑭ 녹는점(융점), 어는점(빙점) ⑮ 끓는점(비점) ⑯ 작기 ⑰ 크기 ⑱ 100
⑲ $℃ = \frac{5}{9}(℉-32)$ ⑳ 180 ㉑ $℉ = \frac{9}{5}℃+32$ ㉒ 273 ㉓ 460 ㉔ 방출 ㉕ 흡수 ㉖ > ㉗ < ㉘ 연소과정 ㉙ 소화과정

제5장 이상기체에 관한 법칙

1. 보일의 법칙
① 식 : [①]
② 일정한 [②]에서 기체의 부피는 압력에 [③ 비례 / 반비례]한다.

2. 샤를의 법칙
① 식 : [④]
② 일정한 [⑤]에서 기체의 부피는 절대온도에 [⑥ 비례 / 반비례]한다.

3. 보일-샤를의 법칙
① 식 : [⑦]
② 기체의 부피는 압력에 [⑧ 비례 / 반비례]하고 절대온도에 [⑨ 비례 / 반비례]한다.

4. 아보가드로의 법칙
① 일정한 [⑩]와 [⑩]에서 기체의 부피는 몰수(분자수)에 [⑪ 비례 / 반비례]한다.
② 0℃, 1기압에서 물질의 종류와 관계없이 [⑫]L 속에 분자는 [⑬]개가 존재한다.

5. 이상기체상태방정식

[⑭]
여기서, P : 절대압력[atm], V : 부피[L], W : 질량[g], M : 분자량[g/mol],
n : 몰수$\left(=\dfrac{질량}{분자량}\right)$[mol], R : 기체상수(0.082atm·L/mol·K), T : 절대온도[K]

정답
① $P_1V_1 = P_2V_2$ ② 온도 ③ 반비례 ④ $\dfrac{V_1}{T_1} = \dfrac{V_2}{T_2}$ ⑤ 압력 ⑥ 비례 ⑦ $\dfrac{P_1V_1}{T_1} = \dfrac{P_2V_2}{T_2}$ ⑧ 반비례 ⑨ 비례 ⑩ 온도, 압력
⑪ 비례 ⑫ 22.4 ⑬ 6.02×10^{23} ⑭ $PV = \dfrac{W}{M}RT = nRT$

CHAPTER 02 연소이론

제1장 연소의 정의 및 연소반응식

기본서 p.33

1. 연소(Combustion)

1) 정의
   ① 가연물이 공기 중의 산소와 화합하여 빛과 열을 수반하는 급격한 [①], [①]반응을 말한다.
   ② 연소반응은 열생성률(Heat production rate)이 외부로의 열손실률(Heat loss rate)보다 [② 작은 조건 / 큰 조건]에서 지속된다.
   ③ [③ 물리적 / 화학적] 변화의 대표적인 예시이다.

📖 참고 **산화, 환원**

구분	산소	수소	전자	산화수
산화	[④ 얻음 / 잃음]	[④ 얻음 / 잃음]	[④ 얻음 / 잃음]	[④ 증가 / 감소]
환원	[⑤ 얻음 / 잃음]	[⑤ 얻음 / 잃음]	[⑤ 얻음 / 잃음]	[⑤ 증가 / 감소]

① [⑥] (= [⑥] 물질)
  : 자신은 환원되고 다른 물질을 산화시키는 물질
② [⑦] (= [⑦] 물질)
  : 자신은 산화되고 다른 물질을 환원시키는 물질
→ 산화반응과 환원반응은 [⑧ 각각 / 동시에] 일어난다.

2) 성립조건
   ① 철이 녹스는 현상은 철이 산소와 결합하는 산화반응이지만, [⑨]과 [⑨]을 수반하지 않고 반응이 [⑨ 서서히 / 급격하게] 발생하지 않기 때문에 연소반응으로 보지 않는다.
   ② 질소(N_2)와 산소(O_2)가 산화반응을 하여 일산화질소(NO)를 생성하는 것은 [⑩ 산화 / 환원]반응이지만 [⑩ 흡열 / 발열]반응을 하므로 연소반응으로 보지 않는다.

🏠 **정답**
① 산화, 발열 ② 큰 조건 ③ 화학적 ④ 얻음, 잃음, 잃음, 증가 ⑤ 잃음, 얻음, 얻음, 감소 ⑥ 산화제, 산화성 ⑦ 환원제, 환원성 ⑧ 동시에
⑨ 빛, 고열, 급격하게 ⑩ 산화, 흡열

2. 연소의 3요소 및 4요소

1) 연소의 3요소
   ① 연소가 일어나기 위해서 갖춰져야 하는 요소
   ② [①], [①], [①]

2) 연소의 4요소
   ① 연소가 일어나기 위해서 갖춰져야 하는 요소에 [②]이 연속적으로 지속되기 위한 요소가 더해진 것
   ② [③], [③], [③], [③]

3. 탄화수소(C_mH_n)

1) 완전연소반응식

   탄화수소(C_mH_n)로 이루어진 가연물이 완전연소하면 [④]와 [⑤]가 생성된다.

2) 필수 (완전) 연소반응식

구분	(완전)연소반응식
메테인	CH_4 + [⑥]O_2 → [⑥]CO_2 + [⑥]H_2O
에테인	C_2H_6 + [⑦]O_2 → [⑦]CO_2 + [⑦]H_2O
프로페인	C_3H_8 + [⑧]O_2 → [⑧]CO_2 + [⑧]H_2O
뷰테인	C_4H_{10} + [⑨]O_2 → [⑨]CO_2 + [⑨]H_2O
메틸알코올	CH_3OH + [⑩]O_2 → [⑩]CO_2 + [⑩]H_2O
에틸알코올	C_2H_5OH + [⑪]O_2 → [⑪]CO_2 + [⑪]H_2O
프로필알코올	C_3H_7OH + [⑫]O_2 → [⑫]CO_2 + [⑫]H_2O
부틸알코올	C_4H_9OH + [⑬]O_2 → [⑬]CO_2 + [⑬]H_2O
아세틸렌	C_2H_2 + [⑭]O_2 → [⑭]CO_2 + [⑭]H_2O

3) 기타 연소반응식

구분	(완전)연소반응식
나트륨	[⑮]Na + [⑮]O_2 → [⑮]Na_2O (산화나트륨)
마그네슘	[⑯]Mg + [⑯]O_2 → [⑯]MgO (산화마그네슘)
황	[⑰]S + [⑰]O_2 → [⑰]SO_2 (이산화황)
알루미늄	[⑱]Al + [⑱]O_2 → [⑱]Al_2O_3 (산화알루미늄)

제2장 연소의 종류

📖 기본서 p.39

1. 완전연소와 불완전연소

1) 완전연소
   ① [⑲]의 공급이 충분한 상태에서 이루어지는 연소이다.
   ② 탄화수소계 가연물이 완전연소를 하는 경우 [⑳]와 [㉑]가 생성된다.
   ③ 가연물이 완전연소하기 위해서는 이론적 공기량보다 [㉒ 적은 / 많은] 실제 공량이 요구된다.
   ④ 완전연소는 불완전연소에 비해 연소온도가 [㉓ 낮다. / 높다.]

2) 불완전연소
   ① 완전연소가 되지 못할 때 황염이나 그을음, 일산화탄소(CO), 유리탄소 등이 생기는 연소이다.
   ② 불완전연소가 발생하는 원인
      ㉠ 공급되는 공기의 양이 [㉔ 과다 / 부족]할 경우
      ㉡ 연소생성물의 배기가 [㉕ 원활 / 불량]할 경우
      ㉢ 공급되는 가연물질의 양이 [㉖ 많을 / 적을] 경우
      ㉣ 불꽃이 [㉗ 저온 / 고온]의 물체와 접촉하여 온도가 [㉗ 내려갈 / 올라갈] 경우

> 📘 **참고** 밀도, 증기밀도, 비중, 증기비중
>
> 1. 밀도 = 물질의 단위[㉘]당 [㉘]
> 2. 증기밀도 = 0℃, 1기압에서 1몰이 차지하는 부피([㉙][L])당 증기의 분자량
> 3. 비중 = 4℃ [㉚]을 기준(1g/mL)으로 다른 물질의 밀도에 대한 상대적인 비를 나타낸 것
> 4. 증기비중 = 0℃, 1기압에서 [㉛]의 분자량(29)을 기준으로 다른 물질의 분자량을 나타낸 것

🏠 정답
① 가연물, 산소공급원, 점화원 ② 불꽃 ③ 가연물, 산소공급원, 점화원, 순조로운 연쇄반응 ④ 이산화탄소(CO_2) ⑤ 수증기(H_2O) ⑥ 2, 1, 2 ⑦ 3.5, 2, 3 ⑧ 5, 3, 4 ⑨ 6.5, 4, 5 ⑩ 1.5, 1, 2 ⑪ 3, 2, 3 ⑫ 4.5, 3, 4 ⑬ 6, 4, 5 ⑭ 2.5, 2, 1 ⑮ 4, 1, 2 ⑯ 1, 0.5, 1(2, 1, 2) ⑰ 1, 1, 1 ⑱ 4, 3, 2 ⑲ 산소 ⑳ 이산화탄소(CO_2) ㉑ 수증기(H_2O) ㉒ 많은 ㉓ 높다. ㉔ 부족 ㉕ 불량 ㉖ 많을 ㉗ 저온, 내려갈 ㉘ 부피, 질량 ㉙ 22.4 ㉚ 물 ㉛ 공기

2. 가연물의 성상에 따른 구분

1) 고체연소

구분		내용
표면연소 =직접연소	특징	① [①]이 없는 연소로서 표면에서 산소와 반응하여 연소 ② [②] 및 [②]을 하지 않는 연소 ③ 고체의 연소 중 가장 [③ 적은 / 많은] 연소 ④ [④] 없이 연소의 3요소로 연소
	예시	[⑤], [⑤], [⑤], [⑤] 등
분해연소	특징	① 열분해에 의해 생성된 가연성 가스가 공기와 혼합하여 연소 ② 온도가 [⑥ 낮을수록 / 높을수록] 분해속도가 빨라진다.
	예시	목재, 석탄, 플라스틱, 종이, 섬유, 고무류 등
증발연소	특징	① 열분해 없이 직접 유증기 등이 증발하여 연소([⑦] 고체) ② 열에 의해 녹아 액체상태를 거쳐 증발하여 연소([⑧] 고체)
	예시	[⑨] 고체 : 황, 나프탈렌, 요오드 등 [⑩] 고체 : 파라핀(양초), 왁스, 유지 등
자기연소 =내부연소	특징	① 내부에 [⑪]를 함유하고 있는 물질의 연소 ② 별도의 [⑪] 공급 없이 연소
	예시	[⑫] 위험물

2) 액체연소

구분		내용
분해연소	특징	① 분자량, 비중 및 점도가 [⑬ 작은 / 큰] 액체가연물의 열분해에 의해 생성된 가연성 가스가 공기와 혼합하여 연소 ② 열분해를 하여 탄소수가 적은 분자로 나누어지면서 증기가 되어 연소
	예시	[⑭], [⑭], 글리세린, 3석유류, 4석유류, 동식물유류 등
분무연소 =액적연소	특징	① 휘발성이 [⑮ 낮은 · 높은] 액체연료를 분무(안개, mist)상태로 만들어 증발 표면적을 [⑯ 감소 / 증가]시켜 연소 ② [⑰] 이하에서도 연소하는 현상 ③ [⑱]으로 가장 많이 사용하는 것
	예시	보일러의 오일연소, [⑲ 가솔린 / 디젤]엔진 등
증발연소	특징	① 열분해 없이 액체 표면에서 직접 유증기 등이 증발하여 가연성 증기가 연소 ② 액체의 연소 중 가장 [⑳]인 연소
	예시	가솔린(휘발유), 등유, 경유, 특수인화물, 제1석유류, 제2석유류, 알코올류 등
등심연소 =심지연소	특징	① 액체연료가 등심(심지)선단으로 타고 올라가서 연소하는 것
	예시	[㉑], 석유램프 등

📖 참고 액면화재(Pool fire)

① 정의 : 액체의 온도가 [㉒] 이상이 되어 액체연료 표면이 가열될 경우 증발이 발생하며, 발생된 연료 증기가 공기와 접촉하여 액체표면에서 연소하는 것

② 특징
- 액체의 온도가 인화점에 도달하여 발생하는 연소현상이므로 [㉓]에 영향을 받는다.
- 액면화재의 연소속도는 [㉔]속도를 의미한다.
- 액면화재 시 생성되는 화염의 [㉕]에 따라 주변에 [㉖]의 크기가 달라진다.
- 바람에 의한 화염경사가 [㉗]에 의한 확산이나 액체의 [㉘]에 영향을 준다.
- 큰 용기의 경우에는 작은 용기보다 산소접촉면적이 [㉙ 적으므로 / 많으므로] 화염의 길이가 [㉙ 짧게 / 길게] 나타난다.
- 직경 1m 초과하는 용기에서는 직경증가에 따른 액면강하속도가 [㉚ 감소한다. / 일정하다. / 증가한다.]

3) 기체연소

구분		내용
확산연소	특징	① 가연성 가스와 산소가 농도가 높은 곳에서 낮은 곳으로 확산하여 연소 ② 불꽃의 색상은 [㉛]색 또는 [㉛]색이며, 화염온도는 [㉜ 낮다. / 높다.] ③ 연소속도가 [㉝ 느린 / 빠른] 편이다. ④ 기체의 [㉞]인 연소형태이다. ⑤ 화염면의 전파는 자력으로 전파가 [㉟ 가능 / 불가능]하다. ⑥ [㊱ 균일 / 불균일]연소의 일종이다. ⑦ 전파속도는 연료와 산화제의 [㊲]에 의존한다.
	예시	아세틸렌, LPG, LNG 등
예혼합연소	특징	① 이미 공기와 가연성 가스가 미리 혼합된 상태에서 연소 ② 불꽃의 색상은 [㊳]색 또는 [㊳]색이며, 화염온도는 [㊴ 낮다. / 높다.] ③ 연소속도가 [㊵ 느린 / 빠른] 편이다. ④ [㊶]를 일으킬 위험성이 크다. ⑤ 화염면의 전파는 자력으로 전파가 [㊷ 가능 / 불가능]하다. ⑥ [㊸ 균일 / 불균일]연소의 일종이다. ⑦ 전파속도는 [㊹]와 [㊹]에 의존한다.
	예시	가솔린엔진, 분젠버너, 불꽃점화식의 내연기관 연소실 등

📖 참고 **확산연소의 화염길이**

구분	분출속도와 화염길이
층류 확산화염	분출속도와 화염높이가 [㊺ 비례한다. / 영향을 받지 않는다. / 반비례한다.]
전이(천이)영역	분출속도와 화염높이가 [㊻ 비례한다. / 영향을 받지 않는다. / 반비례한다.]
난류 확산화염	분출속도와 화염높이가 [㊼ 비례한다. / 영향을 받지 않는다. / 반비례한다.]

🔔 **정답**

① 불꽃 ② 열분해, 증발 ③ 많은 ④ 연쇄반응 ⑤ 숯, 목탄, 금속분, 코크스 ⑥ 높을수록 ⑦ 승화성 ⑧ 융해성 ⑨ 승화성 ⑩ 융해성 ⑪ 산소, 산소 ⑫ 제5류 ⑬ 큰 ⑭ 중유, 원유 ⑮ 낮은 ⑯ 증가 ⑰ 인화점 ⑱ 공업적 ⑲ 디젤 ⑳ 일반적 ㉑ 알코올램프 ㉒ 인화점 ㉓ 액면아래의 온도분포 ㉔ 액면강하 ㉕ 높이 ㉖ 복사열 ㉗ 접촉화염 ㉘ 예열 ㉙ 많으므로, 짧게 ㉚ 일정하다. ㉛ 적, 황 ㉜ 낮다. ㉝ 느린 ㉞ 일반적 ㉟ 불가능 ㊱ 불균일 ㊲ 혼합속도 ㊳ 청, 백 ㊴ 높다. ㊵ 빠른 ㊶ 역화(플래시백, Flash back) ㊷ 가능 ㊸ 균일 ㊹ 화학반응속도, 열전도율 ㊺ 비례한다. ㊻ 반비례한다. ㊼ 영향을 받지 않는다.

3. 불꽃연소와 표면연소

구분	불꽃연소	표면연소
화염(불꽃)의 유무	화염이 있다.	화염이 없다.
연소의 필수 요소	연소의 [① 3요소 / 4요소]	연소의 [② 3요소 / 4요소]
연쇄반응	연쇄반응을 [③ 한다. / 하지 않는다.]	연쇄반응을 [④ 한다. / 하지 않는다.]
반응	[⑤]반응	[⑥]반응
온도	[⑦ 저온 / 고온]	[⑧ 저온 / 고온]
연소속도	[⑨ 느림 / 빠름]	[⑩ 느림 / 빠름]
발열량	[⑪ 적음 / 많음]	[⑫ 적음 / 많음]
연소가스	CO_2 [⑬ ↑ / ↓], CO [⑬ ↑ / ↓]	CO_2 [⑭ ↑ / ↓], CO [⑭ ↑ / ↓]
화재형태	[⑮ 표면화재 / 심부화재]	[⑯ 표면화재 / 심부화재]
에너지	[⑰ 저에너지 / 고에너지] 화재	[⑱ 저에너지 / 고에너지] 화재
연소형태	[⑲ 완전 / 불완전]연소 하기 쉬움	[⑳ 완전 / 불완전]연소 우려
소화	[㉑] 소화 + [㉑] 소화	[㉒] 소화

4. 정상연소와 비정상연소

1) 정상연소

　① 열의 발생속도와 방산속도가 서로 균형을 [㉓ 이루어 / 이루지 못하여] 화염의 모양, 위치, 상태 등이 연소가 발생하는 동안 변하지 않는 경우에 나타나는 현상

　② 화재의 위험성이 [㉔ 적고 / 많으며], 연소장치 또는 연소기기에서의 연소로 열효율이 [㉕ 낮은 / 높은] 편이다.

2) 비정상연소

　① 열의 발생속도와 방산속도가 서로 균형을 [㉖ 이루어 / 이루지 못하여] 화염의 모양, 위치, 상태 등이 연소가 일어나는 동안 변하는 경우로서 발생속도가 방산속도를 능가하는 현상

　② 화재의 위험성이 [㉗ 적고 / 많으며], 연소의 문제점이 많아 연료취급 시 안전관리에 주의해야 한다.

5. 연소 시 발생하는 이상현상

1) 역화현상(Back fire)

연소속도 [㉘ > / < / ≪] 분출속도

　① 연소 시 연료의 분출속도가 연소속도보다 [㉙ 느릴 / 빠를] 때 불꽃이 염공 속으로 빨려 들어가 연소하는 현상으로 연소기 [㉙]에서 연소하는 것

　② 가스분출속도가 [㉚ 느린 / 빠른] 경우 발생

　③ 혼합기체의 양이 [㉛ 적은 / 많은] 경우 발생

　④ 염공(분출구멍)의 부식 등으로 염공이 [㉜ 축소 / 확대]된 경우 발생

　⑤ 용기 외부의 압력이 [㉝ 작은 / 큰] 경우 발생

　⑥ 1차 공기량이 [㉞ 적은 / 많은] 경우 발생

　⑦ 버너가 [㉟ 식은 / 과열된] 경우 발생

2) 선화현상(Lifting, 부상화염)

연소속도 [㊱ > / < / ≪] 분출속도

① 연소 시 연료의 분출속도가 연소속도보다 [㊲ 느릴 / 빠를] 때 불꽃이 노즐 위에 들뜨는 현상
② 가스분출속도가 [㊳ 느린 / 빠른] 경우 발생
③ 혼합기체의 양이 [㊴ 적은 / 많은] 경우 발생
④ 연소기의 노즐이 막히는 등으로 염공이 [㊵ 축소 / 확대]된 경우 발생
⑤ 1차 공기량이 [㊶ 적은 / 많은] 경우 발생
⑥ 버너의 압력이 [㊷ 낮은 / 높은] 경우 발생
⑦ 연소실 내 급배기불량으로 2차 공기가 급격히 [㊸ 감소할 / 증가할] 경우

3) [㊹]

연소속도 [㊺ > / < / ≪] 분출속도

① 주위의 공기기류에 의해 불꽃이 노즐에 정착하지 않고 요동치며 떨어져 꺼지는 현상
② [㊺]상태에서 연료가스의 분출속도가 매우 증가하거 주위 공기의 유동이 심한 경우 발생하는 현상

4) 황염(Yellow tip)

① 연료의 탄소입자(유리탄소, C)가 연소하여 불꽃의 색이 [㊻ 백 / (적)황]색으로 변하는 현상
② [㊼ 완전 / 불완전]연소의 일종으로 분출하는 기체연료와 공기의 화학양론비에서 공기량이 [㊽ 적을 / 많을] 때 발생하는 현상

📖 참고 [㊾]

① 가연성가스가 연소하면서 바람을 타고 흘러가는 현상
② 풍속이 강할 때 불길이 바람을 타고 이동하는 것

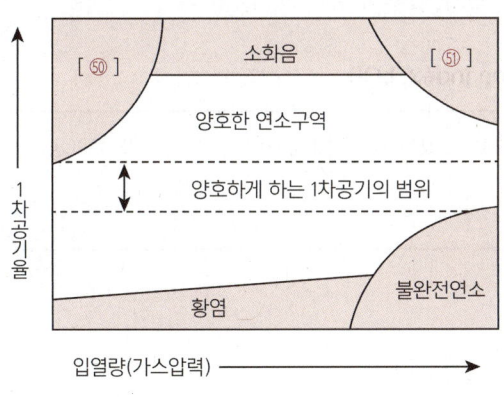

<분젠버너의 연소특성도>

🏠 정답

① 4요소 ② 3요소 ③ 한다. ④ 하지 않는다. ⑤ 기상 ⑥ 표면 ⑦ 고온 ⑧ 저온 ⑨ 빠름 ⑩ 느림 ⑪ 많음 ⑫ 적음 ⑬ ↑, ↓ ⑭ ↓, ↑ ⑮ 표면화재 ⑯ 심부화재 ⑰ 고에너지 ⑱ 저에너지 ⑲ 완전 ⑳ 불완전 ㉑ 물리적, 화학적 ㉒ 물리적 ㉓ 이루어 ㉔ 적고 ㉕ 높은 ㉖ 이루지 못하여 ㉗ 많으며 ㉘ > ㉙ 느릴, 내부 ㉚ 느린 ㉛ 적은 ㉜ 확대 ㉝ 큰 ㉞ 적은 ㉟ 과열된 ㊱ < ㊲ 빠를 ㊳ 빠른 ㊴ 많은 ㊵ 축소 ㊶ 많은 ㊷ 높은 ㊸ 감소할 ㊹ 블로우오프(Blow off) ㊺ ≪, 선화 ㊻ (적)황 ㊼ 불완전 ㊽ 적을 ㊾ 주염 ㊿ 역화 ⑤ 리프팅

제3장 연소의 필수요소

🖉 기본서 p.49

1. 가연물

1) 정의
   ① 산화반응 시 [① 흡열 / 발열]반응을 할 수 있는 물질
   ② 탄소(C)·수소(H)·산소(O) 등으로 구성된 [② 무기 / 유기]화합물이 많다.

2) 가연물의 구비조건(가연물이 되기 쉬운 조건)

ㄱ. 열용량	ㅋ. 활성화에너지
ㄴ. 열전도율	ㅌ. 산소친화력
ㄷ. 표면장력	ㅍ. 건조도
ㄹ. 증기압	ㅎ. 연소하한계
ㅁ. 증기비중	가. 점성
ㅂ. 비중	나. 발열량 또는 연소열
ㅅ. 끓는점(비점) 및 녹는점(융점)	다. 인화점
ㅇ. 비열	라. 연소범위
ㅈ. 비표면적	마. 한계산소지수(LOI)
ㅊ. 화학적 활성도	

   ① [③] : 크거나 빠를수록 연소하기 용이하다.
   ② [④] : 작거나 느릴수록 연소하기 용이하다.

3) 가연물이 될 수 없는 물질
   ① [⑤]기체 : 헬륨(He), 네온(Ne), 아르곤(Ar), 크립톤(Kr), 크세논(Xe), 라돈(Rn)
   ② 완전산화물질 : 물(H_2O), [⑥ 이산화탄소(CO_2) / 일산화탄소(CO)], 오산화인(P_2O_5), 산화알루미늄(Al_2O_3), 이산화규소(= 규조토, SiO_2), 삼산화크롬(CrO_3), 삼산화황(SO_3) 등
   ③ 흡열반응 물질 : [⑦]
   ④ [⑧] : 콘크리트, 석재, 벽돌, 철강, 알루미늄, 유리, 흙 등

📖 참고 한계산소지수(Limited Oxygen Index, LOI)

① 정의 : 가연성물질이 연소를 계속 유지할 수 있는 최소 산소농도(= 한계산소농도, LOC)
② 관련식 : LOI[%] = [⑨]
    여기서, O_2 : 산소농도[%], N_2 : 질소농도[%]

참고 활성화에너지(Ea)

① 정의 : 반응을 일으키는데 필요한 최소한의 에너지
② 발열반응과 흡열반응의 활성화에너지(Ea)
　㉠ 발열반응(화학반응이 일어날 때 열을 방출하는 반응) : 그래프에서 활성화에너지는 [⑩]이다.

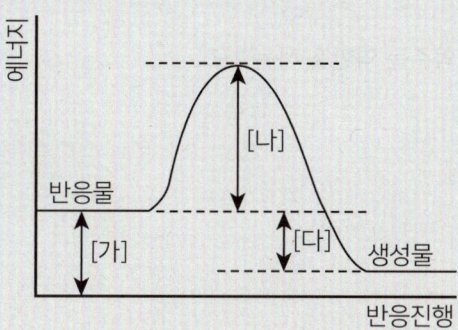

　㉡ 흡열반응(화학반응이 일어날 때 열을 흡수하는 반응) : 그래프에서 활성화에너지는 [⑪]이다.

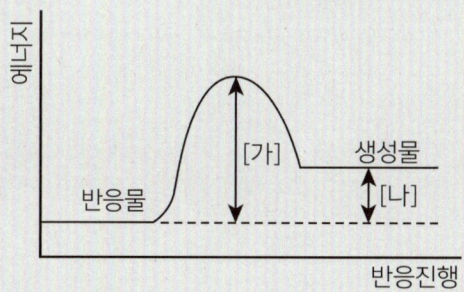

③ 촉매와 활성화에너지
　정촉매는 이러한 활성화에너지를 [⑫ 낮춰 / 높여] 반응속도를 [⑫ 느리게 / 빠르게] 하고, 부촉매는 반응의 속도를 [⑬ 느리게 / 빠르게] 하는 것이다.

정답

① 발열　② 유기　③ ㄹ, ㅁ, ㅈ, ㅊ, ㅌ, ㅍ, 나, 라　④ ㄱ, ㄴ, ㄷ, ㅂ, ㅅ, ㅇ, ㅋ, ㅎ, 가, 다, 마　⑤ 불활성　⑥ 이산화탄소(CO_2)　⑦ 질소(N_2)　⑧ 불연재료
⑨ $\dfrac{O_2}{O_2 + N_2} \times 100$　⑩ [나]　⑪ [가]　⑫ 낮춰, 빠르게　⑬ 느리게

2. 산소공급원

1) 공기 중 산소(O_2)
   ① 부피[vol%] : [①][vol%]
   ② 질량[wt%] : [②][wt%]

2) 조연성 가스(지연성 가스)
   ① 정의 : 자기 자신은 연소하지 않고 가연물이 잘 탈 수 있게 도와주는 역할을 하는 가스
   ② 종류 : 산소(O_2), 오존(O_3), [③], [③], [③], [③] 등

3) 산화성 물질(산화제)
   ① [④] 위험물
   ② [④] 위험물

4) 자기반응성물질
   ① 가연물과 [⑤ 산소 / 질소 / 탄소]를 충분히 함유하고 있는 [⑤] 위험물은 자체적으로 [⑤ 산소 / 질소 / 탄소]를 함유하고 있어 산소공급원을 역할을 수행할 수 있다.
   ② [⑥] 위험물

3. 점화원(점화에너지)

1) 정의
   [⑦]를 공급해주는 역할을 하는 에너지원

2) [⑧] 점화원
   ① 나화 : 항상 화염을 지니고 있는 것으로 보일러, 담뱃불 등을 의미
   ② 고온표면 : 가연물 주위에 발화점 이상의 고온물질과의 접촉
   ③ 복사열 : 물체에서 방출하는 전자파를 직접 물체가 흡수하는 열
   ④ 적외선 : 가시광선보다 파장이 긴 전자기파의 에너지

3) 기계적 점화원
   ① [⑨] : 내부와 외부와의 열출입을 차단하여 압축할 경우 온도가 상승하는 것(디젤엔진 등)
   ② 마찰 : 접촉하고 있는 두 물체가 마찰할 때 생기는 열에너지
   ③ 충격 : 두 물체가 서로 충격할 때 생기는 열에너지

4) 화학적 점화원
   ① [⑩] : 물질이 물에 용해되면서 발생하는 열(묽은 황산 등)
   ② 연소열 : 빛과 열을 수반하는 산화과정에서 나타나는 열
   ③ [⑪] : 아세틸렌, 산화에틸렌 등이 분해할 경우 발생하는 열
   ④ 자연발화 : 물질이 별도의 점화원 없이 공기 중에서 스스로 [⑫ 인화점 / 발화점]에 도달하여 스스로 연소하는 현상

📖 참고 자연발화

① 정의 : 물질이 별도의 점화원 없이 공기 중에서 스스로 [⑬ 인화점 / 발화점]에 도달하여 스스로 연소하는 현상
② 열의 발생형태

물질	예시
[⑭]	건성유, 석탄, 금속분, 황린, 고무분말, 기름걸레, 원면 등
[⑮]	아세틸렌, 에틸렌, 산화에틸렌, 제5류 위험물
[⑯]	활성탄, 목탄, 유연탄
[⑰]	시안화수소, 초산비닐, 염화비닐, 산화에틸렌
[⑱]	퇴비, 먼지, 건초, 곡물

③ 자연발화의 조건 및 방지대책

발생조건	① 주위의 온도가 [⑲ 낮은 / 높은] 경우 ② 발열량이 [⑳ 작은 / 큰] 경우 ③ 습도(수분)가 [㉑ 낮은 / 높은] 경우 ④ 표면적(산소 접촉면적)이 [㉒ 좁은 / 넓은] 경우 ⑤ 휘발성이 [㉓ 작은 / 큰] 물질인 경우 ⑥ 열전도율이 [㉔ 작은 / 큰] 경우 ⑦ 공기유동이 [㉕ 불량 / 원활]한 경우 ⑧ 퇴적(축적)이 [㉖ 불량 / 용이]한 경우
방지대책	① 저장실의 온도를 [㉗ 낮출 / 높일] 것 ② 표면적(산소 접촉면적)을 [㉘ 최소화 / 최대화] 할 것 ③ 습도(수분)를 [㉙ 낮게 / 높게] 할 것 ④ 열전도율을 [㉚ 낮게 / 높게] 할 것 ⑤ 통풍 및 환기가 [㉛ 불량 / 원활]하게 할 것 ⑥ 퇴적 및 수납 시 열의 축적이 [㉜ 없도록 / 있도록] 할 것

④ 자연발화와 인위발화의 비교

구분	자연발화	인위발화
점화원	[㉝ ○ / ×]	[㉞ ○ / ×]
발생계	[㉟ 개방계 / 밀폐계]	[㊱ 개방계 / 밀폐계]
열을 모으는 과정	[㊲ 축열 / 입열]과정	[㊳ 축열 / 입열]과정
연소조건	[㊴]조건 + [㊴]조건	[㊵]조건
최고온도	가연물의 [㊶]부	가연물의 [㊷]부

🔔 정답

① 21 ② 23 ③ 불소(F_2), 염소(Cl_2), 이산화질소(NO_2), 산화질소(NO) ④ 제1류, 제6류 ⑤ 산소, 제5류, 산소 ⑥ 제5류
⑦ 활성화에너지 ⑧ 열적 ⑨ 단열압축(압축열) ⑩ 용해열 ⑪ 분해열 ⑫ 발화점 ⑬ 발화점 ⑭ 산화열 ⑮ 분해열 ⑯ 흡착열
⑰ 중합열 ⑱ 발효열(미생물) ⑲ 높은 ⑳ 큰 ㉑ 높은 ㉒ 넓은 ㉓ 작은 ㉔ 작은 ㉕ 불량 ㉖ 용이
㉗ 낮출 ㉘ 최소화 ㉙ 낮게 ㉚ 높게 ㉛ 원활 ㉜ 없도록 ㉝ × ㉞ ○ ㉟ 밀폐계 ㊱ 개방계
㊲ 축열 ㊳ 입열 ㊴ 물적, 에너지 ㊵ 물적 ㊶ 중심 ㊷ 외측

5) 전기적 점화원
① 정전기 : [① 도체 / 부도체]의 마찰에 의해 발생하며, 전기가 흐르지 못하고 축적되어 가연성 가스 및 가연성 액체의 점화원이 될 수 있다.

정전기	내용
발생과정	[②] → [③] → [④] → 발화
영향인자	① 유체의 유출속도가 [⑤ 느리거나 / 빠르거나] 물질의 분리속도가 [⑤ 느릴수록 / 빠를수록] ② 물질의 대전서열이 [⑥ 가까울수록 / 멀수록] ③ 물질의 표면이 [⑦ 매끄러울수록 / 거칠수록], 수분이나 기름 등에 의해 [⑦ 오염되지 않을수록 / 오염될수록] ④ 전하의 접촉 및 분리가 [⑧ 최초로 / 마지막으로] 발생한 경우 ⑤ [⑨ 전도성 / 비전도성]의 필터를 통과할 경우
방지대책	① 공기를 [⑩]하는 방법 ② 공기 중 상대습도를 [⑪][%] 이상으로 하는 방법 ③ 접지(Earthing) : 접지시설을 설치하는 방법 ④ 본딩(Bonding) : 도체와 연결하여 방전시키는 방법 ⑤ 마찰의 감소 : 배관 내 유속의 제한(1m/s 이하), 정치시간 ⑥ 정전기 중화 : 제전기의 사용 ⑦ 접촉하는 전기의 전위차를 [⑫ 작게 / 크게] 하는 방법 ⑧ 전도성이 [⑬ 작은 / 큰] 물체(도체)를 사용하는 방법

② [⑭] : 전류가 흐르면 줄의 법칙($H = I^2Rt$)에 의해 열이 발생(전열기, 백열등 등)

$$H = I^2Rt$$
여기서, H : 열량[J], I : 전류[A], R : 저항[Ω], t : 시간[s]

→ 저항(R)은 길이(L)에 [⑮ 비례 / 반비례]하고, 단면적(A)에 [⑯ 비례 / 반비례]한다.

③ 낙뢰 : 구름의 충돌 및 구름에 축적된 전하가 방전될 때 발생
④ [⑰ 유전열 / 유도열] : 도체 주위 자기장의 변화로 인해 유도되는 전류로 발생하는 열
⑤ [⑱ 유전열 / 유도열] : 전선피복 등 절연체가 절연능력을 갖추지 못해 발생하는 열

참고 최소점화(착화, 발화)에너지(Minimum Ignition Energy, MIE)

> MIE = [⑲]
> 여기서, MIE : 최소발화에너지[J], C: 콘덴서 용량[F], V : 전압[V]

① 정의 : 연소범위 내에서 점화시킬 경우 발화하는데 필요한 최소한의 에너지
② 특징
  ㉠ 최소점화에너지는 [⑳ 작을수록 / 클수록] 위험하다.
  ㉡ 물질별 최소발화에너지

물질의 종류	최소발화에너지[mJ]
수소(H_2)	[㉑]
아세틸렌(C_2H_2)	[㉒]
메탄(CH_4)	[㉓]
에탄(C_2H_6)	
프로판(C_3H_8)	

③ 영향인자
  ㉠ 온도가 [㉔ 낮을수록 / 높을수록] 분자의 운동이 활발해지므로 최소발화에너지는 낮아진다.
  ㉡ 압력이 [㉕ 낮아지면 / 높아지면] 분자 간의 거리가 가까워지므로 최소발화에너지는 낮아진다.
  ㉢ 농도가 [㉖ 낮을수록 / 높을수록] 분자 간의 충돌횟수가 많아져 최소발화에너지는 낮아진다.
  ㉣ 연소속도가 [㉗ 느릴수록 / 빠를수록] 최소발화에너지는 낮아진다.
  ㉤ 가연성가스의 조성이 [㉘] 농도 부근일 때 최소발화에너지는 낮아진다.
  ㉥ 전극 사이에 간격이 [㉙ 가까울수록 / 멀수록] 최소발화에너지는 낮아진다. 단, [㉙]거리보다 짧은 거리에서는 점화되지 않는다.
  ㉦ 열전도율이 [㉚ 낮을수록 / 클수록] 최소발화에너지는 낮아진다.
  ㉧ 같은 유속에서도 난류강도가 커질 경우 최소발화에너지는 [㉛ 감소 / 증가]한다.
  ㉨ 전극의 형태는 [㉜]일 경우 방열이 줄어들어 최소발화에너지는 낮아진다.

정답

① 부도체 ② 전하의 발생 ③ 전하의 축적 ④ 방전 ⑤ 빠르거나, 빠를수록 ⑥ 멀수록 ⑦ 거칠수록, 오염될수록 ⑧ 최초로 ⑨ 비전도성 ⑩ 이온화
⑪ 70 ⑫ 작게 ⑬ 큰 ⑭ 저항열 ⑮ 비례 ⑯ 반비례 ⑰ 유도열 ⑱ 유전열
⑲ $\frac{1}{2}CV^2$ ⑳ 작을수록 ㉑ 0.011 ㉒ 0.02 ㉓ 0.2 ㉔ 높을수록 ㉕ 높아지면 ㉖ 높을수록 ㉗ 빠를수록 ㉘ (화학)양론(적)
㉙ 가까울수록, 소염 ㉚ 낮을수록 ㉛ 증가 ㉜ 침상

6) 인화점, 연소점, 발화점
   ① 인화점(= 유도발화점, Flash Point)
      ㉠ 외부에너지를 [①]으로 가했을 때 불이 붙을 수 있는 최저 온도
      ㉡ 가연성액체로부터 발생한 증기가 액체표면에서 연소범위의 [② 하한계 / 상한계]에 도달할 수 있는 최저 온도
      ㉢ [③]조건과 [④]조건이 만나는 최저 연소온도
      ㉣ [⑤] 위험물의 위험성 지표
      ㉤ 인화점의 순서 : (小) [⑥] - [⑥] - [⑥] - [⑥] - [⑥] (大)

      | ㄱ. 이황화탄소   ㄴ. 산화프로필렌   ㄷ. 디에틸에테르(다이에틸에터) |
      | ㄹ. 벤젠   ㅁ. 메틸알코올 |

   ② 연소점(= 화재점, Fire Point)
      ㉠ 외부점화원에 의해 발화 후 점화원을 제거하여도 연소가 자발적으로 [⑦]초 이상 지속할 수 있는 최저 온도
      ㉡ 일반적으로 연소점은 인화점보다 약 [⑧] ~ [⑧][℃] 높다.
      ㉢ 가연성 증기의 발생속도가 연소속도보다 [⑨ 느릴 / 빠를] 때 나타난다.
   ③ 발화점(= 착화점, 자연발화점, Auto Ignition Point)
      ㉠ 외부점화원과 직접적인 [⑩ 접촉으로 / 접촉없이] 주위로부터 충분한 에너지를 받아서 스스로 점화되는 최저온도
      ㉡ 발화점의 영향인자
         - 양론농도에 [⑪ 가까울수록 / 멀수록] 발화점이 낮아진다.
         - 압력이 [⑫ 낮을수록 / 높을수록] 발화점이 낮아진다.
         - [⑬ 정촉매 / 부촉매]를 첨가할수록 발화점이 낮아진다.
         - 발화온도가 [⑭ 낮을수록 / 높을수록] 발화지연시간은 짧아진다.
      ㉢ 발화점이 낮아지는 조건
         - 탄화수소의 길이 및 탄소쇄 길이가 [⑮ 짧아지는 / 길어지는] 경우
         - 분자구조가 [⑯ 간단 / 복잡]해질 경우
         - 발열량, 산소친화력, 농도, 화학반응에너지가 [⑰ 작을수록 / 클수록]
         - 열전도율, 활성화에너지가 [⑱ 작을수록 / 높을수록]
         - 습도, 증기압이 [⑲ 낮을수록 / 높을수록]
         - 가연성 혼합기의 농도가 [⑳]농도인 경우
   ④ 인화점, 연소점, 발화점의 관계
      ㉠ 인화점, 연소점, 발화점은 [㉑ 작을수록 / 클수록] 위험도가 증가한다.
      ㉡ 일반적인 온도의 크기는 인화점 [㉒ > / <] 연소점 [㉒ > / <] 발화점이다.
      ㉢ 분무된 액체는 [㉓] 이하에서도 착화될 수 있다.
      ㉣ 인화점과 [㉔ 연소점 / 발화점]은 관련성이 있고, 인화점과 [㉕ 연소점 / 발화점]은 직접적인 관련성이 없다.

참고 파라핀계 탄화수소화합물(C_xH_y)의 특징

구분	탄소수(C)가 증가할수록
증가 ↑	[㉖ 인화점 / 발화점], [㉗ 증기압 / 발열량], 끓는점(비점)
감소 ↓	[㉘ 인화점 / 발화점], [㉙ 증기압 / 발열량], 연소하한계, 연소범위, 연소속도, 연소범위

4. 순조로운 연쇄반응

1) 정의
   ① 하나의 화학반응에서 새로운 화학반응으로 지속적으로 유지시켜 주는 반응
   ② [㉚]이 새로운 [㉚]을 생성하여 가연성 기체를 지속적으로 생성하도록 유지하는 것
   ③ [㉛]이 [㉜] → [㉝] → [㉞]로 이동하면서 반응이 지속되는 과정

2) 특징
   ① [㉟ 불꽃 / 표면]연소는 연쇄반응을 하고, [㊱ 불꽃 / 표면]연소는 연쇄반응을 하지 않는다.
   ② [㊲ 불꽃 / 표면]연소는 연쇄반응을 억제하는 부촉매소화를 하고, [㊳ 불꽃 / 표면]연소는 부촉매소화를 하지 않는다.

정답
① 점화원 ② 하한계 ③ 물(질)적 ④ 에너지 ⑤ 제4류 ⑥ ㄷ, ㄴ, ㄱ, ㄹ, ㅁ ⑦ 5 ⑧ 5, 10 ⑨ 빠를 ⑩ 접촉없이
⑪ 가까울수록 ⑫ 높을수록 ⑬ 정촉매 ⑭ 높을수록 ⑮ 길어지는 ⑯ 복잡 ⑰ 클수록 ⑱ 작을수록 ⑲ 낮을수록 ⑳ 양론
㉑ 작을수록 ㉒ <, < ㉓ 인화점 ㉔ 연소점 ㉕ 발화점 ㉖ 인화점 ㉗ 발열량 ㉘ 발화점 ㉙ 증기압
㉚ 활성라디칼, 활성라디칼 ㉛ 활성라디칼 ㉜ 원인계 ㉝ 생성계 ㉞ 원인계 ㉟ 불꽃 ㊱ 표면 ㊲ 불꽃 ㊳ 표면

제4장 연소의 조건

1. 연소속도

1) 정의
   ① [① 화염속도 / 연소속도] = [② 화염속도 / 연소속도] – 미연소가스의 이동속도
   ② 화염이 미연소가스에 대하여 수직으로 이동하는 속도

2) 연소속도의 영향인자
   ① 가연성가스와 산화제의 비율(당량비)이 완전연소에 적정한 조성상태(양론농도, Cst)에서 연소속도 [③ 최소 / 최대]
   ② (화염)온도가 [④ 낮을수록 / 높을수록] 연소속도 빠름
   ③ 에너지가 [⑤ 작을수록 / 클수록] 연소속도 빠름
   ④ [⑥ 정촉매 / 부촉매] 첨가 시 연소속도 빠름
   ⑤ 압력이 [⑦ 감소 / 증가]할수록 입자간격이 좁아져 연소속도 빠름
   ⑥ 미연소 가스의 열전도율이 [⑧ 작을수록 / 클수록] 연소속도 빠름
   ⑦ 미연소 가스의 밀도가 [⑨ 낮을수록 / 높을수록] 연소속도 빠름
   ⑧ 미연소 가스의 비열이 [⑩ 작을수록 / 클수록] 연소속도 빠름

📖 **참고** 당량비 ∅

구분	내용
∅>1	공기[⑪ 부족/ 과잉], [⑪ 연료지배 / 환기지배]형화재
∅=1	화학양론조성
∅<1	공기[⑫ 부족/ 과잉], [⑫ 연료지배 / 환기지배]형화재

2. 연소범위(= 폭발범위, 연소한계, 폭발한계)

1) 정의
   ① 공기와 가연성 가스가 연소반응을 일으킬 수 있는 [⑬ 질량 / 부피]농도비
   ② 압력과 온도의 함수
   ③ [⑭] 조건과 [⑮] 조건의 함수

2) 연소범위 그래프

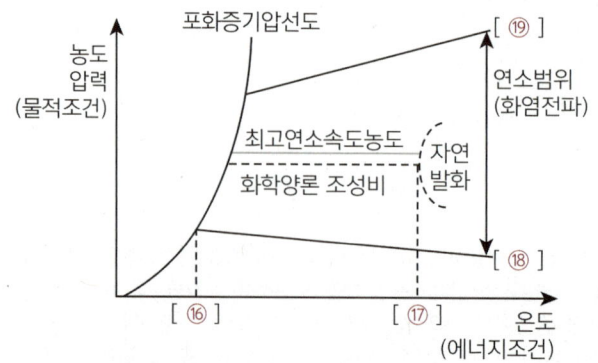

① [⑳] : 인화성 증기가 화염을 보이면서 연소할 수 있는 최고 농도

(연소상한계 이상에서는 연료가 공기보다 [⑳ 적어 / 많아] 불꽃연소를 할 수 없다.)

② [㉑] : 인화성 증기가 화염을 보이면서 연소할 수 있는 최저 농도

(연소하한계 이하에서는 연료가 공기보다 [㉑ 적어 / 많아] 불꽃연소를 할 수 없다.)

③ 양론농도(Cst) : 가연성가스와 공기 중의 산소가 과부족없이 완전연소에 필요한 농도비

→ C_{st} = [㉒]

④ [㉓]곡선 : 액체와 기체의 평형상태 곡선(액체와 기체의 경계)

3) 주요 가연성가스의 공기 중 연소범위

물질	연소범위[%]		물질	연소범위[%]	
	LFL	UFL		LFL	UFL
아세틸렌(C_2H_2)	[㉔]	[㉔]	이황화탄소(CS_2)	[㉚]	[㉚]
산화에틸렌(C_2H_4O)	[㉕]	[㉕]	메탄(CH_4)	[㉛]	[㉛]
산화프로필렌(C_3H_6O)	[㉖]	[㉖]	에탄(C_2H_6)	[㉜]	[㉜]
수소(H_2)	[㉗]	[㉗]	프로판(C_3H_8)	[㉝]	[㉝]
일산화탄소(CO)	[㉘]	[㉘]	부탄(C_4H_{10})	[㉞]	[㉞]
암모니아(NH_3)	[㉙]	[㉙]	가솔린(휘발유)	[㉟]	[㉟]

4) 위험도 H

$$H = [㊱]$$
여기서, H : 위험도, U : 연소상한계[vol%], L : 연소하한계[vol%]

① 각종 가연성 가스의 위험성을 나타낸 척도

② 연소상한계와 하한계의 차이가 [㊲ 작을수록 / 클수록], 연소하한이 [㊳ 낮을수록 / 높을수록] 위험성이 크다.

정답

① 연소속도 ② 화염속도 ③ 최대 ④ 높을수록 ⑤ 클수록 ⑥ 정촉매 ⑦ 증가 ⑧ 클수록 ⑨ 낮을수록 ⑩ 작을수록
⑪ 부족, 환기지배형 ⑫ 과잉, 연료지배형 ⑬ 부피 ⑭ 물적 ⑮ 에너지 ⑯ 인화점 ⑰ 발화점 ⑱ 연소하한계(LFL) ⑲ 연소상한계(UFL)
⑳ 연소상한계, 많아 ㉑ 연소하한계, 적어 ㉒ $\dfrac{연료몰수}{연료몰수+공기몰수} \times 100[\%]$ ㉓ 포화수증기압 ㉔ 2.5, 81 ㉕ 3, 80 ㉖ 2, 22 ㉗ 4, 75 ㉘ 12.5, 74
㉙ 15, 28 ㉚ 1(1.2), 44 ㉛ 5, 15 ㉜ 3, 12.5 ㉝ 2.1, 9.5 ㉞ 1.8, 8.4 ㉟ 1.4, 7.6 ㊱ $\dfrac{U-L}{L}$ ㊲ 클수록 ㊳ 낮을수록

5) 혼합가스의 연소범위(르샤틀리에의 법칙)

$$L = [①]$$

여기서, L : 혼합가스의 연소하한계 또는 상한계[vol%], V_1, V_2, V_3 : 해당 가스별 부피[vol%]

([② 가연성 / 불연성 / 조연성] 가스만 고려한다), L_1, L_2, L_3 : 해당 가스별 연소하한계 또는 상한계[vol%]

6) 연소범위의 영향인자

영향인자	인자의 변화	연소하한계	연소상한계	연소범위
산소농도	산소농도 증가	[③ ↓ / 거의 변화 × / ↑]	[③ ↓ / 거의 변화 × / ↑]	넓어짐
온도	온도 상승	[④ ↓ / 거의 변화 × / ↑]	[④ ↓ / 거의 변화 × / ↑]	넓어짐
압력	압력 상승	[⑤ ↓ / 거의 변화 × / ↑]	[⑤ ↓ / 거의 변화 × / ↑]	넓어짐
비활성가스	비활성가스 투입	[⑥ ↓ / 거의 변화 × / ↑]	[⑥ ↓ / 거의 변화 × / ↑]	좁아짐

[비고] 연소범위의 영향인자(압력 예외)
1. [⑦]는 연소범위가 좁아지다가 압력이 10atm 이상으로 증가될 경우 압력과 무관하게 연소범위가 일정해진다.
2. [⑧]는 압력이 증가하면 연소범위가 좁아진다.

참고 산소농도 증가에 따른 위험성

① 연소속도가 [⑨ 느려진다. / 빨라진다.]
② 화염의 온도가 [⑩ 낮아진다. / 높아진다.]
③ 연소범위가 [⑪ 좁아진다. / 넓어진다.]
④ 발화점이 [⑫ 낮아진다. / 높아진다.]
⑤ (최소)점화에너지가 [⑬ 작아진다. / 커진다.]

참고 최소산소농도(Minimum Oxygen Concentration, MOC)

$$MOC = [⑭]$$

여기서, MOC : 최소산소농도[%], LFL : 연소하한계[%], O_2 : 산소의 몰수[mol]

① 정의 : 가연성물질과 산소가 혼합된 상태에서 자력으로 화염전파를 위한 최소한의 산소농도
② 특징
　㉠ 최소산소농도는 [⑮ 작을수록 / 높을수록] 위험하다.
　㉡ 최소산소농도보다 [⑯ 낮은 / 높은] 산소농도에서는 화염전파가 불가능하다.
③ [⑰] : 가연성 가스 또는 증기에 불활성 가스(질소, 이산화탄소 등)를 주입하여 산소의 농도를 최소산소농도(MOC) 이하로 낮게 하는 것(일반적으로 탄화수소계 화합물은 MOC보다 [⑱][%] 낮게 설계)

제5장 연소생성물

기본서 p.65

1. 연기(Smoke)

1) 연기의 일반적 특성

① 연기입자의 크기

㉠ 보통 [⑲] ~ [⑲][㎛] 정도로 아주 작다.

㉡ 연기입자의 크기가 [⑳][㎛] 이상인 것은 상대적으로 큰 입자, [⑳][㎛] 미만인 것은 작은 입자라 한다.

② 연기의 색상

연기의 색상	백색	흑색
화재의 시기	화재 [㉑ 초기 / 초기 이후]	화재 [㉒ 초기 / 초기 이후]
성분	[㉓ 탄소 / 수소]가 많은 경우	[㉔ 탄소 / 수소]가 많은 경우
화재의 종류	[㉕ 일반 / 유류]화재	[㉖ 일반 / 유류]화재

③ 연기의 특성

㉠ [㉗ 화재 초기 / 성장기]의 발연량이 [㉗ 화재 초기 / 성장기]의 발연량보다 많다.

㉡ 화점에서 멀어지면 연기의 이동속도가 [㉘ 늦어진다. / 빨라진다.]

④ 연기의 이동속도

이동방향	이동속도[m/s]
수평 방향	[㉙] ~ [㉙]
수직방향	[㉚] ~ [㉚]
계단실 내 수직방향	[㉛] ~ [㉛]

정답

① $\dfrac{V_1 + V_2 + V_3 + \cdots}{\dfrac{V_1}{L_1} + \dfrac{V_2}{L_2} + \dfrac{V_3}{L_3} + \cdots}$ ② 가연성 ③ 거의 변화 ×, ↑ ④ ↓, ↑ ⑤ 거의 변화 ×, ↑ ⑥ 거의 변화 ×, ↓ ⑦ 수소(H_2) ⑧ 일산화탄소(CO)
⑨ 빨라진다. ⑩ 높아진다. ⑪ 넓어진다. ⑫ 낮아진다. ⑬ 작아진다. ⑭ $LFL \times \dfrac{O_2[mol]}{연료[mol]}$ ⑮ 작을수록 ⑯ 낮은 ⑰ 불활성화 ⑱ 4
⑲ 0.01, 10 ⑳ 0.3, 0.3 ㉑ 초기 ㉒ 초기 이후 ㉓ 수소 ㉔ 탄소 ㉕ 일반 ㉖ 유류 ㉗ 화재 초기, 성장기 ㉘ 늦어진다. ㉙ 0.5, 1 ㉚ 2, 3 ㉛ 3, 5

2) 연기의 유동
① [①] : 화재 시 온도가 상승하여 부피가 팽창하고 연기가 이동한다.
② [②] : 화재 시 온도가 상승하여 부피가 팽창하고, 밀도는 감소하므로 연기가 이동한다.
③ [③] : 건물 내부와 외부의 온도차에 의한 밀도차(비중차)의 발생으로 연기가 이동한다.

구분	내용
영향인자	㉠ 건축물의 외부·내부의 [④] 차이 ㉡ 건물의 [⑤] ㉢ 외벽의 [⑥] ㉣ 층간 공기의 [⑦]
종류	㉠ [⑧] : 건물 내 온도 > 외부온도 [겨울, 화재 시 주로 발생] ㉡ [⑨] : 건물 내 온도 < 외부온도 [여름철 주로 발생]

④ [⑩] : 건축물 외부의 바람이 건축물 내로 유입되어 연기를 이동시킬 수 있다.
⑤ [⑪] : 건물 내부의 공기조화설비의 영향으로 연기를 이동시킬 수 있다.
⑥ [⑫] : 건물 내부의 승강기(엘리베이터)가 상, 하부로 이동하며 연기를 이동시킬 수 있다.

3) 중성대(Neutral Zone)
① 정의
    ㉠ 건물의 구획실 화재 시 실내와 실외의 [⑬]이 같아지는 경계면
    ㉡ 압력차이가 [⑭ 없어 / 크므로] 공기의 흐름이 [⑭ 없는 / 원활한] 지점
    ㉢ [⑮]의 소방활동에 중요한 지표
② 중성대의 위치별 공기의 흐름
    ㉠ 중성대의 [⑯ 하부 / 상부]는 "실내정압 < 실외정압"으로 외부의 공기가 안으로 들어온다.
    ㉡ 중성대의 [⑰ 하부 / 상부]는 "실내정압 > 실외정압"으로 실내의 연기가 외부로 나간다.
    ㉢ 중성대에서 멀어질수록 실내와 실외의 압력차이는 [⑱ 작아진다. / 커진다.]
③ 중성대의 특징
    ㉠ 중성대의 영향인자 : [⑲]의 위치 및 면적, [⑳]의 차이
    ㉡ 구획실의 화재가 커질수록 중성대가 [㉑ 낮아진다. / 높아진다.]
    ㉢ 개구부의 크기가 [㉒ 작아지는 / 커지는] 방향으로 중성대가 이동한다.
④ 중성대와 개구부의 관계
    ㉠ 하부의 개구부를 크게 할 경우 중성대는 [㉓ 하강 / 상승]한다.
    ㉡ 상부의 개구부를 크게 할 경우 중성대는 [㉔ 하강 / 상승]한다.

참고 중성대와 소방활동

① 배연을 할 경우에는 중성대 [㉕ 아래쪽 / 위쪽]에서 배연을 해야 효과적이다.
② 소방활동 시 건물 내의 진입로 선정은 중성대 [㉖ 하부 / 상부]로 한다.
③ 중성대를 위로 올리기 위해서는 "[㉗]부분 파괴 → [㉘]부분 파괴 → [㉙ 하층부 / 상층부] 개구부 파괴" 순으로 파괴한다.

4) 연기의 농도표시법
   ① 절대농도
      ㉠ [㉚]법 : 단위 체적당 연기입자의 중량[mg/m³]
      ㉡ [㉛]법 : 단위 체적당 연기입자의 개수[개/m³]
   ② 상대농도
      ㉠ [㉜]법 : 빛을 투과하였을 경우 빛의 감쇄에 따른 가시거리의 감소를 측정하는 것

감광계수[m⁻¹]	가시거리[m]	현상
[㉝]	[㉞] ~ [㉞]	• 연기감지기가 작동할 농도 • 건물 내부에 익숙하지 않은 사람이 피난 가능한 농도(한계점)
[㉟]	[㊱]	• 건물 내부에 익숙한 사람이 피난 가능한 농도(한계점)
[㊲]	[㊳]	• 어두운 것을 느끼는 정도
1	1~2	• 거의 앞이 보이지 않을 때의 정도
[㊴]	0.2~0.5	• 화재의 최성기 때의 정도 • 유도등이 보이지 않는 정도
30	없음	• 화재실에서 연기가 분출될 때의 농도

   → 감광계수와 가시거리는 [㊵ 비례 / 반비례]한다.

5) 연기의 제어방법

구분	제어방법
[㊶]	외부의 신선한 공기를 공급하여 연기의 농도를 위험수준 이하로 낮추는 방법
[㊷]	건물 내의 압력차를 이용하여 연기를 외부로 배출시키는 방법
[㊸]	일정한 장소로 연기가 들어오는 것을 차단하는 방법

🏠 정답
① 팽창력 ② 부력 ③ 굴뚝효과(연돌효과) ④ 온도 ⑤ 높이 ⑥ 기밀성 ⑦ 누설 ⑧ 정상굴뚝현상 ⑨ 역굴뚝현상 ⑩ 바람의 효과 ⑪ 공조설비(HVAC) ⑫ 피스톤 효과 ⑬ 정압 ⑭ 없어, 없는 ⑮ 소방대 ⑯ 하부 ⑰ 상부 ⑱ 커진다. ⑲ 개구부 ⑳ 온도 ㉑ 낮아진다. ㉒ 커지는 ㉓ 하강 ㉔ 상승 ㉕ 위쪽 ㉖ 하부 ㉗ 지붕 중앙 ㉘ 지붕 가장자리 ㉙ 상층부 ㉚ 중량농도 ㉛ 입자농도 ㉜ 감광계수(광학농도, 투과율) ㉝ 0.1 ㉞ 20, 30 ㉟ 0.3 ㊱ 5 ㊲ 0.5 ㊳ 3 ㊴ 10 ㊵ 반비례 ㊶ 희석 ㊷ 배기 ㊸ 차단

2. 연소가스(Fire gas)

1) 독성의 표시

① 만성중독 : TLV(Threshold Limit Values)

㉠ TLV - [①] : 1일 8시간 또는 주 40시간 노출되어도 나쁜 영향이 없는 농도

㉡ TLV - [②] : 근로자가 단시간(15분) 노출되어도 나쁜 영향이 없는 농도

㉢ TLV - [③] : 단 한순간도 초과하지 않아야 하는 농도

② 급성중독 : LD, LC

구분	내용
LD 50	• 쥐의 경구투입실험으로 쥐의 50%를 사망시킬 수 있는 농도 • LD 50이 [④ 작을수록 / 클수록] 독성은 낮다.
LC 50	• 가스 및 증기 화합물을 흡입하여 50%의 실험동물을 사망시킬 수 있는 농도 • LC 50이 [⑤ 작을수록 / 클수록] 독성은 낮다.

③ 독성가스 기준 : TLV-TWA 기준([⑥][ppm] 이하) / LC 50([⑦][ppm] 이하)

2) 탄소(C)를 포함한 가연물의 연소 시 생성가스

종류		내용
일산화탄소 (CO)	허용농도	[⑧][ppm]
	특징	㉠ 탄화수소·셀룰로오스로 구성된 가연물질인 석유류·나무·고무류·종이·석탄 등이 [⑨ 완전 / 불완전]연소할 때 발생되는 유독성 가스이다. ㉡ 인체 내 [⑩]과 결합하여 산소의 운반기능을 약화시키며, [⑩]과 결합력은 O_2의 210배이다. ㉢ 무색, 무취, 무미이다. ㉣ 공기보다 [⑪ 가볍다. / 무겁다.] ㉤ 상온에서 염소(Cl_2)와 작용하여 유독성 가스인 [⑫]을 생성하기도 한다. ㉥ 마취성 가스, [⑬ 불연성 / 가연성] 가스, 독성가스이다.
이산화탄소 (CO_2)	허용농도	[⑭][ppm]
	특징	㉠ 탄화수소·셀룰로오스로 구성된 가연물질인 석유류·나무·고무류·종이·석탄 등이 [⑮ 완전 / 불완전]연소할 때 발생되는 연소생성물이다. ㉡ 화재 시 가장 많이 발생하는 가스이다. ㉢ 무색, 무취, 무미이다. ㉣ 공기보다 [⑯ 가볍다. / 무겁다.] ㉤ 자체는 독성이 거의 없으나 다량 존재할 때 호흡속도를 [⑰]시키고 유해가스의 흡입을 증가시켜 위험을 유발한다. ([⑱][%]의 농도에서 호흡이 과중해지고 통증을 느낀다.) ㉥ 마취성 가스, [⑲ 불연성 / 가연성] 가스이다. ㉦ 다량 존재 시 상대적으로 산소가 부족하여 [⑳]의 우려가 있다.

3) 황(S)을 포함한 가연물의 연소 시 생성가스

종류		내용
아황산가스 또는 이산화황 (SO_2)	허용농도	[㉑][ppm]
	특징	㉠ 황이 함유되어 있는 물질인 동물의 털·고무 등이 [㉒ 완전 / 불완전]연소할 때 발생하는 가스이다. ㉡ 눈, 호흡기를 자극, 손상시키며 질식의 우려가 있다.
황화수소 (H_2S)	허용농도	[㉓][ppm]
	특징	㉠ 고무, 동물의 털, 가죽 등 황이 함유되어 있는 물질이 [㉔ 완전 / 불완전]연소할 때 발생하는 가스이다. ㉡ [㉕] 냄새가 나는 자극성 가스이다. ㉢ 살충제의 원료로 사용된다.

4) 질소(N)를 포함한 가연물의 연소 시 생성가스

종류		내용
암모니아 (NH₃)	허용농도	[㉖][ppm]
	특징	㉠ 멜라민수지·나일론·요소수지·아크릴·실크·나무 등 질소함유물이 연소할 때 발생하는 가스이다. ㉡ [㉗]공장, 상업용 및 공업용 냉동시설의 [㉗] 분야에 많이 사용하며, 암모니아를 사용하는 공장에서는 흡입하지 않도록 주의하여야 한다.
시안화수소 (HCN)	허용농도	[㉘][ppm]
	특징	㉠ 질소성분을 가지고 있는 합성수지, 동물의 털, 인조견, 모직물 등의 물질이 [㉙ 완전 / 불완전]연소할 때 발생하는 가스이다. ㉡ "[㉚]"라고도 불린다. ㉢ 무색의 맹독성 가스이며 [㉛ 불연성 / 가연성] 가스이다. ㉣ 헤모글로빈과 [㉜ 결합하여 / 결합하지 않고도] 호흡의 저해를 통한 질식을 유발한다.

5) 폴리염화비닐(PVC)을 포함한 가연물의 연소 시 생성가스

종류		내용
아크로레인 (CH₂CHCHO)	허용농도	[㉝][ppm]
	특징	㉠ [㉞], [㉞] 등의 물질이 연소할 때 발생하는 가스이다. ㉡ 산화하기 쉬운 물질로 공기와 접촉할 경우 아크릴산(C₃H₄O₂)이 된다.
불화수소 (HF)	허용농도	[㉟][ppm]
	특징	㉠ [㊱]를 부식시킬 정도의 유독성이 강한 기체이다. ㉡ 독성이 강한 부식성 기체로, 맨눈에 노출되었을 경우 사람의 시력을 상실할 수 있다.
염화수소 (HCl)	허용농도	[㊲][ppm]
	특징	㉠ [㊳]성분이 함유되어 있는 염화비닐수지(폴리염화비닐, PVC), 전선의 피복이 연소할 때 발생하는 가스이다. ㉡ [㊴]을 부식시킬 정도의 유독성이 있는 독성가스이다.
포스겐 (COCl₂)	허용농도	[㊵][ppm]
	특징	㉠ [㊶]수지인 염화비닐수지(폴리염화비닐, PVC), 수지류 등이 연소할 때 발생하는 가스이다. ㉡ 사염화탄소(CCl₄) 사용 시 발생한다. ㉢ 유독성이 큰 맹독성의 가스로, 2차대전 당시 [㊷]에 사용한 가스이다. ㉣ [㊸]와 [㊸]가 반응하여 생성할 수 있다.

6) 기타 연소가스

종류		내용
취화수소 또는 브로민화수소 (HBr)	허용농도	5ppm
	특징	㉠ [㊹] 등이 연소할 때 발생하는 가스이다. ㉡ 유독성이 있어 독성가스로 취급된다. ㉢ 상온, 상압에서 무색의 자극성 기체로 물에 잘 [㊺ 용해된다. / 용해되지 않는다.]
이산화질소 (NO₂)	허용농도	1ppm
	특징	㉠ 질산셀룰로오스, 폴리우레탄 등이 불완전연소할 때 발생하는 가스이다. ㉡ 선명한 [㊻] 빛의 기체이다. ㉢ 대기오염물질 중 오존(O₃)을 생성시키는 물질이며, 물(H₂O)과 반응하여 생성된 질산(HNO₃) 및 아질산(HNO₂)은 산성비의 원인이 된다.

🔥 정답

① TWA ② STEL ③ C ④ 클수록 ⑤ 클수록 ⑥ 200 ⑦ 5,000 ⑧ 50 ⑨ 불완전 ⑩ 헤모글로빈, 헤모글로빈 ⑪ 가볍다. ⑫ 포스겐(COCl₂) ⑬ 가연성 ⑭ 5,000 ⑮ 완전 ⑯ 무겁다. ⑰ 증가 ⑱ 5 ⑲ 불연성 ⑳ 질식 ㉑ 5 ㉒ 완전 ㉓ 10 ㉔ 불완전 ㉕ 계란 썩는 ㉖ 25 ㉗ 비료, 냉매 ㉘ 10 ㉙ 불완전 ㉚ 청산가스 ㉛ 가연성 ㉜ 결합하지 않고도 ㉝ 0.1 ㉞ 석유제품, 유지류 ㉟ 3 ㊱ 유리 ㊲ 5 ㊳ 염소 ㊴ 철근 ㊵ 0.1 ㊶ 열가소성 ㊷ 유태인 대량학살 ㊸ 일산화탄소(CO), 염소(Cl₂) ㊹ 방염수지류 ㊺ 용해된다. ㊻ 오렌지

3. 열(Heat)

1) 열역학의 법칙
① 열역학 0법칙 : [① 방향성 / 열평형상태 / 에너지 보존법칙]
② 열역학 1법칙 : [② 방향성 / 열평형상태 / 에너지 보존법칙]
③ 열역학 2법칙 : [③ 방향성 / 열평형상태 / 에너지 보존법칙]
④ 열역학 3법칙 : 절대온도 0K에서는 모든 열운동이 없다.

2) 전도(Conduction) : [④]의 법칙

$$\dot{q} = [⑤]$$

여기서, $\dot{q}$: 전도열[W], K : 열전도율[W/m·K], A : 면적[m²], $T_{고온} - T_{저온}$: 온도차이(온도구배)[K], l : 벽의 두께[m]

① 정의 : 물질의 이동 없이 고체 또는 정지된 유체를 통해 [⑥]의 이동이나 [⑦]의 진동운동으로 온도가 높은 지점에서 낮은 지점으로 열에너지가 이동하는 현상
② 시기 : 화재 초기
③ 특징
  ㉠ 금속은 [⑧]의 이동으로 인해 비금속보다 열전도율이 크다.
  ㉡ 고체는 액체, 기체보다 분자 간의 간격이 좁으므로 열전도도(k)가 [⑨ 낮다. / 높다.]
  ㉢ 전도는 온도 차이와 면적에 [⑩ 비례 / 반비례]하고, 두께에는 [⑩ 비례 / 반비례]한다.
  ㉣ 완전 진공상태에서는 열이 [⑪ 전달된다. / 전달되지 않는다.]

3) 대류(Convection) : [⑫]법칙

$$\dot{q} = [⑬]$$

여기서, $\dot{q}$: 대류열[W], h : 대류열전달계수[W/m²·K], A : 면적[m²], $T_{고온} - T_{저온}$: 온도차이(온도구배)[K]

① 정의 : 공기의 이동이나 유체의 흐름에 의해 열에너지를 전달하는 현상으로 [⑭]차이에 의해 발생한 [⑭]의 차이로 열이 이동하는 현상
② 시기 : 화재 초기
③ 특징
  ㉠ 유체의 흐름은 [⑮ 층류 / 난류]보다 [⑮ 층류 / 난류]일 때 열전달이 잘 이루어진다.
  ㉡ 밀도차에 의한 [⑯ 자연 / 강제]대류, 압력차에 의한 [⑯ 자연 / 강제]대류 등이 있다.
  ㉢ 스프링클러헤드, 열감지기의 화재감지 등에 작용되는 열전달이다.

4) 복사(Radiation) : [⑰]의 법칙

$$\dot{q} = \epsilon \sigma A (T_{고온}^4 - T_{저온}^4)$$

여기서, $\dot{q}$: 복사열[W], ϵ : 방사율(복사능), σ : 스테판-볼츠만 상수, A : 면적[m²], $T_{고온}$: 고온[K], $T_{저온}$: 저온[K]

① 정의 : 매질을 이용하지 않고 직접 [⑱]의 형태로 열에너지를 전달하는 현상
② 시기 : 화재 중기

③ 특징
　㉠ 일반적으로 화재 시 가장 크게 작용되는 열전달이다.
　㉡ 복사열은 전열면적에 [⑲ 비례 / 반비례]하고, 절대온도의 [⑲ 제곱근 / 2제곱 / 4제곱]에 비례한다.
　㉢ [⑳]에 가장 많은 영향을 미치는 열전달이다.
　㉣ 복사열로 인한 열전달은 연기가 차단물의 역할을 하므로 [㉑ 풍상측 / 풍하측]보다 [㉑ 풍상측 / 풍하측]에서 잘 일어난다.
　㉤ [㉒]에서 발화를 일으키는 열전달이다.
　㉥ 진공상태에서는 손실이 없으며, 복사 열전달이 [㉓ 가능 / 불가능]하다.
　㉦ 복사열은 [㉔]으로 이동하며, 중간매체에 의해서 감소하거나 차단된다.

참고 목표물에 대한 복사열유속(Modak' simple method)

① 적용 : 목표물이 화염직경의 [㉕]배 이상 떨어진 경우
② 산정식 : [㉖]
　여기서, q″ : 목표물이 받는 단위면적당 열유속[kW/m²],
　Q : 화재 시 연소에너지 방출속도[kW]
　X_L : 총 발열량 중 복사에너지로 방출되는 비율(0.3 ~ 0.6)
　R : 목표물까지의 거리[m]

참고 보온병의 열전달

① [㉗] 차단 : 이중벽으로 구성한다.
② [㉘] 및 [㉘] 차단 : 이중벽 사이를 진공상태로 만든다.
③ [㉙] 최소화 : 내부를 온도금처리한다.

6) 열이 인체에 미치는 영향

화상의 분류		상태
1도 화상	[㉚] 화상	• 표피에 국한된 손상으로 그 부위가 붉은색을 띰 • 태양광이나 부엌에서 약하게 데인 정도
2도 화상	[㉛] 화상	• 진피까지 손상되어 그 부위가 분홍색을 띰 • 물집이 생기는 정도
3도 화상	[㉜] 화상	• 표피와 진피 외에 피하지방까지 손상 • 통증이 [㉜ 없는 / 있는] 상태
4도 화상	[㉝] 화상	• 피부 전층, 근육, 뼈까지 손상 • 고압전기에 의한 감전에 의한 화상

정답

① 열평형상태 ② 에너지 보존법칙 ③ 방향성 ④ 푸리에 ⑤ $\dfrac{KA(T_{고온} - T_{저온})}{l}$ ⑥ 자유전자 ⑦ 분자 ⑧ 자유전자 ⑨ 높다. ⑩ 비례, 반비례 ⑪ 전달되지 않는다. ⑫ 뉴턴의 냉각 ⑬ $hA(T_{고온} - T_{저온})$ ⑭ 온도, 밀도 ⑮ 층류, 난류 ⑯ 자연, 강제 ⑰ 스테판-볼츠만 ⑱ 전자기파 ⑲ 비례, 4제곱 ⑳ 플래시오버 ㉑ 풍하측, 풍상측 ㉒ 원거리 ㉓ 가능 ㉔ 일직선 ㉕ 2 ㉖ $q'' = \dfrac{Q \times X_L}{4\pi R^2}$ ㉗ 전도열 ㉘ 전도열, 대류열 ㉙ 복사열 ㉚ 홍반성 ㉛ 수포성 ㉜ 괴사성, 없는 ㉝ 흑사성

4. 화염 또는 불꽃(Flame)

1) 화재플럼
   ① 정의 : 고온의 기체가 주변과의 온도차이에 의한 부력으로 생겨난 상승기류에 화염이 섞인 불기둥을 의미한다.
   ② 화재플럼의 구조

구분	내용
[①]화염영역	㉠ 지속적으로 화염이 존재하는 영역 ㉡ 온도가 가장 높기 때문에 연소가스가 빠른 속도로 위로 상승하는 구역
[②]화염영역	㉠ 간헐적으로 화염의 생성 및 소멸이 반복되는 영역 ㉡ 바람의 세기, 인입되는 공기의 양 등에 따라 화염의 크기가 결정되는 구역
[③]화염영역	㉠ 화염이 존재하지 않고 연기만 존재하는 영역 ㉡ 열원으로부터 거리가 멀어지므로 주변의 차가운 공기로 인해 온도가 떨어지면서 상승속도가 감소하는 영역

2) 천장제트흐름(Ceiling Jet Flow)
   ① 고온의 연소생성물이 부력에 의해 천장면 아래에 얇은 층을 형성하는 비교적 [④ 느린 / 빠른] 속도의 가스흐름으로 [④ 화재초기 / 화재중기]에 존재한다.
   ② 천장제트흐름의 두께는 "구획실 높이의 약 [⑤] ~ [⑤][%] 정도"이고, 최고온도는 "구획실 높이의 [⑥][%]" 이내의 범위에서 나타난다.
   ③ 천장제트흐름 [⑦ 영향범위 내 / 영향범위 밖]에 화재감지기 및 스프링클러헤드를 설치하여야 한다.

3) 불꽃의 색상
   ① 불꽃의 색상별 온도

불꽃의 색상	불꽃온도[℃]	불꽃의 색상	불꽃온도[℃]
담암적색	[⑧]	황적색	[⑫]
암적색	[⑨]	백적색	[⑬]
적색	[⑩]	휘백색	[⑭]
휘적색	[⑪]		

   ② 금속원소 가연물질에 따른 불꽃색

종류	색상	종류	색상
리튬(Li)	[⑮]색	구리(Cu)	[⑱]색
나트륨(Na)	[⑯]색	칼륨(K)	[⑲]색
칼슘(Ca)	[⑰]색		

제6장 폭발

1. 폭발등급

① [⑳] : 내용적 8L 용기 내부의 가연성혼합기가 점화되었을 때 폭발화염이 용기 외부로 확산되지 않는 틈새
② 폭발등급이 [㉑ 낮을수록 / 높을수록] 위험성이 높다.
③ 안전간격이 [㉒ 좁을수록 / 넓을수록] 위험성이 높다.

폭발등급	1등급	2등급	3등급
틈새의 폭[mm]	[㉓] 초과	[㉔] 초과 [㉔] 이하	[㉕] 이하
해당가스	메탄, 프로판, 부탄 등	에틸렌, 석탄가스	[㉖], [㉖], [㉖]

2. 화염전파속도에 따른 폭발의 분류

1) 폭연(Deflagration)과 폭굉(Detonation)

구분	폭연(Deflagration)	폭굉(Detonation)
정의	화염전파속도가 음속(약 340m/s) 보다 [㉗ 느린 / 빠른] 폭발	화염전파속도가 음속(약 340m/s) 보다 [㉘ 느린 / 빠른] 폭발
화염전파속도	[㉙ 초음속 / 아음속]	[㉚ 초음속 / 아음속]
충격파	[㉛ 없다 / 있다]	[㉜ 없다 / 있다]
화재파급효과	[㉝ 작다 / 크다]	[㉞ 작다 / 크다]
압력변화	수 기압 상승	폭연의 10배 이상 상승
에너지전달	전도, 대류, 복사	[㉟]
에너지방출속도의 영향인자	물질(열)의 전달속도에 영향을 받는다.	열에 의한 전파보다 [㊱]에 의한 압력에 영향을 받는다.
화염면에서의 온도, 압력, 밀도의 변화	• 상대적 [㊲ 완만한 / 급격한] 에너지 변화 • 화염면에서의 온도, 압력, 밀도변화 : [㊲ 연속적 / 불연속적]	• [㊳ 완만한 / 급격한] 에너지 변화 • 화염면에서의 온도, 압력, 밀도변화 : [㊳ 연속적 / 불연속적]
특징	• 폭굉으로 전이될 수 있다. • 반응 또는 화염면의 전파가 물질의 [㊴]이나 공기의 [㊴]에 영향을 받는다.	

정답

① 연속 ② 간헐 ③ 부력 ④ 빠른, 화재초기 ⑤ 5, 12 ⑥ 1 ⑦ 영향범위 내 ⑧ 520 ⑨ 700 ⑩ 850 ⑪ 950 ⑫ 1,100 ⑬ 1,300 ⑭ 1,500 ⑮ 빨간 ⑯ 노란 ⑰ 주황 ⑱ 녹(청록) ⑲ 보라 ⑳ 화염일주한계(안전간격) ㉑ 높을수록 ㉒ 좁을수록 ㉓ 0.6 ㉔ 0.4, 0.6 ㉕ 0.4 ㉖ 수소, 아세틸렌, 이황화탄소 ㉗ 느린 ㉘ 빠른 ㉙ 아음속 ㉚ 초음속 ㉛ 없다 ㉜ 있다 ㉝ 크다 ㉞ 작다 ㉟ 충격파(압력파) ㊱ 충격파 ㊲ 완만한, 연속적 ㊳ 급격한, 불연속적 ㊴ 분자량, 난류확산

2) 폭굉유도거리(Detonation Induction Distance, DID)
　① 최초 완만한 연소가 격렬한 폭굉으로 발전할 때까지 거리로서 [① 짧을수록 / 길수록] 위험하다.
　② 폭굉유도거리가 짧아지는 조건(위험도 증가)
　　㉠ 배관의 직경(관경)이 [② 작을수록 / 클수록]
　　㉡ 점화에너지(점화원의 크기, 점화원의 에너지)가 [③ 작을수록 / 클수록]
　　㉢ 혼합기체의 반응성이 [④ 작을수록 / 클수록]
　　㉣ 연소속도가 [⑤ 느린 / 빠른] 가스일수록
　　㉤ 초기 압력 및 온도가 [⑥ 낮을수록 / 높을수록]
　　㉥ 관 속에 장애물(방해물) 또는 이물질이 [⑦ 없는 / 있는] 경우
　　㉦ 관 속의 표면이 [⑧ 매끄러워질수록 / 거칠어질수록]

3) 폭연에서 폭굉으로 전이 메커니즘(Deflagration to Detonation Transition, DDT)
　: 착화 → [⑨] → [⑩] → [⑪] → [⑫]

3. 폭발의 발생원리에 따른 폭발의 분류

구분	물리적 폭발	화학적 폭발
발생원리	• [⑬ 양적 / 질적]변화 • 물질의 분자구조 변화 [⑭ × / ○] • 물질의 [⑮]가 변화하여 폭발	• [⑱ 양적 / 질적]변화 • 물질의 분자구조 변화 [⑲ × / ○] • 물질의 [⑳]에 따른 폭발
종류	① 액화가스 증기폭발 ② 수증기폭발 ③ [⑯]폭발 ④ 감압폭발 ⑤ [⑰] ⑥ 고상간 전이에 의한 폭발	① [㉑]폭발 ② [㉑]폭발 ③ [㉑]폭발 ④ [㉑]폭발 ⑤ 반응폭주 등에 의한 폭발 ⑥ [㉑]폭발

📖 참고 과열액체 증기폭발(Boiling Liquid Expanding Vapor Explosion, BLEVE)

1 정의
액화가스탱크에 외부에서 가해지는 열에 의해 액체가 비등하면서 내부의 압력이 상승하여 용기가 파열되는 현상

2 발생과정

화재 → [㉒] → [㉓] → [㉔] → [㉕]

① 가연성 액체 저장탱크 주변에서 화재가 발생하여 탱크 벽을 가열한다.
② 화재로 인해 액체의 온도가 상승하여 높은 증기압이 형성되어 탱크 내부의 압력이 상승한다.
③ 압력상승으로 인해 탱크의 [㉖ 액상 / 기상]부분이 설계압력을 초과하여 탱크가 파열된다.
④ 탱크 균열로 인한 액상, 기상의 [㉗]상태가 깨지고, 저장용기 내부의 액화가스가 급속히 증발 및 폭발한다. [물리적 폭발]
⑤ 분출된 증기가 가연성 가스인 경우 주변의 화염에 의해 발화되어 [㉘]를 형성한다. [화학적 폭발]

3 특징
① 프로판 액화가스탱크에서 [㉙]·[㉙] 병립에 의한 폭발이다.
② 원인은 물리적 폭발이며, 직접 열 받는 부분의 탱크의 [㉚]를 초과할 경우 파열하게 된다.
③ [㉛]을 형성하고, 주위에 복사열을 피해를 발생시킨다.
④ BLEVE의 규모는 파열 시 액체의 기화량, 탱크의 용량에 따라 차이가 있다.
⑤ [㉜] 저장탱크에서 일어날 수 있다는 점에서 증기운 폭발과 같다.

4 방지대책
① 방액제를 [㉝]지게 하여 화염이 직접 탱크에 접하지 않도록 설치한다.
② 탱크를 [㉞ 지하 / 지상]에 설치하여 화염에 의해 가열되지 않도록 설치한다.
③ 탱크에 [㉟]설비를 설치하여 화염에 의해 가열되지 않도록 한다.
④ 탱크에 감압시스템를 설치하여 용기 내부의 압력을 [㊱ 낮춰 / 높여]준다.
⑤ 탱크의 내압강도를 [㊲ 낮게 / 높게] 유지한다.
⑥ 용기의 외부는 열전도도가 [㊳ 낮은 / 높은] 것으로 단열시공을 한다.
⑦ 용기의 내부는 국부적 가열이 발생하지 않도록 열전도도가 [㊴ 낮은 / 높은] 것으로 한다.

🔒 정답
① 짧을수록 ② 작을수록 ③ 클수록 ④ 클수록 ⑤ 빠른 ⑥ 높을수록 ⑦ 있는 ⑧ 거칠어질수록 ⑨ 화염전파(연소파) ⑩ 압축파(압력파)
⑪ 충격파 ⑫ 폭굉파 ⑬ 양적 ⑭ × ⑮ 상태 ⑯ 전선 ⑰ 블래비현상(BLEVE) ⑱ 질적 ⑲ ○ ⑳ 화학반응 ㉑ 산화, 분해, 중합, 촉매, 박막
㉒ 액온상승 ㉓ 연성파괴 ㉔ 액격현상 ㉕ 취성파괴 ㉖ 기상 ㉗ 동적 평형 ㉘ 화구(Fire ball) ㉙ 물리적, 화학적 ㉚ 인장강도 ㉛ 화구(Fire ball)
㉜ 액화가스 ㉝ 경사 ㉞ 지하 ㉟ 고정식 살수 ㊱ 낮춰 ㊲ 높게 ㊳ 낮은 ㊴ 높은

4. 폭발을 일으키는 원인물질의 상태에 따른 분류

1) 기상폭발

① 가스폭발

가연성가스 또는 인화성 액체의 증기가 공기와 혼합한 혼합체가 농도조건을 만족할 때 점화원에 의해 발생하는 폭발이다.

② 분무폭발

공기 중에 분출된 가연성 액체의 미세한 액적이 [① 적상 / 무상]으로 되어 공기 중에 부유하고 있을 때 발생하는 폭발로 [②] 이하에서도 폭발이 발생할 수 있다.

③ 분진폭발

가연성 고체의 분진이 공기 중에서 부유하여 폭발농도 이상으로 있을 때 점화원에 의해 발생하는 폭발을 말한다.

구분	분진폭발
발생조건	① 가연성 : 금속, 플라스틱, 밀가루, 설탕, 전분, 석탄 등 ② 미분상태 : [③]mesh([③][μm]) 이하 ③ [④] : 지연성 가스(공기) 중에서의 교반과 운동 ④ 점화원 : 점화원([⑤][mJ] 이상)이 존재할 것 ⑤ 폭발범위 : 분진농도가 폭발범위 이내일 것
분진폭발을 일으키지 않는 물질	[⑥], 소석회(수산화칼슘, Ca(OH)$_2$), [⑥], 탄산칼슘(CaCO$_3$), 생석회(산화칼슘, CaO), [⑥], [⑥], 석회석
영향인자	① 분진의 표면적이 입자체적에 비하여 [⑦ 작을수록 / 클수록] 폭발이 용이하다. ② 입자의 평균직경과 밀도가 [⑧ 작을수록 / 클수록] 비표면적이 커져 폭발이 용이하다. ③ 입자의 크기가 동일한 경우 입자의 형태가 구상 [⑨ > / <] 침상 [⑨ > / <] (평)편상 순으로 갈수록 폭발이 용이하다. ④ 수분의 함유량이 [⑩ 적을수록 / 많을수록] 폭발이 용이하다. (예외 : 알루미늄(Al), 마그네슘(Mg) 등 금속분진은 물과 반응하여 [⑪]를 발생시키므로 위험성 증가) ⑤ 입자가 공기 중의 부유시간이 길어져 공기 중의 산소와 반응하는 경우 산화피막을 형성하며 폭발성이 [⑫ 감소한다. / 증가한다.] (폭로시간이 길어질수록 폭발성이 [⑬ 감소한다. / 증가한다.]) ⑥ 분진의 휘발성이 [⑭ 작을수록 / 클수록], 발열량이 [⑮ 작을수록 / 클수록], 열분해가 용이할수록, 기체와의 반응속도가 클수록 폭발성이 증가한다.

참고 가스폭발과 분진폭발의 비교

구분	가스폭발	분진폭발
연소속도	[⑯ 느리다 / 빠르다]	[⑯ 느리다 / 빠르다]
초기폭발력	[⑰ 작다 / 크다]	[⑰ 작다 / 크다]
초기폭발압력	[⑱ 작다 / 크다]	[⑱ 작다 / 크다]
발생에너지, 일산화탄소 발생	[⑲ 작다 / 크다]	[⑲ 작다 / 크다]
최소발화에너지	[⑳ 작다 / 크다]	[⑳ 작다 / 크다]
2, 3차 연쇄폭발	발생 [㉑ × / ○]	발생 [㉑ × / ○]
분자 온도 상승 수단	전도	[㉒]와 [㉒]
공기와 가연물	[㉓ 균일 / 불균일]상태에서 반응	[㉓ 균일 / 불균일]상태에서 반응

④ 분해폭발
  ㉠ [㉔]와 상관 없이 자기분해성 물질의 분해 반응열에 의해 발생한다.
  ㉡ 분해폭발은 공기가 섞이지 않은 상태에서도 폭발이 가능하므로 폭발상한계는 [㉕][%]이다.
⑤ 증기운폭발(Unconfined Vapor Cloud Explosion, UVCE)
  ㉠ 다량의 가연성 가스가 개방된 대기 중에 유출되어 그것으로부터 발생하는 가연성가스가 공기와 혼합기체를 형성하고 점화원에 의한 폭발이다. ([㉖ 기상 / 응상]폭발, [㉖ 물리적 / 화학적] 폭발)
  ㉡ 개방된 공간에서 발생하는 현상으로 "[㉗]"이라고도 한다.
  ㉢ 증기운의 크기가 [㉘ 작을수록 / 클수록] 표면적이 넓어지기 때문에 착화확률이 높다.
  ㉣ 증기운 폭발은 피해형태가 [㉙ 화재 / 폭발]보다 [㉙ 화재 / 폭발] 재해 형태를 나타낸다.
  ㉤ [㉚ 층류 / 난류] 형태의 가연성 증기는 공기 혼합률이 높아 폭발 충격이 높다.
  ㉥ 최대 1atm 정도의 충격파를 가지며, [㉛ 낮은 / 높은] 폭발 효율을 갖는다.
  ㉦ 화구(Fire ball)이 형성되거나 아주 드물긴 하지만 폭굉으로 전이되는 경우도 있다.
  ㉧ 증기운의 누출점으로부터 [㉜ 가까운 / 먼] 지점에서의 착화는 폭발충격을 증가시킨다.
  ㉨ 개방된 공간에서 증기운을 형성하기 위해서는 누출된 증기가 공기보다 [㉝ 가벼워야 / 무거워야] 한다.

2) 응상폭발
  ① 수증기 폭발
    고온의 용융 금속 등을 물 속에 투입할 경우 급격하게 수증기로 기화하며 폭발하는 현상이다. (화염은 [㉞ 발생한다. / 발생하지 않는다.])
  ② 보일러폭발
    밀폐용기 속에 물을 가열하여 고온·고압의 수증기를 만드는 장치인 보일러가 파손되어 용기 내압이 급속히 감소하여 액체가 급속히 기화되고, 수증기 압력이 상승하여 용기가 파열되어 발생하는 폭발이다.
  ③ 증기폭발
    액체의 급속한 기화현상으로 부피팽창에 의한 고압이 생성되어 용기의 파괴작용을 일으키는 현상으로, 수증기폭발을 포함하여 증기폭발이라 한다. (화염은 [㉟ 발생한다. / 발생하지 않는다.])
  ④ 전선폭발
    알루미늄계 전선에 허용전류 이상의 [㊱]를 흘렸을 때 순식간에 전선이 가열되어 용융과 기화가 급격히 진행될 경우 발생하는 폭발을 말한다.
  ⑤ 고상간 전이에 의한 폭발
    고체의 무정형 [㊲]이 고상의 [㊲]으로 전이할 때 발열함으로써 주위의 공기가 팽창하여 폭발을 말한다.
  ⑥ 불안정한 물질의 폭발
    유기과산화물 등과 같은 불안정한 물질인 고체가 작은 충격이나 가열에 의해 발열, 분해되어 다량의 고온가스를 발생하며 폭발하는 것을 말하며, 대표적으로 군사용 또는 산업용에 사용되는 화약류들에 의한 폭발이다.

정답
① 무상 ② 인화점 ③ 200, 76 ④ 교반운동 ⑤ 10 ⑥ 산화알루미늄, 가성소다, 시멘트, 대리석 ⑦ 클수록 ⑧ 작을수록 ⑨ <, < ⑩ 적을수록 ⑪ 수소 ⑫ 감소한다. ⑬ 감소한다. ⑭ 클수록 ⑮ 클수록 ⑯ 빠르다, 느리다 ⑰ 크다, 작다 ⑱ 크다, 작다 ⑲ 작다, 크다 ⑳ 작다, 크다 ㉑ ✕, ○ ㉒ 전도, 복사 ㉓ 균일, 불균일 ㉔ 산소 ㉕ 100 ㉖ 기상, 화학적 ㉗ 자유공간 증기운 폭발 ㉘ 클수록 ㉙ 폭발, 화재 ㉚ 난류 ㉛ 낮은 ㉜ 먼 ㉝ 무거워야 ㉞ 발생하지 않는다. ㉟ 발생하지 않는다. ㊱ 과전류 ㊲ 안티몬, 안티몬

⑦ 위험물 혼합, 혼촉에 의한 폭발

위험물 혼합 시 폭발 위험이 있는 위험물 간의 접촉으로 인해 발열, 발화되어 발생하는 폭발을 말한다. 강한 [①]을 가진 물질과 [①]을 가진 물질을 혼촉하는 경우, 강[②]과 강[②]류를 혼촉하는 경우 폭발의 위험이 있다.

5. 전기방폭구조

1) [③]방폭구조
   ① 정의 : 용기 내 불활성가스(보호가스)를 넣어 내부압력을 유지하고 외부로부터 폭발성 가스의 침투를 막는 방폭구조
   ② 기호 : Ex [③]
   ③ 적용 위험장소 : [④ 1종 및 2종 / 0종, 1종 및 2종] 장소

2) [⑤]방폭구조
   ① 정의 : 용기 내부에서 가연성 가스의 폭발이 발생할 경우 용기가 폭발압력에 파손되지 않고 견뎌 화염이 용기 외부로 전파되는 것을 막는 방폭구조
   ② 기호 : Ex [⑤]
   ③ 적용 위험장소 : [⑥ 1종 및 2종 / 0종, 1종 및 2종] 장소

3) [⑦]방폭구조
   ① 정의 : 점화원이 될 우려가 있는 기기 자체 또는 그 일부를 보호액(절연유) 속에 넣어 보호한 방폭구조
   ② 기호 : Ex [⑦]
   ③ 적용 위험장소 : [⑧ 1종 및 2종 / 0종, 1종 및 2종] 장소

4) [⑨]방폭구조
   ① 정의 : 정상 시 전기기기의 과도한 온도상승 등 추가적인 안전조치를 취해 안전도를 증가시킨 방폭구조
   ② 기호 : Ex [⑨]
   ③ 적용 위험장소 : [⑩ 1종 및 2종 / 0종, 1종 및 2종] 장소

5) [⑪]방폭구조
   ① 정의 : 정상 시 또는 이상 상태(단선, 단락, 지락 등)에서 발생하는 전기불꽃 또는 가열효과를 점화에너지 이하 수준까지 제한한 방폭구조
   ② 기호 : Ex [⑪], [⑪]
   ③ 적용 위험장소 : [⑫ 1종 및 2종 / 0종, 1종 및 2종] 장소

정답
① 산화성, 환원성　② 산, 염기　③ 압력, p　④ 1종 및 2종　⑤ 내압(耐壓), d　⑥ 1종 및 2종　⑦ 유입, o　⑧ 1종 및 2종　⑨ 안전증(가), e　⑩ 1종 및 2종　⑪ 본질안전, ia, ib　⑫ 0종, 1종 및 2종

CHAPTER 03 화재이론

제1장 화재의 개요 및 분류

📝 기본서 p.96

1. 화재의 정의 및 특성

1) 화재의 정의(「소방의 화재조사에 관한 법률」)
   ① 사람의 의도에 반하거나 [①] 또는 [①]에 의하여 발생하는 연소 현상으로서 [②]할 필요가 있는 현상
   ② 사람의 의도에 반하여 발생하거나 확대된 [③ 물리적 / 화학적] 폭발현상을 말한다.

2) 화재의 특성
   ① [④ 우발적 / 계획적]
   ② 불안정성
   ③ 확대성
   ④ [⑤ 정형성 / 비정형성]

2. 화재의 빈도

1) 항목별 화재의 빈도(「국가화재정보시스템」, 24. 4. ~ 25. 4. 기준)
   ① 발화요인 : [⑥] > 전기적 요인 > 기계적 요인 > 미상 > 기타
   ② 화재유형 : 건축, 구조물 > 기타(쓰레기 화재 등) > 자동차, 철도차량 > 임야 > 그 외

2) 발화요인 중 세부항목
   ① [⑦] 중 가장 많은 것은 "담배꽁초"이다.
   ② [⑧] 요인 중 가장 많은 것은 "미확인단락"이다.
   ③ [⑨] 요인 중 가장 많은 것은 "과열, 과부하"이다.

3. 가연물의 종류 및 성상에 따른 분류

화재의 분류	국내			미국
	NFTC	KS	가스법	NFPA
일반화재(A급)	[⑩ O / -]	[⑪ O / -]	[⑫ O / -]	[⑬ O / -]
유류화재(B급)	[⑩ O / -]	[⑪ O / -]	[⑫ O / -]	[⑬ O / -]
전기화재(C급)	[⑩ O / -]	[⑪ O / -]	[⑫ O / -]	[⑬ O / -]
금속화재(D급)	[⑩ O / -]	[⑪ O / -]	[⑫ O / -]	[⑬ O / -]
가스화재(E급)	[⑩ O / -]	[⑪ O / -]	[⑫ O / -]	[⑬ O / -]
주방화재(K급)	[⑩ O / -]	[⑪ O / -]	[⑫ O / -]	[⑬ O / -]

🔔 정답

① 고의, 과실 ② 소화 ③ 화학적 ④ 우발적 ⑤ 비정형성 ⑥ 부주의 ⑦ 부주의 ⑧ 전기적 ⑨ 기계적 ⑩ O, O, O, O, -, O ⑪ O, O, O, O, -, - ⑫ -, -, -, -, O, - ⑬ O, O, O, O, -, O

4. 일반화재(A급 화재) [표시색 : 백색]
1) 정의 및 특징
   ① 나무, 섬유, 종이, 고무, 플라스틱류와 같은 [①] 가연물이 타고 나서 재가 [① 남는 / 남지 않는] 화재를 말한다.
   ② [②]화재라고도 하며, 발생빈도가 [② 낮은 / 높은] 화재이다.
   ③ 산소와 친화력이 [③ 약한 / 강한] 물질에 의한 화재로 생성된 연기의 색상은 [③ 백색 / 흑색]이다.
   ④ 화재성장속도는 유류화재에 비해 [④ 느린 / 빠른] 편이다.

2) 소화
   주로 물을 사용하여 가연물의 표면온도를 낮춘 [⑤]소화를 실시한다.

5. 유류화재(B급 화재) [표시색 : 황색]
1) 정의 및 특징
   ① 인화성 액체, 가연성 액체, 석유 그리스, 타르, 오일, 유성도료, 솔벤트, 래커, 알코올 및 인화성 가스와 같은 [⑥]가 타고 나서 재가 [⑥ 남는 / 남지 않는] 화재를 말한다.
   ② 국내의 화재안전기술기준(NFTC)에서는 [⑦]화재를 유류화재에 포함한다.
   ③ 연기의 색상은 [⑧ 백색 / 흑색]이다.
   ④ 화재성장속도는 일반화재에 비해 [⑨ 느린 / 빠른] 편이다.

2) 소화
   ① 유류화재 시 주수를 하게 되면 밀도차이(비중 : 물 > 기름인 경우)에 의해 유류가 물 위에 떠서 흘러 연소면을 [⑩]시킬 우려가 있으므로 주의하여야 한다.
   ② 포소화약제 등을 통해 공기를 차단하는 [⑪]소화를 하여야 한다.

3) 유류화재의 이상현상
   ① 오일오버(Oil-over)
      ㉠ 유류가 탱크 내용적의 [⑫ 50% 이하 / 50% 이상](으)로 충전되어 있을 때 화재로 인해 증기압력이 [⑬ 하강 / 상승] 하고 유류를 외부로 분출하면서 탱크가 파열되는 현상을 말한다.
      ㉡ 다른 이상현상보다 위험성이 [⑭ 매우 높으며 / 낮으며], 인명피해를 유발할 수 있다.
   ② 보일오버(Boil-over)
      ㉠ [⑮ 단일성분 / 다성분]의 중질유 중 가벼운 성분은 증발하고, 무거운 성분은 [⑮]을 형성하여 화염에 의해 가열된다.
      ㉡ 중질유의 [⑯]과 탱크 [⑯ 하부 / 상부]의 물(끓는점 100℃)이 만나 수증기로 변화하며 부피가 약 1,700배 팽창함에 따라 유류가 탱크 외부로 분출되는 현상을 말한다.
      ㉢ 보일오버의 방지대책 : 탱크 저부나 측면 하단에 [⑰]을 설치하여 물을 배출하거나, 탱크 내부에 [⑰]을 실시한다.
   ③ 슬롭오버(Slop-over)
      ㉠ 비점이 높고 점성을 가진 고온의 유류 표면에서부터 소화작업 등에 의한 [⑱] 또는 [⑱]가 주입되면 수분의 급격한 증발에 의해 불이 붙은 유류가 탱크벽을 타고 넘는 현상을 말한다.
      ㉡ 끓는 [⑲]에 물이 접촉될 때 [⑲]의 표면온도에 의해 물이 수증기가 되어 급격한 팽창 및 비등함에 따라 주위에 있는 뜨거운 [⑲]의 일부를 외부로 분출시키는 현상을 말한다.

④ 프로스오버(Froth-over)
  ㉠ 점성을 가진 뜨거운 유류 표면의 아래 부분에서 물이 비등할 경우 비등하는 물이 저장탱크 내의 유류를 외부로 넘쳐흐르게 하는 현상을 말한다.
  ㉡ 발생횟수가 많으나 화재를 [⑳ 수반한다. / 수반하지 않는다.]
  ㉢ 다른 이상현상보다 위험성이 [㉑ 낮은 / 높은] 편이다.

📖 참고 **경질유와 중질유**

구분	경질유	중질유
예시 물질	휘발유, 등유, 경유	중유, 원유
특징	액온 [㉒ > / <] 인화점	액온 [㉒ > / <] 인화점
비점	[㉓ 낮다 / 높다]	[㉓ 낮다 / 높다]
증기압	[㉔ 낮다 / 높다]	[㉔ 낮다 / 높다]
성분	[㉕ 단일성분 / 다성분]	[㉕ 단일성분 / 다성분]
저장탱크	[㉖ CRT / FRT]	[㉖ CRT / FRT]
화염전파	[㉗ 예열형 / 예혼합형] 전파	[㉗ 예열형 / 예혼합형] 전파

6. 전기화재(C급 화재) [표시색 : 청색]
1) 정의 및 특징
  ① 전류가 [㉘ 흐르는 것 또는 흐르지 않는 / 흐르고 있는] 전기기기, 배선과 관련된 화재를 말한다.
  ② 발생원인으로는 과전류, [㉙ 단선 / 반단선], 단락(합선), 누전, 지락, 절연저항의 [㉚ 감소 / 증가], 스파크, 정전기, 낙뢰, 열적경과 등이 있다.

2) 소화
  이산화탄소소화약제 등을 이용하여 공기를 차단하는 [㉛]소화를 실시하여야 한다.

7. 금속화재(D급 화재) [표시색 : [㉜]]
1) 정의 및 특징
  ① 마그네슘 합금 등 가연성 금속에서 일어나는 화재를 말한다.
  ② [㉝ 덩어리 / 분말]형태의 금속의 경우 폭발을 동반할 수 있다.

2) 소화
  ① 대부분의 금속의 경우 [㉞]과 반응하여 다양한 가연성 가스를 발생시킨다.
  ② 마른 모래(건조사), 팽창질석, 팽창진주암을 이용한 [㉞]효과로 소화하여야 한다.

🏠 **정답**
① 일반, 남는 ② 보통, 높은 ③ 강한, 백색 ④ 느린 ⑤ 냉각 ⑥ 유류, 남지 않는 ⑦ 가스 ⑧ 흑색 ⑨ 빠른 ⑩ 확대 ⑪ 질식 ⑫ 50% 이하 ⑬ 상승 ⑭ 매우 높으며 ⑮ 다성분, 열류층(고온층) ⑯ 열류층, 하부 ⑰ 배수관, 기계적 교반 ⑱ 물, 포소화약제 ⑲ 식용유, 식용유, 식용유 ⑳ 수반하지 않는다. ㉑ 낮은 ㉒ >, < ㉓ 낮다, 높다 ㉔ 높다, 낮다 ㉕ 단일성분, 다성분 ㉖ FRT, CRT ㉗ 예혼합형, 예열형 ㉘ 흐르고 있는 ㉙ 반단선 ㉚ 감소 ㉛ 질식 ㉜ 무색 ㉝ 분말 ㉞ 물, 질식

8. 가스화재(E급 화재) [표시색 : 황색]

1) 정의 및 특징
   ① 메탄, 에탄, 프로판 등 가연성 가스의 화재를 말한다.
   ② 국내의 화재안전기술기준(NFTC)에서는 가스화재를 [①]화재에 포함한다.

2) 소화
   가연성 가스의 밸브를 차단하는 등 가연물을 없애는 [②]소화를 하여야 한다.

3) 가스의 구분
   ① 저장상태에 따른 분류
      ㉠ 압축가스 : 임계온도가 상온(약 15℃)보다 [③ 낮은 / 높은] 가스로 상온에서 압축하여도 액화되지 않아 [③ 액체 / 기체] 상태로 압축된 가스
      ㉡ 액화가스 : 임계온도가 상온(약 15℃)보다 [④ 낮은 / 높은] 가스로 상온에서 가압 또는 냉각에 의해 비교적 쉽게 액화되어 [④ 액체 / 기체] 상태로 용기에 충전하는 가스
      ㉢ [⑤] : 압축 시 분해 또는 폭발의 위험이 있어 고압가스 용기 속에 가스를 다공물질을 통해 고압으로 용해한 가스로 다공물질과 아세톤, 디메틸포름아미드(DMF) 등 가스를 잘 녹이는 용재에 넣어 용해시켜 저장하는 가스
   ② 연소성에 따른 분류
      ㉠ 가연성가스 : 공기 중에서 연소하는 가스로서 폭발한계의 하한이 [⑥][%] 이하인 것과 폭발한계의 상한과 하한의 차가 [⑥][%] 이상인 것
      ㉡ [⑦]가스 : 자기 스스로 연소하지 못하고, 다른 물질을 연소시키는 성질이 없는 가스
      ㉢ [⑧]가스 : 다른 가연성물질의 연소나 폭발이 일어날 수 있도록 도움을 주는 가스

참고 액화천연가스(도시가스, LNG)와 액화석유가스(LPG)

구분	액화석유가스(LPG)	액화천연가스(LNG)
주성분	프로판(C_3H_8), 부탄(C_4H_{10})	메탄(CH_4)
상온상압	[⑨ 액체 / 기체] 상태	[⑨ 액체 / 기체] 상태
저장상태	[⑩ 압축 / 액화]가스	[⑩ 압축 / 액화]가스
발열량	[⑪ 작다 / 크다]	[⑪ 작다 / 크다]
끓는점	[⑫ 낮다 / 높다]	[⑫ 낮다 / 높다]
연소속도	[⑬ 늦다 / 빠르다]	[⑬ 늦다 / 빠르다]
증기비중	공기보다 [⑭ 가볍다 / 무겁다]	공기보다 [⑭ 가볍다 / 무겁다]
가스누설경보기의 탐지부	[⑮ 바닥 / 천장]으로부터 30cm 이내	[⑮ 바닥 / 천장]으로부터 30cm 이내
비고	• 액체상태에서는 물보다 [⑯ 가볍다. / 무겁다.] • LNG보다 액화시키기 [⑰ 쉽다. / 어렵다.] • 무색, 무취이므로 누설 시 쉽게 인지할 수 있도록 [⑱]를 첨가한다.	• 액체상태에서는 물보다 [⑲ 가볍다. / 무겁다.] • 무색, 무취이므로 누설 시 쉽게 인지할 수 있도록 [⑳]를 첨가한다.

9. 주방화재(K급 화재)

1) 정의 및 특징
   ① 주방에서 [㉑]를 취급하는 조리기구에서 일어나는 화재를 말한다.
   ② [㉒]과 [㉒]의 온도차이가 거의 없고, [㉓]이 [㉔]보다 낮아 비점 이하의 온도에서 재발화가 가능하다.
   ③ 유류화재는 유면상의 화염을 제거하면 소화가 되지만, 식용유 화재는 유면상의 화염을 제거하여도 식용유의 온도가 발화점 이상이므로 곧바로 [㉕]한다.

2) 소화
   ① [㉖]소화와 동시에 [㉖]소화를 하여야 한다.
   ② 주로 [㉗]소화약제 및 [㉗] 소화기를 사용하여 소화한다.

📖 참고 동식물유(건성유, 반건성유, 불건성유)

구분	요오드값	예시물질
건성유	[㉘]	해바라기유, 동유, 정어리유, 아마인유, [㉛]
반건성유	[㉙]	콩기름, 목화씨유, [㉜], 채종유
불건성유	[㉚]	올리브유, 야자유, [㉝]

10. 산림화재

① [㉞] : 나무의 가지 또는 잎에서 화재가 발생
② [㉟] : 나무의 줄기에서 화재가 발생
③ [㊱] : 산림의 지면에 떨어져 있는 낙엽이나 관목에서 화재가 발생 (습도가 50% 이하일 때 소나무, 삼나무, 편백나무 등에서 잘 발생)
④ [㊲] : 산림 지중에 있는 유기물에서 화재가 발생
⑤ [㊳] : 불씨가 바람에 날아가 화재가 발생

11. 플라스틱 화재

1) 열가소성 플라스틱
   ① 열을 가했을 때 유연하게 되고 온도를 더 올리면 녹고, 온도를 충분히 낮추면 고체상태로 되돌아 가는 플라스틱이다.
   ② 재사용이 [㊴ 가능한 / 불가능한] 플라스틱이다.
   ③ [㊵ 저에너지 / 고에너지] 화재로 [㊵ 훈소 / 불꽃연소]를 하는 특징을 가진다.
   ④ 예시 : 폴리에틸렌, 폴리프로필렌, 폴리스티렌, [㊶] 등

🏠 **정답**

① 유류 ② 제거 ③ 낮은, 기체 ④ 높은, 액체 ⑤ 용해가스 ⑥ 10, 20 ⑦ 불연성 ⑧ 조연성 ⑨ 기체, 기체 ⑩ 액화, 액화 ⑪ 크다, 작다 ⑫ 높다, 낮다 ⑬ 늦다, 빠르다 ⑭ 무겁다, 가볍다 ⑮ 바닥, 천장 ⑯ 가볍다. ⑰ 쉽다. ⑱ 부취제 ⑲ 가볍다. ⑳ 부취제 ㉑ 동식물유 ㉒ 인화점, 발화점 ㉓ 발화점 ㉔ 비점 ㉕ 재발화 ㉖ 질식, 냉각 ㉗ 제1종 분말, 강화액 ㉘ 130 이상 ㉙ 100 ~ 130 ㉚ 100 미만 ㉛ 들기름 ㉜ 참기름 ㉝ 피마자유 ㉞ 수관화 ㉟ 수간화 ㊱ 지표화 ㊲ 지중화 ㊳ 비화 ㊴ 가능한 ㊵ 고에너지, 불꽃연소 ㊶ 폴리염화비닐(염화비닐수지)

2) 열경화성 플라스틱
① 열을 가한 뒤 한번 굳어지고 나면 다시 열을 가해도 다른 모양으로 변형할 수 없는 플라스틱이다.
② 재사용이 [① 가능한 / 불가능한] 플라스틱이다.
③ [② 저에너지 / 고에너지] 화재로 [② 훈소 / 불꽃연소]를 하는 특징을 가진다.
④ 예시 : 페놀수지, 요소수지, 멜라민수지, [③] 등

12. 훈소(Smoldering)
1) 정의
① 다공질 연료의 표면에서 느린 [④ 저온 / 고온]의 [④ 무염 / 유염]연소로서 독성가스(HCN, CO 등)를 다량으로 방출한다.
② 공간의 밀폐로 산소의 양이 부족하거나 바람에 의해 그 농도가 떨어진 경우 발생할 수 있다.

2) 특징
① 느린 연소속도 : 1 ~ 5[mm/min], [⑤] ~ [⑤][cm/s]
② [⑥ 낮은 / 높은] 온도 : 400 ~ 1,000[℃]
③ 발연량 : [⑦ 낮다. / 매우 높다.]
④ 무염연소 : 연쇄반응을 [⑧ 한다. / 하지 않는다.]
⑤ 연기입자 : 크기가 [⑨ 작고 / 크고], 다량의 [⑨]계 연기가 발생한다.
⑥ 유염연소로의 발전가능성 : 산소공급이 증가하는 등 조건에 따라 불꽃연소로 [⑩ 발전할 수 없다. / 발전할 수 있다.]

📖 **참고** 표면연소와 훈소

구분	표면연소	훈소
공통점	불꽃이 [⑪ 없다 / 있다] (연쇄반응을 [⑪ 한다 / 하지 않는다])	
가연성 증기	[⑫ 발생하지 않는다 / 발생한다]	[⑬ 발생하지 않는다 / 발생한다]
불꽃연소의 발전가능성	[⑭ 불가능 / 가능]	[⑮ 불가능 / 가능]
가연물의 종류	숯, 목탄, 금속분, 코크스	나무, 섬유, 고무류

13. 기타화재
1) 지하구의 화재
① 전력·통신용의 [⑯]이나 가스·냉난방용의 [⑯] 또는 이와 비슷한 것을 집합수용하기 위하여 설치한 지하 인공구조물로서 사람이 점검 또는 보수를 하기 위하여 출입이 가능한 것 중 다음의 어느 하나에 해당하는 것
  ㉠ 전력 또는 통신사업용 지하 인공구조물로서 전력구(케이블 접속부가 없는 경우는 제외한다) 또는 통신구 방식으로 설치된 것
  ㉡ ㉠외의 지하 인공구조물로서 폭이 [⑰][m] 이상이고 높이가 [⑰][m] 이상이며 길이가 [⑰][m] 이상인 것
② 「국토의 계획 및 이용에 관한 법률」 제2조 제9호에 따른 공동구

2) 고층, 준초고층 및 초고층건축물의 화재

구분	정의
고층건축물	층수가 [⑱]층 이상이거나 높이가 [⑱][m] 이상인 건축물
준초고층건축물	층수가 [⑲]층 이상 [⑲]층 이하이거나 높이가 [⑲][m] 이상 [⑲][m] 미만인 건축물
초고층건축물	층수가 [⑳]층 이상 또는 높이가 [⑳][m] 이상인 건축물

제2장 실내건축물의 구획실 화재

📖 기본서 p.109

1. 실내건축물의 구획실 화재 진행단계

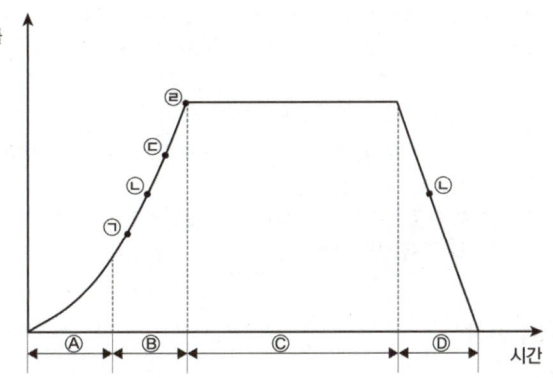

ㄱ : [㉑], ㄴ : [㉒], ㄷ : [㉓], ㄹ : [㉔]
Ⓐ : [㉕], Ⓑ : [㉖], Ⓒ : [㉗], Ⓓ : [㉘]

구간	단계	단계별 특징
Ⓐ	화재초기 (발화기, 제1성장기)	① 가연물의 가열로부터 발화에 이르는 초기 단계로 [㉙]연소를 시작하는 시기이며, 다른 동으로의 연소위험은 없다. ② 다량의 [㉚ 백색 / 검은색] 연기가 발생한다. ③ 산소공급이 부족하는 등 경우에 따라 [㉛]화재가 발생할 수 있다. ④ 주로 [㉜], [㉜]를 통해 온도를 상승시킨다.
Ⓑ	성장기 (중기, 제2성장기)	① 플래시오버(F.O.) 이전까지 화재가 급격히 성장하는 단계이다. ② [㉝ 서서히 성장 / 급격한 상황]의 변화가 발생하는 시기이다. ③ 건물이 인접해 있는 경우 다른 동으로의 연소위험이 있는 시기이다. ④ 일반적으로 공기의 공급이 충분한 [㉞ 연료지배형 / 환기지배형] 화재를 나타낸다. ⑤ 연기의 색상은 [㉟ 백색 / 검은색]을 나타내며, 연기의 농도가 [㉟ 옅다. / 짙다.] ⑥ 주로 [㊱], [㊱]를 통해 온도를 상승시킨다. ⑦ 재실자의 피난이 [㊲ 시작 / 완료]되어야 하는 시기이다. ⑧ 최성기 직전 단계로 폭발적인 연소 확대 현상인 [㊳]가 발생한다. ⑨ 화재성장속도 $$Q = \alpha t^2$$ 여기서, Q : 열방출량[kW], α : 물품종류별 상수, t : 발화 후 지속시간[s]

속도	위험도	1MW 도달시간
Ultra fast	최대	[㊴]초
Fast	대	[㊵]초
Medium	중	[㊶]초
Slow	소	[㊷]초

🔔 정답

① 불가능한 ② 저에너지, 훈소 ③ 폴리우레탄 ④ 저온, 무염 ⑤ 0.001, 0.01 ⑥ 낮은 ⑦ 매우 높다. ⑧ 하지 않는다. ⑨ 크고, 액체미립자 ⑩ 발전할 수 있다. ⑪ 없다, 하지 않는다 ⑫ 발생하지 않는다 ⑬ 발생한다 ⑭ 불가능 ⑮ 가능 ⑯ 전선, 배관 ⑰ 1.8, 2, 50 ⑱ 30, 120 ⑲ 30, 49, 120, 200 ⑳ 50, 200 ㉑ 플레임오버 ㉒ 백드래프트 ㉓ 롤오버 ㉔ 플래시오버 ㉕ 화재초기(발화기, 제1성장기) ㉖ 성장기(중기, 제2성장기) ㉗ 최성기 ㉘ 감쇠기(감퇴기, 종기) ㉙ 독립 ㉚ 백색 ㉛ 훈소성 ㉜ 전도, 대류 ㉝ 급격한 상황 ㉞ 연료지배형 ㉟ 검은색, 짙다 ㊱ 대류, 복사 ㊲ 완료 ㊳ 플래시오버 ㊴ 75 ㊵ 150 ㊶ 300 ㊷ 600

ⓒ	최성기	① 연소가 가장 [①] 시기로 천장이나 벽 등 구조물의 낙하가 발생할 위험이 있는 단계이다. ② 연기의 분출속도는 빠르며 [②]은 감소되고 [②]이 거세지는 단계이다. ③ 대체적으로 [③]가 녹는 단계이다. ④ 가연물은 [④ 최소 / 최대] 발열량을 나타내는 시기이다. ⑤ 일반적으로 공기의 공급이 부족한 [⑤ 연료지배형 / 환기지배형] 화재를 나타낸다. ⑥ 산소가 부족하여 연소되지 않은 가스가 [⑥ 소량 / 다량] 발생한다. ⑦ [⑦]로 인해 인접건물에 연소확대의 우려가 있다.
ⓓ	감쇠기 (감퇴기, 쇠퇴기, 종기)	① 시간에 따라 열방출속도(열발산율)가 [⑧ 감소 / 증가]하는 단계이다. ② 연기의 색상은 [⑨ 백색 / 검은색]이다. ③ 지붕, 벽체, 대들보, 기둥이 무너지고 다른 곳으로 연소위험은 [⑩ 없는 / 있는] 단계이다. ④ 급격한 공기의 유입이 발생할 경우 [⑪]의 위험이 있다.

2. 실내건축물의 구획실 화재 특수현상

1) 플래시오버(Flash over, F.O.)

① 플래시오버의 개요

구분	내용
정의	구획실 내 가연성 재료의 전표면이 불로 덮이는 현상
발생시기	화재의 성장기 [⑫ 시작 / 끝]
특징	① [⑬]연소에서 구획실의 [⑬] 화재로 번지는 현상이다. ② [⑭]화재 또는 [⑭]연소라고도 한다. ③ [⑮ 연료지배형 / 환기지배형] 화재에서 [⑮ 연료지배형 / 환기지배형] 화재로 전이되는 시기이다. ④ 재실자의 [⑯]을 나타내는 현상이다. ⑤ [⑰ 연소파 / 충격파]는 발생하지 않고 [⑰ 연소파 / 충격파]만 발생한다. ⑥ 플래시오버 시점에서 실내의 온도는 약 [⑱] ~ [⑱][℃]가 된다.
발생과정	① 가연물의 착화 및 열분해 ② 대류현상으로 구획실 천장 아래 고온가스 축적[[⑲] 관찰] ③ 화염의 복사강도(약 20kW/m² 초과) 증가 ④ 미연소 가연물의 온도상승 및 발화점 도달 ⑤ 화염의 전면 확대
발생징후	① [⑳]가 관찰된다. ② [㉑ 저온 / 고온]의 연기가 발생하며, [㉑ 옅은 / 진한] 연기가 천장 아래에 쌓인다. ③ 일정 공간 내에서의 반복적으로 열이 집적되어 다른 물질의 동시 가열이 발생한다. ④ 일정 공간 내에서의 전면적인 [㉒ 훈소 / 자유연소]가 관찰된다.

📖 참고 롤오버(Roll over)

① 연소과정에서 발생된 가연성가스가 공기 중 산소와 혼합되어 천장부분에 집적된 상태에서 발화온도에 도달하여 발화함으로서 화재의 [㉓]이 매우 빠르게 확대되어 가는 현상
② 화재가 발생한 장소(공간)의 출입구 바로 바깥쪽 복도 천장에서 연기와 산발적인 화염이 굽이쳐 흘러가는 현상을 지칭하는 소방현장 용어이다.

구분	플래시오버(Flash over)	롤오버(Roll over)
복사열	[㉔ 약하다 / 강하다]	[㉔ 약하다 / 강하다]
확대범위	[㉕ 서서히 / 일순간] 전체 공간으로 확대된다.	화염 [㉖]이 주변공간으로 확대된다.
확산매개체	공간 내 모든 가연물이 [㉗ 차례로 / 동시에] 발화한다.	상층부의 고온의 가연성 증기가 발화한다.

② 플래시오버의 영향인자 및 지연대책

구분		내용
영향인자	내장재료	① "불연재료 < 준불연재료 < 난연재료 < 일반재료 < 가연재료" 순으로 갈수록 플래시오버의 발생시기가 [㉘ 느려진다. / 빨라진다.] ② [㉙]의 마감재보다 [㉙]가 플래시오버에 대한 영향이 크다. ③ 열전도율이 [㉚ 작을수록 / 클수록] 열축적에 유리하므로 플래시오버의 발생시기가 빨라진다.
	개구율	① 개구부의 크기가 [㉛ 작을수록 / 클수록] 플래시오버의 발생시기가 빨라진다. ② 개구율이 [㉜] ~ [㉜] 정도일 때 가장 빠르게 나타난다.
	발열량	① 가연물의 발열량이 [㉝ 작을수록 / 클수록] 플래시오버의 발생시기가 빨라진다.
	구획실	① [㉞ 소규모 / 대규모]보다 [㉞ 소규모 / 대규모] 공간에서 플래시오버는 빠르게 발생한다. ② 구획실의 규모가 [㉟ 작고 / 크고] 층고가 [㉟ 낮을수록 / 높을수록] 빠르게 발생한다.
	점화원	① 점화원의 크기가 [㊱ 작을수록 / 클수록] 빠르게 발생한다. ② 점화원의 위치가 "중앙바닥 [㊲ > / <] 벽 [㊲ > / <] 모서리" 순으로 화염의 길이가 길어지므로 플래시오버의 발생시기는 빨라진다.
지연대책	내장재료	① 천장, 벽 등의 내장재료를 [㊳]하여 플래시오버의 발생시기를 늦춘다.
	개구율	① 개구부의 크기를 [㊴]하여 플래시오버의 발생시기를 늦춘다.
	발열량	① 가연물의 양을 제한하여 플래시오버의 발생시기를 늦춘다. ② 가연물을 [㊵] 또는 [㊵]하여 플래시오버의 발생시기를 늦춘다.
	구획실	① 구획실의 크기를 [㊶ 축소 / 확대]하고 층고를 [㊶ 낮춘다. / 높인다.]
	점화원	① 발화 즉시 자동식 소화설비 등으로 화원의 크기를 제한한다.

③ 플래시오버의 대응전술

대응전술	내용
[㊷]	창문 등을 개방하여 배연(환기)함으로써, 공간 내부에 쌓인 열을 방출시켜 플래시오버(Flashover)를 지연시킬 수 있으며 가시성 또한 향상시킬 수 있다.
[㊸]	배연(환기)과 반대로 개구부(창문)을 닫아 산소를 감소시킴으로써 연소 속도를 줄여 지연 시킬 수 있다. 이 방법은 관창호스 연결이 지연되거나 모든 사람이 대피했다는 것이 확인된 경우, 적합한 방법이다.
[㊹]	분말소화기 등 이동식 소화기를 분사하여 화재를 완전하게 불가능하나, 일시적으로 온도를 낮출 수 있으며, Flashover를 지연시키고 관창호스를 연결할 시간을 벌수 있다.

🏠 정답

① 격렬한 ② 연기량, 화염 ③ 유리 ④ 최대 ⑤ 환기지배형 ⑥ 다량 ⑦ 복사열 ⑧ 감소 ⑨ 백색 ⑩ 없는 ⑪ 백드래프트 ⑫ 끝 ⑬ 국부, 전체
⑭ 전실, 순발 ⑮ 연료지배형, 환기지배형 ⑯ 피난한계점 ⑰ 충격파, 연소파 ⑱ 800, 900 ⑲ 롤오버(Roll over) ⑳ 롤오버(Roll over) ㉑ 고온, 진한
㉒ 자유연소 ㉓ 선단부분 ㉔ 강하다, 약하다 ㉕ 일순간 ㉖ 선단부분 ㉗ 동시에 ㉘ 빨라진다. ㉙ 벽, 천장재 ㉚ 작을수록 ㉛ 클수록 ㉜ 1/3, 1/2
㉝ 클수록 ㉞ 대규모, 소규모 ㉟ 작고, 낮을수록 ㊱ 클수록 ㊲ <, < ㊳ 불연화 ㊴ 제한 ㊵ 불연화, 난연화 ㊶ 확대, 높인다. ㊷ 배연지연법
㊸ 공기차단지연법 ㊹ 냉각지연법

2) 백드래프트(Back draft, B.D.)

① 백드래프트의 개요

구분	내용
정의	실내에 공기의 부족으로 [① 훈소 / 자유연소] 상태에 있을 때, [②]의 급격한 유입으로 실내에 축적된 가연성 가스가 [③ 단시간 / 장시간]에 연소·폭발하는 현상
발생 시기	[④]와 [④]
특징	① "[⑤]"이라고도 한다. ② [⑥ 완전 / 불완전]연소 상황에서 [⑥]의 급격한 유입으로 발생한다. ③ 농연의 분출, 파이어볼(Fire Ball)의 형성, 구조물의 붕괴 등을 초래한다.
발생 과정	① 화재의 성장기 이후 [⑦ 연료지배형 / 환기지배형] 화재이므로 [⑦ 연료량 / 산소량]이 감소한다. ② [⑧ 완전 / 불완전]연소로 생성된 [⑧ 저온 / 고온]의 가연성 가스가 증가한다. ③ 소방관이 문을 개방하는 등 급격한 [⑨]의 유입이 발생한다. ④ 가연성 가스의 폭발 또는 급격히 연소가 확대된다.
발생 징후	**건물 외부 관찰** ① 연기가 균열된 틈이나 작은 구멍을 통하여 빠져나오고 건물 안으로 연기가 [⑩] 현상이 발생한 경우 ② 화염은 보이지 않으나 창문이나 문이 [⑪ 식은 / 뜨거운] 경우 ③ 유리창의 안쪽으로 타르와 유사한 기름 성분의 물질이 흘러내리는 경우 ④ 창문을 통해 보았을 때 건물 내에서 연기가 [⑫]치고 있는 경우 **건물 내부 관찰** ① 압력차로 인해 공기가 내부로 빨려 들어가는 듯한 특이한 소리([⑬]와 유사)가 들리는 경우 ② 연기가 건물 내로 되돌아가거나 맴도는 경우 ③ 연기가 아주 빠르게 [⑭]치는 경우 ④ [⑮ 훈소 / 자유연소] 상태에 있는 [⑮ 식는 / 뜨거운] 화재인 경우 ⑤ [⑯]공급의 감소로 [⑯ 약화 / 강화]된 불꽃이 관찰될 경우

② 백드래프트의 방지대책

구분		내용
방지대책	폭발력 억제	개구부의 [⑰ 최소한 / 최대한] 개방으로 급격한 공기의 유입을 방지한다.
	격리	구획실을 격리하여 [⑱]으로 저하될 때까지 대기한다.
	소화	소화수를 방수하여 실내의 온도를 최대한 [⑲] 뒤 진입한다.
	환기	화재실의 창문을 파괴하여 [⑳]로 화염을 분출한다.

③ 백드래프트의 대응전술

대응전술	내용
[㉑]	연소중인 건물 지붕 채광창을 개방하여 환기시키는 것은 백드래프트(Backdraft)의 위험으로부터 소방관을 보호할 수 있는 가장 효과적인 방법 중 하나이다.
[㉒]	화재가 발생된 밀폐 공간의 출입구에 완벽한 보호 장비를 갖춘 집중 방수팀을 배치하고 출입구를 개방하는 즉시 바로 방수함으로써 폭발 직전의 기류를 급냉시키는 방법이다.
[㉓]	이것은 화재가 발생된 밀폐 공간의 개구부인근에서 이용 가능한 벽 뒤에 숨어 있다가 출입구가 개방되자마자 개구부 입구를 측면 공격하고, 화재 공간에 집중 방수함으로써 백드래프트(Backdraft) 현상을 방지하는 방법이다.

3) 플래시오버(F.O.)와 백드래프트(B.D.)의 비교

구분	플래시오버(Flash over)	백드래프트(Back draft)
화재발생단계	[㉔]의 마지막이자 [㉔]의 시작점	[㉕], [㉕]
악화요인	[㉖ 급격한 산소공급 / 복사열의 축적]	[㉗ 급격한 산소공급 / 복사열의 축적]
발생빈도	[㉘ 적다 / 많다]	[㉙ 적다 / 많다]
폭발성	[㉚ × / ○]	[㉛ × / ○]
산소의 공급	산소공급 [㉜ 부족 / 원활]	산소공급 [㉝ 부족 / 원활]
연소형태	[㉞ 훈소 / 자유연소] 또는 [㉞ 완전 / 불완전]연소	[㉟ 훈소 / 자유연소] 또는 [㉟ 완전 / 불완전]연소
진압전술	[㊱], [㊱], [㊱]	[㊲], [㊲], [㊲]

3. 연료지배형 화재와 환기지배형 화재

1) 연료지배형 화재
   ① 주로 [㊳]에서 발생하며, [㊴ 연료량 / 환기량]보다 [㊴ 연료량 / 환기량]이 많은 것을 의미한다.
   ② [㊵ 개방된 / 밀폐된] 공간 또는 큰 [㊵ 개방형 / 밀폐형] 창문 건물에서 발생한다.
   ③ 연소속도는 "[㊶ 연료량 / 환기량]"에 의해서 결정된다.

2) 환기지배형 화재
   ① 주로 [㊷]에서 발생하며, [㊸ 연료량 / 환기량]보다 [㊸ 연료량 / 환기량]이 많은 것을 의미한다.
   ② [㊹], [㊹] 또는 [㊹ 소규모 / 대규모] 창문 건물에서 발생한다.
   ③ 연소속도는 "[㊺ 연료량 / 환기량]"에 의해서 결정된다.
   ④ 다량의 [㊻] 가스가 존재한다.
   ⑤ 구획실에서 발생한 경우 [㊼]의 위험이 있다.

> 📖 **참고** 환기계수(환기인자, Ventilation Parameter)
>
> ① 정의 : 화재실에 유입되거나 유출되는 공기의 양을 의미한다.
> ② 산정식 : [㊽](여기서, A : 개구부의 면적[m²], H : 개구부의 높이[m])
> ③ 영향요소
>   ㉠ 연료지배형 화재는 환기인자와 [㊾]하다.
>   ㉡ 환기지배형 화재는 환기인자가 클수록 연소속도가 [㊿ 느려진다. / 빨라진다.] (환기인자와 연소속도는 [51 비례 / 반비례]한다.)
>   ㉢ 환기계수가 커지면 화재실의 온도는 [52 하강 / 상승]하고, 화재지속시간은 [52 짧아진다. / 길어진다.]

🏠 **정답**

① 훈소 ② 공기 ③ 단시간 ④ 성장기, 감쇠기 ⑤ 소방관 살인현상 ⑥ 불완전, 산소 ⑦ 환기지배형, 산소량 ⑧ 불완전, 고온 ⑨ 공기 ⑩ 빨려 들어가는 ⑪ 뜨거운 ⑫ 소용돌이 ⑬ 호각소리 ⑭ 소용돌이 ⑮ 훈소, 뜨거운 ⑯ 산소, 약화 ⑰ 최소한 ⑱ 자연적 ⑲ 낮춤 ⑳ 옥외 ㉑ 배연(지붕환기)법 ㉒ 급냉(담금질)법 ㉓ 측면공격법 ㉔ 성장기, 최성기 ㉕ 성장기, 감쇠기 ㉖ 복사열의 축적 ㉗ 급격한 산소공급 ㉘ 많다 ㉙ 적다 ㉚ × ㉛ ○ ㉜ 원활 ㉝ 부족 ㉞ 자유연소, 완전 ㉟ 훈소, 불완전 ㊱ 배연지붕법, 공기차단법, 냉각지연법 ㊲ 배연(지붕환기)법, 급냉(담금질)법, 측면공격법 ㊳ 성장기 ㊴ 연료량, 환기량 ㊵ 개방된, 개방형 ㊶ 연료량 ㊷ 최성기 ㊸ 환기량, 연료량 ㊹ 지하층, 무창층, 소규모 ㊺ 환기량 ㊻ 가연성 ㊼ 백드래프트 ㊽ $A\sqrt{H}$ ㊾ 무관 ㊿ 빨라진다. 51 비례 52 상승, 짧아진다.

제3장 목조건축물과 내화건축물의 화재

1. 목조건축물의 화재

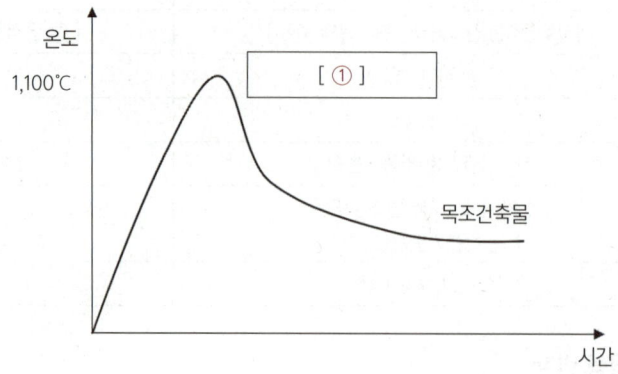

1) 목조건축물의 화재특징
   ① 화재의 형태 : [② 연료지배형 / 환기지배형] 화재(공기공급 [② 부족 / 원활])
   ② 화재의 특징 : [③ 고온단기 / 고온장기 / 저온단기 / 저온장기]형
   ③ 최성기 도달온도 : [④] ~ [④]℃
   ④ 화재시간 : 약 30 ~ 40분
   ⑤ 복사열 : 화염의 분출면적이 [⑤ 작고 / 크고] [⑤]이 커서 접근하기 어렵다.
   ⑥ 바람 : 바람의 세기가 강할수록 [⑥ 풍하측 / 풍상측]으로 연소확대가 빠르다. 또한, 화재 최성기 이후 [⑦]에 의한 화재확대의 위험성이 높다.
   ⑦ 습도 : 습도가 [⑧ 낮을수록 / 높을수록] 연소확대가 빠르다.
   ⑧ 화재성장 : [⑨ 종 / 횡]방향보다 [⑨ 종 / 횡]방향의 화재성장이 빠르다.

2) 목조건축물의 화재원인

구분	내용
[⑩]	화염이 직접 접촉하여 화재가 발생하는 경우
[⑩]	불티가 날려 먼 거리의 가연물이 연소하는 경우
[⑩]	매질 없이 전자파의 형태로 열이 전달되어 원거리 발화가 발생하는 경우

3) 목조건축물의 화재진행과정
   ① [⑪] : 가연물이 불꽃 없이 연소하는 시기이다.
   ② [⑫] : 무염착화로 연소하는 가연물에 산소가 공급되면서 불꽃을 발생시키며 연소하는 시기이다.
   ③ 출화

[⑬ 옥내출화 / 옥외출화] 시기	[⑭ 옥내출화 / 옥외출화] 시기
• 천장 또는 벽 속에서 발염착화 하는 경우 • 불연천장이나 불연벽체의 경우 실내의 뒷면에서 발염착화 하는 경우 • 가옥구조의 천장면에서 발염착화 하는 경우	• 창, 개구부 등에서 발염착화 하는 경우 • 외부의 벽 또는 지붕 등에서 발염착화 하는 경우

   ④ [⑮] : 연기의 색상이 백색에서 흑색으로 변하는 시기이며, 최고온도는 약 1,300℃에 도달하는 시기이다. 개구부가 파괴되어 공기가 공급되면서 급격한 연소가 이루어지며 연기가 개구부로 분출되는 시기이다.
   ⑤ [⑯] : 천장, 지붕, 벽 등이 무너져 내리면서 화세가 약해지는 시기이다.

📖 참고 목재의 발화과정 및 특징

① 목재의 외관
  • 크기 : 작고 얇을수록, [⑰ 각진 / 둥근] 것일수록 산소와 접촉면적이 증가하므로 연소용이
  • 표면 : [⑱ 거친 / 매끄러운] 것이 산소접촉면적이 증가하므로 연소용이
  • (가연성) 페인트 : [⑲ 칠한 / 칠하지 않은] 것이 연소용이
  • 색상 : 백색보다 [⑳ 백색 / 흑색]인 것이 열을 축적하기 쉬우므로 연소용이
② 목재의 수분함유량 : 함수율이 [㉑][%] 이상일 경우 고온에 장시간 접촉 시에도 착화불가
③ 목재의 열전도율 : 열전도율이 [㉒ 작아 / 커] 연소용이
④ 목재의 열팽창률 : 열팽창률이 [㉓ 작아 / 커] 일반 콘크리트건물에 비해 붕괴확률 낮음
⑤ 목재의 밀도 : [㉔ 저밀도 / 고밀도]의 목재가 [㉔ 저밀도 / 고밀도]의 목재보다 연소용이

2. 내화건축물의 화재

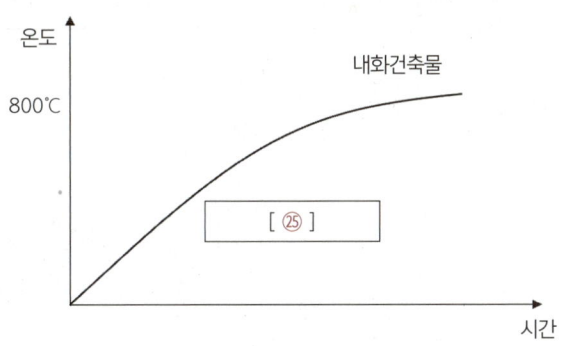

1) 내화건축물의 화재특징
   ① 화재의 형태 : [㉖ 연료지배형 / 환기지배형] 화재(공기공급 [㉖ 부족 / 원활])
   ② 화재의 특징 : [㉗ 고온단기 / 고온장기 / 저온단기 / 저온장기]형
   ③ 최성기 도달온도 : [㉘] ~ [㉘][℃]
   ④ 화재시간 : 약 2 ~ 3시간

2) 내화건축물의 화재진행과정

0단계	→	1단계	→	2단계	→	3단계	→	4단계	→	5단계
화재원인		화재초기 (발화)		[㉙]		[㉚]		[㉛]		진화

🏠 정답

① 고온단기형 ② 연료지배형, 원활 ③ 고온단기 ④ 1100, 1300 ⑤ 크고, 복사열 ⑥ 풍하측 ⑦ 비화 ⑧ 낮을수록 ⑨ 횡, 종 ⑩ 접염, 비화, 복사열
⑪ 무염착화 ⑫ 발염착화 ⑬ 옥내출화 ⑭ 옥외출화 ⑮ 최성기 ⑯ 연소낙하 ⑰ 각진 ⑱ 거친 ⑲ 칠한 ⑳ 흑색 ㉑ 15 ㉒ 작아 ㉓ 작아
㉔ 저밀도, 고밀도 ㉕ 저온장기형 ㉖ 환기지배형, 부족 ㉗ 저온장기 ㉘ 800, 1000 ㉙ 성장기(중기) ㉚ 최성기 ㉛ 감쇠기(감퇴기)

참고 폭렬현상(= 폭열현상, Spalling)

① 정의
- 고강도 콘크리트의 화재 시 온도상승으로 내부 [①]가 팽창되면서 균열이 일어나 박리되는 현상으로 콘크리트 성분의 열분해(칼슘시리케이트 수화생성물 → 수산화칼슘, 생석회, 물 등으로 분해)로 인한 [②]가 저하되며 발생한다.
- 화재 시 콘크리트의 [③] 및 [③] 변화에 의해 발생하는 현상이다.
- 콘크리트의 [④] 보다 물의 [④]이 클 때 폭렬현상이 발생한다.

② 영향인자
- 고강도 콘크리트일수록 조직이 [⑤]하여 일반 콘크리트보다 발생하기 쉽다.
- 화재의 강도가 [⑥ 작을수록 / 클수록] 발생하기 쉽다.
- 화재의 지속시간이 [⑦ 짧을수록 / 길수록] 발생하기 쉽다.
- 콘크리트가 물을 [⑧ 적게 / 많이] 함유할수록 부피팽창에 의해 발생하기 쉽다.

③ 방지대책
- 온도[⑨ 하강 / 상승]의 저감 : 내화피복, 내화도료 등 부착 및 설치
- 내부 [⑩]의 배출 : 유리섬유 등을 콘크리트에 혼입시켜 섬유가 고온에 녹은면 콘크리트에 공극을 만들어 내부의 고압 증기를 배출

제4장 화재의 용어

📖 기본서 p.121

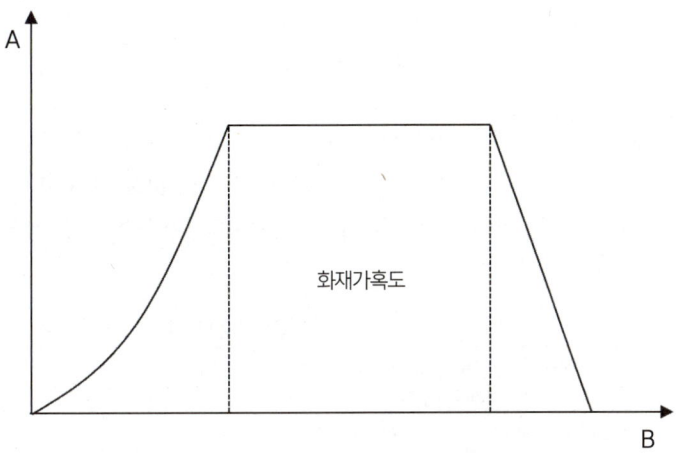

A : [⑪], [⑪]
B : [⑫], [⑫]

1. 화재가혹도(화재심도)

1) 정의
   ① 건축물 내부의 수용재산 등을 파괴하거나 손상을 입히는 정도를 의미하는 것으로 화재로 인한 [⑬]를 말한다.
   ② 화재가혹도가 클수록 [⑭]가 커지는 것을 의미하며, 규모에 따른 적절한 소화시스템을 적용하여야 한다.

2) 관련식

   화재가혹도 = [⑮]×[⑮] = [⑯]×[⑯]
   주수량[l/m^2] = [⑰]×[⑰]

3) 화재가혹도 저감대책
   ① [⑱] : 방화벽이나 건물 주요구조부가 화재가혹도에 얼마나 견디는지를 나타내는 내화능력이다.
   ② 소화용수 : 화재강도가 크면 주수율을 [⑲ 낮춰야 / 높여야] 하고, 화재하중이 크면 주수시간이 [⑳ 짧아져야 / 길어져야] 한다. 즉, 화재가혹도를 줄이기 위해서는 주수율과 주수시간을 [㉑ 낮춰야 / 높여야] 한다.

🔔 **정답**
① 수증기 ② 압축강도 ③ 물리적, 화학적 ④ 인장강도, 수증기압 ⑤ 치밀 ⑥ 클수록 ⑦ 길수록 ⑧ 많이 ⑨ 상승 ⑩ 수증기압 ⑪ 최고온도, 화재강도 ⑫ 지속시간, 화재하중 ⑬ 피해정도 ⑭ 피해규모 ⑮ 최고온도, 지속시간 ⑯ 화재강도, 화재하중 ⑰ 주수율, 주수시간 ⑱ 화재저항 ⑲ 높여야 ⑳ 길어져야 ㉑ 높여야

2. 화재강도(Fire Intensity)

1) 정의

$$화재강도 = \frac{[①]}{시간} = \frac{[②]-[②]}{시간}$$

① 화재실의 단위 시간당 [③]되는 열의 양을 의미한다.
② 구획실 화재 시 [④]로서 화재의 [⑤ 양적 / 질적] 개념을 가지는 것을 의미한다.
③ 화재강도가 클 경우 열축적량이 많아지는 것을 의미하므로 [⑥]이 높아져야 한다.

2) 영향요소

구분	화재강도의 영향요소
가연물	① 발열량이 [⑦ 작을수록 / 클수록] 화재강도가 커진다. ② 비표면적 [⑧ 작을수록 / 클수록] 화재강도가 커진다. ③ 가연물의 배열상태에 따라 화재강도가 영향을 받는다.
연소속도	연소의 진행속도가 [⑨ 느릴수록 / 빠를수록] 화재강도가 커진다.
공기공급	개구부의 크기가 [⑩ 작을수록 / 클수록] 공기공급이 [⑩ 부족 / 원활]하여 화재강도가 커진다.
건물구조	벽, 바닥, 천장 등의 구조가 단열성 및 밀폐성이 좋을수록 화재강도가 [⑪ 작아진다. / 커진다.]

3. 화재하중(Fire Load)

1) 정의

① 단위면적당 가연물의 총량을 [⑫]를 기준으로 환산한 무게로서 가연물의 양과 [⑬]의 [⑬ 양적 / 질적] 개념을 가지는 것을 말한다.
② 단위면적당 [⑭]의 발열량 및 화재의 위험성을 의미한다.
③ 화재하중이 클 경우 연소시간이 길어지므로 [⑮]이 길어져야 한다.

2) 관련식

$$q[kg/m^2] = [⑯] = [⑰]$$

여기서, q : 화재하중[kg/m²], $\sum G_i$: 가연물의 양[kg], H_i : 단위중량당 발열량[kcal/kg],
H : 목재의 단위중량당 발열량[[⑱][kcal/kg]], A : 화재실의 바닥면적[m²], $\sum Q_t$: 화재실 내 가연물의 전체 발열량[kcal]

> **참고** 온도인자와 (지속)시간인자
>
> ① 온도인자 = $\dfrac{[⑲]}{[⑳]}$
>
> ② (지속)시간인자 = $\dfrac{[㉑]}{[㉒]}$

제5장 소방의 화재조사에 관한 법률

📝 기본서 p.123

1. 목적 및 정의

1) **목적 [법 제1조]**

   이 법은 화재예방 및 소방정책에 활용하기 위하여 화재원인, 화재성장 및 확산, 피해현황 등에 관한 [㉓]·[㉓]인 조사에 필요한 사항을 규정함을 목적으로 한다.

2) **정의 [법 제2조]**

구분	내용
화재	사람의 의도에 반하거나 [㉔] 또는 [㉔]에 의하여 발생하는 연소 현상으로서 [㉔]할 필요가 있는 현상 또는 사람의 의도에 반하여 발생하거나 확대된 [㉕ 물리적 / 화학적] 폭발현상을 말한다.
화재조사	[㉖], [㉖] 또는 [㉖]이 화재원인, 피해상황, 대응활동 등을 파악하기 위하여 자료의 수집, 관계인등에 대한 질문, 현장 확인, 감식, 감정 및 실험 등을 하는 일련의 행위를 말한다.
화재조사관	화재조사에 전문성을 인정받아 화재조사를 수행하는 [㉗]을 말한다.
관계인등	화재가 발생한 소방대상물의 [㉘]·[㉘] 또는 [㉘] 및 다음의 사람을 말한다. ① 화재 현장을 [㉙]하고 [㉙]한 사람 ② 화재 현장을 [㉚]한 사람 ③ [㉛]활동을 행하거나 [㉛]활동(유도대피 포함)에 관계된 사람 ④ 화재를 [㉜]시키거나 [㉜]과 관계된 사람

2. 화재조사의 실시

1) **화재조사의 실시 [법 제5조]**

   소방청장, 소방본부장 또는 소방서장(소방관서장)은 [㉝ 소화활동을 시작한 때 / 화재발생 사실을 알게 된 때]에는 지체 없이 화재조사를 하여야 한다. 이 경우 수사기관의 범죄수사에 지장을 주어서는 아니 된다.

2) **화재조사의 내용 [법 제5조]**

   소방관서장은 화재조사를 하는 경우 다음의 사항에 대하여 조사하여야 한다.
   ① 화재[㉞]에 관한 사항
   ② 화재로 인한 인명·재산[㉟]상황
   ③ [㊱]활동에 관한 사항
   ④ [㊲] 등의 설치·관리 및 작동 여부에 관한 사항
   ⑤ 화재발생건축물과 구조물, 화재유형별 [㊳] 등에 관한 사항
   ⑥ 그 밖에 대통령령으로 정하는 사항 [영 제3조]
      → [㊴]의 실시 결과에 관한 사항

🏠 **정답**

① 열축적량 ② 열발생량, 열손실량 ③ 축적 ④ 최고온도 ⑤ 질적 ⑥ 주수율 ⑦ 클수록 ⑧ 클수록 ⑨ 빠를수록 ⑩ 클수록, 원활 ⑪ 커진다.
⑫ 목재 ⑬ 연소시간, 양적 ⑭ 등가가연물 ⑮ 주수시간 ⑯ $\dfrac{\Sigma G_i \cdot H_i}{H \cdot A}$ ⑰ $\dfrac{\Sigma Q_t}{4,500A}$ ⑱ 4500 ⑲ $A\sqrt{H}$, 환기인자 ⑳ A_T, 실내 전표면적
㉑ A_F, 실의 바닥면적 ㉒ $A\sqrt{H}$, 환기인자 ㉓ 과학적, 전문적 ㉔ 고의, 과실, 소화 ㉕ 화학적 ㉖ 소방청장, 소방본부장, 소방서장 ㉗ 소방공무원 ㉘ 소유자, 관리자, 점유자 ㉙ 발견, 신고 ㉚ 목격 ㉛ 소화, 인명구조 ㉜ 발생, 화재발생 ㉝ 화재발생 사실을 알 게 된 때 ㉞ 원인 ㉟ 피해 ㊱ 대응 ㊲ 소방시설 ㊳ 화재위험성 ㊴ 화재안전조사

3) 화재조사의 대상 [영 제2조]

   소방관서장이 화재조사를 실시해야 할 대상은 다음과 같다.

   ① 「소방기본법」에 따른 소방대상물에서 발생한 화재

   ㉠ [①]

   ㉡ [①]

   ㉢ [①]

   ㉣ 인공구조물

   ㉤ 물건

   ㉥ 선박(「선박법」 제1조의2 제1항에 따른 선박으로서 항구에 매어둔 선박만 해당한다.)

   ㉦ 선박 건조 구조물

   ② 그 밖에 소방관서장이 화재조사가 필요하다고 인정하는 화재

4) 화재조사의 내용 및 절차 [영 제3조]

   ① 화재조사의 절차

[②] 조사	화재발생 접수, 출동 중 화재상황 파악 등
화재현장 조사	화재의 발화원인, 연소상황 및 피해상황 조사 등
[③]	감식·감정, 화재원인 판정 등
화재조사 결과 보고	

   ② 소방관서장은 화재조사를 하는 경우 「산림보호법」에 따른 산불 조사 등 다른 법률에 따른 화재 관련 조사가 원활히 수행될 수 있도록 협조해야 한다.

3. 화재조사전담부서의 설치·운영

1) 화재조사전담부서 [법 제6조]

   ① [④]은 전문성에 기반하는 화재조사를 위하여 화재조사전담부서(전담부서)를 설치·운영하여야 한다.

   ② 화재조사전담부서의 수행업무

   ㉠ 화재조사의 [⑤] 및 조사결과 분석·관리

   ㉡ 화재조사 관련 기술개발과 화재조사관의 [⑤]

   ㉢ 화재조사에 필요한 시설·장비의 관리·운영

   ㉣ 그 밖의 화재조사에 관하여 필요한 업무

   ③ 소방관서장은 [⑥]으로 하여금 화재조사 업무를 수행하게 하여야 한다.

   ④ [⑦]은 소방청장이 실시하는 화재조사에 관한 시험에 합격한 소방공무원 등 화재조사에 관한 전문적인 자격을 가진 [⑧]으로 한다.

   ⑤ 전담부서의 구성·운영, 화재조사관의 구체적인 자격기준 및 교육훈련 등에 필요한 사항은 대통령령으로 정한다.

2) 화재조사전담부서의 구성·운영 [영 제4조]

   ① 소방관서장은 화재조사전담부서에 화재조사관을 [⑨]명 이상 배치해야 한다.

   ② 전담부서에는 화재조사를 위한 감식·감정 장비 등 행정안전부령으로 정하는 장비와 시설을 갖추어 두어야 한다.

   ③ 규정한 사항 외에 전담부서의 구성·운영에 필요한 사항은 행정안전부령으로 정한다.

3) 화재조사관의 자격기준 [영 제5조]
    ① 화재조사관의 자격기준
        화재조사 업무를 수행하는 화재조사관은 다음의 어느 하나에 해당하는 [⑩ 소방공무원 / 소방공무원 및 일반전문가] (으)로 한다.
        ㉠ 소방청장이 실시하는 화재조사에 관한 시험에 합격한 소방공무원
        ㉡ 「국가기술자격법」에 따른 국가기술자격의 직무분야 중 [⑪ 소방설비 / 화재감식평가] 분야의 기사 또는 산업기사 자격을 취득한 소방공무원
    ② 화재조사에 관한 시험의 방법, 과목, 그 밖에 시험 시행에 필요한 사항은 행정안전부령으로 정한다.

4. 화재조사에 관한 시험 [규칙 제4조]
1) 화재조사 시험의 실시
    ① 소방청장이 화재조사에 관한 시험을 실시하는 경우에는 시험의 과목·일시·장소 및 응시 자격·절차 등을 시험 실시 [⑫]일 전까지 소방청의 인터넷 홈페이지에 공고해야 한다.
    ② 자격시험에 응시할 수 있는 사람은 소방공무원 중 다음의 어느 하나에 해당하는 사람으로 한다.
        ㉠ 화재조사관 [⑬]을 위한 전문교육을 이수한 사람
        ㉡ 국립과학수사연구원 또는 소방청장이 인정하는 외국의 화재조사 관련 기관에서 [⑭]주 이상 화재조사에 관한 전문교육을 이수한 사람
    ③ 시험의 구분
        ㉠ 자격시험은 1차 시험과 2차 시험으로 구분하여 실시한다.
        ㉡ 1차 시험에 합격한 사람만이 2차 시험에 응시할 수 있다.
2) 화재조사관 자격증의 발급 및 합격취소 등
    ① [⑮]은 화재조사에 관한 자격기준을 갖춘 소방공무원에게 화재조사관 자격증을 발급해야 한다.
    ② [⑯]은 자격시험에서 부정한 행위를 한 사람에 대해서는 그 시험을 정지 또는 무효로 하거나 합격을 취소한다.

정답
① 건축물, 차량, 산림 ② 현장출동 중 ③ 정밀조사 ④ 소방관서장 ⑤ 실시, 역량증진 ⑥ 화재조사관 ⑦ 화재조사관 ⑧ 소방공무원 ⑨ 2 ⑩ 소방공무원 ⑪ 화재감식평가 ⑫ 30 ⑬ 양성 ⑭ 8 ⑮ 소방청장 ⑯ 소방청장

5. 화재합동조사단의 구성·운영

1) 화재합동조사단 [법 제7조]
① [①]은 사상자가 많거나 사회적 이목을 끄는 화재 등 대통령령으로 정하는 대형화재 등이 발생한 경우 종합적이고 정밀한 화재조사를 위하여 유관기관 및 관계 전문가를 포함한 화재합동조사단을 구성·운영할 수 있다.
② 화재합동조사단의 구성과 운영 등에 필요한 사항은 대통령령으로 정한다.

2) 화재합동조사단의 구성화재 [영 제7조]
"사상자가 많거나 사회적 이목을 끄는 화재 등 대통령령으로 정하는 대형화재"란 다음의 화재를 말한다.
① 사망자가 [②]명 이상 발생한 화재
② 화재로 인한 [③]·[③] 영향이 광범위하다고 소방관서장이 인정하는 화재

3) 화재합동조사단의 구성·운영 [영 제7조]
① 화재합동조사단의 단원 : 다음의 어느 하나에 해당하는 사람 중에서 소방관서장이 임명하거나 위촉한다.
　㉠ 화재조사관
　㉡ 화재조사 업무에 관한 경력이 [④]년 이상인 소방공무원
　㉢ 「고등교육법」에 따른 학교 또는 이에 준하는 교육기관에서 화재조사, 소방 또는 안전관리 등 관련 분야 조교수 이상의 직에 [④]년 이상 재직한 사람
　㉣ 「국가기술자격법」에 따른 국가기술자격의 직무분야 중 안전관리 분야에서 [④] 이상의 자격을 취득한 사람
　㉤ 그 밖에 건축·안전 분야 또는 화재조사에 관한 학식과 경험이 풍부한 사람
② 화재합동조사단의 단장 : 단원 중에서 소방관서장이 지명하거나 위촉하는 사람이 된다.
③ 소속 공무원 또는 소속 임직원의 파견요청 : 소방관서장은 화재합동조사단 운영을 위하여 관계 행정기관 또는 기관·단체의 장에게 소속 공무원 또는 소속 임직원의 파견을 요청할 수 있다.

4) 화재합동조사단의 결과보고 [영 제7조]
① 화재합동조사단은 화재조사를 완료하면 소방관서장에게 다음의 사항이 포함된 화재조사 결과를 보고해야 한다.
　㉠ 화재합동조사단 운영 개요
　㉡ 화재조사 개요
　㉢ 화재조사의 내용에 관한 사항
　㉣ 다수의 [⑤ 인명 / 재산]피해가 발생한 경우 그 원인
　㉤ 현행 제도의 문제점 및 개선 방안
　㉥ 그 밖에 소방관서장이 필요하다고 인정하는 사항
② 소방관서장은 화재합동조사단의 단장 또는 단원에게 예산의 범위에서 수당·여비와 그 밖에 필요한 경비를 지급할 수 있다. 다만, 공무원이 소관 업무와 직접적으로 관련되어 참여하는 경우에는 지급하지 않는다.

6. 화재현장 보존

1) 화재현장의 보존조치 [법 제8조]
① [⑥]은 화재조사를 위하여 필요한 범위에서 화재현장 보존조치를 하거나 화재현장과 그 인근 지역을 통제구역으로 설정할 수 있다. 다만, 방화 또는 실화의 혐의로 수사의 대상이 된 경우에는 관할 [⑦] 또는 [⑦]이 통제구역을 설정한다.
② 통제구역의 출입금지 : 누구든지 소방관서장 또는 경찰서장의 허가 없이 "①"에 따라 설정된 통제구역에 출입하여서는 아니 된다.

③ 화재현장의 물건 이동, 변경·훼손 : 화재현장 보존조치를 하거나 통제구역을 설정한 경우 누구든지 소방관서장 또는 경찰서장의 허가 없이 화재현장에 있는 물건 등을 이동시키거나 변경·훼손하여서는 아니 된다. 다만, 공공의 이익에 중대한 영향을 미친다고 판단되거나 인명구조 등 긴급한 사유가 있는 경우에는 그러하지 아니하다.
④ 화재현장 보존조치, 통제구역의 설정 및 출입 등에 필요한 사항은 대통령령으로 정한다.

2) 화재현장 보존조치의 통지 [영 제8조]

소방관서장이나 관할 경찰서장 또는 해양경찰서장은 화재현장 보존조치를 하거나 통제구역을 설정하는 경우 다음의 사항을 화재가 발생한 소방대상물의 소유자·관리자 또는 점유자에게 알리고 해당 사항이 포함된 표지를 설치해야 한다.

① 화재현장 보존조치나 통제구역 설정의 [⑧] 및 [⑧]
② 화재현장 보존조치나 통제구역 설정의 [⑨]
③ 화재현장 보존조치나 통제구역 설정의 [⑩]

7. 화재조사 증거물 수집

1) 화재조사의 증거물 수집 [법 제11조]
① [⑪]은 화재조사를 위하여 필요한 경우 증거물을 수집하여 [⑫]·[⑫]·[⑫] 등을 할 수 있다. 다만, 범죄수사와 관련된 증거물인 경우에는 수사기관의 장과 협의하여 수집할 수 있다.
② 소방관서장은 수사기관의 장이 방화 또는 실화의 혐의가 있어서 이미 피의자를 체포하였거나 증거물을 압수하였을 때에 화재조사를 위하여 필요한 경우에는 범죄수사에 지장을 주지 아니하는 범위에서 그 피의자 또는 압수된 증거물에 대한 조사를 할 수 있다. 이 경우 수사기관의 장은 소방관서장의 신속한 화재조사를 위하여 특별한 사유가 없으면 조사에 협조하여야 한다.
③ 증거물 수집의 범위, 방법 및 절차 등에 필요한 사항은 대통령령으로 정한다.

2) 화재조사의 증거물 수집 범위 및 기타 통지사항 [영 제11조]
① 소방관서장은 화재조사를 위하여 필요한 [⑬ 최소한 / 최대한]의 범위에서 화재조사관에게 증거물을 수집하여 검사·시험·분석 등을 하게 할 수 있다.
② 소방관서장은 증거물을 수집한 경우 이를 관계인에게 알려야 한다.
③ 소방관서장은 수집한 증거물이 다음의 어느 하나에 해당하는 경우에는 증거물을 지체 없이 반환해야 한다.
　㉠ 화재와 관련이 없다고 인정되는 경우
　㉡ 화재조사가 완료되는 등 증거물을 보관할 필요가 없게 된 경우
④ 규정한 사항 외에 증거물의 수집·관리에 필요한 사항은 행정안전부령으로 정한다.

3) 증거물 수집·관리 [규칙 제7조]
① 증거물 수집과정의 기록
　㉠ 화재조사 증거물을 수집하는 경우 증거물의 수집과정을 사진 촬영 또는 영상 녹화의 방법으로 기록해야 한다.
　㉡ 사진 또는 영상 파일은 [⑭]에 전송하여 보관한다.
② 규정한 사항 외에 화재조사 증거물의 수집·관리에 필요한 사항은 소방청장이 정한다.

🏠 정답

① 소방관서장 ② 5 ③ 사회적, 경제적 ④ 3, 3, 산업기사 ⑤ 인명 ⑥ 소방관서장 ⑦ 경찰서장, 해양경찰서장 ⑧ 이유, 주체 ⑨ 범위 ⑩ 기간
⑪ 소방관서장 ⑫ 검사, 시험, 분석 ⑬ 최소한 ⑭ 국가화재정보시스템

8. 감정기관의 지정·운영

1) **화재감정기관 [법 제17조]**
   ① [①]은 과학적이고 전문적인 화재조사를 위하여 대통령령으로 정하는 시설과 전문인력 등 지정기준을 갖춘 기관을 화재감정기관(감정기관)으로 지정·운영하여야 한다.
   ② [②]은 지정된 감정기관에서의 과학적 조사·분석 등에 소요되는 비용의 전부 또는 일부를 지원할 수 있다.

2) **감정의뢰 [규칙 제11조]**
   ① 소방관서장이 지정된 화재감정기관에 감정을 의뢰할 때에는 감정의뢰서에 증거물 등 감정대상물을 첨부하여 제출해야 한다.
   ② 화재감정기관의 장은 제출된 감정의뢰서 등에 흠결이 있을 경우 보완을 요청할 수 있다.

3) **감정결과의 통보, 반환 및 결과, 자료의 보존 [규칙 제12조]**
   ① 화재감정기관의 장은 감정이 완료되면 감정 결과를 감정을 의뢰한 소방관서장에게 지체 없이 통보해야 한다.
   ② 통보는 감정 결과 통보서에 따른다.
   ③ 화재감정기관의 장은 감정 결과를 통보할 때 감정을 의뢰받았던 증거물 등 감정대상물을 반환해야 한다. 다만, 훼손 등의 사유로 증거물 등 감정대상물을 반환할 수 없는 경우에는 감정 결과만 통보할 수 있다.
   ④ 화재감정기관의 장은 소방청장이 정하는 기간 동안 감정 결과 및 감정 관련 자료(데이터 파일 포함)를 보존해야 한다.

4) **화재감정기관의 지정기준 [영 제12조]**
   ① 화재감정기관의 지정기준

구분	내용		
시설	1. 화재조사를 수행할 수 있는 다음의 시설을 모두 갖출 것 ① 증거물, 화재조사 장비 등을 안전하게 보호할 수 있는 설비를 갖춘 시설 ② 증거물 등을 [③ 단기간 / 장기간] 보존·보관할 수 있는 시설 ③ 증거물의 감식·감정을 수행하고, 수행 과정 등을 촬영 및 이를 [④] 형태로 처리·보관할 수 있는 시설		
전문 인력	2. 화재조사에 필요한 다음의 구분에 따른 전문인력을 각각 보유할 것		
	주된 기술인력	→ 다음의 어느 하나에 해당하는 사람을 [⑤]명 이상 보유할 것 ① 「국가기술자격법」에 따른 국가기술자격의 직무분야 중 화재감식평가 분야의 [⑥ 기사 / 산업기사] 자격 취득 후 화재조사 관련 분야에서 [⑥]년 이상 근무한 사람 ② 화재조사관 자격 취득 후 화재조사 관련 분야에서 [⑦]년 이상 근무한 사람 ③ 이공계 분야의 [⑧ 석사 / 박사]학위 취득 후 화재조사 관련 분야에서 [⑧]년 이상 근무한 사람	
	보조 기술인력	→ 다음의 어느 하나에 해당하는 사람을 [⑨]명 이상 보유할 것 ① 「국가기술자격법」에 따른 국가기술자격의 직무분야 중 화재감식평가 분야의 [⑩] 또는 [⑩] 자격을 취득한 사람 ② [⑪] 자격을 취득한 사람 ③ 소방청장이 인정하는 화재조사 관련 [⑫] 소지자 ④ 이공계 분야의 [⑬ 석사 / 박사] 이상 학위 취득 후 화재조사 관련 분야에서 [⑬]년 이상 근무한 사람	
장비	3. 화재조사를 수행할 수 있는 감식·감정 장비, 증거물 수집 장비 등을 갖출 것		

   ② 지정된 화재감정기관이 갖추어야 할 시설과 전문인력 등에 관한 세부적인 기준은 소방청장이 정하여 고시한다.

5) **화재감정기관의 지정 신청 및 지정서의 발급 [영 제13조]**
   ① 화재감정기관으로 지정받으려는 자는 행정안전부령으로 정하는 화재감정기관 지정신청서에 다음의 서류를 첨부하여 [⑭]에게 제출해야 한다. 이 경우 소방청장은 제출된 서류에 보완이 필요하다고 판단되면 보완에 필요한 기간을 정하여 보완을 요구할 수 있다.

㉠ 시설 현황에 관한 서류
　　　㉡ 조직 및 인력 현황에 관한 서류(인력 현황의 경우에는 자격 및 경력을 증명하는 서류를 포함한다)
　　　㉢ 화재조사 관련 장비 현황에 관한 서류
　　　㉣ 법인의 정관 또는 단체의 규약(법인 또는 단체인 경우만 해당한다)
　② [⑮]은 화재감정기관의 지정을 신청한 자가 지정기준을 충족하는 경우 화재감정기관으로 지정하고, 행정안전부령으로 정하는 화재감정기관 지정서를 발급해야 한다.

6) 첨부서류의 보완기간 및 지정서의 발급 [규칙 제10조]
① [⑯]은 화재감정기관 지정신청서 또는 첨부서류에 보완이 필요하다고 판단되면 [⑯]일 이내의 기간을 정하여 보완을 요구할 수 있다.
② 화재감정기관 지정신청서를 받은 소방청장은 「전자정부법」에 따른 행정정보의 공동이용을 통하여 법인 등기사항증명서(법인인 경우만 해당한다)와 사업자등록증을 확인해야 한다. 다만, 신청인이 사업자등록증의 확인에 동의하지 않는 경우에는 그 사본을 첨부하도록 해야 한다.
③ 화재감정기관 지정서를 발급한 소방청장은 화재감정기관 지정대장에 그 사실을 기록하고 이를 보관·관리해야 한다.
④ 소방청장이 화재감정기관을 지정한 경우에는 그 사실을 소방청의 인터넷 홈페이지에 게재해야 한다.

7) 화재감정기관의 지정취소 [법 제17조]
[⑰]은 감정기관으로 지정받은 자가 다음의 어느 하나에 해당하는 경우에는 지정을 취소할 수 있다. 다만, [⑰ "①" / "① 및 ④의 ㉡"]에 해당하는 경우에는 지정을 취소하여야 한다.
① 거짓이나 그 밖의 부정한 방법으로 지정을 받은 경우
② 화재감정기관의 지정기준에 적합하지 아니하게 된 경우
③ 고의 또는 중대한 과실로 감정 결과를 사실과 다르게 작성한 경우
④ 그 밖에 대통령령으로 정하는 사항을 위반한 경우 [영 제13조]
　　㉠ 의뢰받은 감정을 정당한 사유 없이 거부하거나 1개월 이상 수행하지 않은 경우
　　㉡ 거짓이나 그 밖의 부정한 방법으로 감정 비용을 청구한 경우

8) 화재감정기관의 청문 및 기타사항 [법 제17조]
① 청문 : [⑱]은 감정기관의 지정을 취소하려면 청문을 하여야 한다.
② 기타사항 [영 제13조]
　감정기관의 지정기준, 지정 절차, 지정 취소 및 운영 등에 필요한 사항은 대통령령으로 정한다.
　㉠ 지정이 취소된 화재감정기관은 지정이 취소된 날부터 [⑲]일 이내에 화재감정기관 지정서를 반환해야 한다.
　㉡ 규정한 사항 외에 화재감정기관의 지정 및 지정 취소 등에 필요한 사항은 행정안전부령으로 정한다.

🏠 **정답**
① 소방청장　② 소방청장　③ 장기간　④ 디지털파일　⑤ 2　⑥ 기사, 5　⑦ 5　⑧ 박사, 2　⑨ 3　⑩ 기사, 산업기사　⑪ 화재조사관　⑫ 국제자격증　⑬ 석사, 1　⑭ 소방청장　⑮ 소방청장　⑯ 소방청장, 10　⑰ 소방청장, "①"　⑱ 소방청장　⑲ 10

제6장 화재조사 및 보고규정

기본서 p.141

1. 용어의 정의

1) 화재조사 관련 사항

구분	정의
감식	화재원인의 판정을 위하여 전문적인 지식, 기술 및 경험을 활용하여 주로 [①]에 의한 종합적인 판단으로 구체적인 사실관계를 명확하게 규명하는 것을 말한다.
감정	화재와 관계되는 물건의 형상, 구조, 재질, 성분, 성질 등 이와 관련된 모든 현상에 대하여 [②] 방법에 의한 필요한 실험을 행하고 그 결과를 근거로 화재원인을 밝히는 자료를 얻는 것을 말한다.
[③]	열원에 의하여 가연물질에 지속적으로 불이 붙는 현상을 말한다.
[④]	발화의 최초 원인이 된 불꽃 또는 열을 말한다.
[⑤]	열원과 가연물이 상호작용하여 화재가 시작된 지점을 말한다.
[⑥]	화재가 발생한 장소를 말한다.
[⑦]	발화열원에 의해 불이 붙은 최초의 가연물을 말한다.
발화요인	발화열원에 의하여 발화로 이어진 연소현상에 영향을 준 [⑧]·[⑧]·[⑧]인 요인을 말한다.
[⑨]	발화에 관련된 불꽃 또는 열을 발생시킨 기기 또는 장치나 제품을 말한다.
[⑩]	발화관련 기기나 제품을 작동 또는 연소시킬 때 사용되어진 연료 또는 에너지를 말한다.
[⑪]	연소가 확대되는데 있어 결정적 영향을 미친 가연물을 말한다.

2) 비용 관련 사항

구분	정의
[⑫]	화재 당시의 피해물과 같거나 비슷한 것을 재건축(설계 감리비를 포함한다) 또는 재취득하는데 필요한 금액을 말한다.
[⑬]	고정자산을 경제적으로 사용할 수 있는 연수를 말한다.
[⑭]	피해물의 종류, 손상 상태 및 정도에 따라 피해금액을 적정화시키는 일정한 비율을 말한다.
[⑮]	화재 당시에 피해물의 재구입비에 대한 현재가의 비율을 말한다.
[⑯]	피해물의 내용연수가 다한 경우 잔존하는 가치의 재구입비에 대한 비율을 말한다. • 건물, 부대설비, 구축물, 가재도구 : [⑰][%] • 이외의 자산 : [⑱][%]

3) 소방활동 관련 사항

구분	정의
[⑲]	화재가 발생하여 소방대 및 관계인 등에 의해 소화활동이 행하여지고 있거나 행하여진 장소를 말한다.
[⑳]	119종합상황실에서 유·무선 전화 또는 다매체를 통하여 화재 등의 신고를 받는 것을 말한다.
[㉑]	화재를 접수하고 상황실로부터 출동지령을 받아 소방대가 차고 등에서 출발하는 것을 말한다.
[㉒]	출동지령을 받고 출동한 소방대가 현장에 도착하는 것을 말한다.
[㉓]	화재현장에 가장 먼저 도착한 소방대를 말한다.
[㉔]	소방대의 소화활동으로 화재확대의 위험이 현저하게 줄어들거나 없어진 상태를 말한다.
[㉕]	화재 초진 후 잔불을 점검하고 처리하는 것을 말한다. 이 단계에서는 열에 의한 수증기나 화염 없이 연기만 발생하는 연소현상이 [㉕]될 수 있다.
[㉖]	소방대에 의한 소화활동의 필요성이 사라진 것을 말한다.
[㉗]	진화가 끝난 후, 소방대가 화재현장에서 복귀하는 것을 말한다.
[㉘]	화재를 진화한 후 화재가 재발되지 않도록 감시조를 편성하여 일정 시간 동안 감시하는 것을 말한다.

2. 화재조사 업무에 관한 사항

1) 화재조사의 개시 및 원칙
   ① 화재조사관은 [㉙ 소화활동과 동시에 / 화재발생 사실을 인지하는 즉시] 화재조사를 시작해야 한다.
   ② 소방관서장은 화재조사전담부서의에 배치하는 조사관을 근무 교대조별로 [㉚]인 이상 배치하고, 화재조사전담부서에 배치하여야 하는 화재조사를 위한 감식·감정 장비 등 장비·시설을 기준 이상으로 확보하여 조사업무를 수행하도록 하여야 한다.
   ③ 조사는 물적 증거를 바탕으로 [㉛]인 방법을 통해 합리적인 사실의 규명을 원칙으로 한다.

2) 화재조사관의 책무
   ① 조사관은 조사에 필요한 전문적 지식과 기술의 습득에 노력하여 조사업무를 능률적이고 효율적으로 수행해야 한다.
   ② 조사관은 그 직무를 이용하여 관계인등의 민사분쟁에 개입해서는 아니 된다.

3) 화재출동대원의 협조
   ① 화재현장에 출동하는 소방대원은 조사에 도움이 되는 사항을 확인하고, 화재현장에서도 소방활동 중에 파악한 정보를 조사관에게 알려주어야 한다.
   ② 화재현장의 선착대 선임자는 철수 후 지체 없이 [㉜]에 화재현장출동보고서를 작성·입력해야 한다.

4) 관계인등의 협조
   ① 화재현장과 기타 관계있는 장소에 출입할 때에는 관계인등의 입회 하에 실시하는 것을 원칙으로 한다.
   ② 조사관은 조사에 필요한 자료 등을 관계인등에게 요구할 수 있으며, 관계인등이 반환을 요구할 때는 조사의 목적을 달성한 후 관계인등에게 반환해야 한다.

5) 관계인등 진술
   ① [㉝]에게 질문을 할 때에는 시기, 장소 등을 고려하여 진술하는 사람으로부터 임의진술을 얻도록 해야 하며 진술의 자유 또는 신체의 자유를 침해하여 임의성을 의심할 만한 방법을 취해서는 아니 된다.
   ② [㉞]에게 질문을 할 때에는 희망하는 진술내용을 얻기 위하여 상대방에게 암시하는 등의 방법으로 유도해서는 아니 된다.
   ③ 획득한 진술이 소문 등에 의한 사항인 경우 그 사실을 직접 경험한 관계인등의 진술을 얻도록 해야 한다.
   ④ [㉟]에 대한 질문 사항은 질문기록서에 작성하여 그 증거를 확보한다.

정답

① 시각 ② 과학적 ③ 발화 ④ 발화열원 ⑤ 발화지점 ⑥ 발화장소 ⑦ 최초착화물 ⑧ 인적, 물적, 자연적 ⑨ 발화관련 기기 ⑩ 동력원 ⑪ 연소확대물 ⑫ 재구입비 ⑬ 내용연수 ⑭ 손해율 ⑮ 잔가율 ⑯ 최종잔가율 ⑰ 20 ⑱ 10 ⑲ 화재현장 ⑳ 접수 ㉑ 출동 ㉒ 도착 ㉓ 선착대 ㉔ 초진 ㉕ 잔불정리, 포함 ㉖ 완진 ㉗ 철수 ㉘ 재발화감시 ㉙ 화재발생 사실을 인지하는 즉시 ㉚ 2 ㉛ 과학적 ㉜ 국가화재정보시스템 ㉝ 관계인등 ㉞ 관계인등 ㉟ 관계인등

3. 화재조사에 관한 일반적인 사항

1) 감식 및 감정
   ① 소방관서장은 조사 시 전문지식과 기술이 필요하다고 인정되는 경우 [①] 또는 [①] 등에 감정을 의뢰할 수 있다.
   ② 소방관서장은 과학적이고 합리적인 화재원인 규명을 위하여 화재현장에서 수거한 물품에 대하여 [②]을 실시하고 화재원인 입증을 위한 [②] 등을 할 수 있다.

2) 화재의 유형
   ① 화재는 다음과 같이 그 유형을 구분한다.

구분	내용
[③]·[③]화재	건축물, 구조물 또는 그 수용물이 소손된 것
[④]·[④]화재	자동차, 철도차량 및 피견인 차량 또는 그 적재물이 소손된 것
[⑤]·[⑤]화재	위험물제조소등, 가스제조·저장·취급시설 등이 소손된 것
[⑥]·[⑥]화재	선박, 항공기 또는 그 적재물이 소손된 것
[⑦]화재	산림, 야산, 들판의 수목, 잡초, 경작물 등이 소손된 것
[⑧]화재	위에 해당되지 않는 화재

   ② 화재가 복합되어 발생한 경우에는 화재의 구분을 화재피해금액이 [⑨ 작은 / 큰] 것으로 한다. 다만, 화재피해금액으로 구분하는 것이 사회관념상 적당하지 않을 경우에는 발화장소로 화재를 구분한다.

3) 화재건수의 결정
   ① 1건의 화재란 1개의 [⑩]에서 확대된 것으로 발화부터 진화까지를 말한다.
   ② 동일범이 아닌 각기 다른 사람에 의한 방화, 불장난은 동일 대상물에서 발화했더라도 [⑪ 1건의 화재 / 각각 별건의 화재]로 한다.
   ③ 동일 소방대상물의 발화점이 2개소 이상 있는 다음의 화재는 1건의 화재로 한다.
      ㉠ [⑫ 누전점 / 접지점]이 동일한 누전에 의한 화재
      ㉡ [⑬], [⑬] 등 자연현상에 의한 다발화재
   ④ 발화지점이 한 곳인 화재현장이 둘 이상의 관할구역에 걸친 화재는 [⑭]이 속한 소방서에서 1건의 화재로 산정한다. 다만, 발화지점 확인이 어려운 경우에는 화재피해금액이 큰 관할구역 소방서의 화재 건수로 산정한다.

4) 발화일시 결정
   ① 발화일시의 결정은 관계인등의 화재발견 상황통보(인지)시간 및 화재발생 건물의 구조, 재질 상태와 화기취급 등의 상황을 종합적으로 검토하여 결정한다.
   ② 자체진화 등 사후인지 화재로 그 결정이 곤란한 경우에는 발화시간을 추정할 수 있다.

5) 화재의 분류
   화재원인 및 장소 등 화재의 분류는 소방청장이 정하는 국가화재분류체계에 의한 분류표에 의하여 분류한다.

6) 사상자 및 부상자

구분	내용
사상자	① 사상자는 화재현장에서 [⑮]한 사람과 [⑮]당한 사람을 말한다. ② 화재현장에서 부상을 당한 후 [⑯]시간 이내에 사망한 경우에는 당해 화재로 인한 사망으로 본다.
부상자	→ 부상의 정도는 [⑰ 소방관 / 의사 / 간호사]의 진단을 기초로 하여 분류한다. ① 중상 : [⑱ 1주 / 2주 / 3주] 이상의 입원치료를 필요로 하는 부상을 말한다. ② 경상 : 중상 이외의 부상(입원치료를 필요로 하지 않는 것도 [⑲ 제외 / 포함]한다)을 말한다. 다만, 병원 치료를 필요로 하지 않고 단순하게 연기를 흡입한 사람은 [⑳ 제외 / 포함]한다.

7) 건물 동수의 산정

① [㉑]가 하나로 연결되어 있는 것은 1동으로 한다. 다만 건널 복도 등으로 2 이상의 동에 연결되어 있는 것은 그 부분을 절반으로 분리하여 각 동으로 본다.
② 건물의 외벽을 이용하여 실을 만들어 헛간, 목욕탕, 작업실, 사무실 및 기타 건물 용도로 사용하고 있는 것은 주건물과 [㉒ 같은 동 / 다른 동]으로 본다.
③ 구조에 관계없이 지붕 및 실이 하나로 연결되어 있는 것은 [㉓ 같은 동 / 다른 동]으로 본다.
④ 목조 또는 내화조 건물의 경우 격벽으로 방화구획이 되어 있는 경우도 [㉔ 같은 동 / 다른 동]으로 한다.
⑤ 독립된 건물과 건물 사이에 차광막, 비막이 등의 덮개를 설치하고 그 밑을 통로 등으로 사용하는 경우는 [㉕ 같은 동 / 다른 동]으로 한다.
⑥ 내화조 건물의 옥상에 목조 또는 방화구조 건물이 별도 설치되어 있는 경우는 [㉖ 같은 동 / 다른 동]으로 한다. 다만, 이들 건물의 기능상 하나인 경우(옥내 계단이 있는 경우)는 [㉖ 같은 동 / 다른 동]으로 한다.
⑦ 내화조 건물의 외벽을 이용하여 목조 또는 방화구조건물이 별도 설치되어 있고 건물 내부와 구획되어 있는 경우 [㉗ 같은 동 / 다른 동]으로 한다. 다만, 주된 건물에 부착된 건물이 옥내로 출입구가 연결되어 있는 경우와 기계설비 등이 쌍방에 연결되어 있는 경우 등 건물 기능상 하나인 경우는 [㉗ 같은 동 / 다른 동]으로 한다.

8) 소실정도와 소실면적

구분		내용
소실정도	① 건축·구조물의 소실정도는 다음에 따른다.	
	전소	건물의 [㉘][%] 이상([㉘ 바닥면적 / 입체면적]에 대한 비율을 말한다. 이하 같다)이 소실되었거나 또는 그 미만이라도 잔존부분을 보수하여도 [㉙]이 불가능한 것
	반소	건물의 [㉚][%] 이상 [㉚][%] 미만이 소실된 것
	[㉛]	위에 해당하지 아니하는 것
	② 자동차·철도차량, 선박·항공기 등의 소실정도는 ①의 규정을 준용한다.	
소실면적	① 건물의 소실면적 산정은 소실 [㉜ 바닥면적 / 입체면적]으로 산정한다. ② 수손 및 기타 파손의 경우에도 ①의 규정을 준용한다.	

🏠 정답

① 국립소방연구원, 화재감정기관　② 감정, 재현실험　③ 건축, 구조물　④ 자동차, 철도차량　⑤ 위험물, 가스제조소등　⑥ 선박, 항공기　⑦ 임야　⑧ 기타　⑨ 큰　⑩ 발화지점　⑪ 각각 별건의 화재　⑫ 누전점　⑬ 지진, 낙뢰　⑭ 발화지점　⑮ 사망, 부상　⑯ 72　⑰ 의사　⑱ 3주　⑲ 포함　⑳ 제외　㉑ 주요구조부　㉒ 같은 동　㉓ 같은 동　㉔ 같은 동　㉕ 다른 동　㉖ 다른 동, 같은 동　㉗ 다른 동, 같은 동　㉘ 70, 입체면적　㉙ 재사용　㉚ 30, 70　㉛ 부분소　㉜ 바닥면적

9) 화재피해금액의 산정
   ① 화재피해금액은 화재 당시의 피해물과 동일한 구조, 용도, 질, 규모를 재건축 또는 재구입하는데 소요되는 가액에서 경과연수 등에 따른 감가공제를 하고 [①]을 산정하는 실질적·구체적 방식에 따른다. 다만, 회계장부상 [①]이 입증된 경우에는 그에 따른다.
   ② ①의 규정에도 불구하고 정확한 피해물품을 확인하기 곤란한 경우에는 소방청장이 정하는 「화재피해금액 산정매뉴얼」의 간이평가방식으로 [② 산정할 수 있다. / 산정해야 한다.]
   ③ 건물 등 자산에 대한 최종잔가율은 건물·부대설비·구축물·가재도구는 [③][%]로 하며, 그 이외의 자산은 [③][%]로 정한다.
   ④ 건물 등 자산에 대한 내용연수는 매뉴얼에서 정한 바에 따른다.
   ⑤ 관계인은 화재피해금액 산정에 이의가 있는 경우 관할 [④]에게 재산피해신고를 할 수 있다.
   ⑥ 신고서를 접수한 관할 소방관서장은 화재피해금액을 재산정해야 한다.

10) 세대수의 산정
    세대수는 거주와 생계를 함께 하고 있는 사람들의 집단 또는 하나의 가구를 구성하여 살고 있는 독신자로서 자신의 주거에 사용되는 건물에 대하여 재산권을 행사할 수 있는 사람을 1세대로 산정한다.

4. 화재합동조사단의 운영 및 종료
1) 화재합동조사단을 구성할 수 있는 대형화재(화재조사법 시행령 제7조 제1항)
   ① 사망자가 [⑤]명 이상 발생한 화재
   ② 화재로 인한 [⑥]·[⑥] 영향이 광범위하다고 소방관서장이 인정하는 화재

2) 화재합동조사단의 구성·운영방법
   ① 소방관서장은 화재합동조사단을 구성할 수 있는 대형화재가 발생한 경우 다음에 따라 화재합동조사단을 구성하여 운영하는 것을 원칙으로 한다.

소방청장	사상자가 [⑦]명 이상이거나 [⑦]개 시·도 이상에 걸쳐 발생한 화재([⑦]는 제외한다.)
소방본부장	사상자가 [⑧]명 이상이거나 [⑧]개 시·군·구 이상에 발생한 화재([⑧]는 제외한다.)
소방서장	사망자가 [⑨]명 이상이거나 사상자가 [⑨]명 이상 또는 재산피해액이 [⑨]원 이상 발생한 화재([⑨]는 제외한다.)

   ② ①에도 불구하고 소방관서장은 다음에 해당하는 화재에 대하여 화재합동조사단을 구성하여 운영할 수 있다.

관련법	내용
화재조사법 시행령 제7조 제1항 제2호	화재로 인한 사회적·경제적 영향이 광범위하다고 소방관서장이 인정하는 화재
소방기본법 시행규칙 제3조 제2항 제1호	㉠ 사망자가 [⑩]인 이상 발생하거나 사상자가 [⑩]인 이상 발생한 화재 ㉡ 이재민이 [⑪]인 이상 발생한 화재 ㉢ 재산피해액이 [⑫]원 이상 발생한 화재 ㉣ 관공서·학교·정부미도정공장·문화재·지하철 또는 지하구의 화재 ㉤ 관광호텔, 층수가 [⑬]층 이상인 건축물, 지하상가, 시장, 백화점에서 발생한 화재 ㉥ 지정수량의 [⑭]배 이상의 위험물의 제조소·저장소·취급소에서 발생한 화재 ㉦ 층수가 [⑮]층 이상이거나 객실이 [⑮]실 이상인 숙박시설, 층수가 [⑮]층 이상이거나 병상이 [⑮]개 이상인 종합병원·정신병원·한방병원·요양소에서 발생한 화재 ㉧ 연면적 [⑯]제곱미터 이상인 공장 또는 화재예방강화지구에서 발생한 화재 ㉨ 철도차량, 항구에 매어둔 총 톤수가 [⑰]톤 이상인 선박, 항공기, 발전소 또는 변전소에서 발생한 화재 ㉩ 가스 및 화약류의 폭발에 의한 화재 ㉪ 「다중이용업소의 안전관리에 관한 특별법」 제2조에 따른 다중이용업소의 화재

> 📖 **참고** 화재예방강화지구(화재의 예방 및 안전관리에 관한 법률 제18조)
>
> ① [⑱]지역
> ② [⑲]·[⑲]가 밀집한 지역
> ③ [⑳]이 밀집한 지역
> ④ [㉑]·[㉑]이 밀집한 지역
> ⑤ [㉒]이 밀집한 지역
> ⑥ [㉓]을 생산하는 공장이 있는 지역
> ⑦ 산업단지
> ⑧ 소방시설·소방용수시설 또는 소방출동로가 [㉔ 없는 / 있는] 지역
> ⑨ 물류단지
> ⑩ 그 밖에 ①부터 ⑨까지에 준하는 지역으로서 소방관서장이 화재예방강화지구로 지정할 필요가 있다고 인정하는 지역

③ 소방관서장은 다음에 해당하는 자 중에서 단장 [㉕]명과 단원 [㉕]명 이상을 화재합동조사단원으로 임명하거나 위촉할 수 있다.

관련법	내용
화재조사법 시행령 제7조 제2항	㉠ 화재조사관 ㉡ 화재조사 업무에 관한 경력이 [㉖]년 이상인 소방공무원 ㉢ 「고등교육법」 제2조에 따른 학교 또는 이에 준하는 교육기관에서 화재조사, 소방 또는 안전관리 등 관련 분야 조교수 이상의 직에 [㉖]년 이상 재직한 사람 ㉣ 「국가기술자격법」에 따른 국가기술자격의 직무분야 중 안전관리 분야에서 [㉗] 이상의 자격을 취득한 사람 ㉤ 그 밖에 건축·안전 분야 또는 화재조사에 관한 학식과 경험이 풍부한 사람
화재조사법 시행령 제7조 제4항	소방관서장은 화재합동조사단 운영을 위하여 관계 행정기관 또는 기관·단체의 장에게 소속 공무원 또는 소속 임직원의 파견을 요청할 수 있다.

④ 화재합동조사단원은 화재현장 지휘자 및 조사관, 출동 소방대원과 협력하여 조사와 관련된 정보를 수집할 수 있다.
⑤ 소방관서장은 화재합동조사단의 조사가 완료되었거나, 계속 유지할 필요가 없는 경우 업무를 종료하고 해산시킬 수 있다.

🏠 **정답**

① 현재가액, 현재가액 ② 산정할 수 있다. ③ 20, 10 ④ 소방관서장 ⑤ 5 ⑥ 사회적, 경제적 ⑦ 30, 2, 임야화재 ⑧ 20, 2, 임야화재
⑨ 5, 10, 100억, 임야화재 ⑩ 5, 10 ⑪ 100 ⑫ 50억 ⑬ 11 ⑭ 3천 ⑮ 5, 30, 5, 30 ⑯ 1만5천 ⑰ 1천 ⑱ 시장 ⑲ 공장, 창고 ⑳ 목조건물
㉑ 노후, 불량건축물 ㉒ 위험물의 저장 및 처리 시설 ㉓ 석유화학제품 ㉔ 없는 ㉕ 1, 4 ㉖ 3, 3 ㉗ 산업기사

5. 화재조사 결과

1) 조사결과의 보고

① 조사관이 조사를 시작한 때에는 소방관서장에게 지체 없이 화재·구조·구급상황보고서를 작성·보고해야 한다.
② 조사의 최종 결과보고는 다음에 따른다.

구분	보고일
「소방기본법 시행규칙」 제3조 제2항 제1호에 해당하는 화재	화재 발생일로부터 [①]일 이내 보고
위에 해당하지 않는 화재	화재 발생일로부터 [②]일 이내 보고

③ ②에도 불구하고 다음의 정당한 사유가 있는 경우에는 소방관서장에게 사전 보고를 한 후 필요한 기간만큼 조사 보고일을 연장할 수 있다.
  ㉠ 수사기관의 범죄수사가 진행 중인 경우
  ㉡ 화재감정기관 등에 감정을 의뢰한 경우
  ㉢ 추가 화재현장조사 등이 필요한 경우
④ 조사 보고일을 연장한 경우 그 사유가 해소된 날부터 [③]일 이내에 소방관서장에게 조사결과를 보고해야 한다.
⑤ 치외법권지역 등 조사권을 행사할 수 없는 경우는 조사 가능한 내용만 조사하여 조사 서식 중 해당 서류를 작성·보고한다.
⑥ 소방본부장 및 소방서장은 조사결과 서류를 국가화재정보시스템에 입력·관리해야 하며 영구보존방법에 따라 보존해야 한다.

2) 화재증명원의 발급

① 소방관서장은 화재증명원을 발급받으려는 자가 발급신청을 하면 화재증명원을 발급해야 한다. 이 경우 통합전자민원창구로 신청하면 전자민원문서로 발급해야 한다.
② 소방관서장은 화재피해자로부터 소방대가 출동하지 아니한 화재장소의 화재증명원 발급신청이 있는 경우 조사관으로 하여금 사후 조사를 실시하게 할 수 있다. 이 경우 민원인이 제출한 사후조사 의뢰서의 내용에 따라 발화장소 및 발화지점의 현장이 보존되어 있는 경우에만 조사를 하며, 화재현장출동보고서 작성은 생략할 수 있다.
③ 화재증명원 발급 시 인명피해 및 재산피해 내역을 기재한다. 다만, 조사가 진행 중인 경우에는 "조사 중"으로 기재한다.
④ 재산피해내역 중 피해금액은 기재하지 아니하며 피해물건만 종류별로 구분하여 기재한다. 다만, 민원인의 요구가 있는 경우에는 피해금액을 기재하여 발급할 수 있다.
⑤ 화재증명원 발급신청을 받은 소방관서장은 발화장소 관할 지역과 관계없이 발화장소 관할 소방서로부터 화재사실을 확인받아 화재증명원을 발급할 수 있다.

3) 화재통계관리

[④]은 화재통계를 소방정책에 반영하고 유사한 화재를 예방하기 위해 [④ 매년 / 5년마다] 통계연감을 작성하여 국가화재정보시스템 등에 공표해야 한다.

6. 화재조사관의 교육훈련

① 조사에 관한 교육훈련에 필요한 과목은 다음(생략)으로 한다.
② 교육과목별 시간과 방법은 소방본부장, 소방서장 또는 「소방공무원 교육훈련규정」 제13조에 따라 교육과정을 운영하는 교육훈련기관의 장이 정한다. 다만, 의무 보수교육 시간은 [⑤]시간 이상으로 한다.
③ 소방관서장은 조사관에 대하여 연구과제 부여, 학술대회 개최, 조사 관련 전문기관에 위탁훈련·교육을 실시하는 등 조사능력 향상에 노력하여야 한다.

🏠 정답

① 30 ② 15 ③ 10 ④ 소방청장, 매년 ⑤ 4

CHAPTER 04 소화이론

> **제1장** 소화방법   ✎ 기본서 p.155

1. 물리적 소화(Physical Extinguish)

1) 질식소화
   ① 정의 : 대기 중의 산소농도를 [①][%]에서 [②][%] 이하로 낮추어 소화하는 것
   ② 연소의 4요소 제거사항 : [③] 제거

📖 참고 **최소산소농도(MOC), 한계산소지수(LOI), 산소밸런스(OB)**

구분	최소산소농도(MOC)	한계산소지수(LOI)	산소밸런스(OB)
대상	가연성 가스	고분자물질	폭발성물질
위험성	[④ 작을수록 / "0"에 가까울수록 / 클수록]	[⑤ 작을수록 / "0"에 가까울수록 / 클수록]	[⑥ 작을수록 / "0"에 가까울수록 / 클수록]

2) 제거소화
   ① 정의 : 가연물의 안전한 장소로 이동 및 제거하여 소화하는 것
   ② 연소의 4요소 제거사항 : [⑦] 제거

3) 냉각소화
   ① 정의 : 화재 시 발생하는 열에너지를 흡수하는 물질을 투입하여 [⑧] 또는 [⑧] 이하까지 냉각하는 것
   ② 연소의 4요소 제거사항 : [⑨] 제거

4) 희석소화
   ① 정의 : 알코올, 에테르, 아세톤, 에스테르, 케톤, 알데히드류 등 [⑩]에 다량으로 물을 공급하여 가연성 물질의 농도를 희석하여 소화하는 것
   ② 연소의 4요소 제거사항 : [⑪] 제거

> 🏠 **정답**
> ① 21 ② 15 ③ 산소공급원 ④ 작을수록 ⑤ 작을수록 ⑥ "0"에 가까울수록 ⑦ 가연물 ⑧ 인화점, 발화점 ⑨ 점화원(점화에너지) ⑩ 수용성 액체
> ⑪ 가연물

5) 유화소화
   ① 정의 : 비중이 물보다 [① 작은 / 큰] 중유 등 유류화재 시 [②] 압력으로 무상 분무하거나 포소화약제를 방사하여 유류표면에 [③]을 형성함으로서 공기 중 산소공급을 차단하는 소화([④] 효과)하는 것
   ② 연소의 4요소 제거사항 : [⑤] 제거
   ③ 유화소화 향상을 위한 조건 : 유면에서 타격력을 [⑥ 감소 / 증가]시켜 주어야 하므로 질식효과의 물방울 입자 크기보다는 약간 [⑦ 작은 / 큰] 크기의 물방울을 형성하여야 하고, [⑧ 저압 / 고압]으로 방사해야 한다.

6) 피복소화
   ① 정의 : 이산화탄소(CO_2) 등 공기보다 [⑨]이 큰 소화약제를 사용하여 가연물 주위를 피복하여 소화하는 것
   ② 연소의 4요소 제거사항 : [⑩] 제거

2. 화학적 소화(Chemical Extinguish)
1) 부촉매소화(억제소화)
   ① 정의 : [⑪]을 제거하여 순조로운 연쇄반응을 차단하고 소화하는 것
   ② 연소의 4요소 제거사항 : [⑫] 제거
   ③ 예시
      ㉠ 전기실의 화재 시 할론소화약제를 방사하여 소화한다.
      ㉡ 주방화재 시 강화액소화약제를 방사하여 소화한다.
   ④ 특징
      ㉠ 주요 이온은 "[⑬], [⑬], [⑬], [⑬], [⑬], [⑬]"이 있다.
      ㉡ 연쇄반응을 [⑭ 하는 / 하지 않는] 표면연소는 부촉매소화를 할 수 [⑮ 없다. / 있다.]

2) 부촉매소화의 대표 소화약제
   ① [⑯]소화약제
   ② [⑰]소화약제, [⑰]소화약제
   ③ [⑱]소화약제
   ④ [⑲]소화약제

제2장 소화약제의 개요

📖 기본서 p.159

1. 소화약제

1) 구비조건
   ① 소화성능이 좋아야 한다.
   ② 인체에 대한 [⑳]이 없어야 한다.
   ③ [㉑]에 대한 오염이 적어야 한다.
   ④ [㉒]이 좋아야 한다.
   ⑤ [㉒]이 좋아야 한다.
   ⑥ [㉓]의 요소 중 한가지 이상을 제거 또는 차단할 수 있어야 한다.

2) 종류

소화약제	종류
[㉔]	물(봉상, 적상, 무상), 포, 강화액, 산·알칼리 소화약제
[㉕]	이산화탄소, 할론, 할로겐화합물 및 불활성기체, 분말, 고체에어로졸 소화약제

2. 수계 소화약제와 비수계 소화약제의 비교

구분	수계 소화약제	비수계(가스계) 소화약제
소화속도	[㉖ 느림 / 빠름]	[㉗ 느림 / 빠름]
재발화위험	[㉘ 적다 / 높다]	[㉙ 적다 / 높다]
사용 후 오염	[㉚ 적다 / 많다]	[㉛ 적다 / 많다]

🏠 **정답**

① 큰 ② 높은 ③ 얇은 층(유화막, 유화층) ④ 에멀젼 ⑤ 산소공급원 ⑥ 증가 ⑦ 큰 ⑧ 고압 ⑨ 증기비중 ⑩ 산소공급원 ⑪ 활성라디칼(H^*, OH^*) ⑫ 순조로운 연쇄반응 ⑬ Na^+, K^+, NH_4^+, F^-, Br^-, Cl^- ⑭ 하지 않는 ⑮ 없다. ⑯ 분말 ⑰ 할론, 할로겐화합물 ⑱ 강화액 ⑲ 산·알칼리 ⑳ 독성 ㉑ 환경 ㉒ 저장안정성, 경제성 ㉓ 연소 ㉔ 수계 ㉕ 비수계(가스계) ㉖ 느림 ㉗ 빠름 ㉘ 적다 ㉙ 높다 ㉚ 많다 ㉛ 적다

제3장 수계 소화약제

📝 기본서 p.160

1. 물 소화약제

1) 물(H_2O)의 물리·화학적 성질

  ① 물의 상평형 곡선(압력 P – 온도 T 곡선)

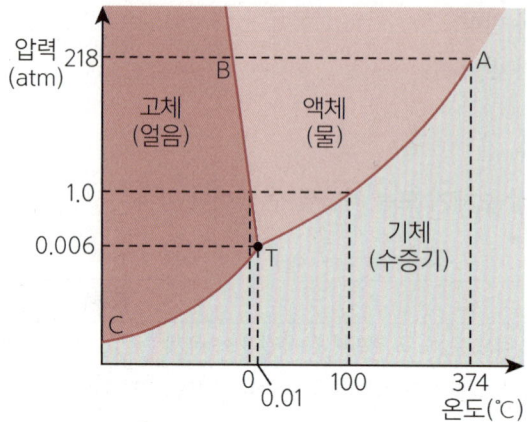

위치	명칭	위치	명칭
T–C	[①]곡선	T	[④]
T–B	[②]곡선	A	[⑤]
T–A	[③]곡선		

  ② 물의 성질

구분	물의 성질	구분	물의 성질
분자 내 결합	[⑥]결합	녹는점(융점)	[⑪][℃]
분자 간 결합	[⑦]결합	끓는점(비점)	[⑫][℃]
비열	[⑧][kcal/kg·℃]	수증기 부피팽창	약 [⑬]배 팽창
융해잠열	[⑨][kcal/kg]	밀도(4℃ 기준)	[⑭][g/mL]
증발잠열	[⑩][kcal/kg]	표면장력	[⑮][dyne/cm]

  ③ 물의 [⑯]결합으로 나타나는 특성

  ㉠ [⑰]결합을 끊는데 많은 양의 열에너지가 필요하므로 녹는점과 끓는점이 [⑱ 낮다. / 높다.]

  ㉡ [⑲]결합을 끊는데 많은 양의 열에너지가 필요하므로 비열이 [⑳ 낮다. / 높다.]

  ㉢ [㉑ 약한 / 강한] 분자간의 힘을 가지므로 표면장력이 [㉒ 작다. / 크다.]

  ㉣ 수소결합을 하므로 물분자 사이에 빈 공간이 많은 [㉓]고리 모양이 형성되어 물의 밀도가 변한다.

  (물의 밀도: [㉔ 고체 / 액체] > [㉕ 고체 / 액체] > 기체)

2) 물을 소화약제로 사용하는 이유

  ① 비열과 증발잠열이 [㉖ 작아 / 커] 화재로부터 많은 열량을 흡수하여 냉각소화에 유리하다.

  ② 물이 수증기로 상태변화하면 부피가 약 [㉗]배 팽창하므로 질식소화에 유리하다.

  ③ 경제적이며, 쉽게 구할 수 있다.

  ④ [㉘ 압축성 / 비압축성]이므로 펌프의 압력을 가하기 용이하다.

  ⑤ [㉙]이 안정적이므로 첨가제를 추가하기 용이하다.

3) 첨가제의 종류

첨가제의 종류	특징 및 원리
침투제 (침윤제, Wetting agent)	① 물의 표면장력을 [㉚ 감소 / 증가]시켜 침투력을 증가시킨 것 ② [㉛]화재, [㉛]화재에 적응성을 갖는다.
증점제 (Viscocity Agnet, Thick water)	① 물의 [㉜]을 높여 부착력을 증가시켜 소화수의 유실을 감소시켜 부착시간을 [㉝ 감소 / 증가]시킨 것(물의 사용량을 [㉞ 감소 / 증가]시킬 수 있음) ② 점도 ↑ ~ 부착력 ↑ ~ (단점) 침투력 [㉟ ↓ / ↑], 물방울 직경 [㉟ ↓ / ↑], 마찰 [㉟ ↓ / ↑] ③ 산림화재([㊱], [㊱])에 적응성을 갖는다.
부동액 (동결방지제, Antifreeze agent)	① 물의 어는점을 [㊲ 낮춰 / 높여] 동결을 방지하는 것 ② [㊳], [㊳], [㊳]과 같은 유기물 첨가제와 [㊳], [㊳]과 같은 무기물 첨가제 등이 있다.
유화제 (Emulsifier)	① 서로 섞이지 않는 물질을 에멀전의 형태로 만들기 위해 첨가하는 것 ② [㊴ 경질유 / 중질유] 화재에 적응성을 갖는다.
강화액 (Loaded Stream)	① -20℃의 온도에서도 동결되지 않아 추운 지방에서 사용할 수 있다. ② [㊵], [㊵]을 첨가해 부촉매소화효과를 증가시키고 소화성능이 증가한다.
유동성 보강제 (Rapid Water)	① 물의 유속은 [㊶ 느리게 / 빠르게] 하고 마찰손실은 줄일 수 있도록 첨가하는 것 ② 점성이 작아지므로 방수량은 증가하고, 가느다란 호스로도 방수가 가능해진다.

4) 물의 주수방법

구분	봉상	적상	무상(분무)
소화효과	냉각, [㊷]	냉각, [㊸]	냉각, [㊹], [㊹]
주수길이	[㊺ 짧다 / 길다]	중간	[㊻ 짧다 / 길다]
주수범위, 주수각도	[㊼ 좁다 / 넓다]	중간	[㊽ 좁다 / 넓다]
주수시간	[㊾ 짧다 / 길다]	중간	[㊿ 짧다 / 길다]
적응화재	A급	A급	A, [51], [51]급

5) 소화효과 : [52]소화, [52]소화, [52]소화, [52]소화, [52] 및 [52]소화

정답

① 승화 ② 융해 ③ 증기압(포화수증기압) ④ 삼중점 ⑤ 임계점 ⑥ 극성공유 ⑦ 수소 ⑧ 1 ⑨ 80 ⑩ 539
⑪ 0 ⑫ 100 ⑬ 1700 ⑭ 1 ⑮ 72 ⑯ 수소 ⑰ 수소 ⑱ 높다. ⑲ 수소 ⑳ 높다.
㉑ 강한 ㉒ 크다. ㉓ 육각 ㉔ 액체 ㉕ 고체 ㉖ 커 ㉗ 1700 ㉘ 비압축성 ㉙ 결합 ㉚ 감소 ㉛ 원면, 심부 ㉜ 점성 ㉝ 증가 ㉞ 감소 ㉟ ↓, ↑, ↑
㊱ 수간화, 수관화 ㊲ 낮춰 ㊳ 에틸렌글리콜, 프로필렌글리콜, 글리세린, 염화칼슘, 염화나트륨 ㊴ 중질유 ㊵ 탄산칼륨, 인산암모늄 ㊶ 빠르게 ㊷ 타격
㊸ 질식 ㊹ 질식, 유화 ㊺ 길다 ㊻ 짧다 ㊼ 좁다 ㊽ 넓다 ㊾ 짧다 ㊿ 길다 51 B, C 52 냉각, 질식, 유화, 희석, 타격, 파괴

2. 포 소화약제

1) 포의 구비조건
   ① 좋아야 하는 것 : 안정성, 내유성, 유동성, 내열성, 유류와의 점착성(부착성)
   ② 적어야 하는 것 : [①], 인체에 대한 [①]

2) 포소화약제의 종류
   ① 생성원리에 따른 분류
   ㉠ [②] 소화약제 : A약제인 탄산수소나트륨($NaHCO_3$)과 B약제인 황산알루미늄의 수용액($Al_2(SO_4)_3 \cdot 18H_2O$)에 발포제, 포안정제 등을 첨가하여 화학반응을 한 소화약제로서 이때 생성되는 [③]를 핵으로 한다. 현재는 거의 사용하지 않는다.
   ㉡ [④] 소화약제 : 포수용액에 펌프 등의 장치로 공기를 강제로 주입하여 포를 형성하는 소화약제로서 [⑤]를 핵으로 하는 소화약제이다.

구분	종류
[⑥]	단백포, 불화단백포 소화약제
[⑦]	합성계면활성제포, 수성막포, (내)알코올포 소화약제

   ② 팽창비에 따른 분류
   ㉠ 팽창비(= 발포배율) : 포를 발포하기 전 [⑧]의 상태에서 공기와 만나 [⑧]를 형성할 때 팽창하는 비율을 말하며, 다음의 식으로 산정된다.

   $$\text{팽창비(발포배율)} = \frac{\text{발포 후 [⑩]의 체적}}{\text{발포 전 [⑨]의 체적}}$$

   ㉡ 분류

구분		팽창비	종류
저발포		[⑪]배 이하	단백포, 합성계면활성제포, 수성막포, 불화단백포, (내)알코올포
고발포	제1종 기계포	[⑫]배 이상 [⑫]배 미만	[⑮]
	제2종 기계포	[⑬]배 이상 [⑬]배 미만	
	제3종 기계포	[⑭]배 이상 [⑭]배 미만	

   ㉢ 팽창비와 유동성 : 팽창비가 같은 경우에도 포소화약제의 종류에 따라 유동성은 달라지며, 일반적으로는 팽창비가 크면 유동성은 [⑯ 감소 / 증가]한다.

📖 참고 [⑰]

① 발포전 포수용액 용량의 25%인 포수용액이 거품으로부터 환원되는데 필요한 시간
② 소화약제의 형식승인 및 제품검사의 기술기준

구분	저발포용 소화약제	고발포용 소화약제
25% 환원시간	[⑱]분 이상	[⑲]분 이상

③ 일반적으로 환원시간이 긴 경우 내열성이 [⑳ 부족하다 / 우수하다]
④ 발포배율↓ ~ 포의 크기[㉑ ↓/↑] ~ 포의 직경[㉒ ↓/↑] ~ 포막의 두께[㉓ ↓/↑] ~ 환원시간[㉔ ↓/↑]

3) 포소화약제의 종류별 특징

① 수성막포(Aqueous Film Forming Foam, AFFF)

구분	특징
주성분	• [㉕]계 계면활성제를 주성분으로 한 포 • 유류 표면에 수성막을 형성하여 가연성 증기를 억제하고 재착화를 방지 • 유류표면에 뜨는 가벼운 수성의 막이라는 의미로 "[㉖]"라고도 한다. (미국의 3M 개발)
유동성↑	• 소화속도가 빠르고, [㉗ 유출 / 유류탱크]화재에 적합하다.
내유성↑	• 탱크 하부에서 소화약제를 주입하는 [㉘]주입방식을 적용할 수 있다.
내약품성↑	• [㉙ 이산화탄소 / 분말]소화약제와 함께 사용하는 [㉚]을 적용할 수 있다. • 드라이케미컬과 함께 사용할 경우 소화효과가 [㉛] ~ [㉛]배 정도 높아진다.
저장성↑	• 소화약제의 [㉜]이 가능하다.
내열성↓	• [㉝]이 발생할 우려가 있다.

② 단백포

구분	특징
주성분	• 동물의 뿔, 발톱 등 단백질의 가수분해물질에 포안정제(황산제1철염) 등을 첨가하여 만든 소화약제
내열성↑	• 윤화현상(링파이어, Ring fire)이 [㉞ 발생한다. / 발생하지 않는다.] • [㉟ 유출 / 유류탱크] 화재에 적합하다. • [㊱]이 우수하다.
유동성↓	• 소화시간이 [㊲ 짧아 / 길어] 화재진압속도가 [㊲ 느리다. / 빠르다.]
부식성↑	• 가수분해 단백질이 [㊳], [㊳]하므로 보관기간이 짧다.
내유성↓	• 기름에 의해 포가 오염될 위험이 있어 [㊴] 주입방식을 적용할 수 없다.

③ 합성계면활성제포

구분	특징
주성분	• [㊵]에 안정제 등을 첨가하여 만든 소화약제
팽창범위↑	• [㊶]와 [㊶]까지 팽창범위가 넓다. • 고발포의 경우 사정거리가 [㊷ 짧다 / 길다]는 단점이 있다. • 고발포의 경우 수분이 적어 포가 빨리 소멸된다.
적응성↑	• 유류탱크 화재뿐만 아니라 건물화재, 차량화재 등 [㊸]화재에도 적응성이 있다.
저장성↑	• 소화약제의 보존기간이 길다.
내열성↓	• [㊹]이 발생할 우려가 있다.
환경성↓	• 분해가 어려우므로 세제공해와 같은 [㊺]문제의 위험이 있다.

🔥 **정답**

① 소포성, 독성 ② 화학포 ③ 이산화탄소(CO₂) ④ 기계포(공기포) ⑤ 공기 ⑥ 단백계 ⑦ 계면활성제계 ⑧ 포수용액, 포 ⑨ 포수용액 ⑩ 포 ⑪ 20 ⑫ 80, 250 ⑬ 250, 500 ⑭ 500, 1000 ⑮ 합성계면활성제포 ⑯ 증가 ⑰ 25% 환원시간 ⑱ 1 ⑲ 3 ⑳ 우수하다 ㉑ ↓ ㉒ ↓ ㉓ ↑ ㉔ ↑ ㉕ 불소 ㉖ Light water ㉗ 유출 ㉘ 표면하 ㉙ 분말 ㉚ 트윈에이전트시스템 ㉛ 7, 8 ㉜ 장기 보존 ㉝ 윤화현상(링파이어) ㉞ 발생하지 않는다. ㉟ 유류탱크 ㊱ 유면봉쇄성(밀봉성) ㊲ 길어, 느리다. ㊳ 부패, 변형 ㊴ 표면하 ㊵ 계면활성제 ㊶ 저발포, 고발포 ㊷ 짧다 ㊸ 일반 ㊹ 윤화현상(링파이어) ㊺ 환경

④ 불화단백포

구분	특징
주성분	• 단백포의 [①] 및 [①]과 수성막포의 [②]을 보완한 소화약제 • 단백포에 [③]를 첨가하여 만든 소화약제
유동성↑	• 화재를 신속하게 소화할 수 있다.
내유성↑	• 탱크 하부에서 소화약제를 주입하는 [④]주입방식을 적용할 수 있다.
저장성↑	• 소화약제의 보존기간이 길다.
내열성↑	• 대형 유류저장탱크의 화재 시 적합하다.
경제성↓	• 단백포소화약제에 비해 가격이 [⑤ 저렴하다. / 비싸다.]

⑤ (내)알코올포

구분	특징
주성분	• 수용성 용매가 포 속의 물을 탈취하여 포가 파괴되는 현상([⑥]현상)을 방지하기 위해 사용하는 소화약제 • 단백질의 가수분해 생성물질과 계면활성제의 금속비누 등을 첨가하여 제조하므로 내알코올포 소화약제의 [⑦] 현상이라고도 함
내열성↑	• [⑧]이 발생하지 않는다.
내유성↑	• 탱크 하부에서 소화약제를 주입하는 [⑨]주입방식을 적용할 수 있다.
저장성↑	• 소화약제의 보존기간이 길다.
적응성↑	• 유류화재뿐만 아니라 수용성 액체의 가연물질까지 모두 사용할 수 있는 [⑩] 포소화약제의 성질을 갖는다.

4) 소화효과 : 냉각소화, 질식소화, 희석소화

참고 윤화현상(링파이어, Ring fire)

① 정의 : 대형 유류저장탱크의 소화작업 시 불꽃이 치솟는 유면에 포를 투입하였을 때 탱크 윗면의 가운데 부분은 불이 꺼졌어도 바깥쪽 벽에는 탱크 주위로 불이 지속되는 현상을 말한다.
② 발생하는 이유 : [⑪ 내열성 / 내유성]이 약한 포소화약제가 가열된 유류탱크 벽의 고열로 인하여 거품이 열화되어 발생한다.
③ 발생하는 포소화약제 : [⑫], [⑫]

참고 포방출구의 종류

구분	방출구	적응탱크	내용
상부 주입	Ⅰ형 방출구	[⑬ CRT / FRT]	위험물과 혼합되지 않고 탱크 안으로 들어가도록 [⑬], [⑬] 등 부속설비가 있는 포방출구
	Ⅱ형 방출구	[⑭ CRT / FRT]	방출된 포가 [⑭]에 의해 탱크 측판 내면을 따라 흘러 들어가 액면에 전개되어 소화작용을 하는 포방출구
	특형 방출구	[⑮ CRT / FRT]	탱크 내측으로부터 1.2m 떨어진 곳에 높이 0.9m 이상의 금속제 [⑮]을 설치하고 양쪽 사이의 환상부위에 포를 방사하는 구조의 포방출구
하부 주입	Ⅲ형 방출구 (표면하주입)	[⑯ CRT / FRT]	탱크 하부에서 포를 방출하여 포가 유류를 지나 표면으로 떠올라 소화작용을 하는 포방출구 (내유성이 큰 [⑯]와 [⑯]가 적합)
	Ⅳ형 방출구 (반표면하주입)	[⑰ CRT / FRT]	[⑰] 내부의 호스가 작동 시 포의 부력에 의해 액체표면으로 떠올라 호스가 펼쳐지면서 호스 앞부분이 액면까지 도달한 후 포를 방출하는 방출구

3. 강화액 소화약제

1) 정의 및 특징

① 물에 소화성능(부촉매소화성능)을 향상시키기 위하여 [⑱], [⑱] 등의 알칼리금속염을 첨가해 만든 소화약제이다.

② -20℃에서도 동결이 되지 않아 [⑲]에서도 사용이 가능하다.

③ 강화액 소화기의 사용온도범위는 "[⑳][℃] ~ [⑳][℃]"이다.

2) 소화효과

① 일반(A급)화재

② 무상분무 시 유류(B급) 및 전기(C급)화재

③ [㉑]화재

4. 산·알칼리 소화약제

1) 정의 및 특징

$$2NaHCO_3 + H_2SO_4 \rightarrow Na_2SO_4 + 2H_2O + 2CO_2$$

① 황산(H_2SO_4) 등 [㉒]의 용액과 탄산수소나트륨($NaHCO_3$) 등 [㉒]의 수용액이 반응해 발생하는 거품으로 소화하는 소화약제이다.

② 화학포 소화약제와 유사하나 규모가 작고 반응이 빠르다는 점에서 차이가 있다.

③ 현재는 생산 및 사용되지 않는다.

2) 적응화재

① 일반(A급)화재

② 무상분무 시 유류(B급) 및 전기(C급)화재

🏠 **정답**

① 내유성, 유동성 ② 내열성 ③ 불소 ④ 표면하 ⑤ 비싸다. ⑥ 파포 ⑦ 비누화 ⑧ 윤화현상(링파이어) ⑨ 표면하 ⑩ 양용형 ⑪ 내열성 ⑫ 수성막포, 합성계면활성제포 ⑬ CRT, 통, 튜브 ⑭ CRT, 디플렉터(반사판) ⑮ FRT, 굽도리판 ⑯ CRT, 수성막포, 불화단백포 ⑰ CRT, 호스 컨테이너 ⑱ 탄산칼륨, 인산암모늄 ⑲ 추운 지방(한랭지역) ⑳ -20, 40 ㉑ 주방(K급) ㉒ 산성, 알칼리

제4장 비수계(가스계) 소화약제

📖 기본서 p.169

1. 이산화탄소(CO_2) 소화약제

1) 이산화탄소(CO_2)의 물리·화학적 성질

① 이산화탄소의 상평형 곡선(압력 P – 온도 T 곡선)

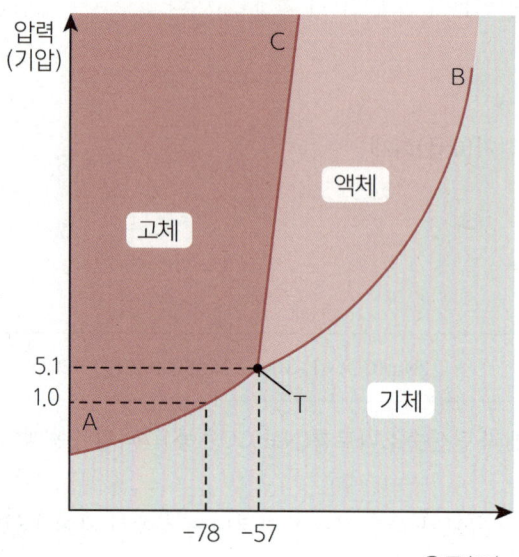

위치	명칭	위치	명칭
T-A	[①]곡선	T	[④]
T-C	[②]곡선	B	[⑤]
T-B	[③]곡선		

② 이산화탄소의 성질

구분	이산화탄소의 성질	구분	이산화탄소의 성질
분류	무기화합물	승화점	-78.5[℃]
특징	무색, 무취, 무미	분자량	[⑦]
증기비중	[⑥]	분자	무극성분자, 직선형

2) 이산화탄소(CO_2) 소화약제의 장점

① 소화 후 소화약제에 의한 오손이 [⑧ 없다. / 있다.]

② 오손 등이 작아 소화 후 증거보존 등이 용이하다.

③ 상온에서는 기체이지만 가압하여 쉽게 액화할 수 있어 저장용기 내 [⑨ 액체 / 기체]로 저장된다.

④ [⑩]이고 절연성이 높아 전기화재(C급 화재)에 적응성이 있다.

⑤ 증기비중이 [⑪]배로 공기보다 무거워 가연물 내부까지 침투하는 [⑪ 표면 / 심부]화재에 적응성이 있다.

⑥ 자체 증기압이 [⑫ 낮아 / 높아] 다른 가압원의 도움 없이 자체 압력으로 방사가 가능하다.

⑦ 유류화재(B급), 전기화재(C급)에 주로 사용되며, [⑬]에서 방출([⑬]방식) 시 일반화재(A급)에도 적응성이 있다.

⑧ 소화약제를 장시간 저장하여도 부패·변질의 우려가 [⑭ 없다. / 있다.]

⑨ [⑮]이 56.1[kcal/kg]으로 큰 편이며, [⑮] 시 많은 열량을 흡수한다.

3) 이산화탄소(CO_2) 소화약제의 단점
   ① [⑯]의 우려가 있어 사람이 거주하는 장소에는 설치할 수 없다.
   ② 방사 시 소리가 [⑰ 작다. / 크다.]
   ③ 온실가스로 [⑱]에 영향을 미칠 우려가 있다.
   ④ 나트륨(Na), 칼륨(K), 마그네슘(Mg) 등 활성 금속물질과 반응하여 [⑲]작용을 하며, 가연성 탄소(C)가 발생한다.
   ⑤ 방출 후 드라이아이스 생성 시 시야를 가리는 [⑳]현상으로 피난장애가 발생할 우려가 있다.
   ⑥ 할론·할로겐화합물 소화약제에 비해서 소화시간이 [㉑ 짧다. / 길다.]
   ⑦ [㉒]을 필요로 한다.

참고 지구온난화(Global Warming Potential, GWP)

① 지구온난화에 영향을 미치는 정도로서 [㉓] 1[kg]에 대한 해당 물질 1[kg]의 온난화 정도
② 이산화탄소의 지구온난화지수는 "[㉔]"이다.
③ 식 : GWP = $\dfrac{해당\ 물질\ 1kg에\ 대한\ 지구온난화\ 정도}{[㉕]\ 1kg에\ 대한\ 지구온난화\ 정도}$

4) 이산화탄소 소화가스의 농도
   ① 소화농도

   $$CO_2[\%] = \dfrac{[㉗]}{[㉖]} \times 100$$

   여기서, CO_2 : 이산화탄소의 농도[%], O_2 : 이산화탄소 방사 후 산소의 농도[%]

   ② 설계농도 : 이론적인 최소 소화농도에 안전율(여유분)의 [㉘][%]를 더하여 산정하며, 설계농도는 일반적으로 [㉙][%] 이상을 사용하고 있다.

   $$설계농도 = 소화농도 \times [㉚]$$

5) 소화효과 : 질식소화, 냉각소화, [㉛]소화

참고 [㉜]효과

① 압축한 기체를 단열된 좁은 구멍으로 분출시킬 때 온도가 변하는 현상
② 온도가 CO_2의 승화점 -78℃ 이하까지 저하될 경우 드라이아이스로 방출되어 [㉝]이 발생하고 피난안전성이 저해될 수 있다.

정답
① 승화 ② 융해 ③ 증기압(포화수증기압) ④ 삼중점 ⑤ 임계점 ⑥ 1.52 ⑦ 44 ⑧ 없다. ⑨ 액체 ⑩ 비전도성(전기의 부도체, 불량도체) ⑪ 1.52, 심부 ⑫ 높아 ⑬ 밀폐상태, 전역방출 ⑭ 없다. ⑮ 증발잠열, 증발 ⑯ 질식 ⑰ 크다. ⑱ 지구온난화(GWP) ⑲ 탈탄 ⑳ 운무 ㉑ 길다. ㉒ 설계농도 유지시간(쇼킹타임) ㉓ 이산화탄소(CO_2) ㉔ 1 ㉕ 이산화탄소(CO_2) ㉖ 21 ㉗ 21-O_2 ㉘ 20 ㉙ 34 ㉚ 1.2 ㉛ 피복 ㉜ 줄-톰슨 ㉝ 운무현상

6) 이산화탄소소화약제의 비적응 대상
   ① [①]·[①] 등 사람이 상시 근무하는 장소
   ② 니트로셀룰로오스·셀룰로이드 제품 등 [②] 물질을 저장·취급하는 장소
   ③ 나트륨·칼륨·칼슘 등 [③]물질을 저장·취급하는 장소
   ④ [④] 등의 관람을 위하여 다수인이 출입·통제하는 통로 및 전시실 등

2. 할론(Halon) 소화약제

1) 할로겐족 원소(주기율표 17족 원소) : 불소 F → 염소 Cl → 브롬 Br → 아이오딘 I
   ① 전기음성도가 [⑤ 감소 / 증가]한다.
   ② 소화효과가 [⑥ 감소 / 증가]한다.
   ③ 독성이 [⑦ 감소 / 증가]한다.

2) 할론소화약제의 종류 및 특성
   ① 소화약제의 종류 : 할로겐족 원소를 탄화수소인 메탄(CH_4), 에탄(C_2H_6)의 [⑧]원자와 치환시켜 만든 소화약제이다.

구분	화학식	대기압 및 상온에서의 상태
할론1301	[⑨]	[⑫ 고체 / 액체 / 기체]
할론1211	[⑩]	[⑬ 고체 / 액체 / 기체]
할론2402	[⑪]	[⑭ 고체 / 액체 / 기체]

   ② 소화약제의 특성
      ㉠ 소화성능 : 할론[⑮] > 할론1211 > 할론2402
      ㉡ 독성 : 할론[⑯] < 할론1211 < 할론2402
      ㉢ 오존파괴지수(ODP) : 할론[⑰] > 할론2402 > 할론1211
      ㉣ 증기압 : 할론[⑱] > 할론[⑲] > 할론2402

> **참고** 오존파괴지수(Ozone Depletion Potential, ODP)
>
> ① 오존층 파괴에 영향을 미치는 정도로서 [⑳] 1[kg]에 대한 해당 물질 1[kg]의 오존파괴정도
> ② 식 : ODP = $\dfrac{해당 물질 1kg에 대한 오존파괴정도}{[㉑] 1kg에 대한 오존파괴정도}$

3) 소화효과 : [㉒]소화, [㉒]소화, [㉒]소화

3. 할로겐화합물 및 불활성기체 소화약제

1) 할로겐화합물 및 불활성기체 소화약제의 구비조건
   ① 소화성능이 [㉓ 우수 / 불량]할 것
   ② 인체에 독성이 [㉔ 낮을 것 / 높을 것]
   ③ [㉕]가 낮을 것
   ④ [㉖]가 낮을 것
   ⑤ [㉗]이 낮을 것
   ⑥ [㉘]이 좋을 것

2) 할로겐화합물 및 불활성기체 소화약제의 정의

① 할로겐화합물 및 불활성기체소화약제 : 할로겐화합물(할론 1301, 할론 2402, 할론 1211 [㉙ 제외 / 포함]) 및 불활성기체로서 전기적으로 [㉙]이며 [㉙]이 있거나 증발 후 잔여물을 [㉙ 남기는 / 남기지 않는] 소화약제를 말한다.

② 할로겐화합물소화약제 : [㉚], [㉚], [㉚] 또는 [㉚] 중 하나 이상의 원소를 포함하고 있는 [㉛ 무기 / 유기]화합물을 기본성분으로 하는 소화약제를 말한다.

③ 불활성기체소화약제 : [㉜], [㉜] [㉜] 또는 [㉜] 중 하나 이상의 원소를 기본성분으로 하는 소화약제를 말한다.

3) 할로겐화합물 소화약제(저장용기 : [㉝ 액체 / 기체]상태)

계열	소화약제	화학식
FC	FC-3-1-10	[㉞]
FK	FK-5-1-12	$CF_3CF_2C(O)CF(CF_3)_2$
HCFC	HCFC BLEND A	• HCFC-123[㉟] : [㉟][%] • HCFC-22[㊱] : [㊱][%] • HCFC-124[㊲] : [㊲][%] • $C_{10}H_{16}$: [㊳][%]
	HCFC-124	[㊴]
HFC	HFC-125	[㊵]
	HFC-227ea	[㊶]
	HFC-23	[㊷]
	HFC-236fa	[㊸]
FIC	FIC-13I1	[㊹]

📖 참고 할로겐화합물 소화약제

① F, Cl 포함 물질 : [㊺ 냉각 / 부촉매](이)가 주된 소화효과, [㊻ 냉각 / 부촉매](이)가 보조 소화효과
② Br, I 포함 물질 : [㊼ 냉각 / 부촉매](이)가 주된 소화효과, [㊽ 냉각 / 부촉매](이)가 보조 소화효과

🔔 정답

① 방재실, 제어실 ② 자기연소성 ③ 활성 금속 ④ 전시장 ⑤ 감소 ⑥ 증가 ⑦ 증가 ⑧ 수소 ⑨ CF_3Br ⑩ CF_2ClBr ⑪ $C_2F_4Br_2$ ⑫ 기체 ⑬ 기체 ⑭ 액체 ⑮ 1301 ⑯ 1301 ⑰ 1301 ⑱ 1301 ⑲ 1211 ⑳ CFC11 ㉑ CFC11 ㉒ 냉각, 질식, 부촉매 ㉓ 우수 ㉔ 낮을 것 ㉕ 오존파괴지수(ODP) ㉖ 지구온난화지수(GWP) ㉗ 대기잔존시간(ALT) ㉘ 저장안정성 ㉙ 제외, 비전도성, 휘발성, 남지기 않는 ㉚ 불소, 염소, 브롬, 요오드 ㉛ 유기 ㉜ 헬륨, 네온, 아르곤, 질소가스 ㉝ 액체 ㉞ C_4F_{10} ㉟ $CHCl_2CF_3$, 4.75 ㊱ $CHClF_2$, 82 ㊲ $CHClFCF_3$, 9.5 ㊳ 3.75 ㊴ $CHClFCF_3$ ㊵ CHF_2CF_3 ㊶ CF_3CHFCF_3 ㊷ CHF_3 ㊸ $CF_3CH_2CF_3$ ㊹ CF_3I ㊺ 냉각 ㊻ 부촉매 ㊼ 부촉매 ㊽ 냉각

4) 불활성기체 소화약제(저장상태 : [① 액체 / 기체]상태)

계열	소화약제	화학식
IG	IG-01	[② Ar / N_2] 100%
	IG-100	[③ Ar / N_2] 100%
	IG-541	N_2 [④][%], Ar [④][%] CO_2 [④][%]
	IG-55	[⑤] 50%, [⑤] 50%

5) 소화효과
   ① 할로겐화합물 소화약제 : [⑥]소화, [⑥]소화, [⑥]소화
   ② 불활성기체 소화약제 : [⑦]소화, [⑦]소화

6) 할로겐화합물 및 불활성기체 소화설비의 설치제외
   ① 사람이 상주하는 곳으로써 [⑧]를 초과하는 장소
   ② 「위험물안전관리법 시행령」 별표 1의 [⑨] 위험물 및 [⑨] 위험물을 저장·보관·사용하는 장소. 다만, 소화성능이 인정되는 위험물은 제외한다.

참고 독성 및 환경의 기준, 불활성기체 소화약제의 임계농도

1 NOAEL(No Observed Adverse Effect Level)
㉠ 심장에 악영향이 나타나지 않는 [⑩ 최저 / 최고] 농도이다.
㉡ 거주공간에서의 사용을 제한하기 위한 소화약제의 농도로 인체에 부작용이 없고 아무런 악영향을 미치지 않는 [⑪ 최저 / 최고]의 농도를 의미한다.
㉢ NOAEL이 [⑫ 작을수록 / 클수록] 독성이 낮다.
㉣ 사람이 상주하는 장소에는 소화약제의 설계농도가 NOAEL 보다 [⑬ 낮아야 한다. / 높아야 한다.]

2 LOAEL(Lowest Observed Adverse Effect Level)
㉠ 심장에 악영향이 나타나는 [⑭ 최저 / 최고] 농도이다.
㉡ 거주공간에서의 사용을 제한하기 위한 소화약제의 농도로 인체에 부작용이 있고 악영향을 미치는 [⑮ 최저 / 최고]의 농도를 의미한다.
㉢ LOAEL이 [⑯ 작을수록 / 클수록] 독성이 낮다.

3 ALT(Atmospheric Life Time)
㉠ 온실가스가 발사된 후 대기권에서 분해되지 않고 체류하는 잔류기간이다.
㉡ 수치가 [⑰ 작을수록 / 클수록] 빨리 분해됨을 의미한다.

4 불활성기체 소화약제의 임계농도
㉠ NEL(No Effect Level) : 저산소 분위기에서 인체에 생리학적 영향을 주지 않는 [⑱ 최소 / 최대]농도
㉡ LEL(Low Effect Level) : 저산소 분위기에서 인체에 생리학적 영향을 주는 [⑲ 최소 / 최대]농도

4. 분말 소화약제

1) 분말소화약제의 조건
   ① 분말의 [⑳]을 작게 하여 [⑳]을 크게 하여야 한다.
   ② [㉑]이 없어야 하며, [㉑]이 좋아야 한다.
   ③ 분말 입자의 크기는 [㉒] ~ [㉒][μm]에서 최적의 소화효과를 나타낸다.
   ④ 분말 입자는 [㉓ 다양한 / 동일한] 것보다 [㉓ 다양한 / 동일한] 것이 좋다.
   ⑤ 겉보기 비중은 [㉔][g/ml] 이상이어야 한다.
   ⑥ [㉕] 및 [㉕]이 없어야 한다.

2) 분말소화약제의 장점과 단점

구분	내용
장점	① 소화능력이 우수하며 인체에 무해하다. ② 포말 등 타 소화약제를 첨가하여 병용하여 사용할 수 있다. ([㉖] 분말 한정) ③ 전기에 대해 [㉗]으로 전기화재(C급)에 매우 효과적이다. ④ 소화약제의 수명이 반영구적(분말소화기는 법적으로 내용연수 [㉘]년으로 제한)이며 경제성이 매우 높다.
단점	① [㉙]급의 [㉙]화재에는 적응성이 낮다. (제외 : 제3종 분말) ② 소화약제의 잔존물로 인하여 2차 피해가 발생한다. ③ 분말소화약제의 특성상 [㉚] 또는 [㉚] 등 고압의 가압원이 필요하다. ④ 약제방출 후 배관 내 잔류 소화약제를 제거할 수 있는 [㉛]장치를 설치해야 한다.

3) 분말소화약제의 종류

종류	주성분	적응화재	색상
제1종 분말	[㉜]	BC급, [㊱]급 화재	[㊳]색
제2종 분말	[㉝]	BC급 화재	[㊴]색
제3종 분말	[㉞]	[㊲]급 화재	[㊵]색
제4종 분말	[㉟]	BC급 화재	[㊶]색

→ 소화성능 : (높다) [㊷] - [㊷] - [㊷] - [㊷] (낮다)

🔔 정답

① 기체 ② Ar ③ N₂ ④ 52, 40, 8 ⑤ N₂, Ar ⑥ 냉각, 질식, 부촉매 ⑦ 냉각, 질식 ⑧ 최대허용설계농도 ⑨ 제3류, 제5류 ⑩ 최고 ⑪ 최고 ⑫ 클수록 ⑬ 낮아야 한다. ⑭ 최저 ⑮ 최저 ⑯ 클수록 ⑰ 작을수록 ⑱ 최대 ⑲ 최소 ⑳ 안식각, 유동성 ㉑ 고화성, 내습성 ㉒ 20, 25 ㉓ 동일한, 다양한 ㉔ 0.8 ㉕ 부식성, 독성 ㉖ 제3종 ㉗ 비전도성 ㉘ 10 ㉙ A, 심부 ㉚ 질소(N₂), 이산화탄소(CO₂) ㉛ 청소(클리닝) ㉜ 탄산수소나트륨(중탄산나트륨) ㉝ 탄산수소칼륨(중탄산칼륨) ㉞ 제1인산암모늄 ㉟ 탄산수소칼륨+요소 ㊱ K ㊲ ABC ㊳ 백 ㊴ 담자(보라, 담회) ㊵ 담홍 ㊶ 회 ㊷ 제4종, 제2종, 제3종, 제1종

4) 제1종 분말소화약제(탄산수소나트륨, $NaHCO_3$)
   ① 냉각소화 : 분말소화약제는 방사 시 열분해되는 반응은 [① 흡열 / 발열]반응으로서 이로 인하여 연소면의 열을 탈취하여 냉각소화를 한다.
   ② 질식소화 : 분말소화약제의 열분해 시 생성되는 [②]와 [②]가 산소의 공급을 차단하는 질식소화를 한다.
   ③ 부촉매소화 : 분말소화약제의 열분해 시 생성된 [③]에 의해 순조로운 연쇄반응을 차단한다.
   ④ 방사열 차단효과 : 분말소화약제는 방출 시 가연물과 화염 사이에 [④]를 형성하여 화염으로부터의 [④]을 차단한다.
   ⑤ 비누화반응
      ㉠ 유지를 알칼리처럼 처리하여 글리세린과 지방산 또는 글리세린과 비누로 만드는 반응을 말하며, 생성된 비누상 물질은 가연성 액체의 표면을 덮어 [⑤]소화 효과와 [⑤] 효과를 나타내며 수증기와 비누가 포를 형성하여 소화를 돕는다.
      ㉡ 식용유 화재 시 제1종 분말소화약제를 사용할 경우 기름과 [⑥]이 반응하여 흰색고체의 [⑦]를 형성하는데, 이 비누의 거품에 의해 [⑧] 및 [⑧] 소화효과를 갖는 현상이다.

5) 제2종 분말소화약제(탄산수소칼륨, $KHCO_3$)
   ① 냉각소화 : 분말소화약제는 방사 시 열분해되는 반응은 [⑨ 흡열 / 발열]반응으로서 이로 인하여 연소면의 열을 탈취하여 냉각소화를 한다.
   ② 질식소화 : 분말소화약제의 열분해 시 생성되는 [⑩]와 [⑩]가 산소의 공급을 차단하는 질식소화를 한다.
   ③ 부촉매소화
      ㉠ 분말소화약제의 열분해 시 생성된 [⑪]에 의해 순조로운 연쇄반응을 차단한다.
      ㉡ 칼륨(K)이 나트륨(Na)보다 반응성이 더 커서 부촉매소화효과가 더 크게 나타나고, 그 결과로 제1종 분말보다 부촉매소화능력이 약 2배 [⑫ 떨어진다. / 우수하다.]
   ④ 방사열 차단효과 : 분말소화약제는 방출 시 가연물과 화염 사이에 [⑬]를 형성하여 화염으로부터의 [⑬]을 차단한다.

6) 제3종 분말소화약제(제1인산암모늄, $NH_4H_2PO_4$)
   ① 냉각소화 : 분말소화약제는 방사 시 열분해되는 반응은 [⑭ 흡열 / 발열]반응으로서 이로 인하여 연소면의 열을 탈취하여 냉각소화를 한다.
   ② 질식소화 : 분말소화약제의 열분해 시 생성되는 [⑮]와 [⑮] 등이 산소의 공급을 차단하는 질식소화를 한다.
   ③ 부촉매소화 : 분말소화약제의 열분해 시 생성된 [⑯]에 의해 순조로운 연쇄반응을 차단한다.
   ④ 방사열 차단효과 : 분말소화약제는 방출 시 가연물과 화염 사이에 [⑰]를 형성하여 화염으로부터의 [⑰]을 차단한다.
   ⑤ [⑱]·[⑱]효과
      ㉠ 정의 : 열분해 생성물 중 [⑲]이 종이, 목재, 섬유 등의 섬유소(셀룰로오스)로부터 탈수 및 탄화하여 난연성의 탄소(C)와 물(H_2O)로 분해하여 연소반응을 차단시키는 것
      ㉡ 화재적응성 : [⑳]급 화재 적응(차고, 주차장 등에 사용)
      ㉢ 열분해 물질 : [㉑]
   ⑥ [㉒]효과
      ㉠ 정의 : 열분해 생성물 중 액체상태의 점성을 가진 [㉓]이 숯 등의 표면에 융착하여 유리상의 피막을 형성하고 산소의 공급을 차단(방진)하여 재연소를 방지하는 것
      ㉡ 화재적응성 : [㉔]급 화재 적응(차고, 주차장 등에 사용)
      ㉢ 열분해 물질 : [㉕]

7) 제4종 분말소화약제(탄산수소칼륨+요소, $KHCO_3+(NH_2)_2CO$)

   ① 냉각소화 : 분말소화약제는 방사 시 열분해되는 반응은 [㉖ 흡열 / 발열]반응으로서 이로 인하여 연소면의 열을 탈취하여 냉각소화를 한다.

   ② 질식소화 : 분말소화약제의 열분해 시 생성되는 [㉗]와 [㉗] 등이 산소의 공급을 차단하는 질식소화를 한다.

   ③ 부촉매소화 : 분말소화약제의 열분해 시 생성된 [㉘]에 의해 순조로운 연쇄반응을 차단한다.

   ④ 방사열 차단효과 : 분말소화약제는 방출 시 가연물과 화염 사이에 [㉙]를 형성하여 화염으로부터의 [㉙]을 차단한다.

   ⑤ 소화능력 : 분말소화약제 중 소화능력이 가장 [㉚ 우수하다. / 낮다.]

8) 기타 분말소화약제의 종류

구분	내용
[㉛] 소화약제	① 재발화의 위험이 있는 분말소화약제와 소화시간이 포소화약제의 단점을 보완한 소화약제 ② 소포성이 없는 분말소화약제 ③ [㉜]포([㉜]성) + [㉝] 분말([㉝]성) 겸용 → 소화성능 향상 ④ [㉞]시스템 적용
금속화재용 분말소화약제	① 액체, 기체상의 소화약제가 아닌 금속화재의 표면을 덮어 공기 중의 산소 공급을 차단하거나 온도를 낮춰 소화 ② 종류 : G-1(주성분 : 코크스), Met-L-X(주성분 : 염화나트륨), Na-X(주성분 : 탄산나트륨) 등

참고 [㉟]효과

① 정의 : 분말소화약제가 활성라디칼을 포착하여 부촉매소화를 하여 약제방출 후 10 ~ 20초 사이에 소화되는 현상
② [㊱]효과가 실패하는 경우
  ㉠ 소화약제의 적응성이 맞지 않는 경우
  ㉡ 소화약제의 방출이 지연되는 경우
  ㉢ 소화약제의 약제량이 부족한 경우 등

정답

① 흡열 ② 이산화탄소, 수증기 ③ 나트륨이온(Na^+) ④ 운무, 방사열 ⑤ 질식, 재발화억제 ⑥ 나트륨이온(Na^+) ⑦ 금속비누 ⑧ 질식, 부촉매 ⑨ 흡열 ⑩ 이산화탄소, 수증기 ⑪ 칼륨이온(K^+) ⑫ 우수하다. ⑬ 운무, 방사열 ⑭ 흡열 ⑮ 암모니아, 수증기 ⑯ 암모늄이온(NH_4^+) ⑰ 운무, 방사열 ⑱ 탈수, 탄화 ⑲ 올쏘인산(H_3PO_4) ⑳ A ㉑ 올쏘인산 ㉒ 방진 ㉓ 메타인산(HPO_3) ㉔ A ㉕ 메타인산(HPO_3) ㉖ 흡열 ㉗ 암모니아, 이산화탄소 ㉘ 칼륨이온(K^+) ㉙ 운무, 방사열 ㉚ 우수하다. ㉛ CDC분말 ㉜ 수성막, 내약품 ㉝ 제3종, 속소 ㉞ 트윈에이전트 ㉟ 넉다운 ㊱ 넉다운

CHAPTER 05 건축방재 및 피난

제1장 내장재료

📝 기본서 p.180

1. 내장재료

1) **불연재료** : 불에 타지 아니하는 성질을 가진 재료

2) [①] : 불연재료에 준하는 성질을 가진 재료

3) [②] : 불에 잘 타지 아니하는 성능을 가진 재료

2. 방염

1) 방염성능기준 이상의 실내장식물 등을 설치하여야 하는 특정소방대상물
   ① 근린생활시설 중 [③], [③], [③], [③], [③], [③], [③] 및 [③]
   ② 건축물의 옥내에 있는 다음의 시설
      ㉠ 문화 및 집회시설
      ㉡ [④]시설
      ㉢ 운동시설([⑤]은 제외한다)
   ③ 방송통신시설 중 방송국 및 촬영소
   ④ [⑥]시설
   ⑤ [⑥]시설
   ⑥ [⑥]시설
   ⑦ 숙박이 가능한 수련시설
   ⑧ 다중이용업소
   ⑨ 교육연구시설 중 합숙소
   ⑩ ①부터 ⑨까지의 시설에 해당하지 않는 것으로서 층수가 [⑦]층 이상인 것([⑦]은 제외한다)

2) 방염대상물품
   ① **제조** 또는 **가공** 공정에서 방염처리를 한 다음의 물품
      ㉠ 창문에 설치하는 커튼류(블라인드 포함)
      ㉡ [⑧]
      ㉢ 벽지류(두께가 [⑨]밀리미터 미만인 [⑨] 제외)
      ㉣ 전시용 합판·목재 또는 섬유판, 무대용 합판·목재 또는 섬유판(합판·목재류의 경우 불가피하게 설치 현장에서 방염처리한 것을 포함)
      ㉤ 섬유류 또는 합성수지류 등을 원료로 하여 제작된 [⑩]·[⑩](단란주점영업, 유흥주점영업 및 노래연습장업의 영업장에 설치하는 것으로 한정)
      ㉥ [⑪]·[⑪](영화상영관에 설치하는 스크린과 가상체험 체육시설업에 설치하는 스크린을 포함)
   ② 건축물 내부의 천장이나 벽에 **부착**하거나 **설치**하는 다음의 것. 다만, 가구류와 너비 10센티미터 이하인 반자돌림대 등과 「건축법」 제52조에 따른 내부 마감재료는 제외한다.
      ㉠ 종이류(두께 [⑫]밀리미터 이상인 것)·합성수지류 또는 섬유류를 주원료로 한 물품
      ㉡ [⑬]이나 [⑬]
      ㉢ 공간을 구획하기 위하여 설치하는 [⑭]
      ㉣ 흡음을 위하여 설치하는 [⑮](흡음용 커튼 포함)
      ㉤ 방음을 위하여 설치하는 [⑯](방음용 커튼 포함)

3) 방염성능기준
   ① 버너의 불꽃을 제거한 때부터 불꽃을 올리며 연소하는 상태가 그칠 때까지 시간([⑰ 잔진 / 잔염]시간)은 [⑰]초 이내일 것
   ② 버너의 불꽃을 제거한 때부터 불꽃을 올리지 않고 연소하는 상태가 그칠 때까지 시간([⑱ 잔진 / 잔염]시간)은 [⑱]초 이내일 것
   ③ 탄화한 면적은 [⑲]제곱센티미터 이내, 탄화한 길이는 [⑲]센티미터 이내일 것
   ④ 불꽃에 의하여 완전히 녹을 때까지 불꽃의 접촉 횟수는 [⑳]회 이상일 것
   ⑤ 소방청장이 정하여 고시한 방법으로 발연량을 측정하는 경우 최대연기밀도는 [㉑] 이하일 것

4) 방염대상물품의 권장
   소방본부장 또는 소방서장은 방염대상물품 외에 다음의 물품은 방염처리된 물품을 사용하도록 권장할 수 있다.
   ① 다중이용업소, 의료시설, 노유자 시설, 숙박시설 또는 장례식장에서 사용하는 [㉒]·[㉒] 및 [㉒]
   ② 건축물 내부의 천장 또는 벽에 부착하거나 설치하는 [㉓]

🏠 **정답**

① 준불연재료 ② 난연재료 ③ 의원, 치과의원, 한의원, 조산원, 산후조리원, 체력단련장, 공연장, 종교집회장 ④ 종교 ⑤ 수영장 ⑥ 노유자, 숙박, 의료 ⑦ 11, 아파트등 ⑧ 카펫 ⑨ 2, 종이벽지 ⑩ 소파, 의자 ⑪ 암막, 무대막 ⑫ 2 ⑬ 합판, 목재 ⑭ 간이칸막이 ⑮ 흡음재 ⑯ 방음재 ⑰ 잔염, 20 ⑱ 잔진, 30 ⑲ 50, 20 ⑳ 3 ㉑ 400 ㉒ 침구류, 소파, 의자 ㉓ 가구류

제2장 건축물의 구조

1. 건축물의 주요구조부
① 바닥([① 최상층 / 최하층]의 바닥 제외)
② 보(작은 보 제외)
③ [②](칸막이벽, 간벽 제외)
④ 주계단([③]계단, [③]계단 제외)
⑤ 기둥(샛기둥 제외)
⑥ [④](차양 제외)

2. 내화구조
1) 정의 : 화재 시 일정시간 동안 견딜 수 있는 성능 및 강도를 가지는 구조로서 화재 이후 재사용 [⑤ 가능 / 불가능]한 것
2) 건축구조부재의 내화성 시험방법 : [⑥], 차염성, 차열성
3) 벽의 내화구조 기준(「건축물의 피난·방화구조 등의 기준에 관한 규칙」)
   ① 철근콘크리트조 또는 철골철근콘크리트조로서 두께가 [⑦][cm] 이상인 것
   ② 골구를 철골조로 하고 그 양면을 두께 [⑧][cm] 이상의 철망모르타르(그 바름바탕을 불연재료로 한 것으로 한정한다) 또는 두께 [⑨][cm] 이상의 콘크리트블록·벽돌 또는 석재로 덮은 것
   ③ 철재로 보강된 콘크리트블록조·벽돌조 또는 석조로서 철재에 덮은 콘크리트블록 등의 두께가 [⑩][cm] 이상인 것
   ④ 벽돌조로서 두께가 [⑪][cm] 이상인 것
   ⑤ 고온·고압의 증기로 양생된 경량기포 콘크리트패널 또는 경량기포 콘크리트블록조로서 두께가 [⑫][cm] 이상인 것

3. 방화구조
1) 정의
   화재 시 일정시간 동안 일정구획에서 화재를 한정시킬 수 있는 성능을 가진 구조로서 화재 이후 재사용이 [⑬ 가능 / 불가능]한 것

2) 방화구조의 기준(「건축물의 피난·방화구조 등의 기준에 관한 규칙」)

구조	두께
• 철망모르타르	[⑭][cm] 이상
• 석고판 위에 시멘트모르타르 또는 회반죽을 바른 것 • 시멘트모르타르 위에 타일을 붙인 것	[⑮][cm] 이상
• 심벽에 흙으로 [⑯]치기한 것 • 한국산업표준에 따라 시험한 결과 방화 2급 이상에 해당하는 것	모두 해당

제3장 방화구획, 방화벽, 방화문

기본서 p.185

1. 방화구획

1) 정의

   화재발생 시 인접한 구역 등에 [⑰], [⑰], [⑰]의 확산을 막기 위해 구획하는 것

2) 설치대상

   주요구조부가 [⑱ 내화구조 또는 불연재료로 된 / 내화구조 또는 불연재료가 아닌] 건축물로서 연면적이 1,000[m²] 이상인 건축물

3) 기준

구획		기준
면적별	자동식 소화설비 ×	• 10층 이하 : 바닥면적 [⑲][m²] 이내마다 구획 • 11층 이상 : 바닥면적 [⑳][m²] 이내마다 구획 (내장재가 불연재료인 경우 [㉑][m²] 이내마다 구획)
	자동식 소화설비 ○	• 10층 이하 : 바닥면적 [㉒][m²] 이내마다 구획 • 11층 이상 : 바닥면적 [㉓][m²] 이내마다 구획 (내장재가 불연재료인 경우 [㉔][m²] 이내마다 구획)
층별		• 매 층마다 구획 • 제외 : [㉕]에서 지상으로 직접 연결하는 경사로 부위

2. 방화벽

1) 정의

   화재발생 시 인접한 구역 등에 [㉖] [㉖], [㉖]의 확산을 막기 위해 구획하는 것

2) 설치대상

   주요구조부가 [㉗ 내화구조 또는 불연재료로 된 / 내화구조 또는 불연재료가 아닌] 건축물로 연면적이 1,000[m²] 이상인 건축물

3) 기준(각 구획된 바닥면적의 합계는 [㉘][m²] 미만일 것)

   ① [㉙ 내화구조 / 불연재료]로서 홀로 설 수 있는 구조일 것
   ② 방화벽의 양쪽 끝과 위쪽 끝을 건축물의 외벽면 및 지붕면으로부터 [㉚][m] 이상 튀어나오게 할 것
   ③ 방화벽에 설치하는 출입문의 너비 및 높이는 각각 [㉛ 1.5m 이하 / 1.5m 이상 / 2.5m 이하 / 2.5m 이상](으)로 하고, 해당 출입문에는 60분+ 방화문 또는 60분 방화문을 설치할 것

3. 방화문

방화문	연기차단시간	불꽃차단시간	열차단시간
60분+ 방화문	[㉜]분 이상	[㉜]분 이상	[㉜]분 이상
60분 방화문	[㉝]분 이상	[㉝]분 이상	-
30분 방화문	[㉞]분 이상 [㉞]분 미만	[㉞]분 이상 [㉞]분 미만	-

정답

① 최하층 ② 내력벽 ③ 보조, 옥외 ④ 지붕틀 ⑤ 가능 ⑥ 하중지지력 ⑦ 10 ⑧ 4 ⑨ 5 ⑩ 5 ⑪ 19 ⑫ 10 ⑬ 불가능 ⑭ 2 ⑮ 2.5 ⑯ 맞벽
⑰ 화염, 열, 연기 ⑱ 내화구조 또는 불연재료로 된 ⑲ 1000 ⑳ 200 ㉑ 500 ㉒ 3000 ㉓ 600 ㉔ 1500 ㉕ 지하 1층 ㉖ 화염, 열, 연기
㉗ 내화구조 또는 불연재료가 아닌 ㉘ 1000 ㉙ 내화구조 ㉚ 0.5 ㉛ 2.5m 이하 ㉜ 60, 60, 30 ㉝ 60, 60 ㉞ 30, 60, 30, 60

제4장 기타 건축용어

1. 층의 구분
1) 무창층

   [① 지하층 / 지상층] 중 다음의 요건을 모두 갖춘 개구부면적의 합계가 해당 층의 바닥면적의 [②] 이하가 되는 층

   ① 개구부의 크기는 지름 [③][cm] 이상의 원이 통과할 수 있을 것

   ② 해당 층의 바닥면으로부터 개구부 [④ 밑부분 / 윗부분]까지의 높이가 [⑤][m] 이내일 것

   ③ [⑥] 또는 차량이 진입할 수 있는 [⑥]를 향할 것

   ④ 화재 시 건축물로부터 쉽게 피난할 수 있도록 [⑦]이나 그 밖의 [⑦]이 설치되지 아니할 것

   ⑤ 내부 또는 외부에서 쉽게 부수거나 열 수 [⑧ 있을 것 / 없을 것]

2) 피난층

   곧바로 [⑨]으로 갈 수 있는 출입구가 있는 층을 말한다.

3) 지하층

   건축물의 바닥이 지표면 아래에 있는 층으로서 바닥에서 지표면까지의 평균높이가 해당 층 높이의 [⑩] 이상인 것

2. 계단

계단	내용
[⑪]계단	• 피난층 또는 지상에 직통으로 통하는 계단
[⑫]계단	• 직통계단에 내화구조, 불연재료로 설치한 계단
특별피난계단	• [⑬]을 거쳐 계단실에 도달할 수 있도록 한 계단 • 화재안전성능 : 피난계단 [⑭ > / <] 특별피난계단

3. 피난안전구역
1) 정의

   ① 건축물의 피난·안전을 위하여 건축물의 중간층에 설치하는 대피공간이다.

   ② [⑮] 또는 [⑮]으로 통하는 직통계단과 직접 연결되는 구역이다.

2) 설치대상

   ① **초고층 건축물** : 지상층으로부터 최대 [⑯]개 층마다 1개소 이상 설치하여야 한다.

   ② **준초고층 건축물** : 건축물 전체 층수의 [⑰]에 해당하는 층으로부터 상하 [⑱]개층 이내에 1개소 이상 설치하여야 한다.

제5장 건축물의 방재계획

기본서 p.190

1. 공간적 대응과 설비적 대응

1) 공간적 대응

구분		내용
공간적 대응	[⑲]	• 방화구획, 방연구획, 내화구조 등 • 초기소화에 대항성을 가지도록 하는 것
	[⑳]	• 불연화, 난연화 등의 내장재의 제한, 소방훈련 및 불조심 등 • 화재의 확대 가능성을 줄여 위험성을 낮추는 것(예방조치)
	[㉑]	• 피난계단, 피난안전구역 등 • 화재 시 피난자가 위험에 빠지지 않도록 구조적으로 배려하는 것

2) 설비적 대응

구분		내용
설비적 대응	특징	• [㉒] 대응을 보완
	[㉓]	• 스프링클러설비, 제연설비, 방화문, 방화셔터 등을 말함
	[㉔]	• 유도등, 피난구조설비 등을 설치하여 보조

2. 건축허가등의 동의

1) 건축허가등의 동의

건축물 등의 신축·증축·개축·재축·이전·용도변경 또는 대수선의 허가·협의 및 사용승인의 권한이 있는 행정기관은 건축허가등을 할 때 미리 그 건축물 등의 시공지 또는 소재지를 관할하는 [㉕]이나 [㉕]의 동의를 받아야 한다.

2) 건축허가등의 동의대상물의 범위

구분	건축허가등의 동의대상물의 범위
층수	① 층수가 [㉖]층 이상인 건축물
면적	② 연면적이 [㉗]제곱미터 이상인 건축물이나 시설 ③ 건축등을 하려는 학교시설 : 연면적 [㉘]제곱미터 이상 ④ 노유자시설 및 수련시설 : 연면적 [㉙]제곱미터 이상 ⑤ 정신의료기관(입원실이 없는 정신건강의학과 의원은 제외), 장애인 의료재활시설 : 연면적 [㉚]제곱미터 이상 ⑥ 지하층 또는 무창층이 있는 건축물로서 바닥면적이 [㉛]제곱미터(공연장의 경우에는 [㉛]제곱미터) 이상인 층이 있는 것 ⑦ 차고·주차장으로 사용되는 바닥면적이 [㉜]제곱미터 이상인 층이 있는 건축물이나 주차시설(승강기 등 기계장치에 의한 주차시설로서 자동차 [㉜]대 이상을 주차할 수 있는 시설)

정답

① 지상층 ② 1/30 ③ 50 ④ 밑부분 ⑤ 1.2 ⑥ 도로, 빈터 ⑦ 창살, 장애물 ⑧ 있을 것 ⑨ 지상 ⑩ 1/2
⑪ 직통 ⑫ 피난 ⑬ 부속실 ⑭ < ⑮ 피난층, 지상 ⑯ 30 ⑰ 1/2(2분의 1) ⑱ 5
⑲ 대항성 ⑳ 회피성 ㉑ 도피성 ㉒ 공간적 ㉓ 대항성 ㉔ 도피성 ㉕ 소방본부장, 소방서장 ㉖ 6 ㉗ 400 ㉘ 100
㉙ 200 ㉚ 300 ㉛ 150, 100 ㉜ 200, 20

용도	⑧ [①], 관망탑, 항공관제탑, 방송용 송수신탑
	⑨ 특정소방대상물 중 공동주택, 의원(입원실 또는 인공신장실이 있는 것으로 한정한다)·조산원·산후조리원, 숙박시설, 위험물 저장 및 처리시설, 발전시설 중 [②]·[②], [③ 지하상가 / 지하구]
	⑩ 요양병원(제외 : 의료재활시설)
	⑪ "④"에 해당하지 않는 노유자시설 중 다음의 어느 하나에 해당하는 시설. 다만, ㉠의 2) 및 ㉡부터 ㉢까지의 시설 중 단독주택 또는 공동주택에 설치되는 시설은 제외한다.
	  ㉠ 노인 관련 시설 중 다음의 어느 하나에 해당하는 시설
	    1) 노인주거복지시설, 노인의료복지시설 및 재가노인복지시설
	    2) 학대피해노인 전용쉼터
	  ㉡ 아동복지시설(아동상담소, 아동전용시설 및 지역아동센터는 제외한다)
	  ㉢ 장애인 거주시설
	  ㉣ 정신질환자 관련 시설(공동생활가정을 제외한 재활훈련시설과 종합시설 중 24시간 주거를 제공하지 않는 시설은 제외한다
	  ㉤ 노숙인 관련 시설 중 노숙인자활시설, 노숙인재활시설 및 노숙인요양시설
	  ㉥ 결핵환자나 한센인이 24시간 생활하는 노유자 시설

기타	⑫ 특정소방대상물 중 공장 또는 창고시설로서 「화재의 예방 및 안전관리에 관한 법률 시행령」 별표 2에서 정하는 수량의 [④]배 이상의 특수가연물을 저장·취급하는 것 ⑬ 가스시설로서 지상에 노출된 탱크의 저장용량의 합계가 [⑤]톤 이상인 것

3) 건축허가등의 동의대상물 제외대상

① 특정소방대상물에 설치되는 소화기구, 자동소화장치, 누전경보기, 단독경보형감지기, 가스누설경보기 및 피난구조설비([⑥]은 제외한다)가 화재안전기준에 적합한 경우 해당 특정소방대상물

② 건축물의 증축 또는 용도변경으로 인하여 해당 특정소방대상물에 [⑦]로 소방시설이 설치되지 않는 경우 해당 특정소방대상물

③ 소방시설공사의 착공신고 대상에 [⑧ 해당하는 / 해당하지 않는] 경우 해당 특정소방대상물

제6장 건축물의 피난계획

📖 기본서 p.190

1. 피난계획 시 고려사항

1) 피난대책

구분	내용
풀 프루프 (Fool Proof)	① 정의 : 누구라도 안전하게 사용할 수 있도록 [⑨ 공학적 / 원시적] 방법으로 그림, 색채 등을 활용(예시 : 유도등 및 유도표지) ② 피난경로는 간단명료해야 한다. ③ 피난설비는 [⑩ 고정식 / 이동식] 설비로 설치한다.
[⑪]	① 정의 : 실패하여도 다음 대책에 의해 안전하도록 할 것(예시 : 옥상수조, 예비펌프, 배관의 이중화, 배선의 이중화 등) ② 2방향 이상의 피난경로를 확보한다.

2) 피난계획

① 피난구는 항시 [⑫ 개방 / 폐쇄]상태를 유지하고, [⑫ 개방장치 / 잠금장치]를 사용할 수 없다.
② 피난경로는 [⑬ 단순 / 복잡]해야 한다.
③ [⑭ 1방향 / 2방향] 이상의 피난경로를 확보하여야 한다.
④ 통로의 말단은 안전한 장소이어야 한다.
⑤ [⑮]현상이 발생하지 않도록 수평동선와 수직동선으로 구분한다.
⑥ 피난로는 피난방향을 표시하고, 갈림길 등이 없이 간단명료하여야 한다.
⑦ 피난설비는 [⑯ 고정식 / 이동식] 설비로 설치하여야 한다.

2. 인간의 피난본능

구분	내용
[⑰]본능	최초 행동 개시자를 따라 전체가 움직이는 경향
[⑱]본능	평소 자주 사용하는 통로 등을 사용
[⑲]본능	화염, 연기 등 위험한 장소의 반대방향으로 이동
[⑳]본능	신체의 오른쪽이 발달하여 피난 시 좌회전하려는 경향
[㉑]본능	밝은 곳을 향하여 피난하려는 경향

🏠 **정답**

① 항공기 격납고 ② 풍력발전소, 전기저장시설 ③ 지하구 ④ 750 ⑤ 100 ⑥ 비상조명등 ⑦ 추가 ⑧ 해당하지 않는 ⑨ 원시적 ⑩ 고정식
⑪ 페일 세이프 ⑫ 개방, 잠금장치 ⑬ 단순 ⑭ 2방향 ⑮ 병목 ⑯ 고정식 ⑰ 추종 ⑱ 귀소 ⑲ 퇴피 ⑳ 좌회 ㉑ 지광

3. 피난안전구획 및 피난로

1) 피난안전구획

① 1차 안전구획([① 계단 / 부속실 / 복도]) : 피난자를 일시적으로 수용하여 패닉(Panic)을 방지한다.

② 2차 안전구획([② 계단 / 부속실 / 복도]) : 특별피난계단에 연기의 유입을 막는다.

③ 3차 안전구획([③ 계단 / 부속실 / 복도]) : 피난활동상 주요 경로이다.

2) 피난로의 형태

→ [④](아래의 보기번호 중 답을 고르시오.)

: 중앙코어식으로 피난자들의 집중으로 병목현상 및 패닉현상이 발생할 우려가 있다.

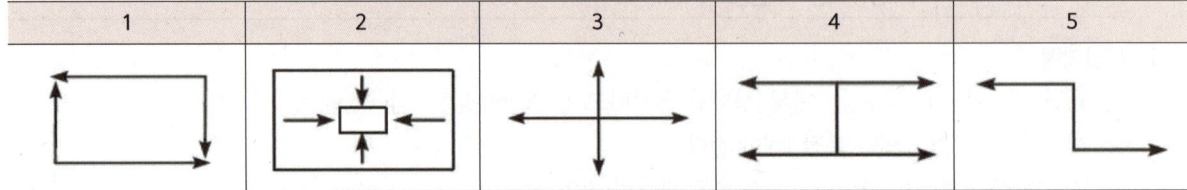

4. 인명안전기준

구분	성능기준		비고
호흡한계선	바닥으로부터 [⑤][m] 기준		
열에 의한 영향	[⑥][℃] 이하		
가시거리에 의한 영향	용도	허용가시거리 한계	단, 고휘도 유도등, 바닥유도등, 축광유도표지 설치 시 집회시설, 판매시설 [⑨][m] 적용가능
	기타시설	[⑦][m]	
	집회시설 판매시설	[⑧][m]	
독성에 의한 영향	성분	독성기준치	기타, 독성가스는 실험결과에 따른 기준치를 적용 가능
	CO	[⑩][ppm]	
	O_2	[⑪][%] 이상	
	CO_2	[⑫][%] 이하	

[비고]
이 기준을 적용하지 않을 경우 실험적·공학적 또는 국제적으로 검증된 명확한 근거 및 출처 또는 기술적인 검토자료를 제출하여야 한다.

🔔 정답

① 복도 ② 부속실 ③ 계단 ④ 2, 4 ⑤ 1.8 ⑥ 60 ⑦ 5 ⑧ 10 ⑨ 7 ⑩ 1400 ⑪ 15 ⑫ 5

CHAPTER 06 위험물 및 특수가연물

제1장 위험물의 종류 및 특성

📝 기본서 p.199

1. 용어의 정의

1) 위험물
   ① 정의 : [①] 또는 [①] 등의 성질을 가지는 것으로서 대통령령이 정하는 물품을 말한다.
   ② 종류
      ㉠ 제1류 위험물 : [②]
      ㉡ 제2류 위험물 : [③]
      ㉢ 제3류 위험물 : [④]물질 및 [⑤] 물질
      ㉣ 제4류 위험물 : [⑥]
      ㉤ 제5류 위험물 : [⑦]
      ㉥ 제6류 위험물 : [⑧]

2) 지정수량
   ① 위험물의 종류별로 위험성을 고려하여 대통령령이 정하는 수량으로서 규정에 의한 제조소등의 [⑨] 등에 있어서 [⑨ 최저 / 최대]의 기준이 되는 수량을 말한다.
   ② 둘 이상의 위험물을 같은 장소에서 저장 또는 취급하는 경우에 있어서 당해 장소에서 저장 또는 취급하는 각 위험물의 수량을 그 위험물의 지정수량으로 각각 나누어 얻은 수의 합계가 [⑩] 이상인 경우 당해 위험물은 지정수량 이상의 위험물로 본다.

📖 **참고** 위험물의 분류(NFPA 804) – 표시방법

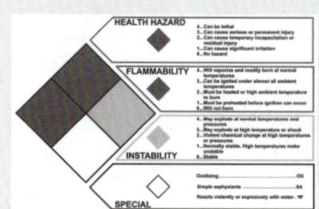

㉠ 유독성([⑪]색) : 건강위험성, 0 ~ 4등급 분류
㉡ 가연성([⑫]색) : 화재위험성, 0 ~ 4등급 분류
㉢ 반응성([⑬]색) : 반응위험성, 0 ~ 4등급 분류
㉣ 특이사항([⑭]색) : W(금수성 물질), OX(산화성 액체) 등

🏠 **정답**
① 인화성, 발화성 ② 산화성 고체 ③ 가연성 고체 ④ 자연발화성 ⑤ 금수성 ⑥ 인화성 액체 ⑦ 자기반응성물질 ⑧ 산화성 액체 ⑨ 설치허가, 최저
⑩ 1 ⑪ 청 ⑫ 적 ⑬ 황 ⑭ 백

2. 제1류 위험물(산화성 고체)

품명				지정수량	위험등급
• [①]염류	• [①]염류	• [①]염류	• [②]	[⑤][kg]	I
• [③]염류	• [③]염류	• [③]염류		[⑥][kg]	II
• [④]염류	• [④]염류			[⑦][kg]	III

1) 산화성 고체의 정의

    [⑧][액체(1기압 및 섭씨 20도에서 액상인 것 또는 섭씨 20도 초과 섭씨 40도 이하에서 액상인 것을 말한다.) 또는 기체(1기압 및 섭씨 20도에서 기상인 것을 말한다)외의 것을 말한다. 이하 같다]로서 [⑨]의 잠재적인 위험성 또는 [⑨]에 대한 민감성을 판단하기 위하여 소방청장이 정하여 고시하는 시험에서 고시로 정하는 성질과 상태를 나타내는 것을 말한다.

2) 특성

  ① 자체는 [⑩ 불연성 / 가연성] 물질이지만 산소를 다량 함유한 [⑩ 강산화제 / 강환원제]이다.
  ② 다른 가연물의 연소를 돕는 [⑪]물질이다.
  ③ 반응성이 풍부하여 가열, 마찰, 충격 등에 의해 분해되어 [⑫ 수소 / 산소]를 방출한다.
  ④ 비중이 1보다 [⑬ 작으며 / 크며] 물에 대체로 [⑬ 녹는다. / 녹지 않는다.]
  ⑤ 공기 중에 있는 [⑭]을 흡수하여 스스로 녹는 것([⑭]성)도 있다.
  ⑥ 대부분 [⑮ 유기 / 무기]화합물이며, [⑯]색 결정 또는 [⑯]색의 분말이다.
  ⑦ 무기과산화물 중 알칼리금속 과산화물은 물과 반응하여 [⑰]를 방출하고 발열한다.
  ⑧ 크로뮴, 납, 아이오딘의 산화물 중 삼산화크롬(무수크롬산, CrO_3)은 물과 반응하여 발열하며, 분해 시 [⑱]를 방출한다.

3) 저장 및 취급 시 주의사항

구분	내용
반응성	• 가열, 충격, 마찰, 직사광선 등을 피하고 [⑲]과의 접촉을 피한다. • 직사광선을 피하고 환기가 잘 되는 장소에 설치한다.
조해성	• 밀폐용기에 보관하여 대기 중의 [⑳]과의 접촉을 피한다. • 방습의 조치를 하고 용기가 파손되지 않도록 하여야 한다.
산화성	• [㉑ 산화제 / 환원제]와의 혼합하면 연소 또는 폭발의 위험이 있으므로 접촉을 피한다.
무기과산화물	• 물과 접촉 시 급격한 발열반응을 하여 [㉒ 수소 / 산소]를 방출한다.

4) 소화대책

  ① [㉓] : 탄산수소염류를 이용한 분말약제를 사용한 소화, 마른모래, 팽창질석, 팽창진주암 등으로 질식소화
  ② 기타 물질 : 물을 주수소화하여 [㉔]소화

3. 제2류 위험물(가연성 고체)

품명	지정수량	위험등급
• [㉕] • [㉕] • [㉕]	[㉖][kg]	[㉛]
• [㉗] • [㉗] • [㉗]	[㉘][kg]	[㉜]
• [㉙]	[㉚][kg]	[㉝]

1) 가연성 고체의 정의
[㉞]로서 화염에 의한 [㉟]의 위험성 또는 [㉟]의 위험성을 판단하기 위하여 고시로 정하는 시험에서 고시로 정하는 성질과 상태를 나타내는 것을 말한다.

2) 각종 정의

구분	정의
황	순도가 [㊱]중량퍼센트 이상인 것을 말하며, 순도측정을 하는 경우 불순물은 활석 등 [㊲]물질과 [㊲]으로 한정한다.
철분	철의 분말로서 [㊳]마이크로미터의 표준체를 통과하는 것이 [㊳]중량퍼센트 미만인 것은 [㊳ 제외 / 포함]한다.
금속분	알칼리금속·알칼리토류금속·철 및 마그네슘외의 금속의 분말을 말하고, [㊴]분·[㊴]분 및 [㊵]마이크로미터의 체를 통과하는 것이 [㊵]중량퍼센트 미만인 것은 [㊵ 제외 / 포함]한다.
마그네슘	마그네슘 및 마그네슘을 함유한 것에 있어서는 다음의 1에 해당하는 것은 [㊶ 제외 / 포함]한다. ㉠ [㊷]밀리미터의 체를 통과하지 아니하는 덩어리 상태의 것 ㉡ 지름 [㊷]밀리미터 이상의 막대 모양의 것
인화성 고체	[㊸ 고형알코올 / 변성알코올] 그 밖에 1기압에서 인화점이 섭씨 [㊹]도 미만인 고체를 말한다.

3) 특성
① 자체가 [㊺ 불연성 / 가연성 / 조연성] 고체이며 강한 [㊻ 산화성 / 환원성]을 가진 고체이다.
② 비교적 낮은 온도에 착화되는 [㊼ 불연성 / 가연성 / 조연성]의 물질이다.
③ [㊽ 산화제 / 환원제]와의 접촉, 마찰 등에 의해 착화되면 급격히 연소 또는 폭발할 수 있는 [㊾]성 물질이다.
④ 대부분 비중이 1보다 [㊿ 작으며 / 크며] 물에 [㊿ 녹는다. / 녹지 않는다.]
⑤ 연소속도가 매우 빠른 [51]성 물질이며, 연소온도가 높고 연소열이 높다.
⑥ 연소 시 유독가스를 많이 발생시킨다.
⑦ 철분, 금속분, 마그네슘은 물 또는 뜨거운 물, 묽은 산과 접촉 또는 반응하여 [52 수소 / 산소]가스를 발생시킨다.
⑧ 황가루, 철분, 금속분, 마그네슘은 밀폐된 공간 내에서 부유하여 점화원이 존재할 경우 [53]폭발의 위험이 있다.

🏠 정답
① 아염소산, 염소산, 과염소산 ② 무기과산화물 ③ 브로민산, 질산, 아이오딘산 ④ 과망가니즈산, 다이크로뮴산 ⑤ 50 ⑥ 300 ⑦ 1,000 ⑧ 고체 ⑨ 산화력, 충격 ⑩ 불연성, 강산화제 ⑪ 조연성(지연성) ⑫ 산소 ⑬ 크며, 녹는다. ⑭ 수분, 조해 ⑮ 무기 ⑯ 무, 백 ⑰ 산소 ⑱ 산소 ⑲ 가연물 ⑳ 수분 ㉑ 환원제 ㉒ 산소 ㉓ 무기과산화물(알칼리금속의 과산화물) ㉔ 냉각 ㉕ 황화인, 적린, 황 ㉖ 100 ㉗ 철분, 금속분, 마그네슘 ㉘ 500 ㉙ 인화성 고체 ㉚ 1,000 ㉛ II ㉜ III ㉝ III ㉞ 고체 ㉟ 발화, 인화 ㊱ 60 ㊲ 불연성, 수분 ㊳ 53, 50, 제외 ㊴ 구리, 니켈 ㊵ 150, 50, 제외 ㊶ 제외 ㊷ 2, 2 ㊸ 고형알코올 ㊹ 40 ㊺ 가연성 ㊻ 환원성 ㊼ 가연성 ㊽ 산화제 ㊾ 이연 ㊿ 크며, 녹지 않는다. 51 속연 52 수소 53 분진

4) 저장 및 취급 시 주의사항
① 점화원이 존재하는 경우 화재가 발생할 우려가 있으므로 [①]으로부터 멀리하고 가열을 피한다.
② 제1류 또는 제6류 위험물 등 [② 강산화성 / 강환원성] 물질과의 혼합을 피하여야 한다.
③ 독성이 있으므로 취급 시 주의하여야 한다.
④ 용기는 밀폐하여 통풍이 잘되는 냉암소에 저장한다.
⑤ 철분, 금속분, 마그네슘은 [③] 또는 [③]과의 접촉을 피하여야 한다.

5) 소화대책
① 철분, 금속분, 마그네슘 : 물과 접촉 시 가연성 가스인 [④ 수소 / 산소]가스를 발생하므로 마른모래, 팽창질석, 팽창진주암 등으로 질식소화
② 황화인 : 물과 접촉 시 유독성 가스인 [⑤ 수소 / 황화수소]를 발생하므로 마른모래, 팽창질석, 팽창진주암 등으로 질식소화
③ 기타물질 : 물을 주수하는 [⑥]소화

📖 참고 황화인의 종류 및 연소생성물

구분	삼황화인	오황화인	칠황화인
화학식	P_4S_3	P_2S_5	P_4S_7
연소생성물	[⑦], [⑦]	[⑧], [⑧]	[⑨], [⑨]

4. 제3류 위험물(자연발화성 물질 및 금수성 물질)

품명	지정수량	위험등급
• [⑩] • [⑩] • [⑩] • [⑩]	[⑪][kg]	[⑳]
• [⑫]	[⑬][kg]	[㉑]
• [⑭](칼륨·나트륨 제외)·[⑭] • [⑮](알킬알루미늄·알킬리튬 제외)	[⑯][kg]	[㉒]
• 금속의 [⑰], 금속의 [⑰] • 칼슘 또는 알루미늄의 [⑱]	[⑲][kg]	[㉓]

1) 자연발화성 물질 및 금수성 물질의 정의

[㉔] 또는 [㉔]로서 공기 중에서 [㉕]의 위험성이 있거나 물과 접촉하여 [㉖]하거나 [㉗]를 발생하는 위험성이 있는 것을 말한다.

2) 특성

① [㉘]은 금수성이 없는 자연발화성물질이며, 공기와의 접촉으로 인하여 자연발화한다.

② [㉙](K, Na 제외)과 [㉙](Mg 제외)은 자연발화성이 없는 금수성 물질이다.

③ 금수성 물질의 경우 물과 접촉하여 [㉚]반응 및 [㉚]를 발생한다.

④ 칼륨(K), 나트륨(Na), 알킬알루미늄, 알킬리튬을 제외한 기타 물질은 물보다 [㉛ 가볍다. / 무겁다.]

⑤ 칼륨(K), 나트륨(Na)은 칼로 잘릴 정도로 [㉜ 단단한 / 무른] 금속이다.

⑥ 대부분의 물질이 [㉝]의 [㉝]이며, 알킬알루미늄과 같은 [㉞]도 있다.

⑦ 염소화규소화합물은 물과 반응하여 [㉟] 기체를 발생시킨다.

3) 물과의 반응 시 발생하는 가스의 종류

구분		발생 가스
칼륨(K)		[㊱]
나트륨(Na)		[㊲]
알킬알루미늄	트리메틸알루미늄	[㊳]
	트리에틸알루미늄	[㊴]
	트리프로필알루미늄	[㊵]
알킬리튬	메틸리튬	[㊶]
	에틸리튬	[㊷]
	프로필리튬	[㊸]
금속의 수소화물	수소화리튬	[㊹]
	수소화나트륨, 수소화칼륨	[㊺]
	수소화알루미늄리튬	[㊻]
금속의 인화물	인화칼슘(인화석회)	[㊼]
	인화알루미늄	[㊽]
	인화아연	[㊾]
칼슘의 탄화물	탄화칼슘(카바이드)	[㊿]
알루미늄의 탄화물	탄화알루미늄	[(51)]

정답

① 점화원 ② 강산화성 ③ 물, 묽은 산 ④ 수소 ⑤ 황화수소 ⑥ 냉각 ⑦ 오산화인(P_2O_5), 이산화황(SO_2) ⑧ 오산화인(P_2O_5), 이산화황(SO_2) ⑨ 오산화인(P_2O_5), 이산화황(SO_2) ⑩ 칼륨, 나트륨, 알킬알루미늄, 알킬리튬 ⑪ 10 ⑫ 황린 ⑬ 20 ⑭ 알칼리금속, 알칼리토금속 ⑮ 유기금속화합물 ⑯ 50 ⑰ 수소화물, 인화물 ⑱ 탄화물 ⑲ 300 ⑳ Ⅰ ㉑ Ⅰ ㉒ Ⅱ ㉓ Ⅲ ㉔ 고체, 액체 ㉕ 발화 ㉖ 발화 ㉗ 가연성가스 ㉘ 황린 ㉙ 알칼리금속, 알칼리토금속 ㉚ 발열, 가연성가스 ㉛ 무겁다. ㉜ 무른 ㉝ 무기물, 고체 ㉞ 액체 ㉟ 염소 ㊱ 수소 ㊲ 수소 ㊳ 메탄 ㊴ 에탄 ㊵ 프로판 ㊶ 메탄 ㊷ 에탄 ㊸ 프로판 ㊹ 수소 ㊺ 수소 ㊻ 수소 ㊼ 포스핀 ㊽ 포스핀 ㊾ 포스핀 ㊿ 아세틸렌 (51) 메탄

4) 저장 및 취급 시 주의사항
① 습기와 물의 접촉을 피하고 용기의 파손을 방지하여야 한다.
② 보호액 속에 저장하는 경우 위험물이 보호액 표면에 누출되지 않도록 주의한다.

구분	보호액
나트륨(Na), 칼륨(K)	[①] 속 저장
황린(P_4)	[②] 속 저장
알킬알루미늄, 알킬리튬	[③] 희석제 사용

5) 소화대책
① 자연발화성물질([④]) : 주수소화
② 금수성물질 : 마른모래, 팽창질석, 팽창진주암 등을 사용하여 [⑤]소화

📖 **참고** 적린(P)과 황린(P_4)

구분	적린(P)	황린(P_4)
연소생성물	[⑥]색연기의 [⑥]	[⑦]색연기의 [⑦]
독성	[⑧ 독성 없음 / 독성 강함]	[⑨ 독성 없음 / 독성 강함]
위험물	[⑩] 위험물	[⑪] 위험물
지정수량	[⑫][kg]	[⑬][kg]
비고	황린을 [⑭][℃]로 가열하면 적린이 된다.	공기 중 [⑮]

→ 적린과 황린은 [⑯]이다.

5. 제4류 위험물(인화성 액체)

품명		지정수량	위험등급
• 특수인화물		[⑰][L]	[㉗]
• 제1석유류	비수용성액체	[⑱][L]	[㉘]
	수용성액체	[⑲][L]	
• 알코올류		[⑳][L]	[㉙]
• 제2석유류	비수용성액체	[㉑][L]	Ⅲ
	수용성액체	[㉒][L]	
• 제3석유류	비수용성액체	[㉓][L]	
	수용성액체	[㉔][L]	
• 제4석유류		[㉕][L]	
• 동식물유류		[㉖][L]	

1) 인화성 액체의 정의
액체([㉚], [㉚] 및 [㉚]의 경우 1기압과 섭씨 20도에서 액체인 것만 해당한다)로서 인화의 위험성이 있는 것을 말한다.

2) 종류 및 정의

① 특수인화물

구분	내용
물질	[㉛], [㉛], [㉛], [㉛]
정의	1기압에서 발화점이 섭씨 [㉜]도 이하인 것 또는 인화점이 섭씨 영하 [㉜]도 이하이고 비점이 섭씨 [㉜]도 이하인 것

② 제1석유류

구분		내용
물질	비수용성	[㉝], [㉝], 톨루엔, 초산메틸, 초산에틸 등
	수용성	[㉞], 피리딘, [㉞]
정의		1기압에서 인화점이 섭씨 [㉟]도 미만인 것

③ 알코올류

구분	내용
물질	메틸알코올(CH_3OH), 에틸알코올(C_2H_5OH), 프로필알코올(C_3H_7OH)
정의	1분자를 구성하는 탄소원자의 수가 [㊱]개부터 [㊱]개까지인 [㊱] 알코올(변성알코올을 포함한다)을 말한다. 다만, 다음의 1에 해당하는 것은 제외한다. ㉠ 1분자를 구성하는 탄소원자의 수가 1개 내지 3개의 포화1가 알코올의 함유량이 [㊲]중량퍼센트 미만인 수용액 ㉡ 가연성액체량이 [㊲]중량퍼센트 미만이고 인화점 및 연소점(태그개방식인화점측정기에 의한 연소점을 말한다. 이하 같다)이 에틸알코올 [㊲]중량퍼센트 수용액의 인화점 및 연소점을 초과하는 것

④ 제2석유류

구분		내용
물질	비수용성	[㊳], [㊳], 부탄올, 자일렌 등
	수용성	[㊴], 초산(아세트산), 의산
정의		1기압에서 인화점이 섭씨 [㊵]도 이상 [㊵]도 미만인 것을 말한다. 다만, 도료류 그 밖의 물품에 있어서 가연성 액체량이 [㊶]중량퍼센트 이하이면서 인화점이 섭씨 [㊶]도 이상인 동시에 연소점이 섭씨 [㊶]도 이상인 것은 제외한다.

⑤ 제3석유류

구분		내용
물질	비수용성	[㊷], 크레오소트유
	수용성	[㊸], 에틸렌글리콜
정의		1기압에서 인화점이 섭씨 [㊹]도 이상 섭씨 [㊹]도 미만인 것을 말한다. 다만, 도료류 그 밖의 물품은 가연성 액체량이 [㊺]중량퍼센트 이하인 것은 제외한다.

🔔 정답

① 석유류 ② 물 ③ 벤젠 또는 헥산 ④ 황린 ⑤ 질식 ⑥ 흰, 오산화인(P_2O_5) ⑦ 흰, 오산화인(P_2O_5) ⑧ 독성 없음 ⑨ 독성 강함 ⑩ 제2류 ⑪ 제3류 ⑫ 100 ⑬ 20 ⑭ 260 ⑮ 자연발화 ⑯ 동소체 ⑰ 50 ⑱ 200 ⑲ 400 ⑳ 400 ㉑ 1000 ㉒ 2000 ㉓ 2000 ㉔ 4000 ㉕ 6000 ㉖ 10000 ㉗ Ⅰ ㉘ Ⅱ ㉙ Ⅱ ㉚ 제3석유류, 제4석유류, 동식물유류 ㉛ 이황화탄소, 디에틸에테르(다이에틸에터), 산화프로필렌, 아세트알데히드(아세트알데하이드) ㉜ 100, 20, 40 ㉝ 휘발유(가솔린), 벤젠 ㉞ 아세톤, 시안화수소 ㉟ 21 ㊱ 1, 3, 포화1가 ㊲ 60, 60, 60 ㊳ 등유, 경유 ㊴ 히드라진(하이드라진) ㊵ 21, 70 ㊶ 40, 40, 60 ㊷ 중유 ㊸ 글리세린 ㊹ 70, 200 ㊺ 40

⑥ 제4석유류

구분	내용
물질	[①], [①], [①]
정의	1기압에서 인화점이 섭씨 [②]도 이상 섭씨 [②]도 미만의 것을 말한다. 다만 도료류 그 밖의 물품은 가연성 액체량이 [③]중량퍼센트 이하인 것은 제외한다.

⑦ 동식물유류

구분	내용
물질	건성유, 반건성유, 불건성유
정의	동물의 지육 등 또는 식물의 종자나 과육으로부터 추출한 것으로서 1기압에서 인화점이 섭씨 [④ 250도 미만 / 250도 이상]인 것을 말한다.

3) 특성

① [⑤]와 [⑤]이 낮아 위험성이 높다.
② [⑥]의 액체로 화재의 확대가 빠르다.
③ 증기가 공기와 약간만 혼합되어 있어도 [⑦]를 형성하여 쉽게 연소가능하다.
④ 일반적으로 전기의 [⑧ 도체 / 부도체]이므로 정전기가 축적되기 쉽고 정전기 방전 불꽃에 의하여 인화할 수 있다.
⑤ 대부분의 물질은 [⑨ 수용성 / 비수용성]이다.
⑥ 대부분의 물질은 [⑩ 무기 / 유기]화합물이다.
⑦ 비중 및 증기비중

구분	일반적 경향	예외물질
비중	물보다 [⑪ 가볍다 / 무겁다]	[⑫], [⑫], 초산(아세트산) 등
증기비중	공기보다 [⑬ 가볍다 / 무겁다]	[⑭] 등

4) 저장 및 취급 시 주의사항

① 불꽃, 불티, 화기, 가열, 충격 등 [⑮]에서 멀리 저장하여야 한다.
② 통풍을 원활히 하여 [⑯]를 형성하는 것을 막는다.
③ 정전기가 발생할 우려가 있는 장소는 [⑰]하고, [⑰]을 제한한다.
④ 인화점이 [⑱ 낮은 / 높은] 석유류에는 불연성 가스를 봉입하여 혼합기체의 형성을 억제해야 한다.
⑤ 특수인화물 중 이황화탄소(CS_2)
  ㉠ 탄소의 황화물로 물에 [⑲ 녹기 쉬운 / 녹기 어려운] 무색의 특수 냄새가 있는 [⑳ 고체 / 액체 / 기체]이다.
  ㉡ 물보다 비중이 [㉑ 작고 / 크고], 증기압이 [㉑ 낮다. / 높다.]
  ㉢ 탱크보관 시 상부에 물로 덮어서 가연성 증기의 증발을 막으며 [㉒] 속에 보관한다.
  ㉣ 발화점이 [㉓][℃]이며, 연소 시 [㉔]와 [㉔]을 형성한다.
  ㉤ 약 100℃ 고온의 물과 반응할 경우 [㉕]와 [㉕]를 형성한다.

5) 소화대책

① 주수소화 시 연소면이 확대될 우려가 있으므로 적절하지 않다.
② 초기 또는 소규모 화재 시 포, 이산화탄소, 물분무, 분말, 할론으로 [㉖]소화를 한다.
③ 대규모 화재 시 포에 의한 [㉗] 또는 [㉗]소화를 한다.
④ 알코올류, 아세톤 등 수용성 위험물의 화재 시 [㉘]포 소화약제를 사용하여 소화한다.

6. 제5류 위험물(자기반응성 물질)

품명	지정수량	위험등급
• [㉙] • [㉙] • [㉚] • [㉚] • [㉛] • [㉛] • [㉜] • [㉜] • [㉝]	제1종 : [㉞][kg] 제2종 : [㉟][kg]	Ⅰ : 지정수량 10kg Ⅱ : 기타

1) 자기반응성 물질의 정의

[㊱] 또는 [㊱]로서 [㊲]의 위험성 또는 [㊲]의 격렬함을 판단하기 위하여 고시로 정하는 시험에서 고시로 정하는 성질과 상태를 나타내는 것을 말하며, 위험성 유무와 등급에 따라 [㊳] 또는 [㊳]으로 분류한다.

2) 특성

① [㊴ 불연성 / 가연성] 물질로 자체 내 [㊴ 산소 / 수소]를 함유한 물질이다.
② 연소할 때에는 다량의 [㊵]를 발생시킨다.
③ 대부분 물과 [㊶ 반응하지 않으며 / 반응하여], 물에 [㊷ 녹는다. / 녹지 않는다.]
④ 연소 시 연소속도가 매우 빠른 [㊸] 물질이다.
⑤ 가열, 마찰, 충격 등 외부에너지에 의해 [㊹]할 우려가 있다.
⑥ 유기과산화물을 제외하고는 대부분 질소를 함유한 [㊺]화합물이다.
⑦ 하이드라진 유도체를 제외하고는 대부분 [㊻ 유기 / 무기]화합물이다.
⑧ 공기 중 장시간 저장 시 [㊼ 산화열 / 중합열 / 분해열]의 축적으로 [㊽]의 위험성이 있다.
⑨ 니트로셀룰로오스(나이트로셀룰로오스)의 경우 니트로기(나이트로기)가 [㊾ 적을수록 / 많을수록], 질화도가 [㊿ 작을수록 / 클수록] 위험하다.

3) 저장 및 취급 시 주의사항

① 불꽃, 불티, 화기, 가열, 충격 등 점화원에서 멀리 저장하여야 한다.
② [㉑ 안정 / 불안정]한 물질로서 위험하므로 소분하여 저장한다.
③ 강산화제, 강산류, 환원제 등 기타 물질이 혼입되지 않도록 한다.

4) 소화대책

① 물질 자체에 산소를 함유하고 있는 자기반응성물질이기 때문에 [㉒]소화는 할 수 없다.
② 다량의 주수를 하여 분해속도를 [㉓ 낮춰 / 높여] 냉각소화를 한다.

정답

① 기어유, 실린더유, 윤활유 ② 200, 250 ③ 40 ④ 250도 미만 ⑤ 연소하한계, 인화점 ⑥ 유동성 ⑦ 가연성혼합기 ⑧ 부도체 ⑨ 비수용성 ⑩ 유기
⑪ 가볍다 ⑫ 이황화탄소, 글리세린 ⑬ 무겁다 ⑭ 시안화수소 ⑮ 점화원 ⑯ 가연성 혼합기 ⑰ 접지, 유속 ⑱ 낮은 ⑲ 녹기 어려운 ⑳ 액체
㉑ 크고, 높다. ㉒ 물 ㉓ 100 ㉔ 이산화탄소(CO_2) ㉕ 이산화황(SO_2) ㉕ 황화수소(H_2S), 이산화탄소(CO_2) ㉖ 질식 ㉗ 질식, 냉각 ㉘ (내)알코올
㉙ 유기과산화물, 질산에스터류 ㉚ 하이드록실아민, 하이드록실아민염류 ㉛ 나이트로화합물, 나이트로소화합물 ㉜ 아조화합물, 다이아조화합물
㉝ 하이드라진유도체 ㉞ 10 ㉟ 100 ㊱ 고체, 액체 ㊲ 폭발, 가열분해 ㊳ 제1종, 제2종 ㊴ 가연성, 산소 ㊵ 유독가스 ㊶ 반응하지 않으며 ㊷ 녹지 않는다.
㊸ 폭발성 ㊹ 폭발 ㊺ 유기질소 ㊻ 유기 ㊼ 분해열 ㊽ 자연발화 ㊾ 많을수록 ㊿ 클수록 ㉑ 불안정 ㉒ 질식 ㉓ 낮춰

7. 제6류 위험물(산화성 액체)

품명	지정수량	위험등급
• [①] • [①] • [①]	[②][kg]	[③]

1) 산화성 액체의 정의

[④]로서 [⑤]의 잠재적인 위험성을 판단하기 위하여 고시로 정하는 시험에서 고시로 정하는 성질과 상태를 나타내는 것을 말한다.

2) 각종 용어의 정의

① 과산화수소 : 농도가 [⑥]중량퍼센트 이상인 것에 한하며, 산화성 액체의 성상이 있는 것으로 본다.
② 질산 : 비중이 [⑦] 이상인 것에 한하며, 산화성 액체의 성상이 있는 것으로 본다.

3) 특성

① 과산화수소를 제외하고 [⑧ 강산 / 강알칼리]이며, [⑨]의 산성도가 가장 크다.
② 산소를 많이 함유하고 있는 [⑩ 강산화성 / 강환원성] 액체이다.
③ 자체는 [⑪ 불연성 / 가연성] 물질이며, 다른 가연물의 연소를 돕는 [⑫] 물질이다.
④ 과산화수소를 제외하고 물과 접촉 시 [⑬]한다.
⑤ 비중이 1보다 [⑭ 작고 / 크고], 물에 잘 [⑮ 녹는다. / 녹지 않는다.]
⑥ 유독성 증기를 발생시키며, 발생한 증기는 [⑯]이 강하다.

4) 저장 및 취급 시 주의사항

① 용기의 파손이나 액체가 누설되지 않도록 주의하며, 밀봉하여야 한다.
② 접촉, 혼합이나 분해를 촉진하는 물품과의 접촉하지 않아야 한다.
③ [⑰]과의 접촉을 피한다.
④ 직사광선과 화기를 피하고 [⑱] 용기에 보관한다.
⑤ 순수한 질산은 무색을 나타내나 자외선을 쪼이면 서서히 분해되어 황갈색의 이산화질소(NO_2)가 되므로, 햇빛이 잘 스며들지 않는 [⑲] 용기에 넣어 보관한다.
⑥ 유출사고 시에는 [⑳] 및 [⑳]를 사용한다.

5) 소화대책

① [㉑]를 제외하고 물과 접촉하여 발열하기 때문에 주수소화는 불가능하다.
② 소량의 위험물인 경우 [㉒] 또는 [㉓]로 희석하여 소화할 수 있다.
③ 대형 화재의 경우 [㉔], [㉔], [㉔] 또는 [㉕ 중탄산염류 / 인산염류]의 분말로 소화한다.

8. 위험물의 혼재 가능기준

① 제1류 위험물 – [㉖] 위험물
② 제2류 위험물 – [㉗] 위험물 – [㉗] 위험물
③ 제3류 위험물 – [㉘] 위험물
④ 단, 지정수량의 [㉙] 이하의 위험물에 대해서는 적용하지 않는다.

9. 물질의 저장 및 보관방법

구분	보호액 및 저장방법
이황화탄소(CS_2), 황린(P_4)	[㉚] 속에 저장
나트륨(Na), 칼륨(K)	[㉛] 속에 저장
알킬알루미늄, 알킬리튬	[㉜], [㉜]의 희석제 사용
아세트알데히드, 산화프로필렌	[㉝]이나 [㉝] 속에 보관 ([㉞] [㉞], [㉞], [㉞]을 피함)
니트로셀룰로오스	[㉟] 또는 [㉟] 속 저장
아세틸렌	규조토, 목탄 등 [㊱] 물질에 따른 [㊱], [㊱]에 용해하여 저장

정답
① 과염소산, 과산화수소, 질산 ② 300 ③ I ④ 액체 ⑤ 산화력 ⑥ 36 ⑦ 1.49 ⑧ 강산 ⑨ 과염소산 ⑩ 강산화성 ⑪ 불연성 ⑫ 조연성(지연성) ⑬ 발열 ⑭ 크고 ⑮ 녹는다. ⑯ 부식성 ⑰ 물 ⑱ 내산성 ⑲ 갈색 ⑳ 건조사, 중화제 ㉑ 과산화수소 ㉒ 무상주수 ㉓ 다량의 물 ㉔ 마른 모래, 팽창질석, 팽창진주암 ㉕ 인산염류 ㉖ 제6류 ㉗ 제4류, 제5류 ㉘ 제4류 ㉙ 1/10 ㉚ 물 ㉛ 석유 ㉜ 벤젠, 헥산 ㉝ 알루미늄, 철 ㉞ 수은, 은, 동, 마그네슘 ㉟ 알코올, 물 ㊱ 다공성, 아세톤, DMF

제2장 위험물안전관리법

📝 기본서 p.216

1. 위험물제조소등의 정의 및 종류

1) **제조소**

   위험물을 [①]할 목적으로 지정수량 [① 미만 / 이상]의 위험물을 취급하기 위하여 규정에 따른 [①]를 받은 장소를 말한다.

2) **저장소**

   ① 정의 : 지정수량 [② 미만 / 이상]의 위험물을 [②]하기 위한 대통령령이 정하는 장소로서 규정에 따른 [②]를 받은 장소를 말한다.

   ② 종류 : 옥내저장소, 옥외저장소, 옥내탱크저장소, 옥외탱크저장소, [③]저장소, [③]저장소, [③]저장소, [③]저장소

3) **취급소**

   ① 정의 : 지정수량 [④ 미만 / 이상]의 위험물을 [④]의 목적으로 취급하기 위한 대통령령이 정하는 장소로서 규정에 따른 [④]를 받은 장소를 말한다.

   ② 종류

   ㉠ [⑤]취급소 : 고정된 주유설비에 의하여 자동차, 항공기 또는 선박 등의 연료탱크에 직접 주유하기 위하여 위험물을 취급하는 장소

   ㉡ [⑥]취급소 : 점포에서 위험물을 용기에 담아 판매하기 위하여 지정수량의 [⑥]배 이하의 위험물을 취급하는 장소

   ㉢ [⑦]취급소 : 배관 및 이에 부속된 설비에 의하여 위험물을 이송하는 장소

   ㉣ [⑧]취급소

4) **제조소등**

   [⑨]·[⑨] 및 [⑨]를 말한다.

2. 위험물의 저장 및 취급의 제한

1) **지정수량 미만인 위험물**

   지정수량 미만인 위험물의 저장 또는 취급에 관한 기술상의 기준은 [⑩ 시·도의 조례 / 행정안전부령](으)로 정한다.

2) **지정수량 이상인 위험물**

   ① 지정수량 이상의 위험물을 저장소가 아닌 장소에서 저장하거나 제조소등이 아닌 장소에서 취급하여서는 아니된다.

   ② ①의 규정에 불구하고 다음의 어느 하나에 해당하는 경우에는 제조소등이 아닌 장소에서 지정수량 이상의 위험물을 취급할 수 있다. 이 경우 임시로 저장 또는 취급하는 장소에서의 저장 또는 취급의 기준과 임시로 저장 또는 취급하는 장소의 위치·구조 및 설비의 기준은 [⑪ 시·도의 조례 / 행정안전부령](으)로 정한다.

   ㉠ 시·도의 조례가 정하는 바에 따라 관할소방서장의 승인을 받아 지정수량 이상의 위험물을 [⑫]일 이내의 기간 동안 임시로 저장 또는 취급하는 경우

   ㉡ [⑬]가 지정수량 이상의 위험물을 군사목적으로 임시로 저장 또는 취급하는 경우

3. 위험물시설의 설치 및 변경

1) **제조소등의 설치허가 및 변경허가**

   제조소등을 설치하고자 하는 자는 대통령령이 정하는 바에 따라 그 설치장소를 관할하는 [⑭ 시·도지사 / 소방본부장 또는 소방서장]의 허가를 받아야 한다. 제조소등의 [⑮]·[⑮] 또는 [⑮] 가운데 행정안전부령이 정하는 사항을 변경하고자 하는 때에도 또한 같다.

2) **제조소등의 변경신고**

   제조소등의 위치·구조 또는 설비의 변경없이 당해 제조소등에서 저장하거나 취급하는 위험물의 [⑯]·[⑯] 또는 지정수량의 [⑯]를 변경하고자 하는 자는 변경하고자 하는 날의 [⑰]일 전까지 행정안전부령이 정하는 바에 따라 [⑱ 시·도지사 / 소방본부장 또는 소방서장]에게 신고하여야 한다.

3) **제조소등의 설치허가, 변경허가 및 변경신고의 제외대상**

   다음의 어느 하나에 해당하는 제조소등의 경우에는 허가를 받지 아니하고 당해 제조소등을 설치하거나 그 위치·구조 또는 설비를 변경할 수 있으며, 신고를 하지 아니하고 위험물의 품명·수량 또는 지정수량의 배수를 변경할 수 있다.

   ① 주택의 [⑲]시설(공동주택의 [⑲]시설을 제외한다)을 위한 저장소 또는 취급소
   ② [⑳]용·[⑳]용 또는 [⑳]용으로 필요한 난방시설 또는 건조시설을 위한 지정수량 [㉑]배 이하의 저장소

4. 탱크안전성능검사

1) **탱크안전성능검사**

   위험물을 저장 또는 취급하는 탱크로서 대통령령이 정하는 탱크가 있는 제조소등의 설치 또는 그 위치·구조 또는 설비의 변경에 관하여 규정에 따른 허가를 받은 자가 위험물탱크의 설치 또는 그 위치·구조 또는 설비의 변경공사를 하는 때에는 규정에 따른 완공검사를 [㉒ 받기 전 / 받은 후]에 규정에 따른 기술기준에 적합한지의 여부를 확인하기 위하여 [㉓ 시·도지사 / 소방본부장 또는 소방서장](이)가 실시하는 탱크안전성능검사를 받아야 한다. 이 경우 시·도지사는 규정에 따른 허가를 받은 자가 규정에 따른 탱크안전성능시험자 또는 한국소방산업기술원로부터 탱크안전성능시험을 받은 경우에는 대통령령이 정하는 바에 따라 당해 탱크안전성능검사의 전부 또는 일부를 면제할 수 있다.

2) **탱크안전성능검사의 종류**

구분	검사내용
[㉔]·[㉔]검사	탱크의 기초 및 지반에 관한 공사에 있어서 당해 탱크의 기초 및 지반이 행정안전부령으로 정하는 기준에 적합한지 여부를 확인함
[㉕]·[㉕]검사	탱크에 배관 그 밖의 부속설비를 부착하기 전에 당해 탱크 본체의 누설 및 변형에 대한 안전성이 행정안전부령으로 정하는 기준에 적합한지 여부를 확인함
[㉖]검사	탱크의 배관 그 밖의 부속설비를 부착하기 전에 행하는 당해 탱크의 본체에 관한 공사에 있어서 탱크의 용접부가 행정안전부령으로 정하는 기준에 적합한지 여부를 확인함
[㉗]검사	탱크의 본체에 관한 공사에 있어서 탱크의 구조가 행정안전부령으로 정하는 기준에 적합한지 여부를 확인함

🏠 **정답**

① 제조, 이상, 허가 ② 이상, 저장, 허가 ③ 이동탱크, 지하탱크, 간이탱크, 암반탱크 ④ 이상, 제조외, 허가 ⑤ 주유 ⑥ 판매, 40 ⑦ 이송 ⑧ 일반 ⑨ 제조소, 저장소, 취급소 ⑩ 시·도의 조례 ⑪ 시·도의 조례 ⑫ 90 ⑬ 군부대 ⑭ 시·도지사 ⑮ 위치, 구조, 설비 ⑯ 품명, 수량, 배수 ⑰ 1 ⑱ 시·도지사 ⑲ 난방, 중앙난방 ⑳ 농예, 축산, 수산 ㉑ 20 ㉒ 받기 전 ㉓ 시·도지사 ㉔ 기초, 지반 ㉕ 충수, 수압 ㉖ 용접부 ㉗ 암반탱크

3) 탱크안전성능검사의 대상 및 신청시기

검사	대상	신청시기
[①]·[①]검사	옥외탱크저장소의 액체위험물탱크 중 그 용량이 [②]리터 이상인 탱크	위험물탱크의 기초 및 지반에 관한 공사의 개시 전
[③]·[③]검사	액체위험물을 저장 또는 취급하는 탱크	위험물을 저장 또는 취급하는 탱크에 배관 그 밖의 부속설비를 [⑦]
[④]검사	옥외탱크저장소의 액체위험물탱크 중 그 용량이 [⑤]리터 이상인 탱크	탱크본체에 관한 공사의 개시 전
[⑥]검사	액체위험물을 저장 또는 취급하는 암반내의 공간을 이용한 탱크	암반탱크의 본체에 관한 공사의 개시 전

5. 완공검사

1) 완공검사

허가를 받은 자가 제조소등의 설치를 마쳤거나 그 위치·구조 또는 설비의 변경을 마친 때에는 당해 제조소등마다 [⑧ 시·도지사 / 소방본부장 또는 소방서장](이)가 행하는 완공검사를 받아 기술기준에 적합하다고 인정받은 후가 아니면 이를 사용하여서는 아니된다. 다만, 제조소등의 위치·구조 또는 설비를 변경함에 있어서 변경허가를 신청하는 때에 화재예방에 관한 조치사항을 기재한 서류를 제출하는 경우에는 당해 변경공사와 관계가 없는 부분은 완공검사를 받기 전에 미리 사용할 수 있다.

2) 완공검사의 신청시기

검사	신청시기
지하탱크가 있는 제조소등의 경우	당해 지하탱크를 [⑨ 매설하기 전 / 매설한 후]
이동탱크저장소의 경우	이동저장탱크를 완공하고 [⑩]를 확보한 후
이송취급소의 경우	이송배관 공사의 전체 또는 일부를 완료한 후. 다만, 지하·하천 등에 매설하는 이송배관의 공사의 경우에는 이송배관을 [⑪ 매설하기 전 / 매설한 후]
전체 공사가 완료된 후에는 완공검사를 실시하기 곤란한 경우	→ 다음에서 정하는 시기 ① 위험물설비 또는 배관의 설치가 완료되어 기밀시험 또는 내압시험을 실시하는 시기 ② 배관을 지하에 설치하는 경우에는 시·도지사, 소방서장 또는 기술원이 지정하는 부분을 매몰하기 직전 ③ 기술원이 지정하는 부분의 비파괴시험을 실시하는 시기
위에 해당하지 아니하는 제조소등의 경우	제조소등의 공사를 [⑫ 개시하기 전 / 완료한 후]

6. 위험물안전관리자

1) 위험물안전관리자의 선임

① 제조소등의 [⑬]은 위험물의 안전관리에 관한 직무를 수행하게 하기 위하여 제조소등마다 위험물의 취급에 관한 자격이 있는 자(위험물취급자격자)를 위험물안전관리자로 선임하여야 한다.

② 위험물안전관리자를 선임하지 않아도 되는 제조소등
  ㉠ 주택의 [⑭]시설(공동주택의 [⑭]시설을 제외한다)을 위한 저장소 또는 취급소
  ㉡ [⑮]용·[⑮]용 또는 [⑮]용으로 필요한 난방시설 또는 건조시설을 위한 지정수량 [⑯]배 이하의 저장소
  ㉢ [⑰]

2) 위험물취급자격자

위험물취급자격자의 구분	취급할 수 있는 위험물
1. 「국가기술자격법」에 따라 위험물[⑱], 위험물[⑱], 위험물[⑱]의 자격을 취득한 사람	모든 위험물
2. 안전관리자 교육이수자 (소방청장이 실시하는 안전관리자교육을 이수한 자를 말한다.)	[⑲] 위험물
3. 소방공무원 경력자 (소방공무원으로 근무한 경력이 3년 이상인 자를 말한다.)	[⑳] 위험물

3) 위험물안전관리자의 선임 및 선임신고

① 안전관리자를 선임한 제조소등의 관계인은 그 안전관리자를 해임하거나 안전관리자가 퇴직한 때에는 해임하거나 퇴직한 날부터 [㉑]일 이내에 다시 안전관리자를 선임하여야 한다.

② 제조소등의 관계인은 안전관리자를 선임한 경우에는 선임한 날부터 [㉒]일 이내에 [㉒ 시·도지사 / 소방본부장 또는 소방서장]에게 신고하여야 한다.

4) 위험물안전관리자의 직무대행

안전관리자를 선임한 제조소등의 관계인은안전관리자가 [㉓]·[㉓] 그 밖의 사유로 인하여 일시적으로 직무를 수행할 수 없거나 안전관리자의 [㉔] 또는 [㉔]과 동시에 다른 안전관리자를 선임하지 못하는 경우에는 국가기술자격법에 따른 위험물의 취급에 관한 자격취득자 또는 위험물안전에 관한 기본지식과 경험이 있는 자로서 행정안전부령이 정하는 자를 대리자로 지정하여 그 직무를 대행하게 하여야 한다. 이 경우 대리자가 안전관리자의 직무를 대행하는 기간은 [㉕]일을 초과할 수 없다.

5) 동일인이 다수의 제조소등을 설치한 때 1인의 안전관리자를 중복하여 선임할 수 있는 경우

① 보일러·버너 또는 이와 비슷한 것으로서 위험물을 소비하는 장치로 이루어진 [㉖]개 이하의 일반취급소와 그 일반취급소에 공급하기 위한 위험물을 저장하는 저장소[일반취급소 및 저장소가 모두 동일구내(같은 건물 안 또는 같은 울 안을 말한다. 이하 같다)에 있는 경우에 한한다. 이하 ②에서 같다]를 동일인이 설치한 경우

② 위험물을 차량에 고정된 탱크 또는 운반용기에 옮겨 담기 위한 [㉗]개 이하의 일반취급소[일반취급소간의 거리(보행거리를 말한다. ③ 및 ④에서 같다)가 300미터 이내인 경우에 한한다]와 그 일반취급소에 공급하기 위한 위험물을 저장하는 저장소를 동일인이 설치한 경우

③ 동일구내에 있거나 상호 100미터 이내의 거리에 있는 저장소로서 저장소의 규모, 저장하는 위험물의 종류 등을 고려하여 행정안전부령이 정하는 저장소를 동일인이 설치한 경우

  ㉠ [㉘]개 이하의 옥내저장소
  ㉡ [㉙]개 이하의 옥외탱크저장소
  ㉢ 옥내탱크저장소
  ㉣ 지하탱크저장소
  ㉤ 간이탱크저장소
  ㉥ [㉚]개 이하의 옥외저장소
  ㉦ [㉛]개 이하의 암반탱크저장소

🏠 정답

① 기초, 지반 ② 100만 ③ 충수, 수압 ④ 용접부 ⑤ 100만 ⑥ 암반탱크 ⑦ 부착하기 전 ⑧ 시·도지사 ⑨ 매설하기 전 ⑩ 상시 설치 장소(상치장소)
⑪ 매설하기 전 ⑫ 완료한 후 ⑬ 관계인 ⑭ 난방, 중앙난방 ⑮ 농예, 축산, 수산 ⑯ 20 ⑰ 이동탱크저장소 ⑱ 기능장, 산업기사, 기능사 ⑲ 제4류
⑳ 제4류 ㉑ 30 ㉒ 14, 소방본부장 또는 소방서장 ㉓ 여행, 질병 ㉔ 해임, 퇴직 ㉕ 30 ㉖ 7 ㉗ 5 ㉘ 10 ㉙ 30 ㉚ 10 ㉛ 10

④ 다음의 기준에 모두 적합한 [①]개 이하의 제조소등을 동일인이 설치한 경우
  ㉠ 각 제조소등이 동일구내에 위치하거나 상호 100미터 이내의 거리에 있을 것
  ㉡ 각 제조소등에서 저장 또는 취급하는 위험물의 최대수량이 지정수량의 [②]배 미만일 것. 다만, 저장소의 경우에는 그러하지 아니하다.
⑤ 그 밖에 ① 또는 ②의 규정에 의한 제조소등과 비슷한 것으로서 행정안전부령이 정하는 제조소등을 동일인이 설치한 경우(선박주유취급소의 고정주유설비에 공급하기 위한 위험물을 저장하는 저장소와 당해 선박주유취급소)

7. 예방규정

1) 예방규정
  ① 대통령령으로 정하는 제조소등의 관계인은 해당 제조소등의 화재예방과 화재 등 재해발생시의 비상조치를 위하여 행정안전부령으로 정하는 바에 따라 예방규정을 정하여 해당 제조소등의 [③ 허가를 받기 전 / 사용을 시작하기 전]에 [④ 시·도지사 / 소방본부장 또는 소방서장]에게 제출하여야 한다. 예방규정을 변경한 때에도 또한 같다.
  ② [⑤ 시·도지사 / 소방본부장 또는 소방서장]는 제출한 예방규정이 기준에 적합하지 아니하거나 화재예방이나 재해발생시의 비상조치를 위하여 필요하다고 인정하는 때에는 이를 반려하거나 그 변경을 명할 수 있다.
  ③ 제조소등의 관계인과 그 종업원은 예방규정을 충분히 잘 익히고 준수하여야 한다.
  ④ [⑥]은 대통령령으로 정하는 제조소등(예방규정을 정하여야 하는 제조소등 가운데 저장 또는 취급하는 위험물의 최대수량의 합이 지정수량의 [⑦]배 이상인 제조소등)에 대하여 행정안전부령으로 정하는 바에 따라 예방규정의 이행 실태를 정기적으로 평가할 수 있다.

2) 예방규정을 정하여야 하는 대상
  ① 지정수량의 [⑧]배 이상의 위험물을 취급하는 제조소
  ② 지정수량의 [⑨]배 이상의 위험물을 저장하는 옥외저장소
  ③ 지정수량의 [⑩]배 이상의 위험물을 저장하는 옥내저장소
  ④ 지정수량의 [⑪]배 이상의 위험물을 저장하는 옥외탱크저장소
  ⑤ [⑫ 암반탱크저장소 / 간이탱크저장소]
  ⑥ [⑬ 이동탱크저장소 / 이송취급소]
  ⑦ 지정수량의 [⑭]배 이상의 위험물을 취급하는 일반취급소. 다만, 제4류 위험물(특수인화물을 제외한다)만을 지정수량의 50배 이하로 취급하는 일반취급소(제1석유류·알코올류의 취급량이 지정수량의 10배 이하인 경우에 한한다)로서 다음 각목의 어느 하나에 해당하는 것을 제외한다.
    ㉠ 보일러·버너 또는 이와 비슷한 것으로서 위험물을 소비하는 장치로 이루어진 일반취급소
    ㉡ 위험물을 용기에 옮겨 담거나 차량에 고정된 탱크에 주입하는 일반취급소

8. 정기점검 및 정기검사

1) 정기점검과 정기검사
  ① 대통령령이 정하는 제조소등의 [⑮]은 그 제조소등에 대하여 규정에 따른 기술기준에 적합한지의 여부를 정기적으로 점검하고 점검결과를 기록하여 보존하여야 한다.
  ② 정기점검을 한 제조소등의 관계인은 점검을 한 날부터 [⑯]일 이내에 점검결과를 [⑯ 시·도지사 / 소방본부장 또는 소방서장]에게 제출하여야 한다.
  ③ 정기점검의 대상이 되는 제조소등의 관계인 가운데 대통령령으로 정하는 제조소등의 관계인은 [⑰ 시·도지사 / 소방본부장 또는 소방서장](으)로부터 해당 제조소등이 기술기준에 적합하게 유지되고 있는지의 여부에 대하여 정기적으로 검사를 받아야 한다.

2) 정기점검 및 정기검사의 실시대상

구분	내용
정기점검의 대상	① [⑱]을 정하여야 하는 제조소등 ② [⑲]저장소 ③ [⑳]저장소 ④ 위험물을 취급하는 탱크로서 지하에 매설된 탱크가 있는 [㉑]·[㉑]취급소 또는 [㉑]취급소
정기검사의 대상	정기점검의 대상이 되는 제조소등 중 액체위험물을 저장 또는 취급하는 [㉒]리터 이상의 [㉒ 옥내탱크 / 옥외탱크]저장소

9. 위험물제조소의 안전거리 및 보유공지

1) 보유공지

취급하는 위험물의 최대수량	공지의 너비
지정수량의 10배 이하	[㉓][m] 이상
지정수량의 10배 초과	[㉔][m] 이상

2) 안전거리([㉕] 위험물을 취급하는 제조소 제외)

안전거리 대상	안전거리
• 7,000V 초과 35,000V 이하의 특고압 가공전선	[㉖][m] 이상
• 35,000V를 초과하는 특고압 가공전선	[㉗][m] 이상
• 주거용(부지 내에 있는 것 제외)	[㉘][m] 이상
• 고압가스제조시설(용기에 충전하는 것 포함) • 고압가스사용시설(1일 30[m³] 이상의 용적을 취급하는 시설) • 고압가스저장시설 • 액화산소소비시설 • 액화석유가스제조시설·저장시설 • 도시가스공급시설	[㉙][m] 이상
• 학교 • 종합병원, 병원, 치과병원, 한방병원, 요양병원 • 공연장·영화상영관 : 수용인원 300명 이상 • 아동복지시설, 노인복지시설, 장애인복지시설, 한부모가족복지시설, 어린이집, 성매매피해자 등을 위한 지원시설, 정신건강증진시설, 가정폭력피해자보호시설 : 수용인원 20명 이상	[㉚][m] 이상
• 지정문화유산, 천연기념물등	[㉛][m] 이상

정답

① 5 ② 3천 ③ 사용을 시작하기 전 ④ 시·도지사 ⑤ 시·도지사 ⑥ 소방청장 ⑦ 3천 ⑧ 10 ⑨ 100 ⑩ 150 ⑪ 200 ⑫ 암반탱크저장소 ⑬ 이송취급소 ⑭ 10 ⑮ 관계인 ⑯ 30, 시·도지사 ⑰ 소방본부장 또는 소방서장 ⑱ 예방규정 ⑲ 지하탱크 ⑳ 이동탱크 ㉑ 제조소, 주유, 일반 ㉒ 50만, 옥외탱크 ㉓ 3 ㉔ 5 ㉕ 제6류 ㉖ 3 ㉗ 5 ㉘ 10 ㉙ 20 ㉚ 30 ㉛ 50

10. 위험물제조소의 표지 및 게시판

1) 위험물제조소의 표지

구분	내용
크기	한 변의 길이가 [①][m] 이상, 다른 한 변의 길이가 [②][m] 이상인 직사각형
색상	바탕([③]색), 문자([③]색)

2) 위험물제조소의 게시판

① 크기 및 기재사항

구분		내용
크기		한 변의 길이가 [④][m] 이상, 다른 한 변의 길이가 [⑤][m] 이상인 직사각형
게시판 기재사항	기재사항	① 위험물의 [⑥]·[⑥] ② 저장최대수량·취급최대수량 ③ 지정수량의 [⑦] ④ 안전관리자의 [⑧]·[⑧]
	색상	바탕([⑨]색), 문자([⑨]색)

② 주의사항의 표시

위험물	주의사항	바탕색상	문자색상
• 제1류 위험물 중 알칼리금속의 과산화물 • 제3류 위험물 중 금수성 물질	[⑩]	[⑪]색	[⑪]색
• 제2류 위험물(인화성 고체 제외)	[⑫]		
• 제2류 위험물 중 인화성 고체 • 제3류 위험물 중 자연발화성 물질 • 제4류 위험물 • 제5류 위험물	[⑬]	[⑭]색	[⑭]색
• 제6류 위험물	별도표시 없음		

11. 위험물의 운반·운송

1) 위험물 운반 시 수납하는 위험물에 따른 주의사항
   ① 제1류 위험물
      ㉠ 알칼리금속의 과산화물 : [⑮], 화기주의, [⑮], [⑮]
      ㉡ 그 밖의 것 : 화기주의, 충격주의, 가연물접촉주의
   ② 제2류 위험물
      ㉠ 철분·금속분·마그네슘 : [⑯], [⑯]
      ㉡ 인화성 고체 : [⑰]
      ㉢ 그 밖의 것 : [⑱]
   ③ 제3류 위험물
      ㉠ 자연발화성물질 : [⑲], [⑲]
      ㉡ 금수성물질 : [⑳]
   ④ 제4류 위험물 : [㉑]
   ⑤ 제5류 위험물 : [㉒], [㉒]
   ⑥ 제6류 위험물 : [㉓]

2) 운송책임자의 감독·지원을 받아 운송하여야 하는 위험물
   ① [㉔]
   ② [㉔]
   ③ ① 또는 ②의 물질을 함유하는 위험물

정답

① 0.3 ② 0.6 ③ 백, 흑 ④ 0.3 ⑤ 0.6 ⑥ 유별, 품명 ⑦ 배수 ⑧ 성명, 직명 ⑨ 백, 흑 ⑩ 물기엄금 ⑪ 청, 백 ⑫ 화기주의 ⑬ 화기엄금 ⑭ 적, 백 ⑮ 물기엄금, 충격주의, 가연물접촉주의 ⑯ 물기엄금, 화기주의 ⑰ 화기엄금 ⑱ 화기주의 ⑲ 화기엄금, 공기접촉엄금 ⑳ 물기엄금 ㉑ 화기엄금 ㉒ 화기엄금, 충격주의 ㉓ 가연물 접촉주의 ㉔ 알킬알루미늄, 알킬리튬

제3장 특수가연물

📝 기본서 p.226

1. 특수가연물의 정의 및 종류

1) 정의

화재가 발생하는 경우 불길이 [① 서서히 / 빠르게] 번지는 고무류·플라스틱류·석탄 및 목탄 등 대통령령으로 정하는 것

2) 종류

품명		수량
면화류		[②][kg] 이상
나무껍질 및 대팻밥		[③][kg] 이상
넝마 및 종이부스러기		[④][kg] 이상
사류(絲類)		[⑤][kg] 이상
볏짚류		[⑥][kg] 이상
가연성고체류		[⑦][kg] 이상
석탄·목탄류		[⑧][kg] 이상
가연성 액체류		[⑨][m³] 이상
목재가공품 및 나무부스러기		[⑩][m³] 이상
고무류·플라스틱류	발포시킨 것	[⑪][m³] 이상
	그 밖의 것	[⑫][kg] 이상

2. 특수가연물의 저장 및 취급기준

1) 특수가연물의 저장·취급 기준

특수가연물은 다음의 기준에 따라 쌓아 저장해야 한다. 다만, 석탄·목탄류를 [⑬]용으로 저장하는 경우는 제외한다.

① [⑭]별로 구분하여 쌓을 것

② 다음의 기준에 맞게 쌓을 것

구분	살수설비를 설치하거나 방사능력 범위에 해당 특수가연물이 포함되도록 대형수동식소화기를 설치하는 경우	그 밖의 경우
높이	[⑮][m] 이하	[⑯][m] 이하
쌓는 부분의 바닥면적	[⑰][m²] (석탄·목탄류의 경우에는 [⑰][m²]) 이하	[⑱][m²] (석탄·목탄류의 경우에는 [⑱][m²]) 이하

③ 실외에 쌓아 저장하는 경우 쌓는 부분이 대지경계선, 도로 및 인접 건축물과 최소 [⑲][m] 이상 간격을 둘 것. 다만, 쌓는 높이보다 [⑲][m] 이상 높은 [⑲ 내화구조 / 불연재료]벽체를 설치한 경우는 그렇지 않다.

④ 실내에 쌓아 저장하는 경우 주요구조부는 [⑳]이면서 [⑳]여야 하고, 다른 종류의 특수가연물과 같은 공간에 보관하지 않을 것. 다만, [⑳ 내화구조 / 불연재료]의 벽으로 분리하는 경우는 그렇지 않다.

⑤ 쌓는 부분 바닥면적의 사이는 실내의 경우 [㉑][m] 또는 쌓는 높이의 [㉑] 중 큰 값 이상으로 간격을 두어야 하며, 실외의 경우 [㉒][m] 또는 쌓는 높이 중 큰 값 이상으로 간격을 둘 것

2) 특수가연물의 표지

① 특수가연물을 저장 또는 취급하는 장소에는 품명, 최대저장수량, [㉓ 단위질량당 부피 또는 단위질량당 체적 / 단위부피당 질량 또는 단위체적당 질량], 관리책임자 성명·[㉔], [㉔] 및 화기취급의 금지표시가 포함된 특수가연물 표지를 설치해야 한다.

② 특수가연물 표지의 규격은 다음과 같다.
   ㉠ 특수가연물 표지는 한 변의 길이가 [㉕][m] 이상, 다른 한 변의 길이가 [㉕][m] 이상인 직사각형으로 할 것
   ㉡ 특수가연물 표지의 바탕은 [㉖]색으로, 문자는 [㉖]색으로 할 것. 다만, "[㉗ 물기엄금 / 화기주의 / 화기엄금]" 표시 부분은 제외한다.
   ㉢ 특수가연물 표지 중 [㉘ 물기엄금 / 화기주의 / 화기엄금] 표시 부분의 바탕은 [㉙]색으로, 문자는 [㉙]색으로 할 것

③ 특수가연물 표지는 특수가연물을 저장하거나 취급하는 장소 중 보기 쉬운 곳에 설치해야 한다.

정답

① 빠르게 ② 200 ③ 400 ④ 1,000 ⑤ 1,000 ⑥ 1,000 ⑦ 3,000 ⑧ 10,000 ⑨ 2 ⑩ 10 ⑪ 20 ⑫ 3,000 ⑬ 발전 ⑭ 품명 ⑮ 15 ⑯ 10 ⑰ 200, 300 ⑱ 50, 200 ⑲ 6, 0.9, 내화구조 ⑳ 내화구조, 불연재료, 내화구조 ㉑ 1.2, 1/2 ㉒ 3 ㉓ 단위부피당 질량 또는 단위체적당 질량 ㉔ 직책, 연락처 ㉕ 0.3, 0.6 ㉖ 흰, 검은 ㉗ 화기엄금 ㉘ 화기엄금 ㉙ 붉은, 백

CHAPTER 07 소방시설

제1장 소방시설의 분류

기본서 p.232

1. 소화설비의 종류

구분	세부종류
소화기구	① 소화기 ② 간이소화용구 : [①] 소화용구, [①] 소화용구, [①] 소화용구 및 소화약제 외의 것을 이용한 간이소화용구 ③ 자동확산소화기 : [②] 자동확산소화기, [②] 자동확산소화기, [②] 자동확산소화기
자동소화장치	① [③]자동소화장치 ② [③]자동소화장치 ③ [③] 자동소화장치 ④ [③]자동소화장치 ⑤ [③]자동소화장치 ⑥ [③]자동소화장치
옥내소화전설비	호스릴 옥내소화전설비를 포함한다.
스프링클러설비등	① 스프링클러설비 ② 간이스프링클러설비([④] 간이스프링클러설비를 포함한다) ③ [④] 스프링클러설비
물분무등소화설비	① [⑤]소화설비　② [⑤]소화설비 ③ [⑤]소화설비　④ [⑤]소화설비 ⑤ [⑤]소화설비　⑥ [⑤]소화설비 ⑦ [⑤]소화설비　⑧ [⑤]소화설비 ⑨ [⑤]소화설비
옥외소화전설비	

2. 경보설비의 종류

① [⑥] 감지기

② 비상경보설비 : 비상벨설비, 자동식사이렌설비

③ 비상방송설비

④ [⑦]경보기

⑤ [⑦]경보기

⑥ [⑦]경보기

⑦ [⑧]

⑧ [⑧]

⑨ [⑧]

⑩ [⑧]

3. 피난구조설비의 종류

구분	세부종류
피난기구	① [⑨] ② [⑨] ③ [⑨] ④ [⑨] ⑤ 그 밖에 화재안전기준으로 정하는 것
인명구조기구	① [⑩], [⑩] ② [⑪] ③ [⑫]
유도등	① 피난유도선 ② [⑬]유도등 ③ [⑬]유도등 ④ [⑬]유도등 ⑤ 유도표지
[⑭] 및 [⑭]	

4. 소화용수설비의 종류

① [⑮]설비
② [⑯]·[⑯], 그 밖의 소화용수설비

5. 소화활동설비의 종류

① [⑰]설비
② [⑰]설비
③ [⑰]설비
④ [⑰]설비
⑤ [⑰]설비
⑥ [⑰]설비

참고 소방시설등

소방시설과 [⑱], 그 밖에 소방 관련 시설로서 대통령령으로 정하는 것([⑲] 및 [⑲])을 말한다.

정답

① 에어로졸식, 투척용, 소공간용 ② 일반화재용, 주방화재용, 전기설비용 ③ 주거용 주방, 상업용 주방, 캐비닛형, 가스, 분말, 고체에어로졸
④ 캐비닛형, 화재조기진압용 ⑤ 물분무, 미분무, 포, 이산화탄소, 할론, 할로겐화합물 및 불활성기체, 분말, 강화액, 고체에어로졸 ⑥ 단독경보형
⑦ 시각, 가스누설, 누전 ⑧ 자동화재속보설비, 자동화재탐지설비, 통합감시시설, 화재알림설비 ⑨ 구조대, 피난사다리, 완강기, 간이완강기
⑩ 방열복, 방화복 ⑪ 공기호흡기 ⑫ 인공소생기 ⑬ 피난구, 통로, 객석 ⑭ 비상조명등, 휴대용비상조명등 ⑮ 상수도소화용수 ⑯ 소화수조, 저수조
⑰ 제연, 연결송수관, 연결살수, 비상콘센트, 무선통신보조, 연소방지 ⑱ 비상구 ⑲ 방화문, 자동방화셔터

제2장 소화설비

📝 기본서 p.235

1. 소화기

1) 소화능력단위에 따른 소화기의 분류
   ① 소형소화기 : 능력단위가 [①]단위 이상이고 [①]소화기의 능력단위 미만인 소화기
   ② 대형소화기 : 화재 시 사람이 운반할 수 있도록 운반대와 바퀴가 설치되어 있고 능력단위가 A급 [②]단위 이상, B급 [③]단위 이상인 소화기

📖 **참고** 대형소화기의 소화약제충전량

구분	충전량	구분	충전량
포(기계포)	[④][ℓ] 이상	분말	[⑦][kg] 이상
강화액	[⑤][ℓ] 이상	할로겐화합물	[⑧][kg] 이상
물	[⑥][ℓ] 이상	이산화탄소	[⑨][kg] 이상

2) 방출방식에 따른 소화기의 분류
   ① [⑩] 소화기 : 소화약제의 방출원이 되는 가압가스를 소화기 본체용기와는 별도의 전용용기(소화기 가압용 가스용기)에 충전하여 장치하고, 소화기 가압용 가스의 작동봉판을 파괴하는 등의 조작에 의하여 방출되는 가스의 압력으로 소화약제를 방사하는 방식의 소화기
   ② [⑪] 소화기 : 본체용기 중에 소화약제와 함께 소화약제의 방출원이 되는 압축가스를 봉입한 방식의 소화기(지시압력계의 녹색 정상범위 : [⑫] ~ [⑫][MPa])

3) 소화약제에 따른 소화기의 분류
   ① 물소화기(수계)
      ㉠ 물의 증발잠열을 이용하여 냉각소화를 하고, 무상으로 분무할 경우 중유화재에 소화효과가 있는 소화기로, 소화기의 사용온도범위는 "[⑬][℃] ~ [⑬][℃]"이다.
      ㉡ [⑭]화재에 적응성이 있으며, 무상으로 분무할 경우 [⑮]화재, [⑮]화재에 적응성이 있다.
   ② 산·알칼리소화기(수계)
      ㉠ 용기 속에 산(황산, H_2SO_4)과 알칼리(탄산수소나트륨, $NaHCO_3$) 성분을 각각 저장한 후 소화기 사용 시 혼합하면서 발생하는 이산화탄소(CO_2) 가스의 압력으로 방사되는 소화기로, 소화기의 사용온도범위는 "[⑯][℃] ~ [⑯][℃]"이다.
      ㉡ [⑰]화재에 적응성이 있으며, 무상으로 분무할 경우 [⑱]화재, [⑱]화재에 적응성이 있다.
   ③ 강화액소화기(수계)
      ㉠ [⑲]과 같은 물질을 첨가하여 물의 소화력을 높이고 [⑳]지역에서도 사용할 수 있는 소화기를 말한다.
      ㉡ [㉑]화재에 적응성이 있으며, 무상으로 분무할 경우 [㉒]화재, [㉒]화재에 적응성이 있다.
      ㉢ [㉓]화재에도 적응성이 있으며, 음식점, 다중이용업소, 호텔 등의 주방에는 1개 이상의 [㉓]급 소화기를 설치하여야 한다.
      ㉣ 소화기의 사용온도범위는 "[㉔][℃] ~ [㉔][℃]"이다.

④ 포소화기(수계)
  ㉠ 화학포 소화기와 기계포 소화기로 분류되며, 소화기의 사용온도범위는 "[㉕][℃] ~ [㉕][℃]"이다.
  ㉡ 냉각 및 질식소화를 하여 [㉖]화재와 [㉖]화재에 적응성이 있다.

⑤ 이산화탄소(CO_2) 소화기(가스계)
  ㉠ 용기에 이산화탄소(CO_2)를 충전한 소화기로서 방사 후 이물질로 인한 피해를 방지(오손을 방지)하는 것으로, 박물관, 서고 등에 적응성이 있다.
  ㉡ 소화기의 사용온도범위는 "[㉗][℃] ~ [㉗][℃]"이다.
  ㉢ 지하층, 무창층 또는 [㉘ 개방된 / 밀폐된] 거실로서 그 바닥면적이 [㉘][m^2] 미만의 장소에는 설치할 수 없다.
  ㉣ 냉각 및 질식소화를 하여 [㉙]화재와 [㉙]화재에 적응성이 있다.

⑥ 할론소화기(가스계)
  ㉠ 용기에 할론 1301, 할론 1211, 할론 1011, 할론 2402 등 할론소화약제를 충전한 소화기로서 방사 후 이물질로 인한 피해를 방지하는 것으로, 소화기의 사용온도범위는 "[㉚][℃] ~ [㉚][℃]"이다.
  ㉡ 할론 [㉛], 할론 [㉛]은 국내에서 거의 사용하지 않는다.
  ㉢ 지하층, 무창층 또는 [㉜ 개방된 / 밀폐된] 거실로서 그 바닥면적이 [㉜][m^2] 미만의 장소에는 설치할 수 없다.
  ㉣ 부촉매(억제)소화를 하여 유류화재(B급 화재)와 전기화재(C급 화재)에 적응성이 있고, [㉝]의 경우 일반화재(A급 화재), 유류화재(B급 화재)와 전기화재(C급 화재)에 적응성이 있다.
  ㉤ 할론 [㉞] 소화기는 고압가스로서 가스 자체의 압력(증기압)으로 방사(질소가스로 가압한 것도 있다)한다. 할론소화약제 중 가장 소화능력이 좋으며, 독성이 가장 적고 냄새가 없다.

⑦ 분말소화기(가스계)
  ㉠ 탄산수소나트륨($NaHCO_3$), 탄산수소칼륨($KHCO_3$)이 주성분으로 건조된 미세분말을 방습제 및 분사제로 처리한 소화기를 말한다.
  ㉡ 내용연수는 [㉟]년이며, 내용연수가 지난 제품은 교체 또는 성능을 확인하여야 한다.
  ㉢ [㊱ 제1종 / 제3종] 분말의 경우 일반화재(A급 화재), 유류화재(B급 화재), 전기화재(C급 화재)에 적응성이 있다.
  ㉣ 소화기의 사용온도범위는 "[㊲][℃] ~ [㊲][℃]"이다.

4) 소화기의 설치기준
  ① 설치기준
    ㉠ 특정소방대상물의 각 [㊳]마다 설치하되, 각 층이 둘 이상의 거실로 구획된 경우에는 각 층마다 설치하는 것 외에 바닥면적이 [㊳]제곱미터 이상으로 구획된 각 거실에도 배치할 것
    ㉡ 특정소방대상물의 각 부분으로부터 1개의 소화기까지의 보행거리가 소형소화기의 경우에는 [㊴]미터 이내, 대형소화기의 경우에는 [㊴]미터 이내가 되도록 배치할 것

정답

① 1, 대형 ② 10 ③ 20 ④ 20 ⑤ 60 ⑥ 80 ⑦ 20 ⑧ 30 ⑨ 50 ⑩ 가압식 ⑪ 축압식 ⑫ 0.7, 0.98 ⑬ 0, 40 ⑭ 일반 ⑮ 유류, 전기 ⑯ 0, 40 ⑰ 일반 ⑱ 유류, 전기 ⑲ 탄산칼륨(K_2CO_3) ⑳ 한랭(추운) ㉑ 일반 ㉒ 유류, 전기 ㉓ 주방, K ㉔ -20, 40 ㉕ 5, 40 ㉖ 일반, 유류 ㉗ 0, 40 ㉘ 밀폐된, 20 ㉙ 유류, 전기 ㉚ 0, 40 ㉛ 1011, 2402 ㉜ 밀폐된, 20 ㉝ 할론 1211 ㉞ 1301 ㉟ 10 ㊱ 제3종 ㊲ -20, 40 ㊳ 층, 33 ㊴ 20, 30

② 설치높이 및 표지
  ㉠ 소화기구(자동확산소화기를 제외한다)는 거주자 등이 손쉽게 사용할 수 있는 장소에 바닥으로부터 [① 높이 0.5m 이상 1.0m 이하 / 높이 1.5m 이하]의 곳에 비치할 것
  ㉡ 소화기구의 종류를 표시한 표지를 보기 쉬운 곳에 부착할 것
③ 이산화탄소 또는 할로겐화합물을 방출하는 소화기구(자동확산소화기를 제외한다)
  ㉠ 지하층이나 무창층 또는 [② 개방된 / 밀폐된] 거실로서 그 바닥면적이 [②]제곱미터 미만의 장소에는 설치할 수 없다.
  ㉡ 다만, 배기를 위한 유효한 개구부가 있는 장소인 경우에는 그렇지 않다.

5) 소화기구의 소화약제별 적응성
  ① 이산화탄소소화약제는 일반화재에 적응성이 [③ 없다. / 있다.]
  ② 고체에어로졸 소화약제 및 인산염류 소화약제는 [④]화재, [④]화재, [④]화재에 적응성이 있다.
  ③ 마른모래, 팽창질석, 팽창진주암은 전기화재에 적응성이 [⑤ 없다. / 있다.]
  ④ 금속화재에는 [⑥], [⑥], [⑥]이 적응성이 있다.

2. 간이소화용구

1) 종류
  ① [⑦] 소화용구
  ② [⑦] 소화용구
  ③ [⑦] 소화용구
  ④ 소화약제 외의 것을 이용한 소화용구 : 마른 모래, 팽창질석, 팽창진주암

간이소화용구	용량	능력단위
마른모래(삽을 상비)	[⑧][ℓ] 이상의 것 1포	0.5단위
팽창질석 또는 팽창진주암(삽을 상비)	[⑨][ℓ] 이상의 것 1포	

2) 설치기준
능력단위가 2단위 이상이 되도록 소화기를 설치해야 할 특정소방대상물 또는 그 부분에 있어서는 간이소화용구의 능력단위가 전체 능력단위의 [⑩ 10분의 1 / 2분의 1]을 초과하지 않게 할 것

3. 자동확산소화기

1) 정의
화재를 감지하여 [⑪ 수동 / 자동]으로 소화약제를 방출 확산시켜 [⑪ 국소적 / 포괄적]으로 소화하는 소화기를 말한다.

2) 종류
  ① [⑫] 자동확산소화기 : 보일러실, 건조실, 세탁소, 대량화기취급소 등에 설치되는 자동확산소화기
  ② [⑬] 자동확산소화기 : 음식점, 다중이용업소, 호텔, 기숙사, 의료시설, 업무시설, 공장 등의 주방에 설치되는 자동확산소화기
  ③ [⑭] 자동확산소화기 : 변전실, 송전실, 변압기실, 배전반실, 제어반, 분전반등에 설치되는 자동확산소화기

4. 자동소화장치

구분	정의
주거용 주방자동소화장치	[⑮]에 설치된 열발생 조리기구의 사용으로 인한 화재 발생 시 열원(전기 또는 가스)을 자동으로 차단하며 소화약제를 방출하는 소화장치
상업용 주방자동소화장치	[⑯]에 설치된 열발생 조리기구의 사용으로 인한 화재 발생 시 열원(전기 또는 가스)을 자동으로 차단하며 소화약제를 방출하는 소화장치
캐비닛형 자동소화장치	열, 연기 또는 불꽃 등을 감지하여 소화약제를 방사하여 소화하는 [⑰] 형태의 소화장치
가스 자동소화장치	열, 연기 또는 불꽃 등을 감지하여 [⑱]계 소화약제를 방사하여 소화하는 소화장치
분말자동소화장치	열, 연기 또는 불꽃 등을 감지하여 [⑲]의 소화약제를 방사하여 소화하는 소화장치
고체에어로졸자동소화장치	열, 연기 또는 불꽃 등을 감지하여 [⑳]의 소화약제를 방사하여 소화하는 소화장치

5. 옥내소화전설비

1) 정의

   옥내에 설치하여 화재발생 시 소화전함까지 배관이 연결되어 있고 소화전함 내의 [㉑]로부터 연결된 소방호스의 말단에 [㉒]을 연결하여 물을 방수하는 [㉓ 수동식 / 자동식] 소화설비로 수동기동방식의 ON-OFF방식과 자동기동방식이 있다.

2) 기본사항

구분	옥내소화전설비		
방수량	[㉔][l/min]×N 여기서, N : 소화전 개수(29층 이하 최대 2개, 30층 이상 최대 5개)		
방수압력	[㉕][MPa] 이상 ([㉕][MPa] 초과 금지)		
방사시간	29층 이하	30층 ~ 49층	50층 이상
	[㉖]분 이상	[㉗]분 이상	[㉘]분 이상
호스의 구경	[㉙][mm]		
노즐의 구경	[㉚][mm]		
수평거리	[㉛][m] 이하		
방수구의 설치높이	바닥으로부터 [㉜][m] 이하		

3) 수원

수원의 양 V = [㉝][l/min] × N × T

구분	방수량	최대 개수(N)	방사시간(T)	수원의 양[m³]
29층 이하	[㉝][l/min]	[㉞]개	[㉟]분	[㊱][m³]×N
30층 ~ 49층	[㉝][l/min]	[㉞]개	[㉟]분	[㊱][m³]×N
50층 이상	[㉝][l/min]	[㉞]개	[㉟]분	[㊱][m³]×N

🏠 **정답**

① 높이 1.5m 이하 ② 밀폐된, 20 ③ 없다. ④ 일반, 유류, 전기 ⑤ 없다. ⑥ 마른 모래, 팽창질석, 팽창진주암 ⑦ 에어로졸식, 투척용, 소공간용 ⑧ 50 ⑨ 80 ⑩ 2분의 1 ⑪ 자동, 국소적 ⑫ 일반화재용 ⑬ 주방화재용 ⑭ 전기설비용 ⑮ 주거용 주방 ⑯ 상업용 주방 ⑰ 캐비닛 ⑱ 가스 ⑲ 분말 ⑳ 에어로졸 ㉑ 방수구 ㉒ 노즐(관창) ㉓ 수동식 ㉔ 130 ㉕ 0.17, 0.7 ㉖ 20 ㉗ 40 ㉘ 60 ㉙ 40 ㉚ 13 ㉛ 25 ㉜ 1.5 ㉝ 130, 130, 130, 130 ㉞ 2, 5, 5 ㉟ 20, 40, 60 ㊱ 2.6, 5.2, 7.8

4) 옥상수조(2차 수원, [① 주된 / 보조]수원)
   ① 정의 : 산출된 유효수량의 [②] 이상을 옥상에 설치한 설비
   ② 옥내소화전설비의 수원은 유효수량 외에 유효수량의 [③] 이상을 옥상(옥내소화전설비가 설치된 건축물의 주된 옥상을 말한다)에 설치해야 한다.

5) 옥상수조를 설치하지 않아도 되는 경우
   ① [④ 지하층/ 지상층]만 있는 건축물
   ② [⑤]를 가압송수장치로 설치한 경우
   ③ 수원이 건축물의 최상층에 설치된 방수구보다 높은 위치에 설치된 경우
   ④ 건축물의 높이가 지표면으로부터 10m 이하인 경우
   ⑤ 주펌프와 동등 이상의 성능이 있는 별도의 펌프로서 내연기관의 기동과 연동하여 작동되거나 비상전원을 연결하여 설치한 경우
   ⑥ 학교, 공장, 창고시설(옥상수조를 설치한 대상 제외)로서 동결의 우려가 있는 장소에 있어서 기동스위치에 보호판을 부착하여 옥내소화전함 내에 설치한 경우
   ⑦ [⑤]를 가압송수장치로 설치한 경우

6) 가압송수장치
   ① 종류

구분	고가수조	압력수조	펌프방식	가압수조
신뢰도	[⑥ 낮다 / 높다]	[⑦ 낮다 / 높다]	[⑧ 낮다 / 높다]	[⑨ 낮다 / 높다]
비상전원	[⑥ 필요 / 불필요]	[⑦ 필요 / 불필요]	[⑧ 필요 / 불필요]	[⑨ 필요 / 불필요]
옥상수조	[⑥ 설치 / 면제가능]	[⑦ 설치 / 면제가능]	[⑧ 설치 / 면제가능]	[⑨ 설치 / 면제가능]

   ② 고가수조방식
      ㉠ 정의 : 특정소방대상물의 옥상 또는 높은 지점에 수조를 설치하여 [⑩]의 압력으로 급수하는 수조를 말한다.
      ㉡ 부속장치 : 수위계, 배수관, 급수관, [⑪], [⑪]
   ③ 압력수조방식
      ㉠ 정의 : 탱크의 1/3은 자동식 공기압축기로 [⑫]를, 2/3는 급수펌프로 [⑫]을 가압시키는 등 소화용수와 공기를 채우고 일정압력 이상으로 가압하여 그 압력으로 급수하는 수조를 말한다.
      ㉡ 부속장치 : 수위계, 배수관, 급수관, 맨홀, [⑬], [⑬], [⑬], [⑬]
   ④ 펌프방식
      ㉠ 정의 : [⑭]의 가압에 의하여 각 설비의 방수구에서 규정방수압력 및 규정방수량을 얻는 방식을 말한다.
      ㉡ 부속장치 : 저수조, 옥상수조, 성능시험배관, 순환배관, 물올림장치, 동력제어반 등
   ⑤ 가압수조방식
      ㉠ 정의 : 가압원인 [⑮] 또는 [⑮]의 압력으로 소화용수를 가압하여 그 압력으로 급수하는 수조를 말한다.
      ㉡ 부속장치 : 수위계, 배수관, 급수관, 맨홀, [⑯], [⑯], [⑯]

7) 펌프 주위의 배관 구성

구분	설치기준
흡입방식	㉠ [⑰]흡입방식 : 수조의 위치가 펌프의 위치보다 낮은 경우로 낮은 위치의 물을 끌어올려야 하므로 손실이 큰 흡입방식이다. ㉡ [⑱]흡입방식 : 수조의 위치가 펌프의 위치보다 높은 경우로 높은 위치의 물이 자연압으로 떨어지는 방식으로 안전한 흡입방식이다.
풋밸브(후드밸브, Foot valve)	㉠ 정의 : 수원이 펌프보다 [⑲ 아래에 / 위에] 설치된 경우 흡입측 배관의 말단에 설치하는 밸브이다. ㉡ 기능 : 이물질을 제거하는 [⑳]기능과 흡입배관 내의 물이 수조로 다시 빠져나가는 것을 막는 [⑳]기능이 있다.
스트레이너(Strainer)	㉠ 정의 : 펌프의 흡입측 배관에 설치하여 이물질을 제거하는 [㉑]기능을 하는 밸브이다. ㉡ 흡입측 배관의 설치기준 　- 공기 고임이 생기지 않는 구조로 하고 [㉒]장치를 설치할 것 　- 수조가 펌프보다 낮게 설치된 경우에는 각 펌프(충압펌프를 포함한다)마다 수조로부터 [㉒ 별도로 / 함께] 설치할 것
연성계 또는 진공계	<table><tr><th>구분</th><th>연성계</th><th>진공계</th></tr><tr><td>설치대상</td><td>[㉓ 부압 / 정압]흡입방식일 경우 설치</td><td>[㉔ 부압 / 정압]흡입방식일 경우 설치</td></tr><tr><td>설치위치</td><td>펌프의 [㉓ 흡입 / 토출]측 배관</td><td>펌프의 [㉔ 흡입 / 토출]측 배관</td></tr><tr><td>측정압력범위</td><td>대기압 [㉓ 이상, 이하 / 이상] 압력 측정</td><td>대기압 [㉔ 이하 / 이상] 압력 측정</td></tr></table>
개폐표시형 밸브	㉠ 정의 : 외부에서도 밸브가 개방되었는지 폐쇄되었는지 쉽게 알 수 있는 밸브를 말한다. ㉡ 흡입측 배관의 개폐표시형 밸브 설치기준 : 펌프의 흡입측 배관에는 [㉕]밸브 외의 개폐표시형밸브를 설치해야 한다. 　- 유체저항이 크므로 유효흡입양정이 감소하여 [㉖]현상이 발생할 우려가 있다. 　- 순간적인 개폐조작으로 인하여 [㉖]현상이 발생할 우려가 있다.
플렉시블조인트 (Flexible joint)	㉠ 펌프가 기동하거나 정지할 경우 [㉗]이 펌프의 배관으로 전달되는 것을 흡수하여 배관을 보호하기 위하여 설치한다. ㉡ 일반적으로 펌프의 흡입측 및 토출측 배관의 펌프 가까운 곳에 설치한다.
소방펌프	㉠ [㉘]펌프 : 구동장치의 회전 또는 왕복운동으로 소화용수를 가압하여 그 압력으로 급수하는 주된 펌프를 말한다. ㉡ [㉘]펌프 : 배관 내 압력손실에 따른 주펌프의 빈번한 기동을 방지하기 위하여 충압 역할을 하는 펌프를 말한다. ㉢ [㉘]펌프 : 주펌프와 동등 이상의 성능이 있는 별도의 펌프를 말한다.
압력계	㉠ 정의 : 펌프의 [㉙ 흡입 / 토출]측 배관에 설치하여 펌프의 성능시험 시 압력을 측정하는 계측기이다. ㉡ 측정범위 : 대기압 [㉙ 이하 / 이상]의 압력을 측정할 수 있다.
순환배관	가압송수장치의 [㉚ 체절 / 과부하]운전 시 수온의 [㉚ 하강 / 상승]을 방지하기 위하여 체크밸브와 펌프사이에서 분기한 구경 [㉚][mm] 이상의 배관에 체절압력 [㉚ 미만 / 초과]에서 개방되는 [㉚]밸브를 설치하여야 한다.
성능시험배관	㉠ 펌프의 성능(충압펌프 제외)<table><tr><th>구분</th><th>내용</th></tr><tr><td>체절운전</td><td>체절운전 시 정격토출압력의 [㉛][%]를 초과하지 않을 것</td></tr><tr><td>과부하운전</td><td>정격토출량의 [㉛][%]로 운전 시 정격토출압력의 [㉛][%] 이상이 되어야 하며, 펌프의 성능을 시험할 수 있는 성능시험배관을 설치할 것</td></tr></table>㉡ 성능시험배관의 설치기준<table><tr><th>구분</th><th>내용</th></tr><tr><td>설치위치</td><td>성능시험배관은 펌프의 토출측에 설치된 개폐밸브 이전에서 분기하여 직선으로 설치하고, 유량측정장치를 기준으로 전단 직관부에는 [㉜]밸브를 후단 직관부에는 [㉜]밸브를 설치할 것</td></tr><tr><td>유량측정장치</td><td>유량측정장치는 펌프의 정격토출량의 [㉝][%] 이상까지 측정할 수 있는 성능이 있을 것</td></tr></table>

🏠 정답

① 보조 ② 1/3 ③ 1/3 ④ 지하층 ⑤ 고가수조, 가압수조 ⑥ 높다, 불필요, 면제 가능 ⑦ 낮다, 불필요, 설치 ⑧ 낮다, 필요, 설치 ⑨ 높다, 불필요, 면제 가능 ⑩ 자연낙차 ⑪ 맨홀, 오버플로우관 ⑫ 압축공기, 물 ⑬ 급기관, 압력계, 안전장치, 자동식 공기압축기 ⑭ 펌프 ⑮ 압축공기, 불연성 기체 ⑯ 급기관, 압력계, 안전장치 ⑰ 부압 ⑱ 정압 ⑲ 아래에 ⑳ 여과, 역류방지 ㉑ 여과 ㉒ 여과, 별도로 ㉓ 부압, 흡입, 이상, 이하 ㉔ 부압, 흡입, 이하 ㉕ 버터플라이 ㉖ 공동, 수격 ㉗ 진동 ㉘ 주, 충압, 예비 ㉙ 토출, 이상 ㉚ 체절, 상승, 20, 미만, 릴리프 ㉛ 140, 150, 65 ㉜ 개폐, 유량조절 ㉝ 175

물올림장치	㉠ 정의 : 수원의 수위가 펌프보다 [① 낮은 / 높은] 위치에 있는 경우 설치하는 것으로, 펌프와 풋밸브 사이의 배관 내에 항상 물이 공급되도록 하여 펌프가 [①]을 하지 않고 물을 송수할 수 있도록 하는 장치를 말한다. ㉡ 물올림장치의 설치기준 - 물올림장치에는 [② 겸용 / 전용]의 수조를 설치할 것 - 수조의 유효수량은 [②][L] 이상으로 하되, 구경 [②][mm] 이상의 급수배관에 따라 해당 수조에 물이 계속 보급되도록 할 것	
체크밸브	㉠ 정의 : 배관 내 유체의 흐름이 한 방향으로만 흐르게 하는 [③]기능을 하는 밸브를 말한다. ㉡ 스모렌스키 체크밸브 : 현재 가장 많이 사용하는 체크밸브로 기본적인 [④]기능과 스프링 및 물의 압력으로 수격현상을 방지하는 [④]기능, 바이패스밸브를 통한 [④]밸브기능을 할 수 있다.	
기동용 수압개폐장치	㉠ 정의 : 소화설비의 배관 내 압력변동을 검지하여 자동적으로 펌프를 [⑤] 및 [⑤]시키는 것으로서 압력챔버 또는 기동용압력스위치 등을 말한다. ㉡ 압력챔버의 기능 - 배관 내의 압력 [⑥ 저하 / 상승] 시 주펌프의 자동기동, 충압펌프의 자동기동 및 자동정지(주펌프는 자동으로 정지되어서는 아니 된다.) - 배관 내의 [⑦]작용방지 - 배관 내의 순간적인 압력변동으로부터 [⑧]으로 압력감지	
수격방지기(Water Hammer Cushion)	펌프의 급격한 기동 시 발생하는 수격현상을 [⑨] 또는 [⑨]으로 흡수하여 배관을 보호하기 위한 밸브이다.	

참고 펌프의 이상현상

① 공동현상(캐비테이션, Cavitation)
  ㉠ 흡입측 배관의 손실이 [⑩ 작아져 / 커져] 배관 내의 압력이 물의 포화수증기압보다 [⑪ 낮아져 / 높아져] 기포가 발생하는 현상이다.
  ㉡ 발생원인

발생원인
① 펌프의 흡입 마찰손실이 [⑫ 작은 / 큰] 경우 발생 ② 흡입측 배관의 흡입배관의 길이가 [⑬ 짧은 / 긴] 경우 발생 ③ 흡입측 배관의 유속이 [⑭ 느린 / 빠른] 경우 발생 ④ 펌프의 흡입측 관경이 [⑮ 작은 / 큰] 경우 발생 ⑤ 펌프의 흡입측 수두가 [⑯ 낮은 / 높은] 경우 발생 ⑥ 수온이 [⑰ 낮은 / 높은] 경우 발생 ⑦ 펌프의 임펠러 회전속도가 [⑱ 느린 / 빠른] 경우

② 수격현상(워터해머, Water hammer)
  ㉠ 밸브 등의 급격한 개폐 등에 의해 [⑲]차가 발생하여 압력으로 전환되어 [⑲]파로 전달되는 현상으로 [⑳]에너지가 [⑳]에너지로 바뀌는 현상이다.
  ㉡ 발생원인

발생원인	방지대책
① 관로의 관경이 [㉑ 좁은 / 넓은] 경우 ② 밸브를 [㉒ 서서히 / 급격하게] 개폐한 경우 ③ 펌프를 [㉓ 서서히 / 급격하게] 기동한 경우 ④ 펌프의 유량이 [㉔ 적은 / 많은] 경우	① 관로의 관경을 [㉕ 작게 / 크게] 하기 ② 밸브의 개폐속도 [㉖ 늦추기 / 증가시키기] ③ [㉗]를 사용하기 ④ 유량을 [㉘ 감소시키기 / 증가시키기] ⑤ 관로에 [㉙] 설치 ⑥ [㉚]을 부착하여 속도변화 억제

③ [㉛]현상([㉛]) : 주기적으로 진동과 소음 등이 발생하며, 압력계 및 진공계의 지침이 흔들리는 현상을 말한다.
④ [㉜] : 원심펌프에서 자주 발생하는 현상으로 펌프 내 채워진 공기로 인하여 소화수가 송수되지 않는 현상을 말하며, 펌프를 작동하기 전에 프라이밍컵을 통하여 공기를 배출하고 물을 채워 방지할 수 있다.

8) 소화전함
① 옥내소화전설비의 함에는 그 표면에 "소화전"이라는 표시를 해야 한다.
② 옥내소화전설비의 함 가까이 보기 쉬운 곳에 그 [㉝]을 기재한 표지판을 붙여야 하며, 표지판을 함의 문에 붙이는 경우에는 문의 [㉞] 및 [㉞] 모두에 붙여야 한다. 이 경우, 사용요령은 [㉟]와 시각적인 [㉟]을 포함하여 작성해야 한다.

9) 표시등
① 옥내소화전설비의 위치를 표시하는 표시등(위치표시등)은 함의 [㊱ 하부 / 상부]에 설치하되, 소방청장이 고시하는 「표시등의 성능인증 및 제품검사의 기술기준」에 적합한 것으로 할 것
② 가압송수장치의 기동을 표시하는 표시등(펌프기동표시등)은 옥내소화전함의 [㊲ 하부 / 상부] 또는 그 직근에 설치하되 [㊲ 녹색등 / 적색등]으로 할 것. 다만, 자체소방대를 구성하여 운영하는 경우 가압송수장치의 기동표시등을 설치하지 않을 수 있다.

10) 방수구
① 특정소방대상물의 층마다 설치하되, 해당 특정소방대상물의 각 부분으로부터 하나의 옥내소화전 방수구까지의 수평거리가 [㊳][m](호스릴옥내소화전설비를 포함한다) 이하가 되도록 할 것. 다만, 복층형 구조의 공동주택의 경우에는 세대의 출입구가 설치된 층에만 설치할 수 있다.
② 바닥으로부터의 높이가 [㊴][m] 이하가 되도록 할 것
③ 호스는 구경 [㊵][mm](호스릴옥내소화전설비의 경우에는 [㊵][mm]) 이상의 것으로서 특정소방대상물의 각 부분에 물이 유효하게 뿌려질 수 있는 길이로 설치할 것
④ 호스릴옥내소화전설비의 경우 그 노즐에는 노즐을 쉽게 개폐할 수 있는 장치를 부착할 것

11) 방수구 설치제외장소
불연재료로 된 특정소방대상물 또는 그 부분으로서 다음의 어느 하나에 해당하는 곳에는 옥내소화전 방수구를 설치하지 않을 수 있다.
① [㊶]창고 중 온도가 영하인 [㊶]실 또는 [㊶]창고의 [㊶]실
② [㊷]의 노가 설치된 장소 또는 물과 격렬하게 반응하는 물품의 저장 또는 취급 장소
③ 발전소·변전소 등으로서 [㊸]시설이 설치된 장소
④ [㊹]·[㊹] 또는 그 밖의 이와 비슷한 장소
⑤ 식물원·수족관·목욕실·수영장([㊺] 부분 제외) 또는 그 밖의 이와 비슷한 장소

정답
① 낮은, 공회전 ② 전용, 100, 15 ③ 역류방지 ④ 역류방지, 수격방지, 바이패스 ⑤ 기동, 정지 ⑥ 저하 ⑦ 수격 ⑧ 안정적 ⑨ 질소가스, 스프링 ⑩ 커져 ⑪ 낮아져 ⑫ 큰 ⑬ 긴 ⑭ 빠른 ⑮ 작은 ⑯ 높은 ⑰ 높은 ⑱ 빠른 ⑲ 유속, 충격 ⑳ 속도, 운동(압력) ㉑ 좁은 ㉒ 급격하게 ㉓ 급격하게 ㉔ 많은 ㉕ 크게 ㉖ 늦추기 ㉗ 수격방지기 ㉘ 감소시키기 ㉙ 서지탱크 ㉚ 플라이휠 ㉛ 맥동, 서징 ㉜ 에어 바인딩 ㉝ 사용요령 ㉞ 내부, 외부 ㉟ 외국어, 그림 ㊱ 상부 ㊲ 상부, 적색등 ㊳ 25 ㊴ 1.5 ㊵ 40, 25 ㊶ 냉장, 냉장, 냉동, 냉동 ㊷ 고온 ㊸ 전기 ㊹ 야외음악당, 야외극장 ㊺ 관람석

12) 송수구

① [①]가 쉽게 접근할 수 있고 잘 보이는 장소에 설치하고, 화재층으로부터 지면으로 떨어지는 유리창 등이 송수 및 그 밖의 소화작업에 지장을 주지 않는 장소에 설치할 것

② 송수구로부터 옥내소화전설비의 주배관에 이르는 연결배관에는 개폐밸브를 설치하지 않을 것. 다만, 스프링클러설비·물분무소화설비·포소화설비·또는 연결송수관설비의 배관과 겸용하는 경우에는 그렇지 않다.

③ 지면으로부터 높이가 [②][m] 이상 [②][m] 이하의 위치에 설치할 것

④ 송수구는 구경 [③][mm]의 쌍구형 또는 단구형으로 할 것

⑤ 송수구의 부근에는 자동배수밸브(또는 직경 5mm의 배수공) 및 체크밸브를 다음의 기준에 따라 설치할 것. 이 경우 자동배수밸브는 배관 안의 물이 잘 빠질 수 있는 위치에 설치하되, 배수로 인하여 다른 물건이나 장소에 피해를 주지 않아야 한다.

⑥ 송수구에는 이물질을 막기 위한 [④]를 씌울 것

6. 옥외소화전설비

1) 정의

건물의 1층, 2층을 방호하기 위해 설치하는 것으로 [⑤]에 설치하여 화재발생 시 소화전까지 배관이 연결되어 있고 소화전의 [⑤]와 주위에 설치된 옥외소화전함 내의 [⑥] 및 [⑥]을 연결하여 물을 방수하는 설비를 말한다.

2) 기본사항

구분	옥외소화전설비
방수량	[⑦]l/min×N 여기서, N : 소화전 개수(최대 [⑦]개)
방수압력	[⑧][MPa] 이상 ([⑧][MPa] 초과 금지)
방사시간	[⑨]분 이상
호스의 구경	[⑩][mm]
노즐의 구경	[⑪][mm]
수평거리	[⑫][m] 이하
호스접결구의 설치높이	[⑬][m] 이상 [⑬][m] 이하

3) 수원

수원의 양 V = [⑭][l/min] × N × T = [⑮][m³] × N

4) 호스접결구 및 호스

① 호스접결구는 지면으로부터의 높이가 [⑯][m] 이상 [⑯][m] 이하의 위치에 설치

② 특정소방대상물의 각 부분으로부터 하나의 호스접결구까지의 수평거리가 [⑰][m] 이하가 되도록 설치해야 한다.

③ 호스는 구경 [⑱][mm]의 것으로 해야 한다.

5) 소화전함
   ① 소화전함의 개수 : 옥외소화전설비에는 옥외소화전마다 그로부터 [⑲][m] 이내의 장소에 소화전함을 다음의 기준에 따라 설치해야 한다.

옥외소화전의 개수	설치기준
10개 이하	옥외소화전마다 [⑳][m] 이내의 장소에 1개 이상의 소화전함 설치
11개 이상 30개 이하	[㉑]개 이상의 소화전함을 각각 분산하여 설치
31개 이상	옥외소화전 [㉒]개마다 1개 이상의 소화전함 설치

   ② 옥외소화전설비의 함에는 그 표면에 "옥외소화전"이라는 표시를 해야 한다.

6) 표시등
   ① 옥외소화전설비의 위치를 표시하는 표시등(위치표시등)은 함의 [㉓ 하부 / 상부]에 설치하되, 소방청장이 정하여 고시한「표시등의 성능인증 및 제품검사의 기술기준」에 적합한 것으로 할 것
   ② 가압송수장치의 기동을 표시하는 표시등(펌프기동표시등)은 옥외소화전함의 [㉔ 하부 / 상부] 또는 그 직근에 설치하되 [㉔ 녹색등 / 적색등]으로 할 것. 다만, 자체소방대를 구성하여 운영하는 경우 가압송수장치의 기동표시등을 설치하지 않을 수 있다.

7. 스프링클러설비

1) 정의
   ① [㉕ 폐쇄형 / 개방형] 스프링클러헤드 또는 감지기에 의해 화재가 감지되면 자동적으로 [㉖]구역 또는 [㉖]구역에 물을 살수하여 소화하는 설비를 말한다.
   ② [㉗]에 효과적인 소화설비이지만, [㉗]의 우려가 큰 설비 중 하나이다.

2) 기본사항

구분	스프링클러설비		
방수량	[㉘][l/min] × N (N : 기준개수)		
방수압력	[㉙][MPa] 이상 [㉙][MPa] 이하		
방사시간	29층 이하	30층 ~ 49층	50층 이상
	[㉚]분 이상	[㉚]분 이상	[㉚]분 이상

🔔 **정답**

① 소방차 ② 0.5, 1 ③ 65 ④ 마개 ⑤ 옥외, 호스접결구 ⑥ 소방호스, 노즐 ⑦ 350, 2 ⑧ 0.25, 0.7 ⑨ 20 ⑩ 65 ⑪ 19 ⑫ 40 ⑬ 0.5, 1.0 ⑭ 350 ⑮ 7 ⑯ 0.5, 1.0 ⑰ 40 ⑱ 65 ⑲ 5 ⑳ 5 ㉑ 11 ㉒ 3 ㉓ 상부 ㉔ 상부, 적색등 ㉕ 폐쇄형 ㉖ 방호, 방수 ㉗ 초기소화, 수손피해 ㉘ 80 ㉙ 0.1, 1.2 ㉚ 20, 40, 60

3) 수원

수원의 양 V = [①][l/min] × N × T		
설치장소			기준개수[개]

설치장소			기준개수[개]
• 지하가, 지하역사 • 지하층을 제외한 층수가 [②]층 이상(아파트 제외)			30
지하층을 제외한 층수가 [③]층 이하	근린생활시설, 판매시설, 운수시설, 복합건축물	공장(특수가연물을 저장·취급하는 것)	
		판매시설, [④](판매시설이 설치된 경우)	
		기타	20
	기타	헤드의 부착높이 8m 이상	
		헤드의 부착높이 8m 미만	10

4) 옥상수조(2차 수원, [⑤ 주된 / 보조]수원)
   ① 정의 : 산출된 유효수량의 [⑤] 이상을 옥상에 설치한 설비
   ② 스프링클러설비의 수원은 유효수량 외에 유효수량의 [⑤] 이상을 옥상(스프링클러설비가 설치된 건축물의 주된 옥상을 말한다)에 설치해야 한다.

5) 옥상수조를 설치하지 않아도 되는 경우
   ① [⑥ 지하층 / 지상층]만 있는 건축물
   ② [⑦]를 가압송수장치로 설치한 경우
   ③ 수원이 건축물의 최상층에 설치된 헤드보다 높은 위치에 설치된 경우
   ④ 건축물의 높이가 지표면으로부터 10m 이하인 경우
   ⑤ 주펌프와 동등 이상의 성능이 있는 별도의 펌프로서 내연기관의 기동과 연동하여 작동되거나 비상전원을 연결하여 설치한 경우
   ⑥ [⑦]를 가압송수장치로 설치한 경우

6) 스프링클러헤드의 분류
   ① 감열부에 따른 분류

폐쇄형 헤드	개방형 헤드
감열부가 [⑧ 없다 / 있다]	감열부가 [⑨ 없다 / 있다]
정상상태에서 방수구를 막고 있는 감열체가 일정온도에서 자동적으로 파괴·용해 또는 이탈됨으로써 방수구가 개방되는 스프링클러헤드	감열체 없이 방수구가 항상 열려져 있는 스프링클러헤드
• 아파트　　• 근린생활시설 • 판매시설　• 복합건축물	• [⑩] • [⑩]

   ② 설치형태별 분류
      ㉠ [⑪] : 반자가 있는 곳 설치, 상방 살수 목적, 습식 설비에 사용
      ㉡ [⑫] : 반자가 없는 곳 설치, 하방 살수 목적, 분사패턴 우수
      ㉢ [⑬] : 옥내의 벽면에 설치, 실내의 폭이 [⑬][m] 이하인 경우 적용

③ 감도별 분류

헤드의 구분	반응시간지수(RTI)
조기반응형 헤드(Fast Response type)	[⑭] 이하
특수반응형 헤드(Special Response type)	[⑮] 초과 [⑮] 이하
표준형 헤드(Standard Response type)	[⑯] 초과 [⑯] 이하

📖 **참고** 반응시간지수(Response Time Index, RTI)

$$RTI = \tau\sqrt{u}$$
여기서, RTI : 반응시간지수, τ : 감열체의 시간상수, u : 기류속도

① 기류의 온도, 속도 및 작동시간에 대하여 스프링클러헤드의 반응을 예상한 지수
② 조기반응형헤드 설치장소
- [⑰]의 침실
- [⑰]의 침실
- [⑱]의 거실
- [⑱]의 거실
- [⑲]의 입원실
- [⑳]의 입원실

④ 헤드의 수평거리

설치장소	수평거리(R)
• 무대부 • 특수가연물을 저장 또는 취급하는 장소	[㉑][m] 이하
• 기타구조	[㉒][m] 이하
• 내화구조	[㉓][m] 이하

🏠 **정답**
① 80 ② 11 ③ 10 ④ 복합건축물 ⑤ 보조, 1/3, 1/3 ⑥ 지하층 ⑦ 고가수조, 가압수조 ⑧ 있다 ⑨ 없다 ⑩ 무대부, 연소 우려가 있는 개구부 ⑪ 하향식
⑫ 상향식 ⑬ 측벽형, 9 ⑭ 50 ⑮ 50, 80 ⑯ 80, 350 ⑰ 오피스텔, 숙박시설 ⑱ 공동주택, 노유자시설 ⑲ 병원 ⑳ 의원 ㉑ 1.7 ㉒ 2.1 ㉓ 2.3

7) 스프링클러설비의 배관

① [①]배관 : 가압송수장치 또는 송수구 등과 직접 연결되어 소화수를 이송하는 주된 배관
② [②]배관 : 수원, 송수구 등으로부터 소화설비에 급수하는 배관
③ [③]배관 : 교차배관으로 물을 공급하는 배관
④ [④]배관 : 직접 또는 수직배관을 통하여 가지배관에 급수하는 배관([⑤][mm] 이상)
⑤ [⑥]배관 : 스프링클러헤드가 설치되어 있는 배관
  ㉠ 토너먼트(tournament) [⑦ 방식일 것 / 방식이 아닐 것]
  ㉡ 교차배관에서 분기되는 지점을 기점으로 한쪽 가지배관에 설치되는 헤드의 개수는 8개 이하일 것
⑥ [⑧]배관 : 유수검지장치 또는 일제개방밸브가 설치된 층마다 물을 배수하는 수직배관([⑧][mm] 이상)
⑦ [⑨]배관 : 가지배관과 스프링클러헤드를 연결하는 구부림이 용이하고 유연성을 가진 배관

8) 스프링클러설비의 종류

① 습식 스프링클러설비
  ㉠ 정의 : 가압송수장치에서 [⑩ 개방형 / 폐쇄형] 스프링클러헤드까지 배관 내에 항상 물이 가압되어 있다가 화재로 인한 열로 [⑩ 개방형 / 폐쇄형] 스프링클러헤드가 개방되면 배관 내에 유수가 발생하여 [⑪] 유수검지장치가 작동하게 되는 스프링클러설비

1차측	2차측	헤드	밸브의 종류	감지기	시험장치
가압수	[⑫]	[⑬ 개방형 / 폐쇄형]	[⑭]	[⑮ 설치 / 미설치]	[⑯ 설치 / 미설치]

  ㉡ 구성요소

구분	내용
[⑰]	자동경보밸브에 설치되어 누수로 인한 습식 유수검지장치의 오동작을 방지하며 안전장치의 역할을 하는 장치
[⑱]	헤드가 개방되어 2차측으로 물이 송수되면 압력스위치에 압력수가 도달되면 가압하여 접점을 형성하여 화재수신기에 화재표시 및 경보를 발령시키는 장치(습식 유수검지장치의 동작 사실을 수신기에 전달하는 장치)

  ㉢ 특징
  – 다른 스프링클러설비의 방식에 비해 [⑲ 간단한 / 복잡한] 방식이다.
  – 헤드에 의해 설비가 동작하는 방식으로 다른 스프링클러설비의 방식에 비해 오동작의 우려가 [⑳ 적으며 / 높으며], 신뢰도가 [⑳ 낮다. / 높다.]
  – 습식 유수검지장치의 2차측 배관에 물이 가압되어 있어 [㉑]의 위험이 있다.

> **참고 시험장치**
>
> ① 설치목적 : 유수검지장치의 기능 및 성능을 시험, 펌프의 자동기동 여부를 확인하기 위한 장치
> ② 설치대상 : [㉒], [㉒], [㉒] 스프링클러설비

② 건식 스프링클러설비
  ㉠ 정의 : [㉓] 유수검지장치 2차 측에 [㉔] 또는 [㉔] 등의 기체로 충전된 배관에 [㉕ 개방형 / 폐쇄형] 스프링클러헤드가 부착된 스프링클러설비로서, [㉕ 개방형 / 폐쇄형] 스프링클러헤드가 개방되어 배관 내의 [㉖] 등이 방출되면 건식 유수검지장치 1차 측의 수압에 의하여 건식유수검지장치가 작동하게 되는 스프링클러설비

1차측	2차측	헤드	밸브의 종류	감지기	시험장치
가압수	[㉗]	[㉘ 개방형 / 폐쇄형]	[㉙]	[㉚ 설치 / 미설치]	[㉛ 설치 / 미설치]

  ㉡ 구성요소

구분		내용
긴급개방장치		→ 건식 스프링클러설비의 단점인 "[㉜]"을 보완하기 위한 장치
	[㉝]	헤드가 개방될 경우 2차측 압력이 저하되기 전에 건식 유수검지장치로 2차측 고압의 공기를 넣어 강제로 클래퍼가 개방되도록 하는 장치
	[㉞]	2차측 배관의 압축공기가 신속히 배출될 수 있도록 하는 장치
[㉟]		헤드가 개방되어 2차측으로 물이 송수되면 압력스위치에 압력수가 도달되면 가압하여 접점을 형성하여 화재수신기에 화재표시 및 경보를 발령시키는 장치(건식 유수검지장치의 동작 사실을 수신기에 전달하는 장치)
[㊱]		건식 유수검지장치의 2차측 배관에 연결하여 2차측 배관의 압축공기가 누설될 경우 자동으로 채워주는 장치
[㊲]		건식 유수검지장치의 2차측 배관에 채워져 있는 압축공기의 누설이나 헤드 개방에 따른 압력의 저하를 감지하는 경보장치

  ㉢ 특징
  - 습식 스프링클러설비와 달리 동결의 위험이 없어 [㊳ 옥내 / 옥외]장소 또는 [㊳]우려장소에 사용할 수 있다.
  - 헤드에 의해 설비가 동작하는 방식으로 다른 스프링클러설비의 방식에 비해 오동작의 우려가 [㊴ 적으며 / 많으며], 신뢰도가 [㊴ 낮다. / 높다.]
  - 건식 유수검지장치의 2차측 배관이 [㊵]로 채워져 있어 소화수가 방수될 때까지 지연시간([㊵])이 발생한다.

정답

① 주 ② 급수 ③ 수평주행 ④ 교차 ⑤ 40 ⑥ 가지 ⑦ 방식이 아닐 것 ⑧ 수직배수, 50 ⑨ 신축 ⑩ 폐쇄형, 폐쇄형 ⑪ 습식 ⑫ 가압수 ⑬ 폐쇄형 ⑭ 습식 유수검지장치(알람체크밸브, 알람밸브, 자동경보밸브) ⑮ 미설치 ⑯ 설치 ⑰ 리타팅챔버 ⑱ 압력스위치 ⑲ 간단한 ⑳ 적으며, 높다. ㉑ 동결 ㉒ 습식, 건식, 부압식 ㉓ 건식 ㉔ 압축공기, 질소 ㉕ 폐쇄형, 폐쇄형 ㉖ 압축공기 ㉗ 압축공기 또는 질소 ㉘ 폐쇄형 ㉙ 건식 유수검지장치(드라이밸브, 건식밸브) ㉚ 미설치 ㉛ 설치 ㉜ 방수지연시간 ㉝ 엑셀레이터 ㉞ 익죠스터 ㉟ 압력스위치 ㊱ 자동식 공기압축기 ㊲ 로우 알람스위치 ㊳ 옥외, 동결 ㊴ 적으며, 높다. ㊵ 압축공기, 방수지연시간

③ 준비작동식 스프링클러설비
  ㉠ 정의 : 가압송수장치에서 [①] 유수검지장치 1차 측까지 배관 내에 항상 물이 가압되어 있고, 2차 측에서 폐쇄형 스프링클러헤드까지 [②] 또는 [②]으로 있다가 화재발생시 [③]의 작동으로 준비작동식밸브가 개방되면 폐쇄형스프링클러헤드까지 소화수가 송수되고, 폐쇄형 스프링클러헤드가 열에 의해 개방되면 방수가 되는 방식의 스프링클러설비

1차측	2차측	헤드	밸브의 종류	감지기	시험장치
가압수	[④]	[⑤ 개방형 / 폐쇄형]	[⑥]	[⑦ 설치 / 미설치]	[⑧ 설치 / 미설치]

  ㉡ 구성요소

구분	내용
[⑨]	2차측으로 물이 송수되면 압력스위치에 압력수가 도달되면 가압하여 접점을 형성하여 화재수신기에 화재표시 및 경보를 발령시키는 장치(준비작동식 유수검지장치의 동작 사실을 수신기에 전달하는 장치)
수동조작함	[⑩]라고도 하며, 수동으로 준비작동식밸브를 기동시킬 수 있는 장치
전자(개방)밸브	[⑪]라고도 하며, 화재감지기 또는 슈퍼비조리판넬에서 수동기동 시 준비작동식 유수검지장치를 개방시키는 밸브
화재감지기	화재발생 사실을 자동으로 인지하여 준비작동식 유수검지장치를 동작시키는 장치로 회로방식은 "[⑫]방식"을 사용하여 준비작동식 스프링클러설비의 오동작을 방지한다.

  ㉢ 특징
    - 습식 스프링클러설비와 달리 동결의 위험이 없어 [⑬ 옥내 / 옥외]장소 또는 [⑬]우려장소에 사용할 수 있다.
    - 헤드가 개방되기 전 [⑭]를 통해 먼저 화재 발생 사실을 확인할 수 있다.
    - 감지기의 오동작 등으로 신뢰도가 상대적으로 [⑮ 낮다. / 높다.]

④ 일제살수식 스프링클러설비
  ㉠ 정의 : 가압송수장치에서 [⑯] 1차 측까지 배관 내에 항상 물이 가압되어 있고 2차 측에서 [⑰ 개방형 / 폐쇄형] 스프링클러헤드까지 [⑱]으로 있다가 화재 시 자동감지장치 또는 수동식 기동장치의 작동으로 [⑲]가 개방되면 스프링클러헤드까지 소화수가 송수되는 방식의 스프링클러설비

1차측	2차측	헤드	밸브의 종류	감지기	시험장치
가압수	[⑳]	[㉑ 개방형 / 폐쇄형]	[㉒]	[㉓ 설치 / 미설치]	[㉔ 설치 / 미설치]

  ㉡ 구성요소

구분	내용
[㉕]	2차측으로 물이 송수되면 압력스위치에 압력수가 도달되면 가압하여 접점을 형성하여 화재수신기에 화재표시 및 경보를 발령시키는 장치(일제개방밸브의 동작 사실을 수신기에 전달하는 장치)
수동조작함	[㉖]라고도 하며, 수동으로 일제개방밸브를 기동시킬 수 있는 장치
전자(개방)밸브	[㉗]라고도 하며, 화재감지기 또는 슈퍼비조리판넬에서 수동기동 시 일제개방밸브를 개방시키는 밸브
화재감지기	화재발생 사실을 자동으로 인지하여 일제개방밸브를 동작시키는 장치로 회로방식은 "[㉘]방식"을 사용하여 일제개방밸브의 오동작을 방지한다.

  ㉢ 특징
    - 습식 스프링클러설비와 달리 동결의 위험이 없어 [㉙ 옥내 / 옥외]장소 또는 [㉙]우려장소에 사용할 수 있다.
    - 헤드가 개방되기 전 [㉚]를 통해 먼저 화재 발생 사실을 확인할 수 있다.
    - [㉛ 개방형 / 폐쇄형] 헤드를 사용하므로 화재 시 신속하게 소화가 가능하다.
    - 감지기의 오동작 등으로 신뢰도가 [㉜ 낮으며 / 높으며], 오동작 시 [㉜ 개방형 / 폐쇄형] 헤드이므로 수손피해가 크다.

⑤ 부압식 스프링클러설비

㉠ 정의 : 가압송수장치에서 [㉝] 유수검지장치의 1차 측까지는 항상 [㉞ 부압 / 정압]의 물이 가압되고, 2차 측 [㉟ 개방형 / 폐쇄형] 스프링클러헤드까지는 소화수가 [㊱ 부압 / 정압]으로 되어 있다가 화재 시 감지기의 작동에 의해 [㊲ 부압 / 정압]으로 변하여 유수가 발생하면 작동하는 스프링클러설비

1차측	2차측	헤드	밸브의 종류	감지기	시험장치
가압수 ([㊳ 부압 / 정압])	소화수 ([㊴ 부압 / 정압])	[㊵ 개방형 / 폐쇄형]	[㊶]	[㊷ 설치 / 미설치]	[㊸ 설치 / 미설치]

㉡ 구성요소

구분	내용
[㊹]	2차측으로 물이 송수되면 압력스위치에 압력수가 도달되면 가압하여 접점을 형성하여 화재수신기에 화재표시 및 경보를 발령시키는 장치(프리액션밸브의 동작 사실을 수신기에 전달하는 장치)
수동조작함	[㊺]라고도 하며, 수동으로 프리액션밸브를 기동시킬 수 있는 장치
전자(개방)밸브	[㊻]라고도 하며, 화재감지기 또는 슈퍼비조리판넬에서 수동기동 시 프리액션밸브를 개방시키는 밸브
[㊼]	프리액션밸브 2차측 배관의 소화수를 부압의 상태로 유지하기 위한 장치로 진공압력스위치가 동작할 경우 펌프가 기동하고, 실제 화재 시에는 동작하지 않는다.
부압식 제어반	[㊽]를 기동시키고 정지시킬 수 있도록 하는 제어반

㉢ 특징

- [㊾]에 의한 헤드의 파손 등의 상황이 발생할 경우 수손피해를 최소화할 수 있다.
- [㊿], [㊿] 등 추가적인 장치가 필요하므로 가격이 고가이다.

참고 상향식 및 하향식 스프링클러헤드의 설치

[(51)] 스프링클러설비 및 [(51)] 스프링클러설비 외의 설비에는 상향식 스프링클러헤드를 설치할 것. 다만, 다음의 어느 하나에 해당하는 경우에는 그렇지 않다.
① [(52)] 스프링클러헤드를 사용하는 경우
② 스프링클러헤드의 설치장소가 동파의 우려가 [(53) 있는 / 없는] 곳인 경우
③ [(54) 폐쇄형 / 개방형] 스프링클러헤드를 사용하는 경우

정답

① 준비작동식 ② 대기압, 저압 ③ 감지기 ④ 저압 또는 대기압 ⑤ 폐쇄형 ⑥ 준비작동식 유수검지장치(프리액션밸브) ⑦ 설치 ⑧ 미설치 ⑨ 압력스위치 ⑩ 슈퍼비조리판넬(SVP) ⑪ 솔레노이드밸브(SOL) ⑫ 교차회로 ⑬ 옥외, 동결 ⑭ 화재감지기 ⑮ 낮다.
⑯ 일제개방밸브 ⑰ 개방형 ⑱ 대기압 ⑲ 일제개방밸브 ⑳ 대기압 ㉑ 개방형 ㉒ 일제개방밸브(델류지밸브) ㉓ 설치 ㉔ 미설치 ㉕ 압력스위치 ㉖ 슈퍼비조리판넬 ㉗ 솔레노이드밸브(SOL) ㉘ 교차회로 ㉙ 옥외, 동결 ㉚ 화재감지기 ㉛ 개방형 ㉜ 낮으며, 개방형 ㉝ 준비작동식 ㉞ 정압 ㉟ 폐쇄형 ㊱ 부압 ㊲ 정압 ㊳ 정압 ㊴ 부압 ㊵ 폐쇄형 ㊶ 준비작동식 유수검지장치(프리액션밸브) ㊷ 설치 ㊸ 설치 ㊹ 압력스위치 ㊺ 슈퍼비죠리판넬 ㊻ 솔레노이드밸브 ㊼ 진공펌프 ㊽ 진공펌프 ㊾ 지진 ㊿ 진공펌프, 진공압력스위치 (51) 습식, 부압식 (52) 드라이펜던트 (53) 없는 (54) 개방형

8. 간이스프링클러설비

1) 정의

[①] 다수인이 이용하는 다중이용업소 등의 인명 및 재산피해를 최소화하기 위하여 도입한 간이형태의 스프링클러설비

2) 종류

① [②]형 간이스프링클러설비 : 수조를 사용하지 않고 상수도에 직접 연결하여 항상 기준 방수압 및 방수량 이상을 확보할 수 있는 설비를 말한다.

② [③]형 간이스프링클러설비 : 가압송수장치, 수조 및 유수검지장치 등을 집적화하여 캐비닛 형태로 구성시킨 간이 형태의 스프링클러설비를 말한다.

③ 펌프방식의 간이스프링클러설비

④ 가압수조방식의 간이스프링클러설비

3) 기본사항

구분		간이스프링클러설비
방수량	일반	[④]$[l/min] \times N$ (N : 기준개수)
	주차장(표준반응형 헤드 사용 시)	$80 l/min \times N$ (N : 기준개수)
방수압력		0.1MPa 이상
방사시간	일반	[⑤]분 이상
	"A"의 경우	20분 이상
참고 (A의 경우)		1. 근린생활시설로 사용하는 부분의 바닥면적의 합계가 1천m² 이상인 것은 모든 층 2. 숙박시설로 사용되는 바닥면적의 합계가 300m² 이상 600m² 미만인 시설 3. 복합건축물로서 연면적 1천m² 이상인 것은 모든 층

4) 수원의 양

① 상수도직결형의 경우 : 수돗물

② 수조(캐비닛형 포함)를 사용하는 경우

구분		수원의 양
일반	일반	[⑥][l/min]×2개×[⑦]분
	주차장(표준반응형 헤드 사용 시)	80l/min×2개×10분
"A"의 경우	일반	[⑧][l/min]×5개×20분
	주차장(표준반응형 헤드 사용 시)	80l/min×5개×20분

5) 주택전용 간이스프링클러설비의 정의 : [⑨]주택 및 [⑨]주택에 설치하는 간이스프링클러설비

참고 연립주택, 다세대주택의 정의

1. 연립주택 : 주택으로 쓰는 1개 동의 바닥면적 합계가 [⑩]m²를 [⑩]하고, 층수가 [⑩]개 층 이하인 주택
2. 다세대주택 : 주택으로 쓰는 1개 동의 바닥면적 합계가 [⑪]m² [⑪]이고, 층수가 [⑪]개 층 이하인 주택

9. 화재조기진압용 스프링클러설비(Early Suppression Fire Response, ESFR)

1) 정의

[⑫] 창고 등 화재하중이 매우 [⑫ 작은 / 큰] 장소와 같이 화재를 초기에 진압하지 못할 경우 화재진압이 불가능한 장소에 적용하는 것으로써, 화재를 [⑬]에 감지하여 [⑭ 적은 / 많은] 양의 물을 [⑭ 저압 / 고압]으로 방사하여 화재를 초기에 진압하는 설비

2) 수원의 양

$$\text{수원의 양[l]} = 12 \times [⑮] \times K\sqrt{10P}$$

3) 화재조기진압용 스프링클러헤드의 설치제외장소

① [⑯] 위험물
② 타이어, 두루마리 종이 및 섬유류, 섬유제품 등 연소 시 화염의 속도가 빠르고 방사된 물이 하부까지에 도달하지 못하는 것

참고 화재조기진압용 스프링클러헤드, 라지드롭형 스프링클러헤드의 정의

1. 화재조기진압용 스프링클러헤드 : 특정한 [⑰] 장소의 화재위험에 대하여 [⑰]에 진화할 수 있도록 설계된 헤드
2. 라지드롭형 스프링클러헤드 : 동일조건의 수압력에서 [⑱]을 방출하여 화염의 전파속도가 빠르고 발열량이 큰 저장창고 등에서 발생하는 [⑱]를 진압할 수 있는 헤드

10. 물분무소화설비

1) 정의

스프링클러설비에서의 물방울보다 [⑲ 작은 / 큰] 물입자에 [⑳]을 주어 화원에 침투하여 소화하거나 방호대상물의 상부·하부 또는 측면에도 물을 분사하여 [㉑]을 보호하는 설비를 말한다.

2) 소화효과 : [㉒]소화, [㉒]소화, [㉒]소화, [㉒]소화

참고 스프링클러설비, 물분무소화설비, 미분무소화설비 비교

① 공통점 : 물을 이용하여 소화
② 차이점 : 물의 입자크기 차이(스프링클러 > 물분무 > 미분무)
→ 물분무와 미분무소화설비는 무상주수로 표면적이 크므로 [㉓ 제거 / 질식]작용에 매우 효과적이며, 분무상태의 물은 전기적으로 [㉓ 전도성 / 비전도성]이므로 [㉓]급 화재에 적응성이 있다.

정답

① 불특정 ② 상수도직결 ③ 캐비닛 ④ 50 ⑤ 10 ⑥ 50 ⑦ 10 ⑧ 50 ⑨ 연립, 다세대 ⑩ 660, 초과, 4 ⑪ 660, 이하, 4 ⑫ 랙크식, 큰 ⑬ 조기
⑭ 많은, 고압 ⑮ 60 ⑯ 제4류 ⑰ 높은, 조기 ⑱ 큰 물방울, 대형화재 ⑲ 작은 ⑳ 운동량 ㉑ 표면 ㉒ 질식, 냉각, 유화, 희석 ㉓ 질식, 비전도성, ABC

3) 물분무헤드
    ① 정의 : 화재 시 직선류 또는 나선류의 물을 [①]·[①]시켜 미립상태로 분무함으로써 소화하는 헤드를 말한다.
    ② 헤드의 설치제외장소
        ㉠ [②]에 심하게 반응하는 물질 또는 [②]과 반응하여 위험한 물질을 생성하는 물질을 저장 또는 취급하는 장소
        ㉡ 고온의 물질 및 증류범위가 넓어 끓어 넘치는 위험이 있는 물질을 저장 또는 취급하는 장소
        ㉢ 운전시에 표면의 온도가 [③][℃] 이상으로 되는 등 직접 분무를 하는 경우 그 부분에 손상을 입힐 우려가 있는 기계장치 등이 있는 장소

11. 미분무소화설비

1) 정의
    ① 미분무소화설비 : 가압된 물이 헤드 통과 후 미세한 입자로 분무됨으로써 소화성능을 가지는 설비로서, 소화력을 증가시키기 위해 [④] 등을 첨가할 수 있다.
    ② 미분무 : [⑤]만을 사용하여 소화하는 방식으로 최소설계압력에서 헤드로부터 방출되는 물입자 중 [⑥][%]의 누적체적분포가 [⑥][μm] 이하로 분무되고 [⑦]급 화재에 적응성을 갖는 것을 말한다.

2) 미분무헤드의 종류
    ① 미분무헤드 : 하나 이상의 오리피스를 가지고 미분무소화설비에 사용되는 헤드
    ② [⑧ 개방형 / 폐쇄형] 미분무헤드 : 감열체 없이 방수구가 항상 열려져 있는 헤드
    ③ [⑨ 개방형 / 폐쇄형] 미분무헤드 : 정상상태에서 방수구를 막고 있는 감열체가 일정온도에서 자동적으로 파괴·용융 또는 이탈됨으로써 방수구가 개방되는 헤드

3) 미분무소화설비의 종류
    ① 사용압력에 따른 분류

구분	정의
저압 미분무소화설비	최고사용압력이 [⑩][MPa] 이하인 미분무소화설비
중압 미분무소화설비	사용압력이 [⑪][MPa]을 초과하고 [⑪][MPa] 이하인 미분무소화설비
고압 미분무소화설비	최저사용압력이 [⑫][MPa]을 초과하는 미분무소화설비

   ② 헤드의 종류에 따른 분류

구분	정의
[⑬] 미분무소화설비	배관 내에 항상 물 또는 공기 등이 가압되어 있다가 화재로 인한 열로 폐쇄형 미분무헤드가 개방되면서 소화수를 방출하는 방식의 미분무소화설비
[⑭] 미분무소화설비	화재감지기의 신호를 받아 가압송수장치를 동작시켜 미분무수를 방출하는 방식의 미분무소화설비

   ③ 방출방식에 따른 분류

구분	정의
[⑮]방식	고정식 미분무소화설비에 배관 및 헤드를 고정 설치하여 구획된 방호구역 전체에 소화수를 방출하는 설비
[⑯]방식	고정식 미분무소화설비에 배관 및 헤드를 설치하여 직접 화점에 소화수를 방출하는 설비로서 화재발생 부분에 집중적으로 소화수를 방출하도록 설치하는 방식
[⑰]방식	소화수 또는 소화약제 저장용기 등에 연결된 호스릴을 이용하여 사람이 직접 화점에 소화수 또는 소화약제를 방출하는 방식

12. 포소화설비

1) 정의
물에 의한 소화방법으로는 소화효과가 작거나 화재가 확대될 위험성이 있는 가연성 액체 등의 화재에 사용하는 설비를 말한다.

> 📖 **참고** 포수용액, 포원액, 수원의 양
>
> **1 포수용액**
>
> 포수용액[L] = [⑱][L] + [⑱][L]
>
> **2 포수용액과 포원액, 수원의 관계**
>
> 포수용액[L]×농도[%] = [⑲][L]
> 포수용액[L]×(1 − 농도[%]) = [⑳][L]

2) 종류

① 발포기의 종류에 따른 분류

구분	내용
[㉑]설비	포워터스프링클러헤드를 사용하는 포소화설비
[㉒]설비	포헤드를 사용하는 포소화설비
[㉓]설비	고정포방출구를 사용하는 설비
[㉔]설비	호스릴포방수구·호스릴 및 이동식 포노즐을 사용하는 설비
[㉕]설비	포소화전방수구·호스 및 이동식포노즐을 사용하는 설비
[㉖]설비	압축공기 또는 압축질소를 일정 비율로 포수용액에 강제 주입 혼합하는 방식

② 방출방식의 종류에 따른 분류

구분	내용
[㉗]방식	소화약제 공급장치에 배관 및 분사헤드 등을 고정 설치하여 밀폐 방호구역 내에 소화약제를 방출하는 방식
[㉘]방식	소화약제 공급장치에 배관 및 분사헤드를 등을 설치하여 직접 화점에 소화약제를 방출하는 방식
[㉙]방식	호스릴포방수구·호스릴 및 이동식 포노즐을 사용하는 설비

> 🏠 **정답**
> ① 충돌, 확산 ② 물, 물 ③ 260 ④ 강화액 ⑤ 물 ⑥ 99, 400 ⑦ ABC ⑧ 개방형 ⑨ 폐쇄형 ⑩ 1.2 ⑪ 1.2, 3.5 ⑫ 3.5 ⑬ 폐쇄형 ⑭ 개방형 ⑮ 전역방출 ⑯ 국소방출 ⑰ 호스릴 ⑱ 포원액, 수원 ⑲ 포원액 ⑳ 수원 ㉑ 포워터스프링클러 ㉒ 포헤드 ㉓ 고정포방출 ㉔ 호스릴포소화 ㉕ 포소화전 ㉖ 압축공기포소화 ㉗ 전역방출 ㉘ 국소방출 ㉙ 호스릴

3) 특정소방대상물에 따른 포소화설비의 적응성

특정소방대상물	설비
• 차고 또는 주차장 • 특수가연물을 저장·취급하는 공장, 창고 • 항공기격납고	① [①]설비 ② [①]설비 ③ [①]설비 ④ [①]소화설비
• 완전 개방된 옥상주차장 또는 고가 밑의 주차장(주된 벽이 없고 기둥뿐인 것이거나 주위가 위해방지용 철주 등으로 둘러싸인 부분) • 지상 1층으로서 지붕이 없는 부분	① 호스릴포소화설비 ② 포소화전설비
• 항공기격납고(바닥면적의 합계가 1,000[m²] 이상이고 항공기의 격납위치가 한정되어 있는 경우)	호스릴포소화설비
• 발전기실, 엔진펌프실, 변압기, 전기케이블실, 유압설비	바닥면적의 합계가 300[m²] 미만의 장소에는 고정식 압축공기포소화설비를 설치할 수 있다.

4) 포소화약제 혼합장치

① 펌프프로포셔너방식(Pump Proportioner, [②]혼합방식)
  ㉠ 정의 : 펌프의 토출관과 흡입관 사이의 배관도중에 설치한 흡입기에 펌프에서 토출된 물의 일부를 보내고, [②]에서 조정된 포소화약제의 필요량을 포소화약제 저장탱크에서 펌프 흡입측으로 보내어 이를 혼합하는 방식을 말한다.
  ㉡ 적용 : [③]
  ㉢ 특징
    - 보수가 [④ 어려운 / 용이한] 편이다.
    - 혼합기의 압력손실이 [④ 적다 / 많다].
    - 압력손실이 발생할 경우 [④ 수원 / 약제탱크] 쪽으로 물이 역류할 우려가 있다.

② 라인프로포셔너방식(Line Proportioner, [⑤]혼합방식)
  ㉠ 정의 : 펌프와 발포기의 중간에 설치된 [⑤]의 [⑤]작용에 따라 포 소화약제를 흡입·혼합하는 방식을 말한다.
  ㉡ 적용 : [⑥], [⑥] 또는 [⑥] 소화설비
  ㉢ 특징
    - 가격이 [⑦ 저렴하다 / 고가이다].
    - 혼합기의 압력손실이 [⑦ 적다 / 많다].
    - 흡입할 수 있는 유량범위가 [⑦ 좁은 / 넓은] 편이다.
    - 흡입할 수 있는 높이가 [⑦]이다.

③ 프레져프로포셔너방식(Pressure Proportioner, [⑧]혼합방식)
  ㉠ 정의 : 펌프와 발포기의 중간에 설치된 [⑧]의 [⑧]작용과 [⑧]의 포 소화약제 저장탱크에 대한 압력에 따라 포소화약제를 흡입·혼합하는 방식을 말한다.
  ㉡ 적용 : [⑨], 대부분의 [⑨]에 적용
  ㉢ 특징
    - 혼합기의 압력손실이 [⑩ 적다 / 많다].
    - 흡입할 수 있는 유량범위가 [⑩ 좁은 / 넓은] 편이다.
    - [⑩]이 설치된 압송식의 경우 약제 원액 잔량을 버리지 않고 사용할 수 있다.

④ 프레져사이드프로포셔너방식(Pressure Side Proportioner, [⑪]혼합방식)
  ㉠ 정의 : 펌프의 토출관에 압입기를 설치하여 포소화약제 [⑪]로 포소화약제를 압입시켜 혼합하는 방식을 말하며, 정확한 비율로 혼합할 수 있는 장점이 있다.
  ㉡ 적용 : [⑫], [⑫] 등과 같은 [⑫] 고정식 소화설비
  ㉢ 특징
    – 시설 [⑬ 간소화 / 거대화]로 설치비가 [⑬ 싸다 / 비싸다].
    – 혼합기의 압력손실이 [⑬ 적다 / 많다].
    – 흡입할 수 있는 유량범위가 [⑬ 좁은 / 넓은] 편이다.
    – 운전 후 소화약제를 다시 사용할 수 [⑬ 없다 / 있다].
    – 약제탱크의 토출압력이 급수펌프의 토출압력보다 [⑬ 낮으면 / 높으면] 원액이 유입되지 않는다.

⑤ 압축공기포 믹싱챔버방식
  ㉠ 정의 : [⑭], [⑭] 및 [⑭]를 믹싱챔버로 강제주입시켜 챔버 내에서 포수용액을 생성한 후 포를 방사하는 방식을 말한다.
  ㉡ 공기포비 : [⑮]과 [⑮]를 혼합한 경우의 비율
    – [⑯] : 공기포비가 10배 이하의 압축공기포
    – [⑰] : 공기포비가 10배를 초과하는 압축공기포

13. 이산화탄소소화설비
1) 정의
   이산화탄소의 주된 소화효과인 질식소화를 목적으로 이산화탄소소화약제를 방출하여 산소의 농도를 저하시켜 소화하는 설비로, [⑱], [⑱], [⑱]소화를 한다.

2) 종류
   ① 방출방식에 따른 분류

구분	내용
전역방출방식	소화약제 공급장치에 배관 및 분사헤드 등을 고정 설치하여 밀폐 [⑲] 내에 소화약제를 방출하는 방식
국소방출방식	소화약제 공급장치에 배관 및 분사헤드를 설치하여 직접 [⑳]에 소화약제를 방출하는 방식
호스릴방식	소화수 또는 소화약제 저장용기 등에 연결된 호스릴을 이용하여 [㉑]이 직접 [㉑]에 소화수 또는 소화약제를 방출하는 방식

🏠 **정답**
① 포워터스프링클러, 포헤드, 고정포방출, 압축공기포 ② 펌프, 농도조정밸브 ③ 소방펌프차(화학소방차) ④ 용이한, 적다, 약제탱크 ⑤ 관로, 벤추리관, 벤추리 ⑥ 포소화전, 소규모, 이동식 ⑦ 저렴하다, 많다, 좁은, 제한적 ⑧ 차압, 벤추리관, 벤추리, 펌프 가압수 ⑨ 위험물제조소, 건물 ⑩ 적다, 넓은, 다이어프램 ⑪ 압입, 압입용 펌프 ⑫ 비행기 격납고, 석유화학 플랜트, 대단위 ⑬ 거대화, 비싸다, 적다, 넓은, 있다, 낮으면 ⑭ 물, 포소화약제, 공기 ⑮ 포수용액, 가압공기 ⑯ 습식포 ⑰ 건식포 ⑱ 질식, 냉각, 피복 ⑲ 방호구역 ⑳ 화점 ㉑ 사람, 화점

② 저장방식에 따른 분류

구분	내용
고압저장방식	가압액화를 이용한 것으로 실온에서 고압상태로 저장한 것(20℃, 6.0MPa)으로 자동냉동장치 및 압력경보장치를 [① 필요로 한다. / 필요로 하지 않는다.]
저압저장방식	냉동기를 이용하여 저압액화를 이용한 것으로 -18℃로 냉각하여 저장한 것(-18℃, 2.1MPa)으로 압력계, 안전밸브, 액면계, 자동냉동장치 및 압력경보장치를 [② 필요로 한다. / 필요로 하지 않는다.]

③ 기동방식에 따른 분류

구분	내용
[③]	용기밸브에 니들밸브 대신 솔레노이드밸브를 직접 설치하여 전기적 작동에 의해 용기밸브를 개방시켜 약제를 방출하는 방식
[④]	가장 일반적인 기동방법으로 감지기 동작신호에 따라 솔레노이드밸브의 파괴침이 작동하면 소형의 기동용기 내에 있는 기동용 가스가 동관을 통하여 방출되고 저장용기를 개방시키는 방식
[⑤]	국내에서는 거의 사용하지 않으며, 열에 의해 감지기의 공기가 팽창하면 튜브를 통해 미소한 팽창압력이 전달되어 용기밸브가 개방되는 방식

3) 이산화탄소소화설비의 작동흐름(가스압력식)

구분	내용
수동조작함	㉠ 정의 : 화재 시 수동조작에 의해 소화약제를 방출하는 기능의 [⑥]스위치와 오동작 시 방출을 지연시킬 수 있는 [⑥]스위치, 보호장치, 전원표시등이 함께 내장된 조작함이다. ㉡ 설치위치 : 방호구역 [⑦ 내 / 외] 출입구 부근 ㉢ 수동식 기동장치의 부근에는 소화약제의 방출을 [⑧ 촉진 / 지연]시킬 수 있는 비상스위치(자동복귀형 스위치로서 수동식 기동장치의 타이머를 순간 정지시키는 기능의 스위치)를 설치할 것
사이렌	화재발생을 방호구역 내 거주자에게 알려 인명을 대피시키는 장치로 약 [⑨]분 이상 경보를 울려야 한다.
솔레노이드밸브 (전자개방밸브)	㉠ 전기적인 신호에 의하여 자동으로 격발되는 [⑩]방식과 자동방식이 작동불능일 경우를 대비하여 수동으로 안전핀을 뽑고 솔레노이드밸브의 수동조작버튼을 눌러서 격발하는 [⑩]방식이 있다. ㉡ 기동용 가스용기함 내에 설치하여 감지기 또는 수동조작함의 신호를 받아 [⑪] 또는 [⑪]를 개방시키는 밸브를 말한다.
[⑫]	소화약제 저장용기와 선택밸브 또는 개폐밸브 사이에 설치되는 배관을 말한다.
[⑬]	과압방지밸브로 과압발생 시 안전밸브 내부의 봉판이 파괴되어 압력이 외부로 배출되어 저장용기 또는 배관을 보호하는 목적으로 설치된다.
[⑭]	2개소 이상의 방호구역 또는 방호대상물에 대해 소화약제 저장용기를 공용으로 사용하는 경우에 사용하는 밸브로서 자동 또는 수동개방장치에 의해 개방되어 화재가 발생한 방호구역만 소화약제가 방출될 수 있도록 하는 밸브이다.
[⑮]	가스관 선택밸브의 2차측에 설치하여 소화약제를 방출 시의 압력을 이용하여 접점신호를 형성하여 제어반에 입력시켜 방출표시등을 점등시키는 역할을 한다.
[⑯]	소화약제 방출압에 의한 압력스위치의 작동에 의해 점등되어 방호구역 안으로 거주자의 진입을 방지할 목적으로 방호구역 외부의 출입문 상단에 설치한다.
자동폐쇄장치	전역방출방식의 이산화탄소소화설비를 설치한 특정소방대상물 또는 그 부분에 대하여 환기장치 등을 설치한 것은 소화약제가 [⑰ 방출되기 전 / 방출된 후]에 해당 환기장치 등이 정지될 수 있도록 하고, 개구부 및 통기구가 있어 소화약제의 유출에 따라 소화효과를 감소시킬 우려가 있는 것은 소화약제가 [⑱ 방출되기 전 / 방출된 후]에 당해 개구부 및 통기구를 폐쇄할 수 있도록 자동폐쇄장치를 설치해야 한다.
피스톤릴리져	가스계 소화약제 방출 시 설계농도에 도달하기 위해서 개구부 및 덕트 내 급기, 배기 댐퍼가 [⑲ 개방 / 폐쇄]되어야 하는데, 피스톤릴리져는 소화약제의 방출압력을 이용하여 해당 개구부를 [⑲ 개방 / 폐쇄]하는 용도로 사용된다.
[⑳]	소화약제의 저장용기와 선택밸브 사이의 집합배관에는 [⑳]를 설치하되 선택밸브 직전에 설치할 것. 다만, 선택밸브가 없는 설비의 경우에는 저장용기실 내에 설치하되 조작 및 점검이 쉬운 위치에 설치해야 한다.

안전시설	⊙ 소화약제 방출 시 방호구역 내와 부근에 가스 방출 시 영향을 미칠 수 있는 장소에 [㉑]를 설치하여 소화약제가 방출되었음을 알도록 할 것 ⓒ 방호구역의 출입구 부근 잘 보이는 장소에 약제방출에 따른 [㉒]를 부착할 것
부취발생기	방호구역 내에 이산화탄소 소화약제가 방출되는 경우 [㉓]을 통해 이를 인지할 수 있도록 부취발생기를 다음의 어느 하나에 해당하는 방식으로 설치해야 한다. ⊙ 부취발생기를 소화약제 [㉔]의 소화배관에 설치하여 소화약제의 방출에 따라 부취제가 혼합되도록 하는 방식 ⓒ [㉕]에 부취발생기를 설치하여 소화약제 방출 전에 부취제가 방출되도록 하는 방식

4) **배관 및 배선방식**
   ① 배관방식 : [㉖]배관방식
      ⊙ 정의 : 소화약제 방출 시 배관 내의 마찰손실을 일정하게 유지하기 위한 방식
      ⓒ 적용가능설비 : [㉗], [㉗], [㉗], [㉗], [㉗]소화설비
   ② 배선방식 : [㉘]방식
      ⊙ 정의 : 하나의 방호구역 내에서 2 이상의 화재감지기회로를 설치하고 인접한 2 이상의 화재감지기가 동시에 감지되는 때에 솔레노이드밸브가 개방되는 회로방식
      ⓒ 적용가능설비
         - [㉙]·[㉙] 스프링클러설비
         - CO_2, 할론, 할로겐화합물 및 불활성기체, 분말소화설비

5) **저장용기의 설치장소의 적합기준**
   ① 방호구역 [㉚ 내 / 외]의 장소에 설치할 것. 다만, 방호구역 내에 설치할 경우에는 피난 및 조작이 용이하도록 피난구 부근에 설치해야 한다.
   ② 온도가 [㉛][℃](할로겐화합물 및 불활성기체 소화설비 : [㉛][℃]) 이하이고, 온도변화가 작은 곳에 설치할 것
   ③ [㉜] 및 [㉜]이 침투할 우려가 없는 곳에 설치할 것
   ④ 방화문으로 방화구획 된 실에 설치할 것
   ⑤ 용기의 설치장소에는 해당 용기가 설치된 곳임을 표시하는 표지를 할 것
   ⑥ 용기 간의 간격은 점검에 지장이 없도록 3cm 이상의 간격을 유지할 것
   ⑦ 저장용기와 집합관을 연결하는 연결배관에는 체크밸브를 설치할 것. 다만, 저장용기가 하나의 방호구역만을 담당하는 경우에는 그렇지 않다.

6) **분사헤드의 설치제외장소**
   ① 방재실, 제어실 등 [㉝]이 상시 근무하는 장소
   ② 나트륨, 칼륨, 칼슘 등 [㉞]물질을 저장·취급하는 장소
   ③ 니트로셀룰로오스, 셀룰로이드제품 등 [㉟] 물질을 저장·취급하는 장소
   ④ [㊱] 등의 관람을 위하여 다수인이 출입·통행하는 통로 및 전시실 등

정답

① 필요로 하지 않는다. ② 필요로 한다. ③ 전기식 ④ 가스압력식 ⑤ 기계식 ⑥ 기동, 방출지연 ⑦ 외 ⑧ 지연 ⑨ 1 ⑩ 자동, 수동
⑪ 기동용 가스용기, 저장용기(전기식) ⑫ 집합관 ⑬ 안전밸브 ⑭ 선택밸브 ⑮ 압력스위치 ⑯ 방출표시등 ⑰ 방출되기 전 ⑱ 방출되기 전 ⑲ 폐쇄, 폐쇄
⑳ 수동잠금밸브, 수동잠금밸브 ㉑ 시각경보장치 ㉒ 위험경고표지 ㉓ 후각 ㉔ 저장용기실 내 ㉕ 방호구역 내 ㉖ 토너먼트
㉗ 이산화탄소, 할론, 할로겐화합물 및 불활성기체, 분말, 압축공기포 ㉘ 교차회로 ㉙ 준비작동식, 일제살수식 ㉚ 외 ㉛ 40, 55 ㉜ 직사광선, 빗물 ㉝ 사람
㉞ 활성금속 ㉟ 자기연소성 ㊱ 전시장

14. 분말소화설비

1) **정의**

   분말소화약제 저장탱크에 분말소화약제를 충전하고 외부의 [①] 가스용기를 설치하여 가압용 가스의 압력으로 분말소화약제를 방출하여 소화하는 설비(질식소화)

2) **분말소화설비의 작동흐름(가스압력식)**

   화재 발생
   ↓
   화재감지기(A/B 감지기) 동작 및 화재수신기 화재표시등 점등, 사이렌 경보 출력
   ↓
   (지연시간 타이머 작동 후) 솔레노이드밸브 개방
   ↓
   [②] 가스용기 개방
   ↓
   [③] 가스용기 및 [③]밸브 개방
   ↓
   분말소화약제 저장용기 가압에 의해 [④] 동작
   ↓
   [⑤] 개방 및 소화약제 방출
   ↓
   기동용기함 내 [⑥] 동작 및 방호구역 외부 [⑥] 점등

구분	내용
[⑦]	고압으로 저장된 가압용 가스용기에서 압력을 감소시켜 저장탱크로 보내는 장치
[⑧]	저장용기의 내부압력이 설정압력으로 되었을 때 주밸브를 개방하는 장치
가압용 가스용기	⊙ 분말소화약제의 가압용가스 용기에는 2.5MPa 이하의 압력에서 조정이 가능한 압력조정기를 설치해야 한다. ⓒ 분말소화약제의 가스용기는 분말소화약제의 저장용기에 접속하여 설치해야 한다. ⓒ 분말소화약제의 가압용가스 용기를 3병 이상 설치한 경우에는 2개 이상의 용기에 전자개방밸브를 부착해야 한다. ② 가압용가스 또는 축압용가스는 [⑨]가스 또는 [⑨]로 할 것 | 구분 | [⑩] (35℃, 1기압 기준) | [⑪] | |---|---|---| | 가압식 | 40ℓ/kg 이상 | 20g/kg + 배관청소에 필요한 양 이상 | | 축압식 | 10ℓ/kg 이상 | | ※ 배관의 청소에 필요한 양의 가스는 [⑫ 함께 / 별도의 용기에] 저장할 것

15. 고체에어로졸소화설비

1) 정의

구분	내용
고체에어로졸소화설비	설계밀도 이상의 고체에어로졸을 방호구역 전체에 균일하게 방출하는 설비로서 [⑬]방식이 아닌 [⑬]방식
고체에어로졸화합물	과산화물질, 가연성물질 등의 혼합물로서 화재를 소화하는 [⑭ 전도성 / 비전도성]의 미세입자인 에어로졸을 만드는 고체화합물
고체에어로졸	고체에어로졸화합물의 연소과정에 의해 생성된 직경 [⑮][μm] 이하의 [⑮] 입자와 [⑮] 상태의 물질로 구성된 혼합물
고체에어로졸발생기	고체에어로졸화합물, 냉각장치, 작동장치, 방출구, 저장용기로 구성되어 에어로졸을 발생시키는 장치
열 안전이격거리	고체에어로졸 방출 시 발생하는 온도에 영향을 받을 수 있는 모든 구조·구성요소와 고체에어로졸발생기 사이에 안전확보를 위해 필요한 이격거리

2) 고체에어로졸소화설비의 설치기준
   ① 고체에어로졸은 전기 전도성이 [⑯ 없을 것 / 있을 것]
   ② 약제 방출 후 해당 화재의 재발화 방지를 위하여 최소 [⑰]분간 소화밀도를 유지할 것
   ③ 고체에어로졸소화설비에 사용되는 주요 구성품은 소방청장이 정하여 고시한 「고체에어로졸자동소화장치의 형식승인 및 제품검사의 기술기준」에 적합한 것일 것
   ④ 고체에어로졸소화설비는 [⑱ 상주장소 / 비상주장소]에 한하여 설치할 것. 다만, 고체에어로졸소화설비 약제의 성분이 인체에 무해함을 국내·외 국가 공인시험기관에서 인증받고, 과학적으로 입증된 최대허용설계밀도를 초과하지 않는 양으로 설계하는 경우 상주장소에 설치할 수 있다.
   ⑤ 고체에어로졸소화설비의 소화성능이 발휘될 수 있도록 방호구역 내부의 밀폐성을 확보할 것
   ⑥ 방호구역 출입구 인근에 고체에어로졸 방출 시 주의사항에 관한 내용의 표지를 설치할 것
   ⑦ 이 기준에서 규정하지 않은 사항은 형식승인 받은 제조업체의 설계 매뉴얼에 따를 것

3) 설치제외
   고체에어로졸소화설비는 다음의 물질을 포함한 화재 또는 장소에는 사용할 수 없다. 다만, 그 사용에 대한 국가 공인시험기관의 인증이 있는 경우에는 그렇지 않다.
   ① 니트로셀룰로오스, 화약 등의 [⑲] 물질
   ② 리튬, 나트륨, 칼륨, 마그네슘, 티타늄, 지르코늄, 우라늄 및 플루토늄과 같은 [⑳] 금속
   ③ 금속 [㉑]
   ④ 유기 과산화수소, 히드라진 등 자동 [㉒]를 하는 화학물질
   ⑤ 가연성 증기 또는 분진 등 [㉓] 물질이 대기에 존재할 가능성이 있는 장소

정답
① 가압용 ② 기동용 ③ 가압용, 선택 ④ 정압작동장치 ⑤ 주밸브 ⑥ 압력스위치, 방출표시등 ⑦ 압력조정기 ⑧ 정압작동장치 ⑨ 질소, 이산화탄소 ⑩ 질소 ⑪ 이산화탄소 ⑫ 별도의 용기에 ⑬ 분산, 압축 ⑭ 비전도성 ⑮ 10, 고체, 기체 ⑯ 없을 것 ⑰ 10 ⑱ 비상주장소 ⑲ 산화성 ⑳ 자기반응성 ㉑ 수소화물 ㉒ 열분해 ㉓ 폭발성

제3장 경보설비

🖊️ 기본서 p.313

1. 단독경보형감지기

1) 정의

화재발생 상황을 단독으로 감지하여 자체에 내장된 음향장치로 경보하는 감지기를 말하며, 전선이나 수신기, 발신기 등이 [① 설치되는 것 / 설치되지 않는 것]이다.

2) 설치기준

① 각 실(이웃하는 실내의 바닥면적이 각각 30[m²] 미만이고 벽체의 상부의 전부 또는 일부가 개방되어 이웃하는 실내와 공기가 상호유통되는 경우에는 이를 1개의 실로 본다)마다 설치하되, 바닥면적이 [②][m²]를 초과하는 경우에는 [②][m²]마다 1개 이상 설치할 것

② 최상층의 계단실의 천장(외기가 상통하는 계단실의 경우를 제외한다)에 설치할 것

③ 건전지 주전원으로 사용하는 단독경보형감지기는 정상적인 작동상태를 유지할 수 있도록 주기적으로 건전지를 교환할 것

④ 상용전원을 주전원으로 사용하는 단독경보형감지기의 2차전지는 제품검사에 합격한 것을 사용할 것

2. 비상경보설비(비상벨설비, 자동식 사이렌설비)

1) 정의

구분	내용
[③]설비	화재발생 상황을 경종으로 경보하는 설비
[④]설비	화재발생 상황을 사이렌으로 경보하는 설비
[⑤]	화재발생 신호를 수신기에 수동으로 발신하는 장치
[⑥]	발신기에서 발하는 화재신호를 직접 수신하여 화재의 발생을 표시 및 경보하여 주는 장치

2) 비상경보설비의 설치기준

구분	내용
음향장치	지구음향장치는 특정소방대상물의 층마다 설치하되, 해당 층의 각 부분으로부터 하나의 음향장치까지의 수평거리가 [⑦][m] 이하가 되도록 하고, 해당 층의 각 부분에 유효하게 경보를 발할 수 있도록 설치해야 한다. 다만, 비상방송설비를 비상벨설비 또는 자동식사이렌설비와 연동하여 작동하도록 설치한 경우에는 지구음향장치를 설치하지 않을 수 있다.
음향	① 음향장치는 정격전압의 80% 전압에서도 음향을 발할 수 있도록 해야 한다. 다만, 건전지를 주전원으로 사용하는 음향장치는 그렇지 않다. ② 음향장치의 음향의 크기는 부착된 음향장치의 중심으로부터 1m 떨어진 위치에서 음압이 [⑧][dB] 이상이 되는 것으로 해야 한다.

3) 발신기의 설치기준(자동화재탐지설비와 유사)

구분	내용
설치높이	조작이 쉬운 장소에 설치하고, 조작스위치는 바닥으로부터 [⑨][m] 이상 [⑨][m] 이하의 높이에 설치할 것
설치간격	정소방대상물의 층마다 설치하되, 해당 층의 각 부분으로부터 하나의 발신기까지의 수평거리가 [⑩][m] 이하가 되도록 할 것. 다만, 복도 또는 별도로 구획된 실로서 보행거리가 40m 이상일 경우에는 추가로 설치해야 한다.
위치표시등	발신기의 위치표시등은 함의 상부에 설치하되, 그 불빛은 부착 면으로부터 15° 이상의 범위 안에서 부착지점으로부터 10m 이내의 어느 곳에서도 쉽게 식별할 수 있는 [⑪ 녹색등 / 적색등]으로 할 것

3. 시각경보기(시각경보장치)

1) 정의

[⑫ 자동화재탐지설비 / 자동화재속보설비]에서 발하는 화재신호를 시각경보기에 전달하여 [⑬ 시각 / 청각]장애인에게 점멸형태의 시각경보를 하는 것으로 매 초당 1회 이상 3회 이내 점멸한다.

2) 설치기준

① 복도·통로·청각장애인용 객실 및 공용으로 사용하는 거실에 설치하며, 각 부분으로부터 유효하게 경보를 발할 수 있는 위치에 설치할 것
② 공연장·집회장·관람장 또는 이와 유사한 장소에 설치하는 경우에는 시선이 집중되는 무대부 부분 등에 설치할 것
③ 설치 높이는 바닥으로부터 [⑭][m] 이상 [⑭][m] 이하의 장소에 설치할 것. 다만, 천장의 높이가 [⑮][m] 이하인 경우에는 천장으로부터 [⑮][m] 이내의 장소에 설치해야 한다.
④ 시각경보장치의 광원은 전용의 축전지설비 또는 전기저장장치에 의하여 점등되도록 할 것. 다만, 시각경보기에 작동전원을 공급할 수 있도록 형식승인을 얻은 수신기를 설치한 경우에는 그렇지 않다.

4. 자동화재탐지설비

1) 정의

화재발생을 자동적으로 감지하여 해당 특정소방대상물의 화재발생을 소방대상물의 [⑯ 관계자 / 소방관서]에게 통보하여 주는 설비이다.

2) 감지기

① 정의 : 화재 시 발생하는 열, 연기, 불꽃 또는 연소생성물을 자동적으로 감지하여 수신기에 화재신호 등을 발신하는 장치를 말하며, [⑰]기능, [⑰]기능, [⑰]기능을 한다.
② 감지기의 종류

㉠ 열감지기

감지기	정의
[⑱]	일국소의 주위온도가 일정한 온도 이상이 되는 경우에 동작하는 것으로서 외관이 전선으로 되어 있는 감지기
[⑲]	주위온도가 일정 상승률 이상이 되는 경우에 동작하는 것으로서 넓은 범위에서 동작하는 감지기
[⑳]	차동식 스포트형 감지기와 정온식 스포트형 감지기의 성능을 겸한 것으로 두 가지의 성능 중 어느 한 기능이 동작되면 신호를 발하도록 하는 감지기
[㉑]	주위온도 변화가 일정 상승률 이상이 되는 경우에 동작하는 것으로서 일국소의 열 효과에 의하여 동작하는 감지기
[㉒]	일국소의 주위온도가 일정한 온도 이상이 되는 경우에 동작하는 것으로서 외관이 전선으로 되어 있지 않은 감지기

㉡ 연기감지기

감지기	정의
[㉓]	송광부와 수광부가 분리 설치되고, 송광부에서 보낸 빛이 연기에 의해 수광부에 들어오는 광량의 감소를 검출하는 감지기
[㉔]	송광부와 수광부를 감지기 내에 구성한 것으로 송광부에서 보낸 빛이 연기입자에 의해 산란하여 수광부에서 받아서 광량의 증가를 검출하는 감지기
[㉕]	방사능물질에 의해 방출되는 방사선이 공기를 이온화시켜 이온화된 공기와 연기가 결합하여 검출하는 감지기
[㉖]	반도체 공장, 박물관, 미술관 등 화재의 초기단계에서 빠르게 미세한 연기입자(0.005 ~ 0.02㎛)를 검출하는 감지기

🏠 정답

① 설치되지 않는 것 ② 150, 150 ③ 비상벨 ④ 자동식사이렌 ⑤ 발신기 ⑥ 수신기 ⑦ 25 ⑧ 90 ⑨ 0.8, 1.5 ⑩ 25 ⑪ 적색등 ⑫ 자동화재탐지설비 ⑬ 청각 ⑭ 2.0, 2.5 ⑮ 2, 0.15 ⑯ 관계인(관계자) ⑰ 감지, 판단, 발신 ⑱ 정온식 감지선형 ⑲ 차동식 분포형 ⑳ 보상식 스포트형 ㉑ 차동식 스포트형 ㉒ 정온식 스포트형 ㉓ 광전식 분리형 ㉔ 광전식 스포트형 ㉕ 이온화식 ㉖ 광전식 공기흡입형

참고 이온화식 감지기와 광전식 감지기의 차이점

구분	이온화식	광전식
연기입자	[① 작은 / 큰] 연기입자에 유리	[② 작은 / 큰] 연기입자에 유리
연기의 색상	연기의 색상과 관련이 [③ 있다. / 없다.]	연기의 색상과 관련이 [④ 있다. / 없다.]
적응성	[⑤ 불꽃 / 훈소]화재	[⑥ 불꽃 / 훈소]화재

ⓒ [⑦] 감지기 : 자외선식, 적외선식, 자외선·적외선 겸용식, 영상분석식의 감지기

ⓔ [⑧] 감지기 : 2가지 성능의 감지기능이 함께 작동될 때 화재신호를 발신하거나 2개의 화재신호를 각각 발신하는 감지기

ⓜ [⑨] 감지기 : 1개의 감지기 내에 서로 다른 종별 또는 감도 등의 기능을 갖춘 것으로서 일정시간 간격을 두고 각각 다른 2개 이상의 화재신호를 발하는 감지기

ⓗ [⑩] 감지기 : 주위의 온도 또는 연기의 양의 변화에 따라 각각 다른 전류치 또는 전압치 등의 출력을 발하는 방식의 감지기로서 화재판단을 수신기가 하는 감지기

ⓢ [⑪] 감지기 : 화재발생 여부와 위치에 대한 정보를 제공하는 기능이 있는 감지기로 고유번지를 지정하면 수신기에서 해당 감지기의 고유번지가 표시되는 감지기

ⓞ [⑫] 감지기 : 폭발성 가스가 용기 내부에서 폭발하였을 때 용기가 그 압력에 견디거나 또는 외부의 폭발성 가스에 인화될 우려가 없도록 만들어진 형태의 감지기

ⓩ [⑬] 감지기 : 빗방울 또는 물기가 침투하지 않는 구조 등 방수구조로 되어 있는 감지기

ⓒ [⑭] 감지기 : 다시 사용할 수 있는 성능을 가진 감지기

ⓚ [⑮] 감지기 : 일정농도 이상의 연기가 일정시간(공칭축적시간) 연속하는 것을 전기적으로 검출함으로써 작동하는 감지기

참고 오동작을 방지할 수 있는 감지기

① [⑯]방식의 감지기　　　　　② 광전식 분리형 감지기
③ 복합형 감지기　　　　　　　④ 정온식 감지선형 감지기
⑤ [⑯]방식의 감지기　　　　　⑥ 불꽃감지기
⑦ 분포형 감지기　　　　　　　⑧ [⑯]방식의 감지기

③ 부착높이에 따른 감지기의 종류 중 일부

부착높이	감지기의 종류
8m 이상 15m 미만	• [⑰ 차동식 스포트형 / 차동식 분포형] • 이온화식 1종 또는 2종 • 광전식(스포트형, 분리형, 공기흡입형) 1종 또는 2종 • 연기복합형 • 불꽃감지기

④ 감지기의 설치기준
  ㉠ 감지기(차동식 분포형 제외)는 실내로의 공기유입구로부터 1.5[m] 이상 떨어진 위치에 설치할 것
  ㉡ 감지기는 천장 또는 반자의 [⑱ 옥내 / 옥외]에 면하는 부분에 설치할 것
  ㉢ 보상식 스포트형 감지기는 정온점이 감지기 주의의 평상시 최고온도보다 [⑲][℃] 이상 높은 것으로 설치할 것
  ㉣ 정온식 감지기는 주방·보일러실 등으로서 다량의 화기를 취급하는 장소에 설치하되, 공칭작동온도가 최고주위온도보다 [⑳][℃] 이상 높은 것으로 설치할 것
  ㉤ 스포트형 감지기는 45° 이상 경사되지 아니하도록 부착할 것
  ㉥ 다음의 어느 하나에 해당하는 경우 축적기능이 없는 감지기를 설치할 것
    • [㉑]방식에 사용되는 감지기
    • 급속한 연소 확대가 우려되는 장소에 사용되는 감지기
    • [㉑]기능이 있는 수신기에 연결하여 사용하는 감지기

⑤ 감지기의 설치제외장소
  ㉠ 천장 또는 반자의 높이가 [㉒][m] 이상인 장소
    (제외 : 불꽃감지기, 광전식(분리형 공기흡입형) 중 아날로그방식)
  ㉡ 헛간 등 외부와 기류가 통하는 장소로서 감지기에 따라 화재 발생을 유효하게 감지할 수 없는 장소
  ㉢ 부식성가스가 체류하고 있는 장소
  ㉣ 고온도 및 저온도로서 감지기의 기능이 정지되기 쉽거나 감지기의 유지관리가 어려운 장소
  ㉤ 목욕실·욕조나 샤워시설이 있는 화장실·기타 이와 유사한 장소
  ㉥ 파이프덕트 등 그 밖의 이와 비슷한 것으로서 2개 층마다 방화구획된 것이나 수평단면적이 5m² 이하인 것
  ㉦ 먼지·가루 또는 수증기가 다량으로 체류하는 장소 또는 주방 등 평상시 연기가 발생하는 장소(연기감지기에 한한다)
  ㉧ 프레스공장·주조공장 등 화재 발생의 위험이 적은 장소로서 감지기의 유지관리가 어려운 장소

🏠 **정답**

① 작은 ② 큰 ③ 없다. ④ 있다. ⑤ 불꽃 ⑥ 훈소 ⑦ 불꽃 ⑧ 복합형 ⑨ 다신호식 ⑩ 아날로그식 ⑪ 주소형 ⑫ 방폭형 ⑬ 방수형 ⑭ 재용형
⑮ 축적형 ⑯ 축적, 아날로그, 다신호 ⑰ 차동식 분포형 ⑱ 옥내 ⑲ 20 ⑳ 20 ㉑ 교차회로, 축적 ㉒ 20

3) 수신기
① 정의 : 감지기나 발신기에서 발하는 화재신호를 [①] 수신하거나 [①]를 통하여 수신하여 화재의 발생을 표시 및 경보하여 주는 장치를 말한다.
② 수신기의 종류
  ㉠ P형 수신기 : 감지기 또는 발신기로부터 발하여지는 신호를 직접 [②]신호로서 수신하여 화재의 발생을 해당 특정소방대상물의 관계자에게 경보하여 주는 것
  ㉡ R형 수신기 : 감지기 또는 발신기로부터 발하여지는 신호를 직접 또는 [③]를 통하여 [③]신호로서 수신하여 화재의 발생을 해당 특정소방대상물의 관계자에게 경보하여 주는 것
  ㉢ [④] 수신기 : M형 발신기로부터 발하여진 화재 발생신호를 소방관서에 설치된 M형 수신기에서 수신하는 것

구분	P형 수신기	R형 수신기
시스템 구성	수신기 ⇆ 감지기, 발신기	각종 local 장치 ⇆ 중계기 ⇆ 수신기
전송방식	[⑤ 개별전송방식 / 다중전송방식]	[⑥ 개별전송방식 / 다중전송방식]
신호종류	[⑦ 공통신호 / 고유신호]	[⑧ 공통신호 / 고유신호]
배관배선공사	[⑨ 간단하다. / 복잡하다.]	[⑩ 간단하다. / 복잡하다.]
유지관리	[⑪ 쉽다. / 어렵다.]	[⑫ 쉽다. / 어렵다.]
건물규모	[⑬ 소규모 / 대규모]	[⑭ 소규모 / 대규모]
신축, 변경, 증설	[⑮ 쉽다. / 어렵다.]	[⑯ 쉽다. / 어렵다.]

③ 경계구역 : 특정소방대상물 중 화재신호를 [⑰]하고 그 신호를 [⑰] 및 유효하게 [⑰]할 수 있는 구역을 말한다.

경계구역	기준
수평적	㉠ 하나의 경계구역이 2개 이상의 [⑱]에 미치지 아니하도록 할 것 ㉡ 하나의 경계구역이 2개 이상의 [⑲]에 미치지 아니하도록 할 것. 다만, [⑳][m²] 이하의 범위 안에서는 2개의 층을 하나의 경계구역으로 할 수 있다 ㉢ 하나의 경계구역의 면적은 [㉑][m²] 이하로 하고 한 변의 길이는 [㉑][m] 이하로 할 것. 다만, 해당 특정소방대상물의 주된 출입구에서 그 내부 전체가 보이는 것에 있어서는 한 변의 길이가 [㉒][m]의 범위 내에서 [㉒][m²] 이하로 할 수 있다.
수직적	㉠ 엘리베이터 승강로(권상기실이 있는 경우 권상기실)·린넨 슈트·파이프 피트 및 덕트 — 별도로 경계구역을 설정할 것 ㉡ 계단 및 경사로(에스컬레이터 경사로 포함) — 별도의 경계구역으로 설정하되, 높이 [㉓][m] 이하로 할 것 ㉢ 지하층의 계단 및 경사로(지하층의 층수가 [㉔]일 경우 제외) — 별도로 하나의 경계구역으로 할 것

④ 중계기 : 감지기·발신기 또는 전기적인 접점 등의 작동에 따른 신호를 받아 이를 수신기에 전송하는 장치를 말하며, 종류로는 집합형 중계기와 분산형 중계기가 있다. 즉, 중계기는 [㉕]신호를 [㉕]신호로, [㉕]신호를 [㉕]신호로 변환시켜주는 신호변환장치이다.

4) 발신기

구분	내용
[㉖] 발신기	각 발신기의 공통신호를 수동으로 중계기 또는 수신기에 발신하는 것으로 전화연결잭이 별도로 설치되어 있는 발신기이다. (현재는 전화연결잭을 설치하지 않는다.) ㉠ P형 1급 발신기 : 응답표시등, 전화연결잭이 있다. ㉡ P형 2급 발신기 : 응답표시등, 전화연결잭이 없다.
[㉗] 발신기	각 발신기의 공통신호를 수동으로 수신기에 발신하는 것으로 발신과 동시에 통화를 할 수 있는 발신기이다.
[㉘] 발신기	수동으로 각 발신기의 고유신호를 소방관서에 설치되 M형 수신기에 발신하는 것으로 공용 발신기이다.

5) 음향장치

① 경보방식

㉠ 일제경보방식 : 화재 시 전체 층에 경보를 발하는 방식으로 층수가 [㉙]층(공동주택의 경우에는 [㉙]층) 이하의 특정소방대상물에 적용하는 경보방식이다.

㉡ 우선경보방식 : 층수가 [㉚]층(공동주택의 경우에는 [㉚]층) 이상의 특정소방대상물은 다음의 기준에 따라 경보를 발할 수 있도록 하여야 한다.

발화층	경보층
2층 이상	발화층+[㉛]
1층	발화층+[㉜]+지하층
지하층	발화층+[㉝]+기타의 지하층

② 기타 설치기준

구분	내용
음향장치	㉠ 지구음향장치는 특정소방대상물의 층마다 설치하되, 해당 층의 각 부분으로부터 하나의 음향장치까지의 수평거리가 [㉞][m] 이하가 되도록 하고, 해당 층의 각 부분에 유효하게 경보를 발할 수 있도록 설치할 것. 다만, 비상방송설비를 자동화재탐지설비의 감지기와 연동하여 작동하도록 설치한 경우에는 지구음향장치를 설치하지 않을 수 있다. ㉡ ㉠의 기준을 초과하는 경우로서 기둥 또는 벽이 설치되지 아니한 대형공간의 경우 지구음향장치는 설치대상 장소의 가장 가까운 장소의 벽 또는 기둥 등에 설치할 것
음향	㉠ 정격전압의 80% 전압에서 음향을 발할 수 있는 것으로 할 것. 다만, 건전지를 주전원으로 사용하는 음향장치는 그렇지 않다. ㉡ 음향의 크기는 부착된 음향장치의 중심으로부터 [㉟][m] 떨어진 위치에서 [㉟][dB] 이상이 되는 것으로 할 것 ㉢ 감지기 및 발신기의 작동과 연동하여 작동할 수 있는 것으로 할 것

🔔 정답

① 직접, 중계기 ② 공통 ③ 중계기, 고유 ④ M형 ⑤ 개별전송방식 ⑥ 다중전송방식 ⑦ 공통신호 ⑧ 고유신호 ⑨ 복잡하다. ⑩ 간단하다. ⑪ 어렵다. ⑫ 쉽다. ⑬ 소규모 ⑭ 대규모 ⑮ 어렵다. ⑯ 쉽다. ⑰ 발신, 수신, 제어 ⑱ 건축물 ⑲ 층 ⑳ 500 ㉑ 600, 50 ㉒ 50, 1000 ㉓ 45 ㉔ 1 ㉕ 접점, 통신, 통신, 접점 ㉖ P형 ㉗ T형 ㉘ M형 ㉙ 10, 15 ㉚ 11, 16 ㉛ 직상 4개층 ㉜ 직상 4개층 ㉝ 직상층 ㉞ 25 ㉟ 1, 90

5. 비상방송설비

1) 정의

구분	정의
비상방송설비	[①]설비 또는 [①]설비에 의해서 감지된 화재를 신속하게 해당 특정소방대상물 내에 있는 사람에게 방송으로 화재를 알려 피난을 용이하게 하기 위한 설비
[②]	소리를 크게 하여 멀리까지 전달될 수 있도록 하는 장치로써 일명 스피커
[③]	가변저항을 이용하여 전류를 변화시켜 음량을 크게 하거나 작게 조절할 수 있는 장치
[④]	전압전류의 진폭을 늘려 감도를 좋게 하고 미약한 음성전류를 커다란 음성전류로 변화시켜 소리를 크게 하는 장치

2) 설치기준

① 확성기의 음성입력은 [⑤][W](실내에 설치하는 것에 있어서는 [⑤][W]) 이상일 것
② 확성기는 각 층마다 설치하되, 그 층의 각 부분으로부터 하나의 확성기까지의 수평거리가 [⑥][m] 이하가 되도록 하고, 해당 층의 각 부분에 유효하게 경보를 발할 수 있도록 설치할 것
③ 음량조정기를 설치하는 경우 음량조정기의 배선은 3선식으로 할 것
④ 조작부의 조작스위치는 바닥으로부터 [⑦][m] 이상 [⑦][m] 이하의 높이에 설치할 것
⑤ 조작부는 기동장치의 작동과 연동하여 해당 기동장치가 작동한 층 또는 구역을 표시할 수 있는 것으로 할 것
⑥ 증폭기 및 조작부는 수위실 등 상시 사람이 근무하는 장소로서 점검이 편리하고 방화상 유효한 곳에 설치할 것
⑦ 다른 방송설비와 공용하는 것에 있어서는 화재 시 비상경보 외의 방송을 [⑧]할 수 있는 구조로 할 것
⑧ 다른 전기회로에 따라 유도장애가 생기지 않도록 할 것
⑨ 하나의 특정소방대상물에 2 이상의 조작부가 설치되어 있는 때에는 각각의 조작부가 있는 장소 상호 간에 동시 통화가 가능한 설비를 설치하고, 어느 조작부에서도 해당 특정소방대상물의 전 구역에 방송을 할 수 있도록 할 것
⑩ 기동장치에 따른 화재신호를 수신한 후 필요한 음량으로 화재발생상황 및 피난에 유효한 방송이 자동으로 개시될 때까지의 소요시간은 [⑨]초 이내로 할 것

3) 경보방식

① 일제경보방식 : 화재 시 전체 층에 경보를 발하는 방식으로 층수가 [⑩]층(공동주택의 경우에는 [⑩]층) 이하의 특정소방대상물에 적용하는 경보방식이다.
② 우선경보방식 : 층수가 [⑪]층(공동주택의 경우에는 [⑪]층) 이상의 특정소방대상물은 다음의 기준에 따라 경보를 발할 수 있도록 하여야 한다.

발화층	경보층
2층 이상	발화층+[⑫]
1층	발화층+[⑬]+지하층
지하층	발화층+[⑭]+기타의 지하층

6. 자동화재속보설비

1) 정의

구분	정의
자동화재속보설비	자동화재탐지설비 [⑮]의 화재신호와 연동으로 작동하여 관계인에게 화재발생을 경보함과 동시에 [⑯]에 자동적으로 통신망을 통한 당해 화재발생 및 당해 소방대상물의 위치 등을 음성으로 통보하여 주는 것
[⑰]	화재신호를 통신망을 통하여 음성 등의 방법으로 소방관서에 통보하는 장치
[⑱]	유선이나 무선 또는 유무선 겸용 방식을 구성하여 음성 또는 데이터 등을 전송할 수 있는 집합체

2) 설치기준 및 속보기의 기능

구분	내용
설치기준	① 자동화재탐지설비와 연동으로 작동하여 자동적으로 화재신호를 [⑲]에 전달되는 것으로 할 것. 이 경우 부가적으로 특정소방대상물의 관계인에게 화재신호를 전달되도록 할 수 있다. ② 조작스위치는 바닥으로부터 [⑳][m] 이상 [⑳][m] 이하의 높이에 설치할 것 ③ 속보기는 소방관서에 통신망으로 통보하도록 하며, 데이터 또는 코드전송방식을 부가적으로 설치할 수 있다. ④ 문화재에 설치하는 자동화재속보설비는 속보기에 감지기를 직접 연결하는 방식(자동화재탐지설비 1개의 경계구역에 한한다)으로 할 수 있다.
기능	① 작동신호를 수신하거나 수동으로 동작시키는 경우 [㉑]초 이내에 소방관서에 자동적으로 신호를 발하여 통보하되, [㉑]회 이상 속보할 수 있어야 한다. ② 속보기는 연동 또는 수동 작동에 의한 다이얼링 후 소방관서와 전화접속이 이루어지지 않는 경우에는 최초 다이얼링을 포함하여 10회 이상 반복적으로 접속을 위한 다이얼링이 이루어져야 한다. 이 경우 매회 다이얼링 완료 후 호출은 30초 이상 지속되어야 한다.

7. 누전경보기

1) 정의

구분	정의
누전경보기	[㉒ 내화구조인 / 내화구조가 아닌] 건축물로서 벽, 바닥 또는 천장의 전부나 일부를 불연재료 또는 [㉓ 준불연재료인 / 준불연재료가 아닌] 재료에 철망을 넣어 만든 건물의 전기설비로부터 누설전류를 탐지하여 경보를 발하는 기기로서, [㉔]와 [㉔]로 구성된 것
[㉕]	변류기로부터 검출된 신호를 수신하여 누전의 발생을 해당 특정소방대상물의 관계인에게 경보하여 주는 것(차단기구를 갖는 것 포함)
[㉖]	경계전로의 누설전류를 자동적으로 검출하여 이를 누전경보기의 수신부에 송신하는 것

2) 설치방법

정격전류	설치종류
60[A] 초과	[㉗]급 누전경보기
60[A] 이하	[㉘]급 또는 [㉘]급 누전경보기

정답
① 자동화재탐지, 소화 ② 확성기 ③ 음량조절기 ④ 증폭기 ⑤ 3, 1 ⑥ 25 ⑦ 0.8, 1.5 ⑧ 차단 ⑨ 10 ⑩ 10, 15 ⑪ 11, 16 ⑫ 직상 4개층 ⑬ 직상 4개층 ⑭ 직상층 ⑮ 수신기 ⑯ 소방관서 ⑰ 속보기 ⑱ 통신망 ⑲ 소방관서 ⑳ 0.8, 1.5 ㉑ 20, 3 ㉒ 내화구조가 아닌 ㉓ 준불연재료가 아닌 ㉔ 변류기, 수신부 ㉕ 수신부 ㉖ 변류기 ㉗ 1 ㉘ 1, 2

8. 가스누설경보기

1) 정의

구분	정의
가스누설경보기	[①]이 설치된 장소에 누설된 가스를 탐지하여 관계자에게 경보하는 것
[②]	가스누설경보기 중 가스누설을 탐지하여 중계기 또는 수신부에 가스누설 신호를 발신하는 부분
[③]	경보기 중 탐지부에서 발하여진 가스누설 신호를 직접 또는 중계기를 통하여 수신하고 이를 관계자에게 음향으로서 경보하여 주는 것

2) 종류

구분	정의
[④] 경보기	보일러 등 가스연소기에서 액화석유가스(LPG), 액화천연가스(LNG) 등의 가연성가스가 새는 것을 탐지하여 관계자나 이용자에게 경보하여 주는 것
[⑤] 경보기	일산화탄소(CO)가 새는 것을 탐지하여 관계자나 이용자에게 경보하여 주는 것

[비고]
다만, 탐지소자 외의 방법에 의하여 가스가 새는 것을 탐지하는 것, 점검용으로 만들어진 휴대용탐지기 또는 연동기기에 의하여 경보를 발하는 것은 제외한다.

3) 설치기준

① 분리형 경보기의 탐지부(단독형 경보기) 설치위치

구분	내용
설치위치	㉠ 가연성가스 : 가스연소기의 중심으로부터 직선거리 [⑥][m](공기보다 무거운 가스를 사용하는 경우에는 [⑦][m]) 이내에 1개 이상 설치 ㉡ 설치높이 • [⑧ 천장 / 바닥]으로부터 [⑧][m] 이하 : 액화천연가스(LNG), 일산화탄소(CO) • [⑨ 천장 / 바닥]으로부터 [⑨][m] 이하 : 액화석유가스(LPG)
설치 제외장소	㉠ 출입구 부근 등으로서 외부의 기류가 통하는 곳 ㉡ 환기구 등 공기가 들어오는 곳으로부터 1.5m 이내인 곳 ㉢ 연소기의 폐가스에 접촉하기 쉬운 곳 ㉣ 가구·보·설비 등에 가려져 누설가스의 유통이 원활하지 못한 곳 ㉤ 수증기, 기름 섞인 연기 등이 직접 접촉될 우려가 있는 곳

② 음향장치

㉠ 가스누설 음향의 음량과 음색이 다른 기기의 소음 등과 명확히 구별될 것
㉡ 음향은 수신부로부터 1m 떨어진 위치에서 음압이 [⑩][dB] 이상일 것

9. 통합감시시설

1) 정의

[⑪] 화재를 조기에 감지하고 진압하기 위하여 [⑪] 수신기와 119상황실의 정보통신장치 간에 구축한 정보통신망 등을 말한다.

2) 설치기준

① 소방관서와 지하구의 통제실 간에 화재 등 소방활동과 관련된 정보를 상시 교환할 수 있는 [⑫]을 구축할 것
② 정보통신망(무선통신망을 포함한다)은 광케이블 또는 이와 유사한 성능을 가진 선로일 것
③ 수신기는 지하구의 통제실에 설치하되 화재신호, 경보, 발화지점 등 수신기에 표시되는 정보가 기준에 적합한 방식으로 119상황실이 있는 관할 소방관서의 정보통신장치에 표시되도록 할 것

10. 화재알림설비

1) 정의

구분	내용
화재알림설비	화재발생 시 화재위치를 감지하여 [⑬] 및 [⑬]에게 자동으로 통보하는 시스템으로 유·무선 방식이 모두 가능한 것
화재알림형 감지기	화재 시 발생하는 열, 연기, 불꽃을 자동적으로 감지하는 기능 중 두 가지 이상의 성능을 가진 열·연기 또는 열·연기·불꽃 [⑭] 감지기로서 화재알림형 수신기에 주위의 [⑭] 또는 [⑭]의 양의 변화에 따라 각각 다른 [⑭] 또는 [⑭] 등("화재정보값")의 출력을 발하고, 불꽃을 감지하는 경우 화재신호를 발신하며, 자체 내장된 [⑭]에 의하여 경보하는 것
화재알림형 중계기	화재알림형 [⑮], [⑮] 또는 전기적인 [⑮] 등의 작동에 따른 화재정보값 또는 화재신호 등을 받아 이를 화재알림형 [⑮]에 전송하는 장치
화재알림형 수신기	화재알림형 감지기나 발신기에서 발하는 화재정보값 또는 화재신호 등을 직접 수신하거나 화재알림형 중계기를 통해 수신하여 화재의 발생을 [⑯] 및 [⑯]하고, 화재정보값 등을 [⑯]으로 [⑯]하여, 자체 내장된 속보기능에 의해 화재신호를 통신망을 통하여 소방관서에는 [⑯] 등의 방법으로 통보하고, 관계인에게는 [⑯]로 전달할 수 있는 장치
발신기	수동누름버튼 등의 작동으로 화재신호를 [⑰]에 발신하는 장치
화재알림형 비상경보장치	[⑱], [⑱], [⑱](경종 또는 사이렌 등)를 내장한 것으로 화재발생 상황을 경보하는 장치
원격감시서버	원격지에서 각각의 [⑲]로부터 수신한 화재정보값 및 화재신호, 상태신호 등을 [⑲]으로 [⑲]하기 위한 서버

2) 특징

① 화재 발생 시 관제센터에서 해당 점주에게 문자 발송 및 전화 등을 알림을 통해 화재 상황을 신속하고 정확하게 전달하는 역할을 수행한다.
② 화재발생 시각, 주소, 위치 정보, 점주 연락처 등의 정보가 자동으로 119에 신고 및 접수된다.

🏠 **정답**

① 가스시설 ② 탐지부 ③ 수신부 ④ 가연성가스 ⑤ 일산화탄소 ⑥ 8 ⑦ 4 ⑧ 천장, 0.3 ⑨ 바닥, 0.3 ⑩ 70 ⑪ 지하구, 지하구 ⑫ 정보통신망 ⑬ 소방관서(119), 상인 ⑭ 복합형, 온도, 연기, 전류, 전압, 음향장치 ⑮ 감지기, 발신기, 접점, 수신기 ⑯ 표시, 경보, 자동, 저장, 음성, 문자 ⑰ 수신기 ⑱ 발신기, 표시등, 지구음향장치 ⑲ 화재알림설비, 원격, 감시

제4장 피난구조설비

1. 피난기구

1) 종류

구분	내용
완강기	사용자의 몸무게에 따라 자동적으로 내려올 수 있는 기구 중 사용자가 교대하여 연속적으로 사용할 수 [① 없는 것 / 있는 것]
간이완강기	사용자의 몸무게에 따라 자동적으로 내려올 수 있는 기구 중 사용자가 연속적으로 사용할 수 [② 없는 것 / 있는 것]
[③]	화재 발생 시 사람이 건축물 내에서 외부로 긴급히 뛰어내릴 때 충격을 흡수하여 안전하게 지상에 도달할 수 있도록 포지에 공기 등을 주입하는 구조로 되어 있는 것
[④]	포지 등을 사용하여 자루 형태로 만든 것으로서 화재 시 사용자가 그 내부에 들어가서 내려옴으로써 대피할 수 있는 것
[⑤]	사용자의 몸무게에 의하여 자동으로 하강하고 내려서면 스스로 상승하여 연속적으로 사용할 수 있는 무동력 승강식 기기
[⑥]	하향식 피난구 해치에 격납하여 보관하고 사용 시에는 사다리 등이 소방대상물과 접촉되지 않는 내림식 사다리
[⑦]	화재 시 긴급대피를 위해 사용하는 사다리
[⑧]	화재 시 2인 이상의 피난자가 동시에 해당 층에서 지상 또는 피난층으로 하강하는 피난기구
[⑨]	사용자가 미끄럼식으로 신속하게 지상 또는 피난층으로 이동할 수 있는 피난기구
[⑩]	인접 건축물 또는 피난층과 연결된 다리 형태의 피난기구
[⑪]	화재 층과 직상 층을 연결하는 계단형태의 피난기구

2) 특정소방대상물의 설치장소별 적응성 있는 피난기구 중 비고란

① 노유자시설 중 4층 이상 10층 이하에 설치하는 구조대의 적응성은 [⑫] 관련 시설로서 주된 사용자 중 스스로 피난이 [⑫ 가능한 자 / 불가한 자]가 있는 경우 추가로 설치하는 경우에 한한다.

② 그 밖의 것 중 3층 이상 10층 이하에 설치하는 간이완강기의 적응성은 숙박시설의 [⑬]층 이상에 있는 객실에, 공기안전매트의 적응성은 [⑭]에 추가로 설치하는 경우에 한한다.

3) 피난기구의 공통 설치기준

① 피난기구는 계단·피난구 기타 피난시설로부터 적당한 거리에 있는 안전한 구조로 된 다음의 기준에 적합한 피난 또는 소화 활동상 유효한 개구부에 고정하여 설치하거나 필요한 때에 신속하고 유효하게 설치할 수 있는 상태에 둘 것
 ㉠ 가로 [⑮][m] 이상 세로 [⑮][m] 이상인 것
 ㉡ 개구부 하단이 바닥에서 [⑯][m] 이상이면 발판 등을 설치
 ㉢ 밀폐된 창문은 쉽게 파괴할 수 있는 [⑰]를 비치

② 피난기구를 설치하는 개구부는 서로 [⑱ 동일직선상인 위치 / 동일직선상이 아닌 위치]에 있을 것. 다만, 피난교·피난용트랩·간이완강기·아파트에 설치되는 피난기구(다수인 피난장비는 제외한다) 기타 피난 상 지장이 없는 것에 있어서는 그렇지 않다.

③ 피난기구는 특정소방대상물의 기둥·바닥·보 기타 구조상 [⑲]한 부분에 볼트조임·매입·용접 기타의 방법으로 [⑲]하게 부착할 것

4) 피난사다리의 설치기준

[⑳]층 이상의 층에 피난사다리(하향식 피난구용 내림식사다리는 제외한다)를 설치하는 경우에는 금속성 고정사다리를 설치하고, 당해 고정사다리에는 쉽게 피난할 수 있는 구조의 노대를 설치할 것

5) 다수인 피난장비의 설치기준
① 피난에 용이하고 안전하게 하강할 수 있는 장소에 적재 하중을 충분히 견딜 수 있도록 구조안전의 확인을 받아 견고하게 설치할 것
② 다수인피난장비 보관실은 건물 외측보다 돌출되지 아니하고, 빗물·먼지 등으로부터 장비를 보호할 수 있는 구조일 것
③ 사용 시에 [㉑] 외측 문이 먼저 열리고 [㉑]가 외측으로 자동으로 전개될 것
④ 하강 시에 탑승기가 건물 외벽이나 돌출물에 충돌하지 않도록 설치할 것
⑤ 상·하층에 설치할 경우에는 탑승기의 하강경로가 [㉒ 중첩되도록 할 것 / 중첩되지 않도록 할 것]
⑥ 하강 시에는 안전하고 일정한 속도를 유지하도록 하고 전복, 흔들림, 경로이탈 방지를 위한 안전조치를 할 것
⑦ 보관실의 문에는 오작동 방지조치를 하고, 문 개방 시에는 해당 특정소방대상물에 설치된 경보설비와 연동하여 유효한 경보음을 발하도록 할 것
⑧ 피난층에는 해당 층에 설치된 피난기구가 착지에 지장이 없도록 충분한 공간을 확보할 것

6) 승강식 피난기 및 하향식 피난구용 내림식 사다리의 설치기준
① 승강식 피난기 및 하향식 피난구용 내림식사다리는 설치경로가 설치 층에서 피난층까지 연계될 수 있는 구조로 설치할 것. 다만, 건축물의 구조 및 설치 여건 상 불가피한 경우에는 그렇지 않다.
② 대피실의 면적은 [㉓][m²](2세대 이상일 경우에는 [㉓][m²]) 이상으로 하고, 「건축법 시행령」 제46조 제4항 각 호의 규정에 적합하여야 하며 하강구(개구부) 규격은 직경 [㉔][cm] 이상일 것. 다만, 외기와 개방된 장소에는 그렇지 않다.
③ 하강구 내측에는 기구의 연결 금속구 등이 없어야 하며 전개된 피난기구는 하강구 수평투영면적 공간 내의 범위를 침범하지 않는 구조이어야 할 것. 다만, 직경 60cm 크기의 범위를 벗어난 경우이거나, 직하층의 바닥 면으로부터 높이 50cm 이하의 범위는 제외한다.
④ 대피실의 출입문은 [㉕] 방화문 또는 [㉕] 방화문으로 설치하고, 피난방향에서 식별할 수 있는 위치에 "대피실" 표지판을 부착할 것. 다만, 외기와 개방된 장소에는 그렇지 않다.
⑤ 착지점과 하강구는 상호 수평거리 15cm 이상의 간격을 둘 것
⑥ 대피실 내에는 비상조명등을 설치할 것
⑦ 대피실에는 층의 위치표시와 피난기구 사용설명서 및 주의사항 표지판을 부착할 것
⑧ 대피실 출입문이 개방되거나, 피난기구 작동 시 해당층 및 직하층 거실에 설치된 표시등 및 경보장치가 작동되고, 감시 제어반에서는 피난기구의 작동을 확인할 수 있어야 할 것
⑨ 사용 시 기울거나 흔들리지 않도록 설치할 것

> **참고 완강기 사용방법**
>
> ㄱ. 지지대를 창밖으로 밀고 밑에 사람이 있는지 확인 후 줄을 아래 바닥으로 떨어뜨리기
> ㄴ. 안전벨트를 가슴 높이까지 착용 후 고정링을 가슴쪽으로 당기기
> ㄷ. 지지대 고리에 완강기 고리를 걸고 잠그기
> ㄹ. 벨트가 풀리지 않게 양팔을 쭉 뻗어 벽면을 짚으면서 하강
> → 완강기 사용순서 : [㉖]

> **정답**
> ① 있는 것 ② 없는 것 ③ 공기안전매트 ④ 구조대 ⑤ 승강식 피난기 ⑥ 하향식 피난구용 내림식 사다리 ⑦ 피난사다리 ⑧ 다수인피난장비 ⑨ 미끄럼대
> ⑩ 피난교 ⑪ 피난용트랩 ⑫ 장애인, 불가한 자 ⑬ 3 ⑭ 공동주택 ⑮ 0.5, 1 ⑯ 1.2 ⑰ 파괴장치 ⑱ 동일직선상이 아닌 위치 ⑲ 견고, 견고 ⑳ 4
> ㉑ 보관실, 탑승기 ㉒ 중첩되지 않도록 할 것 ㉓ 2, 3 ㉔ 60 ㉕ 60분+, 60분 ㉖ ㄷ → ㄱ → ㄴ → ㄹ

2. 인명구조기구

1) 종류

구분	내용
[①]	고온의 복사열에 가까이 접근하여 소방활동을 수행할 수 있는 내열피복
[②]	화재진압 등의 소방활동을 수행할 수 있는 피복
[③]	소화활동 시에 화재로 인하여 발생하는 각종 유독가스 중에서 일정시간 사용할 수 있도록 제조된 압축공기식 개인호흡장비 (보조마스크 포함)
[④]	호흡 부전 상태인 사람에게 인공호흡을 시켜 환자를 보호하거나 구급하는 기구

2) 특정소방대상물의 용도 및 장소별로 설치해야 할 인명구조기구

특정소방대상물	인명구조기구의 종류	설치수량
• [⑤]층 이상인 [⑤](지하층 포함) • [⑥]층 이상인 [⑥](지하층 포함)	방열복 또는 방화복 (헬멧, 보호장갑 및 안전화 포함) 공기호흡기 인공소생기	각 2개 이상 비치 단, 병원의 경우 [⑦]를 설치하지 아니할 수 있음
• 수용인원이 100명 이상인 영화상영관 • 판매시설 중 대규모점포 • 운수시설 중 지하역사 • 지하가 중 지하상가	[⑧]	층마다 [⑧]개 이상 비치 단, 각 층마다 갖추어 두어야 할 공기호흡기 중 일부를 직원이 상주하는 인근 사무실에 갖추어 둘 수 있음
• 물분무등소화설비 중 [⑨]소화설비를 설치하여야 하는 특정소방대상물	공기호흡기	[⑨]소화설비가 설치된 장소의 출입구 외부 인근에 1대 이상 비치

3. 유도등, 유도표지 및 피난유도선

1) 정의

화재 시에 피난을 유도하기 위한 등으로서 정상상태에서는 상용전원에 따라 켜지고 [⑩]전원이 정전되는 경우에는 [⑩]전원으로 자동전환되어 켜지는 등

2) 유도등의 종류

구분	내용
[⑪]유도등	피난구 또는 피난경로로 사용되는 출입구를 표시하여 피난을 유도하는 등 [[⑫]바탕, [⑫]표시]
[⑬]유도등	피난통로를 안내하기 위한 유도등으로 복도통로유도등, 거실통로유도등, 계단통로유도등 [[⑭]바탕, [⑭]표시]
[⑮]유도등	피난통로가 되는 복도에 설치하는 통로유도등으로서 피난구의 방향을 명시하는 것
[⑯]유도등	거주, 집무, 작업, 집회, 오락 그 밖에 이와 유사한 목적을 위하여 계속적으로 사용하는 거실, 주차장 등 개방된 통로에 설치하는 유도등으로 피난의 방향을 명시하는 것
[⑰]유도등	피난통로가 되는 계단이나 경사로에 설치하는 통로유도등으로 바닥면 및 디딤 바닥면을 비추는 것
[⑱]유도등	객석의 통로, 바닥 또는 벽에 설치하는 유도등

3) 유도표지의 종류

구분	내용
[⑲]유도표지	피난구 또는 피난경로로 사용되는 출입구를 표시하여 피난을 유도하는 표지
[⑳]유도표지	피난통로가 되는 복도, 계단등에 설치하는 것으로서 피난구의 방향을 표시하는 유도표지

4) 피난유도선의 종류

구분	내용
피난유도선	햇빛이나 전등불에 따라 축광([㉑]방식)하거나 전류에 따라 빛을 발하는([㉑]방식) 유도체로서 어두운 상태에서 피난을 유도할 수 있도록 띠 형태로 설치되는 피난유도시설

5) 피난구유도등의 설치기준
   ① 피난구유도등의 설치높이 : 피난구의 바닥으로부터 높이 [㉒][m] 이상으로서 [㉒]에 인접하도록 설치해야 한다.
   ② 피난구유도등의 설치기준 : 피난층으로 향하는 피난구의 위치를 안내할 수 있도록 출입구 인근 천장에 설치된 피난구유도등의 면과 [㉓ 평행 / 수직]이 되도록 피난구유도등을 추가로 설치해야 한다. 다만, 설치된 피난구유도등이 [㉔]인 경우에는 그렇지 않다.

6) 통로유도등의 설치기준

구분	설치기준
복도통로 유도등	① 복도에 설치하되 피난구유도등이 설치된 출입구의 맞은편 복도에는 입체형으로 설치하거나, 바닥에 설치할 것 ② 구부러진 모퉁이 및 설치된 통로유도등을 기점으로 보행거리 [㉕][m]마다 설치할 것 ③ 바닥으로부터 높이 [㉖][m] 이하의 위치에 설치할 것. 다만, 지하층 또는 무창층의 용도가 도매시장·소매시장·여객자동차터미널·지하역사 또는 지하상가인 경우에는 복도·통로 중앙부분의 바닥에 설치해야 한다. ④ 바닥에 설치하는 통로유도등은 하중에 따라 파괴되지 않는 강도의 것으로 할 것
거실통로 유도등	① 거실의 통로에 설치할 것. 다만, 거실의 통로가 벽체 등으로 구획된 경우에는 복도통로유도등을 설치할 것 ② 구부러진 모퉁이 및 보행거리 [㉗][m]마다 설치할 것 ③ 바닥으로부터 높이 [㉘][m] 이상의 위치에 설치할 것. 다만, 거실통로에 기둥이 설치된 경우에는 기둥 부분의 바닥으로부터 높이 [㉘][m] 이하의 위치에 설치할 수 있다.
계단통로 유도등	① 각층의 경사로 참 또는 계단참마다(1개 층에 경사로 참 또는 계단참이 2 이상 있는 경우에는 2개의 계단참마다)설치할 것 ② 바닥으로부터 높이 [㉙][m] 이하의 위치에 설치할 것

7) 객석유도등의 설치기준
   ① 객석유도등은 객석의 [㉚], [㉚] 또는 [㉚]에 설치해야 한다.
   ② 객석 내의 통로가 경사로 또는 수평로로 되어 있는 부분은 다음의 식에 따라 산출한 개수(소수점 이하의 수는 1로 본다)의 유도등을 설치해야 한다.

$$설치개수 = \frac{객석 통로의 직선 부분의 길이[m]}{[㉛]} - 1$$

   ③ 객석 내의 통로가 옥외 또는 이와 유사한 부분에 있는 경우에는 해당 통로 전체에 미칠 수 있는 개수의 유도등을 설치해야 한다.

> **정답**
> ① 방열복 ② 방화복 ③ 공기호흡기 ④ 인공소생기 ⑤ 7, 관광호텔 ⑥ 5, 병원 ⑦ 인공소생기 ⑧ 공기호흡기, 2 ⑨ 이산화탄소, 이산화탄소 ⑩ 상용, 비상 ⑪ 피난구 ⑫ 녹색, 백색 ⑬ 통로 ⑭ 백색, 녹색 ⑮ 복도통로 ⑯ 거실통로 ⑰ 계단통로 ⑱ 객석 ⑲ 피난구 ⑳ 통로 ㉑ 축광, 광원점등 ㉒ 1.5, 출입구 ㉓ 수직 ㉔ 입체형 ㉕ 20 ㉖ 1 ㉗ 20 ㉘ 1.5, 1.5 ㉙ 1 ㉚ 통로, 바닥, 벽 ㉛ 4

8) 유도표지의 설치기준
   ① 계단에 설치하는 것을 제외하고는 각 층마다 복도 및 통로의 각 부분으로부터 하나의 유도표지까지의 보행거리가 [①][m] 이하가 되는 곳과 구부러진 모퉁이의 벽에 설치할 것
   ② 피난구유도표지는 출입구 상단에 설치하고, 통로유도표지는 바닥으로부터 높이 [②][m] 이하의 위치에 설치할 것
   ③ 주위에는 이와 유사한 등화·광고물·게시물 등을 설치하지 않을 것
   ④ 유도표지는 부착판 등을 사용하여 쉽게 떨어지지 않도록 설치할 것
   ⑤ 축광방식의 유도표지는 외광 또는 조명장치에 의하여 상시 조명이 제공되거나 비상조명등에 의한 조명이 제공되도록 설치할 것

9) 피난유도선의 설치기준

구분	설치기준
축광방식의 피난유도선	① 구획된 각 실로부터 주출입구 또는 비상구까지 설치할 것 ② 바닥으로부터 높이 [③][cm] 이하의 위치 또는 바닥 면에 설치할 것 ③ 피난유도 표시부는 50cm 이내의 간격으로 연속되도록 설치할 것 ④ 부착대에 의하여 견고하게 설치할 것 ⑤ 외부의 빛 또는 조명장치에 의하여 상시 조명이 제공되거나 비상조명등에 의한 조명이 제공되도록 설치 할 것
광원점등방식의 피난유도선	① 구획된 각 실로부터 주출입구 또는 비상구까지 설치할 것 ② 피난유도 표시부는 바닥으로부터 높이 [④][m] 이하의 위치 또는 바닥 면에 설치할 것 ③ 피난유도 표시부는 50cm 이내의 간격으로 연속되도록 설치하되 실내장식물 등으로 설치가 곤란할 경우 1m 이내로 설치할 것 ④ 수신기로부터의 화재신호 및 수동조작에 의하여 광원이 점등되도록 설치할 것 ⑤ 비상전원이 상시 충전상태를 유지하도록 설치할 것 ⑥ 바닥에 설치되는 피난유도 표시부는 매립하는 방식을 사용할 것 ⑦ 피난유도 제어부는 조작 및 관리가 용이하도록 바닥으로부터 [⑤][m] 이상 [⑤][m] 이하의 높이에 설치할 것

10) 유도등 및 유도표지의 설치장소 중 일부

설치장소	종류
공연장, 집회장(종교집회장 포함), 관람장, 운동시설, 유흥주점영업시설(유흥주점영업 중 손님이 춤을 출 수 있는 무대가 설치된 카바레, 나이트클럽 또는 그 밖에 이와 비슷한 영업시설만 해당)	[⑥ 대형 / 중형 / 소형] 피난구유도등, 통로유도등, [⑥]유도등
위락시설, 판매시설, 운수시설, 관광숙박업, 의료시설, 장례식장, 방송통신시설, 전시장, 지하상가, 지하철역사	[⑦ 대형 / 중형 / 소형] 피난구유도등, 통로유도등

4. 비상조명등

1) 정의

화재발생 등에 따른 [⑧] 시 안전하고 원활한 피난활동을 할 수 있도록 거실 및 피난통로 등에 설치되어 자동 점등되는 조명등을 말한다.

2) 설치기준

① 특정소방대상물의 각 거실과 그로부터 지상에 이르는 복도·계단 및 그 밖의 통로에 설치할 것
② 조도는 비상조명등이 설치된 장소의 각 부분의 바닥에서 [⑨][lx] 이상이 되도록 할 것
③ 예비전원과 비상전원은 비상조명등을 [⑩]분 이상 유효하게 작동시킬 수 있는 용량으로 할 것. 다만, 다음의 특정소방대상물의 경우에는 그 부분에서 피난층에 이르는 부분의 비상조명등을 [⑩]분 이상 유효하게 작동시킬 수 있는 용량으로 해야 한다.
   ㉠ 지하층을 제외한 층수가 11층 이상의 층
   ㉡ 지하층 또는 무창층으로서 용도가 도매시장·소매시장·여객자동차터미널·지하역사 또는 지하상가

5. 휴대용 비상조명등

1) 정의

화재발생 등으로 [⑪] 시 안전하고 원활한 피난을 위하여 피난자가 휴대할 수 있는 조명등을 말한다.

2) 설치대상

구분	설치조건	설치개수
숙박시설 다중이용업소	객실 또는 영업장 안의 구획된 실마다 잘 보이는 곳(외부에 설치 시 출입문 손잡이로부터 1[m] 이내 부분)	[⑫]개 이상
지하역사 지하상가	보행거리 25[m] 이내	[⑬]개 이상
대규모점포 영화상영관	보행거리 50[m] 이내	

3) 설치기준

① 설치높이는 바닥으로부터 [⑭][m] 이상 [⑭][m] 이하의 높이에 설치할 것
② 어둠 속에서 위치를 확인할 수 있도록 할 것
③ 사용 시 자동으로 점등되는 구조일 것
④ 외함은 난연성능이 있을 것
⑤ 건전지를 사용하는 경우에는 방전 방지조치를 해야 하고, 충전식 배터리의 경우에는 상시 충전되도록 할 것
⑥ 건전지 및 충전식 배터리의 용량은 [⑮]분 이상 유효하게 사용할 수 있는 것으로 할 것

정답

① 15 ② 1 ③ 50 ④ 1 ⑤ 0.8, 1.5 ⑥ 대형, 객석 ⑦ 대형 ⑧ 정전 ⑨ 1 ⑩ 20, 60 ⑪ 정전 ⑫ 1 ⑬ 3 ⑭ 0.8, 1.5 ⑮ 20

제5장 소화용수설비

1. 상수도소화용수설비

1) 정의

구분	정의
[①]	소방관이 사용하는 설비로서, 수도배관에 접속·설치되어 소화수를 공급하는 설비
[②]	일반적으로 표기하는 배관의 직경
[③]	건축물을 수평으로 투영하였을 경우의 면
[④]	배관의 도중에 설치되어 배관 내 물의 흐름을 개폐할 수 있는 밸브

2) 설치기준

① 호칭지름 [⑤][mm] 이상의 수도배관에 호칭지름 [⑤][mm] 이상의 소화전을 접속할 것
② 소화전은 [⑥] 등의 진입이 쉬운 도로변 또는 공지에 설치할 것
③ 소화전은 특정소방대상물의 수평투영면의 각 부분으로부터 [⑦][m] 이하가 되도록 설치할 것
④ 지상식 소화전의 호스접결구는 지면으로부터 높이가 [⑧][m] 이상 [⑧][m] 이하가 되도록 설치할 것

2. 소화수조 및 저수조

1) 정의

구분	정의
소화수조 또는 저수조	수조를 설치하고 여기에 소화에 필요한 물을 [⑨ 순간 / 항시] 채워두는 것으로서, 소화수조는 소화용수의 [⑩ 전용 / 겸용] 수조를 말하고, 저수조란 소화용수와 일반 생활용수의 [⑩ 전용 / 겸용] 수조
[⑪]	소방차의 소방호스와 접결되는 흡입구
[⑫]	소방차의 흡수관이 투입될 수 있도록 소화수조 또는 저수조에 설치된 원형 또는 사각형의 투입구

2) 소화수조 및 저수조의 저수량

$$저수량 = \frac{연면적[m^2]}{기준면적[m^2]} (소수점 이하 절상) \times [⑬][m^3]$$

특정소방대상물의 구분	기준면적
• 1층 및 2층의 바닥면적의 합계가 15,000m² 이상인 특정소방대상물	[⑭][m²]
• 그 밖의 특정소방대상물	[⑮][m²]

3) 흡수관투입구, 채수구 및 가압송수장치의 설치기준

구분	설치기준
흡수관 투입구	① 소방차가 [⑯][m] 이내의 지점까지 접근할 수 있는 위치에 설치할 것 ② 지하에 설치하는 소화용수설비의 흡수관투입구는 그 한변이 [⑰][m] 이상이거나 직경이 [⑰][m] 이상인 것으로 할 것 ③ "흡수관투입구"라고 표시한 표지를 할 것 | 소요수량 | 80m³ 미만 | 80m³ 이상 | |---|---|---| | 흡수관투입구 개수 | 1개 이상 | 2개 이상 |
채수구	① 소방차가 [⑱][m] 이내의 지점까지 접근할 수 있는 위치에 설치할 것 ② 채수구는 소방용호스 또는 소방용흡수관에 사용하는 구경 [⑲][mm] 이상의 나사식 결합금속구를 설치할 것 ③ 채수구는 지면으로부터의 높이가 [⑳][m] 이상 [⑳][m] 이하의 위치에 설치하고 "채수구"라고 표시한 표지를 할 것 | 소요수량 | 20m³ 이상 40m³ 미만 | 40m³ 이상 100m³ 미만 | 100m³ 이상 | |---|---|---|---| | 채수구의 개수 | 1개 이상 | 2개 이상 | 3개 이상 |
가압송수장치	① 지표면으로부터의 깊이가 [㉑][m] 이상인 지하에 소화수조 또는 저수조가 설치된 경우 가압송수장치를 설치할 것 ② 소화수조가 옥상 또는 옥탑의 부분에 설치된 경우에는 지상에 설치된 채수구에서의 압력이 0.15MPa 이상이 되도록 할 것 | 소요수량 | 20m³ 이상 40m³ 미만 | 40m³ 이상 100m³ 미만 | 100m³ 이상 | |---|---|---|---| | 가압송수장치의 1분당 양수량 | 1,100L 이상 | 2,200L 이상 | 3,300L 이상 |

🔔 **정답**

① 소화전 ② 호칭지름 ③ 수평투영면 ④ 제수변(제어밸브) ⑤ 75, 100 ⑥ 소방자동차 ⑦ 140 ⑧ 0.5, 1 ⑨ 항시 ⑩ 전용, 겸용 ⑪ 채수구 ⑫ 흡수관투입구 ⑬ 20 ⑭ 7500 ⑮ 12500 ⑯ 2 ⑰ 0.6, 0.6 ⑱ 2 ⑲ 65 ⑳ 0.5, 1.0 ㉑ 4.5

제6장 소화활동설비

기본서 p.352

1. 제연설비

1) 정의
화재발생 시 화재발생장소의 연기를 거실 또는 통로에서 [①]시키고 거실의 하부나 인접실에서 신선한 공기를 [①]하여 청정공간을 유지해 피난 및 소화활동을 유효하게 하기 위한 설비를 말한다.

2) 제연방식의 분류

구분	내용
[②]제연방식	㉠ 벽 등으로 화재실을 밀폐하여 연기 및 공기를 억제하는 방식 ㉡ [③ 작은 / 큰] 공간에 적합한 방식
[④]제연방식	㉠ 개구부를 통하여 자연적으로 연기를 배출하는 방식(연기의 부력 이용) ㉡ 건물의 크기, 높이, 구획 등에 영향을 많이 받는 방식
스모크타워 제연방식	㉠ [⑤]효과를 이용하여 창살 또는 유리창이 달린 지붕 위의 원형구조물인 루프모니터를 설치하여 제연하는 방식 ㉡ [⑥ 저층 / 고층]건축물에 주로 사용하는 제연방식
기계제연방식	㉠ 제1종 기계제연방식 : [⑦]와 [⑦]를 설치하여 급기 및 배기를 하는 방식 ㉡ 제2종 기계제연방식 : [⑧]만 설치하여 급기 및 배기를 하는 방식 ㉢ 제3종 기계제연방식 : [⑨]만 설치하여 급기 및 배기를 하는 방식

3) 제연구역의 구획
① 하나의 제연구역의 면적은 [⑩][m²] 이내로 할 것
② [⑪]과 [⑪](복도를 포함)는 각각 제연구획 할 것
③ 통로상의 제연구역은 보행중심선의 길이가 [⑫][m]를 초과하지 않을 것
④ 하나의 제연구역은 직경 [⑬][m] 원내에 들어갈 수 있을 것
⑤ 하나의 제연구역은 2 이상의 [⑭]에 미치지 않도록 할 것. 다만, 층의 구분이 불분명한 부분은 그 부분을 다른 부분과 별도로 제연구획 해야 한다.

4) 제연구역의 구획 기준
① 재질은 내화재료, 불연재료 또는 제연경계벽으로 성능을 인정받은 것으로서 화재 시 쉽게 변형·파괴되지 아니하고 연기가 누설되지 않는 기밀성 있는 재료로 할 것
② 제연경계는 제연경계의 폭이 [⑮][m] 이상이고, 수직거리는 [⑮][m] 이내이어야 한다. 다만, 구조상 불가피한 경우는 [⑮][m]를 초과할 수 있다.
③ 제연경계벽은 배연 시 기류에 따라 그 하단이 쉽게 흔들리지 않고, 가동식의 경우에는 급속히 하강하여 인명에 위해를 주지 않는 구조일 것

2. 연결송수관설비

1) 정의

구분	정의
연결송수관설비	건축물의 옥외에 설치된 [⑯]에 [⑰]로부터 가압수를 송수하고 소방관이 건축물 내에 설치된 [⑱]에 비치된 호스를 [⑲]에 연결하여 화재를 진압하는 소화활동설비
[⑳]	소화설비에 소화용수를 보급하기 위하여 건물 외벽 또는 구조물의 외벽에 설치하는 관
[㉑]	소화설비로부터 소화용수를 방수하기 위하여 건물내벽 또는 구조물의 외벽에 설치하는 관

2) 송수구의 설치기준

① [㉒]가 쉽게 접근할 수 있고 잘 보이는 장소에 설치할 것
② 지면으로부터 높이가 [㉓][m] 이상 [㉓][m] 이하의 위치에 설치할 것
③ 송수구는 화재층으로부터 지면으로 떨어지는 유리창 등이 송수 및 그 밖의 소화작업에 지장을 주지 않는 장소에 설치할 것
④ 송수구로부터 연결송수관설비의 주배관에 이르는 연결배관에 개폐밸브를 설치한 때에는 그 개폐상태를 쉽게 확인 및 조작할 수 있는 옥외 또는 기계실 등의 장소에 설치할 것. 이 경우 개폐밸브에는 그 밸브의 개폐상태를 감시제어반에서 확인할 수 있도록 급수개폐밸브 작동표시 스위치(이하 "탬퍼스위치"라 한다)를 다음의 기준에 따라 설치해야 한다.
　㉠ 급수개폐밸브가 잠길 경우 탬퍼스위치의 동작으로 인하여 감시제어반 또는 수신기에 표시되어야 하며 경보음을 발할 것
　㉡ 탬퍼스위치는 감시제어반 또는 수신기에서 동작의 유무확인과 동작시험, 도통시험을 할 수 있을 것
　㉢ 탬퍼스위치에 사용되는 전기배선은 내화전선 또는 내열전선으로 설치할 것
⑤ 구경 [㉔][mm]의 쌍구형으로 할 것
⑥ 송수구에는 그 가까운 곳의 보기 쉬운 곳에 [㉕]범위를 표시한 표지를 할 것
⑦ 송수구는 연결송수관의 수직배관마다 1개 이상을 설치할 것. 다만, 하나의 건축물에 설치된 각 수직배관이 중간에 개폐밸브가 설치되지 아니한 배관으로 상호 연결되어 있는 경우에는 건축물마다 1개씩 설치할 수 있다.
⑧ 송수구의 부근에는 자동배수밸브 및 체크밸브를 다음의 기준에 따라 설치할 것. 이 경우 자동배수밸브는 배관안의 물이 잘빠질 수 있는 위치에 설치하되, 배수로 인하여 다른 물건이나 장소에 피해를 주지 않아야 한다.
　㉠ [㉖]의 경우 : 송수구 – 자동배수밸브 – 체크밸브의 순으로 설치할 것
　㉡ [㉗]의 경우 : 송수구 – 자동배수밸브 – 체크밸브 – 자동배수밸브의 순으로 설치할 것
⑨ 송수구에는 가까운 곳의 보기 쉬운 곳에 "연결송수관설비송수구"라고 표시한 표지를 설치할 것
⑩ 송수구에는 이물질을 막기 위한 [㉘]를 씌울 것

> **정답**
> ① 배출, 공급 ② 밀폐 ③ 작은 ④ 자연 ⑤ 굴뚝(연돌) ⑥ 고층 ⑦ 송풍기, 배연기 ⑧ 송풍기 ⑨ 배연기 ⑩ 1000 ⑪ 거실, 통로 ⑫ 60 ⑬ 60 ⑭ 층 ⑮ 0.6, 2, 2 ⑯ 송수구 ⑰ 소방차 ⑱ 방수기구함 ⑲ 방수구 ⑳ 송수구 ㉑ 방수구 ㉒ 소방차 ㉓ 0.5, 1 ㉔ 65 ㉕ 송수압력 ㉖ 습식 ㉗ 건식 ㉘ 마개

3) 방수구의 설치기준

방수구	내용		
설치위치	[①]마다 설치할 것		
설치기준	아파트, 바닥면적이 1,000m² 미만인 층	계단으로부터 [②][m] 이내에 설치할 것	
	바닥면적 1,000m² 이상인 층(아파트 제외)	각 계단으로부터 [②][m] 이내에 설치할 것	
	방수구의 추가 설치	① 지하가(터널은 제외한다) 또는 지하층의 바닥면적의 합계가 3,000m² 이상인 것은 수평거리 25m ② ①에 해당하지 않는 것은 수평거리 50m	
쌍구형, 단구형	[③]층 이상의 부분에 설치하는 방수구는 쌍구형으로 할 것. 다만, 다음의 어느 하나에 해당하는 층에는 단구형으로 설치할 수 있다. ① 아파트의 용도로 사용되는 층 ② 스프링클러설비가 유효하게 설치되어 있고 방수구가 2개소 이상 설치된 층		
기타	① 방수구의 호스접결구는 바닥으로부터 높이 [④][m] 이상 [④][m] 이하의 위치에 설치할 것 ② 방수구는 연결송수관설비의 전용방수구 또는 옥내소화전방수구로서 구경 [⑤][mm]의 것으로 설치할 것 ③ 방수구의 위치표시는 표시등 또는 축광식표지로 할 것 ④ 방수구는 개폐기능을 가진 것으로 설치해야 하며, 평상시 닫힌 상태를 유지할 것		

4) 방수기구함의 설치기준
① 방수기구함은 피난층과 가장 가까운 층을 기준으로 [⑥]개층마다 설치하되, 그 층의 방수구마다 보행거리 [⑥][m] 이내에 설치할 것
② 방수기구함에는 길이 15m의 [⑦]와 방사형 [⑦]을 다음의 기준에 따라 비치할 것
　㉠ 호스는 방수구에 연결하였을 때 그 방수구가 담당하는 구역의 각 부분에 유효하게 물이 뿌려질 수 있는 개수 이상을 비치할 것. 이 경우 쌍구형 방수구는 단구형 방수구의 2배 이상의 개수를 설치해야 한다.
　㉡ 방사형 관창은 단구형 방수구의 경우에는 1개, 쌍구형 방수구의 경우에는 2개 이상 비치할 것
③ 방수기구함에는 "방수기구함"이라고 표시한 축광식 표지를 할 것

> **참고** 가압송수장치의 설치대상
>
> 지표면에서 최상층 방수구의 높이가 [⑧][m] 이상의 특정소방대상물

3. 연결살수설비
1) 정의

구분	정의
[⑨]	호스를 연결하는데 사용되는 장비일체
[⑩]	소화설비에 소화용수를 보급하기 위하여 건물 외벽 또는 구조물에 설치하는 관
[⑪]	둘 이상의 방호구역 또는 방호대상물이 있어, 소화수 또는 소화약제를 해당하는 방호구역 또는 방호대상물에 선택적으로 방출되도록 제어하는 밸브
[⑫]	배관의 도중에 설치되어 배관 내 잔류수를 자동으로 배수시켜 주는 밸브(동파 및 부식방지)

2) 연결살수설비의 자동배수밸브 및 체크밸브
① [⑬]헤드를 사용하는 설비의 경우에는 송수구 – 자동배수밸브 – 체크밸브의 순서로 설치할 것
② [⑭]헤드를 사용하는 설비의 경우에는 송수구 – 자동배수밸브의 순서로 설치할 것
③ 자동배수밸브는 배관 안의 물이 잘 빠질 수 있는 위치에 설치하되, 배수로 인하여 다른 물건 또는 장소에 피해를 주지 않을 것

4. 비상콘센트설비

1) 정의

   화재 시 소화활동 등에 필요한 전원을 [⑮ 전용 / 겸용]회선으로 공급하는 설비를 말한다.

2) 비상콘센트설비의 전원회로 설치기준

   ① 비상콘센트설비의 전원회로는 [⑯ 단상 / 3상]교류 [⑯][V]인 것으로서, 그 공급용량은 [⑰][kVA] 이상인 것으로 할 것
   ② 전원회로는 각층에 2 이상이 되도록 설치할 것. 다만, 설치해야 할 층의 비상콘센트가 1개인 때에는 하나의 회로로 할 수 있다.
   ③ 전원회로는 주배전반에서 [⑱ 전용 / 겸용]회로로 할 것. 다만, 다른 설비회로의 사고에 따른 영향을 받지 않도록 되어 있는 것은 그렇지 않다.
   ④ 전원으로부터 각 층의 비상콘센트에 분기되는 경우에는 분기배선용 차단기를 보호함 안에 설치할 것
   ⑤ 콘센트마다 배선용 차단기(KS C 8321)를 설치해야 하며, 충전부가 노출되지 않도록 할 것
   ⑥ 개폐기에는 "비상콘센트"라고 표시한 표지를 할 것
   ⑦ 비상콘센트용의 풀박스 등은 방청도장을 한 것으로서, 두께 1.6mm 이상의 철판으로 할 것
   ⑧ 하나의 전용회로에 설치하는 비상콘센트는 10개 이하로 할 것. 이 경우 전선의 용량은 각 비상콘센트(비상콘센트가 3개 이상인 경우에는 3개)의 공급용량을 합한 용량 이상의 것으로 해야 한다.

3) 비상콘센트의 설치기준

비상콘센트		내용
설치높이		바닥으로부터 높이 [⑲][m] 이상 [⑲][m] 이하의 위치에 설치할 것
배치	바닥면적이 1,000m² 미만인 층	계단의 출입구로부터 [⑳][m] 이내에 설치할 것
	바닥면적 1,000m² 이상인 층(아파트 제외)	각 계단의 출입구로부터 [⑳][m] 이내에 설치할 것
	방수구의 추가 설치	① 지하상가 또는 지하층의 바닥면적의 합계가 3,000m² 이상인 것은 수평거리 25m ② ①에 해당하지 않는 것은 수평거리 50m

5. 무선통신보조설비

구분	정의
[㉑]	동축케이블의 외부도체에 가느다란 홈을 만들어서 전파가 외부로 새어나 갈 수 있도록 한 케이블
[㉒]	신호의 전송로가 분기되는 장소에 설치하는 것으로 임피던스 매칭과 신호 균등분배를 위해 사용하는 장치
[㉓]	서로 다른 주파수의 합성된 신호를 분리하기 위해서 사용하는 장치
[㉔]	2 이상의 입력신호를 원하는 비율로 조합한 출력이 발생하도록 하는 장치
[㉕]	전압·전류의 진폭을 늘려 감도 등을 개선하는 장치
[㉖]	안테나를 통하여 수신된 무전기 신호를 증폭한 후 음영지역에 재방사하여 무전기 상호 간 송수신이 가능하도록 하는 장치
[㉗]	감시제어반 등에 설치된 무선중계기의 입력과 출력포트에 연결되어 송수신 신호를 원활하게 방사·수신하기 위해 옥외에 설치하는 장치
[㉘]	교류 회로에 전압이 가해졌을 때 전류의 흐름을 방해하는 값으로서 교류 회로에서의 전류에 대한 전압의 비

🔔 정답

① 층 ② 5, 5 ③ 11 ④ 0.5, 1 ⑤ 65 ⑥ 3, 5 ⑦ 호스, 관창 ⑧ 70 ⑨ 호스접결구 ⑩ 송수구 ⑪ 선택밸브 ⑫ 자동배수밸브 ⑬ 폐쇄형 ⑭ 개방형
⑮ 전용 ⑯ 단상, 220 ⑰ 1.5 ⑱ 전용 ⑲ 0.8, 1.5 ⑳ 5, 5 ㉑ 누설동축케이블 ㉒ 분배기 ㉓ 분파기 ㉔ 혼합기 ㉕ 증폭기 ㉖ 무선중계기 ㉗ 옥외안테나
㉘ 임피던스

6. 연소방지설비

1) 정의

   지하구의 연소방지를 위하여 [①] 또는 [①]를 천장 또는 벽면에 설치하여 지하구의 화재를 방지하는 설비이다.

2) 연소방지설비의 헤드 설치기준

   ① 천장 또는 벽면에 설치할 것
   ② 헤드간의 수평거리는 연소방지설비 전용헤드의 경우에는 2m 이하, 개방형스프링클러헤드의 경우에는 1.5m 이하로 할 것
   ③ 소방대원의 출입이 가능한 환기구·작업구마다 지하구의 [② 한쪽 방향 / 양쪽 방향]으로 살수헤드를 설정하되, 한쪽 방향의 살수구역의 길이는 [③][m] 이상으로 할 것. 다만, 환기구 사이의 간격이 [④][m]를 초과할 경우에는 [④][m] 이내마다 살수구역을 설정하되, 지하구의 구조를 고려하여 방화벽을 설치한 경우에는 그렇지 않다.
   ④ 연소방지설비 전용헤드를 설치할 경우에는 「소화설비용헤드의 성능인증 및 제품검사 기술기준」에 적합한 살수헤드를 설치할 것

> **참고** 지하구
>
> ① 전력·통신용의 전선이나 가스·냉난방용의 배관 또는 이와 비슷한 것을 집합 수용하기 위하여 설치한 지하 인공구조물로서 사람이 점검 또는 보수를 하기 위하여 출입이 가능한 것 중 다음의 어느 하나에 해당하는 것
>   ㉠ 전력 또는 통신사업용 지하 인공구조물로서 전력구(케이블 접속부가 없는 경우는 제외한다) 또는 통신구 방식으로 설치된 것
>   ㉡ ㉠외의 지하 인공구조물로서 폭이 [⑤][m] 이상이고 높이가 [⑤][m] 이상이며 길이가 [⑤][m] 이상인 것
> ② 「국토의 계획 및 이용에 관한 법률」 제2조 제9호에 따른 공동구

정답

① 연소방지설비 전용헤드, 스프링클러헤드 ② 양쪽방향 ③ 3 ④ 700, 700 ⑤ 1.8, 2, 50

CHAPTER 08 소방행정 및 조직

제1장 소방의 개념

📝 기본서 p.368

1. 소방의 정의

1) 사전적 의미
   ① 불이 나지 않도록 미리 막고, 불이 났을 때 불을 끄는 일을 말한다.
   ② 화재의 [①], [①], [①]에만 국한된 개념이다.

2) 시대별 소방의 변천사

2. 소방의 의미 및 목적

1) 협의의 소방 및 광의의 소방

구분	의미
협의의 소방	화재의 [⑤], [⑤], [⑤], [⑤]·[⑤]활동 등을 통한 국민의 생명·신체 및 재산을 보호함
광의의 소방	현대사회의 다양한 [⑥] 요구에 부합하는 각종 재난 및 안전 관련 업무까지 포함

2) 형식적 의미의 소방 및 실질적 의미의 소방

구분	의미
형식적 의미의 소방	실정법상 "[⑦]"이 수행하는 모든 사무업무
실질적 의미의 소방	소방의 목적을 이루기 위한 민간 및 공공, 타 행정기관까지 포함하여 목적을 이루기 위한 업무("[⑧]"에 관한 업무)

3) 소방의 목적[「소방기본법」 제1조(목적)]

화재를 [⑨]·[⑨]하거나 [⑨]하고 화재, 재난·재해, 그 밖의 위급한 상황에서의 [⑨]·[⑨] 활동 등을 통하여 국민의 생명·신체 및 재산을 보호함으로써 [⑩] 및 [⑩]와 [⑩]에 이바지함을 목적으로 한다.

🏠 정답
① 예방, 경계, 진압 ② 소재(消災) ③ 금화(禁火) ④ 소방(消防) ⑤ 예방, 경계, 진압, 구조, 구급 ⑥ 소방서비스 ⑦ 소방기관 ⑧ 소방작용
⑨ 예방, 경계, 진압, 구조, 구급 ⑩ 공공의 안녕, 질서 유지, 복리증진

3. 소방의 업무(임무)

1) 시대별 업무의 흐름

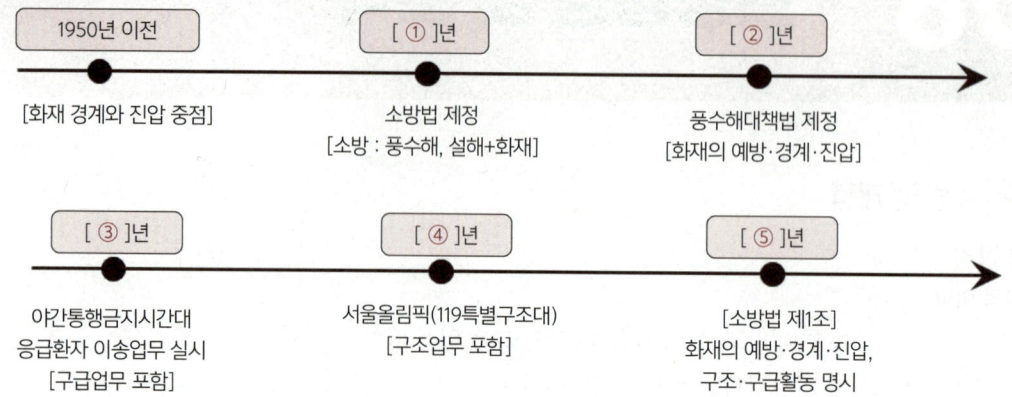

2) 기본적 임무와 파생적 임무

구분	의미
기본적 임무 소극적 기능 권력적 기능	화재의 [⑥]·[⑥]·[⑥]을 통해 국민의 생명·신체 및 재산을 보호하는 임무
파생적 임무 적극적 기능 비권력적 기능	정부의 기능 중 봉사기능, 그 가운데에서도 직접적 서비스 기능 ([⑦] 및 [⑦]의 운영 등)

제2장 우리나라 소방의 시대별 발전과정

1. 석기시대 ~ 고려시대

구분	내용
석기시대	① 벼락, 산불 등을 통해 처음으로 불을 얻게 되었다. ② [⑧]에 불을 보존하는 등의 행위를 통해 불을 이용하기 시작하였다.
삼국시대	① [⑨] 화재로 민가 100여 동이 소실되는 등 최초의 화재기록이 있었다. ② 화재를 [⑩]으로 인식하기 시작하며 금화의식이 탄생하였다.
통일신라시대	① 화재에 대한 예방의식이 높아졌다. ② 초가지붕보다 [⑪]을 사용하고, 나무보다 [⑪]을 사용하였다.
고려시대	① 소방을 "[⑫]"라 하였다. ② 화재의 발생빈도가 높아짐에 따라 [⑬]제도를 시작하였다. 이는 방화전담관리자를 둔 것으로 우리나라 최초의 소방행정의 근원이다. 화재를 담당하는 조직이나 관서의 개념은 아니다. ③ 실화 및 방화를 저지른 자를 처벌하는 제도(예시 : 실화로 전야를 소실한 민간인은 태(쏨가) 50 등)가 있었다. ④ 최무선의 건의에 의해 화약 및 화기의 제조와 관리를 담당하는 [⑭]을 신설하였다.

2. 조선시대

구분	내용
[⑮]	태종 17년, 1417년 ① 태종 17년에 우리나라 최초의 소방법규인 "[⑮]"을 공포하였다. ② 금화령에는 행순(순찰), 금화, 실화 및 방화에 관한 처벌(자기 집을 방화한 자는 100대 등)을 규정하였다.
[⑯]	세종 5년, 1423년 ① 화재가 발생한 상황을 대비하여 화재를 진압하는 방법을 규정한 것이다. ② 물을 뜰 수 있는 그릇 등을 미리 궁궐 내에 비치하는 등에 대한 내용이 담겨있다.
금화도감	세종 [⑰]년, [⑰]년 [⑰]월 ① 세종 [⑰]년에 한성부의 대형화재를 계기로 우리나라 최초의 소방기구인 "금화도감"을 설치하였다. ② [⑱]소속으로 두었으며 제조 [⑱]명, 사 [⑱]명, 부사 [⑱]명, 판관 [⑱]명으로 구성되었다. ③ 화재의 방지와 개천 및 하수구의 수리 등을 담당하게 하였다. ④ 상비 소방제도로는 아니지만 화재를 방지하는 문제로 독자적 기구를 갖춘 것이다.
수성금화도감	세종 [⑲]년, [⑲]년 [⑲]월 ① 세종 [⑲]년에 상시로 다스릴 일이 없는 [⑳]과 [⑳]을 병합하여 "수성금화도감"을 설치하였다. ② [㉑]소속으로 두었으며 제조 [㉑]명, 사 [㉑]명, 부사 [㉑]명, 판관 [㉑]명으로 구성되었다.
[㉒]	1428년 5가구를 하나의 단위로 묶어 화재 등의 상황에 대비해 각 가구마다 우물을 타고 물통을 준비하게 하였다.
금화군	세종 13년, 1431년 ① 세종 13년에 [㉓]로 구성된 "금화군"을 편성하였다. ② 상설조직은 아니였으며, [㉓]하였다.

정답

① 1958 ② 1967 ③ 1983 ④ 1989 ⑤ 1999 ⑥ 예방, 경계, 진압 ⑦ 구조대, 구급대 ⑧ 동굴 ⑨ 금성 서문 ⑩ 사회적 재앙 ⑪ 기와지붕, 숯 ⑫ 소재 ⑬ 금화원(금화관리자) ⑭ 화통도감 ⑮ 금화(법)령, 금화(법)령 ⑯ 금화조건 ⑰ 8, 1426, 2, 8 ⑱ 병조, 7, 5, 6, 6 ⑲ 8, 1426, 6, 8 ⑳ 성문도감, 금화도감 ㉑ 공조, 4, 2, 2, 2 ㉒ 5가 작통제 ㉓ 노비, 비상주

[①]	세조 13년, 1467년
	① 세조 13년에 금화군을 "[①]"으로 개편하였다. ② 도끼, 쇠갈고리, 불 덮개 등 구화기구를 갖춘 정원 [②]명의 상주 인원으로 구성되었다.
[③]	경종 3년, 1723년
	경종 3년에 [④ 일본 / 중국]으로부터 최초의 소방수입장비인 [④]를 도입하였다.

3. 구한말 ~ 일제강점기

1) 갑오개혁(갑오경장) [1894년]

구분	내용
소방(消防)	1895년
	[⑤]년 갑오개혁을 통하여 개화를 추진하는 과정에서 한성 부의 경찰사무를 관장하는 경무청에 화재사무를 관장하도록 하였다. 또한, 1895년 4월 29일 경무청 직제를 제정하면서 그 소속인 총무국에서 「수화·소방에 관하는 사항」을 분장토록 하였으며, 이때 만들어진 경무청 처리세칙에서 [⑤]이라는 용어가 역사상 처음 사용되게 되었다.
보험회사 설립	1908년
	1906년에 일본인이 한국에 화재보험회사 대리점을 설치하기 시작하며 1908년에 우리나라 최초의 [⑥]를 설립하였다. (단, 화재보험제도는 1925년에 실시하였다.)
소화전의 설치	[⑦]년
	[⑦]년에 수도급수규칙을 제정되었으며, 수도의 개설로 소화전이 설치되었다.

2) 일제강점기 [1910년]

구분	내용
상비소방수제도	[⑧]년
	소방조 소속의 상비소방수에서 [⑨] 소속의 [⑨] 제도가 생겨났으며, 이는 한일합방 직후에 생겨난 것으로 여겨진다.
[⑩] 신설	1915년
	1915년에 조선총독부령으로 [⑩] 규칙을 제정, 공포하여 전국적으로 [⑩]를 신설하였다.
경성 소방서	[⑪]년
	우리나라 최초의 소방서인 [⑫]가 설치되었으며, 이 시기에 일본인의 화재보험제도가 시행되었다. 또한, [⑬]년 4월 1일에는 부산소방서와 평양소방서가 설치되었으며, [⑭]년 광복까지는 청진, 용산, 인천, 함흥, 성동소방서 등 모두 8개의 소방서가 설치되기에 이르렀다.
[⑮] 설치	1939년
	경방단 규칙을 공포하여 [⑯]와 [⑯]을 통합하여 [⑯]을 설치하였다. 또한, 현재의 [⑰]는 일제강점기인 1939년 마을단위로의 [⑱]를 통합하여 도지사 감독하에 경찰서장이 지휘하는 [⑲]을 설치하면서 시작되었다. [⑳]은 평시에는 수화재, 전시에는 공습에 의한 화재를 경계, 방어하는 업무를 수행하게 했으며, 제2차 세계대전에서의 패배로 일제의 통치가 종결되자 [⑳]은 자동적으로 해체되었다.
소방장비의 설치	소방장비 중 파괴장구로는 파괴소방차, 쇠갈고리, 도끼 등이 설치되었으며, 구조장구로는 구조대, 구조막 등이 설치되었고, 고층 건물의 화재진압을 위하여 사다리 소방차, 망루, 119전화 등이 설치되었다. 또한, [㉑]년에는 스웨덴의 가솔린펌프 1대를 수입하였다.

4. 해방 및 대한민국 정부수립 이후

1) 과도기 미군정 시대 [1945 ~ 1948년]

구분	내용
[㉒]	1946년
	소방부 및 소방위원회를 구성하고 소방행정을 경찰에서 분리하여 [㉓]하였다.
소방위원회	1946년
	1946년의 중앙의 상무부 토목국에는 [㉔], 각 도에는 [㉕], 시·읍·면에는 [㉖]를 설치하였다. 또한, 1947년 [㉗]의 집행기구로 [㉗]을 설치한 이후에는 하부조직으로 총무과, 소방과, 예방과를 두고, 각 [㉘]에는 소방과와 예방과를 두었다.
[㉙] 조직	[㉙]년
	일제 통치의 종결로 경방단이 자동적으로 해체되고, 각 시·도에는 소방대를 조직, 소방과 수방 및 전후 복구 업무를 담당하는 등 정부 시책에 적극 협조하였다.

2) 정부수립 [1948 ~ 1970년]

구분	내용
[㉚]	1948년
	정부수립과 동시에 다시 소방은 경찰기구에 포함되어 운영되었으며, 중앙은 [㉛]에서 업무를 취급하였다.
방공단의 설치	1952년
	1950년 6·25 전쟁 후 방공의 중요성을 인식하여 방공법(1951년 3월) 및 방공단 규칙(1952년 8월) 제정을 계기로 [㉜]가 [㉝]에 흡수되었다. 직접 방공에 당하여야 할 일반 가정의 각성과 유대 강화를 위한 지도를 실시하고자 "가정 방공지도 기구 조직 규정"을 1951년 7월에 제정·시행하였으며, 산업시설의 방공 태세를 강화하기 위해 "직장 방공단 규칙"을 1952년 2월에 제정·시행하였다. [㉞]년 휴전협정이 체결됨에 따라 [㉟]이 해체되어 일시적으로 [㊱]이 존재하지 않았다.
소방법의 제정	[㊲]년
	화재를 포함하여 풍수해, 설해까지 소방업무 범위로 제정하였다. 이후 [㊳]년에 풍수해대책법이 제정됨에 따라서 소방에서 풍수해와 설해는 삭제되어 "화재의 [㊴], [㊴], [㊴]"을 소방업무 범위로 제한하였다.
경찰공무원법 적용	[㊵]년
	[㊶]년 경찰공무원법의 제정으로 국가공무원법에서 경찰공무원법의 적용을 받았으며, 일반직 공무원에서 "[㊷] 경찰공무원의 [㊷]" 신분으로 바뀌었다.

정답

① 멸화군, 멸화군 ② 50 ③ 수총기 ④ 중국, 수총기 ⑤ 1894, 소방(消防) ⑥ 화재보험회사 ⑦ 1909, 1909 ⑧ 1910 ⑨ 경무부, 상비소방수 ⑩ 소방조, 소방조, 소방조 ⑪ 1925 ⑫ 경성소방서 ⑬ 1939 ⑭ 1945 ⑮ 경방단 ⑯ 소방조, 수방단, 경방단 ⑰ 의용소방대 ⑱ 소방조 ⑲ 경방단 ⑳ 경방단, 경방단 ㉑ 1912 ㉒ 자치소방체제 ㉓ 자치화 ㉔ 중앙소방위원회 ㉕ 도소방위원회 ㉖ 소방부 ㉗ 중앙소방위원회, (중앙)소방청 ㉘ 도 소방청 ㉙ 소방대, 1946 ㉚ 국가소방체제 ㉛ 내무부 치안국 소방과 ㉜ 소방대 ㉝ 방공단 ㉞ 1953 ㉟ 방공단 ㊱ 민간소방행정조직 ㊲ 1958 ㊳ 1967 ㊴ 예방, 경계, 진압 ㊵ 1969 ㊶ 1969 ㊷ 별정직, 소방직

3) 발전기 [1970 ~ 1992년]

구분	내용
[①] 체제	[②]년
	서울 [③] 화재사고를 계기로 일부 지역([④], [④])에는 소방본부를 설치하였고, 기타 지역에서는 경찰기구에서 소방사무를 관장하였다.
지방소방공무원법의 제정	[⑤]년
	[⑥] 및 [⑥]에서는 지방소방공무원법(지방직, 지방소방공무원 신분)을 적용하였으며, 기타 지역에서는 경찰공무원법(국가직, 경찰공무원 신분)을 적용하였다.
민방위 본부 설치	[⑦]년
	[⑦]년 7월 25일 민방위기본법의 제정으로 민방위 본부가 설치되면서 내무부 치안본부 [⑧](1974년)에서 민방위 본부 내의 [⑨]으로 이전되어 경찰조직으로부터 독립되었다.
소방공무원법 제정	[⑩]년
	[⑩]년에 소방공무원법이 제정되고, [⑪]년에 시행되어 소방공무원 신분이 일원화(단일화)되었다. (단, 신분은 아직 [⑫] 공무원이었다.) 또한, [⑬]년에 소방학교를 설립하였으며, [⑬]년에 중앙소방학교로 개칭되었다.
국가공무원법 개정	1981년
	소방공무원을 기존 [⑭]에서 [⑭] 공무원으로 분류하였다. (단, 소방공무원법에서는 [⑮]년에 [⑮]에서 [⑮] 공무원으로 개정하였다.)
[⑯]	[⑰]년
	오늘날 우리의 소방 환경은 산업의 고도화에 따른 인구 집중, 건물의 고층 및 지하화와 화학제품의 대량 사용, 유류, 가스 등 각종 에너지원 사용으로 대형 화재 위험성이 날로 증가하였다. 이에 대규모 시장, 공장, 호텔, 병원 등 중요 소방대상물에 대하여 자율적인 소방태세를 확보하기 위하여 시설주 책임하에 자체 시설에 대한 화재 예방·경계 및 초기 진화 활동에 임하도록 하는 제도적 장치의 필요성이 대두되었다. 그리하여 [⑱]년에 [⑲]를 도입하게 되었으며, [⑳]은 방화관리자(현. 소방안전관리자)와 위험물 안전관리자의 업무를 보조하고 화재 현장에서 사람을 구출하고 불을 끄거나 불이 번지지 않도록 조치, 소방서장이 화재의 예방·경계 및 진압상 필요하다고 인정하여 명하는 직무를 담당하였다. (이후 [㉑]년 2월 소방법의 개정으로 청원소방원 제도는 폐지되었다.)
구급업무 및 구조업무의 도입	[㉒]년에 구급대 운영규정이 신설되고 구급업무를 소방업무범위에 포함시켰으며, 1988년 서울올림픽 개최 시 인명안전에 대한 필요성이 제기됨에 따라 119구조대가 설치되고 [㉓]년에 구조업무를 소방업무에 포함시켰다.

4) 시·도 자치소방체제 [1992 ~ 2020년]

구분	내용
[⑭] 소방체제	[㉕]년 모든 시·도에 소방본부를 설치하였으며, 소방사무의 책임이 시·도의 책임으로 일원화되었다.
[㉖] 신설	[㉖]년 충주호 유람선 등의 화재사고를 계기로 수난구호업무를 소방관서에 부여하며 방재국을 신설하였다.
소방공무원 신분체계의 이원화	[㉗]년 [㉗]년 1월 1일 소방국 직원과 16개 시·도 소방본부장 및 학교장을 제외한 소방서장을 비롯하여 기타 시·도 소방공무원이 [㉘]공무원에서 [㉘]공무원으로 신분이 변경되며 소방공무원의 신분체계는 [㉙]이 되었다.
재난관리법 신설	[㉚]년 성수대교 붕괴, 삼풍백화점 붕괴 등을 계기로 대형 사고를 예방하고 수습하기 위하여 [㉚]년에 「[㉛]」이 제정되었다. 이후 2003년에 대구 지하철 화재 참사를 계기로 [㉜]년에 「[㉝]」으로 통합 제정되었으며, 1958년의 소방법을 폐지하고 소방 관련 법령이 [㉞]으로 세분화되었다.
소방방재청 신설	[㉟]년 6월 소방방재청이 신설되었으며, 소방, 민방위, 재난 및 재해업무를 관장하였다.
국민안전처 신설	[㊱]년 11월 국민안전처가 신설되었으며, 소방방재청과 해양경찰청이 흡수 및 통합되었다.
소방청 출범	[㊲]년 7월 정부조직개편으로 [㊳] 소속의 소방청이 신설되었다.

5) 현재 [2020년 4월 1일 이후]

구분	내용
[㊴] 체제	[㊵]년 소방공무원이 국가직으로 전환됨에 따라 중앙과 지방이 하나가 되었다.
소방 법률 정비	[㊶]년 12월 「화재예방, 소방시설 설치·유지 및 안전관리에 관한 법률」이 화재 예방정책에 관한 사항과 소방시설 설치 및 관리에 관한 사항 등이 함께 복잡하게 규정되어 국민이 이해하기 어려우며, 화재로 인한 피해를 줄이고 체계적인 화재 예방정책을 추진하기에 한계가 있다고 판단하였다. 그에 따라 화재 예방에 관한 사항을 분리하여 별도의 법률(「화재의 예방 및 안전관리에 관한 법률」)로 제정하고, 법령을 「소방시설 설치 및 관리에 관한 법률」로 변경하였다.

🔔 정답

① 이원화 ② 1972 ③ 대연각호텔 ④ 서울, 부산 ⑤ 1973 ⑥ 서울, 부산 ⑦ 1975, 1975 ⑧ 소방과 ⑨ 소방국 ⑩ 1977, 1977 ⑪ 1978 ⑫ 별정직 ⑬ 1978, 1995 ⑭ 별정직, 특정직 ⑮ 1983, 별정직, 특정직 ⑯ 청원소방원 제도 ⑰ 1983 ⑱ 1983 ⑲ 청원소방원 제도 ⑳ 청원소방원 ㉑ 1999 ㉒ 1983 ㉓ 1989 ㉔ 광역자치 ㉕ 1992 ㉖ 방재국, 1994 ㉗ 1995, 1995 ㉘ 국가, 지방 ㉙ 지방직 ㉚ 1995, 1995 ㉛ 재난관리법 ㉜ 2004 ㉝ 재난 및 안전관리 기본법 ㉞ 4개 분법 ㉟ 2004 ㊱ 2014 ㊲ 2017 ㊳ 행정안전부 ㊴ 국가소방 ㊵ 2020 ㊶ 2022

제3장 소방행정체제

기본서 p.382

1. 개요

중앙 소방행정조직		지방 소방행정조직	민간 소방행정조직
직접적	[①] [①] [①] [①]	① 소방본부 ② 소방서 ③ 119안전센터, 구조·구급센터 ④ 소방정대, 구조대, 구급대 ⑤ 지방소방학교 ⑥ 서울종합방재센터 ⑦ [③ 의용소방대 / 의무소방대] ⑧ 119특수대응단 ⑨ 소방체험관	① [④ 의용소방대 / 의무소방대] ② 자위소방대, 소방안전관리자 ③ 자체소방대, 위험물안전관리자 ④ 소방시설업, 소방시설관리업 ⑤ 탱크안전성능시험자 ⑥ 위험물안전관리대행기관
간접적	[②] [②] [②] [②]		

2. 직접적 중앙소방행정조직

구분	내용
1) 소방청	① 소방청장의 관장사무를 지원하기 위하여 [⑤] 소속으로 중앙소방학교 및 중앙119구조본부를 둔다. ② 소방청장의 관장 사무를 지원하기 위하여 「책임운영기관의 설치·운영에 관한 법률」에 따라 [⑥] 소속의 책임운영기관으로 국립소방연구원을 둔다. ③ 소방청장과 소방청 차장의 직급 <table><tr><th>구분</th><th>직급</th></tr><tr><td>청장</td><td>[⑦]</td></tr><tr><td>차장</td><td>[⑧]</td></tr></table>
2) 중앙소방학교	① 연혁 ㉠ [⑨]. 07. : 소방학교 직제 공포 ㉡ [⑩]. 05. : 중앙소방학교로 개칭 ② 중앙소방학교의 교장은 [⑪]으로 보한다.
3) 중앙119구조본부	① 연혁 ㉠ [⑫]. 10. : 중앙119구조대 공포 ㉡ 2011. 01. : 중앙119[⑬] → 중앙119[⑬] 명칭 변경 ㉢ 2013. 09. : 중앙119[⑭] → 중앙119[⑭] 명칭 변경 ② 중앙119구조본부의 본부장은 [⑮]으로 보한다.
4) 국립소방연구원	① 연혁 ㉠ 1991. 04. : 중앙소방학교에 [⑯] 설치 ㉡ 2006. 06. : [⑰] → [⑰] 명칭 변경 ㉢ 2019. 05. : [⑱]으로 승격

3. 간접적 중앙소방행정조직

1) 한국소방안전원(「[⑲]」)

구분	내용
설립	① 소방기술과 안전관리기술의 향상 및 홍보, 그 밖의 교육·훈련 등 행정기관이 위탁하는 업무의 수행과 소방 관계 종사자의 기술 향상을 위하여 한국소방안전원을 [⑳]의 인가를 받아 설립한다. ② 설립되는 안전원은 법인으로 한다. ③ 안전원에 관하여 이 법에 규정된 것을 제외하고는 「민법」 중 [㉑ 재단법인 / 사단법인]에 관한 규정을 준용한다.
업무	① 소방기술과 안전관리에 관한 [㉒] 및 조사·연구 ② 소방기술과 안전관리에 관한 각종 간행물 발간 ③ 화재 예방과 안전관리의식 고취를 위한 대국민 [㉓] ④ 소방업무에 관하여 행정기관이 위탁하는 업무 ⑤ 소방안전에 관한 [㉔] ⑥ 그 밖에 회원에 대한 기술지원 등 정관으로 정하는 사항
임원	① 안전원에 임원으로 원장 1명을 포함한 [㉕]명 이내의 [㉕]와 [㉕]명의 [㉕]를 둔다. ② 원장과 감사는 [㉖]이 임명한다.

2) 한국소방산업기술원(「[㉗]」)

구분	내용
설립	① [㉘]은 소방산업의 진흥·발전을 효율적으로 지원하기 위하여 한국소방산업기술원을 설립할 수 있다. ② 기술원은 법인으로 한다. ③ 기술원에 관하여 이 법에서 규정한 것을 제외하고는 「민법」의 [㉙ 재단법인 / 사단법인]에 관한 규정을 준용한다. ④ [㉚]은 기술원의 시설 및 운영에 필요한 경비를 예산의 범위에서 출연하거나 지원할 수 있다.

3) 대한소방공제회(「[㉛]」)

구분	내용
설립	대한소방공제회를 설립하여 [㉜]에 대한 효율적인 공제제도를 확립·운영하고, 직무수행 중 사망하거나 상이(傷痍)를 입은 사람에 대한 지원사업을 함으로써 이들의 생활 안정과 복지 증진에 이바지함을 목적으로 한다.

4) 소방산업공제조합(「[㉝]」)

구분	내용
설립	① 소방사업자는 상호협동과 자율적인 경제활동을 도모하고 소방산업의 건전한 발전을 위하여 [㉞]의 인가를 받아 각종 자금대여와 보증 등을 행하는 소방산업공제조합을 설립할 수 있다. ② 공제조합은 법인으로 한다. ③ 공제조합에 관하여 이 법에서 규정한 것을 제외하고는 「민법」 중 [㉟ 재단법인 / 사단법인]에 관한 규정과 「상법」 중 주식회사의 계산에 관한 규정을 준용한다.

> **정답**
> ① 소방청, 중앙소방학교, 중앙119구조본부, 국립소방연구원 ② 한국소방안전원, 한국소방산업기술원, 대한소방공제회, 소방산업공제조합 ③ 의무소방대
> ④ 의용소방대 ⑤ 소방청장 ⑥ 소방청장 ⑦ 소방총감 ⑧ 소방정감 ⑨ 1978 ⑩ 1995 ⑪ 소방감 ⑫ 1995 ⑬ 구조대, 구조단 ⑭ 구조단, 구조본부
> ⑮ 소방감 ⑯ 소방연구실 ⑰ 소방연구실, 소방과학연구실 ⑱ 국립소방연구원 ⑲ 소방기본법 ⑳ 소방청장 ㉑ 재단법인 ㉒ 교육 ㉓ 홍보 ㉔ 국제협력
> ㉕ 9, 이사, 1, 감사 ㉖ 소방청장 ㉗ 소방산업의 진흥에 관한 법률 ㉘ 소방청장 ㉙ 재단법인 ㉚ 소방청장 ㉛ 대한소방공제회법 ㉜ 소방공무원
> ㉝ 소방산업의 진흥에 관한 법률 ㉞ 소방청장 ㉟ 사단법인

4. 지방소방행정조직(「지방소방기관 설치에 관한 규정」)

1) 지방소방학교장의 직급

구분		직급
지방소방학교장	특별시, 경기도	[①]
	광역시, 그 밖의 도	[②]

2) 소방본부
   ① 전국에 [③]개 소방본부가 있다.
   ② 소방본부장 : 특별시·광역시·특별자치시·도 또는 특별자치도에서 화재의 예방·경계·진압·조사 및 구조·구급 등의 업무를 담당하는 [③ 기관 / 부서]의 장

3) 소방서, 119출장소 및 119안전센터
   ① 시·도는 그 관할구역의 소방업무를 담당하게 하기 위하여 해당 [④ 시·도의 조례 / 시·도의 규칙](으)로 정하는 바에 따라 소방서를 설치한다.
   ② 소방서장의 소관 사무를 분장하게 하기 위하여 해당 [⑤ 시·도의 조례 / 시·도의 규칙](으)로 정하는 바에 따라 소방서장 소속으로 119출장소·119안전센터·119구조대·119구급대·119구조구급센터·소방정대 및 119지역대를 둘 수 있다.
   ③ 소방서의 설치기준
   　㉠ [⑥] 단위로 설치하되, 소방업무의 효율적인 수행을 위하여 특히 필요한 경우에는 인근 시·군·구를 포함한 지역을 단위로 설치할 수 있다.
   　㉡ 설치된 소방서의 관할구역에 설치된 119안전센터의 수가 [⑦]개를 초과하는 경우에는 소방서를 추가로 설치할 수 있다.
   　㉢ ㉠ 및 ㉡에도 불구하고 석유화학단지·공업단지·주택단지 또는 문화관광단지의 개발 등으로 대형 화재의 위험이 있거나 소방 수요가 급증하여 특별한 소방대책이 필요한 경우에는 해당 지역마다 소방서를 설치할 수 있다.

4) 의무소방대(「의무소방대설치법」)

구분	내용
도입배경	2001년 3월 4일 6명의 순직자와 3명의 부상자가 발생한 [⑧] 화재를 계기로 현장 소방 인력 부족 문제를 해결하기 위해 군 복무 대신 소방업무를 대신하는 전환복무 형태로 도입된 제도이다.
설치	화재의 경계·진압과 재난·재해발생시 구조·구급활동 등 소방업무를 [⑨]하기 위하여 대통령령이 정하는 소방기관의 장 소속하에 의무소방대를 둔다.
조직	의무소방대의 대원은 임용된 [⑩]과 「소방공무원법」에 의한 [⑩]으로 구성한다.

5. 민간소방행정조직

1) 의용소방대(「의용소방대 설치 및 운영에 관한 법률」)

구분	내용
설치	① [⑪] 또는 [⑪]은 재난현장에서 화재진압, 구조·구급 등의 활동과 화재예방활동에 관한 업무(이하 "소방업무"라 한다)를 보조하기 위하여 의용소방대를 설치할 수 있다. ② 의용소방대는 [⑫], [⑫] 또는 [⑫]에 둔다. ③ [⑬] 또는 [⑬]은 필요한 경우 관할 구역을 따로 정하여 그 지역에 의용소방대를 설치할 수 있다. ④ [⑭] 또는 [⑭]은 필요한 경우 의용소방대를 화재진압 등을 전담하는 의용소방대(이하 "전담의용소방대"라 한다)로 운영할 수 있다. 이 경우 관할 구역의 특성과 관할 면적 또는 출동거리 등을 고려하여야 한다.
의용소방대의 날	① 의용소방대의 숭고한 봉사와 희생정신을 알리고 그 업적을 기리기 위하여 매년 [⑮]월 [⑮]일을 의용소방대의 날로 정하여 기념행사를 한다. ② 의용소방대의 날 기념행사에 관하여 필요한 사항은 [⑯] 또는 [⑯]가 따로 정하여 시행할 수 있다.

임명	① 임명권자 : [⑰] 또는 [⑰]
	② 그 지역에 거주 또는 상주하는 주민 가운데 희망하는 사람으로서 다음의 어느 하나에 해당하는 사람을 의용소방대원으로 임명한다.
	  ㉠ 관할 구역 내에서 안정된 사업장에 근무하는 사람
	  ㉡ 신체가 건강하고 협동정신이 강한 사람
	  ㉢ 희생정신과 봉사정신이 투철하다고 인정되는 사람
	  ㉣ 소방기술 관련 자격·학력 또는 경력이 있는 사람
	  ㉤ 의사·간호사 또는 응급구조사 자격을 가진 사람
	  ㉥ 기타 의용소방대의 활동에 필요한 기술과 재능을 보유한 사람

해임	① 해임권자 : [⑱] 또는 [⑱]
	② 다음의 어느 하나에 해당하는 때에는 해임하여야 한다.
	  ㉠ 소재를 알 수 없는 경우
	  ㉡ 관할 구역 외로 이주한 경우(제외 : 신속한 재난현장 도착 등 대원으로서 활동하는 데 지장이 없다고 인정되는 경우)
	  ㉢ 심신장애로 직무를 수행할 수 없다고 인정되는 경우
	  ㉣ 직무를 태만히 하거나 직무상의 의무를 이행하지 아니한 경우
	  ㉤ 행위금지 의무를 위반한 경우
	  ㉥ 그 밖에 행정안전부령으로 정하는 사유에 해당하는 경우

정년	[⑲]세
조직	① 의용소방대에는 [⑳]·[⑳]·[⑳]·[⑳] 또는 [⑳]을 둔다. ② 대장 및 부대장은 의용소방대원 중 관할 [㉑]의 추천에 따라 [㉑]가 임명한다. ③ 대장 및 부대장의 임기는 [㉒]년이다.
근무	① 의용소방대원은 [㉓ 상근 / 비상근]으로 한다. ② [㉔ 소방청장, 소방본부장 또는 소방서장 / 소방본부장 또는 소방서장]은 소방업무를 보조하게 하기 위하여 필요한 때에는 의용소방대원을 소집할 수 있다.
정원	<table><tr><th>구분</th><th>정원</th></tr><tr><td>시·도</td><td>[㉕]명 이내</td></tr><tr><td>시·읍</td><td>[㉕]명 이내</td></tr><tr><td>면</td><td>[㉕]명 이내</td></tr><tr><td>관할 구역을 따로 정한 지역에 설치하는 의용소방대</td><td>50명 이내</td></tr><tr><td>전문의용소방대</td><td>50명 이내</td></tr></table>

🔔 정답

① 소방준감 ② 소방정 ③ 19, 부서 ④ 시·도의 조례 ⑤ 시·도의 규칙 ⑥ 시·군·구 ⑦ 5 ⑧ 서울 홍제동 단독주택 ⑨ 보조 ⑩ 의무소방원, 소방공무원 ⑪ 시·도지사, 소방서장 ⑫ 시·도, 시·읍, 면 ⑬ 시·도지사, 소방서장 ⑭ 시·도지사, 소방서장 ⑮ 3, 19 ⑯ 소방청장, 시·도지사 ⑰ 시·도지사, 소방서장 ⑱ 시·도지사, 소방서장 ⑲ 65 ⑳ 대장, 부대장, 부장, 반장, 대원 ㉑ 소방서장, 시·도지사 ㉒ 3 ㉓ 비상근 ㉔ 소방본부장 또는 소방서장 ㉕ 60, 60, 50

성과중심의 포상	[① 시·도지사 / 소방본부장 또는 소방서장](은)는 의용소방대 및 의용소방대원별로 활동실적을 평가·관리하고, 이를 토대로 성과 중심의 포상 등을 실시할 수 있다.	
재난현장 출동	의용소방대원은 소집명령에 따라 화재, 구조·구급 등 재난현장에 출동하여 [② 소방청장, 소방본부장 또는 소방서장 / 소방본부장 또는 소방서장]의 지휘와 감독을 받아 소방업무를 보조한다.	
복무의 지도·감독	[③ 소방청장, 소방본부장 또는 소방서장 / 소방본부장 또는 소방서장]은 의용소방대원이 그 품위를 유지할 수 있도록 복무에 대한 지도·감독을 실시하여야 한다.	
교육 및 훈련	[④ 소방청장, 소방본부장 또는 소방서장 / 소방본부장 또는 소방서장]은 의용소방대원에 대하여 교육(임무 수행과 관련한 보건안전교육 포함)·훈련을 실시하여야 한다.	
경비의 부담	① 의용소방대의 운영과 활동 등에 필요한 경비는 해당 [⑤]가 부담한다. ② 국가는 경비의 일부를 예산의 범위에서 지원할 수 있다.	
소집수당	[⑥]는 의용소방대원이 임무를 수행하는 때에는 예산의 범위에서 수당을 지급할 수 있다.	
활동비 지원	[⑦]은 관할 구역에서 의용소방대원이 임무를 수행하는 경우 그 임무 수행에 필요한 비용의 전부 또는 일부를 지원할 수 있다.	
재해보상	① [⑧]는 의용소방대원이 임무의 수행 또는 교육·훈련으로 인하여 질병에 걸리거나 부상을 입거나 사망한 때에는 행정안전부령으로 정하는 범위에서 시·도의 조례로 정하는 바에 따라 보상금을 지급하여야 한다. ② [⑧]는 보상금 지급을 위하여 보험에 가입할 수 있다.	

2) **자위소방대**
   ① 소방안전관리대상물의 소방안전관리자가 편성·운영하는 자율 안전관리조직으로 화재를 예방하고 화재발생 시 [⑨], [⑨] 및 [⑨], 인명과 재산피해를 최소화하기 위한 조직체를 말한다.
   ② 구성 : [⑩], [⑩], [⑩], [⑩], [⑩], [⑩], [⑩]

3) **소방안전관리자**
   ① 소방안전관리대상물(소방안전관리자를 두어야 하는 특정소방대상물)

구분	대상
특급	㉠ [⑪]층 이상(지하층은 제외)이거나 지상으로부터 높이가 [⑪]미터 이상인 아파트 ㉡ [⑫]층 이상(지하층을 포함)이거나 지상으로부터 높이가 [⑫]미터 이상인 특정소방대상물(아파트는 제외) ㉢ "㉡"에 해당하지 않는 특정소방대상물로서 연면적이 [⑬]제곱미터 이상인 특정소방대상물(아파트는 제외)
1급	㉠ [⑭]층 이상(지하층은 제외)이거나 지상으로부터 높이가 [⑭]미터 이상인 아파트 ㉡ 연면적 [⑮]제곱미터 이상인 특정소방대상물(아파트 및 연립주택은 제외) ㉢ ㉡에 해당하지 않는 특정소방대상물로서 지상층의 층수가 [⑯]층 이상인 특정소방대상물(아파트는 제외) ㉣ 가연성 가스를 [⑰]톤 이상 저장·취급하는 시설
2급	㉠ [⑱]설비를 설치해야 하는 특정소방대상물, [⑱]설비를 설치해야 하는 특정소방대상물 또는 [⑱]설비[화재안전기준에 따라 호스릴 방식의 물분무등소화설비만을 설치할 수 있는 특정소방대상물은 제외]를 설치해야 하는 특정소방대상물 ㉡ 가스 제조설비를 갖추고 도시가스사업의 허가를 받아야 하는 시설 또는 가연성 가스를 [⑲]톤 이상 [⑲]톤 미만 저장·취급하는 시설 ㉢ [⑳] ㉣ 공동주택([㉑]설비 또는 [㉑]설비가 설치된 공동주택으로 한정한다) ㉤ 보물 또는 국보로 지정된 [㉒]
3급	㉠ [㉓]설비([㉔]설비 제외)를 설치해야 하는 특정소방대상물 ㉡ [㉕]설비를 설치해야 하는 특정소방대상물

[비고]
특급 및 1급 소방안전관리대상물의 제외대상 : [㉖], 철강 등 불연성 물품을 저장·취급하는 창고, 위험물 저장 및 처리 시설 중 제조소등, [㉖]

② 소방안전관리보조자

선임대상	선임인원
㉠ 「건축법 시행령」에 따른 아파트 중 [㉗]세대 이상인 아파트	1명. 다만, 초과되는 [㉘]세대마다 1명 이상을 추가로 선임
㉡ 연면적이 [㉙][m²] 이상인 특정소방대상물 (아파트 및 연립주택은 제외한다)	1명. ⓐ 초과되는 연면적 [㉚][m²]마다 1명 이상을 추가로 선임 ⓑ 특정소방대상물의 방재실에 자위소방대가 24시간 상시 근무하고 소방자동차 중 소방펌프차, 소방물탱크차, 소방화학차 또는 무인방수차를 운용하는 경우에는 [㉛][m²]마다 1명 이상을 추가로 선임
㉢ ㉠ 및 ㉡에 따른 특정소방대상물을 제외한 특정소방대상물 중 다음의 어느 하나에 해당하는 특정소방대상물 ⓐ 공동주택 중 [㉜] ⓑ [㉝]시설 ⓒ [㉝]시설 ⓓ [㉝]시설 ⓔ 숙박시설(숙박시설로 사용되는 바닥면적의 합계가 [㉞][m²] 미만이고 관계인이 24시간 상시 근무하고 있는 숙박시설은 제외한다)	1명. 해당 특정소방대상물이 소재하는 지역을 관할하는 [㉟]이 [㉟]이나 [㉟]에 해당 특정소방대상물이 이용되지 않는다는 것을 확인한 경우에는 소방안전관리보조자를 선임하지 않을 수 있음

③ 건설현장 소방안전관리대상물
  ㉠ 신축·증축·개축·재축·이전·용도변경 또는 대수선을 하려는 부분의 연면적의 합계가 [㊱][m²] 이상인 것
  ㉡ 신축·증축·개축·재축·이전·용도변경 또는 대수선을 하려는 부분의 연면적이 [㊲][m²] 이상인 것으로서 다음의 어느 하나에 해당하는 것
    - 지하층의 층수가 [㊳]개 층 이상인 것
    - 지상층의 층수가 [㊴]층 이상인 것
    - [㊵]창고, [㊵]창고 또는 [㊵]·[㊵]창고

④ 관리의 권원이 분리된 특정소방대상물의 소방안전관리
  ㉠ 복합건축물(지하층을 제외한 층수가 [㊶]층 이상 또는 연면적 [㊶][m²] 이상인 건축물)
  ㉡ [㊷]
  ㉢ 판매시설 중 [㊸]시장, [㊸]시장 및 [㊸]시장

🏠 **정답**

① 소방본부장 또는 소방서장 ② 소방본부장 또는 소방서장 ③ 소방본부장 또는 소방서장 ④ 소방청장, 소방본부장 또는 소방서장 ⑤ 시·도지사
⑥ 시·도지사 ⑦ 시장·군수·구청장(자치구의 구청장을 말한다) ⑧ 시·도지사, 시·도지사 ⑨ 비상연락, 초기소화, 피난유도
⑩ 대장, 부대장, 비상연락팀, 초기소화팀, 피난유도팀, 응급구조팀, 방호안전팀 ⑪ 50, 200 ⑫ 30, 120 ⑬ 10만 ⑭ 30, 120 ⑮ 1만5천 ⑯ 11 ⑰ 1천
⑱ 옥내소화전, 스프링클러, 물분무등소화 ⑲ 100, 1천 ⑳ 지하구 ㉑ 옥내소화전, 스프링클러 ㉒ 목조건축물 ㉓ 간이스프링클러
㉔ 주택전용 간이스프링클러 ㉕ 자동화재탐지 ㉖ 동·식물원, 지하구 ㉗ 300 ㉘ 300 ㉙ 15,000 ㉚ 15,000 ㉛ 30,000 ㉜ 기숙사
㉝ 의료, 노유자, 수련 ㉞ 1,500 ㉟ 소방서장, 야간, 휴일 ㊱ 1만5천 ㊲ 5천 ㊳ 2 ㊴ 11 ㊵ 냉동, 냉장, 냉동, 냉장 ㊶ 11, 3만 ㊷ 지하가 ㊸ 도매, 소매, 전통

4) 자체소방대
① 자체소방대 : 다량의 위험물을 저장·취급하는 사업소에 설치하여야 하는 소방조직
② 자체소방대를 설치하여야 하는 사업소

제4류 위험물을 취급하는 제조소 또는 일반취급소	취급하는 제4류 위험물의 최대수량의 합이 지정수량의 [①]배 이상
제4류 위험물을 저장하는 옥외탱크저장소	저장하는 제4류 위험물의 최대수량이 지정수량의 [②]배 이상

③ 자체소방대의 설치 제외 대상인 일반취급소
㉠ 보일러, 버너 그 밖에 이와 유사한 장치로 위험물을 소비하는 일반취급소
㉡ [③] 그 밖에 이와 유사한 것에 위험물을 주입하는 일반취급소
㉢ [④]에 위험물을 옮겨 담는 일반취급소
㉣ 유압장치, 윤활유순환장치 그 밖에 이와 유사한 장치로 위험물을 취급하는 일반취급소
㉤ 「[⑤]」의 적용을 받는 일반취급소

④ 자체소방대에 두는 화학소방자동차 및 인원

사업소의 구분	화학소방자동차	자체소방대원의 수
• 제조소 또는 일반취급소에서 취급하는 제4류 위험물의 최대수량의 합이 지정수량의 3천배 이상 12만배 미만인 사업소	[⑥]	[⑥]
• 제조소 또는 일반취급소에서 취급하는 제4류 위험물의 최대수량의 합이 지정수량의 12만배 이상 24만배 미만인 사업소	[⑦]	[⑦]
• 제조소 또는 일반취급소에서 취급하는 제4류 위험물의 최대수량의 합이 지정수량의 24만배 이상 48만배 미만인 사업소	[⑧]	[⑧]
• 제조소 또는 일반취급소에서 취급하는 제4류 위험물의 최대수량의 합이 지정수량의 48만배 이상인 사업소	[⑨]	[⑨]
• 옥외탱크저장소에 저장하는 제4류 위험물의 최대수량이 지정수량의 50만배 이상인 사업소	[⑩]	[⑩]

[비고]
화학소방자동차에는 행정안전부령으로 정하는 소화능력 및 설비를 갖추어야 하고, 소화활동에 필요한 소화약제 및 기구(방열복 등 개인장구 포함)를 비치하여야 한다.

5) 위험물안전관리자
① 위험물안전관리자 : 위험물의 안전관리에 관한 직무를 수행하기 위해 제조소등마다 다음의 자격을 갖춘 위험물취급자격자를 위험물안전관리자로 선임
② 위험물취급자격자

위험물취급자격자의 구분	취급할 수 있는 위험물
㉠ 위험물기능장, 위험물산업기사, 위험물기능사의 자격을 취득한 사람	[⑪] 위험물
㉡ 안전관리자 교육이수자 ㉢ 소방공무원으로 근무한 경력이 [⑫]년 이상인 자	[⑬] 위험물

6) 소방시설업 및 소방시설관리업
① 소방시설업 : 소방시설설계업, 소방시설공사업, 소방공사감리업, 방염처리업

구분	정의
[⑭]	소방시설공사에 기본이 되는 공사계획, 설계도면, 설계설명서, 기술계산서 및 이와 관련된 서류를 작성하는 영업
[⑮]	설계도서에 따라 소방시설을 신설, 증설, 개설, 이전 및 정비하는 영업
[⑯]	소방시설공사에 관한 발주자의 권한을 대행하여 소방시설공사가 설계도서와 관계법령에 따라 적법하게 시공되는지를 확인하고 품질·시공관리에 대한 기술지도를 하는 영업
[⑰]	방염대상물품에 대하여 방염처리하는 영업

② [⑱] : 소방시설등의 점검 및 관리, 소방안전관리업무의 대행을 하는 영업

제4장 소방조직관리의 기초이론

📝 기본서 p.398

1. 조직의 유형

조직의 유형		내용
[⑲]를 기준으로 한 분류	[⑳]조직	일반 대중이 주된 수혜자가 되는 것 (예시 : 소방·경찰·군대)
	호혜적 조직	조직 구성원이 주된 수혜자가 되는 것(예시 : 노동조합, 정당)
	서비스(봉사) 조직	조직의 서비스를 이용하는 고객이 수익자가 되는 것 (예시 : 병원, 학교)
	기업(사업)조직	조직의 소유주 또는 경영권자가 주된 수혜자가 되는 것(예시 : 은행, 회사)
[㉑] 기능에 의한 분류	생산조직	사회가 소비하는 재화나 비용 등을 생산하는 것(예시 : 회사)
	정치조직	사회의 공동목표를 설정하고 달성하는 기능을 수행하는 것(예시 : 행정기관)
	통합조직	구성원 간에 결속과 통일을 유지하는 사회통합의 기능을 수행하는 것(예시 : 정당)
	형상유지조직	교육, 문화, 표현 등의 행동을 통해 사회가 유지하려는 것 (예시 : 학교, 교회)
[㉒]를 기준으로 한 분류	강제적 조직	통제수단으로 강제가 사용되고 대부분의 구성원이 소외의식을 느끼는 것(예시 : 교도소, 강제 구금되는 정신병원)
	공리적 조직	통제수단으로 경제적 보상이 사용되고 대부분의 구성원이 타산적 성향을 지닌 것 (예시 : 사기업)
	[㉓] 조직	통제수단이 규범적 권력이 사용되고 구성원이 높은 귀속감을 지닌 것(예시 : 정당, 종교조직, 소방조직

2. 동기부여를 통한 조직관리

1) 매슬로의 욕구이론(A. H. Maslow) : 5단계로 분류

구분	의미
[㉔] 욕구	인간의 가장 기본적인 욕구(의식주)
[㉕]의 욕구	안전과 보호, 경제적 안정, 질서 등에 대한 것(일종의 자기 보전적 욕구)
[㉖] 욕구	인간은 사회적 동물로서 일정 집단에 소속되어 집단으로부터 받아들여지기를 원하는 욕구(소속의 욕구)
[㉗]의 욕구	스스로 자신을 중요하다고 느낄 뿐만 아니라 다른 사람들로부터도 인정받고자 하는 욕구
[㉘]의 욕구	자아실현 등을 통해 자신의 잠재 가능성을 실현하려는 욕구

2) 앨더퍼의 E.R.G 이론(C. Alderfer) : 3단계로 분류

구분	의미
[㉙]욕구	기본적인 욕구로 음식, 공기, 물, 임금 그리고 작업조건과 같은 것에 대한 욕구(배고픔, 갈증)
[㉚]욕구	의미있는 사회적, 개인적 인간관계 형성에 의해서 충족될 수 있는 욕구(대인관계)
[㉛]욕구	개인의 생산적이고 창의적인 공헌에 의해서 충족될 수 있는 욕구(개인의 창조적 성장)

🏠 **정답**

① 3,000 ② 50만 ③ 이동저장탱크 ④ 용기 ⑤ 광산안전법 ⑥ 1대, 5인 ⑦ 2대, 10인 ⑧ 3대, 15인 ⑨ 4대, 20인 ⑩ 2대, 10인 ⑪ 모든 ⑫ 3 ⑬ 제4류 ⑭ 소방시설설계업 ⑮ 소방시설공사업 ⑯ 소방공사감리업 ⑰ 방염처리업 ⑱ 소방시설관리업 ⑲ 수혜자 ⑳ 공익 ㉑ 사회적 ㉒ 복종의 정도(통제수단) ㉓ 규범적 ㉔ 생리적 ㉕ 안전 ㉖ 사회적 ㉗ 존경 ㉘ 자아실현 ㉙ 존재 ㉚ 관계 ㉛ 성장

3. 소방조직 및 소방행정

1) 소방조직의 기본원리

원리의 구분	내용
[①]의 원리	구성원들 간에 상하의 계층을 설정하여 명령, 지휘, 감독 체계를 확립하는 원리이다.
[②]의 원리	조직의 공동목표를 달성하기 위해 구성원의 노력을 통합하고 조정하는 원리이다.
[③]의 원리	한 사람의 부하는 한 사람의 상관으로부터만 명령을 받아야 한다는 원리이다.
[④]의 원리	한 사람의 상관이 감독하는 부하의 수는 그 상관의 통제능력 범위 내로 한정되어야 한다는 원리이다.
[⑤]의 원리	조직의 업무를 성질별로 나누어 조직구성원에게 한가지의 주된 업무를 전담시킴으로써 조직의 능률을 향상시키는 원리이다.
[⑥]의 원리	특정 사안에 대한 결정에 있어 의사결정과정에서는 개인의 의견이 참여되지만 결정을 내리는 것은 개인이 아닌 소속기관의 장임을 의미한다.

2) 소방업무의 특성

구분	내용
[⑦]	각종 사고발생 시 한정된 시간 내에 신속하고 정확하게 대처를 해야 한다.
[⑧]	각종 사고발생 시 현장에서 항상 돌발적인 위험성을 내재하고 있다. 단, 위해성을 의미하지 않는다.
[⑨]	주로 화재현장에서 직접 화재에 대응하여야 하는 현장 중심의 업무이다.
[⑩]	대형재난으로 인명 및 재산 피해가 발생하였을 때 그 책임을 면하기 어렵다는 특성상 과정이나 절차를 중시하는 일반 행정과 달리 상대적으로 결과를 중요시한다.
[⑪]	건축, 전기, 가스, 위험물 등 다양한 분야의 전문성이 요구되는 전문기술업무이다.
[⑫]	각종 사고에 대해 신속, 효과적으로 대처하기 위해 지휘·명령권이 확립된 지휘체계조직이다.
[⑬]	각종 사고는 예측할 수 없으므로 상시 대응태세를 갖추어야 하며, 5분 대기조로 출동대기상태를 유지하여야 한다.
[⑭]	불확실한 사고에 대비하기 위해 충분한 인력 및 장비의 여유자원을 갖추어져 충분해야 한다.
[⑮]	소방조직은 비상사태에 대응하기 위하여 엄격한 상명하복의 계층적 계급구조를 가지고 있다.
[⑯]	소방업무의 특성상 구조·구급 및 각종 서비스의 제공뿐만 아니라 화재발생시 안전을 확보하기 위하여 인·허가 업무처리 등 규제의 기능도 수업함으로써 업무의 효율성 및 처리과정의 합리성을 추구한다.

3) 소방행정작용의 특성

소방행정작용	내용
[⑰]	소방행정의 실효성을 확보하기 위해 행정객체가 소방행정법에 의해 부과된 의무를 위반한 경우에 그에 대해 제재를 가할 수 있고 직접 자력으로 행정내용을 강제하고 실현할 수 있는 있는 특성을 가진다.
[⑱]	소방행정기관이 당사자의 허락을 받지 않고 일방적인 결정에 의하여 행정조치를 취하는 것을 말한다.
[⑲]	소방행정은 공공의 위험을 배제하는 수단, 방법을 강구함에 있어 윤리성이나 도덕성을 참작하기에 앞서 재난, 재해로부터 국민의 생명과 재산을 보호함을 우선해야 한다는 특성을 갖는다.
[⑳]	소방대상물에 여러 가지 구체적인 사정이 있다고 해도 용도가 같으면 원칙적으로 소방법령의 적용에 있어서 획일적으로 적용되어야 한다는 원칙을 말한다.

제5장 소방자원관리

📎 기본서 p.403

1. 인적 자원관리

1) 개요

① 소방공무원의 신분(「국가공무원법」) : [㉑] 중 [㉑] 공무원
② 소방임용의 원칙 : [㉒]의 원칙, [㉒]의 원칙, [㉒]의 원칙

2) 용어의 정의(「소방공무원법」 및 「소방공무원 임용령」)

① [㉓] : 신규채용·승진·전보·파견·강임·휴직·직위해제·정직·강등·복직·면직·해임 및 파면을 말한다.
② [㉔] : 소방공무원의 같은 계급 및 자격 내에서의 근무기관이나 부서를 달리하는 임용을 말한다.
③ [㉕] : 동종의 직무 내에서 하위의 직위에 임명하는 것을 말한다.
④ [㉖] : 휴직·직위해제 또는 정직(강등에 따른 정직을 포함한다) 중에 있는 소방공무원을 직위에 복귀시키는 것을 말한다.
⑤ [㉗] : 소방공무원이 다른 직위로 전보되기 전까지 현 직위에서 근무하여야 하는 최소기간을 말한다.

3) 소방공무원의 계급

소방[㉘] - 소방[㉘] - 소방[㉘] - 소방[㉙] - 소방[㉙] - 소방[㉙] - 소방[㉙] - 소방[㉚] - 소방[㉚] - 소방[㉚] - 소방[㉚]

4) 소방공무원의 임용 개요

구분	사	교	장	위	경	령	정	준감	감	정감	총감
근속승진	[㉛]년	[㉜]년	[㉝]년 [㉝]개월	[㉞]년	계급정년	[㉟]년	[㊱]년	[㊲]년	[㊳]년		
최저근무연수	[㊴]년	[㊵]년	[㊶]년	[㊷]년	[㊸]년	[㊹]년	[㊺]년				

5) 소방공무원법 관련 중요 사항

구분	내용
임용권자	① [㊻] 이상의 소방공무원은 [㊻]의 제청으로 [㊻]를 거쳐 [㊻]이 임용한다. 다만, [㊼]은 대통령이 임명하고, [㊽] 이상 [㊽] 이하의 소방공무원에 대한 전보, 휴직, 직위해제, 강등, 정직 및 복직은 [㊽]이 한다. ② [㊾] 이하의 소방공무원은 [㊾]이 임용한다.
시보	① 소방공무원을 신규채용할 때에는 소방장 이하는 [㊿ 6개월 / 1년]간 시보로 임용하고, 소방위 이상은 [㊿ 6개월 / 1년]간 시보로 임용하며, 그 기간이 만료된 다음 날에 정규 소방공무원으로 임용한다. 다만, 대통령령으로 정하는 경우에는 시보임용을 면제하거나 그 기간을 단축할 수 있다. ② 휴직기간, 직위해제기간 및 징계에 의한 정직처분 또는 감봉처분을 받은 기간은 시보임용 기간에 포함하지 아니한다.
승진	① 소방공무원은 바로 아래 하위계급에 있는 소방공무원 중에서 [51], [51], 그 밖의 능력을 실증(實證)하여 승진임용한다. ② 소방준감 이하 계급으로의 승진은 승진심사에 의하여 한다. 다만, 소방령 이하 계급으로의 승진은 대통령령으로 정하는 비율에 따라 승진심사와 승진시험을 병행할 수 있다.

🏠 정답

① 계층 ② 조정 ③ 명령통일 ④ 통솔범위 ⑤ 분업 ⑥ 계선 ⑦ 긴급성(신속·대응성) ⑧ 위험성 ⑨ 현장성 ⑩ 결과성 ⑪ 전문성 ⑫ 일체성 ⑬ 대기성
⑭ 가외성 ⑮ 계층성 ⑯ 규제성 ⑰ 강제성 ⑱ 우월성 ⑲ 기술성 ⑳ 획일성 ㉑ 경력직, 특정직 ㉒ 평등, 실적주의, 적격자 임용 ㉓ 임용 ㉔ 전보 ㉕ 강임
㉖ 복직 ㉗ 필수보직기간 ㉘ 사, 교, 장 ㉙ 위, 경, 령, 정 ㉚ 준감, 감, 정감, 총감 ㉛ 4 ㉜ 5 ㉝ 6, 6 ㉞ 8 ㉟ 14 ㊱ 11 ㊲ 6 ㊳ 4 ㊴ 1 ㊵ 1 ㊶ 1 ㊷ 2
㊸ 2 ㊹ 2 ㊺ 3 ㊻ 소방령, 소방청장, 국무총리, 대통령 ㊼ 소방총감 ㊽ 소방령, 소방준감, 소방청장 ㊾ 소방경, 소방청장 ㊿ 6개월, 1년
51 근무성적, 경력평정

승진임용제한	① 징계처분 요구 또는 징계의결 요구, 징계처분, 직위해제, 휴직(공무상 질병 또는 부상으로 인한 휴직자를 특별승진임용하는 경우는 제외한다) 또는 시보임용 기간 중에 있는 사람 ② 징계처분의 집행이 끝난 날부터 다음의 기간[「국가공무원법」 제78조의2 제1항 각 호의 어느 하나에 해당하는 사유로 인한 징계처분과 소극행정, 음주운전(음주측정에 응하지 않은 경우를 포함한다), 성폭력, 성희롱 또는 성매매로 인한 징계처분의 경우에는 각각 [①]개월을 더한 기간]이 지나지 않은 사람 ㉠ 강등·정직 : [②]개월 ㉡ 감봉 : [②]개월 ㉢ 견책 : [②]개월 ③ 징계에 관하여 소방공무원과 다른 법령의 적용을 받는 공무원이 소방공무원으로 임용된 경우, 종전의 신분에서 강등의 징계처분을 받고 그 처분 종료일부터 18개월이 지나지 않은 사람과 근신·군기교육이나 그 밖에 이와 유사한 징계처분을 받고 그 처분 종료일부터 6개월이 지나지 않은 사람 ④ 신임교육과정을 졸업하지 못한 사람 ⑤ 관리역량교육과정을 수료하지 못한 사람 ⑥ 소방정책관리자교육과정을 수료하지 못한 사람 → 휴직 기간, 직위해제 기간, 징계처분 기간 및 승진임용 제한기간은 최저근무연수에 포함하지 않는다.

6) 소방교육 및 훈련(「소방공무원 교육훈련규정」)
   ① 소방교육훈련정책위원회

구분	내용
구성	위원장 1명을 포함하여 [③]명 이내의 위원으로 구성한다.
위원장	소방청 [④]

   ② 교육훈련의 구분·대상·방법
      ㉠ 기본교육훈련 : 교육훈련기관에서의 교육으로 실시

구분		대상
신임교육	「소방공무원 임용령」 제24조 제1항에 따른 교육훈련	• 시보임용이 예정된 사람 • 시보임용된 사람으로서 시보임용 전에 신임교육을 받지 않은 사람
관리역량교육	승진후보자 또는 승진임용된 사람이 받는 교육훈련	소방[⑤] 계급(승진후보자 포함)
		소방[⑥] 계급(승진후보자 포함)
		소방[⑦] 계급(승진후보자 포함)
소방정책관리자교육		소방[⑧] 계급(승진후보자 포함)

   ㉡ 전문교육훈련 : 직장훈련으로 실시. 다만, 직장훈련으로 실시하기 곤란한 경우에는 교육훈련기관에서의 교육으로 실시하되, 교육훈련기관에서의 교육으로도 실시하기 곤란한 경우에는 위탁교육훈련으로 실시

구분	대상
담당하고 있거나 담당할 직무 분야에 필요한 전문성을 강화하기 위한 교육훈련	[⑨] 이하

   ㉢ 기타교육훈련 : 직장훈련으로 실시

구분	대상
㉠ 및 ㉡에 속하지 않는 교육훈련으로서 소속 소방기관의 장의 명에 따른 교육훈련	모든 계급

ⓔ 자기개발 학습

구분	대상
소방공무원이 직무를 창의적으로 수행하고 공직의 전문성과 미래지향적 역량을 갖추기 위하여 스스로 하는 학습·연구활동	모든 계급

ⓜ 비고 : 해당 계급에 임용되기 직전 또는 해당 계급에서 신임교육을 받은 사람은 해당 계급의 관리역량교육을 받은 것으로 본다.

③ 「소방기본법」에 따른 소방훈련

㉠ 훈련의 종류 및 대상자

교육훈련의 종류	대상자	
화재진압훈련	• 화재진압업무담당 소방공무원	• 의무소방원 • 의용소방대원
인명구조훈련	• 구조업무담당 소방공무원	
응급처치훈련	• 구급업무담당 소방공무원	
인명대피훈련	• 소방공무원	
현장지휘훈련	• 소방[⑩]　　• 소방[⑩] • 소방[⑩]　　• 소방[⑩]	

㉡ 훈련횟수 = [⑪ 매년 / 2년마다] 1회 이상 실시

㉢ 훈련기간 = [⑫]주 이상

7) 소방공무원 징계의 분류

징계강도	징계성질	징계	신분	직무	보수	최저근무연수 제외기간 (승진임용의 제한)
[⑬]	[⑮] 징계	파면	[⑰ ○/↓/×]	[⑱]년간 재임용×	퇴직급여(수당) [⑱] 삭감	-
		해임	[⑲ ○/↓/×]	[⑳]년간 재임용×	퇴직급여(수당) 불이익×	-
[⑭]	[⑯] 징계	강등	[㉑ ○/↓/×]	[㉒]개월×	보수×	[㉒]개월
		정직	[㉓ ○/↓/×]	[㉔] ~ [㉔]개월×	보수×	[㉔]개월
		감봉	[㉕ ○/↓/×]	직무○	보수 [㉖] 감함 ([㉖] ~ [㉖]개월)	[㉖]개월
		견책	[㉗ ○/↓/×]	직무○	훈계, 회개	[㉘]개월

🔔 정답

① 6　② 18, 12, 6　③ 50　④ 차장　⑤ 위　⑥ 경　⑦ 령　⑧ 정　⑨ 소방령　⑩ 위, 경, 령, 정　⑪ 2년마다　⑫ 2　⑬ 중징계　⑭ 경징계　⑮ 배제　⑯ 교정　⑰ ×
⑱ 5, 1/2　⑲ ×　⑳ 3　㉑ ↓　㉒ 3, 18　㉓ ○　㉔ 1, 3, 18　㉕ ○　㉖ 1/3, 1, 3, 12　㉗ ○　㉘ 6

참고 징계위원회

① [①] 이상의 소방공무원에 대한 징계의결은 「국가공무원법」에 따라 국무총리 소속으로 설치된 징계위원회에서 한다.
② [②] 이하의 소방공무원에 대한 징계의결을 하기 위하여 소방청 및 대통령령으로 정하는 소방기관에 소방공무원 징계위원회를 둔다.

구분	징계사항
소방청에 설치된 소방공무원 징계위원회	1. 소방청 소속 [③] 이하의 소방공무원 2. 국립소방연구원 소속 소방공무원에 대한 다음의 어느 하나에 해당하는 징계등 사건 　㉠ [④]에 대한 징계등 사건 　㉡ [⑤] 이하 소방공무원에 대한 중징계 또는 중징계 3. 소방청 소속기관(국립소방연구원 제외) 소속 소방공무원에 대한 다음의 어느 하나에 해당하는 징계등 사건 　㉠ [⑥] 또는 [⑥]에 대한 징계등 사건 　㉡ [⑦] 이하 소방공무원에 대한 중징계등 요구사건 4. [⑧]인 지방소방학교장
대통령령으로 정하는 소방기관(중앙소방학교, 중앙119구조본부 및 국립소방연구원)	1. 중앙소방학교 및 중앙119구조본부에 설치된 징계위원회 　: 소속 [⑨] 이하의 소방공무원에 대한 징계등 사건 2. 국립소방연구원에 설치된 징계위원회 　: 소속 [⑩] 이하의 소방공무원에 대한 징계등 사건

③ ① 및 ②에도 불구하고 시·도지사가 임용권을 행사하는 소방공무원에 대한 징계의결을 하기 위하여 시·도 및 대통령령으로 정하는 소방기관(지방소방학교, 서울종합방재센터, 소방서, 119특수대응단 및 소방체험관)에 징계위원회를 둔다.
→ 각 소방기관별 징계위원회는 소속 [⑪] 이하의 소방공무원에 대한 징계 또는 징계부가금 부과 사건을 심의·의결한다.

2. 물적 자원관리

1) 소방장비(「소방장비관리법 시행령」 [별표 1])
　① [⑫]장비 : 자체에 동력원이 부착되어 자력으로 이동하거나 견인되어 이동할 수 있는 장비
　② [⑬]장비 : 화재진압활동에 사용되는 장비
　③ [⑭]장비 : 구조활동에 사용되는 장비
　④ [⑮]장비 : 구급활동에 사용되는 장비
　⑤ [⑯]장비 : 소방업무 수행을 위한 의사전달 및 정보교환·분석에 필요한 장비
　⑥ [⑰]장비 : 소방업무 수행에 수반되는 각종 조사 및 측정에 사용되는 장비
　⑦ [⑱]장비 : 소방현장에서 소방대원의 신체를 보호하는 장비
　⑧ [⑲]장비 : 소방업무 수행을 위하여 간접 또는 부수적으로 필요한 장비

2) 소방용수시설 및 비상소화장치(「소방기본법」)
　① 소방용수시설 및 비상소화장치의 설치 및 관리 등
　　㉠ [⑳]는 소방활동에 필요한 소화전·급수탑·저수조(이하 "소방용수시설"이라 한다)를 설치하고 유지·관리하여야 한다. 다만, 「수도법」 제45조에 따라 소화전을 설치하는 [⑳]는 관할 소방서장과 사전협의를 거친 후 소화전을 설치하여야 하며, 설치 사실을 관할 소방서장에게 통지하고, 그 소화전을 유지·관리하여야 한다.
　　㉡ [㉑]는 소방자동차의 진입이 곤란한 지역 등 화재발생 시에 초기 대응이 필요한 지역으로서 대통령령으로 정하는 지역에 소방호스 또는 호스 릴 등을 소방용수시설에 연결하여 화재를 진압하는 시설이나 장치(이하 "비상소화장치"라 한다)를 설치하고 유지·관리할 수 있다.

② 소방용수시설 및 지리조사

구분	내용
조사자	[⑳]
조사횟수	[㉓ 연 1회 / 월 1회] 이상
조사결과보관	[㉔]년간 보관
조사내용	㉠ 소방용수시설에 대한 조사 ⓒ 소방대상물에 인접한 도로의 [㉕]·[㉕] ⓒ 도로주변의 토지의 [㉖] ⓔ 건축물의 개황 ⓜ 소방활동에 필요한 지리에 대한 조사

③ 소방용수표지

구분	설치기준
지하에 설치하는 소화전·저수조	㉠ 맨홀뚜껑 : 지름 [㉗][mm] 이상([㉘] 소화전 제외) ⓒ 맨홀뚜껑에는 '소화전·[㉙]' 또는 '저수조·[㉙]'의 표시를 할 것 ⓒ 맨홀뚜껑 부근에는 [㉚]색 반사도료로 폭 [㉚][cm]의 선을 그 둘레를 따라 칠할 것
지상에 설치하는 소화전·저수조·급수탑	㉠ 문자 : 안쪽([㉛]색), 바깥쪽([㉜]색) ⓒ 바탕 : 안쪽([㉝]색), 바깥쪽([㉞]색)

④ 소방용수시설 및 비상소화장치의 설치기준
  ㉠ 공통기준

구분	수평거리
주거지역, 상업지역, 공업지역	[㉟][m] 이하
기타지역	[㊱][m] 이하

정답

① 소방준감 ② 소방정 ③ 소방정 ④ 소방정 ⑤ 소방령 ⑥ 소방정, 소방령 ⑦ 소방경 ⑧ 소방정 ⑨ 소방경 ⑩ 소방령 ⑪ 소방위 ⑫ 기동 ⑬ 화재진압 ⑭ 구조 ⑮ 구급 ⑯ 정보통신 ⑰ 측정 ⑱ 보호 ⑲ 보조 ⑳ 시·도지사, 일반수도사업자 ㉑ 시·도지사 ㉒ 소방본부장 또는 소방서장 ㉓ 월 1회 ㉔ 2 ㉕ 폭, 교통상황 ㉖ 고저 ㉗ 648 ㉘ 승하강식 ㉙ 주정차금지, 주정차금지 ㉚ 노란, 15 ㉛ 흰 ㉜ 노란 ㉝ 붉은 ㉞ 파란 ㉟ 100 ㊱ 140

ⓛ 설치기준

구분	설치기준
저수조의 설치기준	㉠ 낙차 : 지면으로부터 [①][m] 이하 ㉡ 수심 : [②][m] 이상 ㉢ 흡수관투입구의 길이 또는 지름 : [③][cm] 이상 ㉣ [④]가 쉽게 접근할 수 있도록 할 것 ㉤ 흡수에 지장이 없도록 토사 및 쓰레기 등을 [⑤]할 수 있는 설비를 갖출 것 ㉥ 저수조에 물을 공급하는 방법은 [⑥ 상수도 / 옥내소화전]에 연결하여 [⑥ 자동 / 수동]으로 급수되는 구조일 것
소화전의 설치기준	㉠ 구조 : 상수도와 연결하여 지상식 또는 지하식의 구조 ㉡ 연결금속구의 구경 : [⑦ 40 / 65][mm]
급수탑의 설치기준	㉠ 급수배관의 구경 : [⑧ 100 / 150][mm] 이상 ㉡ 개폐밸브의 설치 : 지상에서 [⑨][m] 이상 [⑨][m] 이하
비상소화장치의 설치기준	㉠ 비상소화장치는 [⑩], [⑩], [⑩](소화전의 방수구에 연결하여 소화용수를 방수하기 위한 도관으로서 호스와 연결금속구로 구성되어 있는 소방용릴호스 또는 소방용고무내장호스), [⑩](소방호스용 연결금속구 또는 중간연결금속구 등의 끝에 연결하여 소화용수를 방수하기 위한 나사식 또는 차입식 토출기구)을 포함하여 구성할 것 ㉡ 소방호스 및 관창은 소방청장이 정하여 고시하는 형식승인 및 제품검사의 기술기준에 적합한 것으로 설치할 것 ㉢ 비상소화장치함은 소방청장이 정하여 고시하는 성능인증 및 제품검사의 기술기준에 적합한 것으로 설치할 것 ㉣ 규정한 사항 외에 비상소화장치의 설치기준에 관한 세부사항은 소방청장이 정함

3. 재정적 자원관리

1) 국고보조
   ① 국가는 소방장비의 구입 등 시·도의 소방업무에 필요한 경비의 [⑪ 전부 / 일부]를 보조한다.
   ② 보조 대상사업의 범위와 기준보조율은 대통령령으로 정한다.

2) 국고보조 대상사업의 범위
   ① 다음의 소방활동장비와 설비의 구입 및 설치
      ㉠ [⑫]
      ㉡ [⑬] 및 [⑬]
      ㉢ [⑭ 소방전용 / 경찰 및 소방겸용] 통신설비 및 전산설비
      ㉣ 그 밖에 방화복 등 소방활동에 필요한 소방장비
   ② [⑮]의 건축(신축, 증축, 개축, 재축, 이전)

3) 국고보조 대상사업의 기준보조율
   국고보조 대상사업의 기준보조율은 「보조금 관리에 관한 법률 시행령」에서 정하는 바에 따른다.
   (119구조장비의 확충 : [⑯][%])

4) 국고보조산정을 위한 기준가격
   ① 국내조달품 : [⑰]
   ② 수입물품 : 조달청에서 조사한 해외시장의 [⑱]
   ③ 정부고시가격 또는 조달청에서 조사한 해외시장의 시가가 없는 물품 : 2 이상의 공신력 있는 물가조사기관에서 조사한 가격의 [⑲]

정답
① 4.5 ② 0.5 ③ 60 ④ 소방펌프자동차 ⑤ 제거 ⑥ 상수도, 자동 ⑦ 65 ⑧ 100 ⑨ 1.5, 1.7 ⑩ 비상소화장치함, 소화전, 소방호스, 관창 ⑪ 일부 ⑫ 소방자동차 ⑬ 소방헬리콥터, 소방정 ⑭ 소방전용 ⑮ 소방관서용 청사 ⑯ 50 ⑰ 정부고시가격 ⑱ 시가 ⑲ 평균가격

CHAPTER 09 소방기능

제1장 소방활동
📝 기본서 p.420

1. 소방활동

1) 소방활동
   ① [① 시·도지사 / 소방청장, 소방본부장 또는 소방서장](은)는 화재, 재난·재해, 그 밖의 위급한 상황이 발생하였을 때에는 소방대를 현장에 신속하게 출동시켜 화재진압과 인명구조·구급 등 소방에 필요한 활동(소방활동)을 하게 하여야 한다.
   ② 누구든지 정당한 사유 없이 출동한 소방대의 소방활동을 [②]하여서는 아니 된다.

2) 소방지원활동
   ① [③ 시·도지사 / 소방청장, 소방본부장 또는 소방서장](은)는 공공의 안녕질서 유지 또는 복리증진을 위하여 필요한 경우 소방활동 외에 다음의 활동(소방지원활동)을 하게 할 수 있다.
      ㉠ [④]에 대한 예방·진압 등 지원활동
      ㉡ [⑤]에 따른 급수·배수 및 제설 등 지원활동
      ㉢ [⑥]·[⑥] 등 각종 행사 시 사고에 대비한 근접대기 등 지원활동
      ㉣ 화재, 재난·재해로 인한 [⑦] 지원활동
      ㉤ [⑧]·[⑧] 등 유관기관에서 실시하는 훈련지원 활동
      ㉥ 소방시설 [⑨] 신고에 따른 조치활동
      ㉦ [⑩] 또는 [⑩] 관련 지원활동
   ② 소방지원활동은 "1)"의 소방활동 수행에 지장을 주지 아니하는 범위에서 할 수 있다.

3) 생활안전활동
   ① [⑪ 시·도지사 / 소방청장, 소방본부장 또는 소방서장](은)는 신고가 접수된 생활안전 및 위험제거 활동(화재, 재난·재해, 그 밖의 위급한 상황에 해당하는 것은 제외한다)에 대응하기 위하여 소방대를 출동시켜 다음의 활동(생활안전활동)을 하게 하여야 한다.
      ㉠ 붕괴, 낙하 등이 우려되는 [⑫], 나무, 위험 구조물 등의 제거활동
      ㉡ [⑬], [⑬] 등의 포획 및 퇴치 활동
      ㉢ 끼임, 고립 등에 따른 위험제거 및 구출 활동
      ㉣ [⑭] 시 비상전원 또는 조명의 공급
      ㉤ 그 밖에 방치하면 급박해질 우려가 있는 위험을 예방하기 위한 활동
   ② 누구든지 정당한 사유 없이 출동하는 소방대의 생활안전활동을 [⑮]하여서는 아니 된다.

🏠 정답
① 소방청장, 소방본부장 또는 소방서장 ② 방해 ③ 소방청장, 소방본부장 또는 소방서장 ④ 산불 ⑤ 자연재해 ⑥ 집회, 공연 ⑦ 피해복구 ⑧ 군, 경찰 ⑨ 오작동 ⑩ 방송제작, 촬영 ⑪ 소방청장, 소방본부장 또는 소방서장 ⑫ 고드름 ⑬ 위해동물, 벌 ⑭ 단전사고 ⑮ 방해

4) 소방지원활동 등의 기록관리
  ① 소방대원은 소방지원활동 및 생활안전활동("소방지원활동등")을 한 경우 소방지원활동등 기록지에 해당 활동상황을 상세히 기록하고, 소속 소방관서에 [①]년간 보관해야 한다.
  ② [②]은 소방지원활동등의 상황을 종합하여 [③ 연 1회 / 연 2회] [④]에게 보고해야 한다.

5) 소방자동차의 보험 가입
  ① [⑤ 시·도지사 / 소방청장, 소방본부장 또는 소방서장](은)는 소방자동차의 공무상 운행 중 교통사고가 발생한 경우 그 운전자의 법률상 분쟁에 소요되는 비용을 지원할 수 있는 보험에 가입하여야 한다.
  ② 국가는 보험 가입비용의 [⑥ 일부 / 전부]를 지원할 수 있다.

2. 소방대의 활동

1) 소방대
  ① 구성 : [⑦], [⑦], [⑦]
  ② 소방대장 : 소방본부장 또는 소방서장 등 화재, 재난·재해, 그 밖의 위급한 상황이 발생한 현장에서 소방대를 지휘하는 사람

2) 소방활동구역
  ① [⑧]은 화재, 재난·재해, 그 밖의 위급한 상황이 발생한 현장에 소방활동구역을 정하여 소방활동에 필요한 사람으로서 대통령령으로 정하는 사람 외에는 그 구역에 출입하는 것을 제한할 수 있다.
  ② 경찰공무원은 소방대가 소방활동구역에 있지 아니하거나 소방대장의 요청이 있을 때에는 ①에 따른 조치를 할 수 있다.

참고 소방활동구역의 출입자

1. 소방활동구역 안에 있는 소방대상물의 [⑨]·[⑨] 또는 [⑨]
2. 전기·가스·수도·통신·교통의 업무에 종사하는 사람으로서 원활한 [⑩]을 위하여 필요한 사람
3. 의사·간호사 그 밖의 [⑪]·[⑪]업무에 종사하는 사람
4. 취재인력 등 [⑫]업무에 종사하는 사람
5. [⑬]업무에 종사하는 사람
6. 그 밖에 [⑭ 시·도지사 / 소방대장](이)가 소방활동을 위하여 출입을 허가한 사람

3) 소방활동의 종사명령
  ① [⑮ 소방청장 / 소방본부장, 소방서장 또는 소방대장]은 화재, 재난·재해, 그 밖의 위급한 상황이 발생한 현장에서 소방활동을 위하여 필요할 때에는 그 관할구역에 사는 사람 또는 그 현장에 있는 사람으로 하여금 사람을 구출하는 일 또는 불을 끄거나 불이 번지지 아니하도록 하는 일을 하게 할 수 있다. 이 경우 소방본부장, 소방서장 또는 소방대장은 소방활동에 필요한 보호장구를 지급하는 등 안전을 위한 조치를 하여야 한다.
  ② ①에 따른 명령에 따라 소방활동에 종사한 사람은 [⑯]로부터 소방활동의 비용을 지급받을 수 있다. 다만, 다음의 어느 하나에 해당하는 사람의 경우에는 그러하지 아니하다.
    ㉠ 소방대상물에 화재, 재난·재해, 그 밖의 위급한 상황이 발생한 경우 그 [⑰]
    ㉡ [⑰] 또는 [⑰]로 화재 또는 구조·구급 활동이 필요한 상황을 발생시킨 사람
    ㉢ 화재 또는 구조·구급 현장에서 [⑰]을 가져간 사람

4) 강제처분 등
　① [⑱ 소방청장 / 소방본부장, 소방서장 또는 소방대장]은 사람을 구출하거나 불이 번지는 것을 막기 위하여 필요할 때에는 화재가 발생하거나 불이 번질 우려가 있는 소방대상물 및 토지를 일시적으로 사용하거나 그 사용의 제한 또는 소방활동에 필요한 처분을 할 수 있다.
　② [⑲ 소방청장 / 소방본부장, 소방서장 또는 소방대장]은 사람을 구출하거나 불이 번지는 것을 막기 위하여 긴급하다고 인정할 때에는 ①에 따른 소방대상물 또는 토지 외의 소방대상물과 토지에 대하여 ①에 따른 처분을 할 수 있다.
　③ [⑳ 소방청장 / 소방본부장, 소방서장 또는 소방대장]은 소방활동을 위하여 긴급하게 출동할 때에는 소방자동차의 통행과 소방활동에 방해가 되는 주차 또는 정차된 차량 및 물건 등을 제거하거나 이동시킬 수 있다.
　④ [㉑ 소방청장 / 소방본부장, 소방서장 또는 소방대장]은 ③에 따른 소방활동에 방해가 되는 주차 또는 정차된 차량의 제거나 이동을 위하여 관할 지방자치단체 등 관련 기관에 견인차량과 인력 등에 대한 지원을 요청할 수 있고, 요청을 받은 관련 기관의 장은 정당한 사유가 없으면 이에 협조하여야 한다.
　⑤ [㉒]는 견인차량과 인력 등을 지원한 자에게 시·도의 조례로 정하는 바에 따라 비용을 지급할 수 있다.

5) 피난명령
　① [㉓ 소방청장 / 소방본부장, 소방서장 또는 소방대장]은 화재, 재난·재해, 그 밖의 위급한 상황이 발생하여 사람의 생명을 위험하게 할 것으로 인정할 때에는 일정한 구역을 지정하여 그 구역에 있는 사람에게 그 구역 밖으로 피난할 것을 명할 수 있다.
　② [㉔ 소방청장 / 소방본부장, 소방서장 또는 소방대장]은 ①에 따른 명령을 할 때 필요하면 관할 경찰서장 또는 자치경찰단장에게 협조를 요청할 수 있다.

6) 위험시설 등에 대한 긴급조치
　① [㉕ 소방청장 / 소방본부장, 소방서장 또는 소방대장]은 화재 진압 등 소방활동을 위하여 필요할 때에는 소방용수 외에 댐·저수지 또는 수영장 등의 물을 사용하거나 수도(水道)의 개폐장치 등을 조작할 수 있다.
　② [㉖ 소방청장 / 소방본부장, 소방서장 또는 소방대장]은 화재 발생을 막거나 폭발 등으로 화재가 확대되는 것을 막기 위하여 가스·전기 또는 유류 등의 시설에 대하여 위험물질의 공급을 차단하는 등 필요한 조치를 할 수 있다.

정답

① 3　② 소방본부장　③ 연 2회　④ 소방청장　⑤ 시·도지사　⑥ 일부　⑦ 소방공무원, 의무소방원, 의용소방대원　⑧ 소방대장　⑨ 소유자, 관리자, 점유자
⑩ 소방활동　⑪ 구조, 구급　⑫ 보도　⑬ 수사　⑭ 소방대장　⑮ 소방본부장, 소방서장 또는 소방대장　⑯ 시·도지사　⑰ 관계인, 고의, 과실, 물건
⑱ 소방본부장, 소방서장 또는 소방대장　⑲ 소방본부장, 소방서장 또는 소방대장　⑳ 소방본부장, 소방서장 또는 소방대장
㉑ 소방본부장, 소방서장 또는 소방대장　㉒ 시·도지사　㉓ 소방본부장, 소방서장 또는 소방대장　㉔ 소방본부장, 소방서장 또는 소방대장
㉕ 소방본부장, 소방서장 또는 소방대장　㉖ 소방본부장, 소방서장 또는 소방대장

7) 소방자동차의 우선통행
① 모든 차와 사람은 소방자동차(지휘를 위한 자동차와 구조·구급차를 포함한다. 이하 같다)가 화재진압 및 구조·구급 활동을 위하여 출동을 할 때에는 이를 [①]하여서는 아니 된다.
② 소방자동차가 화재진압 및 구조·구급 활동을 위하여 출동하거나 훈련을 위하여 필요할 때에는 [②]을 사용할 수 있다.
③ 모든 차와 사람은 소방자동차가 화재진압 및 구조·구급 활동을 위하여 ②에 따라 사이렌을 사용하여 출동하는 경우에는 다음 각 호의 행위를 하여서는 아니 된다.
　㉠ 소방자동차에 진로를 양보하지 아니하는 행위
　㉡ 소방자동차 앞에 끼어들거나 소방자동차를 가로막는 행위
　㉢ 그 밖에 소방자동차의 출동에 지장을 주는 행위
④ ③의 경우를 제외하고 소방자동차의 우선 통행에 관하여는 「[③]」에서 정하는 바에 따른다.

3. 소방업무의 응원

구분	내용
요청	[④ 소방청장 / 소방본부장이나 소방서장]은 소방활동을 할 때에 긴급한 경우에는 이웃한 [⑤ 시·도지사 / 소방본부장 또는 소방서장]에게 소방업무의 응원(應援)을 요청할 수 있다.
요청 거절불가	소방업무의 응원 요청을 받은 소방본부장 또는 소방서장은 정당한 사유 없이 그 요청을 거절하여서는 아니 된다.
지휘권자	소방업무의 응원을 위하여 파견된 소방대원은 [⑥ 응원을 요청한 / 응원을 요청나간] 소방본부장 또는 소방서장의 지휘에 따라야 한다.
상호응원규약	[⑦]는 소방업무의 응원을 요청하는 경우를 대비하여 출동 대상지역 및 규모와 필요한 경비의 부담 등에 관하여 필요한 사항을 이웃하는 [⑦]와 협의하여 미리 규약으로 정하여야 한다. ① 소방활동에 관한 사항 : 화재의 경계·진압활동, 구조·구급업무의 지원, 화재조사활동 ② 응원출동대상지역 및 규모 ③ 소요경비의 부담에 관한 사항 : 출동대원의 수당·식사 및 의복의 수선, 소방장비 및 기구의 정비와 연료의 보급, 그 밖의 장비 ④ 응원출동의 요청방법 ⑤ 응원출동훈련 및 평가

4. 소방력의 동원

구분	내용
소방력	소방기관이 소방업무를 수행하는 데에 필요한 [⑧]과 [⑧](+[⑧])
요청	[⑨ 소방청장 / 소방본부장 또는 소방서장]은 해당 시·도의 소방력만으로는 소방활동을 효율적으로 수행하기 어려운 화재, 재난·재해, 그 밖의 구조·구급이 필요한 상황이 발생하거나 특별히 국가적 차원에서 소방활동을 수행할 필요가 인정될 때에는 각 [⑩ 시·도지사 / 소방본부장 또는 소방서장]에게 소방력을 동원할 것을 요청할 수 있다.
요청 거절불가	동원 요청을 받은 시·도지사는 정당한 사유 없이 요청을 거절하여서는 아니 된다.
요청방법	[⑪ 소방청장 / 소방본부장 또는 소방서장]은 [⑪ 시·도지사 / 소방본부장 또는 소방서장]에게 동원된 소방력을 화재, 재난·재해 등이 발생한 지역에 지원·파견하여 줄 것을 요청하거나 필요한 경우 직접 [⑫]를 편성하여 화재진압 및 인명구조 등 소방에 필요한 활동을 하게 할 수 있다.
지휘권자	동원된 소방대원이 다른 시·도에 파견·지원되어 소방활동을 수행할 때에는 특별한 사정이 없으면 화재, 재난·재해 등이 발생한 지역을 관할하는 [⑬ 소방청장 / 소방본부장 또는 소방서장]의 지휘에 따라야 한다. 다만, 소방청장이 직접 소방대를 편성하여 소방활동을 하게 하는 경우에는 [⑭ 소방청장 / 소방본부장 또는 소방서장]의 지휘에 따라야 한다.

5. 소방신호

1) 소방신호의 종류

   ① [⑮]신호 : 화재예방상 필요하다고 인정되거나 화재위험경보시 발령
   ② [⑯]신호 : 화재가 발생한 때 발령
   ③ [⑰]신호 : 소화활동이 필요없다고 인정되는 때 발령
   ④ [⑱]신호 : 훈련상 필요하다고 인정되는 때 발령

2) 소방신호의 방법

종별 \ 신호방법	타종신호	사이렌신호
경계신호	[⑲]타와 연 [⑲]타를 반복	[㉒]초 간격을 두고 [㉒]초씩 [㉒]회
발화신호	난타	[㉓]초 간격을 두고 [㉓]초씩 [㉓]회
해제신호	상당한 간격을 두고 [⑳]타씩 반복	[㉔]분간 [㉔]회
훈련신호	연 [㉑]타를 반복	[㉕]초 간격을 두고 [㉕]분씩 [㉕]회

[비고]
1. 소방신호의 방법은 그 전부 또는 일부를 함께 사용할 수 있다.
2. 게시판을 철거하거나 통풍대 또는 기를 내리는 것으로 소방활동이 해제되었음을 알린다.
3. 소방대의 비상소집을 하는 경우에는 [㉖]신호를 사용할 수 있다.

정답
① 방해 ② 사이렌 ③ 도로교통법 ④ 소방본부장이나 소방서장 ⑤ 소방본부장 또는 소방서장 ⑥ 응원을 요청한 ⑦ 시·도지사, 시·도지사 ⑧ 인력, 장비, 용수 ⑨ 소방청장 ⑩ 시·도지사 ⑪ 소방청장, 시·도지사 ⑫ 소방대 ⑬ 소방본부장 또는 소방서장 ⑭ 소방청장 ⑮ 경계 ⑯ 발화 ⑰ 해제 ⑱ 훈련 ⑲ 1, 2 ⑳ 1 ㉑ 3 ㉒ 5, 30, 3 ㉓ 5, 5, 3 ㉔ 1, 1 ㉕ 10, 1, 3 ㉖ 훈련

제2장 화재의 예방 및 경계

📝 기본서 p.427

1. 화재의 예방조치(「화재의 예방 및 안전관리에 관한 법률」)

1) 화재의 예방조치

누구든지 화재예방강화지구 및 이에 준하는 대통령령으로 정하는 장소에서는 금지행위를 하여서는 아니 된다. 다만, 행정안전부령으로 정하는 바에 따라 안전조치를 한 경우에는 그러하지 아니한다.

대통령령으로 정하는 장소	① [①] ② 「고압가스 안전관리법」에 따른 [②] ③ 「액화석유가스의 안전관리 및 사업법」에 따른 [③]의 저장소·판매소 ④ 「수소경제 육성 및 수소 안전관리에 관한 법률」에 따른 [④] 및 [④] ⑤ 「총포·도검·화약류 등의 안전관리에 관한 법률」에 따른 [⑤]를 저장하는 장소
금지행위	① [⑥], [⑥] 등 화기의 취급 ② [⑦] 등 소형열기구 날리기 ③ [⑧]·[⑧] 등 불꽃을 발생시키는 행위 ④ [⑨]을 방치하는 행위
행정안전부령으로 정하는 바에 따라 안전조치	① 「국민건강증진법」에 따라 설치한 흡연실 등 법령에 따라 지정된 [⑩]에서 화기 등을 취급하는 경우 ② [⑪] 등 소방시설을 비치 또는 설치한 장소에서 화기 등을 취급하는 경우 ③ 「산업안전보건기준에 관한 규칙」에 따른 화재감시자 등 [⑫]이 배치된 장소에서 화기 등을 취급하는 경우 ④ 그 밖에 소방관서장과 사전 협의하여 안전조치를 한 경우

2) 화재의 예방조치를 위한 명령

소방관서장(소방청장, 소방본부장, 소방서장)은 화재 발생 위험이 크거나 소화 활동에 지장을 줄 수 있다고 인정되는 행위나 물건에 대하여 행위 당사자나 그 물건의 소유자, 관리자 또는 점유자에게 다음의 명령을 할 수 있다. 다만, ② 및 ③에 해당하는 물건의 소유자, 관리자 또는 점유자를 알 수 없는 경우 소속 공무원으로 하여금 그 물건을 옮기거나 보관하는 등 필요한 조치를 하게 할 수 있다.

① 다음의 어느 하나에 해당하는 행위의 금지 또는 제한
  ㉠ [⑬], [⑬] 등 화기의 취급
  ㉡ [⑭] 등 소형열기구 날리기
  ㉢ [⑮]·[⑮] 등 불꽃을 발생시키는 행위
  ㉣ [⑯]을 방치하는 행위
② [⑰], [⑰] 등 가연성이 큰 [⑰]의 제거, 이격, 적재 금지 등
③ [⑱]의 통행이나 소화 활동에 지장을 줄 수 있는 [⑱]의 이동

3) 옮긴 물건 등에 대한 보관기간 및 보관기간 경과 후 처리 등에 필요한 사항

① 소방관서장은 옮긴 물건 등을 보관하는 경우에는 그날부터 [⑲]일 동안 해당 소방관서의 인터넷 홈페이지에 그 사실을 공고해야 한다.
② 옮긴물건등의 보관기간은 ①에 따른 공고기간의 종료일 다음 날부터 [⑳]일까지로 한다.
③ 소방관서장은 보관기간이 종료된 때에는 보관하고 있는 옮긴물건등을 [㉑]해야 한다. 다만, 보관하고 있는 옮긴물건등이 부패·파손 또는 이와 유사한 사유로 정해진 용도로 계속 사용할 수 없는 경우에는 [㉑]할 수 있다.
④ 소방관서장은 보관하던 옮긴물건등을 [㉒]한 경우에는 지체 없이 「국가재정법」에 따라 세입조치를 해야 한다.
⑤ [㉓]은 매각되거나 폐기된 옮긴물건등의 소유자가 보상을 요구하는 경우에는 보상금액에 대하여 소유자와의 협의를 거쳐 이를 보상해야 한다.
⑥ 손실보상의 방법 및 절차 등에 관하여는 제14조(손실보상)를 준용한다.

2. 화재예방강화지구(「화재의 예방 및 안전관리에 관한 법률」)

1) 화재예방강화지구

[㉔]가 화재발생 우려가 크거나 화재가 발생할 경우 피해가 클 것으로 예상되는 지역에 대하여 화재의 예방 및 안전관리를 강화하기 위해 지정·관리하는 지역을 말한다.

2) 화재예방강화지구의 지정

① [㉕]는 화재예방강화지구로 지정하여 관리할 수 있다.
② 시·도지사가 화재예방강화지구로 지정할 필요가 있는 지역을 화재예방강화지구로 지정하지 아니하는 경우 [㉖]은 해당 시·도지사에게 해당 지역의 화재예방강화지구 지정을 요청할 수 있다.

3) 화재예방강화지구의 대상지역

① [㉗]지역
② [㉘]·[㉘]가 밀집한 지역
③ [㉙]이 밀집한 지역
④ [㉚]·[㉚]이 밀집한 지역
⑤ [㉛]이 밀집한 지역
⑥ [㉜]을 생산하는 공장이 있는 지역
⑦ 「산업입지 및 개발에 관한 법률」에 따른 [㉝]
⑧ 소방시설·소방용수시설 또는 소방출동로가 [㉞ 없는 / 있는] 지역
⑨ 「물류시설의 개발 및 운영에 관한 법률」에 따른 [㉟]
⑩ 그 밖에 ①부터 ⑨까지에 준하는 지역으로서 소방관서장이 화재예방강화지구로 지정할 필요가 있다고 인정하는 지역

4) 화재안전조사, 소방훈련 및 교육

① 개요

구분	화재안전조사	소방훈련 및 교육
권한자	소방청장, 소방본부장, 소방서장 (소방관서장)	소방청장, 소방본부장, 소방서장 (소방관서장)
실시횟수	[㊱ 2년마다 / 연 1회] 이상 실시	[㊲ 2년마다 / 연 1회] 이상 실시, [㊲]일 전 통보

② [㊳]은 화재예방강화지구 안의 소방대상물의 위치·구조 및 설비 등에 대하여 화재안전조사를 하여야 한다.
③ [㊴]은 화재안전조사를 한 결과 화재의 예방강화를 위하여 필요하다고 인정할 때에는 관계인에게 소화기구, 소방용수시설 또는 그 밖에 소방에 필요한 설비(소방설비등)의 설치(보수, 보강 포함)를 명할 수 있다.
④ [㊵]은 화재예방강화지구 안의 관계인에 대하여 소방에 필요한 훈련 및 교육을 실시할 수 있다.

정답

① 제조소등 ② 저장소 ③ 액화석유가스 ④ 수소연료공급시설, 수소연료사용시설 ⑤ 화약류 ⑥ 모닥불, 흡연 ⑦ 풍등 ⑧ 용접, 용단 ⑨ 위험물 ⑩ 장소 ⑪ 소화기 ⑫ 안전요원 ⑬ 모닥불, 흡연 ⑭ 풍등 ⑮ 용접, 용단 ⑯ 위험물 ⑰ 목재, 플라스틱, 물건 ⑱ 소방차량, 물건 ⑲ 14 ⑳ 7 ㉑ 매각, 폐기 ㉒ 매각 ㉓ 소방관서장 ㉔ 시·도지사 ㉕ 시·도지사 ㉖ 소방청장 ㉗ 시장 ㉘ 공장, 창고 ㉙ 목조건물 ㉚ 노후, 불량건축물 ㉛ 위험물의 저장 및 처리 시설 ㉜ 석유화학제품 ㉝ 산업단지 ㉞ 없는 ㉟ 물류단지 ㊱ 연 1회 ㊲ 연 1회, 10 ㊳ 소방관서장 ㊴ 소방관서장 ㊵ 소방관서장

5) 화재예방강화지구 관리대장

[①]는 대통령령으로 정하는 바에 따라 화재예방강화지구의 지정 현황, 화재안전조사의 결과, 소방설비등의 설치 명령 현황, 소방훈련 및 교육 현황 등이 포함된 화재예방강화지구에서의 화재예방에 필요한 자료를 [① 5년마다 / 매년] 작성·관리하여야 한다.

① 화재예방강화지구의 지정 현황
② 화재안전조사의 결과
③ 소화기구, 소방용수시설 또는 그 밖에 소방에 필요한 설비(소방설비등)의 설치(보수, 보강 포함) 명령 현황
④ 소방훈련 및 교육의 실시 현황
⑤ 그 밖에 화재예방 강화를 위하여 필요한 사항

3. 화재안전취약자에 대한 지원

1) 화재안전취약자에 대한 지원

[②]은 어린이, 노인, 장애인 등 화재의 예방 및 안전관리에 취약한 자("화재안전취약자")의 안전한 생활환경을 조성하기 위하여 소방용품의 제공 및 소방시설의 개선 등 필요한 사항을 지원하기 위하여 노력하여야 한다.

2) 화재안전취약자

① 「국민기초생활 보장법」 제2조 제2호에 따른 수급자
② 「장애인복지법」 제6조에 따른 [③]
③ 「한부모가족지원법」 제5조에 따른 지원대상자
④ 「노인복지법」 제27조의2에 따른 [④]
⑤ 「다문화가족지원법」 제2조 제1호에 따른 [⑤]의 구성원
⑥ 그 밖에 화재안전에 취약하다고 [⑥]이 인정하는 사람

제3장 화재진압 및 소방전술

📖 기본서 p.431

1. 화재진압 단계별 활동

1. 화재인지	• 소방서에 화재 등의 연락을 받은 시점으로 소방활동의 시작지점
2. 화재출동	• 화재인지 후 현장에 소방대가 도착할 때까지 소요되는 시간
3. 현장도착 및 상황판단	**선착대** • 화재인지 후 [⑦]분 이내 도착하는 출동대 • 선착대의 임무 ① [⑧] 및 [⑧]을 우선시 한다. ② 화염 근처의 소방용수시설을 점유한다. ③ 연소위험이 가장 큰 방면에 포위한다. ④ 사전 대응매뉴얼을 충분히 고려하여 행동한다. ⑤ 소방활동상 위험요인, 확대위험 등 상황파악하여 신속히 상황보고 및 정보를 제공한다. **후착대** • 후착대의 임무 ① 인명구조활동 등 중요임무 수행을 지원한다. ② 인접건물 및 선착대가 진입하지 않는 곳을 우선 화재방어한다. ③ 급수, [⑨], 수손방지 등의 특정업무를 수행한다. ④ 불필요한 파괴는 하지 않는다.
4. 진입 및 인명구조활동	• 진입활동 ① 조명기구는 사용할 수 있는 상태를 유지한다. ② 공기호흡기 및 휴대용 경보기를 확실하게 착용한다. ③ 퇴로확보에 필요한 로프, 조명기구 코드 및 수관 등 외부와 연락할 수 있는 수단을 확보하고 확인한다. • 진입순서 ① [⑩]건물 – [⑩]건물 ② [⑪] – [⑪] – [⑫] – [⑫] – [⑫]
5. 연기배출	• 자연배연방식 ① 수직배연 : 건물의 경우 [⑬], [⑬]의 배출구를 파괴 또는 개방하여 배연하는 방식 ② 수평배연 : 벽에 있는 창문이나 출입문을 개방하여 배연하는 방식 • 강제배연방식 ① 송풍기 활용 ② 배연차 활용 ③ 분무주수 활용 ④ 고발포 활용 ⑤ 제연설비 및 공기조화설비의 활용
6. 수관연장	• 연장순서 : 사다리 – 파괴기 운반 – 호스연장

🏠 **정답**

① 시·도지사, 매년 ② 소방청장, 소방본부장, 소방서장(소방관서장) ③ 중증장애인 ④ 홀로 사는 노인 ⑤ 다문화가족 ⑥ 소방관서장 ⑦ 5
⑧ 인명검색, 구조활동 ⑨ 비화경계 ⑩ 출화, 주위 ⑪ 화점실, 인근실 ⑫ 연소층, 화점상층, 화점하층 ⑬ 천장, 지붕

7. 관창배치	• 일반목조건물 화재
	  ① 연소의 위험이 [① 큰 쪽 / 작은 쪽]을 먼저 배치한다.
	  ② [②]주수 전환이 될 수 있는 것으로 한다.
	  ③ 방수구는 3구를 원칙으로 한다.
	• 구획별 관창배치의 우선순위
	  ① 구획 중앙부 화재 : [③ 풍상측 / 풍하측] 우선 배치
	  ② 도로에 면하는 화재 : [④ 도로에 접하는 쪽 / 도로의 접하지 않는 쪽] 우선 배치
	  ③ 인접 건물로 비화위험이 있는 화재 : 연소위험이 있는 방향 우선 배치
	• 기상조건별 관창배치의 우선순위
	
	| 풍속
		관창비치의 우선순위

5[m/s] 이상	[⑤ 풍상측 / 풍하측] 비화경계 관창비치
3[m/s] 초과	[⑥ 풍상측 / 풍하측] 중점 관창비치
3[m/s] 이하	[⑦]이 큰 방향 중점 관창비치	
8. 주수활동	• [⑧]주수 : 한 곳에 집중적으로 주수하는 방법 • [⑨]주수 : 넓게 관창을 상하, 좌우, 원을 그리듯이 주수하는 방법 • [⑩]주수 : 주수압력을 약하게 하여 물 흐르듯이 주수하는 방법 • [⑪]주수 : 장애물로 인한 주수사각에 벽, 천장 등에 물을 반사시켜 주수하는 방법

2. 전술의 유형

구분	내용
[⑫]전술	관창을 화점에 포위 배치하여 진압하는 전술형태
[⑬]전술	관창을 화점에 진입 배치하는 전술형태
[⑭]전술	주로 인전건물로의 화재확대방지를 위해 적용하는 전술형태로 블록의 4방면 중 확대가능한 면을 동시에 방어하는 전술형태
[⑮]전술	화세에 비해 소방력이 부족하여 전체 화재현장을 모두 제어할 수 없는 경우 사회, 경제적 또는 소방상 중요 시설 및 대상물을 중점적으로 대응 또는 진압하는 전술형태
[⑯]전술	부대가 일시에 집중적으로 진화하는 작전

제4장 화재조사의 기초이론

기본서 p.433

1. 화재조사의 특징

구분	내용
[⑰]성	화재조사에 도움이 되는 정보는 주로 현장에서 얻어진다.
[⑱]성	시간이 지나갈수록 현장보존이 어려워지므로 신속성이 필요하다.
[⑲]성	돌발상황 등 안전사고 발생에 대한 경계심을 높여야 한다.
[⑳]성	「소방의 화재조사에 관한 법률」에 의한 법률적 행위로 강제성을 나타낸다.
[㉑]성	발화원과 연소확대요인 등을 판별할 수 있는 많은 증거물을 보존한다.
[㉒]성	체계적이고 전문적인 요소가 밑바탕이 되어야 한다.
[㉓]식	여러 각도에서 화재조사를 하여 정확한 조사가 이루어져야 한다.

2. 가연성 액체 화재에 나타나는 연소패턴

화재패턴	연소특성
[㉔]	뿌려진 인화성 액체가 바닥재에 스며들어 바닥면과 타일 사이의 연소로 인한 흔적
[㉕]패턴	쏟아진 가연성 액체가 연소하면서 열에 의해 스스로 가열되어 액면이 끓으면서 주변으로 튄 액체가 국부적으로 점처럼 연소된 흔적
[㉖]패턴	고스트마크와 유사하나 벽과 바닥의 틈새 또는 목재마루 바닥면 사이의 틈새 등에 가연성 액체가 뿌려진 경우 틈새를 따라 액체가 고임으로써 다른 곳보다 강하게 오래 연소하여 나타나는 연소패턴
[㉗]패턴	인화성액체 가연물이 바닥에 뿌려졌을 때 쏟아진 부분과 쏟아지지 않은 부분의 탄화경계 흔적
[㉘]패턴	고리모양으로 연소된 부분(화염의 복사열로 인해 연소된 가장자리 부분)이 덜 연소된 부분(가연성 액체가 증발하며 기화열로 냉각)을 둘러싸고 있는 도넛모양 형태로 가연성 액체가 웅덩이처럼 고여 있을 경우 발생
[㉙]패턴	의도적으로 불을 지르기 위해 수평면에 길고 직선적인 형태로 좁은 연소패턴
[㉚]패턴	일반적 화재패턴은 V패턴이지만, 역V패턴은 인화성 액체의 증거로, 고온의 인화성 또는 가연성 액체가 옆으로 흘러가며 밑바닥이 넓은 삼각형 형태를 만드는 패턴

3. 목재의 균열흔(Char Blister)

1) 노출온도조건에 따른 균열흔

구분	온도	모양	형태
[㉛]	700~800[℃]	[㉛]	홈이 얕고 삼각 또는 사각 형태에 가까움
[㉜]	약 900[℃]	[㉜]	홈이 깊은 각이 없는 반원형 형태에 가까움
[㉝]	1,100[℃]	[㉝]	홈의 폭이 넓으며 구형 형태에 가까움

2) 탄화심도(탄화된 정도)의 측정

① 탄화된 요철(凹凸)부위 중 [㉞ 요(凹) / 철(凸)]부위를 택하여 측정한다.
② 게이지로 측정된 깊이(B) 외에 이미 소실된 부위의 깊이(A)를 [㉟ 제외하고 / 더하여] 비교한다.
③ 송곳과 같은 날카로운 측정기구는 사용하지 않는다.
④ 측정기구는 목재와 [㊱ 직각 / 수평]으로 삽입하여 측정한다.
⑤ 측정 시 [㊲ 다양한 / 동일한] 압력으로 측정하고 수회 측정하여 평균값을 사용한다.

🏠 **정답**

① 큰 쪽 ② 분무 ③ 풍하측 ④ 도로의 접하지 않는 쪽 ⑤ 풍하측 ⑥ 풍하측 ⑦ 복사열 ⑧ 집중 ⑨ 확산 ⑩ 유하 ⑪ 반사 ⑫ 포위 ⑬ 공격 ⑭ 블록 ⑮ 중점 ⑯ 집중 ⑰ 현장 ⑱ 신속 ⑲ 안전 ⑳ 강제 ㉑ 보존 ㉒ 정밀과학 ㉓ 프리즘 ㉔ 고스트마크 ㉕ 스플래시 ㉖ 틈새연소 ㉗ 포어 ㉘ 도넛 ㉙ 트레일러 ㉚ 역원추형(역V) ㉛ 완소흔, 거북등 ㉜ 강소흔, 만두 ㉝ 열소흔, 반월 ㉞ 철(凸) ㉟ 더하여 ㊱ 직각 ㊲ 동일한

제5장 구조·구급의 행정관리

📝 기본서 p.435

1. 용어의 정리

구분	내용
[①]	화재, 재난·재해 및 테러, 그 밖의 위급한 상황(위급상황)에서 외부의 도움을 필요로 하는 사람(요구조자)의 생명, 신체 및 재산을 보호하기 위하여 수행하는 모든 활동
119구조대	탐색 및 구조활동에 필요한 장비를 갖추고 소방공무원으로 편성된 단위조직
[②]	응급환자에 대하여 행하는 상담, 응급처치 및 이송 등의 활동
119구급대	구급활동에 필요한 장비를 갖추고 소방공무원으로 편성된 단위조직
119항공대	항공기, 구조·구급 장비 및 119항공대원으로 구성된 단위조직
119항공대원	구조·구급을 위한 119항공대에 근무하는 [③], [③], [③], [③], 119구조·구급대원
119구조견	위급상황에서 소방활동의 보조를 목적으로 소방기관에서 운용하는 개
119구조견대	위급상황에서 119구조견을 활용하여 소방활동을 수행하는 소방공무원으로 편성된 단위조직

2. 구조·구급 기본계획 등의 수립·시행

구분	권한자	수립시기	수립기한
구조·구급 기본계획	[④]	[⑦ 5년마다 / 매년]	전년도 [⑩]월 [⑩]일까지
구조·구급 집행계획	[⑤]	[⑧ 5년마다 / 매년]	전년도 [⑪]월 [⑪]일까지
시·도 구조·구급 집행계획	[⑥]	[⑨ 5년마다 / 매년]	전년도 [⑫]월 [⑫]일까지

3. 구조대의 편성·운영

1) 119구조대의 편성과 운영

① [⑬ 시·도지사 / 소방청장·소방본부장 또는 소방서장](은)는 위급상황에서 요구조자의 생명 등을 신속하고 안전하게 구조하는 업무를 수행하기 위하여 대통령령으로 정하는 바에 따라 119구조대를 편성하여 운영하여야 한다.

② 119구조대의 종류

구분	내용
일반구조대	• [⑭ 시·도의 조례 / 시·도의 규칙]으로 정하는 바에 따라 [⑭]마다 1개 대 이상 설치하여야 한다. • 소방서가 없는 시·군·구의 경우에는 해당 시·군·구 지역의 중심지에 있는 119안전센터에 설치할 수 있다.
특수구조대	소방대상물, 지역 특성, 재난 발생 유형 및 빈도 등을 고려하여 [⑮ 시·도의 조례 / 시·도의 규칙]으로 정하는 바에 따라 다음의 구분에 따른 지역을 관할하는 [⑮]에 다음의 구분에 따라 설치한다. 다만, 고속국도구조대는 직할구조대에 설치할 수 있다. • [⑯]구조대 : 화학공장이 밀집한 지역 • [⑯]구조대 : 「자연공원법」에 따른 자연공원 등 산악지역 • [⑯]구조대 : 「도로법」에 따른 고속국도 • [⑯]구조대 : 「내수면어업법」에 따른 내수면지역 • [⑯]구조대 : 「도시철도법」에 따른 도시철도의 역사 및 역 시설
직할구조대	• 대형·특수 재난사고의 구조, 현장 지휘 및 테러현장 등의 지원 등을 위하여 [⑰] 또는 [⑰]에 설치하여야 한다. • 시·도 소방본부에 설치하는 경우에는 [⑱ 시·도의 조례 / 시·도의 규칙]으로 정하는 바에 따른다.
테러대응구조대	• 테러 및 특수재난에 전문적으로 대응하기 위하여 [⑲]과 [⑲]에 각각 설치하여야 한다. • 시·도 소방본부에 설치하는 경우에는 [⑳ 시·도의 조례 / 시·도의 규칙]으로 정하는 바에 따른다.

2) 국제구조대의 편성과 운영

① [㉑ 소방청장 / 소방청장, 소방본부장 또는 소방서장]은 국외에서 대형재난 등이 발생한 경우 재외국민의 보호 또는 재난발생국의 국민에 대한 인도주의적 구조 활동을 위하여 국제구조대를 편성하여 운영할 수 있다.

② [㉒ 소방청장 / 소방청장, 소방본부장 또는 소방서장]은 외교부장관과 협의를 거쳐 국제구조대를 재난발생국에 파견할 수 있다.

③ [㉓ 소방청장 / 소방청장, 소방본부장 또는 소방서장]은 국제구조대를 국외에 파견할 것에 대비하여 구조대원에 대한 교육훈련 등을 실시할 수 있다.

④ [㉔ 소방청장 / 소방청장, 소방본부장 또는 소방서장]은 국제구조대의 국외재난대응능력을 향상시키기 위하여 국제연합 등 관련 국제기구와의 협력체계 구축, 해외재난정보의 수집 및 기술연구 등을 위한 시책을 추진할 수 있다.

⑤ [㉕ 소방청장 / 소방청장, 소방본부장 또는 소방서장]은 국제구조대를 재난발생국에 파견하기 위하여 필요한 경우 관계 중앙행정기관의 장 또는 시·도지사에게 직원의 파견 및 장비의 지원을 요청할 수 있다. 이 경우 관계 중앙행정기관의 장 또는 시·도지사는 특별한 사유가 없으면 요청에 따라야 한다.

⑥ [㉖ 소방청장 / 소방청장, 소방본부장 또는 소방서장]은 국제구조대를 편성·운영하는 경우 [㉗], [㉗], [㉗], [㉗], [㉗], [㉗], [㉗] 등의 임무를 수행할 수 있도록 구성해야 한다.

⑦ [㉘ 소방청장 / 소방청장, 소방본부장 또는 소방서장]은 구조대의 효율적 운영을 위하여 필요한 경우 국제구조대를 [㉙]에 설치하는 직할구조대에 설치할 수 있다.

3) 구조대원의 자격기준

① 소방청장이 실시하는 [㉚] 교육을 받았거나 [㉚] 시험에 합격한 사람
② 국가·지방자치단체 및 「공공기관의 운영에 관한 법률」 제4조에 따른 공공기관의 구조 관련 분야에서 근무한 경력이 [㉛]년 이상인 사람
③ 「응급의료에 관한 법률」 제36조에 따른 [㉜] 자격을 가진 사람으로서 소방청장이 실시하는 구조업무에 관한 교육을 받은 사람

4. 구급대의 편성·운영

1) 119구급대의 편성과 운영

[㉝ 시·도지사 / 소방청장·소방본부장 또는 소방서장](은)는 위급상황에서 발생한 응급환자를 응급처치하거나 의료기관에 긴급히 이송하는 등의 구급업무를 수행하기 위하여 대통령령으로 정하는 바에 따라 119구급대를 편성하여 운영하여야 한다.

2) 구급대의 종류

구분	내용
일반구급대	• [㉞ 시·도의 조례 / 시·도의 규칙](으)로 정하는 바에 따라 [㉞]마다 1개 대 이상 설치하여야 한다. • 소방서가 설치되지 아니한 시·군·구의 경우에는 해당 시·군·구 지역의 중심지에 소재한 119안전센터에 설치할 수 있다.
고속국도구급대	• 교통사고 발생 빈도 등을 고려하여 [㉟], [㉟] 또는 고속국도를 관할하는 [㉟]에 설치하여야 한다. • 시·도 소방본부 또는 소방서에 설치하는 경우에는 [㊱ 시·도의 조례 / 시·도의 규칙](으)로 정하는 바에 따른다.

🏠 정답

① 구조 ② 구급 ③ 조종사, 정비사, 항공교통관제사, 운항관리사 ④ 소방청장 ⑤ 소방청장 ⑥ 소방본부장 ⑦ 5년마다 ⑧ 매년 ⑨ 매년 ⑩ 8, 31 ⑪ 10, 31 ⑫ 12, 31 ⑬ 소방청장·소방본부장 또는 소방서장 ⑭ 시·도의 규칙, 소방서 ⑮ 시·도의 규칙, 소방서 ⑯ 화학, 산악, 고속국도, 수난, 지하철 ⑰ 소방청, 시·도 소방본부 ⑱ 시·도의 규칙 ⑲ 소방청, 시·도 소방본부 ⑳ 시·도의 규칙 ㉑ 소방청장 ㉒ 소방청장 ㉓ 소방청장 ㉔ 소방청장 ㉕ 소방청장 ㉖ 소방청장 ㉗ 인명 탐색 및 구조, 안전평가, 상담, 응급처치, 응급이송, 시설관리, 공보연락 ㉘ 소방청장 ㉙ 소방청 ㉚ 인명구조사, 인명구조사 ㉛ 2 ㉜ 응급구조사 ㉝ 소방청장·소방본부장 또는 소방서장 ㉞ 시·도의 규칙, 소방서 ㉟ 소방청, 시·도 소방본부, 소방서 ㊱ 시·도의 규칙

3) 국제구급대의 편성과 운영
① [① 소방청장 / 소방본부장 또는 소방서장]은 국외에서 대형재난 등이 발생한 경우 재외국민에 대한 구급 활동, 재외국민 응급환자의 국내 의료기관 이송 또는 재난발생국 국민에 대한 인도주의적 구급 활동을 위하여 국제구급대를 편성하여 운영할 수 있다. 이 경우 이송과 관련된 사항은 「재외국민보호를 위한 영사조력법」 제19조에 따른다.
② [② 소방청장 / 소방본부장 또는 소방서장]은 [③]과 협의를 거쳐 국제구급대를 재난발생국에 파견할 수 있다.
③ [④ 소방청장 / 소방본부장 또는 소방서장]은 국제구급대를 국외에 파견할 것에 대비하여 구급대원에 대한 교육훈련 등을 실시할 수 있다.
④ [⑤ 소방청장 / 소방본부장 또는 소방서장]은 국제구급대의 국외재난대응능력을 향상시키기 위하여 국제연합 등 관련 국제기구와의 협력체계 구축, 해외재난정보의 수집 및 기술연구 등을 위한 시책을 추진할 수 있다.
⑤ [⑥ 소방청장 / 소방본부장 또는 소방서장]은 국제구급대를 재난발생국에 파견하기 위하여 필요한 경우 관계 중앙행정기관의 장 또는 시·도지사에게 직원의 파견 및 장비의 지원을 요청할 수 있다. 이 경우 관계 중앙행정기관의 장 또는 시·도지사는 특별한 사유가 없으면 요청에 따라야 한다.
⑥ [⑦ 소방청장 / 소방본부장 또는 소방서장]은 국제구급대를 편성·운영하는 경우 [⑧], [⑧], [⑧], [⑧], [⑧], [⑧] 등의 임무를 수행할 수 있도록 구성해야 한다.
⑦ [⑨ 소방청장 / 소방본부장 또는 소방서장]은 국제구급대의 효율적 운영을 위하여 필요한 경우 국제구급대를 [⑩]에 설치하는 직할구조대에 설치할 수 있다

4) 구급대원의 자격기준
① 「의료법」 제2조 제1항에 따른 의료인
② 「응급의료에 관한 법률」 제36조 제2항에 따라 [⑪]급 응급구조사 자격을 취득한 사람
③ 「응급의료에 관한 법률」 제36조 제3항에 따라 [⑪]급 응급구조사 자격을 취득한 사람
④ 소방청장이 실시하는 구급업무에 관한 교육을 받은 사람(구급차 운전과 구급에 관한 보조업무나 할 수 있음)

5. 119항공대의 편성·운영

1) 119항공대의 편성과 운영
① [⑫ 소방청장 또는 소방본부장 / 소방청장, 소방본부장 또는 소방서장]은 초고층 건축물 등에서 요구조자의 생명을 안전하게 구조하거나 도서·벽지에서 발생한 응급환자를 의료기관에 긴급히 이송하기 위하여 119항공대를 편성하여 운영한다.
② [⑬]은 119항공대를 소방청에 설치하는 직할구조대에 설치할 수 있다.
③ [⑭]은 [⑭ 시·도 조례 / 시·도 규칙](으)로 정하는 바에 따라 119항공대를 편성하여 운영하되, 효율적인 인력 운영을 위하여 필요한 경우에는 시·도 소방본부에 설치하는 직할구조대에 설치할 수 있다.

2) 119항공대의 업무
① 인명구조 및 응급환자의 이송(의사가 동승한 응급환자의 병원 간 이송을 [⑮ 제외 / 포함]한다)
② 화재 진압
③ 장기이식환자 및 장기의 이송
④ 항공 수색 및 구조 활동
⑤ 공중 소방 지휘통제 및 소방에 필요한 인력·장비 등의 운반
⑥ 방역 또는 방재 업무의 지원
⑦ 그 밖에 재난관리를 위하여 필요한 업무

3) 항공기의 운항
① 119항공대의 항공기는 조종사 [⑯]명이 탑승하되, 해상비행·계기비행 및 긴급 구조·구급 활동을 위하여 필요한 경우에는 정비사 [⑯]명을 추가로 탑승시킬 수 있다.
② 조종사의 비행시간은 1일 [⑰]시간을 초과할 수 없다. 다만, 구조·구급 및 화재 진압 등을 위하여 필요한 경우로서 소방청장 또는 소방본부장이 비행시간의 연장을 승인한 경우에는 그러하지 아니하다.
③ 소방청에 설치하는 119항공대에 두는 항공기는 [⑰]대 이상 갖추어야 한다.

4) 119항공운항관제실 설치·운영
① [⑱]은 소방항공기의 안전하고 신속한 출동과 체계적인 현장활동의 관리·조정·통제를 위하여 [⑱]에 119항공운항관제실을 설치·운영하여야 한다.
② [⑲]은 119항공운항관제실에 다음의 어느 하나에 해당하는 사람을 1명 이상 배치하여 [⑲]시간 근무체제로 운영한다.
 ㉠ 「항공안전법」 제35조 제7호의 [⑳] 자격증명을 받은 사람
 ㉡ 「항공안전법」 제35조 제9호의 [⑳] 자격증명을 받은 사람
 ㉢ 그 밖에 항공운항관제 경력이 [⑳]년 이상인 사람으로서 소방청장이 인정하는 사람
③ [㉑]은 업무를 효율적으로 수행하기 위하여 항공기의 운항정보 및 안전관리 등을 위한 시스템(운항관리시스템)을 구축·운영해야 한다.
④ [㉒]은 운항관리시스템이 소방청과 시·도 소방본부 간에 상호 연계될 수 있도록 관리해야 한다.

5) 119항공정비실의 설치·운영
[㉓]은 편성된 항공대의 소방헬기를 전문적으로 통합정비 및 관리하기 위하여 [㉓]에 119항공정비실을 설치·운영할 수 있다.

참고 119구조견대의 편성과 운영

① [㉔ 소방청장, 소방본부장 또는 소방서장 / 소방청장과 소방본부장]은 위급상황에서 소방활동의 보조 및 효율적 업무 수행을 위하여 119구조견대를 편성하여 운영한다.
② [㉕]은 119구조견의 양성·보급 및 구조견 운용자의 교육·훈련을 위하여 구조견 양성·보급기관을 설치·운영하여야 한다.
③ 소방청장은 119구조견대를 [㉖]에 편성·운영한다.
④ [㉗]은 [㉗ 시·도의 조례 / 시·도의 규칙](으)로 정하는 바에 따라 시·도 소방본부에 구조견대를 편성하여 운영한다.

정답
① 소방청장 ② 소방청장 ③ 외교부장관 ④ 소방청장 ⑤ 소방청장 ⑥ 소방청장 ⑦ 소방청장 ⑧ 안전평가, 상담, 응급처치, 응급이송, 시설관리, 공보연락
⑨ 소방청장 ⑩ 소방청 ⑪ 1, 2 ⑫ 소방청장 또는 소방본부장 ⑬ 소방청장 ⑭ 소방본부장, 시·도 규칙 ⑮ 포함 ⑯ 2, 1 ⑰ 8, 3 ⑱ 소방청장, 소방청
⑲ 소방청장, 24 ⑳ 항공교통관제사, 운항관리사, 3 ㉑ 소방청장 ㉒ 소방청장 ㉓ 소방청장, 소방청 ㉔ 소방청장과 소방본부장 ㉕ 소방청장
㉖ 중앙119구조본부 ㉗ 소방본부장, 시·도의 규칙

제6장 구조·구급 활동

📝 기본서 p.443

1. 구조활동의 우선순위

※ 다음의 보기를 옳게 나열하시오.
㉠ 신체구출   ㉡ 정신적·육체적 고통경감   ㉢ 구명(救命)   ㉣ 피해의 최소화

[①] → [①] → [①] → [①]

2. 구조·구급 요청의 거절사유

1) 구조활동 요청의 거절사유

① [②] 문 개방의 요청을 받은 경우
② 시설물에 대한 [②] 안전조치 및 장애물 단순 제거의 요청을 받은 경우
③ 동물의 [②] 처리·포획·구조 요청을 받은 경우
④ 그 밖에 주민생활 불편해소 차원의 [②] 민원 등 구조활동의 필요성이 없다고 인정되는 경우

2) 구급활동 요청의 거절사유

① 단순 치통환자
② 단순 감기환자 (제외 : 섭씨 [③]도 이상의 고열 또는 [③]이 있는 경우)
③ 혈압 등 생체징후가 안정된 타박상 환자
④ 술에 취한 사람 (제외 : [④]에도 의식이 회복되지 아니하거나 [⑤]이 있는 경우)
⑤ 만성질환자로서 검진 또는 입원 목적의 이송 요청자
⑥ 단순 열상 또는 찰과상으로 지속적인 출혈이 없는 외상환자
⑦ 병원 간 이송 또는 자택으로의 이송 요청자 (제외 : [⑥]가 동승한 응급환자의 병원 간 이송)

3. 로프매듭

1) 로프매듭의 기본원칙

① 묶기 쉽고, 연결이 튼튼해 자연적으로 풀리지 않고, 사용 후 간편하게 [⑦]할 수 있는 매듭이 좋은 매듭이다.
② 매듭의 크기가 [⑧ 작은 / 큰] 방법을 선택한다.
③ 매듭의 끝 부분은 [⑨ 충분한 / 최소한] 길이를 남겨두고 [⑨]매듭으로 묶어 준다.
④ 매듭은 정확한 형태를 만들고 단단하게 하여 하중을 지탱할 수 있게 한다.
⑤ 매듭법을 아는 것보다 [⑩] 매듭을 정확히 숙지하는 것이 더욱 중요하다.
⑥ 로프는 화학약품 등에 의해 부식될 수 있으므로 주의한다.
⑦ 로프는 장시간 햇빛을 받으면 강도가 저하될 수 있으므로 주의한다.

2) 매듭의 종류

[⑪]	[⑫]	[⑬]
로프의 끝이나 중간에 마디나 매듭, 고리를 만드는 방법	한 로프를 다른 로프와 서로 연결하는 방법	로프를 지지물 또는 특정 물건에 묶는 방법

제7장 응급의료(「응급의료에 관한 법률」)

📖 기본서 p.451

1. 용어의 정의

구분	정의
응급환자	질병, 분만, 각종 사고 및 재해로 인한 부상이나 그 밖의 위급한 상태로 인하여 즉시 필요한 응급처치를 받지 아니하면 생명을 보존할 수 없거나 심신에 중대한 위해가 발생할 가능성이 있는 환자 또는 이에 준하는 사람으로서 보건복지부령으로 정하는 사람을 말한다.
응급의료	응급환자가 발생한 때부터 생명의 위험에서 회복되거나 심신상의 중대한 위해가 제거되기까지의 과정에서 응급환자를 위하여 하는 [⑭]·[⑭]·[⑭]·[⑭] 및 [⑭] 등의 조치를 말한다.
응급처치	응급의료행위의 하나로서 응급환자의 기도를 확보하고 심장박동의 회복, 그 밖에 생명의 위험이나 증상의 현저한 악화를 방지하기 위하여 긴급히 필요로 하는 처치를 말한다.
응급의료종사자	관계 법령에서 정하는 바에 따라 취득한 면허 또는 자격의 범위에서 응급환자에 대한 응급의료를 제공하는 [⑮]과 [⑮]를 말한다.
응급의료기관	의료기관 중에서 이 법에 따라 지정된 [⑯]응급의료센터, [⑯]응급의료센터, [⑯]응급의료센터 및 지역응급의료기관을 말한다.
구급차등	응급환자의 이송 등 응급의료의 목적에 이용되는 [⑰], [⑰] 및 [⑰] 등의 이송수단을 말한다.
응급의료기관등	응급의료기관, 구급차등의 운용자 및 응급의료지원센터를 말한다.
응급환자이송업	구급차등을 이용하여 응급환자 등을 이송하는 업을 말한다.

2. 응급구조사의 자격

1) **1급 응급구조사**

   다음의 어느 하나에 해당하는 사람으로서 보건복지부장관이 실시하는 시험에 합격한 후 보건복지부장관의 자격인정을 받아야 한다.

   ① 1급 응급구조사 양성대학으로 지정받은 대학 또는 전문대학에서 [⑱]을 전공하고 졸업한 사람
   ② 보건복지부장관이 정하여 고시하는 기준에 해당하는 [⑱]의 응급구조사 자격인정을 받은 사람
   ③ 2급 응급구조사로서 응급구조사의 업무에 [⑱]년 이상 종사한 사람

2) **2급 응급구조사**

   다음의 어느 하나에 해당하는 사람으로서 보건복지부장관이 실시하는 시험에 합격한 후 보건복지부장관의 자격인정을 받아야 한다.

   ① 2급 응급구조사 양성기관으로 지정받은 [⑲]에서 대통령령으로 정하는 양성과정을 마친 사람
   ② 보건복지부장관이 정하여 고시하는 기준에 해당하는 [⑲]의 응급구조사 자격인정을 받은 사람

🏠 **정답**

① ⓒ, ㉠, ㉡, ㉢ ② 단순, 단순, 단순, 단순 ③ 38, 호흡곤란 ④ 강한 자극 ⑤ 외상 ⑥ 의사 ⑦ 제거 ⑧ 작은 ⑨ 충분한, 엄지 ⑩ 잘 쓰이는 ⑪ 마디짓기 ⑫ 이어매기 ⑬ 움켜매기 ⑭ 상담, 구조, 이송, 응급처치, 진료 ⑮ 의료인, 응급구조사 ⑯ 권역, 전문, 지역 ⑰ 자동차, 선박, 항공기 ⑱ 응급구조학, 외국, 3 ⑲ 양성기관, 외국

3. 응급구조사의 업무

응급구조사	업무범위
1급	① 응급 분만 시 탯줄 결찰 및 절단([①] 및 [①] 중에 한하며, 지도의사의 [②] 하에서만 수행) ② 심전도 측정 및 전송(의료기관 안에서는 [③] 내에 한함) ③ [④]를 이용한 호흡의 유지 ④ 약물투여 : 저혈당성 혼수시 포도당의 [⑤], 흉통시 니트로글리세린의 혀아래(설하) [⑤], 쇼크시 일정량의 수액 [⑤], 천식발작시 기관지확장제 [⑤] ⑤ 심폐소생술의 시행을 위한 기도유지(기도기(airway)의 [⑥], 기도[⑥], 후두마스크 [⑥] 등을 포함한다) ⑥ [⑦]의 확보 ⑦ [⑧]의 확보 시 [⑧] 채혈 ⑧ 심정지 시 [⑨] 투여 ⑨ 아나필락시스 쇼크 시 자동주입펜을 이용한 [⑩] 투여 ⑩ 2급 응급구조사의 업무
2급	① 구강내 이물질의 제거 ② 기도기(airway)를 이용한 기도유지 ③ 기본 심폐소생술 ④ 산소투여 ⑤ 부목·척추고정기·공기 등을 이용한 사지 및 척추 등의 고정 ⑥ 외부출혈의 지혈 및 창상의 응급처치 ⑦ 심박·체온 및 혈압 등의 측정 ⑧ 쇼크방지용 하의 등을 이용한 혈압의 유지 ⑨ 자동심장충격기를 이용한 규칙적 심박동의 유도 ⑩ 흉통시 니트로글리세린의 혀아래(설하) 투여 및 천식발작시 기관지확장제 흡입([⑪]가 해당약물을 [⑪]하고 있는 경우에 한함)

📖 **참고** 자동심장충격기, 자동제세동기(AED)

① 정의 : 심실빈맥이나 심실세동으로 심정지가 되어 있는 환자에게 [⑫]을 주어 심장의 정상 리듬을 가져오게 해주는 도구
② 사용방법 : 전원켜기 → 패드를 [⑫ 왼쪽 / 오른쪽] 쇄골 아래와 [⑫ 왼쪽 / 오른쪽] 유두 바깥쪽 아래 부착 → 심장리듬 분석 → 심장충격(제세동) 시행 → 즉시 심폐소생술 다시 시행

4. 심폐소생술의 단계별 절차

단계		내용
1	반응확인	• 현장의 안전을 확인한 뒤에 환자에게 다가가 어깨를 가볍게 두드리며, 큰 목소리로 "여보세요. 괜찮으세요?"라고 물어본다.
2	119신고	• 환자의 반응이 없다면 즉시 큰소리로 주변 사람에게 119신고를 요청한다.
3	호흡확인	• 쓰러진 환자의 얼굴과 가슴을 10초 이내로 관찰하여 호흡이 있는지를 확인한다.
4	가슴압박	• 환자를 바닥이 단단하고 평평한 곳에 등을 대고 눕힌 뒤에 가슴뼈(흉골)의 아래쪽 절반 부위에 깍지를 낀 두 손의 손바닥 뒤꿈치를 댄다. • 손가락이 가슴에 닿지 않도록 주의하면서 양팔을 쭉 편 상태로 체중을 실어서 환자의 몸과 [⑬]이 되도록 가슴을 압박하고, 압박된 가슴은 완벽히 [⑬]되도록 한다. • 가슴압박은 성인에서 분당 [⑭] ~ [⑭]회의 속도와 약 [⑮][cm] 깊이(소아 [⑯] ~ [⑯][cm])로 강하고 빠르게 시행한다.
5	기도개방	• 환자의 머리를 젖히고, 턱을 들어 올려 환자의 기도를 개방시킨다.([⑰]) • 경추의 손상의심환자는 [⑱]을 시행하지 않고 [⑱]만 시행한다.
6	인공호흡	• 머리를 젖혔던 손의 엄지와 검지로 환자의 코를 잡아서 막고, 입을 크게 벌려 환자의 입을 완전히 막은 후 가슴이 올라올 정도로 [⑲]초에 걸쳐서 숨을 불어넣는다.
7	반복	• [⑳]회의 가슴압박과 [⑳]회의 인공호흡을 119구급대원이 현장에 도착할 때까지 반복해서 시행한다. • 심폐소생술 [㉑]주기를 시행한 뒤에 서로 역할을 교대한다.
8	회복자세	• 호흡이 회복되었다면, 환자를 옆으로 돌려 눕혀 기도(숨길)가 막히는 것을 예방한다.

> **📖 참고 [⑳]**
>
> ① 정의 : 음식물 등으로 인한 기도폐쇄 시 복부 또는 등을 압박하여 환자의 기도에 걸린 이물질을 강하게 밖으로 꺼내는 응급처치 방법
> ② 성인 : 상태체크 및 119신고 → 기침유발 → 환자를 뒤에서 감싸 안으며 주먹 쥔 손을 배꼽과 명치 중간 정도에 위치시킨 후 배를 안쪽으로 누르면서 상측 방향으로 [㉓]회 당겨줌([㉓] 압박) → 무한 반복
> ③ 유아 : 상태체크 및 119신고 → 허벅지 위에 유아의 머리가 아래를 향하도록 엎드려 눕히고 손바닥 밑부분으로 등의 중앙부를 세게 5회 두드림(등 압박) → 허벅지 위에 유아의 머리가 아래를 향하도록 바로 눕히고 2개의 손가락으로 가슴부분을 [㉓]회 눌러줌([㉓] 압박) → 무한반복

5. 응급환자의 중증도 분류

1) 트리아제(Triage)의 분류

치료순서	분류	심벌	색상	증상
1	긴급환자 (Critical)	[㉔]	[㉔]	수분, 수시간 이내의 응급처치를 요하는 중증환자 • 기도폐쇄, 심한 호흡곤란, 호흡정지 • 심장마비의 순간이 인지된 심정지 • 대량출혈, 수축기 혈압이 80mmHg 이하의 쇼크 • [㉘]을 동반한 중증의 화상 • [㉘]이 의심되는 경우
2	응급환자 (Urgent)	[㉕]	[㉕]	수시간 이내의 응급처치를 요하는 중증환자 • 중증의 화상 • [㉙]를 제외한 부위의 척추골절 • 중증의 출혈 • 다발성 골절
3	비응급환자 (Minor)	[㉖]	[㉖]	수시간, 수일 후 치료해도 생명에 관계가 없는 환자 • 소량의 출혈 • 경증의 열상 혹은 단순 골절 • 경증의 화상 혹은 타박상
4	지연환자 (Dead)	[㉗]	[㉗]	사망하였거나 생존의 가능성이 없는 환자 • 20분 이상 호흡이나 맥박이 없는 환자 • 두부나 몸체가 절단된 경우 • 심폐소생술도 효과가 없다고 판단되는 경우

> **🏠 정답**
>
> ① 현장, 이송 ② 실시간 영상의료지도 ③ 응급실 ④ 인공호흡기 ⑤ 주입, 투여, 투여, 흡입 ⑥ 삽입, 삽관, 삽관 ⑦ 정맥로 ⑧ 정맥로, 정맥혈 ⑨ 에피네프린 ⑩ 에피네프린 ⑪ 환자, 휴대 ⑫ 전기 충격, 오른쪽, 왼쪽 ⑬ 수직, 이완 ⑭ 100, 120 ⑮ 5 ⑯ 4, 5 ⑰ 두부후굴 하악거상법 ⑱ 두부후굴, 하악거상법 ⑲ 1 ⑳ 30, 2 ㉑ 5 ㉒ 하임리히법 ㉓ 5, 복부, 5, 가슴 ㉔ 토끼, 적색 ㉕ 거북이, 황색 ㉖ 구급차X표시, 녹색 ㉗ 십자가표시, 흑색 ㉘ 기도화상, 경추손상 ㉙ 경추

2) KTAS 한국형 응급환자 분류(Korean Triage and Acuity Scale)

치료순서	분류	색상	증상
1	[①]	[①]색	• 즉각적인 처치가 필요하며 생명이나 사지를 위협하는 상태 • 심장마비, 무호흡, 음주와 관련되지 않은 무의식
2	[②]	[②]색	• 생명 또는 사지, 신체기능에 잠재적인 위협이 있으며 이에 대한 빠른 치료가 필요한 경우 • 심근경색, 뇌출혈, 뇌경색
3	[③]	[③]색	• 치료가 필요한 상태로 진행할 수도 있는 잠재적 가능성을 고려해야 하는 경우 • 호흡곤란, 출혈을 동반한 설사
4	[④]	[④]색	• 환자의 나이, 통증이나 악화/합병증에 대한 가능성을 고려할 때 1~2시간 안에 처치나 재평가를 시행하면 되는 상태 • 38도 이상의 발열을 동반한 장염
5	[⑤]	[⑤]색	• 긴급하지만 응급은 아닌 상태, 만성적인 문제로 인한 것이나 악화의 가능성이 낮은 상태 • 감기, 장염, 설사, 열상(상처)

6. 응급환자의 평가

1) 1차 평가 : [⑥] → [⑥] → [⑥] → [⑥]

절차	증상
[⑦]	• 환자의 기도가 개방되고 깨끗한지 확인해야 한다. • 기도 개방을 위해서는 머리기울임/턱 들어올리기법 등을 사용할 수 있다.
[⑧]	• 환자의 호흡을 관찰하여 비정상적인 숨소리나 호흡곤란 증세가 있는지 살핀다. • 비정상적인 호흡이라면 산소 공급 또는 포켓마스크나 BVM을 통해 인공호흡을 실시해야 한다.
[⑨]	• 인체 조직이 정상적인 기능을 하는데 적절한 혈액량을 공급하는지를 평가하는 것 • 맥박 유무, 외부출혈 유무, 피부를 통한 순환평가
[⑩]	• 척추손상 여부를 환자의 손가락과 발가락을 만질 때 반응하는 움직임을 확인하는 방법으로 확인한다.
노출 (Exposure)	• 외상환자는 외상의 유무를 확인하기 위해 옷을 제거하여 노출한다.

참고 의식상태평가([⑪])

1. 의식명료 : 질문에 적절한 반응이나 대답을 할 수 있는 상태
2. [⑫]반응 : 질문에 적절한 반응이나 대답은 할 수 없으나 소리나 고함에 반응하는 상태(신음소리도 가능)
3. [⑬]반응 : 언어지시에는 반응하지 않고 자극에는 반응하는 상태
4. 무반응 : 어떠한 자극에도 반응하지 않는 상태

2) 2차 평가

① 1차 평가 후 머리에서 발끝까지 자세한 평가를 실시하는 것을 말하며, 환자의 상태가 안정적인 경우 현장에서 2차 평가를 실시하고, 위급한 환자는 병원으로 이송하는 구급차 내에서 시행한다.

② 과거병력(SAMPLE)

구분	내용
S	징후 및 증상
A	[⑭]
M	투약 중인 약물
P	[⑮]의 질병
L	마지막 섭취한 [⑯]
E	질병, 외상의 [⑰]

정답

① 소생, 파란 ② 긴급, 빨간 ③ 응급, 노랑 ④ 준응급, 녹 ⑤ 비응급, 흰 ⑥ A, B, C, D ⑦ 기도확인 ⑧ 호흡 ⑨ 순환 ⑩ 기능장애평가 ⑪ AVPU ⑫ 언어지시 ⑬ 통증자극 ⑭ 알레르기 ⑮ 과거 ⑯ 음식물 ⑰ 유발상황

CHAPTER 10 재난관리론

제1장 재난

🖉 기본서 p.461

1. 재난의 분류

1) 존스(David K. Jones)의 재해분류
   ① 자연재해 : 지구물리학적 재해([①]적, [①]적, [①]적), 생물학적 재해
   ② [②]재해
   ③ 인위재해

2) 아네스(Br. J. Anesth)의 재난분류
   ① 자연재해 : [③] 재해, [③] 재해
   ② 인위재해 : [④] 재해, [④] 재해

3) 「재난 및 안전관리 기본법」상 재난의 분류
   국민의 생명·신체·재산과 국가에 피해를 주거나 줄 수 있는 것으로서 다음의 것을 말한다.
   ① 자연재난 : 태풍, 홍수, 호우, 강풍, 풍랑, 해일, 대설, 한파, 낙뢰, 가뭄, 폭염, 지진, [⑤ 미세먼지 / 황사], [⑥ 조류 대발생 / 환경오염사고], 조수, 화산활동, [⑦ 자연우주물체 / 인공우주물체]의 추락·충돌, 그 밖에 이에 준하는 자연현상으로 인하여 발생하는 재해
   ② 사회재난 : 화재·붕괴·폭발·교통사고(항공사고 및 해상사고를 포함한다)·화생방사고·[⑧ 조류 대발생 / 환경오염사고]·[⑨] 등으로 인하여 발생하는 대통령령으로 정하는 규모 이상의 피해와 국가핵심기반의 마비, 「감염병의 예방 및 관리에 관한 법률」에 따른 감염병 또는 「가축전염병예방법」에 따른 가축전염병의 확산, 「미세먼지 저감 및 관리에 관한 특별법」에 따른 [⑩ 미세먼지 / 황사], [⑪ 자연우주물체 / 인공우주물체]의 추락·충돌 등으로 인한 피해

2. 재난의 특성

1) 재난의 특성
   ① [⑫]성 : 가시적 발생 이전부터 누적되어온 위험요인들이 특정한 시점에 표출된 결과를 의미
   ② [⑬]성 : 위험의 객관적인 차원과 주관적인 차원 간의 불일치 등으로 표현
   ③ [⑭]성 : 재난은 비선형적·유기적 혹은 진화적인 과정에 따라 발생
   ④ [⑮]성 : 재난의 상호작용성에 의해 발생

2) 자연재난과 사회재난(인적재난)의 비교

구분	자연재난	사회재난(인적재난)
예측가능성	[⑯ 가능 / 거의 불가능]	[⑰ 가능 / 거의 불가능]
통제인식성	[⑱ 가능 / 불가능]	[⑲ 가능 / 불가능]
발생기간	[⑳ 단기적 / 장기적], [⑳ 급격 / 완만]	[㉑ 단기적 / 장기적], [㉑ 급격 / 완만]
피해범위	[㉒ 국소 / 넓은] 지역	[㉓ 국소 / 넓은] 지역

3. 재해의 발생이론

1) 하인리히(H. W. Heinrich)의 도미노이론
   ① 이론의 순서 : [㉔] → [㉔] → [㉔] → [㉔] → [㉔]

   > A : 개인적 결함
   > B : 사회적 또는 가정적 결함
   > C : 불안전한 상태 또는 거동
   > D : 사고
   > E : 재해

   ② 어느 하나에 문제가 발생하면 연쇄적 영향이 발생한다는 이론이다.
   ③ '[㉕]'을 제거하면 사고를 방지할 수 있음을 의미한다.
   ④ 재해발생비율을 '[㉖] 법칙'로 정립하였다.

2) 플랭크 버드(Frank Bird)의 이론
   ① 이론의 순서 : [㉗] → [㉗] → [㉗] → [㉗] → [㉗]

   > A : 직접원인
   > B : 제어의 부족(관리의 결함)
   > C : 기본원인
   > D : 사고
   > E : 재해손실(상해, 손실)

   ② 하인리히의 이론을 발전시킨 이론으로 '[㉘ 고전적 / 최신식] 도미노이론'이다.
   ③ '[㉙]'을 반드시 제거해야 사고를 방지할 수 있음을 의미한다.
   ④ 재해발생비율을 '[㉚] 법칙'로 정립하였다.

> **참고** 기본원인 4M
>
> ① [㉛]적 요인
> ② [㉛]적 요인
> ③ [㉛]적 요인
> ④ [㉛]적 요인

> **정답**
> ① 지질학, 지형학, 기상학 ② 준자연 ③ 기후성, 지진성 ④ 사고성, 계획적 ⑤ 황사 ⑥ 조류 대발생 ⑦ 자연우주물체 ⑧ 환경오염사고 ⑨ 다중운집인파사고 ⑩ 미세먼지 ⑪ 인공우주물체 ⑫ 누적 ⑬ 인지 ⑭ 불확실 ⑮ 복잡(상호작용) ⑯ 가능 ⑰ 거의 불가능 ⑱ 불가능 ⑲ 가능 ⑳ 장기적, 완만 ㉑ 단기적, 급격 ㉒ 넓은 ㉓ 국소 ㉔ B, A, C, D, E ㉕ C(불안전한 상태 또는 거동) ㉖ 1 : 29 : 300 ㉗ B, C, A, D, E ㉘ 최신식 ㉙ C(기본원인) ㉚ 1 : 10 : 30 : 600 ㉛ 인간, 기계설비, 작업·환경, 관리

4. 재난의 예방

1) 재해예방의 4원칙

구분	내용
[①]의 원칙	모든 인위적 재난은 원칙적으로 예방이 가능
[②]의 원칙	사고의 결과로서 생긴 재해손실은 사고 당시의 조건에 따라 우연적으로 발생
[③]의 원칙	사고발생에는 반드시 원인이 있고, 대부분 복합적으로 연계
[④]의 원칙	사고의 원인이나 불안전요소가 발견되면 반드시 대책을 선정 및 실시하고 사고예방을 위한 가능한 안전대책(3E)은 반드시 존재

2) 사고예방대책의 기본원리 5단계

이론의 순서 : [⑤] → [⑤] → [⑤] → [⑤] → [⑤]

A : 분석평가(사고원인분석) D : 안전관리의 조직
B : 시정책의 선정 E : 시정책의 적용(3E)
C : 사실의 발견

참고 간접원인 3E

① [⑥]
② [⑥]
③ [⑥]

5. 재난관리(Emergency management)의 접근방법

1) 재난관리의 방식

구분	분산관리방식	통합관리방식
재난관리의 특징	• [⑦ 전통적 / 최신식] 재난관리제도 • 재난의 [⑦]별 특징을 강조 • 재난의 [⑦ 차이 / 유사성](을)를 강조	• [⑧ 하나 / 다수]의 기관이 재난을 조정·통제하는 방식 • 재난의 [⑧ 차이 / 유사성](을)를 강조
관련기관	[⑨ 단일 / 다수] 부처 및 기관의 단순 병렬	[⑨ 단일 / 다수] 부처 조정하의 병렬적 다수 부처 및 기관
책임 범위	책임 및 부담 [⑩ 분산 / 집중]	책임 및 부담 [⑩ 분산 / 집중]
지휘체계	[⑪ 단일화 / 다양화]	[⑪ 단일화 / 다양화]
재난에 대한 인지능력	미약, [⑫ 종합적 / 단편적]	강력, [⑫ 종합적 / 단편적]
장/단점	• 복합적 성격의 재난에 대한 대처능력 [⑬ 상승 / 하강] • [⑭ 적정한 / 과도한] 업무량 • 부처간 업무중복 발생 [⑮ O / X] • 전문기술의 지원 [⑯ 용이 / 어려움] • 초기 체제구축 [⑰ 용이 / 어려움]	• 복합적 성격의 재난에 대한 대처능력 [⑬ 상승 / 하강] • [⑭ 적정한 / 과도한] 업무량 • 부처간 업무중복 발생 [⑮ O / X] • 전문기술의 지원 [⑯ 용이 / 어려움] • 초기 체제구축 [⑰ 용이 / 어려움]
대표국가	[⑱ 일본 / 미국]	[⑱ 일본 / 미국]

2) 페탁(Petak)의 재난관리 4단계 모형

단계	발생시기	내용
[⑲]	재난발생 전	• 예방관리는 재난관리의 4단계 중 가장 근본적인 대책 • 위험성 평가 및 분석 등을 통하여 재난발생을 원칙적으로 제거하거나 최소화시키는 과정
[⑳]	재난발생 전	• 재난발생확률이 높아진 경우, 재난발생시 대응능력을 향상시키기 위해 취해지는 사전준비활동
[㉑]	재난발생 시	• 재난발생 시 [㉓]이 주도적인 역할을 하는 활동단계로서 복구의 효과성을 높이기 위한 일련의 활동 • 인명 및 재산피해를 최소화하고, 재난의 확산을 방지
[㉒]	재난발생 후	• 재난상황이 어느 정도 안정된 후 취하는 활동 단계 • 재난으로 인한 피해지역을 재난 이전의 상태로 회복시키는 활동

3) 재난관리 단계별 세부 사항

① 재난관리자원의 관리 : [㉔ 예방 / 대비 / 대응 / 복구]단계
② 재난사태의 선포 : [㉕ 예방 / 대비 / 대응 / 복구]단계
③ 특별재난지역의 선포 : [㉖ 예방 / 대비 / 대응 / 복구]단계
④ 재난안전분야 종사자 교육 : [㉗ 예방 / 대비 / 대응 / 복구]단계
⑤ 위험구역의 설정 : [㉘ 예방 / 대비 / 대응 / 복구]단계
⑥ 재난안전통신망의 구축·운영 : [㉙ 예방 / 대비 / 대응 / 복구] 단계
⑦ 재난 예보·경보체계 구축·운영 : [㉚ 예방 / 대비 / 대응 / 복구] 단계

정답
① 예방가능 ② 손실우연 ③ 원인연계 ④ 대책선정 ⑤ D, C, A, B, E ⑥ 교육, 기술, 규제 ⑦ 전통적, 유형, 차이 ⑧ 하나, 유사성 ⑨ 다수, 단일
⑩ 분산, 집중 ⑪ 다양화, 단일화 ⑫ 단편적, 종합적 ⑬ 하강, 상승 ⑭ 적정한, 과도한 ⑮ ○, × ⑯ 어려움, 용이 ⑰ 용이, 어려움 ⑱ 일본, 미국
⑲ 예방(완화) ⑳ 대비(계획, 준비) ㉑ 대응 ㉒ 복구 ㉓ 소방 ㉔ 대비 ㉕ 대응 ㉖ 복구 ㉗ 예방 ㉘ 대응 ㉙ 대비 ㉚ 대응

제2장 재난 및 안전관리 기본법

📖 기본서 p.469

1. 재난 및 안전관리 기본법 [제1장. 총칙]

제1조(목적)

이 법은 각종 재난으로부터 국토를 보존하고 국민의 생명·신체 및 재산을 보호하기 위하여 국가와 지방자치단체의 재난 및 안전관리체제를 확립하고, 재난의 [①]·[①]·[①]·[①]와 [①], 그 밖에 재난 및 안전관리에 필요한 사항을 규정함을 목적으로 한다.

제3조(정의)

1. 재난 : 국민의 생명·신체·재산과 국가에 피해를 주거나 줄 수 있는 것으로서 다음의 것을 말한다.

[②]	태풍, 홍수, 호우(豪雨), 강풍, 풍랑, 해일(海溢), 대설, 한파, 낙뢰, 가뭄, 폭염, 지진, 황사(黃砂), 조류(藻類) 대발생, 조수(潮水), 화산활동, 「우주개발 진흥법」에 따른 자연우주물체의 추락·충돌, 그 밖에 이에 준하는 자연현상으로 인하여 발생하는 재해
[③]	화재·붕괴·폭발·교통사고(항공사고 및 해상사고를 포함한다)·화생방사고·환경오염사고·다중운집인파사고 등으로 인하여 발생하는 대통령령으로 정하는 규모 이상의 피해와 국가핵심기반의 마비, 「감염병의 예방 및 관리에 관한 법률」에 따른 감염병 또는 「가축전염병예방법」에 따른 가축전염병의 확산, 「미세먼지 저감 및 관리에 관한 특별법」에 따른 미세먼지, 「우주개발 진흥법」에 따른 인공우주물체의 추락·충돌등으로 인한 피해

2. [④] : 대한민국의 영역 밖에서 대한민국 국민의 생명·신체 및 재산에 피해를 주거나 줄 수 있는 재난으로서 정부차원에서 대처할 필요가 있는 재난을 말한다.
3. [⑤] : 재난의 예방·대비·대응 및 복구를 위하여 하는 모든 활동을 말한다.
4. [⑥] : 재난이나 그 밖의 각종 사고로부터 사람의 생명·신체 및 재산의 안전을 확보하기 위하여 하는 모든 활동을 말한다.
5. [⑦] : 각종 시설 및 물질 등의 제작, 유지관리 과정에서 안전을 확보할 수 있도록 적용하여야 할 기술적 기준을 체계화한 것을 말하며, 안전기준의 분야, 범위 등에 관하여는 대통령령으로 정한다.
   → 소방 관련 안전기준은 "[⑧] 분야"에 해당한다.
   → 사이버 안전분야는 "안전기준의 분야"에 [⑨ 해당한다. / 해당하지 않는다.]
6. [⑩] : 재난관리업무를 하는 다음의 기관을 말한다.
   ㉠ 중앙행정기관 및 지방자치단체(「제주특별자치도 설치 및 국제자유도시 조성을 위한 특별법」에 따른 행정시를 포함한다)
   ㉡ 지방행정기관·공공기관·공공단체(공공기관 및 공공단체의 지부 등 지방조직을 포함한다) 및 재난관리의 대상이 되는 중요시설의 관리기관 등으로서 대통령령으로 정하는 기관
7. [⑪] : 재난이나 그 밖의 각종 사고에 대하여 그 유형별로 예방·대비·대응 및 복구 등의 업무를 주관하여 수행하도록 대통령령으로 정하는 관계 중앙행정기관을 말한다.
   ㉠ 자연재난 유형별 재난관리주관기관

재난관리주관기관	자연재난 유형
① 과학기술정보통신부 및 우주항공청	㉠ 자연우주물체의 추락·충돌 등으로 인해 발생하는 재해 ㉡ [⑫ 방송통신재난 / 우주전파재난]
② 행정안전부	㉠ 자연재해로서 낙뢰, 가뭄, 폭염 및 [⑬]로 인해 발생하는 재해 ㉡ 풍수해(조수로 인해 발생하는 재해는 제외한다) ㉢ [⑬]재해 ㉣ [⑬]재해
③ 환경부	㉠ [⑭]로 인해 발생하는 재해 ㉡ 하천·호소 등의 조류 대발생으로 인해 발생하는 재해

④ 해양수산부	㉠ 어업재해 중 [⑮]현상 및 [⑮]의 대량발생으로 인해 발생하는 수산양식물 및 어업용 시설의 피해 ㉡ 풍수해 중 조수로 인해 발생하는 재해	
⑤ 산림청	[⑯]로 인해 발생하는 재해	
⑥ [비고] "1." 및 "3."에 따른 중앙행정기관	①부터 ⑤까지의 규정에 따른 자연재난 유형 외의 자연재난	
⑦ [비고] "2." 및 "3."에 따른 중앙행정기관	①부터 ⑥까지의 규정에 따른 자연재난 유형으로 인해 발생하는 재해로서 각종 시설 및 장소(이하 "시설등"이라 한다)에서 발생하는 재해	

[비고]
1. ⑥에 따른 자연재난 유형의 경우에는 「정부조직법」, 관계 법령 및 중앙행정기관별 직제(이하 "정부조직법등"이라 한다)에 따라 해당 재난에 관한 사무를 관장하는 중앙행정기관(이하 "재난사무관장기관"이라 한다)이 재난관리주관기관이 된다.
2. ⑦에 따른 자연재난 유형의 경우에는 정부조직법등에 따라 해당 시설등의 관리 등 관련 사무를 관장하는 중앙행정기관(이하 "시설사무관장기관"이라 한다)이 재난관리주관기관이 된다.
3. "1." 및 "2."에도 불구하고 재난사무관장기관 및 시설사무관장기관이 불분명한 경우에는 행정안전부장관이 조정하여 재난관리주관기관을 정한다.
4. ①부터 ⑦까지의 규정에 따른 자연재난 유형이 복합적으로 발생하는 경우에는 각 자연재난 유형별 재난사무관장기관 또는 시설사무관장기관이 각각 재난관리주관기관이 된다.
5. "4."에도 불구하고 자연재난 유형이 복합적으로 발생하는 경우로서 특별히 신속하고 긴급한 예방·대비·대응 또는 복구 등(이하 "신속대응등"이라 한다)이 필요한 경우에는 신속대응등이 필요한 사무를 주관하는 재난관리주관기관이 신속대응등을 우선적으로 수행해야 한다.
6. "5."에도 불구하고 신속대응등의 필요 여부 및 신속대응등을 우선적으로 수행하는 재난관리주관기관(이하 "신속대응주관기관"이라 한다)이 불분명한 경우에는 행정안전부장관이 조정하여 신속대응등의 필요 여부 및 신속대응주관기관을 정한다.

㉡ 사회재난 유형별 재난관리주관기관

재난관리주관기관	사회재난 유형
① 교육부	㉠ 교육시설([⑰]은 제외한다)의 화재·붕괴·폭발·다중운집인파사고 등(이하 "화재등"이라 한다)으로 인해 발생하는 국가 또는 지방자치단체 차원의 대처가 필요한 인명 또는 재산의 피해 등 이 영 제2조에 따른 피해(이하 "대규모 피해"라 한다) ㉡ 어린이집의 화재등으로 인해 발생하는 대규모 피해
② 과학기술정보통신부	㉠ [⑱ 방송통신재난 / 우주전파재난](자연재난은 제외한다) ㉡ [⑲]사고로 인해 발생하는 대규모 피해 ㉢ 전파의 혼신(주파수분배에 따른 위성항법시스템 관련 전파의 혼신으로 한정한다)으로 인해 발생하는 대규모 피해
③ 과학기술정보통신부 및 우주항공청	[⑳]의 추락·충돌 등으로 인해 발생하는 피해
④ [㉑]	㉠ 주한외국공관 및 이에 준하는 기관의 화재등으로 인해 발생하는 대규모 피해 ㉡ 해외재난
⑤ [㉒]	㉠ 다음의 어느 하나에 해당하는 시설 및 그 밖에 이와 유사한 시설의 화재등으로 인해 발생하는 대규모 피해 　ⓐ 교정시설 　ⓑ 보호관찰소 및 갱생보호시설 　ⓒ 소년원 및 소년분류심사원 　ⓓ 치료감호시설 ㉡ 다음의 어느 하나에 해당하는 시설 및 그 밖에 이와 유사한 시설의 화재등으로 인해 발생하는 대규모 피해 　ⓐ 난민신청자의 주거시설 및 난민지원시설 　ⓑ 외국인보호실 및 외국인보호소
⑥ [㉓]	국방·군사시설의 화재등으로 인해 발생하는 대규모 피해

🔔 **정답**
① 예방, 대비, 대응, 복구, 안전문화활동 ② 자연재난 ③ 사회재난 ④ 해외재난 ⑤ 재난관리 ⑥ 안전관리 ⑦ 안전기준 ⑧ 건축 시설
⑨ 해당하지 않는다. ⑩ 재난관리책임기관 ⑪ 재난관리주관기관 ⑫ 우주전파재난 ⑬ 한파, 지진, 화산 ⑭ 황사 ⑮ 적조, 해파리 ⑯ 산사태 ⑰ 연구실
⑱ 방송통신재난 ⑲ 연구실 ⑳ 인공우주물체 ㉑ 외교부 ㉒ 법무부 ㉓ 국방부

⑦ 행정안전부[ⓔ 및 ⓑ의 경우에는 각각 관계 법령에 따라 해당 정보시스템의 구축·운영에 관한 사무 및 해당 청사의 관리에 관한 사무를 관장하는 중앙행정기관을 말한다]	㉠ [①]의 사고 또는 고장으로 인해 발생하는 대규모 피해 ㉡ 「유선 및 도선 사업법」에 따른 사고로 인해 발생하는 대규모 피해 ㉢ 정보시스템(행정안전부장관이 구축·운영하는 정보시스템으로 한정한다)의 장애로 인해 발생하는 대규모 피해 ㉣ 정보시스템(행정안전부장관이 구축·운영하는 정보시스템은 제외한다)의 장애로 인해 발생하는 대규모 피해 ㉤ [②][ⓑ에 따른 청사는 제외한다]의 화재등으로 인해 발생하는 대규모 피해 ㉥ 행정안전부장관이 관리하지 않는 [②]의 화재등으로 인해 발생하는 대규모 피해
⑧ 행정안전부 및 경찰청	일반인이 자유로이 모이거나 통행하는 도로, 광장 및 공원의 [③]로 인해 발생하는 대규모 피해
⑨ 행정안전부 및 소방청	㉠ [④]의 화재로 인해 발생하는 대규모 피해 ㉡ [⑤]의 누출·화재·폭발 등으로 인해 발생하는 대규모 피해
⑩ [⑥]	㉠ 야영장업의 등록을 한 자가 관리하는 야영장의 화재등으로 인해 발생하는 대규모 피해 ㉡ 테마파크 시설의 중대한 사고로 인해 발생하는 대규모 피해 ㉢ 공연장의 화재등으로 인해 발생하는 대규모 피해 ㉣ 전문체육시설 및 생활체육시설의 화재등으로 인해 발생하는 대규모 피해
⑪ 농림축산식품부	㉠ [⑦ 감염병 / 가축전염병]의 확산으로 인한 피해 ㉡ 농업생산기반시설 중 [⑧ 댐 / 저수지]의 붕괴·파손 등으로 인해 발생하는 대규모 피해 ㉢ 농수산물도매시장([⑨]도매시장은 포함하며, [⑩]도매시장은 제외한다) 및 농수산물종합유통센터([⑩]종합유통센터는 제외한다)의 화재등으로 인해 발생하는 대규모 피해
⑫ 산업통상자원부	㉠ 가스사고로 인해 발생하는 대규모 피해 ㉡ 석유의 정제시설·비축시설 및 주유소의 화재등으로 인해 발생하는 대규모 피해 ㉢ 에너지의 중대한 수급 차질로 인해 발생하는 대규모 피해 ㉣ [⑪ 대규모점포 / 물류시설]의 화재등으로 인해 발생하는 대규모 피해 ㉤ 전기사고로 인해 발생하는 대규모 피해 ㉥ 제품사고([⑫ 안전관리대상어린이제품 / 안전확인대상생활화학제품] 및 안전관리대상제품으로 인한 사고로 한정한다)로 인해 발생하는 대규모 피해
⑬ [⑬]	㉠ 다음의 어느 하나에 해당하는 시설의 화재등으로 인해 발생하는 대규모 피해 　ⓐ 노인복지시설 　ⓑ 아동복지시설 　ⓒ 장애인복지시설(요양병원에 해당하는 장애인 의료재활시설은 제외한다) ㉡ 병원급 의료기관의 화재등으로 인해 발생하는 대규모 피해
⑭ 보건복지부 및 질병관리청	[⑭ 감염병 / 가축전염병]의 확산으로 인한 피해
⑮ 환경부	㉠ [⑮ 댐 / 저수지][산업통상자원부 소관의 발전(發電)용 댐은 제외한다]의 붕괴·파손 등으로 인해 발생하는 대규모 피해 ㉡ [⑯]로 인한 피해 ㉢ 수도의 화재등으로 발생하는 대규모 피해 ㉣ 먹는물의 수질오염으로 인해 발생하는 대규모 피해 ㉤ [⑰ 안전관리대상어린이제품 / 안전확인대상생활화학제품] 및 살생물제 관련 사고(제품사고에 해당하는 경우로 한정한다)로 인해 발생하는 대규모 피해 ㉥ [⑱]사고로 인해 발생하는 대규모 피해 ㉦ 오염물질등으로 인한 환경오염(먹는물의 수질오염은 제외한다)으로 인해 발생하는 대규모 피해
⑯ [⑲]	산업재해 및 중대산업사고로 인해 발생하는 대규모 피해
⑰ 국토교통부[ⓒ의 경우에는 공동구에 공동 수용되는 공급설비 및 통신시설 등으로서 화재등의 원인이 되는 설비·시설 등의 관리에 관한 사무를 관장하는 중앙행정기관을 포함한다]	㉠ 건축물의 붕괴·전도 등으로 인해 발생하는 대규모 피해 ㉡ [⑳ 항만 / 공항]의 화재등으로 인해 발생하는 대규모 피해 ㉢ 공동구의 화재등으로 인해 발생하는 대규모 피해 ㉣ 도로의 화재등으로 인해 발생하는 대규모 피해 ㉤ 국토교통부장관에게 등록한 복합물류터미널사업자 및 물류창고업자가 관리하는 물류시설(다른 중앙행정기관 소관의 시설은 제외한다)의 화재등으로 인해 발생하는 대규모 피해 ㉥ 철도사고로 인해 발생하는 대규모 피해 ㉦ 항공기사고, 경량항공기사고 및 초경량비행장치사고로 인해 발생하는 대규모 피해

⑱ 해양수산부	㉠ 농수산물도매시장([㉑]도매시장으로 한정한다) 및 농수산물종합유통센터([㉑]종합유통센터로 한정한다)의 화재등으로 인해 발생하는 대규모 피해 ⓒ [㉒ 항만 / 공항]의 화재등으로 인해 발생하는 대규모 피해 ⓒ 해수욕장의 안전사고로 인해 발생하는 대규모 피해 ㉡ 해양사고(해양에서 발생한 사고로 한정하며, 해양오염은 제외한다)로 인해 발생하는 대규모 피해	
⑲ [㉓]	해양오염으로 인해 발생하는 대규모 피해	
⑳ 중소벤처기업부	[㉔]의 화재등으로 인해 발생하는 대규모 피해	
㉑ [㉕]	㉠ 청소년복지시설의 화재등으로 인해 발생하는 대규모 피해 ⓒ 청소년수련시설의 화재등으로 인해 발생하는 대규모 피해	
㉒ [㉖]	정보통신기반시설을 관리하는 금융기관의 화재등으로 인해 발생하는 대규모 피해	
㉓ [㉗]	㉠ 방사능재난 ⓒ 인접 국가의 방사능 누출로 인해 발생하는 대규모 피해	
㉔ [㉘]	㉠ 문화유산·보호구역·보호물과 문화유산 보관시설의 화재등으로 인해 발생하는 대규모 피해 ⓒ 자연유산·보호물 및 보호구역의 화재등으로 인해 발생하는 대규모 피해	
㉕ 산림청	㉠ [㉙]의 붕괴·파손 등으로 인해 발생하는 대규모 피해 ⓒ [㉙]로 인해 발생하는 대규모 피해	
㉖ 국가핵심기반을 지정하는 중앙행정기관	국가핵심기반의 마비(쟁의행위 또는 이에 준하는 행위로 인한 마비를 포함한다)로 인한 피해	
㉗ 행사를 주최·주관하는 중앙행정기관(주최·주관하는 중앙행정기관이 다수인 경우에는 주최·주관의 주된 역할을 담당하는 중앙행정기관을 말한다)	중앙행정기관이 주최·주관하는 각종 행사가 개최되는 시설등에서 발생하는 대규모 피해	
㉘ [비고] "1." 및 "3."에 따른 중앙행정기관	①부터 ㉗까지의 규정에 따른 사회재난 유형란의 시설등 외의 시설등에서 발생하는 대규모 피해	
㉙ [비고] "2." 및 "3."에 따른 중앙행정기관	①부터 ㉘까지의 규정에 따른 사회재난 유형 외의 사회재난	

[비고]
1. ㉘에 따른 사회재난 유형의 경우에는 시설사무관장기관이 재난관리주관기관이 된다.
2. ㉙에 따른 사회재난 유형의 경우에는 재난사무관장기관이 재난관리주관기관이 된다.
3. "1." 및 "2."에도 불구하고 시설사무관장기관 및 재난사무관장기관이 불분명한 경우에는 행정안전부장관이 조정하여 재난관리주관기관을 정한다.
4. ①부터 ㉙까지의 규정에 따른 사회재난 유형이 복합적으로 발생하는 경우에는 각 사회재난 유형별 시설사무관장기관 또는 재난사무관장기관이 각각 재난관리주관기관이 된다.
5. "4."에도 불구하고 사회재난 유형이 복합적으로 발생하는 경우로서 신속대응등이 필요한 경우에는 신속대응등이 필요한 사무를 주관하는 재난관리주관기관이 신속대응등을 우선적으로 수행해야 한다.
6. "5."에도 불구하고 신속대응등의 필요 여부 및 신속대응주관기관이 불분명한 경우에는 행정안전부장관이 조정하여 신속대응등의 필요 여부 및 신속대응주관기관을 정한다.

정답

① 승강기 ② 청사, 청사 ③ 다중운집인파사고 ④ 소방대상물 ⑤ 위험물 ⑥ 문화체육관광부 ⑦ 가축전염병 ⑧ 저수지 ⑨ 축산물 ⑩ 수산물, 수산물 ⑪ 대규모점포 ⑫ 안전관리대상어린이제품 ⑬ 보건복지부 ⑭ 감염병 ⑮ 댐 ⑯ 미세먼지 ⑰ 안전확인대상생활화학제품 ⑱ 화학 ⑲ 고용노동부 ⑳ 공항 ㉑ 수산물, 수산물 ㉒ 항만 ㉓ 해양수산부 및 해양경찰청 ㉔ 전통시장 ㉕ 여성가족부 ㉖ 금융위원회 ㉗ 원자력안전위원회 ㉘ 국가유산청 ㉙ 사방시설, 산불

ⓒ 그 밖의 각종 사고 유형별 재난관리주관기관

재난관리주관기관	사고 유형
"ⓒ" 각 목에 따른 해당 중앙행정기관	"ⓒ" 각 목에 따른 사회재난 유형으로 인해 발생하거나 해당 시설등에서 발생하는 인명 또는 재산의 피해로서 사회재난에 해당하지 않는 피해

[비고]
1. 사고 유형에 따른 재난관리주관기관 등이 불분명한 경우에는 "ⓒ" 비고를 준용한다.
2. 사고 유형에 따른 재난관리주관기관은 필요한 범위에서 사고의 예방·대비·대응 및 복구 등의 사무를 적극적으로 수행해야 한다.

8. 긴급구조 : 재난이 발생할 우려가 현저하거나 재난이 발생하였을 때에 국민의 생명·신체 및 재산을 보호하기 위하여 긴급구조기관과 긴급구조지원기관이 하는 인명구조, 응급처치, 그 밖에 필요한 모든 긴급한 조치를 말한다.
9. 긴급구조기관 : [①]·[①] 및 [①]를 말한다. 다만, 해양에서 발생한 재난의 경우에는 [②]·[②] 및 [②]를 말한다.
10. [③] : 긴급구조에 필요한 인력·시설 및 장비, 운영체계 등 긴급구조능력을 보유한 기관이나 단체로서 대통령령으로 정하는 기관과 단체를 말한다.
11. [④] : 모든 유형의 재난에 공통적으로 활용할 수 있도록 재난관리의 전 과정을 통일적으로 단순화·체계화한 것으로서 [④]이 고시한 것을 말한다.
12. [⑤] : 안전교육, 안전훈련, 홍보, 사고 예방 신고 장려 등을 통하여 안전에 관한 가치와 인식을 높이고 안전을 생활화하도록 하는 등 재난이나 그 밖의 각종 사고로부터 안전한 사회를 만들어가기 위한 활동을 말한다.
13. 안전취약계층 : [⑥], [⑥], [⑥], [⑥] 등 신체적·사회적·경제적 요인으로 인하여 재난에 취약한 사람을 말한다.
14. 재난관리정보 : 재난관리를 위하여 필요한 [⑦]정보, [⑦]정보, [⑦]정보, [⑦]정보를 말한다.
15. 재난안전의무보험 : 재난이나 그 밖의 각종 사고로 사람의 생명·신체 또는 재산에 피해가 발생한 경우 그 피해를 보상하기 위한 보험 또는 공제로서 이 법 또는 다른 법률에 따라 일정한 자에 대하여 가입을 [⑧]하는 보험 또는 공제를 말한다.
16. 재난안전통신망 : [⑨]·[⑨] 및 [⑨]이 재난 및 안전관리업무에 이용하거나 재난현장에서의 통합지휘에 활용하기 위하여 구축·운영하는 통신망을 말한다.
17. [⑩] : 에너지, 정보통신, 교통수송, 보건의료 등 국가경제, 국민의 안전·건강 및 정부의 핵심기능에 중대한 영향을 미칠 수 있는 시설, 정보기술시스템 및 자산 등을 말한다.
18. [⑪] : 정보처리능력을 갖춘 장치를 통하여 생성 또는 처리가 가능한 형태로 존재하는 재난 및 안전관리에 관한 정형 또는 비정형의 모든 자료를 말한다.

제6조(재난 및 안전관리 업무의 총괄·조정)
[⑫ 국무총리 / 행정안전부장관](은)는 국가 및 지방자치단체가 행하는 재난 및 안전관리 업무를 총괄·조정한다.

2. 재난 및 안전관리 기본법 [제2장. 안전관리기구 및 기능]

제1절 중앙안전관리위원회

제9조(중앙안전관리위원회)

① 재난 및 안전관리에 관한 다음의 사항을 심의하기 위하여 [⑬] 소속으로 중앙안전관리위원회(중앙위원회)를 둔다.

> 1. 재난 및 안전관리에 관한 [⑭]에 관한 사항
> 2. 국가안전관리[⑮]에 관한 사항
> 3. 재난 및 안전관리 사업 관련 [⑯], 투자우선순위 의견 및 예산요구서에 관한 사항
> 4. 중앙행정기관의 장이 수립·시행하는 계획, 점검·검사, 교육·훈련, 평가 등 재난 및 안전관리업무의 조정에 관한 사항
> 5. 안전기준관리에 관한 사항
> 6. [⑰]의 선포에 관한 사항
> 7. [⑱]의 선포에 관한 사항
> 8. 재난이나 그 밖의 각종 사고가 발생하거나 발생할 우려가 있는 경우 이를 수습하기 위한 관계 기관 간 협력에 관한 중요 사항
> 9. 재난안전의무보험의 관리·운용 등에 관한 사항
> 10. 중앙행정기관의 장이 시행하는 대통령령으로 정하는 재난 및 사고의 예방사업 추진에 관한 사항
> 11. 「재난안전산업 진흥법」에 따른 [⑲]에 관한 사항
> 12. 그 밖에 위원장이 회의에 부치는 사항

② 중앙위원회의 위원장은 [⑳]가 되고, 위원은 대통령령으로 정하는 중앙행정기관 또는 관계 기관·단체의 장이 된다.
③ 중앙위원회의 위원장은 중앙위원회를 대표하며, 중앙위원회의 업무를 총괄한다.
④ 중앙위원회에 간사 1명을 두며, 간사는 [㉑]이 된다.

제10조(안전정책조정위원회)

① 중앙위원회에 상정될 안건을 사전에 검토하고 다음의 사무를 수행하기 위하여 [㉒]에 안전정책조정위원회(조정위원회)를 둔다.

> 1. 중앙위원회의 심의사항 중 다음의 사항에 대한 사전 조정
>   • 중앙행정기관의 장이 수립·시행하는 계획, 점검·검사, 교육·훈련, 평가 등 재난 및 안전관리업무의 조정에 관한 사항
>   • 안전기준관리에 관한 사항
>   • 재난이나 그 밖의 각종 사고가 발생하거나 발생할 우려가 있는 경우 이를 수습하기 위한 관계 기관 간 협력에 관한 중요 사항
>   • 재난안전의무보험의 관리·운용 등에 관한 사항
>   • 중앙행정기관의 장이 시행하는 대통령령으로 정하는 재난 및 사고의 예방사업 추진에 관한 사항
> 2. [㉓]의 심의
> 3. [㉔]의 지정에 관한 사항의 심의
> 4. 재난 및 안전관리기술 [㉕]의 심의
> 5. 그 밖에 중앙위원회가 위임한 사항

정답

① 소방청, 소방본부, 소방서 ② 해양경찰청, 지방해양경찰청, 해양경찰서 ③ 긴급구조지원기관 ④ 국가재난관리기준, 행정안전부장관 ⑤ 안전문화활동
⑥ 어린이, 노인, 장애인, 저소득층 ⑦ 재난상황, 동원가능 자원, 시설, 지리 ⑧ 강제 ⑨ 재난관리책임기관, 긴급구조기관, 긴급구조지원기관 ⑩ 국가핵심기반
⑪ 재난안전데이터 ⑫ 행정안전부장관 ⑬ 국무총리 ⑭ 중요 정책 ⑮ 기본계획 ⑯ 중기사업계획서 ⑰ 재난사태 ⑱ 특별재난지역 ⑲ 기본계획
⑳ 국무총리 ㉑ 행정안전부장관 ㉒ 중앙(안전관리)위원회 ㉓ (국가안전관리기본계획에 따른)집행계획 ㉔ 국가핵심기반 ㉕ 종합계획

② 조정위원회의 위원장은 [①]이 되고, 위원은 대통령령으로 정하는 중앙행정기관의 차관 또는 차관급 공무원과 재난 및 안전관리에 관한 지식과 경험이 풍부한 사람 중에서 위원장이 임명하거나 위촉하는 사람이 된다.
③ 조정위원회에 간사위원 1명을 두며, 간사위원은 [②]의 재난안전관리사무를 담당하는 본부장이 된다.
④ 조정위원회의 업무를 효율적으로 처리하기 위하여 조정위원회에 [③]를 둘 수 있다.
⑤ 조정위원회의 위원장은 조정위원회에서 심의·조정된 사항 중 대통령령으로 정하는 중요 사항에 대해서는 조정위원회의 심의·조정 결과를 중앙위원회의 위원장에게 보고하여야 한다.

> **시행령 제9조의2(조정위원회 심의 결과의 중앙위원회 보고)**
> 1. [④]의 심의
> 2. [⑤]의 지정에 관한 사항의 심의
> 3. 그 밖에 중앙위원회로부터 위임받아 심의한 사항 중 조정위원회 위원장이 필요하다고 인정하는 사항

> **시행령 제10조(실무위원회의 구성·운영)**
> ① 실무위원회는 위원장 1명을 포함하여 [⑥]명 내외의 위원으로 구성한다.
> ② 실무위원회는 다음의 사항을 심의한다.
>   1. 재난 및 안전관리를 위하여 관계 중앙행정기관의 장이 수립하는 대책에 관하여 협의·조정이 필요한 사항
>   2. 재난 발생 시 관계 중앙행정기관의 장이 수행하는 재난의 수습에 관하여 협의·조정이 필요한 사항
>   3. 그 밖에 실무위원회의 위원장(실무위원장)이 회의에 부치는 사항
> ③ 실무위원장은 [⑦]의 재난안전관리사무를 담당하는 본부장이 된다.
> ④ 실무위원회의 위원은 다음의 어느 하나에 해당하는 사람 중에서 성별을 고려하여 행정안전부장관이 임명하거나 위촉하는 사람으로 한다.
>   1. 관계 중앙행정기관의 고위공무원단에 속하는 공무원 또는 3급 상당 이상에 해당하는 공무원 중에서 해당 중앙행정기관의 장이 추천하는 공무원
>   2. 재난 및 안전관리에 관한 지식과 경험이 풍부한 사람
>   3. 그 밖에 실무위원장이 필요하다고 인정하는 분야의 전문지식과 경력이 충분한 사람
> ⑤ 실무위원회의 회의(실무회의)는 위원 [⑧]명 이상의 요청이 있거나 [⑧]이 필요하다고 인정하는 경우에 실무위원장이 소집한다.
> ⑥ 실무회의는 [⑨]과 실무위원장이 회의마다 지정하는 [⑨]명 내외의 위원으로 구성한다.
> ⑦ 실무회의는 [⑩] 과반수의 출석으로 개의하고, [⑩] 과반수의 찬성으로 의결한다.
> ⑧ 규정한 사항 외에 실무위원회의 구성 및 운영에 필요한 사항은 행정안전부장관이 정한다.

제11조(지역위원회)

① 지역별 재난 및 안전관리에 관한 다음의 사항을 심의·조정하기 위하여 [⑪] 소속으로 시·도 안전관리위원회(시·도위원회)를 두고, [⑫] 소속으로 시·군·구 안전관리위원회(시·군·구위원회)를 둔다.

> 1. 해당 지역에 대한 재난 및 안전관리정책에 관한 사항
> 2. 안전관리계획에 관한 사항
> 3. 재난사태의 선포에 관한 사항(시·군·구위원회는 제외한다)
> 4. 해당 지역을 관할하는 재난관리책임기관(중앙행정기관과 상급 지방자치단체는 제외한다)이 수행하는 재난 및 안전관리업무의 추진에 관한 사항
> 5. 재난이나 그 밖의 각종 사고가 발생하거나 발생할 우려가 있는 경우 이를 수습하기 위한 관계 기관 간 협력에 관한 사항
> 6. 다른 법령이나 조례에 따라 해당 위원회의 권한에 속하는 사항
> 7. 그 밖에 해당 위원회의 위원장이 회의에 부치는 사항

② 시·도위원회의 위원장은 [⑬]가 되고, 시·군·구위원회의 위원장은 [⑭]이 된다.
③ 시·도위원회와 시·군·구위원회(지역위원회)의 회의에 부칠 의안을 검토하고, 재난 및 안전관리에 관한 관계 기관 간의 협의·조정 등을 위하여 지역위원회에 [⑮]를 둘 수 있다.
④ 지역위원회 및 안전정책실무조정위원회의 구성과 운영에 필요한 사항은 해당 지방자치단체의 조례로 정한다.

제12조(재난방송협의회)

① 재난에 관한 예보·경보·통지나 응급조치 및 재난관리를 위한 재난방송이 원활히 수행될 수 있도록 [⑯]에 중앙재난방송협의회를 두어야 한다.
② 지역 차원에서 재난에 대한 예보·경보·통지나 응급조치 및 재난방송이 원활히 수행될 수 있도록 [⑰]에 시·도 재난방송협의회를 두어야 하고, 필요한 경우 [⑰]에 시·군·구 재난방송협의회를 둘 수 있다.
③ 중앙재난방송협의회의 구성 및 운영에 필요한 사항은 [⑱ 대통령령 / 행정안전부령]으로 정하고, 시·도 재난방송협의회와 시·군·구 재난방송협의회의 구성 및 운영에 필요한 사항은 [⑲]로 정한다.

시행령 제10조의3(중앙재난방송협의회의 구성과 운영)
① 중앙위원회에 두는 중앙재난방송협의회는 위원장 1명과 부위원장 1명을 포함한 [⑳]명 이내의 위원으로 구성한다.
② 중앙재난방송협의회는 다음의 사항을 심의한다.
  1. 재난에 관한 예보·경보·통지나 응급조치 및 재난관리를 위한 재난방송 내용의 효율적 전파 방안
  2. 재난방송과 관련하여 중앙행정기관, 시·도 및 「방송법」에 따른 방송사업자 간의 역할분담 및 협력체제 구축에 관한 사항
  3. 「언론중재 및 피해구제 등에 관한 법률」에 따른 언론에 공개할 재난 관련 정보의 결정에 관한 사항
  4. 재난방송 관련 법령과 제도의 개선 사항
  5. 그 밖에 재난방송이 원활히 수행되도록 하기 위하여 필요한 사항으로서 방송통신위원회위원장과 과학기술정보통신부장관이 요청하거나 중앙재난방송협의회 위원장이 필요하다고 인정하는 사항
③ 중앙재난방송협의회의 위원장은 위원 중에서 [㉑]이 지명하는 사람이 되고, 부위원장은 중앙재난방송협의회의 위원 중에서 호선한다.
④ 위원장은 중앙재난방송협의회를 대표하며, 중앙재난방송협의회의 사무를 총괄한다.
⑤ 중앙재난방송협의회의 위원장이 부득이한 사유로 직무를 수행할 수 없을 때에는 부위원장이 그 직무를 대행한다.
⑥ 중앙재난방송협의회의 회의는 위원장이 필요하다고 인정하거나 위원의 소집요구가 있는 경우에 위원장이 소집하고, 위원장은 그 의장이 된다.
⑦ 중앙재난방송협의회는 [㉒] 과반수의 출석과 [㉒] 과반수의 찬성으로 의결한다.
⑧ [㉓]은 중앙재난방송협의회의 운영에 필요한 행정적·재정적 지원을 할 수 있다.

🏠 정답
① 행정안전부장관 ② 행정안전부 ③ 실무위원회 ④ 집행계획 ⑤ 국가핵심기반 ⑥ 50 ⑦ 행정안전부 ⑧ 5, 실무위원장 ⑨ 실무위원장, 25
⑩ 구성원, 출석위원 ⑪ 시·도지사 ⑫ 시장·군수·구청장 ⑬ 시·도지사 ⑭ 시장·군수·구청장 ⑮ 안전정책실무조정위원회 ⑯ 중앙위원회
⑰ 시·도위원회, 시·군·구위원회 ⑱ 대통령령 ⑲ 해당 지방자치단체의 조례 ⑳ 25 ㉑ 과학기술정보통신부장관 ㉒ 구성원, 출석위원
㉓ 과학기술정보통신부장관

제12조의2(안전관리민관협력위원회)

① [① 중앙위원회 / 조정위원회]의 위원장은 재난 및 안전관리에 관한 민관 협력관계를 원활히 하기 위하여 중앙안전관리민관협력위원회(중앙민관협력위원회)를 구성·운영할 수 있다.

② [②]의 위원장은 재난 및 안전관리에 관한 지역 차원의 민관 협력관계를 원활히 하기 위하여 시·도 또는 시·군·구 안전관리민관협력위원회(지역민관협력위원회)를 구성·운영할 수 있다.

③ 중앙민관협력위원회의 구성 및 운영에 필요한 사항은 [③]으로 정하고, 지역민관협력위원회의 구성 및 운영에 필요한 사항은 [④]로 정한다.

> **시행령 제12조의3(중앙민관협력위원회의 구성·운영)**
> ① 중앙안전관리민관협력위원회(중앙민관협력위원회)는 공동위원장 [⑤]명을 포함하여 [⑤]명 이내의 위원으로 구성한다.
> ② 중앙민관협력위원회의 공동위원장은 [⑥]의 재난안전관리사무를 담당하는 본부장과 위촉된 민간위원 중에서 중앙민관협력위원회의 의결을 거쳐 행정안전부장관이 지명하는 사람이 된다.
> ③ 중앙민관협력위원회의 공동위원장은 중앙민관협력위원회를 대표하고, 중앙민관협력위원회의 운영 및 사무에 관한 사항을 총괄한다.
> ④ 중앙민관협력위원회의 위원은 다음의 사람이 된다.
>
> | 1. 당연직 위원 | ㉠ 행정안전부 [⑦]실장
㉡ 행정안전부 [⑦]실장
㉢ 행정안전부 [⑦]실장
㉣ 행정안전부 [⑦]국장 |
> |---|---|
> | 2. 민간위원 | 다음의 어느 하나에 해당하는 사람 중에서 성별을 고려하여 행정안전부장관이 위촉하는 사람
㉠ 재난 및 안전관리 활동에 적극적으로 참여하고 전국 규모의 회원을 보유하고 있는 협회 등의 민간단체 대표
㉡ 재난 및 안전관리 분야 유관기관, 단체·협회 또는 기업 등에 소속된 재난 및 안전관리 전문가
㉢ 재난 및 안전관리 분야에 학식과 경험이 풍부한 사람 |
>
> ⑤ 민간위원의 임기는 [⑧]년으로 하며, 위원의 사임 등으로 새로 위촉된 위원의 임기는 전임위원 임기의 남은 기간으로 한다.
> ⑥ 규정한 사항 외에 중앙민관협력위원회의 구성·운영에 필요한 세부 사항은 중앙민관협력위원회의 의결을 거쳐 행정안전부장관이 정한다.
>
> **시행령 제12조의4(중앙민관협력위원회의 회의)**
> ① 중앙민관협력위원회의 회의는 [⑨] 과반수의 출석으로 개의하고, [⑨] 과반수의 찬성으로 의결한다.
> ② 중앙민관협력위원회의 회의 등에 참석하는 위원 등에게는 예산의 범위에서 수당 등을 지급할 수 있다. 다만, 공무원이 그 소관 업무와 관련하여 참석하는 경우에는 그러하지 아니하다.

제12조의3(중앙민관협력위원회의 기능)

① 중앙민관협력위원회의 기능은 다음과 같다.
  1. 재난 및 안전관리 민관협력활동에 관한 협의
  2. 재난 및 안전관리 민관협력활동사업의 효율적 운영방안의 협의
  3. 평상시 재난 및 안전관리 위험요소 및 취약시설의 모니터링·제보
  4. 재난 발생 시 재난관리자원의 동원, 인명구조·피해복구 활동 참여, 피해주민 지원서비스 제공 등에 관한 협의

② 중앙민관협력위원회의 회의는 다음의 어느 하나에 해당하는 경우에 공동위원장이 소집할 수 있다.
  1. 대규모 재난의 발생으로 민관협력 대응이 필요한 경우
  2. 재적위원 [⑩ 5분의 1 / 4분의 1] 이상이 회의 소집을 요청하는 경우
  3. 그 밖에 공동위원장이 회의 소집이 필요하다고 인정하는 경우

③ 재난 발생 시 신속한 재난대응 활동 참여 등 중앙민관협력위원회의 기능을 지원하기 위하여 중앙민관협력위원회에 대통령령으로 정하는 바에 따라 [⑪]을 둘 수 있다.

제13조(지역위원회 등에 대한 지원 및 지도)
[⑫]은 시·도위원회의 운영과 지방자치단체의 재난 및 안전관리업무에 대하여 필요한 지원과 지도를 할 수 있으며, [⑬]는 관할 구역의 시·군·구위원회의 운영과 시·군·구의 재난 및 안전관리업무에 대하여 필요한 지원과 지도를 할 수 있다.

제2절 중앙재난안전대책본부

제14조(중앙재난안전대책본부)
① 대통령령으로 정하는 대규모 재난의 [⑭]·[⑭](수습) 등에 관한 사항을 총괄·조정하고 필요한 조치를 하기 위하여 [⑮]에 중앙재난안전대책본부(중앙대책본부)를 둔다.
② 중앙대책본부에 [⑯]과 [⑯]을 둔다.
③ 중앙대책본부의 본부장(중앙대책본부장)은 [⑰]이 되며, 중앙대책본부장은 중앙대책본부의 업무를 총괄하고 필요하다고 인정하면 중앙재난안전대책본부회의를 소집할 수 있다. 다만, 해외재난의 경우에는 [⑱]이, 「원자력시설 등의 방호 및 방사능 방재 대책법」에 따른 방사능재난의 경우에는 [⑲]이 각각 중앙대책본부장의 권한을 행사한다.
④ ③에도 불구하고 재난의 효과적인 수습을 위하여 다음의 어느 하나에 해당하는 경우에는 [⑳]가 중앙대책본부장의 권한을 행사할 수 있다. 이 경우 [㉑], [㉑](해외재난의 경우에 한정한다) 또는 [㉑](방사능 재난의 경우에 한정한다)이 차장이 된다.
  1. 국무총리가 범정부적 차원의 통합 대응이 필요하다고 인정하는 경우
  2. 행정안전부장관이 국무총리에게 건의하거나 수습본부장의 요청을 받아 행정안전부장관이 국무총리에게 건의하는 경우
⑤ ④에도 불구하고 [㉒]가 필요하다고 인정하여 지명하는 중앙행정기관의 장은 행정안전부장관, 외교부장관(해외재난의 경우에 한정한다) 또는 원자력안전위원회 위원장(방사능 재난의 경우에 한정한다)과 [㉒]으로 차장이 된다.
⑥ 중앙대책본부장은 대규모재난이 발생하거나 발생할 우려가 있는 경우에는 대통령령으로 정하는 바에 따라 [㉓]을 편성하고, [㉔]을 설치하는 등 해당 대규모재난에 대하여 효율적으로 대응하기 위한 체계를 갖추어야 한다. 이 경우 중앙재난안전상황실과 인력, 장비, 시설 등을 통합·운영할 수 있다.
⑦ 중앙대책본부, 중앙재난안전대책본부회의의 구성과 운영에 필요한 사항은 대통령령으로 정한다.

정답
① 조정위원회 ② 지역위원회 ③ 대통령령 ④ 해당 지방자치단체의 조례 ⑤ 2, 35 ⑥ 행정안전부 ⑦ 안전예방정책, 자연재난, 사회재난, 재난복구지원 ⑧ 2 ⑨ 재적위원, 출석위원 ⑩ 4분의 1 ⑪ 재난긴급대응단 ⑫ 행정안전부장관 ⑬ 시·도지사 ⑭ 대응, 복구 ⑮ 행정안전부 ⑯ 본부장, 차장 ⑰ 행정안전부장관 ⑱ 외교부장관 ⑲ 중앙방사능방재대책본부의 장 ⑳ 국무총리 ㉑ 행정안전부장관, 외교부장관, 원자력안전위원회 위원장 ㉒ 국무총리, 공동 ㉓ 실무반 ㉔ 중앙재난안전대책본부상황실

시행령 제15조(중앙대책본부의 구성)

① 중앙대책본부(방사능재난의 경우 중앙대책본부가 되는 「원자력시설 등의 방호 및 방사능 방재 대책법」에 따른 중앙방사능방재대책본부는 제외한다)에는 [①]·[①]·[①]·[①]·[①] 및 [①]을 두며, 연구개발·조사 및 홍보 등 전문적 지식의 활용이 필요한 경우에는 중앙대책본부장(국무총리가 중앙대책본부장인 경우에는 차장을 말한다)을 보좌하기 위하여 특별대응단장 또는 특별보좌관(특별대응단장등)을 둘 수 있다.
② 특별대응단장등에는 업무수행에 필요한 최소한의 하부조직을 둘 수 있다.
③ [②]이 중앙대책본부장이 되는 경우

차장·총괄조정관·대변인·통제관 및 담당관	행정안전부 소속 공무원 중에서 [③]이 지명하는 사람
특별대응단장등	해당 재난과 관련한 민간전문가 중에서 [③]이 위촉하는 사람
부대변인	재난관리주관기관 소속 공무원 중에서 소속 기관의 장이 추천하여 [③]이 지명하는 사람

④ 해외재난의 경우

차장·총괄조정관·대변인·통제관·부대변인 및 담당관	[④]이 소속 공무원 중에서 지명하는 사람
특별대응단장등	[④]이 해당 재난과 관련한 민간전문가 중에서 위촉하는 사람

⑤ 국무총리가 중앙대책본부장의 권한을 행사하는 경우

특별대응단장등	[⑤]이 해당 재난과 관련한 민간전문가 중에서 추천하여 국무총리가 위촉하는 사람
총괄조정관·통제관 및 담당관	[⑤]이 소속 중앙행정기관 공무원 중에서 지명하는 사람
대변인	[⑤]이 소속 중앙행정기관 공무원 중에서 추천하여 국무총리가 지명하는 사람
부대변인	재난관리주관기관 소속 공무원 중에서 소속 기관의 장이 추천하여 국무총리가 지명하는 사람

⑥ 국무총리가 필요하다고 인정하여 지명하는 중앙행정기관의 장이 공동으로 차장이 되는 경우

특별대응단장등	[⑥]이 각각 해당 재난과 관련한 민간전문가 중에서 추천하여 국무총리가 위촉하는 사람
총괄조정관·통제관 및 담당관	[⑥]이 각각 소속 중앙행정기관 공무원 중에서 지명하는 사람
대변인 및 부대변인	[⑥]이 각각 소속 중앙행정기관 공무원 중에서 추천하여 국무총리가 지명하는 사람

시행령 제17조(중앙대책본부회의의 심의·협의 사항)

1. 재난[⑦]계획에 관한 사항
2. 재난[⑧]대책에 관한 사항
3. 재난[⑨]대책에 관한 사항
4. 국고지원 및 [⑩] 사용에 관한 사항
5. 그 밖에 중앙대책본부장이 회의에 부치는 사항

제14조의2(수습지원단 파견)

① 중앙대책본부장은 국내 또는 해외에서 발생하였거나 발생할 우려가 있는 대규모재난의 수습을 지원하기 위하여 관계 중앙행정기관 및 관계 기관·단체의 재난관리에 관한 전문가 등으로 [⑪]을 구성하여 현지에 파견할 수 있다.
② 중앙대책본부장은 구조·구급·수색 등의 활동을 신속하게 지원하기 위하여 [⑫]·[⑫] 또는 [⑫] 소속의 전문 인력으로 구성된 특수기동구조대를 편성하여 재난현장에 파견할 수 있다.
③ 수습지원단의 구성과 운영 및 특수기동구조대의 편성과 파견 등에 필요한 사항은 대통령령으로 정한다.

> **시행령 제18조(수습지원단의 구성 및 임무)**
> ① 수습지원단은 재난 유형별로 관계 재난관리책임기관의 [⑬] 및 [⑬]로 구성한다. 다만, 해외재난의 경우에는 따로 수습지원단을 구성하지 아니하고 「119구조·구급에 관한 법률」 제9조에 따른 [⑭]로 갈음할 수 있다.
> ② 수습지원단의 단장은 수습지원단원 중에서 중앙대책본부장이 지명하는 사람이 되고, 단장은 수습지원단원을 지휘·통솔하며 운영을 총괄한다.

시행령 제18조의2(특수기동구조대의 편성 및 파견)

특수기동 구조대	내용
대원	소방청 [⑮] 및 해양경찰청 중앙해양특수구조단 소속 공무원 중에서 선발
대장	특수기동구조대의 대원 중에서 지명
비고	중앙대책본부장은 재난 유형별로 필요한 전문 인력을 추가할 수 있다.

제15조의2(중앙 및 지역사고수습본부)

① [⑯]은 재난이 발생하거나 발생할 우려가 있는 경우에는 재난상황을 효율적으로 관리하고 재난을 수습하기 위한 중앙사고수습본부(수습본부)를 신속하게 설치·운영하여야 한다.

② [⑰]은 재난이나 그 밖의 각종 사고로 인한 피해의 심각성, 사회적 파급효과 등을 고려하여 필요하다고 인정하는 경우에는 재난관리주관기관의 장에게 수습본부의 설치·운영을 요청할 수 있다. 이 경우 요청을 받은 재난관리주관기관의 장은 특별한 사유가 없으면 요청에 따라야 한다.

③ 수습본부의 장(수습본부장)은 해당 [⑱]이 된다.

④ 수습본부장은 재난정보의 수집·전파, 상황관리, 재난발생 시 초동조치 및 지휘 등을 위한 [⑲]을 설치·운영하여야 한다. 이 경우 재난안전상황실과 인력, 장비, 시설 등을 통합·운영할 수 있다.

⑤ 수습본부장은 재난을 수습하기 위하여 필요하면 관계 재난관리책임기관의 장에게 행정상 및 재정상의 조치, 소속 직원의 파견, 그 밖에 필요한 지원을 요청할 수 있다. 이 경우 요청을 받은 관계 재난관리책임기관의 장은 특별한 사유가 없으면 요청에 따라야 한다.

⑥ 수습본부장은 [⑳]를 운영할 수 있으며, 지역사고수습본부의 장(지역사고수습본부장)은 수습본부장이 지명한다.

⑦ 수습본부장은 해당 재난의 수습에 필요한 범위에서 [㉑] 및 [㉑]을 지휘할 수 있다.

⑧ 수습본부장은 재난을 수습하기 위하여 필요하면 대통령령으로 정하는 바에 따라 수습지원단을 구성·운영할 것을 중앙대책본부장에게 요청할 수 있다.

⑨ 수습본부의 구성·운영 등에 필요한 사항은 대통령령으로 정한다.

🏠 정답
① 차장, 총괄조정관, 대변인, 통제관, 부대변인, 담당관 ② 행정안전부장관 ③ 행정안전부장관, 행정안전부장관, 행정안전부장관 ④ 외교부장관, 외교부장관 ⑤ 차장, 차장, 차장 ⑥ 공동 차장, 공동 차장, 공동 차장 ⑦ 복구 ⑧ 예방 ⑨ 응급 ⑩ 예비비 ⑪ 수습지원단 ⑫ 행정안전부, 소방청, 해양경찰청 ⑬ 전문가, 민간 전문가 ⑭ 국제구조대 ⑮ 중앙119구조본부 ⑯ 재난관리주관기관의 장 ⑰ 행정안전부장관 ⑱ 재난관리주관기관의 장 ⑲ 수습본부상황실 ⑳ 지역사고수습본부 ㉑ 시·도지사, 시장·군수·구청장

제16조(지역재난안전대책본부)
① 해당 관할 구역에서 재난의 수습 등에 관한 사항을 총괄·조정하고 필요한 조치를 하기 위하여 [①]는 시·도재난안전대책본부(시·도대책본부)를 두고, [②]은 시·군·구재난안전대책본부(시·군·구대책본부)를 둔다.
② 시·도대책본부 또는 시·군·구대책본부(지역대책본부)의 본부장(지역대책본부장)은 [③] 또는 [④]이 되며, 지역대책본부장은 지역대책본부의 업무를 총괄하고 필요하다고 인정하면 대통령령으로 정하는 바에 따라 지역재난안전대책본부회의를 소집할 수 있다.
③ [⑤]대책본부의 장은 재난현장의 총괄·조정 및 지원을 위하여 재난현장 통합지원본부(통합지원본부)를 설치·운영할 수 있다. 이 경우 통합지원본부의 장은 긴급구조에 대해서는 시·군·구긴급구조통제단장의 현장지휘에 협력하여야 한다.
④ 통합지원본부의 장은 관할 시·군·구의 [⑥]이 되며, 실무반을 편성하여 운영할 수 있다.
⑤ 지역대책본부 및 통합지원본부의 구성과 운영에 필요한 사항은 해당 지방자치단체의 조례로 정한다.

> 시행령 제21조의2(지역대책본부회의)
> 1. 자체 재난[⑦]계획에 관한 사항
> 2. 재난[⑧]대책에 관한 사항
> 3. 재난[⑨]대책에 관한 사항
> 4. 재난에 따른 [⑩]에 관한 사항
> 5. 그 밖에 지역대책본부장이 필요하다고 인정하는 사항

제3절 재난안전상황실

제18조(재난안전상황실)
① 행정안전부장관, 시·도지사 및 시장·군수·구청장은 재난정보의 [⑪]·[⑪], [⑪], 재난발생 시 초동조치 및 지휘 등의 업무를 수행하기 위하여 다음의 구분에 따른 상시 재난안전상황실을 설치·운영하여야 한다.
  1. [⑫] : 중앙재난안전상황실
  2. [⑬] 및 [⑬] : 시·도별 및 시·군·구별 재난안전상황실
② 중앙행정기관의 장은 소관 업무분야의 재난상황을 관리하기 위하여 재난안전상황실을 설치·운영하거나 재난상황을 관리할 수 있는 체계를 갖추어야 한다.
③ 재난관리책임기관의 장은 재난에 관한 상황관리를 위하여 재난안전상황실을 설치·운영할 수 있다.
④ 재난안전상황실은 중앙재난안전상황실 및 다른 기관의 재난안전상황실과 유기적인 협조체제를 유지하고, [⑭]를 공유하여야 한다.

> 시행령 제23조(재난안전상황실의 설치·운영)
> ① 재난안전상황실은 다음의 요건을 모두 갖추어야 한다.
>   1. 신속한 재난정보의 수집·전파와 재난대비 자원의 관리·지원을 위한 재난방송 및 정보통신체계
>   2. 재난상황의 효율적 관리를 위한 각종 장비의 운영·관리체계
>   3. 재난안전상황실 운영을 위한 전담인력과 운영규정
>   4. 그 밖에 행정안전부장관이 정하여 고시하는 사항
> ② 행정안전부장관, 시·도지사, 시장·군수·구청장 및 소방서장은 재난으로 인하여 재난안전상황실이 그 기능의 전부 또는 일부를 수행할 수 없는 경우를 대비하여 [⑮]을 운영할 수 있다.

제21조(해외재난상황의 보고 및 관리)
① 재외공관의 장은 관할 구역에서 해외재난이 발생하거나 발생할 우려가 있으면 즉시 그 상황을 [⑯]에게 보고하여야 한다.
② 보고를 받은 외교부장관은 지체 없이 해외재난 발생 또는 발생 우려 지역에 거주하거나 체류하는 대한민국 국민(해외재난국민)의 생사확인 등 [⑰] 여부를 확인하고, 행정안전부장관 및 관계 중앙행정기관의 장과 협의하여 해외재난국민의 보호를 위한 방안을 마련하여 시행하여야 한다.
③ 해외재난국민의 가족 등은 외교부장관에게 해외재난국민의 생사확인 등 [⑰] 여부 확인을 요청할 수 있다. 이 경우 외교부장관은 특별한 사유가 없으면 그 요청에 따라야 한다.
④ 안전 여부 확인과 가족 등의 범위는 대통령령으로 정한다.

3. 재난 및 안전관리 기본법 [제3장. 안전관리계획]
제22조(국가안전관리기본계획의 수립)
① [⑱]는 재난 및 사고로부터 국민의 생명·신체 및 재산을 보호하기 위하여 [⑱ 매년 / 5년마다] 국가의 재난 및 안전관리업무에 관한 기본계획("국가안전관리기본계획")을 수립하여야 한다.
② [⑲]는 [⑲]으로 하여금 국가안전관리기본계획의 수립지침을 작성하여 [⑲]에게 통보하도록 하여야 한다.
③ [⑳]은 수립지침에 따라 [⑳ 매년 / 5년마다] 그 소관에 속하는 재난 및 안전관리업무에 관한 기본계획을 작성한 후 [⑳]에게 제출하여야 한다.
④ [㉑]은 [㉑]이 제출한 기본계획을 종합하여 국가안전관리기본계획안을 작성한 후 [㉑]에게 제출하고, [㉒]는 [㉒]의 심의를 거쳐 국가안전관리기본계획을 확정한다.
⑤ [㉓]은 확정된 국가안전관리기본계획을 지체 없이 [㉓]에게 통보하여야 한다.
⑥ 관계 중앙행정기관의 장은 통보받은 국가안전관리기본계획 중 그 소관 사항을 관계 재난관리책임기관(중앙행정기관과 지방자치단체는 제외한다)의 장에게 통보하여야 한다.
⑦ [㉔]는 사회적·경제적 여건의 변화 등으로 인하여 국가안전관리기본계획을 변경할 필요가 있다고 인정하거나 관계 중앙행정기관의 장이 그 변경을 요청하는 경우에는 이를 변경할 수 있다. 이 경우 변경되는 사항을 소관하는 관계 중앙행정기관의 장으로 하여금 국가안전관리기본계획의 변경안을 작성하여 행정안전부장관에게 제출하도록 하여야 한다.
⑧ 국가안전관리기본계획의 변경에 관하여는 ④부터 ⑥까지를 준용한다. 다만, 대통령령으로 정하는 경미한 사항을 변경하는 경우에는 중앙위원회의 심의를 거치지 아니한다.
⑨ 국가안전관리기본계획과 집행계획, 시·도안전관리계획 및 시·군·구안전관리계획은 「민방위기본법」 제10조에 따른 민방위 계획 중 재난관리분야의 계획으로 본다.

정답
① 시·도지사 ② 시장·군수·구청장 ③ 시·도지사 ④ 시장·군수·구청장 ⑤ 시·군·구 ⑥ 부단체장 ⑦ 복구 ⑧ 예방 ⑨ 응급 ⑩ 피해지원
⑪ 수집, 전파, 상황관리 ⑫ 행정안전부장관 ⑬ 시·도지사, 시장·군수·구청장 ⑭ 재난관리정보 ⑮ 대체상황실 ⑯ 외교부장관 ⑰ 안전, 안전
⑱ 국무총리, 5년마다 ⑲ 국무총리, 행정안전부장관, 관계 중앙행정기관의 장 ⑳ 관계 중앙행정기관의 장, 5년마다, 행정안전부장관
㉑ 행정안전부장관, 관계 중앙행정기관의 장, 국무총리 ㉒ 국무총리, 중앙안전관리위원회(중앙위원회) ㉓ 행정안전부장관, 관계 중앙행정기관의 장
㉔ 국무총리

제22조2(국가안전관리기본계획의 내용)
국가안전관리기본계획에는 다음의 사항이 포함되어야 한다.
① 재난 및 안전관리의 [①] 목표 및 기본방향
② 재난 및 안전관리 현황 및 여건 변화, [②]에 관한 사항
③ 재난 및 안전관리를 위한 법령·제도의 마련 등 재난 및 [③] 확립에 관한 사항
④ 재난의 예방·대비·대응 및 복구에 필요한 [④] 조성에 관한 사항
⑤ 그 밖에 재난 및 안전관리에 관한 사항으로서 대통령령으로 정하는 사항

제23조(집행계획)
① [⑤]은 통보받은 국가안전관리기본계획에 따라 그 소관 업무에 관한 집행계획을 작성하여 [⑥]의 심의를 거쳐 확정한다.
② 관계 중앙행정기관의 장은 확정된 집행계획을 행정안전부장관, 시·도지사 및 재난관리책임기관의 장에게 각각 통보하여야 한다.
③ [⑦]은 통보받은 집행계획에 따라 세부집행계획을 작성하여 관할 [⑧]와 협의한 후 소속 [⑧]의 승인을 받아 이를 확정하여야 한다. 이 경우 그 재난관리책임기관의 장이 공공기관이나 공공단체의 장인 경우에는 그 내용을 지부 등 지방조직에 통보하여야 한다.

> **시행령 제27조(집행계획의 작성 및 제출)**
> ① 관계 중앙행정기관의 장은 매년 [⑨]월 [⑨]일까지 다음 연도의 집행계획을 작성하여 행정안전부장관에게 통보하여야 한다.
> ② 행정안전부장관은 집행계획을 효율적으로 수립하기 위하여 필요한 경우에는 집행계획의 작성지침을 마련하여 관계 중앙행정기관의 장에게 통보할 수 있다.

제24조(시·도안전관리계획의 수립)
① [⑩]는 재난 및 사고로부터 관할 구역 주민의 생명·신체 및 재산을 보호하기 위하여 국가안전관리기본계획에 따라 지역 여건을 고려하여 [⑩ 매년 / 5년마다] 시·도의 재난 및 안전관리업무에 관한 계획("시·도안전관리계획")을 수립하여야 한다.
② [⑪]은 국가안전관리기본계획과 집행계획에 따라 [⑪ 매년 / 5년마다] 시·도안전관리계획의 수립지침을 작성하여 이를 [⑫]에게 통보하여야 한다.
③ 시·도의 전부 또는 일부를 관할 구역으로 하는 [⑬]은 그 소관 재난 및 안전관리업무에 관한 계획을 작성하여 관할 [⑭]에게 제출하여야 한다.
④ [⑮]는 통보받은 수립지침과 제출받은 재난 및 안전관리업무에 관한 계획을 종합하여 시·도안전관리계획을 작성하고 [⑯]의 심의를 거쳐 확정한다.
⑤ [⑰]는 확정된 시·도안전관리계획을 행정안전부장관에게 보고하고, 재난관리책임기관의 장에게 통보하여야 한다.

제25조(시·군·구안전관리계획의 수립)
① [⑱]은 재난 및 사고로부터 관할 구역 주민의 생명·신체 및 재산을 보호하기 위하여 시·도안전관리계획에 따라 지역 여건을 고려하여 [⑱ 매년 / 5년마다] 시·군·구의 재난 및 안전관리업무에 관한 계획("시·군·구안전관리계획")을 수립하여야 한다.
② [⑲]는 확정된 시·도안전관리계획에 따라 [⑲ 매년 / 5년마다] 시·군·구안전관리계획의 수립지침을 작성하여 [⑳]에게 통보하여야 한다.

③ 시·군·구의 전부 또는 일부를 관할 구역으로 하는 [㉑]은 그 소관 재난 및 안전관리업무에 관한 계획을 작성하여 시장·군수·구청장에게 제출하여야 한다.

④ [㉒]은 통보받은 수립지침과 제출받은 재난 및 안전관리업무에 관한 계획을 종합하여 시·군·구안전관리계획을 작성하고 [㉓]의 심의를 거쳐 확정한다.

⑤ [㉔]은 확정된 시·군·구안전관리계획을 시·도지사에게 보고하고, 재난관리책임기관의 장에게 통보하여야 한다.

4. 재난 및 안전관리 기본법 [제4장. 재난의 예방]

제25조의2(재난관리책임기관의 장의 재난예방조치)

① [㉕]은 소관 관리대상 업무의 분야에서 재난 발생을 사전에 방지하기 위하여 다음의 조치를 하여야 한다.
  1. 재난에 대응할 조직의 구성 및 정비
  2. 재난의 예측 및 예측정보 등의 제공·이용에 관한 체계의 구축
  3. 재난 발생에 대비한 교육·훈련과 재난관리예방에 관한 홍보
  4. 재난이 발생할 위험이 높은 분야에 대한 안전관리체계의 구축 및 안전관리규정의 제정
  5. 지정된 국가핵심기반의 관리
  6. 특정관리대상지역에 관한 조치
  7. 재난방지시설의 점검·관리
  8. 재난관리자원의 관리
  9. 재난 및 안전관리에 필요한 영상정보처리기기(고정형 영상정보처리기기 및 이동형 영상정보처리기기를 말한다)의 설치·운영
  10. 그 밖에 재난을 예방하기 위하여 필요하다고 인정되는 사항

② [㉕]은 재난예방조치를 효율적으로 시행하기 위하여 필요한 사업비를 확보하여야 한다.

제26조(국가핵심기반의 지정)

① 관계 [㉖]은 소관 분야의 국가핵심기반을 다음의 기준에 따라 [㉖]의 심의를 거쳐 지정할 수 있다.
  1. 다른 국가핵심기반 등에 미치는 연쇄효과
  2. 둘 이상의 중앙행정기관의 공동대응 필요성
  3. 재난이 발생하는 경우 국가안전보장과 경제·사회에 미치는 피해 규모 및 범위
  4. 재난의 발생 가능성 또는 그 복구의 용이성

② 관계 중앙행정기관의 장은 지정 여부를 결정하기 위하여 필요한 자료의 제출을 소관 재난관리책임기관의 장에게 요청할 수 있다.

정답
① 중장기 ② 전망 ③ 안전관리체계 ④ 기반 ⑤ 관계 중앙행정기관의 장 ⑥ (안전관리)조정위원회 ⑦ 재난관리책임기관의 장
⑧ 시·도지사, 중앙행정기관의 장 ⑨ 10, 31 ⑩ 시·도지사, 매년 ⑪ 행정안전부장관, 매년 ⑫ 시·도지사 ⑬ 재난관리책임기관의 장 ⑭ 시·도지사
⑮ 시·도지사 ⑯ 시·도위원회 ⑰ 시·도지사 ⑱ 시장·군수·구청장, 매년 ⑲ 시·도지사, 매년 ⑳ 시장·군수·구청장 ㉑ 재난관리책임기관의 장
㉒ 시장·군수·구청장 ㉓ 시·군·구위원회 ㉔ 시장·군수·구청장 ㉕ 재난관리책임기관의 장, 재난관리책임기관의 장
㉖ 중앙행정기관의 장, (안전정책)조정위원회

제27조(특정관리대상지역의 지정 및 관리)

① 중앙행정기관의 장 또는 지방자치단체의 장은 재난이 발생할 위험이 높거나 재난예방을 위하여 계속적으로 관리할 필요가 있다고 인정되는 지역을 대통령령으로 정하는 바에 따라 특정관리대상지역으로 지정할 수 있다.

② 재난관리책임기관의 장은 지정된 특정관리대상지역에 대하여 대통령령으로 정하는 바에 따라 재난 발생의 위험성을 제거하기 위한 조치 등 특정관리대상지역의 관리·정비에 필요한 조치를 하여야 한다.

> **시행령 제34조의2(특정관리대상지역의 안전등급 및 안전점검)**
>
> ① 재난관리책임기관의 장은 지정된 특정관리대상지역을 특정관리대상지역의 지정·관리 등에 관한 지침에서 정하는 안전등급의 평가기준에 따라 다음의 어느 하나에 해당하는 등급으로 구분하여 관리하여야 한다.
>
> | 등급 | 안전도 |
> |---|---|
> | A등급 | 안전도가 [①]한 경우 |
> | B등급 | 안전도가 [①]한 경우 |
> | C등급 | 안전도가 [①]인 경우 |
> | D등급 | 안전도가 [①]한 경우 |
> | E등급 | 안전도가 [①]한 경우 |
>
> ② 재난관리책임기관의 장은 D등급 또는 E등급에 해당하거나 D등급 또는 E등급에서 상위 등급으로 조정되는 특정관리대상지역에 관한 다음의 사항을 해당 기관에서 발행하거나 관리하는 공보 또는 홈페이지 등에 공고하고, 이를 행정안전부장관에게 통보하여야 한다. D등급 또는 E등급에 해당하는 특정관리대상지역의 지정이 해제되는 경우에도 또한 같다.
> 1. 특정관리대상지역의 명칭 및 위치
> 2. 특정관리대상지역의 관계인의 인적사항
> 3. 해당 등급의 평가 사유(D등급 또는 E등급에 해당하는 특정관리대상지역의 지정이 해제되는 경우에는 그 사유를 말한다)
>
> ③ 재난관리책임기관의 장은 다음의 구분에 따라 특정관리대상지역에 대한 안전점검을 실시하여야 한다.
>
> | 점검의 구분 | 안전도 등급 | 점검주기 |
> |---|---|---|
> | 정기안전점검 | A등급, B등급, C등급 | [② 분기별 / 반기별] 1회 이상 |
> | | D등급 | [③ 월 1회 / 월 2회 / 주 1회] 이상 |
> | | E등급 | [④ 월 1회 / 월 2회 / 주 1회] 이상 |
> | 수시안전점검 | | 재난관리책임기관의 장이 필요하다고 인정하는 경우 |
>
> ④ 행정안전부장관은 특정관리대상지역을 체계적으로 관리하기 위하여 정보화시스템을 구축·운영할 수 있다.
> ⑤ 재난관리책임기관의 장은 운영되는 정보화시스템을 이용하여 특정관리대상지역을 관리하여야 한다.

제29조(재난방지시설의 관리)

① [⑤]은 관계 법령 또는 안전관리계획에서 정하는 바에 따라 대통령령으로 정하는 재난방지시설을 점검·관리하여야 한다.

② 행정안전부장관은 재난방지시설의 관리 실태를 점검하고 필요한 경우 보수·보강 등의 조치를 재난관리책임기관의 장에게 요청할 수 있다. 이 경우 요청을 받은 재난관리책임기관의 장은 신속하게 조치를 이행하여야 한다.

제29조의2(재난안전분야 종사자 교육)

① 재난관리책임기관에서 재난 및 안전관리업무를 담당하는 공무원이나 직원은 행정안전부장관이 실시하는 전문교육을 행정안전부령으로 정하는 바에 따라 정기적으로 또는 수시로 받아야 한다.

> **시행규칙 제6조의2(재난안전분야 종사자 교육 종류)**
> ① 전문교육의 대상자는 해당 업무를 맡은 후 [⑥ 6개월 / 1년] 이내에 신규교육을 받아야 하며, 신규교육을 받은 후 매 [⑥ 5년마다 / 2년마다 / 1년마다] 정기교육을 받아야 한다.
> ② 전문교육의 이수시간은 다음과 같다.
>
> | 1. 관리자 전문교육 | [⑦]시간 이상 |
> |---|---|
> | 2. 실무자 전문교육 | [⑧]시간 이상 |

제31조(재난예방을 위한 안전조치)

① 행정안전부장관 또는 재난관리책임기관의 장은 긴급안전점검 결과 재난 발생의 위험이 높다고 인정되는 시설 또는 지역에 대하여는 대통령령으로 정하는 바에 따라 그 소유자·관리자 또는 점유자에게 다음의 안전조치를 할 것을 명할 수 있다.

  1. [⑨](시설만 해당한다). 이 경우 다른 법령에 시설의 정밀안전진단에 관한 기준이 있는 경우에는 그 기준에 따르고, 다른 법령의 적용을 받지 아니하는 시설에 대하여는 행정안전부령으로 정하는 기준에 따른다.
  2. [⑩] 또는 [⑩] 등 정비
  3. 재난을 발생시킬 [⑪]의 제거

② 안전조치명령을 받은 소유자·관리자 또는 점유자는 이행계획서를 작성하여 행정안전부장관 또는 재난관리책임기관의 장에게 제출한 후 [⑫]를 하고, 행정안전부령으로 정하는 바에 따라 그 결과를 행정안전부장관 또는 재난관리책임기관의 장에게 통보하여야 한다.

제31조의2(안전취약계층에 대한 안전 환경 지원)

① 재난관리책임기관의 장은 안전취약계층이 재난이나 그 밖의 각종 사고로부터 안전을 확보할 수 있는 생활환경을 조성하기 위하여 안전용품의 제공 및 시설 개선 등 필요한 사항을 지원하기 위하여 노력하여야 한다.
② 지원의 대상, 범위, 방법 및 절차 등에 필요한 사항은 대통령령 또는 해당 지방자치단체의 조례로 정한다.

> **시행규칙 제39조의2(안전취약계층에 대한 안전 환경 지원)**
> ① 중앙행정기관의 장이 안전취약계층으로 지원하는 대상은 다음과 같다.
>   1. [⑬]세 미만의 어린이
>   2. [⑭]세 이상의 노인
>   3. 「장애인복지법」 제2조에 따른 [⑮]
>   4. 그 밖에 재난이나 그 밖의 각종 사고에 취약하다고 인정되는 사람
> ② 중앙행정기관의 장은 안전취약계층에게 다음의 사항을 지원할 수 있다.
>   1. 안전관리를 위하여 필요한 소방·가스·전기 등의 [⑯] 및 시설 개선
>   2. 어린이 보호구역 등 취약지역의 안전 확보를 위한 [⑰] 개선
>   3. 재난 및 사고 예방을 위하여 필요한 [⑱]의 제공
>   4. 그 밖에 안전취약계층의 안전한 생활환경을 조성하기 위하여 필요하다고 인정되는 사항
> ③ 규정한 사항 외에 안전취약계층에 대한 안전 환경 지원에 필요한 사항은 중앙행정기관의 장이 정한다.

정답
① 우수, 양호, 보통, 미흡, 불량 ② 반기별 ③ 월 1회 ④ 월 2회 ⑤ 재난관리책임기관의 장 ⑥ 6개월, 2년마다 ⑦ 7 ⑧ 14 ⑨ 정밀안전진단 ⑩ 보수, 보강 ⑪ 위험요인 ⑫ 안전조치 ⑬ 13 ⑭ 65 ⑮ 장애인 ⑯ 안전점검 ⑰ 환경 ⑱ 안전장비 및 용품

제32조(정부합동 안전 점검)

① [①]은 재난관리책임기관의 재난 및 안전관리 실태를 점검하기 위하여 대통령령으로 정하는 바에 따라 정부합동안전점검단을 편성하여 안전 점검을 실시할 수 있다.

1. 정기점검	계절적 요인 등을 고려하여 정기적으로 실시하는 점검
2. 수시점검	사회적 쟁점, 유사한 사고의 방지 등을 위하여 수시로 실시하는 점검

② 행정안전부장관은 정부합동점검단을 편성하기 위하여 필요하면 관계 재난관리책임기관의 장에게 관련 공무원 또는 직원의 파견을 요청할 수 있다. 이 경우 요청을 받은 관계 재난관리책임기관의 장은 특별한 사유가 없으면 요청에 따라야 한다.

제32조의3(집중 안전점검 기간 운영)

① [②]은 재난을 예방하고 국민의 안전의식을 높이기 위하여 재난관리책임기관의 장의 의견을 들어 [② 5년마다 / 매년] 집중 안전점검 기간을 설정하고 그 운영에 필요한 계획을 수립하여야 한다.

② 행정안전부장관 및 재난관리책임기관의 장은 집중 안전점검 기간 동안에 재난이나 그 밖의 각종 사고의 발생이 우려되는 시설 등에 대하여 집중적으로 안전점검을 실시할 수 있다.

제33조의3(재난관리 실태 공시)

① [③]("3."의 경우에는 시·도지사를 포함한다)은 다음의 사항이 포함된 재난관리 실태를 [④ 2년마다 1회 / 매년 1회] 이상 관할 지역 주민에게 공시하여야 한다.
  1. 전년도 재난의 발생 및 수습 현황
  2. 재난예방조치 실적
  3. 재난관리기금의 적립 및 집행 현황
  4. 현장조치 행동매뉴얼의 작성·운용 현황
  5. 그 밖에 대통령령으로 정하는 재난관리에 관한 중요 사항

② 행정안전부장관 또는 시·도지사는 평가 결과를 공개할 수 있다.

③ 공시 방법 및 시기 등 필요한 사항은 대통령령으로 정한다.

5. 재난 및 안전관리 기본법 [제5장. 재난의 대비]

제34조(재난관리자원의 관리)

① 재난관리책임기관의 장은 재난관리를 위하여 필요한 [⑤], [⑤] 및 [⑤] 등의 물적·인적자원(재난관리자원)을 비축하거나 지정하는 등 체계적이고 효율적으로 관리하여야 한다.

② 재난관리자원의 관리에 관하여는 따로 법률로 정한다.

제34조의2(재난현장 긴급통신수단의 마련)

① 재난관리책임기관의 장은 재난의 발생으로 인하여 통신이 끊기는 상황에 대비하여 미리 유선이나 무선 또는 위성통신망을 활용할 수 있도록 긴급통신수단을 마련하여야 한다.

② 행정안전부장관은 재난현장에서 긴급통신수단이 공동 활용될 수 있도록 하기 위하여 [⑥], [⑥] 및 [⑥]에서 보유하고 있는 긴급통신수단의 보유 현황 등을 조사하고, 긴급통신수단을 관리하기 위한 체계를 구축·운영할 수 있다.

제34조의3(국가재난관리기준의 제정·운용 등)

① [⑦]은 재난관리를 효율적으로 수행하기 위하여 다음의 사항이 포함된 국가재난관리기준을 제정하여 운용하여야 한다. 다만, 「산업표준화법」 제12조에 따른 한국산업표준을 적용할 수 있는 사항에 대하여는 한국산업표준을 반영할 수 있다.
　1. 재난분야 용어정의 및 표준체계 정립
　2. 국가재난 대응체계에 대한 원칙
　3. 재난경감·상황관리·유지관리 등에 관한 일반적 기준
　4. 그 밖의 대통령령으로 정하는 사항
② 기준을 제정 또는 개정할 때에는 미리 관계 중앙행정기관의 장의 의견을 들어야 한다.

제34조의5(재난분야 위기관리 매뉴얼 작성·운용)

① [⑧]은 재난을 효율적으로 관리하기 위하여 재난유형에 따라 다음의 위기관리 매뉴얼을 작성·운용하고, 이를 준수하도록 노력하여야 한다. 이 경우 재난대응활동계획과 위기관리 매뉴얼이 서로 연계되도록 하여야 한다.

구분	내용
1. 위기관리 표준매뉴얼	국가적 차원에서 관리가 필요한 재난에 대하여 재난관리 체계와 관계 기관의 임무와 역할을 규정한 문서로 [⑨]의 작성 기준이 되며, [⑩]이 작성한다. 다만, 다수의 재난관리주관기관이 관련되는 재난에 대해서는 관계 재난관리주관기관의 장과 협의하여 행정안전부장관이 위기관리 표준매뉴얼을 작성할 수 있다.
2. 위기대응 실무매뉴얼	위기관리 표준매뉴얼에서 규정하는 기능과 역할에 따라 [⑪]에 필요한 조치사항 및 절차를 규정한 문서로 [⑫]과 관계 기관의 장이 작성한다. 이 경우 재난관리주관기관의 장은 위기대응 실무매뉴얼과 위기관리 표준매뉴얼을 통합하여 작성할 수 있다.
3. 현장조치 행동매뉴얼	재난현장에서 임무를 직접 수행하는 기관의 [⑬] 절차를 구체적으로 수록한 문서로 위기대응 실무매뉴얼을 작성한 기관의 장이 지정한 기관의 장이 작성하되, 시장·군수·구청장은 재난유형별 현장조치 행동매뉴얼을 통합하여 작성할 수 있다. 다만, 현장조치 행동매뉴얼 작성 기관의 장이 다른 법령에 따라 작성한 계획·매뉴얼 등에 재난유형별 현장조치 행동매뉴얼에 포함될 사항이 모두 포함되어 있는 경우 해당 재난유형에 대해서는 현장조치 행동매뉴얼이 작성된 것으로 본다.

② 행정안전부장관은 재난유형별 위기관리 매뉴얼의 작성 및 운용기준을 정하여 재난관리책임기관의 장에게 통보할 수 있다.
③ 재난관리주관기관의 장이 작성한 위기관리 표준매뉴얼은 행정안전부장관의 승인을 받아 이를 확정하고, 위기대응 실무매뉴얼과 연계하여 운용하여야 한다.
④ 재난관리주관기관의 장은 위기관리 표준매뉴얼 및 위기대응 실무매뉴얼을 정기적으로 점검하고 그 결과를 행정안전부장관에게 통보하여야 한다. 이 경우 매뉴얼의 점검을 위하여 필요한 때에는 관계 전문가의 의견을 들을 수 있다.
⑤ [⑭]은 재난유형별 위기관리 매뉴얼의 표준화 및 실효성 제고를 위하여 대통령령으로 정하는 위기관리 매뉴얼협의회를 구성·운영할 수 있다.
⑥ 재난관리주관기관의 장은 소관 분야 재난유형의 위기대응 실무매뉴얼 및 현장조치 행동매뉴얼을 조정·승인하고 지도·관리를 하여야 하며, 소관분야 위기관리 매뉴얼을 새로이 작성하거나 변경한 때에는 이를 행정안전부장관에게 통보하여야 한다.

정답

① 행정안전부장관　② 행정안전부장관, 매년　③ 시장·군수·구청장　④ 매년 1회　⑤ 물품, 재산, 인력　⑥ 재난관리책임기관, 긴급구조기관, 긴급구조지원기관
⑦ 행정안전부장관　⑧ 재난관리책임기관의 장　⑨ 위기대응 실무매뉴얼　⑩ 재난관리주관기관의 장　⑪ 실제 재난대응　⑫ 재난관리주관기관의 장
⑬ 행동조치　⑭ 행정안전부장관

⑦ 시장·군수·구청장이 작성한 현장조치 행동매뉴얼에 대하여는 시·도지사의 승인을 받아야 한다. 시·도지사는 현장조치 행동매뉴얼을 승인하는 때에는 재난관리주관기관의 장이 작성한 위기대응 실무매뉴얼과 연계되도록 하여야 하며, 승인 결과를 재난관리주관기관의 장 및 행정안전부장관에게 보고하여야 한다.

⑧ 행정안전부장관은 위기관리 매뉴얼의 체계적인 운용을 위하여 관리시스템을 구축·운영할 수 있으며, ③부터 ⑦까지의 규정에 따른 위기관리 매뉴얼의 작성·운용 등 필요한 사항은 대통령령으로 정한다.

⑨ 행정안전부장관은 재난관리업무를 효율적으로 하기 위하여 대통령령으로 정하는 바에 따라 위기관리에 필요한 매뉴얼 표준안을 연구·개발하여 보급할 수 있다. 이 경우 다음 각 호의 사항을 고려하여야 한다.
　㉠ 재난유형에 따른 국민행동요령의 표준화
　㉡ 재난유형에 따른 예방·대비·대응·복구 단계별 조치사항에 관한 연구 및 표준화
　㉢ 재난현장에서의 대응과 상호협력 절차에 관한 연구 및 표준화
　㉣ 안전취약계층의 특성을 반영한 연구·개발
　㉤ 그 밖에 위기관리에 관한 매뉴얼의 개선·보완에 필요한 사항

⑩ 행정안전부장관은 위기관리 매뉴얼의 작성·운용 실태를 [①]로 점검하여야 하며, 필요한 경우 수시로 점검할 수 있고, 그 결과에 따라 이를 시정 또는 보완하기 위하여 위기관리 매뉴얼을 작성·운용하는 기관의 장에게 필요한 조치를 하도록 권고할 수 있다. 이 경우 권고를 받은 기관의 장은 특별한 사유가 없으면 이에 따라야 한다.

제34조의6(다중이용시설 등의 위기상황 매뉴얼 작성·관리 및 훈련)

① 대통령령으로 정하는 다중이용시설 등의 [②]·[②] 또는 [②]는 대통령령으로 정하는 바에 따라 위기상황에 대비한 매뉴얼(위기상황 매뉴얼)을 작성·관리하여야 한다. 다만, 다른 법령에서 위기상황에 대비한 대응계획 등의 작성·관리에 관하여 규정하고 있는 경우에는 그 법령에서 정하는 바에 따른다.

> **시행령 제43조의8(위기상황 매뉴얼 작성·관리 대상)**
> "대통령령으로 정하는 다중이용시설 등의 소유자·관리자 또는 점유자"란 다음의 어느 하나에 해당하는 건축물 또는 시설(다중이용시설등)의 관계인을 말한다.
> 1. 다중이용 건축물
> 　다음의 어느 하나에 해당하는 용도로 쓰는 바닥면적의 합계가 [③][m^2] 이상인 건축물
> 　㉠ [④]시설
> 　㉡ 문화 및 집회시설([⑤]은 제외한다)
> 　㉢ [④]시설
> 　㉣ 의료시설 중 [⑥]병원
> 　㉤ 운수시설 중 [⑥] 시설
> 　㉥ 숙박시설 중 [⑥]시설
> 2. 그 밖에 제1호에 따른 건축물에 준하는 건축물 또는 시설로서 행정안전부장관이 위기상황에 대비한 매뉴얼(위기상황 매뉴얼)의 작성·관리가 필요하다고 인정하여 고시하는 건축물 또는 시설

② [⑦]·[⑦] 또는 [⑦]는 대통령령으로 정하는 바에 따라 위기상황 매뉴얼에 따른 훈련을 주기적으로 실시하여야 한다. 다만, 다른 법령에서 위기상황에 대비한 대응계획 등의 훈련에 관하여 규정하고 있는 경우에는 그 법령에서 정하는 바에 따른다.

> **시행령 제43조의9(위기상황 매뉴얼의 작성·관리 방법)**
> ① 위기상황 매뉴얼을 작성·관리하는 관계인은 [⑧ 매년 1회 / 반기별 1회] 이상 위기상황 매뉴얼에 따른 훈련을 실시하여야 한다.
> ② 위기상황 매뉴얼을 작성·관리하는 관계인은 훈련 결과를 반영하여 위기상황 매뉴얼이 실제 위기상황에서 무리 없이 작동하도록 지속적으로 [⑨]·[⑨]시켜야 한다.

제34조의7(안전기준의 등록 및 심의)
① [⑩]은 안전기준을 체계적으로 관리·운용하기 위하여 안전기준을 통합적으로 관리할 수 있는 체계를 갖추어야 한다.
② 중앙행정기관의 장은 관계 법률에서 정하는 바에 따라 안전기준을 신설 또는 변경하는 때에는 행정안전부장관에게 안전기준의 등록을 요청하여야 한다.

제34조의8(재난안전통신망의 구축·운영)
① 행정안전부장관은 체계적인 재난관리를 위하여 재난안전통신망을 구축·운영하여야 한다.
② 재난관리에 재난안전통신망을 사용하여야 하는 기관(재난관련기관)
   1. [⑪]
   2. [⑪]
   3. [⑪]

제34조의9(재난대비훈련 기본계획 수립)
① 행정안전부장관은 [⑫ 5년마다 / 매년] 재난대비훈련 기본계획을 수립하고 재난관리책임기관의 장에게 통보하여야 한다.
② 재난관리책임기관의 장은 재난대비훈련 기본계획에 따라 소관분야별로 자체계획을 수립하여야 한다.

제35조(재난대비훈련 실시)
① 훈련주관기관의 장은 대통령령으로 정하는 바에 따라 [⑬ 5년마다 / 매년] 정기적으로 또는 수시로 훈련참여기관과 합동으로 재난대비훈련(위기관리 매뉴얼의 숙달훈련을 포함)을 실시하여야 한다.

훈련주관기관	㉠ [⑭] ㉡ [⑭] ㉢ [⑭] ㉣ [⑭] ㉤ [⑭]
훈련참여기관	㉠ [⑮] ㉡ [⑮] ㉢ [⑮]

② 훈련주관기관의 장은 재난대비훈련을 실시하려면 자체계획을 토대로 재난대비훈련 실시계획을 수립하여 훈련참여기관의 장에게 통보하여야 한다.

정답
① 반기별 ② 소유자, 관리자, 점유자 ③ 5천 ④ 판매, 종교 ⑤ 동물원 및 식물원 ⑥ 종합, 여객용, 관광숙박 ⑦ 소유자, 관리자, 점유자 ⑧ 매년 1회 ⑨ 보완, 발전 ⑩ 행정안전부장관 ⑪ 재난관리책임기관, 긴급구조기관, 긴급구조지원기관 ⑫ 매년 ⑬ 매년 ⑭ 행정안전부장관, 중앙행정기관의 장, 시·도지사, 시장·군수·구청장, 긴급구조기관 ⑮ 재난관리책임기관, 긴급구조지원기관, 군부대 등 관계 기관

6. 재난 및 안전관리 기본법 [제6장. 재난의 대응]

제1절 응급조치

제36조(재난사태 선포)

① [①]은 대통령령으로 정하는 재난이 발생하거나 발생할 우려가 있는 경우 사람의 생명·신체 및 재산에 미치는 중대한 영향이나 피해를 줄이기 위하여 긴급한 조치가 필요하다고 인정하면 [①]의 심의를 거쳐 재난사태를 선포할 수 있다. 다만, [②]은 재난상황이 긴급하여 [②]의 심의를 거칠 시간적 여유가 없다고 인정하는 경우에는 [②]의 심의를 거치지 아니하고 재난사태를 선포할 수 있다.

② [③]은 ① 단서에 따라 재난사태를 선포한 경우에는 지체 없이 [③]의 승인을 받아야 하고, 승인을 받지 못하면 선포된 재난사태를 즉시 해제하여야 한다.

③ ①에도 불구하고 [④]는 관할 구역에서 재난이 발생하거나 발생할 우려가 있는 등 대통령령으로 정하는 경우 사람의 생명·신체 및 재산에 미치는 중대한 영향이나 피해를 줄이기 위하여 긴급한 조치가 필요하다고 인정하면 [④]의 심의를 거쳐 재난사태를 선포할 수 있다. 이 경우 [⑤]는 지체 없이 그 사실을 [⑤]에게 통보하여야 한다.

④ ③에 따른 재난사태 선포에 대한 시·도위원회 심의의 생략 및 승인 등에 관하여는 ① 단서 및 ②을 준용한다. 이 경우 "[⑥]"은 "[⑥]"로, "[⑦]"는 "[⑦]"로 본다.

⑤ 행정안전부장관 및 지방자치단체의 장은 재난사태가 선포된 지역에 대하여 다음의 조치를 할 수 있다.
  1. 재난경보의 발령, 재난관리자원의 동원, 위험구역 설정, 대피명령, 응급지원 등 이 법에 따른 응급조치
  2. 해당 지역에 소재하는 행정기관 소속 공무원의 비상소집
  3. 해당 지역에 대한 여행 등 [⑧ 이동 금지 명령 / 이동 자제 권고]
  4. 「유아교육법」, 「초·중등교육법」 및 「고등교육법」에 따른 [⑨ 휴업 요청 / 휴업 명령] 및 휴원·휴교 처분의 요청
  5. 그 밖에 재난예방에 필요한 조치

⑥ [⑩] 또는 [⑩]는 재난으로 인한 위험이 해소되었다고 인정하는 경우 또는 재난이 추가적으로 발생할 우려가 없어진 경우에는 선포된 재난사태를 즉시 해제하여야 한다.

제37조(응급조치)

① [⑪] 및 [⑪]의 단장과 [⑪]은 재난이 발생할 우려가 있거나 재난이 발생하였을 때에는 즉시 관계 법령이나 재난대응 활동계획 및 위기관리 매뉴얼에서 정하는 바에 따라 수방·진화·구조 및 구난, 그 밖에 재난 발생을 예방하거나 피해를 줄이기 위하여 필요한 다음의 응급조치를 하여야 한다. 다만, 지역통제단장의 경우에는 제[⑫]호 중 [⑫]에 관한 응급조치와 제[⑬]호 및 제[⑬]호의 응급조치만 하여야 한다.
  1. 경보의 발령 또는 전달이나 피난의 권고 또는 지시
  2. 안전조치
  3. 진화·수방·지진방재, 그 밖의 응급조치와 구호
  4. 피해시설의 응급복구 및 방역과 방범, 그 밖의 질서 유지
  5. 긴급수송 및 구조 수단의 확보
  6. 급수 수단의 확보, 긴급피난처 및 구호품 등 재난관리자원의 확보
  7. 현장지휘통신체계의 확보
  8. 그 밖에 재난 발생을 예방하거나 줄이기 위하여 필요한 사항으로서 대통령령으로 정하는 사항

② 시·군·구의 관할 구역에 소재하는 재난관리책임기관의 장은 시장·군수·구청장이나 지역통제단장이 요청하면 관계 법령이나 시·군·구안전관리계획에서 정하는 바에 따라 시장·군수·구청장이나 지역통제단장의 지휘 또는 조정하에 그 소관 업무에 관계되는 응급조치를 실시하거나 시장·군수·구청장이나 지역통제단장이 실시하는 응급조치에 협력하여야 한다.

제38조(위기경보의 발령)

① [⑭ 재난관리책임기관의 장 / 재난관리주관기관의 장]은 대통령령으로 정하는 재난에 대한 징후를 식별하거나 재난발생이 예상되는 경우에는 그 위험 수준, 발생 가능성 등을 판단하여 그에 부합되는 조치를 할 수 있도록 위기경보를 발령할 수 있다. 다만, 위기관리 표준매뉴얼의 작성기준 중 다수의 재난관리주관기관이 관련되는 재난상황인 경우에는 행정안전부장관이 위기경보를 발령할 수 있다.

② 위기경보는 재난 피해의 전개 속도, 확대 가능성 등 재난상황의 심각성을 종합적으로 고려하여 [⑮]·[⑮]·[⑮]·[⑮]으로 구분할 수 있다. 다만, 다른 법령에서 재난 위기경보의 발령 기준을 따로 정하고 있는 경우에는 그 기준을 따른다.

제38조의2(재난 예보·경보체계 구축·운영)

① [⑯]은 사람의 생명·신체 및 재산에 대한 피해가 예상되면 그 피해를 예방하거나 줄이기 위하여 재난에 관한 예보 또는 경보 체계를 구축·운영할 수 있다.

② 재난관리책임기관의 장은 재난에 관한 예보 또는 경보가 신속하게 실시될 수 있도록 재난과 관련한 위험정보를 얻으면 즉시 행정안전부장관, 재난관리주관기관의 장, 시·도지사 및 시장·군수·구청장에게 통보하여야 한다.

③ 행정안전부장관, 시·도지사 또는 시장·군수·구청장은 재난에 관한 예보·경보·통지나 응급조치를 실시하기 위하여 필요하면 다음의 조치를 요청할 수 있다. 다만, 다른 법령에 특별한 규정이 있을 때에는 그러하지 아니하다.

㉠ 전기통신시설의 소유자 또는 관리자에 대한 전기통신시설의 우선 사용

㉡ 「전기통신사업법」에 따른 전기통신사업자 중 대통령령으로 정하는 주요 전기통신사업자에 대한 필요한 정보의 문자나 음성 송신 또는 인터넷 홈페이지 게시

㉢ 「방송법」에 따른 방송사업자에 대한 필요한 정보의 신속한 방송

㉣ 「신문 등의 진흥에 관한 법률」에 따른 신문사업자 및 인터넷신문사업자 중 대통령령으로 정하는 주요 신문사업자 및 인터넷신문사업자에 대한 필요한 정보의 게재

㉤ 「옥외광고물 등의 관리와 옥외광고산업 진흥에 관한 법률」에 따른 디지털광고물의 관리자에 대한 필요한 정보의 게재

🏠 **정답**

① 행정안전부장관, 중앙(안전관리)위원회 ② 행정안전부장관, 중앙(안전관리)위원회, 중앙(안전관리)위원회 ③ 행정안전부장관, 중앙(안전관리)위원회 ④ 시·도지사, 시·도(안전관리)위원회 ⑤ 시·도지사, 행정안전부장관 ⑥ 행정안전부장관, 시·도지사 ⑦ 중앙(안전관리)위원회, 시·도(안전관리)위원회 ⑧ 이동 자제 권고 ⑨ 휴업명령 ⑩ 행정안전부장관, 시·도지사 ⑪ 시·도긴급구조통제단, 시·군·구긴급구조통제단, 시장·군수·구청장 ⑫ 3, 진화 ⑬ 5, 7 ⑭ 재난관리주관기관의 장 ⑮ 관심, 주의, 경계, 심각 ⑯ 재난관리책임기관의 장

④ 재난에 관한 예보·경보·통지 중 다음의 어느 하나에 해당하는 재난에 대해서는 [①]이 예보·경보·통지를 실시한다. 이 경우 [①]은 ③ 각 호의 조치를 요청할 수 있다.
  ㉠ 「지진·지진해일·화산의 관측 및 경보에 관한 법률」에 따른 [②]·[②]·[②]
  ㉡ 대통령령으로 정하는 규모 이상의 호우 또는 태풍
  ㉢ 그 밖에 대통령령으로 정하는 자연재난 [영 제47조의2]
    1. [③] 또는 [③]에 의한 [④]시간 누적 강우량이 [④][mm] 이상이면서 [⑤]시간 누적 강우량이 [⑤][mm] 이상 관측되는 경우
    2. [⑥] 또는 [⑥]에 의한 [⑦]시간 누적 강우량이 [⑦][mm] 이상 관측되는 경우
⑤ ③ 및 ④에 따른 요청을 받은 전기통신시설의 소유자 또는 관리자, 전기통신사업자, 방송사업자, 신문사업자, 인터넷신문사업자 및 디지털광고물 관리자는 정당한 사유가 없으면 요청에 따라야 한다.
⑥ 전기통신사업자나 방송사업자, 휴대전화 또는 내비게이션 제조업자는 ③ 및 ④에 따른 재난의 예보·경보 실시 사항이 사용자의 휴대전화 등의 수신기 화면에 반드시 표시될 수 있도록 소프트웨어나 기계적 장치를 갖추어야 한다.
⑦ [⑧]은 위험구역 및 「자연재해대책법」 제12조에 따른 자연재해위험개선지구 등 재난으로 인하여 사람의 생명·신체 및 재산에 대한 피해가 예상되는 지역에 대하여 그 피해를 예방하기 위하여 시·군·구 재난 예보·경보체계 구축 종합계획("시·군·구종합계획")을 [⑧] 단위로 수립하여 [⑧]에게 제출하여야 한다.
⑧ [⑨]는 시·군·구종합계획을 기초로 시·도 재난 예보·경보체계 구축 종합계획("시·도종합계획")을 수립하여 [⑨]에게 제출하여야 하며, [⑩]은 필요한 경우 [⑩]에게 시·도종합계획의 보완을 요청할 수 있다.
⑨ 시·도종합계획과 시·군·구종합계획에는 다음의 사항이 포함되어야 한다.
  ㉠ 재난 예보·경보체계의 구축에 관한 기본방침
  ㉡ 재난 예보·경보체계 구축 종합계획 수립 대상지역의 선정에 관한 사항
  ㉢ 종합적인 재난 예보·경보체계의 구축과 운영에 관한 사항
  ㉣ 그 밖에 재난으로부터 인명 피해와 재산 피해를 예방하기 위하여 필요한 사항
⑩ [⑪]와 [⑪]은 각각 시·도종합계획과 시·군·구종합계획에 대한 사업시행계획을 [⑫] 수립하여 [⑬]에게 제출하여야 한다.
⑪ 시·도지사와 시장·군수·구청장이 각각 시·도종합계획과 시·군·구종합계획을 변경하려는 경우에는 ⑦과 ⑧을 준용한다.
⑫ ③ 및 ④에 따른 요청의 절차, 시·도종합계획, 시·군·구종합계획 및 사업시행계획의 수립 등에 필요한 사항은 대통령령으로 정한다.

제39조(동원명령)

① [⑭]과 [⑭](시·군·구대책본부가 운영되는 경우에는 해당 본부장을 말한다. 이하 제40조부터 제45조까지에서 같다)은 재난이 발생하거나 발생할 우려가 있다고 인정하면 다음의 조치를 할 수 있다.
  1. 「민방위기본법」 제26조에 따른 민방위대의 동원
  2. 응급조치를 위하여 재난관리책임기관의 장에 대한 관계 직원의 출동 또는 재난관리자원의 동원 등 필요한 조치의 요청
  3. 동원 가능한 재난관리자원 등이 부족한 경우에는 국방부장관에 대한 군부대의 지원 요청
② 필요한 조치의 요청을 받은 기관의 장은 특별한 사유가 없으면 요청에 따라야 한다.

제40조(대피명령)

① [⑮]과 [⑮](대통령령으로 정하는 권한을 행사하는 경우에만 해당한다. 이하 이 조에서 같다)은 재난이 발생하거나 발생할 우려가 있는 경우에 사람의 생명 또는 신체나 재산에 대한 위해를 방지하기 위하여 필요하면 해당 지역 주민이나 그 지역 안에 있는 사람에게 대피하도록 명하거나 선박·자동차 등을 그 소유자·관리자 또는 점유자에게 대피시킬 것을 명할 수 있다. 이 경우 미리 대피장소를 지정할 수 있다.
② 대피명령을 받은 경우에는 즉시 명령에 따라야 한다.

제41조(위험구역의 설정)

① [⑯]과 [⑯](대통령령으로 정하는 권한을 행사하는 경우에만 해당한다. 이하 이 조에서 같다)은 재난이 발생하거나 발생할 우려가 있는 경우에 사람의 생명 또는 신체에 대한 위해 방지나 질서의 유지를 위하여 필요하면 위험구역을 설정하고, 응급조치에 종사하지 아니하는 사람에게 다음의 조치를 명할 수 있다.
  1. 위험구역에 출입하는 행위나 그 밖의 행위의 금지 또는 제한
  2. 위험구역에서의 퇴거 또는 대피
② 시장·군수·구청장과 지역통제단장은 위험구역을 설정할 때에는 그 구역의 범위와 금지되거나 제한되는 행위의 내용, 그 밖에 필요한 사항을 보기 쉬운 곳에 게시하여야 한다.
③ 관계 중앙행정기관의 장은 재난이 발생하거나 발생할 우려가 있는 경우로서 사람의 생명 또는 신체에 대한 위해 방지나 질서의 유지를 위하여 필요하다고 인정되는 경우에는 시장·군수·구청장과 지역통제단장에게 위험구역의 설정을 요청할 수 있다.

제42조(강제대피조치)

① [⑰]과 [⑰](대통령령으로 정하는 권한을 행사하는 경우에만 해당한다. 이하 이 조에서 같다)은 대피명령을 받은 사람 또는 위험구역에서의 퇴거나 대피명령을 받은 사람이 그 명령을 이행하지 아니하여 위급하다고 판단되면 그 지역 또는 위험구역 안의 주민이나 그 안에 있는 사람을 강제로 대피 또는 퇴거시키거나 선박·자동차 등을 견인시킬 수 있다.
② 시장·군수·구청장 및 지역통제단장은 주민 등을 강제로 대피 또는 퇴거시키기 위하여 필요하다고 인정하면 관할 경찰관서의 장에게 필요한 인력 및 장비의 지원을 요청할 수 있다.
③ 요청을 받은 경찰관서의 장은 특별한 사유가 없는 한 이에 응하여야 한다.

제43조(통행제한)

① [⑱]과 [⑱](대통령령으로 정하는 권한을 행사하는 경우에만 해당한다)은 응급조치에 필요한 물자를 긴급히 수송하거나 진화·구조 등을 하기 위하여 필요하면 대통령령으로 정하는 바에 따라 경찰관서의 장에게 도로의 구간을 지정하여 해당 긴급수송 등을 하는 차량 외의 차량의 통행을 금지하거나 제한하도록 요청할 수 있다.
② 요청을 받은 경찰관서의 장은 특별한 사유가 없으면 요청에 따라야 한다.

정답

① 기상청장, 기상청장 ② 지진, 지진해일, 화산 ③ 호우, 태풍 ④ 1, 50 ⑤ 3, 90 ⑥ 호우, 태풍 ⑦ 1, 72 ⑧ 시장·군수·구청장, 5년, 시·도지사 ⑨ 시·도지사, 행정안전부장관 ⑩ 행정안전부장관, 시·도지사 ⑪ 시·도지사, 시장·군수·구청장 ⑫ 매년 ⑬ 행정안전부장관 ⑭ 중앙대책본부장, 시장·군수·구청장 ⑮ 시장·군수·구청장, 지역통제단장 ⑯ 시장·군수·구청장, 지역통제단장 ⑰ 시장·군수·구청장, 지역통제단장 ⑱ 시장·군수·구청장, 지역통제단장

제44조(응원)
① [①]은 응급조치를 하기 위하여 필요하면 다른 시·군·구나 관할 구역에 있는 군부대 및 관계 행정기관의 장, 그 밖의 민간기관·단체의 장에게 재난관리자원의 지원 등 필요한 응원을 요청할 수 있다. 이 경우 응원을 요청받은 군부대의 장과 관계 행정기관의 장은 특별한 사유가 없으면 요청에 따라야 한다.
② 응원에 종사하는 사람은 그 응원을 요청한 시장·군수·구청장의 지휘에 따라 응급조치에 종사하여야 한다.

제45조(응급부담)
[②]과 [②](대통령령으로 정하는 권한을 행사하는 경우에만 해당한다)은 그 관할 구역에서 재난이 발생하거나 발생할 우려가 있어 응급조치를 하여야 할 급박한 사정이 있으면 해당 재난현장에 있는 사람이나 인근에 거주하는 사람에게 응급조치에 종사하게 하거나 대통령령으로 정하는 바에 따라 다른 사람의 토지·건축물·인공구조물, 그 밖의 소유물을 일시 사용할 수 있으며, 장애물을 변경하거나 제거할 수 있다.

제2절 긴급구조

제49조(중앙긴급구조통제단)
① 긴급구조에 관한 사항의 총괄·조정, 긴급구조기관 및 긴급구조지원기관이 하는 긴급구조활동의 역할 분담과 지휘·통제를 위하여 [③]에 중앙긴급구조통제단(중앙통제단)을 둔다.
② 중앙통제단의 단장은 [④]이 된다.
③ 중앙통제단장은 긴급구조를 위하여 필요하면 긴급구조지원기관 간의 공조체제를 유지하기 위하여 관계 기관·단체의 장에게 소속 직원의 파견을 요청할 수 있다. 이 경우 요청을 받은 기관·단체의 장은 특별한 사유가 없으면 요청에 따라야 한다.
④ 중앙통제단의 구성·기능 및 운영에 필요한 사항은 대통령령으로 정한다.

> **시행령 제54조(중앙통제단의 기능)**
> 1. [⑤ 국가 / 지역] 긴급구조대책의 총괄·조정
> 2. 긴급구조활동의 지휘·통제(긴급구조활동에 필요한 긴급구조기관의 인력과 장비 등의 동원을 포함한다)
> 3. 긴급구조지원기관간의 역할분담 등 긴급구조를 위한 현장활동계획의 수립
> 4. 긴급구조대응계획의 [⑥ 수립 / 집행]
> 5. 그 밖에 중앙통제단장이 필요하다고 인정하는 사항
>
> **시행령 제55조(중앙통제단의 구성 및 운영)**
> ① 중앙통제단장은 중앙통제단을 대표하고, 그 업무를 총괄한다.
> ② 중앙통제단에는 부단장을 두고 부단장은 중앙통제단장을 보좌하며 중앙통제단장이 부득이한 사유로 직무를 수행할 수 없을 경우에는 그 직무를 대행한다.
> ③ 부단장은 [⑦]이 되며, 중앙통제단에는 [⑧]부·[⑧]부 및 [⑧]부를 둔다.
> ④ 규정한 사항 외에 중앙통제단의 구성 및 운영에 필요한 사항은 행정안전부령으로 정한다.

제50조(지역긴급구조통제단)
① 지역별 긴급구조에 관한 사항의 총괄·조정, 해당 지역에 소재하는 긴급구조기관 및 긴급구조지원기관 간의 역할분담과 재난현장에서의 지휘·통제를 위하여 [⑨]에 시·도긴급구조통제단을 두고, [⑩]에 시·군·구긴급구조통제단을 둔다.

② 시·도긴급구조통제단과 시·군·구긴급구조통제단(지역통제단)에는 각각 단장 1명을 두되, 시·도긴급구조통제단의 단장은 [⑪]이 되고 시·군·구긴급구조통제단의 단장은 [⑫]이 된다.
③ 지역통제단장은 긴급구조를 위하여 필요하면 긴급구조지원기관 간의 공조체제를 유지하기 위하여 관계 기관·단체의 장에게 소속 직원의 파견을 요청할 수 있다. 이 경우 요청을 받은 기관·단체의 장은 특별한 사유가 없으면 요청에 따라야 한다.
④ 지역통제단의 기능과 운영에 관한 사항은 대통령령으로 정한다.

제51조(긴급구조)

① 지역통제단장은 재난이 발생하면 소속 긴급구조요원을 재난현장에 신속히 출동시켜 필요한 긴급구조활동을 [⑬ 하게 하여야 한다. / 요청할 수 있다.]
② 지역통제단장은 긴급구조를 위하여 필요하면 긴급구조지원기관의 장에게 소속 긴급구조지원요원을 현장에 출동시키거나 긴급구조에 필요한 재난관리자원을 지원하는 등 긴급구조활동을 지원할 것을 [⑭ 명령할 수 있다. / 요청할 수 있다.] 이 경우 [⑮ 명령 / 요청]을 받은 기관의 장은 특별한 사유가 없으면 즉시 요청에 따라야 한다.
③ [⑯ 명령 / 요청]에 따라 긴급구조활동에 참여한 민간 긴급구조지원기관에 대하여는 대통령령으로 정하는 바에 따라 그 경비의 전부 또는 일부를 지원할 수 있다.
④ 긴급구조활동을 하기 위하여 회전익항공기(헬기)를 운항할 필요가 있으면 긴급구조기관의 장이 헬기의 운항과 관련되는 사항을 헬기운항통제기관에 통보하고 헬기를 운항할 수 있다. 이 경우 관계 법령에 따라 해당 헬기의 운항이 승인된 것으로 본다.

제52조(긴급구조 현장지휘)

① 재난현장에서는 [⑰]이 긴급구조활동을 지휘한다. 다만, 치안활동과 관련된 사항은 관할 경찰관서의 장과 협의하여야 한다.
② 현장지휘는 다음의 사항에 관하여 한다.
　1. 재난현장에서 인명의 탐색·구조
　2. 긴급구조기관 및 긴급구조지원기관의 [⑱]·[⑱] 및 [⑱]의 배치와 운용
　3. 추가 재난의 방지를 위한 응급조치
　4. 긴급구조지원기관 및 자원봉사자 등에 대한 임무의 부여
　5. 사상자의 응급처치 및 의료기관으로의 [⑲]
　6. 긴급구조에 필요한 [⑳]의 관리
　7. 현장접근 통제, 현장 주변의 교통정리, 그 밖에 긴급구조활동을 효율적으로 하기 위하여 필요한 사항
③ [㉑]은 필요하다고 인정하면 ①에도 불구하고 직접 현장지휘를 할 수 있다.
④ [㉒]은 대통령령으로 정하는 대규모 재난이 발생하거나 그 밖에 필요하다고 인정하면 ① 및 ③에도 불구하고 직접 현장지휘를 할 수 있다.
⑤ 재난현장에서 긴급구조활동을 하는 긴급구조요원과 긴급구조지원기관의 긴급구조지원요원 및 재난관리자원에 대한 운용은 ①·③ 및 ④에 따라 현장지휘를 하는 긴급구조통제단장(각급통제단장)의 지휘·통제에 따라야 한다.

🏠 정답
① 시장·군수·구청장 ② 시장·군수·구청장, 지역통제단장 ③ 소방청 ④ 소방청장 ⑤ 국가 ⑥ 집행 ⑦ 소방청 차장 ⑧ 대응계획, 현장지휘, 자원지원 ⑨ 시·도의 소방본부 ⑩ 시·군·구의 소방서 ⑪ 소방본부장 ⑫ 소방서장 ⑬ 하게 하여야 한다. ⑭ 요청할 수 있다. ⑮ 요청 ⑯ 요청 ⑰ 시·군·구긴급구조통제단장 ⑱ 긴급구조요원, 긴급구조지원요원, 재난관리자원 ⑲ 이송 ⑳ 재난관리자원 ㉑ 시·도긴급구조통제단장 ㉒ 중앙통제단장

제54조(긴급구조대응계획의 수립)

[①]은 재난이 발생하는 경우 긴급구조기관과 긴급구조지원기관이 신속하고 효율적으로 긴급구조를 수행할 수 있도록 대통령령으로 정하는 바에 따라 재난의 규모와 유형에 따른 긴급구조대응계획을 수립·시행하여야 한다.

시행령 제63조(긴급구조대응계획의 수립)

① 긴급구조기관의 장이 수립하는 긴급구조대응계획은 기본계획, 기능별 긴급구조대응계획, 재난유형별 긴급구조대응계획으로 구분하되, 구분된 계획에 포함되어야 하는 사항은 다음과 같다.

계획	내용	
1. 기본계획	㉠ 긴급구조대응계획의 [②] 및 [②] ㉡ 긴급구조대응계획의 [②]과 [②] ㉢ 긴급구조대응계획의 운영책임에 관한 사항	
2. 기능별 긴급구조대응계획	지휘통제	긴급구조체제 및 중앙통제단과 지역통제단의 운영체계 등에 관한 사항
	[③]	긴급대피, 상황 전파, 비상연락 등에 관한 사항
	대중정보	주민보호를 위한 비상방송시스템 가동 등 긴급 공공정보 제공에 관한 사항 및 재난상황 등에 관한 정보 통제에 관한 사항
	피해상황 분석	재난현장상황 및 피해정보의 수집·분석·보고에 관한 사항
	구조·진압	인명 수색 및 구조, 화재진압 등에 관한 사항
	[④]	대량 사상자 발생 시 응급의료서비스 제공에 관한 사항
	긴급오염통제	오염 노출 통제, 긴급 감염병 방제 등 재난현장 공중보건에 관한 사항
	현장통제	재난현장 접근 통제 및 치안 유지 등에 관한 사항
	긴급복구	긴급구조활동을 원활하게 하기 위한 긴급구조차량 접근 도로 복구 등에 관한 사항
	긴급구호	긴급구조요원 및 긴급대피 수용주민에 대한 위기 상담, 임시 의식주 제공 등에 관한 사항
	[⑤]	긴급구조기관 및 긴급구조지원기관 간 정보통신체계 운영 등에 관한 사항
3. 재난유형별 긴급구조대응계획	㉠ 재난 발생 [⑥]별 주요 긴급구조 대응활동 사항 ㉡ 주요 재난[⑥]별 대응 매뉴얼에 관한 사항 ㉢ 비상경고 [⑥] 작성 등에 관한 사항	

시행령 제64조(긴급구조대응계획의 수립절차)

① [⑦]은 [⑦ 5년마다 / 매년] 시·도긴급구조대응계획의 수립에 관한 지침을 작성하여 시·도긴급구조기관의 장에게 전달하여야 한다.

② [⑧]은 ①에 따른 지침에 따라 시·도긴급구조대응계획을 작성하여 소방청장에게 보고하고 시·군·구긴급구조대응계획의 수립에 관한 지침을 작성하여 시·군·구긴급구조기관에 통보하여야 한다.

③ [⑨]은 시·군·구긴급구조대응계획의 수립에 관한 지침에 따라 시·군·구긴급구조대응계획을 작성하여 시·도긴급구조기관의 장에게 보고하여야 한다.

④ 긴급구조대응계획을 변경하는 경우에는 ①부터 ③까지의 규정을 준용한다.

⑤ 규정한 사항 외에 긴급구조대응계획의 수립 및 시행에 필요한 사항은 행정안전부령으로 정한다.

시행령 제65조(긴급구조지휘대 구성·운영)

① 긴급구조지휘대는 다음의 사람으로 구성하여야 한다.
  1. [⑩]요원
  2. [⑩]요원
  3. [⑩]요원
  4. [⑩]요원
  5. [⑩]요원
  6. [⑩]요원

② 긴급구조지휘대는 소방서현장지휘대, 방면현장지휘대, 소방본부현장지휘대 및 권역현장지휘대로 구분하되, 구분된 긴급구조지휘대의 설치기준은 다음과 같다.

1. 소방서현장지휘대	소방서별로 설치·운영
2. 방면현장지휘대	[⑪]개 이상 [⑪]개 이하의 [⑪]별로 [⑫]이 1개를 설치·운영
3. 소방본부현장지휘대	소방본부별로 현장지휘대 설치·운영
4. 권역현장지휘대	[⑬]개 이상 [⑬]개 이하의 [⑬]별로 [⑭]이 1개를 설치·운영

③ 규정한 사항 외에 긴급구조지휘대의 세부 운영기준은 행정안전부령으로 정한다.

③ 긴급구조업무와 재난관리책임기관(행정기관 외의 기관만 해당한다)의 재난관리업무에 종사하는 사람은 대통령령으로 정하는 바에 따라 긴급구조에 관한 교육을 받아야 한다. 다만, 다른 법령에 따라 긴급구조에 관한 교육을 받은 경우에는 이 법에 따른 교육을 받은 것으로 본다.

시행령 제66조(긴급구조에 관한 교육)

① 긴급구조지원기관에서 긴급구조업무와 재난관리업무를 담당하는 부서의 담당자 및 관리자는 다음의 구분에 따른 긴급구조에 관한 교육(긴급구조교육)을 받아야 한다.

1. 신규교육	해당 업무를 맡은 후 [⑮ 6개월 / 1년] 이내에 받는 긴급구조교육
2. 정기교육	신규교육을 받은 후 [⑯ 5년마다 / 2년마다] 받는 긴급구조교육

② 규정한 사항 외에 재난관리업무에 종사하는 사람의 교육에 필요한 세부 사항은 행정안전부령으로 정한다.

제57조(항공기 등 조난사고 시의 긴급구조 등)

① [⑰]은 항공기 조난사고가 발생한 경우 항공기 수색과 인명구조를 위하여 항공기 수색·구조계획을 수립·시행하여야 한다. 다만, 다른 법령에 항공기의 수색·구조에 관한 특별한 규정이 있는 경우에는 그 법령에 따른다.

② 항공기의 수색·구조에 필요한 사항은 대통령령으로 정한다.

③ [⑱]은 항공기나 선박의 조난사고가 발생하면 관계 법령에 따라 긴급구조업무에 책임이 있는 기관의 긴급구조활동에 대한 군의 지원을 신속하게 할 수 있도록 다음 각 호의 조치를 취하여야 한다.
  1. 탐색구조본부의 설치·운영
  2. 탐색구조부대의 지정 및 출동대기태세의 유지
  3. 조난 항공기에 관한 정보 제공

정답

① 긴급구조기관의 장 ② 목적, 적용범위, 기본방침, 절차 ③ 비상경고 ④ 응급의료 ⑤ 재난통신 ⑥ 단계, 유형, 방송메시지 ⑦ 소방청장, 매년 ⑧ 시·도긴급구조기관의 장 ⑨ 시·군·구긴급구조기관의 장 ⑩ 현장지휘, 자원지원, 통신지원, 안전관리, 상황조사, 구급지휘 ⑪ 2, 4, 소방서 ⑫ 소방본부장 ⑬ 2, 4, 소방본부 ⑭ 소방청장 ⑮ 1년 ⑯ 2년마다 ⑰ 소방청장 ⑱ 국방부장관

④ 탐색구조본부의 구성과 운영에 필요한 사항은 국방부령으로 정한다.

> **긴급구조대응활동 및 현장지휘에 관한 규칙 제15조(통제단의 구성 및 운영기준)**
> 통제단장은 다음의 어느 하나에 해당하는 경우에는 중앙통제단 또는 지역통제단을 구성하여 운영해야 한다.
> 1. [①]의 어느 하나에 해당하는 기능의 수행이 필요한 경우
> 2. 긴급구조관련기관의 인력 및 장비의 동원이 필요하고, 동원된 자원 및 그 활동을 통합하여 지휘·조정·통제할 필요가 있는 경우
> 3. 그 밖에 통제단장이 재난의 종류·규모 및 피해상황 등을 종합적으로 고려하여 통제단의 운영이 필요하다고 인정하는 경우

> **긴급구조대응활동 및 현장지휘에 관한 규칙 제16조(긴급구조지휘대의 구성 및 기능)**
> ① 긴급구조지휘대는 다음의 규정에 따라 구성·운영하되, [②] 및 [②]의 긴급구조지휘대는 상시 구성·운영하여야 한다.
>
> | 구분 | 주요 임무 |
> |---|---|
> | 지휘대장 | ㉠ 화재 등 재난사고의 발생 시 현장지휘·조정·통제
㉡ 통제단 가동 전 재난현장 지휘활동 등 |
> | [③]요원 | ㉠ 화재 등 재난사고의 발생 시 지휘대장 보좌
㉡ 통제단 가동 전 재난현장 대응활동 계획 수립 등 |
> | [④]요원 | ㉠ 자원대기소, 자원집결지 선정 및 동원자원 관리
㉡ 긴급구조지원기관 및 응원협정체결기관 동원요청 등 |
> | [⑤]요원 | ㉠ 재난현장 통신지원체계 유지·관리
㉡ 지휘대장의 현장활동대원 무전지휘 운영 지원 등 |
> | [⑥]요원 | ㉠ 현장활동 안전사고 방지대책 수립 및 이행
㉡ 재난현장 안전진단 및 안전조치 등 |
> | [⑦]요원 | ㉠ 재난현장과 119종합상황실간 실시간 정보지원체계 구축
㉡ 현장상황 파악 및 통제단 가동을 위한 상황판단 정보 제공 등 |
> | [⑧]요원 | ㉠ 재난현장 재난의료체계 가동
㉡ 사상자 관리 및 병원수용능력 파악 등 의료자원 관리 등 |
>
> ② 긴급구조지휘대는 다음의 기능을 수행한다.
> 1. 통제단이 [⑨ 가동되기 전 / 가동된 후] 재난초기시 현장지휘
> 2. 주요 긴급구조지원기관과의 합동으로 현장지휘의 조정·통제
> 3. 광범위한 지역에 걸친 재난발생시 전진지휘
> 4. 화재 등 일상적 사고의 발생시 현장지휘
>
> ③ 긴급구조지휘대를 구성하는 사람은 통제단이 설치·운영되는 경우 다음의 구분에 따라 통제단의 해당부서에 배치된다.
>
> | 지휘대 | → | 통제단 |
> |---|---|---|
> | 1. 현장지휘요원 | | [⑩] |
> | 2. 자원지원요원 | | [⑪] |
> | 3. 통신지원요원 | | [⑫] |
> | 4. 안전관리요원 | | [⑬] |
> | 5. 상황조사요원 | | [⑭] |
> | 6. 구급지휘요원 | | [⑮] |

7. 재난 및 안전관리 기본법 [제7장. 재난의 복구]

제1절 피해조사 및 복구계획

제58조(재난피해 신고 및 조사)

① 재난으로 피해를 입은 사람은 피해상황을 행정안전부령으로 정하는 바에 따라 [⑯]에게 신고할 수 있으며, 피해 신고를 받은 [⑰]은 피해상황을 조사한 후 [⑰]에게 보고하여야 한다.

② 재난관리책임기관의 장은 재난으로 인하여 피해가 발생한 경우에는 피해상황을 신속하게 조사한 후 그 결과를 [⑱]에게 통보하여야 한다.

제2절 특별재난지역 선포 및 지원

제60조(특별재난지역의 선포)

① [⑲]은 대통령령으로 정하는 규모의 재난이 발생하여 국가의 안녕 및 사회질서의 유지에 중대한 영향을 미치거나 피해를 효과적으로 수습하기 위하여 특별한 조치가 필요하다고 인정하거나 ⑤에 따른 지역대책본부장의 요청이 타당하다고 인정하는 경우에는 [⑲]의 심의를 거쳐 해당 지역을 특별재난지역으로 선포할 것을 [⑲]에게 건의할 수 있다.

② ①에도 불구하고 대규모 인명피해가 발생하는 등 시급하게 특별재난지역으로 선포할 필요가 있는 경우로서 [⑳]의 요청(국무총리가 중앙대책본부장의 권한을 행사하는 경우는 제외한다)을 받아 [⑳]의 심의를 거칠 시간적 여유가 없다고 [⑳]의 위원장이 인정하는 경우 [⑳]은 [⑳]의 심의를 거치지 아니하고 해당 지역을 특별재난지역으로 선포할 것을 [⑳]에게 건의할 수 있다.

③ 대통령령으로 재난의 규모를 정할 때에는 다음의 사항을 고려하여야 한다.
　㉠ 인명 또는 재산의 피해 정도
　㉡ 재난지역 관할 지방자치단체의 재정 능력
　㉢ 재난으로 피해를 입은 구역의 범위

④ 특별재난지역의 선포를 건의받은 [㉑]은 해당 지역을 특별재난지역으로 선포할 수 있다.

🔔 정답

① 기능별 긴급구조대응계획　② 소방본부, 소방서　③ 현장지휘　④ 자원지원　⑤ 통신지원　⑥ 안전관리　⑦ 상황조사　⑧ 구급지휘　⑨ 가동되기 전　⑩ 현장지휘부　⑪ 자원지원부　⑫ 현장지휘부　⑬ 현장지휘부　⑭ 대응계획부　⑮ 현장지휘부　⑯ 시장·군수·구청장　⑰ 시장·군수·구청장, 중앙대책본부장　⑱ 중앙대책본부장　⑲ 중앙대책본부장, 중앙위원회, 대통령　⑳ 중앙대책본부장, 중앙위원회, 중앙위원회, 중앙대책본부장, 중앙위원회, 대통령　㉑ 대통령

⑤ [①]은 관할지역에서 발생한 재난으로 인하여 ①에 따른 사유가 발생한 경우에는 중앙대책본부장에게 특별재난지역의 선포 건의를 요청할 수 있다.

> **시행령 제69조(특별재난의 범위 및 선포 등)**
> ① "대통령령으로 정하는 규모의 재난"이란 다음의 어느 하나에 해당하는 재난을 말한다.
>   1. 자연재난으로서 「자연재난 구호 및 복구 비용 부담기준 등에 관한 규정」 제5조 제1항에 따른 국고 지원 대상 피해 기준금액의 [②]배를 초과하는 피해가 발생한 재난
>   1의2. 자연재난으로서 「자연재난 구호 및 복구 비용 부담기준 등에 관한 규정」 제5조 제1항에 따른 국고 지원 대상에 해당하는 시·군·구의 관할 읍·면·동에 같은 항 각 호에 따른 국고 지원 대상 피해 기준금액의 [③ 10분의 1 / 4분의 1]을 초과하는 피해가 발생한 재난
>   2. [④]의 재난 중 재난이 발생한 해당 지방자치단체의 행정능력이나 재정능력으로는 재난의 수습이 곤란하여 국가적 차원의 지원이 필요하다고 인정되는 재난
>   3. 그 밖에 재난 발생으로 인한 생활기반 상실 등 극심한 피해의 효과적인 수습 및 복구를 위하여 국가적 차원의 특별한 조치가 필요하다고 인정되는 재난
> ② 대통령이 특별재난지역을 선포하는 경우에 중앙대책본부장은 특별재난지역의 구체적인 범위를 정하여 공고하여야 한다.

제61조(특별재난지역에 대한 지원)
국가나 지방자치단체는 특별재난지역으로 선포된 지역에 대하여는 지원을 하는 외에 대통령령으로 정하는 바에 따라 응급대책 및 재난구호와 복구에 필요한 [⑤]상·[⑤]상·[⑤]상·[⑤]상의 특별지원을 할 수 있다.

제3절 재정 및 보상

제66조(재난지역에 대한 국고보조 등의 지원)
① 국가와 지방자치단체는 재난으로 피해를 입은 시설의 복구와 피해주민의 생계 안정 및 피해기업의 경영 안정을 위하여 다음 각 호의 지원을 할 수 있다. 다만, 다른 법령에 따라 국가 또는 지방자치단체가 같은 종류의 보상금 또는 지원금을 지급하거나, 제3조 제1호 나목에 해당하는 재난으로 피해를 유발한 원인자가 보험금 등을 지급하는 경우에는 그 보상금, 지원금 또는 보험금 등에 상당하는 금액은 지급하지 아니한다.
1. 사망자·실종자·부상자 등 피해주민에 대한 구호
2. [⑥ 주거용 / 상업용] 건축물의 복구비 지원
3. [⑦]의 학자금 면제
4. 자금의 융자, 보증, 상환기한의 연기, 그 이자의 감면 등 관계 법령에서 정하는 금융지원
5. 세입자 보조 등 생계안정 지원
5의2. 소상공인에 대한 지원
6. 관계 법령에서 정하는 바에 따라 국세·지방세, 건강보험료·연금보험료, 통신요금, 전기요금 등의 경감 또는 납부유예 등의 간접지원
7. 주 생계수단인 농업·어업·임업·염생산업에 피해를 입은 경우에 해당 시설의 복구를 위한 지원
8. [⑧] 피해에 대한 복구사업비 지원
9. 그 밖에 중앙재난안전대책본부회의에서 결정한 지원 또는 지역재난안전대책본부회의에서 결정한 지원

② 국가와 지방자치단체는 재난으로 피해를 입은 사람에 대하여 [⑨] 안정과 사회 적응을 위한 [⑨] 활동을 지원할 수 있다. 이 경우 구체적인 지원절차와 그 밖에 필요한 사항은 대통령령으로 정한다.
③ 지원되는 금품 또는 이를 지급받을 권리는 양도·압류하거나 담보로 [⑩ 제공할 수 있다. / 제공할 수 없다.]

8. 재난 및 안전관리 기본법 [제8장. 안전문화 진흥]

제66조의7(국민안전의 날 등)
① 국가는 국민의 안전의식 수준을 높이기 위하여 매년 [⑪]월 [⑪]일을 국민안전의 날로 정하여 필요한 행사 등을 한다.
② 국가는 대통령령으로 정하는 바에 따라 국민의 안전의식 수준을 높이기 위하여 안전점검의 날과 방재의 날을 정하여 필요한 행사 등을 할 수 있다.

> **시행령 제73조의6(안전점검의 날 등)**
> ① 안전점검의 날은 매월 [⑫]일로 하고, 방재의 날은 매년 [⑬]월 [⑬]일로 한다.
> ② 재난관리책임기관은 안전점검의 날에는 재난취약시설에 대한 일제점검, 안전의식 고취 등 안전 관련 행사를 실시하고, 방재의 날에는 자연재난에 대한 주민의 방재의식을 고취하기 위하여 재난에 대한 교육·홍보 등의 관련 행사를 실시한다.
> ③ 규정한 사항 외에 안전점검의 날 및 방재의 날 행사 등에 필요한 사항은 행정안전부장관이 각각 정한다.

제66조의8(안전관리헌장)
① [⑭ 국무총리 / 행정안전부장관](은)는 재난을 예방하고, 재난이 발생할 경우 그 피해를 최소화하기 위하여 재난 및 안전관리업무에 종사하는 자가 지켜야 할 사항 등을 정한 안전관리헌장을 제정·고시하여야 한다.
② 재난관리책임기관의 장은 안전관리헌장을 실천하는 데 노력하여야 하며, 안전관리헌장을 누구나 쉽게 볼 수 있는 곳에 항상 게시하여야 한다.

제66조의11(지역축제 개최 시 안전관리조치)
① [⑮] 또는 [⑮]은 대통령령으로 정하는 지역축제를 개최하려면 해당 지역축제가 안전하게 진행될 수 있도록 지역축제 안전관리계획을 수립하고, 그 밖에 안전관리에 필요한 조치를 하여야 한다. 다만, 다중의 참여가 예상되는 지역축제로서 개최자가 없거나 불분명한 경우에는 참여 예상 인원의 규모와 장소 등을 고려하여 대통령령으로 정하는 바에 따라 [⑯]이 지역축제 안전관리계획을 수립하고 그 밖에 안전관리에 필요한 조치를 하여야 한다.
② [⑰] 또는 [⑰]는 ①에 따른 지역축제 안전관리계획의 이행 실태를 지도·점검할 수 있으며, 점검결과 보완이 필요한 사항에 대해서는 관계 기관의 장에게 시정을 요청할 수 있다. 이 경우 시정 요청을 받은 관계 기관의 장은 특별한 사유가 없으면 요청에 따라야 한다.
③ [⑱] 또는 [⑱] 외의 자가 대통령령으로 정하는 지역축제를 개최하려는 경우에는 해당 지역축제가 안전하게 진행될 수 있도록 지역축제 안전관리계획을 수립하여 대통령령으로 정하는 바에 따라 관할 [⑲]에게 사전에 통보하고, 그 밖에 안전관리에 필요한 조치를 하여야 한다. 지역축제 안전관리계획을 변경하려는 때에도 또한 같다.
④ ③에 따른 통보를 받은 관할 [⑳]은 필요하다고 인정되는 때에는 지역축제 안전관리계획에 대하여 보완을 요구할 수 있다. 이 경우 보완을 요구받은 자는 정당한 사유가 없으면 이에 따라야 한다.

정답
① 지역대책본부장 ② 2, 5 ③ 4분의 1 ④ 사회재난 ⑤ 행정, 재정, 금융, 의료 ⑥ 주거용 ⑦ 고등학생 ⑧ 공공시설 ⑨ 심리적, 상담 ⑩ 제공할 수 없다. ⑪ 4, 16 ⑫ 4 ⑬ 5, 25 ⑭ 국무총리 ⑮ 중앙행정기관의 장, 지방자치단체의 장 ⑯ 관할 지방자치단체의 장 ⑰ 행정안전부장관, 시·도지사 ⑱ 중앙행정기관의 장, 지방자치단체의 장 ⑲ 시장·군수·구청장 ⑳ 시장·군수·구청장

⑤ ① 또는 ③에 따른 지역축제의 안전관리를 위하여 필요한 경우 [①] 또는 [①](③에 따른 지역축제의 경우에는 관할 [①]을 말한다. 이하 이 항 및 ⑥에서 같다)은 관할 경찰관서, 소방관서 및 그 밖에 관계 기관의 장에게 협조 또는 해당 기관의 소관 사항에 대한 역할 분담을 요청할 수 있다. 이 경우 요청을 받은 기관의 장은 특별한 사유가 없으면 이에 따라야 한다.

⑥ ① 또는 ③에 따른 지역축제의 안전관리를 위하여 필요한 경우 중앙행정기관의 장 또는 지방자치단체의 장은 대통령령으로 정하는 바에 따라 관할 경찰관서, 소방관서 및 그 밖에 관계 기관·단체 등이 참여하는 지역안전협의회를 구성·운영할 수 있다.

⑦ 규정에 따른 지역축제 안전관리계획의 내용, 수립절차 및 협조 또는 역할 분담의 요청 등에 필요한 사항은 대통령령으로 정한다.

시행령 제73조의9(지역축제 개최 시 안전관리조치)

① 법 제66조의11의 ① 및 ③에서 "대통령령으로 정하는 지역축제"란 각각 다음 각 호의 어느 하나에 해당하는 지역축제를 말한다.
　㉠ 축제기간 중 순간 최대 관람객이 [②]명 이상이 될 것으로 예상되는 지역축제
　㉡ 축제장소나 축제에 사용하는 재료 등에 사고 위험이 있는 지역축제로서 다음의 어느 하나에 해당하는 지역축제
　　• [③] 또는 [③]에서 개최하는 지역축제
　　• [④], [④], [④] 또는 [④] 등의 폭발성 물질을 사용하는 지역축제

② 법 제66조의11의 ① 및 ③에 따른 지역축제 안전관리계획("지역축제 안전관리계획")에는 각각 다음의 사항이 포함되어야 한다.
　㉠ 지역축제의 개요
　㉡ 해당 지역축제의 안전관리업무를 담당하는 사람 및 관리조직과 임무에 관한 사항
　㉢ 화재예방 및 다중운집 등에 따른 인명피해 방지조치에 관한 사항
　㉣ 안전관리인력의 확보 및 배치계획
　㉤ 비상시 대응요령, 담당 기관과 담당자 연락처

③ 법 제66조의11의 ① 및 ③에 따라 지역축제를 개최하려는 자가 지역축제 안전관리계획을 수립하려면 개최지를 관할하는 지방자치단체, 소방관서 및 경찰관서 등 안전관리 유관기관의 의견을 미리 들어야 한다.

④ 법 제66조의11의 ① 단서에 따른 지역축제 안전관리계획은 ①의 ㉠따른 지역축제(①의 ㉠에 따른 지역축제 외의 지역축제로서 관할 [⑤]이 참여 예상 인원의 규모와 장소 등을 고려하여 지역축제 안전관리계획의 수립이 필요하다고 인정하는 지역축제를 포함한다)로서 개최자가 없거나 불분명한 경우 관할 [⑤]이 수립한다.

⑤ ④에도 불구하고 다음의 어느 하나에 해당하는 경우에는 [⑥]가 ④에 따른 관할 시·군·구의 지역축제 안전관리계획을 받아 이를 종합하여 지역축제 안전관리계획을 수립할 수 있다. 이 경우 해당 시·도지사 및 관할 시장·군수·구청장은 지역축제 안전관리계획에 따라 안전관리에 필요한 조치를 해야 한다.
　㉠ 시장·군수·구청장이 해당 지역축제에 대해 시·군·구의 안전관리 역량을 넘는 규모로 판단하거나 광범위한 지역에서의 다중운집이 있을 것으로 예상하여 [⑦]에게 지역축제 안전관리계획의 수립을 요청하는 경우
　㉡ 동일한 지역축제가 2개 이상의 [⑧]에서 동시에 열리는 경우
　㉢ 그 밖에 지역축제의 안전한 진행을 위해 시·도지사가 지역축제 안전관리계획을 수립할 필요가 있다고 인정하는 경우

⑥ 법 제66조의11의 ③에 따라 지역축제를 개최하려는 자는 지역축제 안전관리계획을 수립하여 축제 개최일 [⑨] 전까지 관할 시장·군수·구청장에게 제출해야 한다. 이 경우 지역축제 안전관리계획을 변경하려는 경우에는 해당 축제 개최일 [⑨] 전까지 변경된 내용을 제출해야 한다.

⑦ 행정안전부장관은 지역축제 안전관리계획이 효율적으로 수립·관리될 수 있도록 하기 위하여 지역축제 안전관리 매뉴얼을 작성하여 중앙행정기관의 장 또는 지방자치단체의 장에게 통보하고 행정안전부 인터넷 홈페이지 등을 통하여 공개할 수 있다.

⑧ 중앙행정기관의 장 또는 지방자치단체의 장(법 제66조의11의 ③에 따른 지역축제의 경우에는 관할 시장·군수·구청장을 말한다. 이하 이 항에서 같다)은 법 제66조의11의 ⑤에 따라 관할 경찰관서, 소방관서 및 그 밖의 관계 기관의 장에게 다음의 구분에 따른 사항의 협조 또는 역할 분담을 요청할 수 있다. 다만, 법 제66조의11의 ③에 따른 지역축제의 경우에는 개최자가 시장·군수·구청장에게 신청하는 경우에만 관할 경찰관서 등의 장에게 요청할 수 있다.

구분	내용
1. 관할 경찰관서의 장	㉠ 교통 및 보행 안전관리, 질서유지 등을 위한 경찰관 배치 ㉡ 범죄 예방을 위한 순찰 ㉢ 다중운집 위험정보 수집 및 관계기관 공유 ㉣ 지역축제 행사장 현장 경찰연락관 운영 ㉤ 그 밖에 규정에 준하는 사항으로서 관할 경찰관서의 소관 업무 중 지역축제 안전관리를 위해 필요한 사항
2. 관할 소방관서의 장	㉠ [⑩] 대기 및 [⑩] 배치 ㉡ [⑪] ㉢ 지역축제 행사장 현장 [⑫] 운영 ㉣ 그 밖에 규정에 준하는 사항으로서 관할 소방관서의 소관 업무 중 지역축제 안전관리를 위해 필요한 사항
3. 그 밖의 관계기관의 장	중앙행정기관의 장 또는 지방자치단체의 장이 지역축제의 안전관리를 위해 필요하다고 인정하는 사항

⑨ 법 제66조의11의 ⑥에 따라 지역축제의 안전관리에 관한 다음의 사항을 협의하기 위하여 [⑬] 소속으로 시·도 지역안전협의회를, [⑭] 소속으로 시·군·구 지역안전협의회를 둔다.
  ㉠ 지역축제 안전관리계획의 수립·이행에 관한 사항
  ㉡ 지역축제 안전관리계획 이행 및 비상시 대처를 위한 기관 간 협조체계의 구축에 관한 사항
  ㉢ 지역축제의 안전점검에 관한 사항
  ㉣ 그 밖에 지역축제의 안전관리를 위해 필요한 사항
⑩ 지역안전협의회의 위원장은 해당 지방자치단체의 [⑮]([⑮]이 2명 이상인 경우에는 해당 지방자치단체의 장이 지명하는 사람을 말한다)이 되고, 위원은 다음의 사람이 포함돼야 한다.
  ㉠ 관할 경찰관서·소방관서 소속 공무원
  ㉡ 전기·가스·통신·시설물 안전 관련 전문가
  ㉢ 상인단체(「전통시장 및 상점가 육성을 위한 특별법」제65조에 따른 상인회 등을 말한다) 관계자
⑪ 규정에 따른 지역축제 안전관리계획에 관한 세부 사항은 [⑯]이 정하고, 시·도 지역안전협의회 및 시·군·구 지역안전협의회의 구성 및 운영에 관한 세부 사항은 [⑰]로 정한다.

제66조의12(다중운집 시 재난 등 예방조치)

① [⑱]은 다중운집으로 인한 재난이나 각종 사고가 발생하는 것을 예방하기 위하여 대통령령으로 정하는 시설·장소에 대하여 다음의 사항을 포함한 [⑱]를 실시하여야 한다.
  ㉠ 다중운집의 일시 및 장소
  ㉡ 순간 최대 인원 또는 총인원
  ㉢ 공간의 수용 능력
  ㉣ 인파의 밀집도 및 유동시간
  ㉤ 그 밖에 다중운집인파사고 예방을 위하여 필요한 사항
② [⑲]은 [⑲]를 실시하기 위하여 재난관리책임기관의 장이나 지역안전협의회 등에 [⑲]를 요청할 수 있다.

정답
① 중앙행정기관의 장, 지방자치단체의 장, 시장·군수·구청장 ② 1천 ③ 산, 수면 ④ 불, 폭죽, 석유류, 가연성 가스 ⑤ 시장·군수·구청장, 시장·군수·구청장
⑥ 시·도지사 ⑦ 시·도지사 ⑧ 시·군·구 ⑨ 3주, 7일 ⑩ 긴급자동차, 소방관 ⑪ 소방안전점검 ⑫ 소방연락관 ⑬ 시·도지사 ⑭ 시장·군수·구청장
⑮ 부단체장, 부단체장 ⑯ 행정안전부장관 ⑰ 해당 지방자치단체의 조례 ⑱ 지방자치단체의 장, 실태조사 ⑲ 지방자치단체의 장, 실태조사, 협조

③ [①]은 제30조(재난예방을 위한 긴급안전점검)제1항에도 불구하고 관할 구역의 시설·장소에서 다중운집으로 인하여 재난이나 각종 사고가 발생할 우려가 있으면 소속 공무원으로 하여금 [①]을 하게 하거나 다른 재난관리책임기관의 장에게 [①]을 하도록 요청할 수 있다.

④ [②]은 [②] 결과 다중운집으로 인하여 재난이나 각종 사고 발생의 위험이 크다고 인정하는 경우에는 해당 시설·장소의 소유자·관리자 또는 점유자나 다중운집 행사의 주최자에게 [②]를 할 것을 명할 수 있다.

⑤ ③에 따른 긴급안전점검과 ④에 따른 안전조치명령에 관하여는 제30조와 제31조를 각각 준용한다.

⑥ [③]은 관할 구역의 시설·장소에서 다중운집으로 인하여 질서유지 및 안전의 확보가 어렵다고 판단되는 경우 해당 시설·장소의 소유자·관리자 또는 점유자나 행사의 주최자에게 그 행사를 중단할 것을 권고하거나, 다중에게 해산할 것을 권고할 수 있다. 이 경우 지방자치단체의 장은 관할 경찰관서의 장에게 협조를 요청할 수 있다.

⑦ 규정한 사항 외에 실태조사, 긴급안전점검, 안전조치명령 및 권고와 협조의 방법이나 절차 등에 필요한 사항은 대통령령으로 정한다.

제66조의14(안전신고 통합정보시스템 구축·운영)

① [④]은 누구든지 안전에 위협이 될 우려가 있는 요인이나 징후를 발견하였을 때 이를 행정기관에 안전신고를 할 수 있도록 필요한 통합정보시스템을 구축·운영할 수 있다.

② 안전신고를 받은 행정기관의 장은 위험요인 또는 위험징후가 해소될 수 있도록 신속히 처리하여야 한다.

③ 안전신고 통합정보시스템의 구축·운영 등에 필요한 사항은 대통령령으로 정한다.

9. 재난 및 안전관리 기본법 [제9장. 보칙]

제67조(재난관리기금의 적립)

① 지방자치단체는 재난관리에 드는 비용에 충당하기 위하여 [⑤ 5년마다 / 3년마다 / 매년] 재난관리기금을 적립하여야 한다.

② 재난관리기금의 매년도 최저적립액은 최근 [⑥ 5년 / 3년 / 1년] 동안의 「지방세법」에 의한 보통세의 수입결산액의 평균연액의 [⑦ 300분의 1 / 100분의 1]에 해당하는 금액으로 한다.

제69조(재난원인조사)

① [⑧]은 재난이나 그 밖의 각종 사고의 발생 원인과 재난 발생 시 대응과정에 관한 조사·분석·평가(위기관리 매뉴얼의 준수 여부에 대한 평가를 포함한다. 이하 "재난원인조사"라 한다)가 필요하다고 인정하는 경우 직접 재난원인조사를 실시하거나, 재난관리책임기관의 장으로 하여금 재난원인조사를 실시하고 그 결과를 제출하게 할 수 있다.

② 행정안전부장관은 다음의 어느 하나에 해당하는 재난의 경우에는 재난안전 분야 전문가 및 전문기관 등이 공동으로 참여하는 정부합동 재난원인조사단을 편성하고, 이를 현지에 파견하여 재난원인조사를 실시할 수 있다.

1. 인명 또는 재산의 피해 정도가 매우 크거나 재난의 영향이 사회적·경제적으로 광범위한 재난으로서 대통령령으로 정하는 재난

> **시행령 제75조의3(재난원인조사 등)**
> "대통령령으로 정하는 재난"이란 다음의 재난을 말한다.
> 1. [⑨]을 선포하게 한 재난
> 2. [⑩], [⑩] 또는 [⑩]를 구성·운영하게 한 재난
> 3. [⑪]적으로 발생하는 재난으로서 행정안전부장관이 재발 방지를 위하여 재난원인조사가 필요하다고 판단하는 재난

2. 제1호에 따른 재난에 준하는 재난으로서 행정안전부장관이 체계적인 재난원인조사가 필요하다고 인정하는 재난

③ 재난원인조사단은 대통령령으로 정하는 바에 따라 재난원인조사 결과를 [⑫ 중앙위원회 / 조정위원회]에 보고하여야 한다.

제71조의2(재난 및 안전관리기술개발 종합계획의 수립 등)
① [⑬]은 재난 및 안전관리에 관한 과학기술의 진흥을 위하여 [⑭ 5년마다 / 3년마다 / 매년] 관계 중앙행정기관의 재난 및 안전관리기술개발에 관한 계획을 종합하여 [⑮ 중앙위원회 / 조정위원회]의 심의와「국가과학기술자문회의법」에 따른 국가과학기술자문회의의 심의를 거쳐 재난 및 안전관리기술개발 종합계획(개발계획)을 수립하여야 한다.
② 관계 중앙행정기관의 장은 개발계획에 따라 소관 업무에 관한 해당 연도 시행계획을 수립하고 추진하여야 한다.
③ 개발계획 및 시행계획에 포함하여야 할 사항 및 계획수립의 절차 등에 관하여는 대통령령으로 정한다.

제76조의2(재난안전의무보험에 관한 법령이 갖추어야 할 기준 등)
① 재난안전의무보험에 관한 법령을 주관하는 중앙행정기관의 장은 재난안전의무보험에 관한 법령을 제정·개정하는 경우에는 해당 법령에 다음의 기준이 적정하게 반영되도록 노력하여야 한다.
  1. 재난이나 그 밖의 각종 사고로 인한 사람의 생명·신체에 대한 손해를 적절히 보상하도록 대통령령으로 정하는 수준의 보상 한도를 정할 것
  2. 법률에 따른 재난안전의무보험의 가입의무자를 신속히 확인하고 관리할 수 있는 체계를 갖출 것
  3. 법률에 따른 재난안전의무보험의 가입의무자에 해당함에도 가입을 게을리 한 자 또는 가입하지 아니한 자 등에 대하여 가입을 독려하거나 제재할 수 있는 방안을 마련할 것
  4. 보험회사, 공제회 등 재난안전의무보험에 관한 법령에 따라 재난안전의무보험 관련 사업을 하는 자(이하 "보험사업자"라 한다)가 대통령령으로 정하는 정당한 사유 없이 재난안전의무보험에 대한 가입 요청 또는 계약 체결을 거부하거나 보험계약 등을 해제·해지하는 것을 제한하도록 할 것
  5. 재난이나 그 밖의 각종 사고의 발생 위험이 높은 가입의무자에 대하여 다수의 보험사업자가 공동으로 재난안전의무보험 계약을 체결할 수 있는 방안을 마련할 것
  6. 재난이나 그 밖의 각종 사고로 피해를 입은 자가 최소한의 생활을 유지할 수 있도록 보험금 청구권에 대한 압류금지 등 피해자를 보호하는 조치를 마련할 것
  7. 그 밖에 재난안전의무보험의 적절한 운용을 위하여 대통령령으로 정하는 기준을 갖출 것
② 행정안전부장관은 재난안전의무보험의 관리·운용 등에 공통적으로 적용될 수 있는 업무기준을 마련할 수 있다.

시행령 제84조의2(재난안전의무보험의 보상 한도 등)
"대통령령으로 정하는 수준의 보상 한도"란 피해자 1명당 다음의 기준을 모두 충족하는 금액의 보상 한도를 말한다.

1. 사망의 경우	[⑯] 이상
2. 부상의 경우	[⑰] 이상
3. 부상에 대한 치료를 마친 후 더 이상의 치료효과를 기대할 수 없고 그 증상이 고정된 상태에서 그 부상이 원인이 되는 신체적 장해가 생긴 경우	[⑱] 이상

정답
① 지방자치단체의 장, 긴급안전점검, 긴급안전점검 ② 지방자치단체의 장, 긴급안전점검, 안전조치 ③ 지방자치단체의 장 ④ 행정안전부장관 ⑤ 매년 ⑥ 3년 ⑦ 100분의 1 ⑧ 행정안전부장관 ⑨ 특별재난지역 ⑩ 중앙재난안전대책본부, 지역재난안전대책본부, 중앙사고수습본부 ⑪ 반복 ⑫ 조정위원회 ⑬ 행정안전부장관 ⑭ 5년마다 ⑮ 조정위원회 ⑯ 1억5천만원 ⑰ 3천만원 ⑱ 1억5천만원

PART 02

OX 문제

CHAPTER 01 기초이론

01 기본서 p.16 참조

헬륨(He), 네온(Ne), 아르곤(Ar) 등 불활성기체는 불안정한 상태이다.

○ | ×

02 기본서 p.16 참조

마그네슘(Mg) 등 알칼리토금속은 알칼리금속보다 화학적 활성이 큰 편이다.

○ | ×

03 기본서 p.16 참조

할로겐족 원소는 주기율표에서 7족(17족) 원소로 전자껍질의 수가 7개임을 의미한다.

○ | ×

04 기본서 p.16 참조

나트륨(Na)은 이온이 될 경우 전자를 잃어 1가 음이온이 된다.

○ | ×

05 기본서 p.18 참조

이산화질소(NO_2)의 분자량은 46이고, 이산화탄소(CO_2)의 분자량은 44이다. (단, 원자량은 탄소 12, 질소 14, 산소 16이다.)

○ | ×

해설

01 □□□
헬륨(He), 네온(Ne), 아르곤(Ar) 등 불활성기체는 최외각 전자수가 2개 또는 8개로 안정한 상태이다.

02 □□□
마그네슘(Mg) 등 알칼리토금속은 알칼리금속보다 반응성이 낮으며, 화학적 활성이 작은 편이다.

03 □□□
할로겐족 원소는 주기율표에서 7족(17족) 원소로 최외각 전자수(= 족)가 7개임을 의미한다. (전자껍질의 수는 "주기"를 의미한다.)

04 □□□
나트륨(Na)은 이온이 될 경우 전자를 잃어 1가 양이온이 된다. (Na^+)

05 □□□
이산화질소(NO_2)의 분자량은 "질소(N) 1개 14 + 산소(O) 2개 16×2 = 46"이다. 또한, 이산화탄소(CO_2)의 분자량은 "탄소(C) 1개 12 + 산소(O) 2개 16×2 = 44"이다.

정답 01 × 02 × 03 × 04 × 05 ○

06

공유결합이란 비금속원소와 비금속원소가 서로 원자핵을 내놓아 원자핵을 공유하며 결합하는 것을 의미한다.

○ | ✕

07

이온결합이란 전하를 띤 양이온과 음이온 사이의 정전기적 인력에 기반을 둔 결합을 의미한다.

○ | ✕

08

수소결합이란 F, O, N 등 전기음성도가 강한 2개의 원자 사이에 수소 H가 들어감으로써 생기는 강한 분자 간의 인력을 말한다.

○ | ✕

09

물(H_2O)은 분자 내에서 수소결합을, 분자 간에는 극성공유결합을 하여 소화약제로써의 효과가 뛰어나다.

○ | ✕

10

배수비례의 법칙은 두 물질이 결합하여 화합물을 만들 때 반응하는 두 물질 사이의 질량 사이에는 일정한 비가 성립함을 의미한다.

○ | ✕

해설

06 ☐☐☐
공유결합이란 비금속원소와 비금속원소가 서로 전자를 내놓아 전자를 공유하며 결합하는 것을 의미한다.

07 ☐☐☐
이온결합이란 전하를 띤 양이온과 음이온 사이의 정전기적 인력에 기반을 둔 결합을 의미한다.

08 ☐☐☐
수소결합이란 F, O, N 등 전기음성도가 강한 2개의 원자 사이에 수소 H가 들어감으로써 생기는 강한 분자 간의 인력을 말한다.

09 ☐☐☐
물(H_2O)은 분자 내에서 극성공유결합을, 분자 간에는 수소결합을 하여 소화약제로써의 효과가 뛰어나다.

10 ☐☐☐
일정성분비의 법칙은 두 물질이 결합하여 화합물을 만들 때 반응하는 두 물질 사이의 질량 사이에는 일정한 비가 성립함을 의미한다.

정답 06 ✕ 07 ○ 08 ○ 09 ✕ 10 ✕

11 🔥 기본서 p.22 참조

고체는 기체보다 분자 간의 거리가 가깝고 분자 간의 인력이 약한 특징을 갖는다.

O | X

12 🔥 기본서 p.22 참조

나무가 타는 과정은 물리적 변화의 과정에 해당하며, 원자의 종류 및 개수는 변화하지 않지만, 분자의 배열이 변하는 과정이다.

O | X

13 🔥 기본서 p.22 참조

소금이 용해되는 과정은 화학적 변화에 해당한다.

O | X

14 🔥 기본서 p.23 참조

고체가 액체로 상태변화하는 과정을 용해라 하며, 고체가 기체로 상태변화하는 과정을 기화라 한다.

O | X

15 🔥 기본서 p.23~24 참조

얼음이 녹거나 물이 증발하는 것과 같이 물질의 온도변화 없이 상태변화에만 사용되는 열을 잠열(숨은열)이라 한다.

O | X

해설

11 ☐☐☐
고체는 기체보다 분자 간의 거리가 가깝고 분자 간의 인력이 강한 특징을 갖는다.

12 ☐☐☐
얼음이 녹는 과정은 물리적 변화의 과정에 해당하며, 원자의 종류 및 개수는 변화하지 않지만, 분자의 배열이 변하는 과정이다. (나무가 타는 과정은 화학적 변화에 해당한다.)

13 ☐☐☐
소금이 용해(용질이 용매에 녹아들어가 용액을 만드는 과정)되는 과정은 성질은 바뀌지 않는 물리적 변화에 해당한다.

14 ☐☐☐
고체가 액체로 상태변화하는 과정을 융해라 하며, 고체가 기체로 상태변화하는 과정을 승화라 한다.

15 ☐☐☐
얼음이 녹거나 물이 증발하는 것과 같이 물질의 온도변화 없이 상태변화에만 사용되는 열을 잠열(숨은열)이라 한다. 또한, 전달된 에너지가 물질의 상태변화 없이 온도변화에만 사용되는 열을 현열(감열)이라 한다.

정답 11 ✕ 12 ✕ 13 ✕ 14 ✕ 15 ○

16 🔹 기본서 p.24 참조

물(H_2O)의 융해열은 539[cal/g]이고, 기화열은 80[cal/g]이다.

○ | ×

17 🔹 기본서 p.24 참조

비열(c)이란 어떤 물질 1g을 온도 1℃ 높이는데 필요한 열량(cal)을 말하며, 물의 비열은 1[cal/g·℃]이다.

○ | ×

18 🔹 기본서 p.24 참조

더운 여름 바닷가에서 모래가 바다보다 뜨거운 이유는 모래가 바다보다 비열이 크기 때문이다.

○ | ×

19 🔹 기본서 p.25 참조

30[℃]의 물 10[g]이 100[℃]의 수증기까지 변화할 때 소모되는 총 열량은 700[cal]이다.

○ | ×

해설

16 □□□
물(H_2O)의 융해열은 80[cal/g]이고, 기화열은 539[cal/g]이다.

17 □□□
비열(c)이란 어떤 물질 1g을 온도 1℃ 높이는데 필요한 열량(cal)을 말하며, 물의 비열은 1[cal/g·℃]이다.

18 □□□
더운 여름 바닷가에서 모래가 바다보다 뜨거운 이유는 모래가 바다보다 비열이 작기 때문이다.

19 □□□
30[℃]의 물 10[g]이 100[℃]의 물까지 온도가 상승하는데 필요한 현열은 "$Q_1 = cmt =$ 1[cal/g·℃]×10[g]×70[℃] = 700[cal]"이다. 또한, 100[℃]의 물이 100[℃]의 수증기로 상태변화하는데 필요한 잠열은 "$Q_2 = rm =$ 539[cal/g]×10[g] = 5,390[cal]"이다. 따라서, 변화하는데 필요한 총 열량은 "700 + 5,390 = 6,090[cal]"이다.

정답 16 × 17 ○ 18 × 19 ×

20

화재현장에서 15[℃]의 물이 100[℃]의 수증기로 모두 바뀌었다고 가정할 때, 소화약제로 사용된 물의 냉각효과는 물 1kg당 흡수한 현열은 약 355.3kJ, 물 1kg당 흡수한 증발잠열은 약 2,253kJ이다. (단, 1kcal = 4.18kJ이다.)

○ | ×

해설

20 □□□
물 1kg당 흡수한 현열은 "Q = cmt = 1[kcal/kg·℃]×1[kg]×85[℃] = 85[kcal]×4.18[kJ/kcal] = 355.3kJ"이다. 또한, 100[℃]의 물이 100[℃]의 수증기로 상태변화하는데 필요한 잠열은 "Q = rm = 539[kcal/kg]× 1[kg] = 539[kcal]×4.18[kJ/kcal] = 2,253kJ"이다.

21

물의 빙점은 0℃이고, 물의 융점은 100℃이다.

○ | ×

21 □□□
물의 빙점(어는점), 융점(녹는점)은 0℃이고, 물의 비점(끓는점)은 100℃이다.

22

섭씨 20도는 절대온도로 293[K]이며, 화씨온도로 68[℉]이다.

○ | ×

22 □□□
섭씨 20도는 절대온도로 "273 + 20 = 293[K]"이다. 또한, 화씨온도로 "[℉] = 9/5[℃]+32"에 따라 "9/5×20[℃] + 32 = 36 + 32 = 68[℉]"이다. ([℃] = 273 + [K], [℉] = 9/5[℃] + 32)

23

얼음의 비열은 물의 비열보다 크다.

○ | ×

23 □□□
얼음의 비열(0.5[cal/g·℃])은 물의 비열(1[cal/g·℃])보다 작다.

정답 20 ○ 21 × 22 ○ 23 ×

24
연소과정은 반응물의 에너지가 생성물의 에너지보다 작으므로 발열반응을 한다. 또한, 소화과정은 반응물의 에너지가 생성물의 에너지보다 크므로 흡열반응을 한다.

○ | ×

🜂 기본서 p.26 참조

25
보일-샤를의 법칙이란 기체의 부피가 압력에 비례하며 상대온도에 반비례함을 의미한다.

○ | ×

🜂 기본서 p.27 참조

26
건물 내에서 화재가 발생하여 실내온도가 27[℃]에서 627[℃]까지 상승하였다. 화재로 인한 압력의 변화는 없다고 가정할 경우 실내의 부피는 처음보다 약 1/3배 팽창한다.

○ | ×

🜂 기본서 p.27 참조

27
화재가 발생할 경우 뜨거운 연기의 부피가 커지는 것은 보일의 법칙과 연관성이 있다.

○ | ×

🜂 기본서 p.27 참조

해설

24 □□□
연소과정은 반응물의 에너지가 생성물의 에너지보다 **크므로** 발열반응을 한다. 또한, 소화과정은 반응물의 에너지가 생성물의 에너지보다 **작으므로** 흡열반응을 한다.

25 □□□
보일-샤를의 법칙이란 기체의 부피가 압력에 **반비례**하며 **절대온도**에 **비례**함을 의미한다.

26 □□□
건물 내에서 화재가 발생하여 실내온도가 27[℃]에서 627[℃]까지 상승하였다. 화재로 인한 압력의 변화는 없다고 가정할 경우 실내의 부피는 처음보다 **약 3배** 팽창한다.

$$\frac{V_1}{T_1} = \frac{V_2}{T_2} \rightarrow \frac{V_1}{(273+27)} = \frac{V_2}{(273+627)}$$

$$\rightarrow \frac{(273+627)}{(273+27)} = \frac{V_2}{V_1}$$

$$\rightarrow 3 = \frac{V_2}{V_1} \rightarrow V_2 = 3V_1$$

27 □□□
화재가 발생할 경우 뜨거운 연기의 부피가 커지는 것은 **샤를의** 법칙과 연관성이 있다.
(온도가 증가하면 부피가 증가한다.)

정답 24 ×   25 ×   26 ×   27 ×

28
수증기(H_2O)의 질량이 36[g] 존재하는 것은 수증기(H_2O)가 1몰 존재함을 의미한다. (단, 원자량은 수소 1, 산소 16이다.)

O | X

29
0℃, 1기압에서 암모니아(NH_3)가 44.8[L] 존재할 경우에는 질량이 17[g] 존재함을 의미한다.

O | X

30
627[℃], 1기압에서 메탄(CH_4) 32[g]이 공기 중에서 완전 연소할 때 발생되는 이산화탄소(CO_2)의 발생량은 73.8[L]이다.

O | X

31
표준상태에서 에테인(C_2H_6) 2몰이 완전 연소할 때 필요한 산소의 부피는 78.4[L]이다.

O | X

해설

28
수증기(H_2O)의 분자량은 "수소(H) 2개 1+산소(O) 1개 16 = 2 + 16 = 18"이다. 따라서, 수증기(H_2O)의 질량이 36[g] 존재하는 것은 수증기(H_2O)가 2몰 존재함을 의미한다.

29
0℃, 1기압에서 암모니아(NH_3)가 44.8[L] 존재할 경우에는 암모니아(NH_3)가 2몰 존재함을 의미한다. 즉, 암모니아의 분자량이 "질소(N) 1개 14+수소(H) 3개 1 = 14 + 3 = 17[g]"이므로 2몰 존재할 경우 질량은 "17×2 = 34[g]"이다.

30
627[℃], 1기압에서 메탄(CH_4) 32[g]이 공기 중에서 완전 연소할 때 발생되는 이산화탄소(CO_2)의 발생량은 88[g]이다. ($CH_4 + 2O_2 \rightarrow CO_2 + 2H_2O$) 따라서 이산화탄소의 분자량(M)은 44[g], 질량은 88[g]이며, 절대온도는 627[℃](= (273 + 627)[K] = 900[K]), 압력(P)은 1기압이다. 이상기체상태방정식에 적용할 경우 부피(V) = $\frac{w}{M}RT = \frac{88}{44} \times 0.082 \times 900$ = $2 \times 0.082 \times 900 = 147.6L$이다.

31
에테인(C_2H_6)의 완전연소 반응식은 [$2C_2H_6 + 7O_2 \rightarrow 4CO_2 + 6H_2O$]이다. 따라서, 에테인(C_2H_6) 2몰이 완전 연소할 때 필요한 산소의 몰은 7몰이다. 7몰의 산소에 대한 표준상태의 부피는 아보가드로의 법칙(0℃, 1기압에서 물질의 종류와 관계없이 1몰이 차지하는 체적은 22.4[L]이다.) 에 의해 7몰×22.4[L] = 156.8[L]이다.

정답 28 ×　29 ×　30 ×　31 ×

CHAPTER 02 연소이론

01　　　　　　　　　　　　　　　　　　🔥 기본서 p.33 참조
연소반응은 열생성률(Heat production rate)이 외부로의 열손실률(Heat loss rate)보다 작은 조건에서 지속된다.
○ | ✕

02　　　　　　　　　　　　　　　　　　🔥 기본서 p.33 참조
연소반응은 가연물이 공기 중의 산소와 화합하여 빛과 열을 수반하는 급격한 환원 및 발열반응으로 물리적 변화의 대표적 예시이다.
○ | ✕

03　　　　　　　　　　　　　　　　　　🔥 기본서 p.33 참조
질소가 대기 중의 산소와 반응하여 일산화질소(NO)를 생성하는 반응은 발열반응이지만, 산화반응이 아니므로 연소반응이라 하지 않는다.
○ | ✕

04　　　　　　　　　　　　　　　　　　🔥 기본서 p.33 참조
철이 녹스는 과정은 산화반응이지만, 반응이 서서히 발생하고 빛과 고열을 수반하지 않으므로 연소반응이라 하지 않는다.
○ | ✕

해설

01 □□□
연소반응은 열생성률(Heat production rate)이 외부로의 열손실률(Heat loss rate)보다 **큰 조건**에서 지속된다.

02 □□□
연소반응은 가연물이 공기 중의 산소와 화합하여 빛과 열을 수반하는 급격한 **산화** 및 발열반응으로 **화학적 변화**의 대표적 예시이다.

03 □□□
질소가 대기 중의 산소와 반응하여 일산화질소(NO)를 생성하는 반응은 **산화반응**이지만, **발열반응**이 아니므로 연소반응이라 하지 않는다. 질소의 산화반응은 "흡열반응"에 해당한다.

04 □□□
철이 녹스는 과정은 산화반응이지만, 반응이 **서서히 발생**하고 **빛과 고열**을 **수반하지 않으므로** 연소반응이라 하지 않는다.

정답　**01** ✕　**02** ✕　**03** ✕　**04** ○

05
연소의 4요소란 가연물, 산소공급원, 점화원 및 순조로운 촉매반응을 의미한다.

○ | ×

해설

05 □□□
연소의 4요소란 가연물, 산소공급원, 점화원 및 순조로운 연쇄반응을 의미한다.

06
에틸알코올(C_2H_5OH) 2몰이 완전연소하려면 산소(O_2)는 3몰 필요하며, 이산화탄소(CO_2)는 2몰, 수증기(H_2O)는 3몰 생성된다.

○ | ×

06 □□□
에틸알코올(C_2H_5OH) 2몰이 완전연소하려면 산소(O_2)는 6몰 필요하며, 이산화탄소(CO_2)는 4몰, 수증기(H_2O)는 6몰 생성된다. 몰수비가 "1 : 3 : 2 : 3"이다.
[$C_2H_5OH + 3O_2 \rightarrow 2CO_2 + 3H_2O$]

07
아세틸렌(C_2H_2) 4[m^3]이 연소할 때 생성되는 이산화탄소(CO_2)는 8[m^3]이고, 수증기(H_2O)는 4[m^3]이다.

○ | ×

07 □□□
아세틸렌(C_2H_2) 4[m^3]이 연소할 때 생성되는 이산화탄소(CO_2)는 8[m^3]이고, 수증기(H_2O)는 4[m^3]이다. 부피비가 "1 : 2.5 : 2 : 1"이다.
[$C_2H_2 + 2.5O_2 \rightarrow 2CO_2 + H_2O$]

08
황(S) 1[kg]이 연소하여 생성되는 이산화황(SO_2)는 1[kg]이 생성된다. (단, 황(S)의 원자량은 32이고, 산소(O)의 원자량은 16이다.)

○ | ×

08 □□□
황(S) 1[kg]이 연소하여 생성되는 이산화황(SO_2)는 2[kg]이 생성된다. 부피비(=계수비, 몰수비, 분자수비)가 "1 : 1 : 1"이며, 질량비는 "32 : 32 : 64" 또는 "1 : 1 : 2"이다.
[$S + O_2 \rightarrow SO_2$]

09
마그네슘(Mg) 2몰이 완전 연소하여 산화마그네슘(MgO)을 형성하였다. 이때, 필요한 산소(O_2)의 몰수는 0.5몰이다.

○ | ×

09 □□□
마그네슘(Mg) 2몰이 완전 연소하여 산화마그네슘(MgO)을 형성하였다. 이때, 필요한 산소(O_2)의 몰수는 1몰이다. 몰수비는 "1 : 0.5 : 1"이다. [$Mg + 0.5O_2 \rightarrow MgO$]

정답 05 × 06 × 07 ○ 08 × 09 ×

10

표준상태에서 공기 중 산소농도가 20[vol%]일 때 프로판(C_3H_8)이 완전연소 하는데 필요한 이론공기량은 프로판(C_3H_8)이 차지하는 체적의 5배이다.

○ | ×

🔥 기본서 p.35~36 참조

11

완전연소는 불완전연소에 비해 연소온도가 높다.

○ | ×

🔥 기본서 p.39 참조

12

불완전연소가 발생하는 원인으로는 공급되는 공기의 양이 부족할 경우, 연소생성물의 배기가 원활할 경우, 공급되는 가연물질의 양이 적을 경우에 나타난다.

○ | ×

🔥 기본서 p.39 참조

13

증기밀도란 0℃, 1기압에서 공기의 분자량을 기준으로 다른 물질의 분자량을 나타낸 것을 의미한다.

○ | ×

🔥 기본서 p.39 참조

해설

10 □□□
프로판(C_5H_8)분자 1[m^3]이 완전 연소하는데 필요한 산소(O_2)분자는 5[m^3]이다. 또한, 공기 중의 산소농도가 20[vol%](0.2)이므로 다음과 같은 식을 작성할 수 있다. [이론공기량×0.2 = 이론산소량(5m^3)] 즉, 표준상태에서 공기 중 산소농도가 20[vol%]일 때 프로판(C_3H_8)이 완전연소 하는데 필요한 이론공기량(=이론산소량/0.2 = 5/0.2 = 25배)은 프로판(C_3H_8)이 차지하는 체적의 25배이다.

11 □□□
완전연소는 산소의 공급이 충분한 상태에서 이루어지는 연소로, 불완전연소에 비해 연소온도가 높다.

12 □□□
불완전연소가 발생하는 원인으로는 공급되는 공기의 양이 부족할 경우, 연소생성물의 배기가 불량할 경우, 공급되는 가연물질의 양이 많을 경우에 나타난다. 또한, 불꽃이 저온의 물체와 접촉하여 온도가 내려갈 경우에도 발생한다.

13 □□□
증기비중이란 0℃, 1기압에서 공기의 분자량을 기준으로 다른 물질의 분자량을 나타낸 것을 의미한다. 증기밀도란 0℃, 1기압에서 1몰이 차지하는 부피당 증기의 분자량을 의미한다.

정답 10 × 11 ○ 12 × 13 ×

14
고체의 가장 일반적인 연소형태는 표면연소이며, 연소의 4요소로 연소하는 것을 의미한다. 대표적인 예시 물질로는 숯, 목탄, 금속분, 코크스 등이 해당한다.

○ | ×

15
유기과산화물, 셀룰로이드류 등은 내부에 산소를 함유하고 있는 물질의 연소로 분해연소를 하는 물질에 해당한다.

○ | ×

16
증발연소를 하는 물질 중 황, 나프탈렌, 요오드(아이오딘) 등은 융해성 고체에 해당하고, 파라핀, 왁스 등은 승화성 고체에 해당한다.

○ | ×

17
고체 가연물인 트리나이트로톨루엔, 트리나이트로페놀은 표면연소의 형태로 연소한다.

○ | ×

18
액체가연물의 분해연소는 분자량, 비중 및 점도가 작은 액체가연물의 열분해에 의해 생성된 가연성 가스가 공기와 혼합하여 연소하는 것을 말한다.

○ | ×

해설

14 □□□
고체의 가장 일반적인 연소형태는 표면연소이며, 연쇄반응 없이 연소의 3요소로 연소하는 것을 의미한다. 대표적인 예시 물질로는 숯, 목탄, 금속분, 코크스 등이 해당한다.

15 □□□
유기과산화물, 셀룰로이드류 등은 내부에 산소를 함유하고 있는 물질의 연소로 자기연소(=내부연소)를 하는 물질에 해당한다. 분해연소를 하는 물질에는 목재, 석탄, 플라스틱, 종이, 섬유 등이 있다.

16 □□□
증발연소를 하는 물질 중 황, 나프탈렌, 요오드(아이오딘) 등은 승화성 고체에 해당하고, 파라핀, 왁스 등은 융해성 고체에 해당한다.

17 □□□
고체 가연물인 트리나이트로톨루엔(TNT), 트리나이트로페놀(TNP, 피크르산, Picric Acid)은 나이트로화합물로 제5류 위험물에 해당한다. 또한, 제5류 위험물은 자기연소의 형태로 연소한다.

18 □□□
액체가연물의 분해연소는 분자량, 비중 및 점도가 큰 액체가연물의 열분해에 의해 생성된 가연성 가스가 공기와 혼합하여 연소하는 것을 말한다.

정답 14 × 15 × 16 × 17 × 18 ×

19 🔥 기본서 p.41 참조

액체의 연소 중 가장 일반적인 연소에 해당하는 증발연소는 열분해 없이 액체 표면에서 직접 유증기 등이 증발하여 가연성 증기가 연소하는 것으로 인화점 이하에서도 연소가 가능하다.

◯ | ✕

20 🔥 기본서 p.41 참조

액면화재(Pool fire)란 액체의 온도가 인화점 이상이 되어 액체연료 표면이 가열될 경우 증발이 발생하며, 발생된 연료 증기가 공기와 접촉하여 액체표면에서 연소하는 것을 말하며, 액면화재의 연소속도는 액면강하속도에 영향을 받는다.

◯ | ✕

21 🔥 기본서 p.41 참조

증발연소란 액체에서만 발생하는 연소형태로서 액면에서 비등하는 기체에서 발생한다.

◯ | ✕

22 🔥 기본서 p.42 참조

확산연소는 균질연소의 일종으로 예혼합연소에 비해 연소속도가 빠르고, 화염온도가 높은 특징을 갖는다.

◯ | ✕

23 🔥 기본서 p.42 참조

예혼합연소는 역화(Flash back)를 일으킬 위험성이 크다.

◯ | ✕

해설

19 ☐☐☐
액체의 연소 중 가장 일반적인 연소에 해당하는 증발연소는 열분해 없이 액체 표면에서 직접 유증기 등이 증발하여 가연성 증기가 연소하는 것이다. 인화점 이하에서도 연소가 가능한 것은 "분무연소(= 액적연소)"이다.

20 ☐☐☐
액면연소(Pool fire)란 액체의 온도가 인화점 이상이 되어 액체연료 표면이 가열될 경우 증발이 발생하며, 발생된 연료 증기가 공기와 접촉하여 액체표면에서 연소하는 것을 말하며, 액면화재의 연소속도는 액면강하속도에 영향을 받는다.

21 ☐☐☐
증발연소란 고체와 액체에서 발생하는 연소형태이며, 액체의 증발연소란 액체 표면에서 직접 유증기 등이 증발하여 가연성 증기가 연소하는 것을 말한다.

22 ☐☐☐
예혼합연소는 균질연소의 일종으로 확산연소에 비해 연소속도가 빠르고, 화염온도가 높은 특징을 갖는다.

23 ☐☐☐
예혼합연소는 이미 공기와 가연성 가스가 미리 혼합된 상태에서 연소하는 것으로 역화(Flash back)를 일으킬 위험성이 크다.

정답 19 ✕ 20 ◯ 21 ✕ 22 ✕ 23 ◯

24 🔥 기본서 p.42 참조

확산연소는 화염면을 자력으로 전파할 수 있지만, 예혼합연소는 화염면을 자력으로 전파할 수 없다.

◯ | ✕

25 🔥 기본서 p.43 참조

확산연소는 예열대가 존재하지 않지만, 예혼합연소는 예열대가 존재하고 반응대가 나타난다.

◯ | ✕

26 🔥 기본서 p.41~42 참조

가솔린엔진은 분무연소에 해당하고, 디젤엔진은 예혼합연소에 해당한다.

◯ | ✕

27 🔥 기본서 p.40 참조

섬유의 연소는 양초의 연소와 유사한 형태를 나타낸다.

◯ | ✕

28 🔥 기본서 p.40 참조

나프탈렌 및 황의 연소는 증발연소에 해당하고, 석탄 및 목탄의 연소는 분해연소에 해당한다.

◯ | ✕

해설

24 ☐☐☐
확산연소는 가연물이 산소의 농도에 의존해서 화염면이 이동할 수 있으므로 화염면을 자력으로 전파할 수 없지만, 예혼합연소는 이미 공기와 가연성 가스가 미리 혼합되어 있으므로 산소의 농도에 의존하지 않고 화염면을 자력으로 전파할 수 있다.

25 ☐☐☐
확산연소는 예열대가 존재하지 않지만(반응대로만 구성되어 있다), 예혼합연소는 예열대가 존재하고 반응대가 나타난다. 그에 따라 예혼합연소는 연소속도가 빠르고 화염의 색상은 청색 또는 백색을 나타낸다.

26 ☐☐☐
가솔린엔진 또는 분젠버너는 예혼합연소에 해당하고, 디젤엔진 또는 보일러의 오일연소는 분무연소에 해당한다.

27 ☐☐☐
섬유의 연소는 "분해연소"에 해당하며, 양초(=파라핀)의 연소는 "증발연소"에 해당한다. 따라서 섬유의 연소와 양초의 연소는 유사한 형태를 나타내지 않는다.

28 ☐☐☐
나프탈렌 및 황의 연소는 증발연소에 해당하고, 석탄 및 목탄의 연소는 분해연소에 해당한다. (목탄은 표면연소에 해당한다.)

정답 24 ✕ 25 ◯ 26 ✕ 27 ✕ 28 ✕

29
층류 확산화염은 분출속도와 관계 없이 화염의 높이가 일정하고, 난류 확산화염은 분출속도가 증가함에 따라 화염높이가 높아진다.

○ | ✕

해설

29 □□□
층류 확산화염은 분출속도가 증가함에 따라 화염높이가 높아지고(분출속도와 화염높이가 비례), 난류 확산화염은 분출속도와 관계 없이 화염의 높이가 일정(분출속도에 영향을 받지 않음)하다. 또한, 전이(천이)영역에서는 분출속도가 증가함에 따라 화염높이가 낮아지는 특징을 갖는다.

30
표면연소는 저에너지의 연소로 불완전연소가 발생할 우려가 있다. 또한, 이산화탄소(CO_2)의 발생량이 일산화탄소(CO)의 발생량보다 상대적으로 많은 편이다.

○ | ✕

30 □□□
표면연소(연쇄반응을 하지 않아 연소의 3요소로 연소하는 것)는 저에너지의 연소로 불완전연소가 발생할 우려가 있다. 또한, 이산화탄소(CO_2)의 발생량이 일산화탄소(CO)의 발생량보다 상대적으로 적은 편이다.

31
불꽃연소는 가연성 가스를 발생시키며 연소를 하며, 가연물의 표면 위에서 반응하는 기상반응이다.

○ | ✕

31 □□□
불꽃연소는 가연성 가스를 발생시키며 연소를 하며, 가연물의 표면 위에서 반응하는 기상반응이다. (표면연소는 가연성 가스를 발생시키지 않으며 연소를 하고, 가연물의 표면에서 반응하여 표면반응이다.)

32
정상연소는 열의 발생속도와 방산속도가 서로 균형을 이루어 화염의 모양, 위치, 상태 등이 연소가 발생하는 동안 변하지 않는 경우에 나타나는 현상으로 화재의 위험성이 높고, 연소장치 또는 연소기기에서의 열효율이 낮은 편이다.

○ | ✕

32 □□□
정상연소는 열의 발생속도와 방산속도가 서로 균형을 이루어 화염의 모양, 위치, 상태 등이 연소가 발생하는 동안 변하지 않는 경우에 나타나는 현상으로 화재의 위험성이 낮고, 연소장치 또는 연소기기에서의 열효율이 높은 편이다.

정답 29 ✕ 30 ✕ 31 ○ 32 ✕

33 기본서 p.45 참조

비정상연소란 공급되는 가연물질의 양이 많은 경우 발생하는 것으로 황염이나 그을음, 일산화탄소(CO), 유리탄소 등이 생기는 연소를 의미한다.

○ | ×

34 기본서 p.46 참조

연소기의 노즐이 막히는 등 염공이 축소된 경우에는 역화(Back fire)가 발생한다.

○ | ×

35 기본서 p.46 참조

연료의 분출속도가 연소속도보다 느릴 때는 역화(Back fire)가 발생하며, 연료의 분출속도가 연소속도보다 빠를 때 선화(Lifting)가 발생한다.

○ | ×

36 기본서 p.46 참조

1차 공기량이 적은 경우나 버너의 압력이 높은 경우에는 역화(Bak fire)가 발생한다.

○ | ×

37 기본서 p.47 참조

블로우다운(Blow down)은 주위의 공기기류에 불꽃이 노즐에 정착하지 않고 요동치며 떨어져 꺼지는 현상을 말한다.

○ | ×

해설

33 □□□
불완전연소란 공급되는 가연물질의 양이 많은 경우 발생하는 것으로 황염이나 그을음, 일산화탄소(CO), 유리탄소 등이 생기는 연소를 의미한다. 비정상연소란 열의 발생속도와 방산속도가 서로 균형을 이루지 못하여 화염의 모양, 위치, 상태 등이 연소가 일어나는 동안 변하는 경우를 의미한다.

34 □□□
염공의 부식 등으로 염공이 확대된 경우에는 역화(Back fire)가 발생한다. 또한, 연소기의 노즐이 막히는 등 염공이 축소된 경우에는 선화(Lifting)이 발생한다.

35 □□□
연료의 분출속도가 연소속도보다 느릴 때는 역화(Back fire)가 발생하며, 연료의 분출속도가 연소속도보다 빠를 때 선화(Lifting)가 발생한다.

36 □□□
1차 공기량이 적은 경우에는 혼합기체의 양이 감소하여 역화(Bak fire)가 발생하지만, 버너의 압력이 높은 경우에는 선화(Lifting)이 발생한다.

37 □□□
블로우오프(Blow off)은 주위의 공기기류에 불꽃이 노즐에 정착하지 않고 요동치며 떨어져 꺼지는 현상을 말한다.

정답 33 × 34 × 35 ○ 36 × 37 ×

38

황염(Yellow tip)은 분출하는 기체연료와 공기의 화학양론비에서 연료량이 적을 때 발생하는 현상이다.

○ | ✕

기본서 p.47 참조

해설

38 □□□
황염(Yellow tip)은 불완전연소의 일종으로 분출하는 기체연료와 공기의 화학양론비에서 공기량이 적을 때 발생하는 현상이다.

39

훈소연소의 경우 흡열 – 분해 – 배출을 통한 연소를 진행한다.

○ | ✕

기본서 p.48 참조

39 □□□
일반적인 연소는 흡열 – 분해 – 혼합 – 연소 – 배출을 통해 연소를 진행하며, 훈소연소의 경우 흡열 – 분해 – 배출을 통해 연소를 진행한다.

40

증기압 및 증발열이 큰 가연물일수록 화재에 대한 위험성이 높다.

○ | ✕

기본서 p.49~50 참조

40 □□□
증기압(액체 또는 고체에서 증발하는 압력으로 증기가 평형상태에 있을 때 포화증기압)이 큰 가연물일수록 화재에 대한 위험성이 높다. 그러나 증발열(=기화열, 증발잠열)은 액체가 기체화되는데 필요한 열량을 의미하는 것으로 증발열의 크기가 작은 가연물일수록 화재에 대한 위험성이 높다.

41

1kg의 나무토막보다 1kg의 톱밥이 더 잘 연소하는 이유는 톱밥의 비표면적이 나무토막의 비표면적보다 작기 때문이다.

○ | ✕

기본서 p.49~50 참조

41 □□□
1kg의 나무토막보다 1kg의 톱밥이 더 잘 연소하는 이유는 톱밥의 비표면적이 나무토막의 비표면적보다 크기 때문이다.

42

가연물이 되기 위해서는 표면장력, 열전도율 및 활성화에너지가 모두 작아야 하며, 발열량 및 산소친화력이 모두 높아야 한다.

○ | ✕

기본서 p.49~50 참조

42 □□□
가연물이 되기 위해서는 표면장력(액체의 자유표면에서 표면을 작게 하려는 장력), 열전도율(작을수록 열을 축적하는데 유리하다.) 및 활성화에너지(반응을 일으키는데 필요한 최소한의 에너지)가 모두 작아야 하며, 발열량 및 산소친화력이 모두 높아야 한다.

정답 38 ✕ 39 ○ 40 ✕ 41 ✕ 42 ○

43 기본서 p.51 참조

질소(N_2)는 흡열반응을 하는 물질이므로 가연물이 될 수 없으며, 산화알루미늄(Al_2O_3), 일산화탄소(CO) 및 오산화인(P_2O_5) 등은 완전산화물질로 가연물이 될 수 없다.

○ | ×

해설

43 □□□
질소(N_2)는 흡열반응을 하는 물질이므로 가연물이 될 수 없으며(가연물이 되려면 발열반응을 하여야 한다), 산화알루미늄(Al_2O_3), <u>이산화탄소(CO_2)</u> 및 오산화인(P_2O_5) 등은 완전산화물질로 가연물이 될 수 없다. (일산화탄소(CO)의 경우 환원성이 있는 가스로 가연물이 될 수 있다.)

44 기본서 p.52 참조

산소(O_2)의 농도가 30[vol%]이고, 질소(N_2)의 농도가 70[vol%]인 가연성 물질의 경우 한계산소지수(LOI)는 30[vol%]이며, 대기 중에서 연소를 계속 유지할 수 있는 물질에 해당한다.

○ | ×

44 □□□
산소(O_2)의 농도가 30[vol%]이고, 질소(N_2)의 농도가 70[vol%]인 가연성 물질의 경우 한계산소지수(LOI)는 <u>30[vol%]</u>이며,

$$\left(\frac{O_2}{N_2 + O_2} \times 100 = \frac{30}{70+30} \times 100 = 30\%\right)$$

대기(산소의 농도 21%) 중에서 <u>연소를 계속 유지할 수 없는 물질</u>에 해당한다.
<u>한계산소지수(LOI)</u>란 가연성 물질이 연소를 계속 유지할 수 있는 최소 산소농도로 해당 농도만큼의 산소가 갖춰져야 연소를 지속할 수 있음을 의미한다.

45 기본서 p.53 참조

대기 중의 산소의 농도는 부피비로 21[vol%]가 존재하며, 질량비로 23[wt%]가 존재한다.

○ | ×

45 □□□
대기 중의 산소의 농도는 부피비로 <u>21[vol%]</u>가 존재(질소 78[vol%], 기타 가스 1[vol%])하며, 질량비로 <u>23[wt%]</u>(질소 76[vol%], 기타 가스 1[vol%])가 존재한다.

46 기본서 p.53 참조

제1류 위험물 및 제2류 위험물은 산화성 물질로서 산소공급원이 될 수 있다. 또한, 제5류 위험물의 경우 자체적으로 산소를 함유하고 있어 산소공급원이 될 수 있다.

○ | ×

46 □□□
<u>제1류 위험물(산화성 고체)</u> 및 <u>제6류 위험물(산화성 액체)</u>은 산화성 물질로서 산소공급원이 될 수 있다. 또한, <u>제5류 위험물(자기반응성 물질)</u>의 경우 자체적으로 산소를 함유하고 있어 산소공급원이 될 수 있다.

정답 43 × 44 × 45 ○ 46 ×

47
산소(O_2), 질소(N_2), 불소(F_2), 아르곤(Ar), 염소(Cl_2)는 모두 가연물이 잘 탈 수 있게 도와주는 역할을 하는 조연성 가스에 해당한다.

○ | ✕

기본서 p.53 참조

해설

47 □□□
산소(O_2), 질소(N_2), 불소(F_2), 아르곤(Ar), 염소(Cl_2)는 모두 가연물이 잘 탈 수 있게 도와주는 역할을 하는 조연성 가스에 해당한다. (질소(N_2)와 아르곤(Ar)은 모두 반응성이 낮은 불활성 가스에 해당한다. 불활성 가스는 첨가할 경우 연소가 느려지는 특성을 갖는다.)

48
마찰, 충격, 단열팽창은 기계적 점화원에 해당하며, 비열, 융해열, 연소열, 분해열, 자연발화에 의한 열은 모두 화학적 점화원에 해당한다. 또한, 정전기, 유도열, 유전열, 절연저항의 증가는 모두 전기적 점화원에 해당한다.

○ | ✕

기본서 p.54 참조

48 □□□
마찰, 충격, 단열압축은 기계적 점화원에 해당하며, 비열, 용해열(묽은 황산 등), 연소열, 분해열, 자연발화에 의한 열은 모두 화학적 점화원에 해당한다. 또한, 정전기, 유도열, 유전열, 절연저항의 감소는 모두 전기적 점화원에 해당한다. (기화열, 융해열, 단열팽창, 절연저항의 증가, 비열은 모두 점화원이 될 수 없는 것이다.)

49
자연발화를 일으키는 열의 종류에는 산화열, 분해열, 흡착열, 압축열, 발효열이 있다.

○ | ✕

기본서 p.55 참조

49 □□□
자연발화를 일으키는 열의 종류에는 산화열, 분해열, 흡착열, 중합열, 발효열이 있다. (압축열은 단열압축과 같은 의미로, 기계적 점화원에 해당한다.)

50
황린, 목탄 및 건성유는 모두 산화열을 축적하는 물질이고, 석탄, 활성탄 및 유연탄은 모두 흡착열을 축적하는 물질이다.

○ | ✕

기본서 p.55 참조

50 □□□
황린, 석탄 및 건성유는 모두 산화열을 축적하는 물질이고, 목탄, 활성탄 및 유연탄은 모두 흡착열을 축적하는 물질이다.

51
가솔린 등 휘발성이 큰 물질에서는 자연발화가 잘 발생한다.

○ | ✕

기본서 p.55 참조

51 □□□
가솔린 등 휘발성이 큰 물질은 기체화되는데 많은 에너지(열량)를 소비하기 때문에 열의 축적이 어려워지고 자연발화가 잘 발생하지 않게 된다.

정답 47 ✕ 48 ✕ 49 ✕ 50 ✕ 51 ✕

52 🔥 기본서 p.55 참조

자연발화를 방지하기 위해서는 저장실의 온도를 낮게 유지하여야 하고, 공기의 유동을 방지하여야 하며, 가연물의 표면적을 넓게 하여 열의 축적을 방지하여야 한다.

○ | ✕

53 🔥 기본서 p.56 참조

인위발화와 비교한 자연발화는 물적조건과 에너지조건을 갖춰 연소를 진행하며, 입열의 과정을 통해 가연물의 외측부에서 가장 온도가 높게 나타난다.

○ | ✕

54 🔥 기본서 p.56 참조

정전기는 도체의 마찰에 의해 발생하는 현상으로, "전하의 발생 → 방전 → 전하의 축적 → 발화"의 순서대로 발생한다.

○ | ✕

55 🔥 기본서 p.56 참조

정전기는 물질의 분리속도가 빠를수록, 물질의 대전서열이 가까울수록, 물질의 표면이 매끄러울수록 잘 발생한다.

○ | ✕

56 🔥 기본서 p.56 참조

정전기를 방지하기 위해서는 공기를 이온화하거나 공기 중의 상대습도를 50% 이상으로 하는 방법이 있으며, 접촉하는 전기의 전위차를 크게 하여야 한다. 또한, 전기 전도성이 작은 물질을 사용하여야 한다.

○ | ✕

해설

52 □□□
자연발화를 방지하기 위해서는 저장실의 온도를 낮게 유지하여야 하고, 통풍 및 환기가 잘 되게 하며, 가연물의 표면적을 최소화하여야 한다.

53 □□□
인위발화와 비교한 자연발화는 물적조건과 에너지조건을 갖춰 연소를 진행하며, 축열의 과정을 통해 가연물의 중심부에서 가장 온도가 높게 나타난다.

54 □□□
정전기는 부도체의 마찰에 의해 발생하는 현상으로, "전하의 발생 → 전하의 축적 → 방전 → 발화"의 순서대로 발생한다.

55 □□□
정전기는 물질의 분리속도가 빠를수록, 물질의 대전서열이 멀수록, 물질의 표면이 거칠수록 잘 발생한다.

56 □□□
정전기를 방지하기 위해서는 공기를 이온화하거나 공기 중의 상대습도를 70% 이상으로 하는 방법이 있으며, 접촉하는 전기의 전위차를 작게 하여야 한다. 또한, 전기 전도성이 큰 물질을 사용하여 전기가 한 곳에 머물러 있지 않도록 하여야 한다.

정답 52 ✕ 53 ✕ 54 ✕ 55 ✕ 56 ✕

57
백열등에서 발생하는 열은 "저항열"에 해당하며, 단면적이 클수록 저항도 커진다.

○ | ×

58
유전열이란 전선피복 등 절연체가 절연능력을 갖추지 못해 발생하는 열을 말하며, 유도열이란 도체 주위 자기장의 변화로 인해 유도되는 전류로 발생하는 열을 말한다.

○ | ×

59
최소점화에너지(Minimum Ignition Energy)를 산정하는 식은 콘덴서의 용량에 비례하고, 전압의 제곱근에 비례한다.

○ | ×

60
최소점화에너지는 수소(H_2)보다 아세틸렌(C_2H_2)이 최소발화에너지가 더 작으며, 위험성이 높다.

○ | ×

61
압력이 높아지면 분자간 거리가 멀어지므로 최소발화에너지가 감소하고, 열전도율이 낮으면 최소발화에너지는 증가한다.

○ | ×

해설

57
백열등에서 발생하는 열은 "저항열"에 해당하며, 단면적이 클수록 저항은 작아지며(저항과 단면적은 반비례 관계), 길이가 길수록 저항이 커진다(저항과 길이는 비례 관계).

58
유전열이란 전선피복 등 절연체가 절연능력을 갖추지 못해 발생하는 열을 말하며, 유도열이란 도체 주위 자기장의 변화로 인해 유도되는 전류로 발생하는 열을 말한다.

59
최소점화에너지(Minimum Ignition Energy)를 산정하는 식은 콘덴서의 용량(C)에 비례하고, 전압(V)의 제곱에 비례한다.
$$MIE = \frac{1}{2}CV^2$$

60
최소점화에너지는 수소(H_2)[최소점화에너지 0.011mJ]보다 아세틸렌(C_2H_2)[최소점화에너지 0.02mJ]이 최소발화에너지가 더 크며, 위험성이 낮다.

61
압력이 높아지면 분자간 거리가 가까워지므로 최소발화에너지가 감소하고, 열전도율이 높으면 최소발화에너지는 증가한다.

정답 57 × 58 ○ 59 × 60 × 61 ×

62
가연성 가스의 조성이 화학양론적 농도 부근일 때 최소발화에너지가 최대가 된다.

O | X

해설

62 □□□
가연성 가스의 조성이 화학양론적 농도(이론적으로 가장 연소하기 쉬운 농도) 부근일 때 최소발화에너지가 최소가 된다.

63
같은 유속에서도 난류강도가 커질 경우 최소발화에너지는 증가한다.

O | X

63 □□□
같은 유속에서도 난류강도가 커질 경우 난류의 흐름은 유체의 흐름을 방해하는 요소로 작용하여 최소발화에너지는 증가하게 된다.

64
소염거리란 인화가 되는 최대거리를 의미하며, 소염거리의 제곱은 최소점화에너지와 비례한다.

O | X

64 □□□
소염거리란 인화가 되지 않는 최대거리를 의미하며, 소염거리의 제곱은 최소점화에너지와 비례한다. (MIE ∝ 소염거리^2) 또한, 전극 사이의 간격이 가까울수록 최소발화에너지는 낮아지지만, 소염거리에 가까워질 경우 최소점화에너지가 급격하게 상승하여 점화가 되지 않게 된다.

65
인화점이란 화학양론비에서의 최저연소온도를 의미한다.

O | X

65 □□□
인화점(= 유도발화점)이란 외부에너지를 점화원으로 가했을 때 불이 붙을 수 있는 최저 온도, 가연성액체로부터 발생한 증기가 액체표면에서 연소범위의 하한계에 도달할 수 있는 최저 온도, 물(질)적조건과 에너지조건이 만나는 최저 연소온도, 제4류 위험물(인화성 액체)의 위험성 지표를 의미한다.

66
인화점이 낮은 것부터 높은 것을 순서대로 나열할 경우 "이황화탄소 - 디에틸에테르 - 가솔린 - 벤젠 - 아세톤 - 톨루엔 - 에틸알코올 - 중유 - 경유 - 글리세린" 순이다.

O | X

66 □□□
인화점이 낮은 것부터 높은 것을 순서대로 나열할 경우 "디에틸에테르 - 이황화탄소 - 가솔린 - 아세톤 - 벤젠 - 톨루엔 - 에틸알코올 - 경유 - 중유 - 글리세린" 순이다.

정답 62 ✕ 63 ◯ 64 ✕ 65 ✕ 66 ✕

67 기본서 p.58 참조

연소점이란 연소속도가 가연성 증기의 발생속도보다 빠를 때 나타난다.

○ | ✕

68 기본서 p.58 참조

발화온도가 높을수록 발화지연시간은 길어진다.

○ | ✕

69 기본서 p.59 참조

분자구조가 복잡할수록, 열전도율이 낮을수록, 습도 및 증기압이 높을수록 발화점은 낮아진다.

○ | ✕

70 기본서 p.59 참조

가연성 액체의 연소와 관련된 온도는 발화점, 연소점, 인화점 순으로 높다. 또한, 인화점이 높아지면 발화점도 높아진다.

○ | ✕

71 기본서 p.59 참조

인화점과 연소점의 차이는 외부 점화원을 제거했을 경우 화염 전파의 지속성 여부에 따라 구분된다.

○ | ✕

해설

67 □□□

연소점(= 화재점)이란 가연성 증기의 발생속도가 연소속도보다 빠를 때 나타난다. 또한, 연소점이란 외부점화원에 의해 발화 후 점화원을 제거하여도 연소가 자발적으로 5초 이상 지속할 수 있는 최저 온도를 의미한다.

68 □□□

양론농도에 가까울수록 발화점은 낮아지며, 압력이 높을수록 및 정촉매를 첨가할수록 발화점이 낮아진다. 또한, 발화온도가 높을수록 발화지연시간은 짧아진다.

69 □□□

분자구조가 복잡할수록, 열전도율이 낮을수록, 습도 및 증기압이 낮을수록 발화점은 낮아진다. 습도가 낮은 것은 건조도가 상대적으로 높음을 의미하는 것으로 발화점은 낮아지게 되며, 증기압이 낮을수록 기체화되려는 분자의 개수가 적어지므로 기체화되는데 소모되는 에너지가 적어지게 되고 열축적이 용이해짐을 의미한다.

70 □□□

가연성 액체의 연소와 관련된 온도는 발화점, 연소점, 인화점 순으로 높다. (인화점 < 연소점 < 발화점) 또한, 인화점과 발화점은 관련성이 존재하지 않는다.

71 □□□

인화점은 외부 점화원으로 가했을 때 불이 붙을 수 있는 최저 온도를 의미하며, 연소점이란 외부점화원에 의해 발화 후 점화원을 제거하여도 연소가 지속적으로 5초 이상 지속할 수 있는 최저 온도를 의미한다. 즉, 인화점과 연소점의 차이는 외부 점화원을 제거했을 경우 화염 전파의 지속성 여부에 따라 구분된다.

정답 67 ✕ 68 ✕ 69 ✕ 70 ✕ 71 ○

72
인화점과 발화점이 가까운 액체일수록 재점화가 어렵고 냉각에 의한 소화활동이 용이하다.

○ | ✗

해설

72 ☐☐☐
인화점과 발화점이 가까운 액체(대표적인 예시 물질은 동식물유류이다.)일수록 재점화가 쉽고 냉각 및 질식에 의한 소화활동을 하여야 한다.

73
파라핀계 탄화수소화합물의 탄소수가 증가할수록 분자구조가 복잡해지므로 발열량 및 비점은 높아진다.

○ | ✗

73 ☐☐☐
파라핀계 탄화수소화합물의 탄소수가 증가할수록 분자구조가 복잡해지므로 연소를 위해 끊어야 할 구조가 많기 때문에 발열량 및 비점(끓는점)은 높아진다.

74
파라핀계 탄화수소 화합물은 분자량이 클수록 발화온도가 높아진다.

○ | ✗

74 ☐☐☐
탄소수가 많아질수록 열을 축적하기 용이하므로 발화점(발화온도)은 낮아진다. 또한, 외부점화원에 접촉했을 때 연소하는 최저연소온도이므로 탄소수가 많아질수록 탈 물질이 많아지므로 인화점은 증가한다.

75
연소의 4요소 중 순조로운 연쇄반응이란 라디칼이 새로운 라디칼을 생성하여 가연성 기체를 지속적으로 생성하도록 유지하는 것을 말하며, 표면연소는 순조로운 연쇄반응을 하는 특징을 갖는다.

○ | ✗

75 ☐☐☐
연소의 4요소 중 순조로운 연쇄반응이란 라디칼이 새로운 라디칼을 생성하여 가연성 기체를 지속적으로 생성하도록 유지하는 것을 말하며, 표면연소는 순조로운 연쇄반응을 하지 않는 특징(화학적 소화 및 부촉매 소화가 불가능하다.)을 갖는다.

76
화염속도란 연소속도에서 미연소가스의 이동속도를 뺀 값이다.

○ | ✗

76 ☐☐☐
화염속도란 연소속도에서 미연소가스의 이동속도를 더한 값이다. (화염속도 = 연소속도 + 미연소가스의 이동속도)

정답 72 ✗ 73 ○ 74 ✗ 75 ✗ 76 ✗

77 기본서 p.61 참조

아레니우스식을 통해 연소속도는 활성화에너지에 비례하고 온도에 반비례함을 알 수 있다.

○ | ×

78 기본서 p.61 참조

미연소 가스의 밀도 및 비열이 작을수록, 열전도율은 클수록 연소속도는 빨라진다.

○ | ×

79 기본서 p.61 참조

수소(H_2)기체의 확산속도는 수증기(H_2O)의 확산속도보다 9배 빠르다.

○ | ×

80 기본서 p.62 참조

연소범위는 공기와 가연성 가스가 연소반응을 일으킬 수 있는 질량농도비[wt%]를 의미한다.

○ | ×

81 기본서 p.62 참조

연소하한계 이하에서는 연료가 공기보다 많아 불꽃연소를 할 수 없으며, 연소상한계 이상에서는 연료가 공기보다 적어 불꽃연소를 할 수 없다.

○ | ×

해설

77 □□□
아레니우스식을 통해 연소속도는 활성화에너지에 반비례(활성에너지가 커지면 연소속도는 느려진다.)하고 온도에 비례(온도가 높아지면 연소속도는 빨라진다.)함을 알 수 있다.

78 □□□
미연소 가스의 밀도이 작을수록 공기와 가연성 가스의 조성비가 적정하므로 연소속도는 빨라지며, 비열이 작을수록 가연물이 빨리 온도가 상승함을 의미하므로 연소속도는 빨라진다. 또한, 열전도율은 클수록 온도가 높아진 미연소 가스의 분자가 많아지므로 연소속도는 빨라진다.

79 □□□
수소(H_2)기체의 확산속도는 수증기(H_2O)의 확산속도보다 3배 빠르다. 그레이엄의 확산속도 법칙을 적용한다.

$$\left[\frac{V_{H_2}}{V_{H_2O}} = \sqrt{\frac{M_{H_2O}}{M_{H_2}}} = \sqrt{\frac{18}{2}} = \sqrt{9} = \sqrt{3^2} = 3\right]$$

80 □□□
연소범위는 공기와 가연성 가스가 연소반응을 일으킬 수 있는 부피농도비[vol%]를 의미한다.

81 □□□
연소하한계 이하에서는 연료가 공기보다 적어 불꽃연소를 할 수 없으며, 연소상한계 이상에서는 연료가 공기보다 많아 불꽃연소를 할 수 없다.

정답 77 × 78 ○ 79 × 80 × 81 ×

82
🔥 기본서 p.62 참조

프로판(C_3H_8)의 연소범위는 2.1 ~ 9.5[%]이며, 양론농도(Cst)는 약 3.8[%]이다. (단, 대기 중의 산소농도는 20%로 가정한다.)

○ | ✕

해설

82 □□□
프로판의 연소범위는 2.1 ~ 9.5[%]이며, 연소반응식은
"$C_3H_8 + 5O_2 \rightarrow 3CO_2 + 4H_2O$"이다.
즉, 연료몰수는 "1몰"이고, 공기몰수는 "산소몰수/0.2 = 5/0.2 = 25몰"이다.
즉, 프로판(C_3H_8)의 양론농도(Cst)는

$$C_{st} = \frac{연료몰수}{연료몰수 + 공기몰수} \times 100$$

$$= \frac{1}{1+25} \times 100 = \frac{100}{26} = \frac{50}{13} = 약\ 3.8[\%]$$

이다.

83
🔥 기본서 p.63 참조

메테인(CH_4)이 완전연소한다고 가정했을 때 존스(Jones) 식에 따라 산출된 연소하한계(LFL)는 5.0%이다. (단, 대기 중의 산소는 20%로 가정하고, 계산 결과는 소수점 셋째 자리에서 반올림한다.)

○ | ✕

83 □□□
존스(Jones) 식에 따라 산출된 연소하한계(LFL)는 "0.55Cst"로 계산되므로, 양론농도 Cst를 먼저 계산해야 한다. 메테인(CH_4)이 완전연소한다고 가정했을 때 완전연소반응식은 ($CH_4 + 2O_2 \rightarrow CO_2 + 2H_2O$)으로 1몰의 CH_4가 연소할 때 2몰의 O_2가 필요하다. 그에 따라 양론농도는 $C_{st} = \dfrac{연료몰}{연료몰 + 공기몰} \times 100$

$$= \frac{1}{1+\frac{2}{0.2}} \times 100 = \frac{100}{1+\frac{20}{2}} = \frac{100}{1+10}$$

$$= \frac{100}{11} = 9.09\%\text{이다. 따라서, 존스(Jones)}$$

식에 따라 산출된 연소하한계(LFL)는 0.55×Cst = 0.55×9.09 = 4.999% (5%)이다. (단, 대기 중의 산소는 20%로 가정하고, 계산 결과는 소수점 셋째 자리에서 반올림한다.)

84
🔥 기본서 p.63 참조

연소상한계와 하한계의 차이가 클수록, 연소하한이 낮을수록 위험도가 크다.

○ | ✕

84 □□□
연소상한계와 하한계의 차이가 클수록, 연소하한이 낮을수록 위험도 $\left(H = \dfrac{U-L}{L}\right)$가 크다.

정답 82 ○ 83 ○ 84 ○

85

가연성 가스 A(연소범위 = 2 ~ 72[%])는 가연성 가스 B(연소범위 = 5 ~ 15[%])보다 17.5배 위험하다.

○ | ×

해설

85 □□□

가연성 가스 A(연소범위 = 2~72[%])의 위험도(H)는 $H = \dfrac{72-2}{2} = \dfrac{70}{2} = 35$ 이고, 가연성 가스 B(연소범위 = 5 ~ 15[%])의 위험도(H)는 $H = \dfrac{15-5}{5} = \dfrac{10}{5} = 2$ 이다. 즉, 가연성 가스 A는 가연성 가스 B보다 17.5배(= 35/2) 위험하다.

86

수소기체는 아세틸렌 기체보다 연소범위가 더 넓다.

○ | ×

86 □□□

수소기체의 연소범위는 4 ~ 75[%]이고, 아세틸렌 기체의 연소범위는 2.5 ~ 81[%]이다. 즉, 수소기체의 연소범위보다 아세틸렌 기체의 연소범위가 더 넓다.

87

산소의 농도가 증가할수록 연소하한계가 낮아지고 연소상한계는 거의 변화하지 않아 연소범위는 넓어진다.

○ | ×

87 □□□

산소의 농도가 증가할수록 연소하한계는 거의 변화하지 않고, 연소상한계가 높아져 연소범위는 넓어진다.

88

아르곤(Ar)의 기체를 투입할 경우 연소하한계는 거의 변화하지 않고, 연소상한계가 높아져 연소범위는 넓어진다.

○ | ×

88 □□□

아르곤(Ar)의 기체(불활성기체, 비활성기체)를 투입할 경우 연소하한계는 거의 변화하지 않고, 연소상한계가 좁아져 연소범위는 좁아진다.

89

일산화탄소(CO)는 압력이 증가할 경우 연소범위가 좁아진다.

○ | ×

89 □□□

일반적인 가연성 가스는 압력이 증가할 경우 연소범위는 넓어진다. 그러나 일산화탄소(CO)는 압력이 증가할 경우 연소범위가 좁아진다.

정답 85 ○ 86 × 87 × 88 × 89 ○

90
산소농도가 증가할 경우 연소속도는 빨라지며, 발화점이 높아지고, 최소발화에너지는 높아진다.

○ | ×

해설

90 □□□
산소농도가 증가할 경우 연소속도는 빨라지며, 화염의 온도가 높아진다. 또한, 연소범위는 넓어지고, 발화점이 낮아지고, 최소발화에너지는 낮아진다.

91
최소산소농도(MOC)는 가연성물질과 산소가 혼합된 상태에서 자력으로 화염전파를 위한 최소한의 산소농도를 의미하며, 연소상한계(UFL) 및 완전연소반응식의 산소몰수(O_2)에 비례한다.

○ | ×

91 □□□
최소산소농도(MOC)는 가연성물질과 산소가 혼합된 상태에서 자력으로 화염전파를 위한 최소한의 산소농도를 의미하며, 연소하한계(LFL) 및 완전연소반응식의 산소몰수(O_2)에 비례한다.

92
에틸알코올(C_2H_5OH)의 최소산소농도(MOC)는 15[%]이다. (단, C_2H_5OH의 연소상한계는 30%, 연소범위의 상·하한 폭은 23%이다.)

○ | ×

92 □□□
에틸알코올(C_2H_5OH)의 연소반응식은
"$C_2H_5OH + 3O_2 \rightarrow 2CO_2 + 3H_2O$"이다.
또한, 연소하한계(LFL)는
"연소상한계 – 연소범위의 상·하한 폭
= 30[%] – 23[%] = 7[%]"이다.
따라서, 최소산소농도(MOC)는
"$MOC = LFL \times \dfrac{O_2[mol]}{연료[mol]}$
$= (30 - 23)[\%] \times \dfrac{3[mol]}{1[mol]} = 7[\%] \times 3$
$= 21[\%]$"이다.

93
연기(Smoke)는 가연물이 연소할 때 생성되는 물질로서 고체 또는 액체상의 탄소미립자로서 보통 0.01 ~ 10[㎛] 정도로 아주 작다.

○ | ×

93 □□□
연기(Smoke)는 가연물이 연소할 때 생성되는 물질로서 고체 또는 액체상의 탄소미립자로서 보통 0.01 ~ 10[㎛] 정도로 아주 작다.

정답 90 ×   91 ×   92 ×   93 ○

94

화재 초기의 발연량은 성장기의 발연량보다 많이 발생하며, 화재 초기에 발생하는 연기는 흑색으로 나타난다.

○ | ✕

95

연기(Smoke)는 수평방향으로 2 ~ 3[m/s], 수직방향으로 3 ~ 5[m/s]로 이동한다.

○ | ✕

96

굴뚝효과(연돌효과, Stack effect)은 건물 내부와 외부의 온도차에 의한 밀도차의 발생으로 연기가 이동하는 현상으로, 건물의 높이가 높을수록, 외벽의 기밀성이 높을수록 굴뚝효과는 잘 발생한다.

○ | ✕

97

고층건축물에서 연기는 부력효과, 바람에 의한 압력차, 굴뚝효과 및 공기조화설비에 영향을 받아 이동한다.

○ | ✕

98

중성대(Neutral Zone)는 건물의 구획실 화재 시 실내와 실외의 정압이 같아지는 경계면을 의미하며, 공기의 흐름이 원활한 지점이다.

○ | ✕

해설

94 □□□
화재 초기의 발연량은 성장기의 발연량보다 많이 발생하며, 화재 초기에 발생하는 연기는 백색으로 나타난다.

95 □□□
연기는 수평방향으로 0.5 ~ 1[m/s], 수직방향으로 2 ~ 3[m/s], 계단실 내 수직방향으로 3 ~ 5[m/s]로 이동한다.

96 □□□
굴뚝효과(연돌효과, Stack effect)은 건물 내부와 외부의 온도차에 의한 밀도차의 발생으로 연기가 이동하는 현상으로, 건물의 높이가 높을수록, 외벽의 기밀성이 낮을수록(공기가 잘 유통되므로) 굴뚝효과는 잘 발생한다.

97 □□□
고층건축물에서 연기는 부력효과, 바람에 의한 압력차, 굴뚝효과 및 공기조화설비에 영향을 받아 이동한다.

98 □□□
중성대(Neutral Zone)는 건물의 구획실 화재 시 실내와 실외의 정압이 같아지는 경계면을 의미하며, 실내와 실외의 압력차이가 없어 공기의 흐름이 없는 지점이다.

정답 94 ✕ 95 ✕ 96 ✕ 97 ○ 98 ✕

99
중성대를 기준으로 중성대에 가까워질수록 실내와 실외의 압력차이는 커진다.

O | X

해설

99 ☐☐☐
중성대는 실내와 실외의 정압이 같아지는 경계면으로, 중성대에서 멀어질수록 실내와 실외의 압력차이는 커지며, 공기 또는 연기의 유동은 많아진다.

100
중성대 하부에서는 실내 압력보다 실외 압력이 더 크게 나타나고, 중성대 상부에서는 실외 압력보다 실내 압력이 더 크게 나타난다.

O | X

100 ☐☐☐
중성대 하부에서는 실내 압력보다 실외 압력이 더 크게 나타나므로 공기가 외부에서 안으로 들어온다. 또한, 중성대 상부에서는 실외 압력보다 실내 압력이 더 크게 나타나므로 연기가 외부로 나간다.

101
화재실의 바닥면적, 온도의 차이, 개구부의 위치 및 면적은 중성대의 위치에 영향을 준다.

O | X

101 ☐☐☐
화재실의 바닥면적, 온도의 차이, 개구부의 위치 및 면적은 중성대의 위치에 영향을 준다. 화재실의 바닥면적은 중성대의 위치에 영향을 주지 않는다. 또한, 구획실의 화재가 커져 내부의 온도가 높아질 경우 온도차이가 커지고 중성대는 낮아진다.

102
소방활동 시 건물 내의 진입로는 중성대 하부로 하며, 소방대가 원활하게 진입하기 위해서는 상부의 개구부를 파괴하여 중성대를 하강시켜야 한다.

O | X

102 ☐☐☐
소방활동 시 건물 내의 진입로는 중성대 하부로 하며, 소방대가 원활하게 진입하기 위해서는 상부의 개구부를 파괴하여 중성대를 상승시키고, 소방대원의 활동공간 및 시야를 확보하여야 한다.

103
중성대의 상부 면적이 커질수록 대피자들의 활동공간과 시야가 확보되어 신속히 대피할 수 있다.

O | X

103 ☐☐☐
중성대의 하부 면적이 커질수록(= 중성대가 상부로 이동할수록) 대피자들의 활동공간과 시야가 확보되어 신속히 대피할 수 있다.

정답 99 × 100 O 101 × 102 × 103 ×

104 🜍 기본서 p.68 참조

중성대의 상부 개구부를 개방한다면 연소는 확대될 수 있지만, 연기가 빠른 속도로 상승하여 외부로 배출되므로, 중성대의 상부 면적은 증가하고 중성대의 하부 면적은 감소한다.

○ | ×

105 🜍 기본서 p.69 참조

감광계수와 가시거리는 반비례하며, 건물 내부에 익숙한 사람이 피난 가능한 한계농도의 감광계수는 $0.3[m^{-1}]$, 가시거리는 $5[m]$이다.

○ | ×

106 🜍 기본서 p.69 참조

연기의 제어 원리에는 희석, 배기, 차단이 있다.

○ | ×

107 🜍 기본서 p.69 참조

TLV – STEL은 1일 8시간 또는 주 40시간 노출되어도 나쁜 영향이 없는 농도를 의미한다.

○ | ×

108 🜍 기본서 p.70 참조

일산화탄소(CO)는 탄화수소·셀룰로오스로 구성된 가연물질인 석유류·나무·고무류·종이·석탄 등이 불완전연소할 때 발생되는 유독성 가스로, 허용농도는 $1,400[ppm]$이다.

○ | ×

해설

104 □□□
중성대의 상부 개구부를 개방한다면 연소는 확대될 수 있지만, 연기가 빠른 속도로 상승하여 외부로 배출되므로, 중성대의 상부 면적은 감소하고 중성대의 하부 면적은 증가한다.

105 □□□
감광계수와 가시거리는 반비례하며, 건물 내부에 익숙한 사람이 피난 가능한 한계농도의 감광계수는 $0.3[m^{-1}]$, 가시거리는 $5[m]$이다. 건물 내부에 익숙하지 않은 사람이 피난 가능한 한계농도의 감광계수는 $0.1[m^{-1}]$, 가시거리는 $20 \sim 30[m]$이다.

106 □□□
연기의 제어 원리에는 희석(외부의 신선한 공기를 공급하여 연기의 농도를 위험수준 이하로 낮추는 방법), 배기(건물 내의 압력차를 이용하여 연기를 외부로 배출시키는 방법), 차단(일정한 장소로 연기가 들어오는 것을 차단하는 방법)이 있다.

107 □□□
TLV – TWA은 1일 8시간 또는 주 40시간 노출되어도 나쁜 영향이 없는 농도를 의미한다. 또한, TLV – STEL은 근로자가 단시간(15분) 노출되어도 나쁜 영향이 없는 농도를 의미하며, TLV – C는 단 한순간도 초과하지 않아야 하는 농도를 의미한다.

108 □□□
일산화탄소(CO)는 탄화수소·셀룰로오스로 구성된 가연물질인 석유류·나무·고무류·종이·석탄 등이 불완전연소할 때 발생되는 유독성 가스로, 허용농도는 $50[ppm]$이다.

정답 104 × 105 ○ 106 ○ 107 × 108 ×

109
이산화탄소(CO_2)는 불연성 가스이고, 일산화탄소(CO)는 산화성이 높은 가스이다.

○ | ✕

해설

109
이산화탄소(CO_2)는 불연성 가스이고, 일산화탄소(CO)는 환원성이 높은 가스(가연성 가스)이다.

110
일산화탄소(CO)는 헤모글로빈과 결합하지 않고도 호흡의 저해를 통한 질식을 유발한다.

○ | ✕

110
일산화탄소(CO)는 인체 내 헤모글로빈(Hb)과 결합하여 산소의 운반기능을 약화시키며, 헤모글로빈과 결합력은 O_2의 210배이다. 시안화수소(HCN)는 헤모글로빈과 결합하지 않고도 호흡의 저해를 통한 질식을 유발한다.

111
황화수소(H_2S)는 고무, 동물의 털, 가죽 등 황이 함유되어 있는 물질이 완전연소할 때 발생하는 무취의 자극성 가스이다.

○ | ✕

111
황화수소(H_2S)는 고무, 동물의 털, 가죽 등 황이 함유되어 있는 물질이 불완전연소할 때 발생하는 악취(계란 썩는 냄새)의 자극성 가스이다.

112
이산화탄소(CO_2)의 농도가 3[%]가 되면 호흡이 과중해지고, 9 ~ 10[%]가 되면 단시간에 생명이 위험해질 위험이 있다.

○ | ✕

112
이산화탄소(CO_2)의 농도가 5[%]가 되면 호흡이 과중(과호흡)해지고, 9 ~ 10[%]가 되면 수분 이내에 의식을 상실할 위험이 있다.

113
암모니아(NH_3)는 폴리염화비닐(PVC) 등과 같이 염소가 함유된 수지류가 탈 때 주로 생성되며 금속에 대한 강한 부식성이 있다.

○ | ✕

113
염화수소(HCl)는 폴리염화비닐(PVC) 등과 같이 염소가 함유된 수지류가 탈 때 주로 생성되며 금속에 대한 강한 부식성이 있다. 암모니아(NH_3)는 멜라민수지·나일론·요소수지·아크릴·실크·나무 등 질소 함유물이 연소할 때 발생하는 가스이다.

정답 109 ✕ 110 ✕ 111 ✕ 112 ✕ 113 ✕

114

HCN은 청산가스라고도 하며 동물의 털이 불완전연소할 때 발생한다.

○ | ✕

115

아크로레인(CH_2CHCHO)은 유독성이 큰 맹독성의 가스로, 2차대전 당시 유태인 대량 학살에 사용한 가스이다.

○ | ✕

116

TLV(Threshold Limit Value)로 측정한 독성가스의 허용농도는 불화수소, 시안화수소, 암모니아, 포스겐 순으로 높다.

○ | ✕

117

브롬화수소(HBr)은 방염수지류 등이 연소할 때 발생하는 가스이며, 상온, 상압에서 무색의 자극성 기체로 물에 잘 용해되지 않는다.

○ | ✕

118

열역학 1법칙은 에너지는 그 형태가 바뀌거나 한 물체에서 다른 물체로 이동될 때 항상 전체의 총량은 일정하다는 법칙을 의미한다.

○ | ✕

해설

114
시안화수소(HCN)는 청산가스라고도 하며 동물의 털이 불완전연소할 때 발생한다.

115
포스겐($COCl_2$)은 유독성이 큰 맹독성의 가스로, 2차대전 당시 유태인 대량학살에 사용한 가스이다. 아크로레인(CH_2CHCHO)은 석유제품, 유지류 등의 물질이 연소할 때 발생하는 가스이다.

116
TLV(Threshold Limit Value)로 측정한 독성가스의 허용농도는 암모니아(NH_3, 25ppm), 시안화수소(HCN, 10ppm), 불화수소(HF, 3ppm), 포스겐($COCl_2$, 0.1ppm) 순으로 높다.

117
브롬화수소(HBr)은 방염수지류 등이 연소할 때 발생하는 가스이며, 상온, 상압에서 무색의 자극성 기체로 물에 잘 용해된다.

118
열역학 1법칙(에너지보존법칙)은 에너지는 그 형태가 바뀌거나 한 물체에서 다른 물체로 이동될 때 항상 전체의 총량은 일정하다는 법칙을 의미한다. (열역학 0법칙 : 열평형상태, 열역학 2법칙 : 방향성)

정답 114 ○ 115 ✕ 116 ✕ 117 ✕ 118 ○

119
전도(Conduction)는 고체 또는 정지된 유체를 통해 자유전자의 이동이나 물질의 이동, 분자의 운동으로 온도가 높은 지점에서 낮은 지점으로 열에너지가 이동하는 현상이다.

○ | ×

120
전도(Conduction)는 전열면적(A)에 비례하고, 두께(l) 및 온도의 차이(△T)에 반비례한다.

○ | ×

121
전도는 뉴턴의 냉각법칙을 따르며, 고체 표면과 움직이는 유체 사이에서 일어난다.

○ | ×

122
대류현상은 전도현상에 비해 가연성 고체에서의 발화, 화염확산, 화재저항과 관련성이 크다.

○ | ×

123
복사열은 원격 발화의 열전달로 작용하고 특히 플래시오버를 일으키는 조건을 형성한다. 또한, 복사열은 전열면적(A)에 비례하고, 상대온도(T)의 2제곱에 비례한다.

○ | ×

해설

119
전도(Conduction)는 물질의 이동 없이 고체 또는 정지된 유체를 통해 자유전자의 이동이나 물질의 이동, 분자의 운동으로 온도가 높은 지점에서 낮은 지점으로 열에너지가 이동하는 현상이다.

120
전도(Conduction)는 전열면적(A) 및 온도의 차이(△T)에 비례하고, 두께(l)에 반비례한다.

121
대류는 뉴턴의 냉각법칙을 따르며, 고체 표면과 움직이는 유체 사이에서 일어난다.

122
전도현상은 대류현상에 비해 가연성 고체에서의 발화, 화염확산, 화재저항과 관련성이 크다.

123
복사열은 원격 발화의 열전달로 작용하고 특히 플래시오버를 일으키는 조건을 형성한다. 또한, 복사열은 전열면적(A)에 비례하고, 절대온도(T)의 4제곱에 비례한다.

정답 119 × 120 × 121 × 122 × 123 ×

124
진공상태에서는 전도(Conduction), 대류(Convection) 및 복사(Radiation) 열전달이 불가능하다.

○ | ✕

💧 기본서 p.74~75 참조

해설

124 ☐☐☐
진공상태에서는 전도(Conduction), 대류(Convection) 열전달이 불가능하고, 복사(Radiation) 열전달은 가능하다.

125
복사열로 인한 열전달은 풍상측보다 풍하측에서 잘 일어난다.

○ | ✕

💧 기본서 p.75 참조

125 ☐☐☐
복사열로 인한 열전달은 연기가 차단물의 역할을 하므로 풍하측보다 풍상측에서 잘 일어난다.

126
열방출률이 200kW인 화염의 직경이 0.3m인 화원의 중심으로부터 0.9m 떨어진 물체에 전달되는 복사열유속을 산정하기 위해서는 Modak' simple method를 적용해야 한다.

○ | ✕

💧 기본서 p.76 참조

126 ☐☐☐
열방출률이 200kW인 화염의 직경이 0.3m인 화원의 중심으로부터 0.9m(목표물이 화염직경 0.3m의 2배 이상 떨어진 경우) 떨어진 물체에 전달되는 복사열유속을 산정하기 위해서는 Modak' simple method를 적용해야 한다.

127
3도 화상은 괴사성 화상으로 표피와 진피 외에 피하지방까지 손상되어 통증이 굉장히 큰 상태이다.

○ | ✕

💧 기본서 p.77 참조

127 ☐☐☐
3도 화상은 괴사성 화상으로 표피와 진피 외에 피하지방까지 손상되어 통증이 없는 상태이다. (1도 화상 : 홍반성 화상, 2도 화상 : 수포성 화상, 3도 화상 : 괴사성 화상, 4도 화상 : 흑사성 화상)

128
화재플럼은 연속화염영역, 간헐화염영역 및 부력화염영역으로 구성된다.

○ | ✕

💧 기본서 p.78 참조

128 ☐☐☐
화재플럼은 연속화염영역(지속적으로 화염이 존재하는 영역), 간헐화염영역(간헐적으로 화염의 생성 및 소멸이 반복되는 영역) 및 부력화염영역(화염이 존재하지 않고 연기만 존재하는 영역)으로 구성된다.

정답 124 ✕ 125 ✕ 126 ○ 127 ✕ 128 ○

129   기본서 p.78 참조

화염의 측면에서는 주위 공기에 의해 온도가 높아져 난류에 의한 부분적인 와류를 형성한다.

O | X

해설

129 ☐☐☐
화염의 측면에서는 주위 공기에 의해 온도가 낮아져 난류에 의한 부분적인 와류를 형성한다.

130   기본서 p.79 참조

천장제트흐름(Ceiling Jet Flow)은 고온의 연소생성물이 부력에 의해 천장면 아래에 두꺼운 층을 형성하는 비교적 느린 속도의 가스흐름으로 화재 중기에 존재한다.

O | X

130 ☐☐☐
천장제트흐름(Ceiling Jet Flow)은 고온의 연소생성물이 부력에 의해 천장면 아래에 얇은 층을 형성하는 비교적 빠른 속도의 가스흐름으로 화재 초기에 존재한다.

131   기본서 p.79 참조

스프링클러헤드와 화재감지기는 천장제트흐름(Ceiling Jet Flow)의 영향범위를 피하여 부착한다.

O | X

131 ☐☐☐
스프링클러헤드와 화재감지기는 천장제트흐름(Ceiling Jet Flow)의 영향범위 내에 설치하여야 한다.

132   기본서 p.79 참조

천장제트흐름(Ceiling Jet Flow)의 두께는 "구획실 높이의 약 5 ~ 12[%] 정도"이고, 최고온도는 "구획실 높이의 1[%]" 이내의 범위에서 나타난다.

O | X

132 ☐☐☐
천장제트흐름(Ceiling Jet Flow)의 두께는 "구획실 높이의 약 5 ~ 12[%] 정도"이고, 최고온도는 "구획실 높이의 1[%]" 이내의 범위에서 나타난다.

133   기본서 p.80 참조

금속원소에 따른 불꽃반응 시 칼륨(K)은 보라색, 구리(Cu)는 녹색이다.

O | X

133 ☐☐☐
금속원소에 따른 불꽃반응 시 칼륨(K)은 보라색, 구리(Cu)는 녹색이다. 또한, 리튬(Li)은 빨간색, 나트륨(Na)은 노란색, 칼슘(Ca)은 주황색이다.

정답 129 X 130 X 131 X 132 O 133 O

134 🔥 기본서 p.81 참조

수소(H_2), 아세틸렌(C_2H_2), 이황화탄소(CS_2)의 폭발등급은 1등급에 해당하며, 위험성이 높다.

○ | ✕

135 🔥 기본서 p.82 참조

폭굉(Detonation)은 화염전파속도가 음속보다 빠른 폭발을 말하며, 화염면에서 온도, 압력, 밀도의 변화가 불연속적으로 나타난다.

○ | ✕

136 🔥 기본서 p.82 참조

폭연은 폭굉으로 전이될 수 있으며, 반응 또는 화염면의 전파가 물질의 분자량이나 공기의 난류확산에 영향을 받는다.

○ | ✕

137 🔥 기본서 p.82~83 참조

예혼합가스의 초기압력 및 초기온도가 높을수록 폭굉유도거리가 길어진다.

○ | ✕

138 🔥 기본서 p.82~83 참조

관 속의 표면이 거친 것보다는 매끄러울수록, 점화에너지가 작을수록 폭굉유도거리가 길어진다.

○ | ✕

해설

134 □□□
수소(H_2), 아세틸렌(C_2H_2), 이황화탄소(CS_2)의 폭발등급은 3등급에 해당하며, 안전간격이 0.4[mm] 이하로 좁고, 위험성이 높다.

135 □□□
폭굉(Detonation)은 화염전파속도가 음속보다 빠른 폭발(화염전파속도 > 음속)을 말하며, 화염면에서 온도, 압력, 밀도의 변화가 불연속적으로 나타난다.

136 □□□
폭연은 폭굉으로 전이될 수 있으며(폭굉유도거리), 반응 또는 화염면의 전파가 물질의 분자량이나 공기의 난류확산에 영향을 받는다.

137 □□□
예혼합가스의 초기압력 및 초기온도가 높을수록 폭굉유도거리가 짧아지고, 위험도가 증가한다.

138 □□□
관 속의 표면이 거친 것보다는 매끄러울수록, 점화에너지(= 점화원의 크기)가 작을수록 폭굉유도거리가 길어지고, 위험도가 감소한다.

정답 134 ✕ 135 ○ 136 ○ 137 ✕ 138 ○

139
폭연에서 폭굉으로 전이되는 과정은 "착화 → 연소파 → 폭굉파 → 압축파 → 충격파"이다.

🔥 기본서 p.83 참조

○ | ×

해설

139 ☐☐☐
폭연에서 폭굉으로 전이되는 과정(DDT)은 "착화 → 연소파 → 압축파 → 충격파 → 폭굉파"이다.

140
중합폭발, 수증기폭발, 산화폭발 및 분해폭발은 모두 화학적 폭발에 해당한다.

🔥 기본서 p.84 참조

○ | ×

140 ☐☐☐
중합폭발, 산화폭발 및 분해폭발은 모두 화학적 폭발에 해당한다. 수증기폭발은 물리적 폭발에 해당한다.

141
과열액체 증기폭발(Boiling Liquid Expanding Vapor Explosion)의 발생과정은 "화재 → 액온상승 → 취성파괴 → 연성파괴 → 액격현상"이다.

🔥 기본서 p.85 참조

○ | ×

141 ☐☐☐
과열액체 증기폭발(Boiling Liquid Expanding Vapor Explosion)의 발생과정은 "화재 → 액온상승 → 연성파괴 → 액격현상 → 취성파괴"이다.

142
블래비현상(BLEVE)은 화재로 인해 액체의 온도가 상승하여 높은 증기압이 형성되어 탱크 내부의 압력이 상승하며, 그로 인해 탱크의 액상부분이 설계압력을 초과하여 탱크가 파열되는 것이다.

🔥 기본서 p.85 참조

○ | ×

142 ☐☐☐
블래비현상(BLEVE)은 화재로 인해 액체의 온도가 상승하여 높은 증기압이 형성되어 탱크 내부의 압력이 상승하며, 그로 인해 탱크의 기상부분이 설계압력을 초과하여 탱크가 파열되는 것이다.

143
블래비현상(BLEVE)은 프로판 액화가스탱크에서 물리적·화학적 병립에 의한 폭발이다. 또한, 화구(Fire Ball)을 형성하고, 주위에 복사열에 의한 피해를 발생시킨다.

🔥 기본서 p.85 참조

○ | ×

143 ☐☐☐
블래비현상(BLEVE)은 프로판 액화가스탱크에서 물리적·화학적 병립에 의한 폭발이다. 또한, 화구(Fire Ball)을 형성하고, 주위에 복사열에 의한 피해를 발생시킨다.

정답 139 × 140 × 141 × 142 × 143 ○

144 🔥 기본서 p.86 참조

블래비현상(BLEVE)을 방지하기 위해서는 탱크를 지상에 설치하여 화염에 의해 가열되지 않도록 설치하여야 하고, 탱크의 내압강도를 낮게 유지한다.

○ | ✕

145 🔥 기본서 p.85~86 참조

블래비현상(BLEVE)은 저장탱크의 기계적 강도 이상의 압력이 형성될 때 발생한다.

○ | ✕

146 🔥 기본서 p.85 참조

블래비(BLEVE)는 저장탱크가 균열되기 전까지는 액상, 기상의 동적 평형 상태가 유지되다가 탱크가 파열될 경우 평형 상태가 깨지며 급격한 기화가 발생한다.

○ | ✕

147 🔥 기본서 p.86 참조

블래비현상(BLEVE)을 방지하기 위해서는 알루미늄 합금 박판 등 용기의 외부는 국부적 가열이 발생하지 않도록 열전도도가 높은 것으로 한다.

○ | ✕

148 🔥 기본서 p.89 참조

증기폭발은 액체의 급속한 기화로 인해 체적이 팽창되어 발생하는 현상으로 화염을 발생시킨다.

○ | ✕

해설

144 □□□
블래비현상(BLEVE)을 방지하기 위해서는 탱크를 지하에 설치하여 화염에 의해 가열되지 않도록 설치하여야 하고, 탱크의 내압강도(압력에 견디는 강도)를 높게 유지한다.

145 □□□
블래비현상(BLEVE)은 저장탱크의 기계적 강도(설계압력) 이상의 압력이 형성될 때 탱크가 파열되며 발생한다.

146 □□□
블래비(BLEVE)는 저장탱크가 균열되기 전까지는 액상, 기상의 동적 평형 상태가 유지되다가 탱크가 파열될 경우 액상, 기상의 평형 상태가 깨지며 급격한 기화가 발생하며, 화학적 폭발로 이어진다.

147 □□□
블래비현상(BLEVE)을 방지하기 위해서는 알루미늄 합금 박판 등 용기의 내부는 국부적 가열이 발생하지 않도록 열전도도가 높은 것으로 한다. 용기의 외부는 열전도도가 낮은 것으로 단열시공한다.

148 □□□
증기폭발은 액체의 급속한 기화로 인해 체적이 팽창되어 발생하는 현상으로 물리적 폭발에 해당하며, 화염을 발생시키지 않는다.

정답 144 ✕ 145 ○ 146 ○ 147 ✕ 148 ✕

149
기상폭발에는 가스폭발(혼합가스폭발), 가스의 분해폭발, 분무폭발 및 분진폭발이 있다.

○ | ✕

해설

149 ☐☐☐
기상폭발에는 가스폭발(혼합가스폭발), 가스의 분해폭발, 분무폭발 및 분진폭발이 있다.

150
중합폭발은 공기 중에 분출된 가연성 액체의 미세한 액적이 무상으로 되어 공기 중에 부유하고 있을 때 발생하는 폭발로 인화점 이하에서도 폭발이 발생할 수 있다.

○ | ✕

150 ☐☐☐
분무폭발은 공기 중에 분출된 가연성 액체의 미세한 액적이 무상으로 되어 공기 중에 부유하고 있을 때 발생하는 폭발로 인화점 이하에서도 폭발이 발생할 수 있다. (중합폭발 : 중합물질의 단량체가 폭발적으로 중합하면서 발생하는 반응열을 통하여 폭발)

151
분진폭발을 방지하기 위해서는 기계적 교반장치를 설치하여야 한다.

○ | ✕

151 ☐☐☐
기계적 교반장치를 설치할 경우 가연성 기체와 공기와 혼합하여 가연성 혼합기를 형성할 수 있는 좋은 조건이 형성되므로 분진폭발이 발생하기 좋은 상태가 된다.

152
탄산칼슘($CaCO_3$), 수산화칼슘($Ca(OH)_2$), 석탄, 가성소다, 전분은 분진폭발을 일으키지 않는 물질이다.

○ | ✕

152 ☐☐☐
탄산칼슘($CaCO_3$), 수산화칼슘($Ca(OH)_2$), 석탄, 가성소다, 전분은 분진폭발을 일으키지 않는 물질이다. 금속, 플라스틱, 밀가루, 설탕, 전분, 석탄 등은 가연성을 갖고 있으므로 분진폭발을 발생시킬 수 있다.

153
분진입자의 평균 직경이 작을수록, 밀도가 클수록 비표면적이 커져 폭발이 용이하다.

○ | ✕

153 ☐☐☐
분진입자의 평균 직경이 작을수록, 밀도가 작을수록 비표면적이 커져 폭발이 용이하다.

정답 149 ○ 150 ✕ 151 ✕ 152 ✕ 153 ✕

154
밀가루 분진은 수분의 함유량이 많을수록 폭발이 용이하다.

○ | ✕

155
가스폭발은 분진폭발보다 최소발화에너지가 크며, 발생에너지는 작다.

○ | ✕

156
분진폭발은 공기와 가연물이 불균일상태에서 반응하며, 일산화탄소(CO)의 발생량이 매우 크다.

○ | ✕

157
분진폭발은 가스폭발에 비해 연소시간이 길고, 연쇄폭발을 하는 특징을 갖는다.

○ | ✕

158
증기운폭발(UVCE)은 다량의 가연성 가스가 밀폐된 공간에 유출되어 그것으로부터 발생하는 가연성가스가 공기와 혼합기체를 형성하고 점화원에 의한 폭발로, "자유공간 증기운 폭발"이라고도 한다.

○ | ✕

해설

154 □□□
밀가루 분진은 수분의 함유량이 많을수록 부유성이 저하되어 폭발성이 감소한다. 단, 알루미늄(Al), 마그네슘(Mg) 등 금속분진은 물과 반응하여 수소를 발생시키므로 위험성이 증가한다.

155 □□□
가스폭발은 분진폭발보다 최소발화에너지 및 발생에너지가 작다.

156 □□□
분진폭발은 공기와 가연물이 불균일상태에서 반응하며, 일산화탄소(CO)의 발생량이 매우 크다.

157 □□□
분진폭발은 가스폭발에 비해 연소시간이 길고, 초기 폭발력은 작지만 연쇄폭발을 하는 특징을 가지므로 발생에너지는 크게 나타난다.

158 □□□
증기운폭발(UVCE)은 다량의 가연성 가스가 개방된 대기 중에 유출되어 그것으로부터 발생하는 가연성가스가 공기와 혼합기체를 형성하고 점화원에 의한 폭발로, "자유공간 증기운 폭발"이라고도 한다.

정답 154 ✕ 155 ✕ 156 ○ 157 ○ 158 ✕

159 🔥 기본서 p.88 참조

증기운 폭발은 피해형태가 화재보다 폭발 재해 형태를 나타내며, 높은 폭발 효율을 갖는다.

○ | ✕

160 🔥 기본서 p.86 참조

증기운폭발(UVCE)은 저장탱크에서 유출된 가스가 증기운을 형성하여 떠다니다가 점화원과 접촉하여 발생하는 평형파괴형 폭발에 해당한다.

○ | ✕

161 🔥 기본서 p.89 참조

불안정한 물질의 폭발은 유기과산화물 등과 같은 불안정한 물질인 고체가 작은 충격이나 가열에 의해 발열, 분해되어 다량의 고온가스를 발생하며 폭발하는 것으로 기상폭발에 해당한다.

○ | ✕

162 🔥 기본서 p.91 참조

유입방폭구조는 점화원이 될 우려가 있는 부분을 용기 내에 넣고 불연성 가스인 보호기체를 용기의 내부에 넣어줌으로써 용기 내부에는 압력이 발생하여 외부로부터 폭발성 가스가 침입하지 못하도록 한 구조이다.

○ | ✕

163 🔥 기본서 p.92 참조

0종 장소란 정상상태에서 위험분위기가 지속적으로 또는 장기간 존재하는 장소로 안전증(가)방폭구조를 적용하여야 한다.

○ | ✕

해설

159 ☐☐☐
증기운 폭발은 피해형태가 폭발보다 화재 재해 형태를 나타내며, 낮은 폭발 효율을 갖는다. (최대 1atm 정도의 충격파를 가진다.)

160 ☐☐☐
증기운폭발(UVCE)은 저장탱크에서 유출된 가스가 증기운을 형성하여 떠다니다가 점화원과 접촉하여 발생하는 누설착화형 폭발에 해당한다.

161 ☐☐☐
불안정한 물질의 폭발은 유기과산화물 등과 같은 불안정한 물질인 고체가 작은 충격이나 가열에 의해 발열, 분해되어 다량의 고온가스를 발생하며 폭발하는 것으로 응상폭발에 해당한다.

162 ☐☐☐
압력방폭구조(= 내(內)압방폭구조)는 점화원이 될 우려가 있는 부분을 용기 내에 넣고 불연성 가스인 보호기체를 용기의 내부에 넣어줌으로써 용기 내부에는 압력이 발생하여 외부로부터 폭발성 가스가 침입하지 못하도록 한 구조이다. (적용 위험장소 : 1종 장소, 2종 장소)

163 ☐☐☐
0종 장소란 정상상태에서 위험분위기가 지속적으로 또는 장기간 존재하는 장소로 본질안전방폭구조를 적용하여야 한다.

정답 159 ✕ 160 ✕ 161 ✕ 162 ✕ 163 ✕

CHAPTER 03 화재이론

01 🜂 기본서 p.96 참조

화재란 사람의 의도에 반하거나 고의 또는 과실에 의하여 발생하는 연소 현상으로서 소화할 필요가 있는 현상 또는 사람의 의도에 반하여 발생하거나 확대된 물리적 폭발 현상을 말한다.

○ | ✕

02 🜂 기본서 p.98 참조

표시색은 일반화재의 경우 백색, 유류화재의 경우 청색, 전기화재의 경우 무색, 금속화재의 경우 황색이다.

○ | ✕

03 🜂 기본서 p.98 참조

국내의 화재안전기술기준에서는 화재의 종류를 일반화재, 유류화재, 전기화재, 금속화재 및 주방화재로 분류한다.

○ | ✕

04 🜂 기본서 p.99 참조

일반화재의 연기 색상은 백색이며, 화재성장속도가 유류화재에 비해 빠른 편이다.

○ | ✕

해설

01 ☐☐☐
화재란 사람의 의도에 반하거나 고의 또는 과실에 의하여 발생하는 연소 현상으로서 소화할 필요가 있는 현상 또는 사람의 의도에 반하여 발생하거나 확대된 화학적 폭발현상을 말한다.

02 ☐☐☐
표시색은 일반화재의 경우 백색, 유류화재의 경우 황색, 전기화재의 경우 청색, 금속화재의 경우 무색이다.

03 ☐☐☐
국내의 화재안전기술기준에서는 화재의 종류를 일반화재, 유류화재, 전기화재, 금속화재 및 주방화재로 분류한다. (A급, B급, C급, D급, K급)

04 ☐☐☐
일반화재의 연기 색상은 백색이며, 화재성장속도가 유류화재에 비해 느린 편이다.

정답 01 ✕ 02 ✕ 03 ○ 04 ✕

05

유류화재란 인화성 액체, 가연성 액체, 석유 그리스, 타르, 오일, 유성도료, 솔벤트, 래커, 알코올 및 인화성 가스와 같은 유류가 타고 나서 재가 남는 화재를 말한다.

○ | ×

🔥 기본서 p.99 참조

해설

05 ☐☐☐

유류화재란 인화성 액체, 가연성 액체, 석유 그리스, 타르, 오일, 유성도료, 솔벤트, 래커, 알코올 및 인화성 가스와 같은 유류가 타고 나서 재가 남지 않는 화재를 말한다.

06

유류화재 시 주수를 하게 되면 물의 비중이 기름보다 작은 밀도차이에 의해 유류가 물 위에 떠서 흘러 연소면을 확대시킬 우려가 있으므로 주의하여야 한다.

○ | ×

🔥 기본서 p.99 참조

06 ☐☐☐

유류화재 시 주수를 하게 되면 물의 비중이 기름보다 큰 밀도차이(비중 : 물 > 기름)에 의해 유류가 물 위에 떠서 흘러 연소면을 확대시킬 우려가 있으므로 주의하여야 한다.

07

오일오버(Oil over)란 유류가 탱크 내용적의 50% 이상으로 충전되어 있을 때 화재로 인해 증기압력이 상승하고 유류를 외부로 분출하면서 탱크가 파열되는 현상으로, 다른 이상현상보다 안전성이 높은 편이다.

○ | ×

🔥 기본서 p.100 참조

07 ☐☐☐

오일오버(Oil over)란 유류가 탱크 내용적의 50% 이하으로 충전되어 있을 때 화재로 인해 증기압력이 상승하고 유류를 외부로 분출하면서 탱크가 파열되는 현상으로, 다른 이상현상보다 위험성이 매우 높다.

08

보일오버(Boil over)를 방지하기 위해서는 탱크 내부에 기계적 교반을 실시하여야 한다.

○ | ×

🔥 기본서 p.100 참조

08 ☐☐☐

보일오버(Boil over)를 방지하기 위해서는 탱크 저부나 측면 하단에 배수관을 설치하여 물을 배출하거나, 탱크 내부에 기계적 교반을 실시하여야 한다. (탱크 저부의 물을 없애기 위해 기계적 교반을 실시한다.)

정답 05 × 06 × 07 × 08 ○

09 🔥 기본서 p.101 참조

보일오버(Boil over)란 비점이 높고 점성을 가진 고온의 유류 표면에서부터 소화작업 등에 의한 물 또는 포소화약제가 주입되면 수분의 급격한 증발에 의해 불이 붙은 유류가 탱크벽을 타고 넘는 현상을 말한다.

○ | ×

10 🔥 기본서 p.102 참조

프로스오버(Forth over)란 점성을 가진 뜨거운 유류 표면의 아래 부분에서 물이 비등할 경우 비등하는 물이 저장탱크 내의 유류를 외부로 넘쳐 흐르게 하는 현상을 말하며, 발생 횟수가 많으나 화재를 수반하지 않는다. 또한, 다른 이상현상보다 위험성이 매우 높다.

○ | ×

11 🔥 기본서 p.103 참조

중질유는 액온이 인화점보다 높아 상온에서도 쉽게 기화하여 연소범위를 형성하며 화염이 그 증기층을 통하여 전파하며 가연성 혼합기의 화염전파(예혼합형 전파)와 비슷하다.

○ | ×

12 🔥 기본서 p.103 참조

경질유는 부상지붕구조(FRT)에 저장하고, 중질유는 콘루프탱크(CRT)에 저장한다.

○ | ×

해설

09 □□□
슬롭오버(Slop over)란 비점이 높고 점성을 가진 고온의 유류 표면에서부터 소화작업 등에 의한 물 또는 포소화약제가 주입되면 수분의 급격한 증발에 의해 불이 붙은 유류가 탱크벽을 타고 넘는 현상을 말한다.

10 □□□
프로스오버(Forth over)란 점성을 가진 뜨거운 유류 표면의 아래 부분에서 물이 비등할 경우 비등하는 물이 저장탱크 내의 유류를 외부로 넘쳐 흐르게 하는 현상을 말하며, 발생 횟수가 많으나 화재를 수반하지 않는다. 또한, 다른 이상현상보다 위험성이 낮은 편이다.

11 □□□
경질유는 액온이 인화점보다 높아 상온에서도 쉽게 기화하여 연소범위를 형성하며 화염이 그 증기층을 통하여 전파하며 가연성 혼합기의 화염전파(예혼합형 전파)와 비슷하다. 중질유는 중유, 원유 등 비점이 높은 가연성 액체의 기름을 말하며, 액온이 인화점보다 낮아 액면상의 농도가 연소하한계 이하 영역이기 때문에 미연소 액면이 예열되어야만 화염전파(예열형 전파)가 된다.

12 □□□
경질유는 유증기가 발생하는 것에 따라 지붕이 움직이는 부상지붕구조(FRT)에 저장하고, 중질유는 콘루프탱크(CRT)에 저장한다.

정답 09 × 10 × 11 × 12 ○

13
화재안전기술기준에 따른 전기화재의 정의는 전기적 점화원에 의해 발생하는 모든 화재를 말한다.

○ | ✗

14
주유소에서 유증기가 체류하고 있고 정전기에 의한 스파크로 화재가 발생한 것은 C급 화재로 분류한다.

○ | ✗

15
과전류, 단락, 단선 및 절연저항의 증가는 모두 전기적 점화원이 될 수 있으며, 역기전력은 전기적 점화원의 종류에 해당하지 않는다.

○ | ✗

16
외출 시 전원이 차단된 콘센트에서 불이 난 경우는 전기화재(C급 화재)에 해당한다.

○ | ✗

17
E급 화재란 마그네슘 합금 등의 가연성 금속에서 일어나는 화재를 말하며, 분말형태의 금속의 경우 폭발을 동반할 수 있다.

○ | ✗

해설

13 ☐☐☐
화재안전기술기준에 따른 전기화재의 정의는 전류가 흐르고 있는 전기기기, 배선과 관련된 화재를 말한다. 화재의 구분은 점화원의 종류에 따라 분류한 것이 아닌 가연물의 종류 및 성상에 따라 분류한 것이다.

14 ☐☐☐
주유소에서 유증기가 체류하고 있고 정전기에 의한 스파크로 화재가 발생한 것은 유류화재(B급 화재)로 분류한다. 가연물이 전류가 흐르고 있는 전기기기가 아닌, 주유소의 유증기이므로 유류화재로 분류한다.

15 ☐☐☐
과전류, 단락, 반단선 및 절연저항의 감소(= 절연불량)는 모두 전기적 점화원이 될 수 있으며, 역기전력은 전기적 점화원의 종류에 해당하지 않는다.

16 ☐☐☐
외출 시 전원이 차단된 콘센트에서 불이 난 경우는 일반화재(A급 화재)에 해당한다. (전기화재에 해당하는 것은 전류가 흐르고 있는 전기기기에서 발생하는 화재이다.)

17 ☐☐☐
금속화재(D급 화재)란 마그네슘 합금 등의 가연성 금속에서 일어나는 화재를 말하며, 분말형태의 금속의 경우 폭발을 동반할 수 있다.

정답 13 ✗ 14 ✗ 15 ✗ 16 ✗ 17 ✗

18
국내의 화재안전기술기준(NFTC)에서는 유류화재를 가스화재에 포함한다.

○ | ×

해설

18
국내의 화재안전기술기준(NFTC)에서는 가스화재(E급 화재)를 유류화재(B급 화재)에 포함한다.

19
가스를 저장상태에 따라 분류할 경우 압축가스, 액화가스 및 용해가스로 분류할 수 있으며, 액화가스는 임계온도가 상온보다 낮은 가스로, 상온에서 가압 또는 냉각에 의해 비교적 쉽게 액화되어 액체상태로 용기에 충전하는 가스를 말한다.

○ | ×

19
가스를 저장상태에 따라 분류할 경우 압축가스, 액화가스 및 용해가스로 분류할 수 있으며, 액화가스는 임계온도가 상온보다 높은 가스로, 상온에서 가압 또는 냉각에 의해 비교적 쉽게 액화되어 액체상태로 용기에 충전하는 가스를 말한다.

20
산소(O_2)는 압축가스에 해당하며, 이산화탄소(CO_2)는 액화가스에 해당하며, 아세틸렌(C_2H_2)는 용해가스에 해당한다.

○ | ×

20
산소(O_2), 수소(H_2), 질소(N_2)는 압축가스에 해당하며, 이산화탄소(CO_2), 암모니아(NH_3), LP가스는 액화가스에 해당하며, 아세틸렌(C_2H_2)는 용해가스에 해당한다.

21
가연성 가스란 공기 중에서 연소하는 가스로서 폭발한계의 하한이 5[%] 이하인 것과 폭발한계의 상한과 하한의 차가 10[%] 이상인 것을 말한다.

○ | ×

21
가연성 가스란 공기 중에서 연소하는 가스로서 폭발한계의 하한이 10[%] 이하인 것과 폭발한계의 상한과 하한의 차가 20[%] 이상인 것을 말한다.

22
액화석유가스는 프로판(C_3H_8)과 부탄(C_4H_{10})을 주성분으로 구성되어 있으며, 액화천연가스에 비해 발열량 및 끓는점이 높고, 연소속도가 빠르다.

○ | ×

22
액화석유가스는 프로판(C_3H_8)과 부탄(C_4H_{10})을 주성분으로 구성되어 있으며, 액화천연가스에 비해 발열량 및 끓는점이 높고, 연소속도가 느리다. (탄소수가 많아지므로 타야 할 물질이 많아지므로 연소속도는 느리다.)

정답 18 × 19 × 20 ○ 21 × 22 ×

23
주방화재의 가연물 중 하나인 식용유의 발화점은 비점보다 낮다.

○ | ✕

24
식용유로 인한 화재 시 유면상의 화염을 제거하면 복사열에 의한 기화를 차단하여 재발화를 방지할 수 있다.

○ | ✕

25
건성유란 요오드값이 100 미만인 것을 말하며 불포화도가 높은 기름으로 반응성이 뛰어나다.

○ | ✕

26
산림화재 중 수관화는 나무의 줄기에서 화재가 발생하는 것을 말한다.

○ | ✕

27
열가소성 플라스틱은 열경화성 플라스틱에 비해 훈소의 위험성이 높다.

○ | ✕

해설

23 □□□
주방화재의 가연물 중 하나인 식용유의 발화점은 비점보다 낮으므로, 비점 이하의 온도에서 재발화가 가능하며, 소화 시 질식소화 및 냉각소화를 하여야 한다.

24 □□□
식용유로 인한 화재 시 유면상의 화염을 제거하여 복사열에 의한 기화를 차단하고, 기름의 온도를 낮춰 재발화를 방지할 수 있다. (질식소화와 냉각소화를 함께 실시하여야 한다.)

25 □□□
건성유란 요오드값이 130 이상인 것을 말하며 불포화도가 높은 기름으로 반응성이 뛰어나다.

26 □□□
산림화재 중 수간화는 나무의 줄기에서 화재가 발생하는 것을 말한다. 수관화는 나무의 가지 또는 잎에서 화재가 발생하는 것을 말한다.

27 □□□
열경화성 플라스틱은 열가소성 플라스틱에 비해 훈소의 위험성이 높다. 열경화성 플라스틱은 저에너지의 화재이며, 열가소성 플라스틱은 고에너지의 화재이다.

정답 **23** ○ **24** ✕ **25** ✕ **26** ✕ **27** ✕

28

염화비닐수지의 경우 열을 가한 뒤 한번 굳어지고 나면 다시 열을 가해도 다른 모양으로 변형할 수 없는 플라스틱으로 재사용이 불가능한 것이다.

○ | ×

29

훈소는 발열량 및 발연량이 매우 낮은 연소로, 연소속도도 매우 느린 편이다.

○ | ×

30

표면연소와 훈소는 모두 연쇄반응을 하지 않는 무염연소이다. 그러나 훈소의 경우 표면연소와 달리 가연성 가스를 발생시키며 불꽃연소로 발전가능성이 있는 특징이 있다.

○ | ×

31

훈소성 화재에서는 연기의 온도와 주변 공기의 온도가 같아져 상승력이 감소함에 따라 연기가 천장에 도달하지 못하고 하부에서 하나의 층을 형성하는 현상이 나타난다.

○ | ×

해설

28 □□□
염화비닐수지(= 폴리염화비닐) 등 열가소성 플라스틱은 열을 가했을 때 유연하게 되고 온도를 더 올리면 녹고, 온도를 충분히 낮추면 고체 상태로 되돌아 가는 플라스틱이다. 페놀수지, 요소수지, 폴리우레탄 등 열경화성 플라스틱은 열을 가한 뒤 한번 굳어지고 나면 다시 열을 가해도 다른 모양으로 변형할 수 없는 플라스틱으로 재사용이 불가능한 것이다.

29 □□□
훈소는 발열량이 매우 낮은 연소로, 연소속도도 매우 느린 편이다. 또한, 연기의 입자 크기가 크고(이온화식 감지기보다 광전식 감지기에 유리하다), 다량의 액체미립자계 연기가 다량 발생한다. (발연량은 매우 높다.)

30 □□□
표면연소와 훈소는 모두 연쇄반응을 하지 않는 무염연소이다. (연소의 3요소로만 연소를 진행한다.) 그러나 훈소의 경우 표면연소와 달리 가연성 가스를 발생시키며 불꽃연소로 발전가능성이 있는 특징이 있다.

31 □□□
연기의 온도와 주변 공기의 온도가 같아져 상승력이 감소함에 따라 연기가 천장에 도달하지 못하고 하부에서 하나의 층을 형성하는 것을 말한다. 이는 훈소성 화재(저강도 화재) 또는 대공간 화재에서 주로 나타나며, 화재감지기 또는 스프링클러헤드의 작동이 지연될 우려가 있다.

정답 28 × 29 × 30 ○ 31 ○

32

전력·통신용의 전선이나 가스·냉난방용의 배관 또는 이와 비슷한 것을 집합수용하기 위하여 설치한 지하 인공구조물로서 사람이 점검 또는 보수를 하기 위하여 출입이 가능한 것 중 폭이 2m 이상이고 높이가 1.8m 이상이며 길이가 10m 이상인 것은 지하구에 해당한다.

○ | ✕

33

고층 건축물이란 층수가 50[m] 이상이면서 높이가 200[m] 이상인 건축물을 말하며, 화재 시 수직방향으로의 빠른 연소확대의 우려와 굴뚝효과에 의한 빠른 화재전파의 위험성이 존재한다.

○ | ✕

34

실내건축물의 구획실 화재 시 진행단계는 화재초기 – 최성기 – 성장기 – 감쇠기 순으로 나타난다.

○ | ✕

35

화재초기에는 다른 동으로의 연소 위험이 없으며, 다량의 흑색 연기가 발생한다.

○ | ✕

36

최성기에는 산소가 부족하여 연소되지 않은 가스가 다량 발생하며, 감퇴기에는 지붕이나 벽체, 대들보나 기둥도 무너져 떨어지고 열발산율은 증가하기 시작하는 시기이다.

○ | ✕

해설

32 ☐☐☐

전력·통신용의 전선이나 가스·냉난방용의 배관 또는 이와 비슷한 것을 집합수용하기 위하여 설치한 지하 인공구조물로서 사람이 점검 또는 보수를 하기 위하여 출입이 가능한 것 중 폭이 1.8m 이상이고 높이가 2m 이상이며 길이가 50m 이상인 것은 지하구에 해당한다.

33 ☐☐☐

초고층 건축물이란 층수가 50[m] 이상이거나 높이가 200[m] 이상인 건축물을 말하며, 화재 시 수직방향으로의 빠른 연소확대의 우려와 굴뚝효과에 의한 빠른 화재전파의 위험성이 존재한다.

34 ☐☐☐

실내건축물의 구획실 화재 시 진행단계는 화재초기 – 성장기 – 최성기 – 감쇠기 순으로 나타난다.

35 ☐☐☐

화재초기에는 다른 동으로의 연소 위험이 없으며, 다량의 백색 연기가 발생한다. 또한, 산소공급이 부족하는 등 경우에 따라 훈소성 화재가 발생할 수 있다.

36 ☐☐☐

최성기에는 산소가 부족하여 연소되지 않은 가스가 다량 발생하며, 감퇴기에는 지붕이나 벽체, 대들보나 기둥도 무너져 떨어지고 열발산율은 감소하는 시기이다.

정답 32 ✕ 33 ✕ 34 ✕ 35 ✕ 36 ✕

37
성장기는 연소가 가장 격렬한 시기로 천장이나 벽 등 구조물의 낙하가 발생할 위험이 있는 단계이다.

○ | ✕

해설

37 □□□
최성기는 연소가 가장 격렬한 시기로 천장이나 벽 등 구조물의 낙하가 발생할 위험이 있는 단계이다. 성장기는 플래시오버(F.O.) 이전까지 화재가 급격히 성장하는 단계이다.

38
성장기에는 일반적으로 연료지배형 화재가 나타나며, 최성기에는 일반적으로 환기지배형 화재가 나타난다.

○ | ✕

38 □□□
성장기에는 일반적으로 연료지배형 화재(연료 < 공기)가 나타나며, 최성기에는 일반적으로 환기지배형 화재(연료 > 공기)가 나타난다.

39
화재성장속도는 Fast, Medium, Slow의 3단계로 분류하며, Medium의 경우 1MW에 도달하는 시간은 300초이다.

○ | ✕

39 □□□
화재성장속도는 Ultra Fast, Fast, Medium, Slow의 4단계로 분류하며, Medium의 경우 1MW에 도달하는 시간은 300초이다. (Ultra Fast의 경우 75초, Fast의 경우 150초, Slow의 경우 600초)

40
성장기에 벽 근처에 있는 가연물들은 중앙에 위치한 가연물에 비해 비교적 적은 공기를 흡수하며 상대적으로 낮은 화염온도를 지닌다.

○ | ✕

40 □□□
성장기에 벽 근처에 있는 가연물들은 중앙에 위치한 가연물에 비해 비교적 적은 차가운 공기를 흡수하며 상대적으로 높은 화염온도를 지닌다.
(공기 접촉 : 모서리 < 벽 < 중앙,
화염온도 : 모서리 > 벽 > 중앙)

41
실내건축물의 구획실 화재 시 나타나는 특수현상 중 "성장기"에서 먼저 나타날 수 있는 현상을 순서대로 나열하면 "플래임오버 – 롤오버 – 백드래프트 – 플래시오버"이다.

○ | ✕

41 □□□
실내건축물의 구획실 화재 시 나타나는 특수현상 중 "성장기"에서 먼저 나타날 수 있는 현상을 순서대로 나열하면 "플래임오버(Flame over) – 백드래프트(Back draft) – 롤오버(Roll over) – 플래시오버(Flash over)"이다.

정답 37 ✕ 38 ○ 39 ✕ 40 ✕ 41 ✕

42
최성기에는 실내 화염이 최고조에 도달하나 실내 산소부족으로 연소속도가 빨라진다.
○ | ×

해설

42 □□□
최성기에는 실내 화염이 최고조에 도달하나 실내 산소부족으로 연소속도가 느려진다.

43
플래시오버(Flash over)는 구획실 내 가연성 재료의 전표면이 불로 덮이는 현상으로 구획화재 또는 국부연소라고도 한다. 또한, 환기지배형 화재에서 연료지배형 화재로 전이되는 시기이다.
○ | ×

43 □□□
플래시오버(Flash over)는 구획실 내 가연성 재료의 전표면이 불로 덮이는 현상으로 전실화재 또는 순발연소라고도 한다. 또한, 연료지배형 화재에서 환기지배형 화재로 전이되는 시기이다.

44
플래시오버(Flash over)의 발생징후로는 플래임오버(Flame over)가 나타나며, 일정 공간 내에서의 훈소가 관찰된다.
○ | ×

44 □□□
플래시오버(Flash over)의 발생징후로는 롤오버(Roll over)가 나타나며, 일정 공간 내에서의 전면적인 자유연소가 관찰된다.

45
플래시오버(Flash over)는 성장기에 발생하며, 롤오버(Roll over)는 최성기에 나타난다. 또한, 플래시오버(Flash over)는 복사열이 강하게 나타나며, 롤오버(Roll over)는 복사열이 상대적으로 약하게 나타난다.
○ | ×

45 □□□
플래시오버(Flash over) 및 롤오버(Roll over)는 모두 성장기에 나타난다. 또한, 플래시오버(Flash over)는 복사열이 강하게 나타나며, 롤오버(Roll over)는 복사열이 상대적으로 약하게 나타난다.

46
플래시오버(Flash over)는 천장재보다 벽의 마감재가 플래시오버에 대한 영향이 크다.
○ | ×

46 □□□
플래시오버(Flash over)는 벽의 마감재보다 천장재가 플래시오버에 대한 영향이 크다. 또한, 가연재료를 사용할 때보다 불연재료를 사용할 때 플래시오버의 발생시기가 늦출 수 있다.

정답 42 × 43 × 44 × 45 × 46 ×

47

플래시오버(Flash over)는 개구부의 크기가 클수록, 가연물의 발열량이 클수록, 소규모 공간보다 대규모 공간일수록, 열전도율이 높을수록 플래시오버의 발생시기가 빨라진다.

○ | ✕

48

백드래프트(Back draft)란 실내에 공기의 부족으로 자유연소 상태에 있을 때, 복사열의 축적으로 실내에 축적된 가연성 가스가 단시간에 연소·폭발하는 현상을 말한다.

○ | ✕

49

백드래프트(Back draft)에 의한 화재 진압 시 지붕 등 상부를 개방하는 것보다 출입문을 먼저 개방하는 것이 효과적이다.

○ | ✕

50

개구부를 통해 화염이 분출되는 것을 통해 백드래프트(Back draft)의 발생징후를 확인할 수 있다.

○ | ✕

51

백드래프트(Back draft)는 연료지배형 화재가 진행되고 있는 공간에 산소가 일시적으로 다량 공급됨에 따라 가연성 가스가 폭발적으로 연소하는 현상이다.

○ | ✕

해설

47
플래시오버(Flash over)는 개구부의 크기가 클수록, 가연물의 발열량이 클수록, 대규모 공간보다 소규모 공간일수록, 열전도율이 낮을수록 플래시오버의 발생시기가 빨라진다.

48
백드래프트(Back draft)란 실내에 공기의 부족으로 훈소 상태에 있을 때, 공기의 급격한 유입으로 실내에 축적된 가연성 가스가 단시간에 연소·폭발하는 현상을 말한다.

49
백드래프트(Back draft)에 의한 화재 진압 시 출입문을 개방하는 것보다 지붕 등 상부를 개방하는 것이 효과적이다.

50
연기가 균열된 틈이나 작은 구멍을 통하여 빠져나오고 건물 안으로 연기가 빨려 들어가는 현상이 발생한 것을 통해 백드래프트(Back draft)의 발생징후를 확인할 수 있다. 백드래프트가 발생하기 전까지는 개구부를 통해 연기, 화염 등이 분출되는 것이 아닌, 안으로 빨려들어가며 호각소리 등을 발생시킨다.

51
백드래프트(Back draft)는 환기지배형 화재가 진행되고 있는 공간에 산소가 일시적으로 다량 공급됨에 따라 가연성 가스가 폭발적으로 연소하는 현상이다.

정답 47 ✕ 48 ✕ 49 ✕ 50 ✕ 51 ✕

52
플래시오버(Flash over)는 충격파는 발생하지 않고, 연소파만 발생하는 현상이다. 그에 반해 백드래프트(Back draft)는 충격파와 연소파가 함께 발생하는 현상이다.

○ | ✕

> 기본서 p.115 참조

53
플래시오버(Flash over)의 악화요인은 "급격한 산소공급"이고, 백드래프트(Back draft)의 악화요인은 "복사열의 축적"이다.

○ | ✕

> 기본서 p.115 참조

54
백드래프트가 플래시오버보다 발생 빈도가 높다.

○ | ✕

> 기본서 p.115 참조

55
연료지배형 화재란 주로 성장기에 발생하며, 연료량보다 환기량이 많은 것을 의미한다. 또한, 환기인자가 증가할수록 연소속도가 빨라진다.

○ | ✕

> 기본서 p.116 참조

56
환기계수는 개구부의 면적에 비례하고, 개구부의 높이에 반비례한다.

○ | ✕

> 기본서 p.116 참조

해설

52 ☐☐☐
플래시오버(Flash over)는 충격파는 발생하지 않고, 연소파만 발생하는 현상이다. (폭발성✕) 그에 반해 백드래프트(Back draft)는 충격파와 연소파가 함께 발생하는 현상이다. (폭발성○)

53 ☐☐☐
플래시오버(Flash over)의 악화요인은 "복사열의 축적"이고, 백드래프트(Back draft)의 악화요인은 "급격한 산소공급"이다.

54 ☐☐☐
백드래프트가 플래시오버보다 발생 빈도가 적다.

55 ☐☐☐
연료지배형 화재란 주로 성장기에 발생하며, 연료량보다 환기량이 많은 것을 의미한다. 또한, 환기인자가 증가하여도 연소속도는 일정하다. (연소속도는 연료량에 의해서 결정된다.)

56 ☐☐☐
환기계수는 개구부의 면적(A)에 비례하고, 개구부의 높이(H)의 제곱근에 비례한다. (환기계수의 산정식 = $A\sqrt{H}$)

정답 52 ○ 53 ✕ 54 ✕ 55 ✕ 56 ✕

57

가로 1[m], 세로(높이) 4[m]인 개구부의 세로(높이)를 5[m] 연장하는 경우 환기인자는 약 3.4배 증가한다. (단, 계산결과는 소수점 둘째자리에서 반올림하여 산정한다.)

○ | ✕

해설

57 □□□
가로 1[m], 세로(높이) 4[m]인 개구부의 경우에 환기인자는
$A\sqrt{H} = (1m \times 4m) \times \sqrt{4m}$
$= 4 \times \sqrt{2^2} = 4 \times 2 = 8$ 이다.
또한, 세로(높이)를 5[m] 연장하는 경우로서 가로 1[m], 세로(높이) 9[m]인 개구부의 경우에 환기인자는
$A\sqrt{H} = (1m \times 9m) \times \sqrt{9m} = 9 \times \sqrt{3^2}$
$= 9 \times 3 = 27$ 이다. 즉, 환기인자는 27/8 = 3.375배 (약 3.4배)이다.

58

환기계수가 커지면 화재실의 온도는 상승하고, 화재지속시간은 길어진다.

○ | ✕

58 □□□
환기계수가 커지면(= 공기의 공급이 원활해질 경우) 화재실의 온도는 상승하고, 화재지속시간은 짧아진다.

59

목재건축물의 화재 진행 과정은 "발화 – 발염착화 – 무염착화 – 최성기 – 연소낙하 – 진화"의 순으로 나타난다.

○ | ✕

59 □□□
목재건축물의 화재 진행 과정은 "무염착화 – 발염착화 – 발화(출화) – 최성기 – 연소낙하 – 진화"의 순으로 나타난다.

60

내화건축물과 비교한 목조건축물의 화재는 일반적으로 환기지배형 화재로 나타나며, 저온장기형 화재이다.

○ | ✕

60 □□□
내화건축물과 비교한 목조건축물의 화재는 일반적으로 연료지배형 화재로 나타나며, 고온단기형 화재이다.

정답 **57** ○ **58** ✕ **59** ✕ **60** ✕

61

불연천장이나 불연벽체의 경우 실내의 뒷면에서 발염착화하는 경우는 목조건축물의 옥내출화시기에 해당한다.

O | X

해설

61 ☐☐☐
천장 또는 벽 속에서 발염착화 하는 경우, 불연천장이나 불연벽체의 경우 실내의 뒷면에서 발염착화 하는 경우, 가옥구조의 천장면에서 발염착화 하는 경우는 목조건축물의 옥내출화시기에 해당한다. 또한, 창, 개구부 등에서 발염착화 하는 경우, 외부의 벽 또는 지붕 등에서 발염착화 하는 경우는 옥외출화시기에 해당한다.

62

목재는 표면이 거친 것보다는 매끄러운 것이, 흑색인 것보다는 백색인 것이 연소하기 쉽다. 또한, 목재는 열팽창률이 크므로 일반 콘크리트에 비해 붕괴확률이 높다.

O | X

62 ☐☐☐
목재는 표면이 매끄러운 것보다는 거친 것이, 백색인 것보다는 흑색인 것이 열을 축적하기 쉬워 연소하기 쉽다. 또한, 목재는 열팽창률이 작으므로 일반 콘크리트에 비해 붕괴확률이 낮다.

63

폭렬현상(Spalling)은 일반 콘크리트의 화재 시 온도상승으로 내부 수증기가 감소되면서 균열이 일어나 박리되는 현상으로 콘크리트 성분의 열분해로 인한 압축강도가 증가되며 발생하는 것으로 물리적 및 화학적 변화에 의한 현상이다.

O | X

63 ☐☐☐
폭렬현상(Spalling)은 고강도 콘크리트의 화재 시 온도상승으로 내부 수증기가 팽창되면서 균열이 일어나 박리되는 현상으로 콘크리트 성분의 열분해로 인한 압축강도가 저하되며 발생하는 것으로 물리적 및 화학적 변화에 의한 현상이다.

64

콘크리트가 물을 많이 함유할수록, 내열피복을 부착한 콘크리트일수록, 화재의 강도가 클수록, 화재의 지속시간이 길수록 폭렬현상(Spalling)이 발생하기 쉽다.

O | X

64 ☐☐☐
콘크리트가 물을 많이 함유할수록, 고강도 콘크리트일수록 조직이 치밀하여, 화재의 강도가 클수록, 화재의 지속시간이 길수록 폭렬현상(Spalling)이 발생하기 쉽다. (내열피복을 부착한 콘크리트의 경우 열에 견디는 강도가 높으므로 폭렬현상이 발생하기 어렵다.)

정답 61 O 62 ✕ 63 ✕ 64 ✕

65
화재심도에 영향을 미치는 환기요소는 개구부 면적의 제곱근에 비례하고 개구부 높이에 비례한다.

○ | ✕

66
화재강도란 화재실의 단위 시간당 축적되는 열의 양을 의미하며, 벽, 바닥, 천장 등의 구조가 단열성 및 밀폐성이 좋을수록 화재강도가 작아진다.

○ | ✕

67
화재하중은 입체면적(m^3)당 중량(kg)이다.

○ | ✕

68
화재하중은 단위면적당 가연물의 총량을 목재를 기준으로 환산한 무게로서 가연물의 양과 최고온도의 질적 개념을 가지는 것을 말하며, 단위면적당 등가가연물의 발열량 및 화재의 위험성을 의미한다.

○ | ✕

69
가연물의 배열상태, 가연물의 질량, 가연물의 단위발열량, 목재의 단위발열량 및 화재실의 바닥면적은 화재하중에 영향을 준다.

○ | ✕

해설

65
화재가혹도(화재심도)에 영향을 미치는 환기요소는 개구부 면적(A)에 비례하고 개구부 높이(H)의 제곱근에 비례한다. 화재가혹도(화재심도)란 건축물 내부의 수용재산 등을 파괴하거나 손상을 입히는 정도를 의미하는 것으로 화재로 인한 피해정도를 말한다.

66
화재강도란 화재실의 단위 시간당 축적되는 열의 양을 의미하며, 벽, 바닥, 천장 등의 구조가 단열성 및 밀폐성이 좋을수록 화재강도가 커진다. 또한, 개구부의 크기가 클수록 공기공급이 원활하여 화재강도가 커진다.

67
화재하중[kg/m^2]은 단위면적(m^2)당 중량(kg)이다.

68
화재하중은 단위면적당 가연물의 총량을 목재를 기준으로 환산한 무게로서 가연물의 양과 지속 시간의 양적 개념을 가지는 것을 말하며, 단위면적당 등가가연물(= 목재)의 발열량 및 화재의 위험성을 의미한다.

69
가연물의 질량(G_i), 가연물의 단위발열량(H_i), 목재의 단위발열량(H, 4500kcal/kg) 및 화재실의 바닥면적(A)은 화재하중에 영향을 준다. (가연물의 배열상태는 화재강도의 영향인자이다.)

[화재하중의 산정식 : $q = \dfrac{\Sigma G_i \cdot H_i}{H \cdot A}$]

정답 65 ✕ 66 ✕ 67 ✕ 68 ✕ 69 ✕

70
화재하중이 클 경우 주수율이 커져야 하며, 화재강도가 클 경우 주수시간이 길어져야 한다.

○ | ×

71
내화구조물의 화재가혹도 판단을 위한 주요 요소 중 화재지속시간을 산정하기 위한 인자로는 화재실의 바닥면적, 화재실의 최고온도, 화재실의 개구부 높이 및 화재실의 개구부 면적이 있다.

○ | ×

72
화재조사관이란 화재조사에 전문성을 인정받아 화재조사를 수행하는 소방공무원 및 일반전문가를 말한다.

○ | ×

73
소방청장, 소방본부장 또는 소방서장은 화재현장에 도착한 때에는 지체 없이 화재조사를 하여야 한다. 이 경우 수사기관의 범죄수사에 지장을 주어서는 아니 된다.

○ | ×

해설

70
화재하중이 클 경우 주수시간이 길어져야 하며, 화재강도가 클 경우 주수율이 커져야 한다.

71
내화구조물의 화재가혹도 판단을 위한 주요 요소 중 화재지속시간을 산정하기 위한 인자로는 화재실의 바닥면적(A_F), 화재실의 개구부 높이(H) 및 화재실의 개구부 면적(A)이 있다. 화재실의 최고온도는 화재지속시간을 산정하기 위한 인자에 해당하지 않는다.

$$\left[(\text{지속})\text{시간인자} = \frac{A_F}{A\sqrt{H}}\right]$$

72
화재조사관이란 화재조사에 전문성을 인정받아 화재조사를 수행하는 소방공무원 및 일반전문가를 말한다.

73
소방청장, 소방본부장 또는 소방서장은 화재발생 사실을 알게 된 때에는 지체 없이 화재조사를 하여야 한다. 이 경우 수사기관의 범죄수사에 지장을 주어서는 아니 된다.

정답 70 × 71 × 72 × 73 ×

74 기본서 p.127 참조

소방관서장은 화재조사를 하는 경우 화재안전조사의 실시 결과에 관한 사항을 포함하여야 한다.

O | X

75 기본서 p.127 참조

화재조사의 절차는 "현장출동 중 조사 – 정밀조사 – 화재현장 조사 – 화재조사 결과 보고"이다.

O | X

76 기본서 p.128 참조

소방관서장은 화재조사전담부서에 화재조사관을 5명 이상 배치해야 한다.

O | X

77 기본서 p.130 참조

국립과학수사연구원 또는 소방청장이 인정하는 외국의 화재조사 관련 기관에서 4주 이상 화재조사에 관한 전문교육을 이수한 소방공무원은 소방청장이 실시하는 화재조사관 자격시험에 응시할 수 있다.

O | X

해설

74 □□□
소방관서장은 화재조사를 하는 경우 화재원인에 관한 사항, 화재로 인한 인명·재산피해상황, 대응활동에 관한 사항, 소방시설 등의 설치·관리 및 작동 여부에 관한 사항, 화재발생건축물과 구조물, 화재유형별 화재위험성 등에 관한 사항, 화재안전조사의 실시 결과에 관한 사항을 포함하여야 한다.

75 □□□
화재조사의 절차는 "현장출동 중 조사(화재발생 접수, 출동 중 화재상황 파악 등) – 화재현장 조사(화재의 발화원인, 연소상황 및 피해상황 조사 등) – 정밀조사(감식·감정, 화재원인 판정 등) – 화재조사 결과 보고"이다.

76 □□□
소방관서장은 전문성에 기반하는 화재조사를 위하여 화재조사전담부서(전담부서)를 설치·운영하여야 한다. 또한, 소방관서장은 화재조사전담부서에 화재조사관을 2명 이상 배치해야 한다.

77 □□□
화재조사관 양성을 위한 전문교육을 이수한 소방공무원, 국립과학수사연구원 또는 소방청장이 인정하는 외국의 화재조사 관련 기관에서 8주 이상 화재조사에 관한 전문교육을 이수한 소방공무원은 소방청장이 실시하는 화재조사관 자격시험에 응시할 수 있다.

정답 74 O 75 X 76 X 77 X

78
소방관서장은 사상자가 5명 이상 발생한 화재가 발생한 경우 종합적이고 정밀한 화재조사를 위하여 유관기관 및 관계 전문가를 포함한 화재합동조사단을 구성·운영할 수 있다.

○ | ×

78 □□□
소방관서장은 사망자가 5명 이상 발생한 화재가 발생한 경우 종합적이고 정밀한 화재조사를 위하여 유관기관 및 관계 전문가를 포함한 화재합동조사단을 구성·운영할 수 있다. (사상자는 사망자와 부상자를 포함하는 인원이다.)

79
화재조사 업무에 관한 경력이 3년 이상인 소방공무원은 화재합동조사단의 단원이 될 수 있다.

○ | ×

79 □□□
화재조사 업무에 관한 경력이 3년 이상인 소방공무원, 「고등교육법」에 따른 학교 또는 이에 준하는 교육기관에서 화재조사, 소방 또는 안전관리 등 관련 분야 조교수 이상의 직에 3년 이상 재직한 사람은 화재합동조사단의 단원이 될 수 있다.

80
국가기술자격의 직무분야 중 안전관리 분야에서 기능사 자격을 취득한 사람은 화재합동조사단의 단원이 될 수 있다.

○ | ×

80 □□□
국가기술자격의 직무분야 중 안전관리 분야에서 산업기사 이상 자격을 취득한 사람은 화재합동조사단의 단원이 될 수 있다. 기능사 자격은 산업기사보다 낮은 자격이므로 화재합동조사단의 단원이 될 수 없다.

81
방화 또는 실화의 혐의로 수사의 대상이 된 경우에는 소방관서장이 통제구역을 설정한다.

○ | ×

81 □□□
소방관서장은 화재조사를 위하여 필요한 범위에서 화재현장 보존조치를 하거나 화재현장과 그 인근 지역을 통제구역으로 설정할 수 있다. 다만, 방화 또는 실화의 혐의로 수사의 대상이 된 경우에는 관할 경찰서장 또는 해양경찰서장(경찰서장)이 통제구역을 설정한다.

82
소방관서장은 화재조사를 위하여 필요한 최대한의 범위에서 화재조사관에게 증거물을 수집하여 검사·시험·분석 등을 하게 할 수 있다.

○ | ×

82 □□□
소방관서장은 화재조사를 위하여 필요한 최소한의 범위에서 화재조사관에게 증거물을 수집하여 검사·시험·분석 등을 하게 할 수 있다.

정답 78 × 79 ○ 80 × 81 × 82 ×

83

화재감정기관의 전문인력은 주된 기술인력을 3명 이상, 보조 기술인력을 5명 이상 보유하여야 한다.

○ | ×

84

화재조사관 자격 취득 후 화재조사 관련 분야에서 3년 이상 근무한 사람, 이공계 분야의 박사학위 취득 후 화재조사 관련 분야에서 1년 이상 근무한 사람은 화재감정기관의 주된 기술인력이 될 수 있다.

○ | ×

85

이공계 분야의 석사 이상 학위 취득 후 화재조사 관련 분야에서 1년 이상 근무한 사람은 화재감정기관의 보조 기술인력이 될 수 있다.

○ | ×

86

감식이란 화재와 관계되는 물건의 형상, 구조, 재질, 성분, 성질 등 이와 관련된 모든 현상에 대하여 과학적 방법에 의한 필요한 실험을 행하고 그 결과를 근거로 화재원인을 밝히는 자료를 얻는 것을 말한다.

○ | ×

해설

83 ☐☐☐
화재감정기관의 전문인력은 주된 기술인력을 2명 이상, 보조 기술인력을 3명 이상 보유하여야 한다.

84 ☐☐☐
화재조사관 자격 취득 후 화재조사 관련 분야에서 5년 이상 근무한 사람, 이공계 분야의 박사학위 취득 후 화재조사 관련 분야에서 2년 이상 근무한 사람은 화재감정기관의 주된 기술인력이 될 수 있다.

85 ☐☐☐
이공계 분야의 석사 이상 학위 취득 후 화재조사 관련 분야에서 1년 이상 근무한 사람은 화재감정기관의 보조 기술인력이 될 수 있다.

86 ☐☐☐
감정이란 화재와 관계되는 물건의 형상, 구조, 재질, 성분, 성질 등 이와 관련된 모든 현상에 대하여 과학적 방법에 의한 필요한 실험을 행하고 그 결과를 근거로 화재원인을 밝히는 자료를 얻는 것을 말한다. (감식이란 화재원인의 판정을 위하여 전문적인 지식, 기술 및 경험을 활용하여 주로 시각에 의한 종합적인 판단으로 구체적인 사실관계를 명확하게 규명하는 것을 말한다.)

정답 83 × 84 × 85 ○ 86 ×

87
동력원이란 발화에 관련된 불꽃 또는 열을 발생시킨 기기 또는 장치나 제품을 말한다.

○ | ×

88
최종잔가율이란 화재 당시에 피해물의 재구입비에 대한 현재가의 비율을 말하며, 이는 건물, 부대설비, 구축물, 가재도구의 경우 10[%]로 하며, 그 이외의 자산은 20[%]로 정한다.

○ | ×

89
잔불정리란 화재 초진 후 잔불을 점검하고 처리하는 것을 말한다. 이 단계에서는 열에 의한 수증기나 화염 없이 연기만 발생하는 연소현상은 제외한다.

○ | ×

90
소방관서장은 조사 시 전문지식과 기술이 필요하다고 인정되는 경우 한국소방안전원 또는 한국소방산업기술원 등에 감정을 의뢰할 수 있다.

○ | ×

91
동일 소방대상물의 발화점이 2개소 이상 있는 누전점이 동일한 누전에 의한 화재는 1건의 화재로 한다.

○ | ×

해설

87 발화관련 기기란 발화에 관련된 불꽃 또는 열을 발생시킨 기기 또는 장치나 제품을 말한다. 동력원이란 발화관련 기기나 제품을 작동 또는 연소시킬 때 사용되어진 연료 또는 에너지를 말한다.

88 최종잔가율이란 피해물의 내용연수가 다한 경우 잔존하는 가치의 재구입비에 대한 비율을 말하며, 이는 건물, 부대설비, 구축물, 가재도구의 경우 20[%]로 하며, 그 이외의 자산은 10[%]로 정한다.

89 잔불정리란 화재 초진 후 잔불을 점검하고 처리하는 것을 말한다. 이 단계에서는 열에 의한 수증기나 화염 없이 연기만 발생하는 연소현상이 포함될 수 있다.

90 소방관서장은 조사 시 전문지식과 기술이 필요하다고 인정되는 경우 국립소방연구원 또는 화재감정기관 등에 감정을 의뢰할 수 있다.

91 동일 소방대상물의 발화점이 2개소 이상 있는 누전점이 동일한 누전에 의한 화재는 1건의 화재로 한다. 또한, 동일 소방대상물의 발화점이 2개소 이상 있는 지진, 낙뢰 등 자연현상에 의한 다발화재는 1건의 화재로 한다.

정답 87 × 88 × 89 × 90 × 91 ○

92
사상자는 화재현장에서 사망한 사람과 부상당한 사람을 말한다. (단, 화재현장에서 부상을 당한 후 3주 이내에 사망한 경우에는 당해 화재로 인한 사망으로 본다.)

○ | ×

해설

92 □□□
사상자는 화재현장에서 사망한 사람과 부상당한 사람을 말한다. 단, 화재현장에서 부상을 당한 후 72시간 이내에 사망한 경우에는 당해 화재로 인한 사망으로 본다.

93
부상자 중 경상은 중상 이외의 부상을 말하며, 입원치료를 필요로 하지 않는 것과 병원치료를 필요로 하지 않고 단순하게 연기를 흡입한 사람을 포함한다.

○ | ×

93 □□□
부상자 중 경상은 중상 이외의 부상(입원치료를 필요로 하지 않는 것도 포함한다)을 말한다. 다만, 병원 치료를 필요로 하지 않고 단순하게 연기를 흡입한 사람은 제외한다.

94
목조 또는 내화조 건물의 경우 격벽으로 방화구획이 되어 있는 경우도 같은 동으로 한다.

○ | ×

94 □□□
목조 또는 내화조 건물의 경우 격벽으로 방화구획이 되어 있는 경우도 같은 동으로 한다. 또한, 독립된 건물과 건물 사이에 차광막, 비막이 등의 덮개를 설치하고 그 밑을 통로 등으로 사용하는 경우는 다른 동으로 한다.

95
주된 건물에 부착된 건물이 옥내로 출입구가 연결되어 있는 경우와 기계설비 등이 쌍방에 연결되어 있는 경우 등 건물 기능상 하나인 경우에는 다른 동으로 한다.

○ | ×

95 □□□
내화조 건물의 외벽을 이용하여 목조 또는 방화구조건물이 별도 설치되어 있고 건물 내부와 구획되어 있는 경우 다른 동으로 한다. 다만, 주된 건물에 부착된 건물이 옥내로 출입구가 연결되어 있는 경우와 기계설비 등이 쌍방에 연결되어 있는 경우 등 건물 기능상 하나인 경우는 같은 동으로 한다.

96
건물의 소실면적 산정은 소실 입체면적으로 산정한다.

○ | ×

96 □□□
건물의 소실면적 산정은 소실 바닥면적으로 산정한다. 또한, 소실정도의 산정은 입체면적에 대한 비율로 산정한다.

정답 92 × 93 × 94 ○ 95 × 96 ×

97

건축물의 50[%]가 소실되고 잔존부분을 보수하여도 재사용이 불가능한 경우에는 "반소"에 해당한다.

○ | ×

98

화재피해금액은 화재 당시의 피해물과 동일한 구조, 용도, 질, 규모를 재건축 또는 재구입하는데 소요되는 가액에서 경과연수 등에 따른 감가공제를 하고 현재가액을 산정하는 실질적·구체적 방식에 따른다. 다만, 회계장부상 구매가격이 입증된 경우에는 그에 따른다.

○ | ×

99

정확한 피해물품을 확인하기 곤란한 경우에는 소방청장이 정하는 「화재피해금액 산정매뉴얼」의 간이평가방식으로 산정해야 한다.

○ | ×

100

화재피해금액의 산정기준 중 건물의 화재피해금액은 "신축단가(m²당)×소실면적×[1 − (0.8×내용연수/경과연수)]×손해율"로 산정한다.

○ | ×

해설

97 □□□
건축물의 50[%]가 소실되고 잔존부분을 보수하여도 재사용이 불가능한 경우에는 "전소"에 해당한다. (전소 : 건물의 70% 이상(입체면적에 대한 비율을 말한다.)이 소실되었거나 또는 그 미만이라도 잔존부분을 보수하여도 재사용이 불가능한 것)

98 □□□
화재피해금액은 화재 당시의 피해물과 동일한 구조, 용도, 질, 규모를 재건축 또는 재구입하는데 소요되는 가액에서 경과연수 등에 따른 감가공제를 하고 현재가액을 산정하는 실질적·구체적 방식에 따른다. 다만, 회계장부상 현재가액이 입증된 경우에는 그에 따른다.

99 □□□
정확한 피해물품을 확인하기 곤란한 경우에는 소방청장이 정하는 「화재피해금액 산정매뉴얼」의 간이평가방식으로 산정할 수 있다.

100 □□□
화재피해금액의 산정기준 중 건물의 화재피해금액은 "신축단가(m²당)×소실면적×[1 − (0.8×경과연수/내용연수)]×손해율"로 산정한다.

정답 97 × 98 × 99 × 100 ×

101
사상자가 30명 이상이거나 2개 시·도 이상에 걸쳐 발생한 화재(임야화재는 제외한다.)가 발생한 경우에는 소방본부장이 화재합동조사단을 구성하여 운영하는 것을 원칙으로 한다.

○ | ✕

101 □□□
사상자가 30명 이상이거나 2개 시·도 이상에 걸쳐 발생한 화재(임야화재는 제외한다.)가 발생한 경우에는 소방청장이 화재합동조사단을 구성하여 운영하는 것을 원칙으로 한다. (소방본부장이 화재합동조사단을 구성, 운영하는 것 : 사상자가 20명 이상이거나 2개 시·군·구 이상에 발생한 화재(임야화재는 제외한다.))

102
재산피해액이 50억원 이상 발생한 화재(임야화재는 제외한다.)의 경우 소방서장이 화재합동조사단을 구성하여 운영하는 것을 원칙으로 한다.

○ | ✕

102 □□□
사망자가 5명 이상이거나 사상자가 10명 이상 또는 재산피해액이 100억원 이상 발생한 화재(임야화재는 제외한다.)의 경우 소방서장이 화재합동조사단을 구성하여 운영하는 것을 원칙으로 한다. 재산피해액이 50억원 이상 발생한 화재의 경우에는 소방관서장이 화재합동조사단을 구성하여 운영할 수 있다.

103
사망자가 5인 이상 발생하거나 사상자가 10인 이상 발생한 화재, 이재민이 100인 이상 발생한 화재, 항구에 매어둔 총 톤수가 1천톤 이상인 선박에서 발생한 화재는 모두 소방관서장이 화재합동조사단을 구성하여 운영할 수 있다.

○ | ✕

103 □□□
사망자가 5인 이상 발생하거나 사상자가 10인 이상 발생한 화재, 이재민이 100인 이상 발생한 화재, 항구에 매어둔 총 톤수가 1천톤 이상인 선박에서 발생한 화재는 모두 소방관서장이 화재합동조사단을 구성하여 운영할 수 있다.

104
소방관서장은 자격을 갖춘 사람 중 단장 1명과 단원 2명 이상을 화재합동조사단원으로 임명하거나 위촉할 수 있다.

○ | ✕

104 □□□
소방관서장은 자격을 갖춘 사람 중 단장 1명과 단원 4명 이상을 화재합동조사단원으로 임명하거나 위촉할 수 있다.

정답 101 ✕ 102 ✕ 103 ○ 104 ✕

105 　　　　　　　　　　　　　🜂 기본서 p.151 참조
지정수량의 3천배 이상의 위험물의 제조소·저장소·취급소에서 발생한 화재에 대한 최종 결과보고는 화재발생일로부터 15일 이내 하여야 한다.

○ | ×

106 　　　　　　　　　　　　　🜂 기본서 p.151 참조
화재조사관에 대한 의무 보수교육 시간은 4시간 이상으로 한다.

○ | ×

해설

105 ☐☐☐
지정수량의 3천배 이상의 위험물의 제조소·저장소·취급소에서 발생한 화재(「소방기본법 시행규칙」 제3조 제2항 제1호에 해당하는 화재)에 대한 최종 결과보고는 화재발생일로부터 30일 이내 하여야 한다.

106 ☐☐☐
화재조사관에 대한 의무 보수교육 시간은 4시간 이상으로 한다.

정답 105 × 106 ○

CHAPTER 04 소화이론

01 　　　　　　　　　　　　　　　　　🜄 기본서 p.155 참조

연소의 3요소 중 하나 이상을 제거하는 것은 물리적 소화에 해당한다.

○ | ✕

02 　　　　　　　　　　　　　　　　　🜄 기본서 p.156 참조

촛불을 입으로 불어 소화하는 방법은 질식소화에 해당한다.

○ | ✕

03 　　　　　　　　　　　　　　　　　🜄 기본서 p.155 참조

산소밸런스(OB)란 화학물질 100[g]이 완전연소생성물을 만드는데 필요한 산소의 과부족량을 의미하며, 작을수록 폭발위력이 높은 위험한 물질임을 의미한다.

○ | ✕

04 　　　　　　　　　　　　　　　　　🜄 기본서 p.156 참조

유전지역 화재 시 폭발물(질소폭탄 등)을 폭발시켜 발생하는 압력으로 소화하는 것은 질식소화에 해당한다.

○ | ✕

해설

01 □□□
연소의 3요소 중 하나 이상을 제거하는 것은 물리적 소화에 해당하며, 연소의 4요소 중 "순조로운 연쇄반응"을 제거하는 것은 화학적 소화에 해당한다.

02 □□□
촛불을 입으로 불어 소화하는 방법은 가연성 증기를 입김으로 날려버리는 것으로 제거소화에 해당한다.

03 □□□
산소밸런스(OB)란 화학물질 100[g]이 완전연소생성물을 만드는데 필요한 산소의 과부족량을 의미하며, "0"에 가까울수록 폭발위력이 높은 위험한 물질임을 의미한다.

04 □□□
유전지역(석유가 나는 지역) 화재 시 폭발물(질소폭탄 등)을 폭발시켜 발생하는 압력으로 소화하는 것은 제거소화에 해당한다.

정답　01 ○　02 ✕　03 ✕　04 ✕

05

식용유 화재 시 주변의 잎이 넓은 야채를 집어 넣어 소화하는 방법은 냉각 및 질식소화에 해당한다.

○ | ✕

06

희석소화란 제거소화의 파생소화효과로 비중이 물보다 큰 중유 화재 시 고압으로 무상 분무하거나 포소화약제를 방사하여 유류표면에 유화층을 형성함으로서 공기 중의 산소공급을 차단하는 소화를 하는 것을 의미한다.

○ | ✕

07

피복소화란 이산화탄소(CO_2) 등 공기보다 증기비중이 작은 소화약제를 사용하여 가연물 주위를 피복하여 소화하는 것을 말한다.

○ | ✕

08

유화소화를 하기 위해서는 질식소화의 물방울 입자크기보다 작게 하여 유면에서의 속도에너지를 크게 하여야 한다.

○ | ✕

해설

05
식용유 화재 시 주변의 잎이 넓은 야채를 집어 넣어 소화하는 방법은 온도가 낮은 야채를 넣어 **냉각소화**를 하고, 잎이 넓은 야채가 주위의 산소를 차단하는 **질식소화**를 한다.

06
희석소화란 제거소화의 파생소화효과로 **알코올, 에테르, 아세톤, 에스테르, 케톤, 알데히드류 등 수용성 액체에 다량으로 물을 공급하여 가연성 물질의 농도를 희석하여 소화하는 것을** 의미한다. 비중이 물보다 큰 중유 화재 시 고압으로 무상 분무하거나 포소화약제를 방사하여 유류표면에 유화층을 형성함으로서 공기 중의 산소공급을 차단하는 소화를 하는 것은 **유화소화**를 의미한다.

07
피복소화란 이산화탄소(CO_2) 등 공기보다 증기비중이 **큰** 소화약제를 사용하여 가연물 주위를 피복하여 소화하는 것을 말한다.

08
유화소화를 하기 위해서는 질식소화의 물방울 입자크기보다 **크게** 하여 유면에서의 속도에너지를 **크게** 하여야 한다.

정답 05 ○ 06 ✕ 07 ✕ 08 ✕

09

억제소화란 화염이 발생하는 연소반응을 주도하는 라디칼을 제거하여 중단시키는 방법을 말하며, 대표적인 소화약제로는 포소화약제, 강화액소화약제, 이산화탄소소화약제, 할론소화약제, 불활성기체소화약제 등이 있다.

○ | ✕

09 □□□
억제소화(= 부촉매소화)란 화염이 발생하는 연소반응을 주도하는 라디칼을 제거하여 중단시키는 방법을 말하며, 대표적인 소화약제로는 포소화약제, 강화액소화약제, 이산화탄소소화약제, 할론소화약제, 불활성기체소화약제 등이 있다.

10

분말소화약제의 경우 부촉매소화를 하는 이온으로는 나트륨이온(Na^+), 칼륨이온(K^+), 탄산이온(CO_3^{2-})이 있다.

○ | ✕

10 □□□
분말소화약제의 경우 부촉매소화를 하는 이온으로는 나트륨이온(Na^+), 칼륨이온(K^+), 암모늄이온(NH_4^+)이 있다.

11

에멀전(emulsion) 효과를 이용하여 소화하는 것은 가연물의 화학적 연쇄반응 속도를 줄여 소화하는 방법에 해당한다.

○ | ✕

11 □□□
할론소화약제를 사용하여 소화하는 것은 가연물의 화학적 연쇄반응 속도를 줄여 소화하는 방법에 해당한다. (에멀전(emulsion) 효과를 이용하여 소화하는 것은 유화소화에 해당한다.)

12

소화약제란 연소의 요소 중 한 가지 이상을 제거 또는 차단할 수 있어야 하며, 환경에 대한 오염이 적어야 한다.

○ | ✕

12 □□□
소화약제란 연소의 요소 중 한 가지 이상을 제거 또는 차단할 수 있어야 하며, 환경에 대한 오염이 적어야 한다. 또한, 소화성능이 좋아야 하며, 인체에 대한 독성이 없어야 한다.

13

수계 소화약제는 비수계 소화약제에 비해 소화속도가 빠른 편이며, 재발화의 위험성이 높은 편이다.

○ | ✕

13 □□□
수계 소화약제는 비수계 소화약제에 비해 소화속도가 느린 편이며, 재발화의 위험성이 낮은 편이다.

정답 09 ✕ 10 ✕ 11 ✕ 12 ○ 13 ✕

14
물(H_2O)은 대기압력이 낮아지면 끓는점 및 녹는점은 낮아진다.

기본서 p.160 참조

O | X

15
고체, 액체, 기체 상태가 평형을 이루는 지점을 평형점이라 하며, 액체와 기체상태가 구분될 수 있는 최대의 온도 및 압력의 한계점을 임계점이라 한다.

기본서 p.160 참조

O | X

16
얼음의 밀도는 물의 밀도보다 작다.

기본서 p.160 참조

O | X

17
물은 수소 원자 2개와 산소 원자 1개가 극성공유결합을 하고 있다.

기본서 p.160 참조

O | X

18
물의 비중은 1기압, 0°C에서 가장 크다.

기본서 p.160 참조

O | X

19
물의 표면장력은 온도가 상승하면 커진다.

기본서 p.160 참조

O | X

해설

14 ☐☐☐
물(H_2O)은 대기압력이 낮아지면 끓는점(비점)은 낮아지고, 녹는점(융점)은 높아진다.

15 ☐☐☐
고체, 액체, 기체 상태가 평형을 이루는 지점을 삼중점이라 하며, 액체와 기체상태가 구분될 수 있는 최대의 온도 및 압력의 한계점을 임계점이라 한다.

16 ☐☐☐
수소결합을 하므로 물분자 사이에 빈 공간이 많은 육각고리 모양이 형성되어 물의 밀도가 변화한다. 일반적인 물질의 경우 고체의 밀도가 액체의 밀도보다 크지만, 물의 경우 육각고리 모양으로 인해 얼음의 밀도가 물의 밀도보다 작다.

17 ☐☐☐
물은 수소 원자 2개와 산소 원자 1개가 극성공유결합을 하고 있다.

18 ☐☐☐
물의 밀도는 1기압 4°C에서 가장 크며(1g/mL), 물의 비중은 1기압, 4°C에서 가장 크다(1).

19 ☐☐☐
물의 표면장력은 온도가 상승하면 분자운동이 활발해짐에 따라 표면에서 분자들끼리 당기는 힘이 작아진다.

정답 14 × 15 × 16 O 17 O 18 × 19 ×

20
물소화약제에 질식소화 작용은 기대하기 어렵다. 또한, 비열과 기화열 값이 작아 냉각소화 효과가 우수하게 나타난다.

○ | ×

21
물소화약제는 수용성 가연물질인 알코올, 에테르, 에스테르 등으로 인한 화재에는 적응성이 없다.

○ | ×

22
침윤제는 물의 표면장력을 증가시켜 침투력을 증가시킨 것으로 표면화재에 적응성을 갖는다.

○ | ×

23
"Thick water"란 물의 점성을 높여 부착력을 증가시키고 소화수의 유실을 감소시키며 물의 사용량을 감소시킬 수 있다. (단, 침투력이 증가하고, 물방울의 직경이 작아지고, 마찰손실이 커지는 단점이 발생한다.)

○ | ×

24
부동액의 종류로는 에틸렌글리콜, 프로필렌글리콜, 글리세린, 폴리에틸렌옥사이드, 염화칼슘, 염화나트륨, 탄산수소나트륨 등이 있다.

○ | ×

해설

20
물소화약제를 무상으로 분무할 경우 질식소화 작용을 할 수 있다. 또한, 비열과 기화열 값이 커 냉각소화 효과가 우수하게 나타난다.

21
수용성 가연물질인 알코올, 에테르, 에스테르 등으로 인한 화재에 다량의 물을 주수하여 희석소화를 통해 적응성을 갖는다.

22
침윤제(= 침투제, Wetting Agent)는 물의 표면장력을 감소시켜 침투력을 증가시킨 것으로 원면화재 및 심부화재에 적응성을 갖는다.

23
"Thick water(증점제)"란 물의 점성을 높여 부착력을 증가시키고 소화수의 유실을 감소시키며 물의 사용량을 감소시킬 수 있다. (단, 침투력이 감소하고, 물방울의 직경이 커지고, 마찰손실이 커지는 단점이 발생한다.)

24
부동액(동결방지제)의 종류로는 유기물의 에틸렌글리콜, 프로필렌글리콜, 글리세린과 무기물의 염화칼슘, 염화나트륨 등이 있다. 폴리에틸렌옥사이드(폴리에틸렌글라이콜)는 화장품, 식품 등의 첨가제, 제약원료이며, 탄산수소나트륨은 제1종 분말소화약제이다.

정답 20 × 21 × 22 × 23 × 24 ×

25
중질유 화재 시 무상주수를 함으로써 질식소화 및 타격소화를 기대할 수 있다.
○ | ✕

26
연결송수관설비는 봉상주수에 해당하며, 주수각도가 넓고 주수길이가 긴 특징을 갖는다.
○ | ✕

27
물의 입경이 클수록 기화가 용이하므로 질식소화에 유리하다.
○ | ✕

28
포소화약제는 내유성, 유동성, 내열성, 유류와의 점착성 및 소포성이 크고, 인체에 대한 독성이 없어야 한다.
○ | ✕

29
화학포 소화약제란 A약제인 탄산수소나트륨(NaHCO₃)과 B약제인 황산알루미늄의 수용액(Al₂(SO₄)₃·18H₂O)에 발포제, 포안정제 등을 첨가하여 화학반응을 한 소화약제로서 이때 생성되는 공기를 핵으로 하며, 현재는 거의 사용하지 않는다.
○ | ✕

해설

25 □□□
중질유 화재 시 무상주수를 함으로써 질식소화 및 유화소화를 기대할 수 있다. 타격소화란 봉상주수 시 기대할 수 있는 소화효과이다.

26 □□□
옥내소화전설비 또는 연결송수관설비는 봉상주수에 해당하며, 주수각도가 좁고 주수길이가 긴 특징을 갖는다.

27 □□□
물의 입경이 작을수록 기화가 용이하므로 질식소화에 유리하다.

28 □□□
포소화약제는 내유성, 유동성, 내열성 및 유류와의 점착성이 좋고, 인체에 대한 독성이 없어야 한다. 소포성은 적어야 한다.

29 □□□
화학포 소화약제란 A약제인 탄산수소나트륨(NaHCO₃)과 B약제인 황산알루미늄의 수용액(Al₂(SO₄)₃·18H₂O)에 발포제, 포안정제 등을 첨가하여 화학반응을 한 소화약제로서 이때 생성되는 이산화탄소(CO₂)를 핵으로 하며, 현재는 거의 사용하지 않는다.

정답 25 ✕ 26 ✕ 27 ✕ 28 ✕ 29 ✕

30

수성막포는 계면활성제계 포소화약제의 종류에 해당하며, 불화단백포는 단백계 소화약제에 해당한다.

○ | ✕

31

팽창비란 포를 발포하기 전 포의 상태에서 공기와 만나 포수용액을 형성할 때 팽창하는 비율을 의미한다.

○ | ✕

32

제2종 기계포는 팽창비가 500배 이상 800배 미만인 것을 말한다.

○ | ✕

33

포수용액 400[L]가 공기와 만나 발포하여 포 100,000[L]가 생성될 경우 제1종 기계포에 해당한다.

○ | ✕

34

25% 환원시간이란 발포 전 포수용액 용량의 25%인 포수용액이 거품으로부터 환원되는데 필요한 시간을 의미하며, 저발포용 소화약제의 경우 30초 이상, 고발포용 소화약제의 경우 1분 이상이어야 한다.

○ | ✕

해설

30 ☐☐☐
합성계면활성제포, 수성막포 및 (내)알코올포 소화약제는 계면활성제계 포소화약제의 종류에 해당하며, 단백포 및 불화단백포는 단백계 소화약제에 해당한다.

31 ☐☐☐
팽창비(발포배율)란 포를 발포하기 전 포수용액의 상태에서 공기와 만나 포를 형성할 때 팽창하는 비율을 의미한다.

32 ☐☐☐
제1종 기계포는 팽창비가 80배 이상 250배 미만, 제2종 기계포는 팽창비가 250배 이상 500배 미만인 것을 말한다. 그리고 제3종 기계포는 팽창비가 500배 이상 1,000배 미만인 것을 말한다.

33 ☐☐☐
포수용액 400[L]가 공기와 만나 발포하여 포 100,000[L]가 생성될 경우 팽창비는 "100,000[L]/400[L] = 250배"로 제2종 기계포(팽창비 250배 이상 500배 미만)에 해당한다.

34 ☐☐☐
25% 환원시간이란 발포 전 포수용액 용량의 25%인 포수용액이 거품으로부터 환원되는데 필요한 시간을 의미하며, 저발포용 소화약제의 경우 1분 이상, 고발포용 소화약제의 경우 3분 이상이어야 한다.

정답 30 ○ 31 ✕ 32 ✕ 33 ✕ 34 ✕

35
포소화약제 중 발포배율이 큰 소화약제는 발포배율이 작은 소화약제에 비해 환원시간이 길다.

○ | ✕

해설

35 □□□
포소화약제 중 발포배율이 큰 소화약제는 발포배율이 작은 소화약제에 비해 포의 직경이 크고, 포막의 두께가 얇아 환원시간이 짧게 나타난다.

36
수성막포는 점착성이 강하여 표면하 주입방식에 효과적이며, 내약품성으로 분말소화약제와 Twin Agent System이 가능하다. 반면에 내열성이 약해 탱크 내벽을 따라 잔불이 남게 되는 선화현상이 일어날 우려가 있으며, 대형화재 또는 고온 화재 시 수성막 생성이 곤란한 단점이 있다.

○ | ✕

36 □□□
수성막포는 내유성이 강하여 표면하 주입방식에 효과적이며, 내약품성으로 분말소화약제와 Twin Agent System이 가능하다. 반면에 내열성이 약해 탱크 내벽을 따라 잔불이 남게 되는 윤화현상(링파이어)이 일어날 우려가 있으며, 대형화재 또는 고온 화재 시 수성막 생성이 곤란한 단점이 있다.

37
수성막포는 탄소계 계면활성제를 주성분으로 한 포로, 유류표면에 뜨는 가벼운 수성의 막이라는 의미로 "Light water"라고도 한다.

○ | ✕

37 □□□
수성막포는 불소계 계면활성제를 주성분으로 한 포로, 유류표면에 뜨는 가벼운 수성의 막이라는 의미로 "Light water"라고도 한다.

38
단백포는 유면봉쇄성 및 유동성이 좋고, 소화속도가 빠르고 유출화재에 적합한 특징을 갖는다.

○ | ✕

38 □□□
단백포는 유면봉쇄성은 우수하나, 유동성이 나쁘고, 소화속도가 느리며 화재진압속도가 느린 특징을 갖는다.

39
합성계면활성제 포소화약제는 저발포와 고발포까지 사용할 수 있으며, 윤화현상이 발생할 우려가 있다.

○ | ✕

39 □□□
합성계면활성제 포소화약제는 저발포와 고발포까지 사용할 수 있으며, 윤화현상(링파이어)이 발생할 우려가 있다.

정답 35 ✕ 36 ✕ 37 ✕ 38 ✕ 39 ○

40

불화단백포는 단백포의 내유성 및 유동성과 합성계면활성제포의 내열성을 보완한 소화약제로, 단백포소화약제에 비해 가격이 비싸다.

○ | ×

41

합성계면활성제포는 유동성은 좋은 반면 내열성, 유면 봉쇄성이 좋지 않기 때문에 다량의 유류화재, 특히 가연성 액체 위험물의 저장탱크 등의 고정소화설비에는 그다지 효과적이지 못하다.

○ | ×

42

수성막포 소화약제는 알코올류, 케톤류, 에스테르류 등과 같은 수용성 위험물 화재에 소화적응성이 아주 우수하다.

○ | ×

43

윤화현상이 발생하는 포소화약제의 종류는 수성막포, 불화단백포이며, 표면하주입 방식을 적용할 수 있는 포소화약제의 종류는 수성막포, 합성계면활성제포이다.

○ | ×

해설

40
불화단백포는 단백포의 내유성 및 유동성과 수성막포의 내열성을 보완한 소화약제로, 단백포소화약제에 비해 가격이 비싸다.

41
합성계면활성제포는 유동성은 좋은 반면 내열성, 유면 봉쇄성이 좋지 않기 때문에 다량의 유류화재, 특히 가연성 액체 위험물의 저장탱크 등의 고정소화설비에는 그다지 효과적이지 못하다. 합성계면활성제포는 대규모 석유탱크화재에 적합하지 않다.

42
(내)알코올포 소화약제는 알코올류, 케톤류, 에스테르류 등과 같은 수용성 위험물 화재에 소화적응성이 아주 우수하다.

43
링파이어(= 윤화현상)가 발생하는 포소화약제의 종류는 수성막포, 합성계면활성제포이며, 표면하주입방식을 적용할 수 있는 포소화약제의 종류는 수성막포, 불화단백포이다.

정답 40 × 41 ○ 42 × 43 ×

44

IV형 방출구란 플루팅루프탱크의 내측으로부터 1.2[m] 떨어진 곳에 높이 0.9[m] 이상의 금속제 굽도리판을 설치하고 양쪽 사이의 환상부위에 포를 방사하는 구조의 포 방출구이다.

○ | ✗

44 □□□
특형 방출구란 플루팅루프탱크의 내측으로부터 1.2[m] 떨어진 곳에 높이 0.9[m] 이상의 금속제 굽도리판을 설치하고 양쪽 사이의 환상부위에 포를 방사하는 구조의 포방출구이다. (IV형 방출구란 호스 컨테이너 내부의 호스가 작동 시 포의 부력에 의해 액체표면으로 떠올라 호스가 펼쳐지면서 호스 앞부분이 액면까지 도달한 후 포를 방출하는 방출구이다.)

45

탄산칼륨을 함유한 강화액은 탄산이온(CO_3^{2-})으로 인해 부촉매 소화효과를 가진다.

○ | ✗

45 □□□
탄산칼륨(K_2CO_3)을 함유한 강화액은 칼륨이온(K^+)으로 인해 부촉매 소화효과를 가진다.

46

산·알칼리 소화약제는 비수계 소화약제에 해당한다.

○ | ✗

46 □□□
산·알칼리 소화약제는 수계 소화약제에 해당한다.

47

이산화탄소(CO_2)는 압력이 증가하면 끓는점 및 녹는점이 증가한다.

○ | ✗

47 □□□
이산화탄소(CO_2)는 압력이 증가하면 끓는점(비점) 및 녹는점(융점)이 증가한다.

48

이산화탄소(CO_2)는 불량도체이고 절연성이 높아 전기화재(C급 화재)에 적응성이 있다. 또한, 자체 증기압이 낮아 방출용 동력원을 필요로 한다.

○ | ✗

48 □□□
이산화탄소(CO_2)는 불량도체이고 절연성이 높아 전기화재(C급 화재)에 적응성이 있다. 또한, 자체 증기압이 높아 다른 가압원의 도움 없이 자체 압력으로 방사가 가능한다.

정답 44 ✗ 45 ✗ 46 ✗ 47 ○ 48 ✗

49
나트륨(Na), 칼륨(K), 마그네슘(Mg) 등 활성 금속물질은 물과 반응하여 수소가스를 발생시키므로, 이산화탄소 소화약제를 통한 질식 및 피복소화를 하여야 한다.
○ | ✕

해설

49 □□□
나트륨(Na), 칼륨(K), 마그네슘(Mg) 등 활성 금속물질은 물과 반응하여 수소가스를 발생시키므로, 팽창질석, 팽창진주암 및 마른모래를 통한 질식소화를 하여야 한다. 이산화탄소 소화약제를 방사할 경우 반응하여 탈탄작용을 하며, 가연성 탄소가 발생한다.

50
이산화탄소 소화약제는 줄-톰슨효과를 통해 냉각소화를 하며, 방출 후 드라이아이스를 생성하여 시야를 가리는 운무현상으로 피난장애가 발생할 우려가 있다.
○ | ✕

50 □□□
이산화탄소 소화약제는 줄-톰슨효과를 통해 냉각소화를 하며(기화열 흡수에 의한 냉각소화도 가능하다), 방출 후 드라이아이스를 생성하여 시야를 가리는 운무현상으로 피난장애가 발생할 우려가 있다.

51
이산화탄소 소화약제는 유류화재 및 전기화재에 주로 사용되며 일반화재에는 사용이 불가능하다.
○ | ✕

51 □□□
이산화탄소 소화약제는 유류화재 및 전기화재에 주로 사용되며 밀폐상태에 방사할 경우(전역방출방식의 경우) 일반화재에 사용할 수 있다.

52
이산화탄소는 공기보다 2.52배 정도 무거운 기체이다. (단, 공기의 분자량은 29이다.)
○ | ✕

52 □□□
이산화탄소는 공기보다 1.52배 $\left(=\dfrac{44}{29}\right)$ 정도 무거운 기체이다. 증기비중이 1보다 크므로, 가연물 내부까지 침투하는 심부화재에 적응성을 갖는다.

53
지구온난화지수(GWP)는 지구온난화에 영향을 미치는 정도로서 CFC11 1[kg]에 대한 해당 물질 1[kg]의 온난화 정도이다.
○ | ✕

53 □□□
지구온난화지수(GWP)는 지구온난화에 영향을 미치는 정도로서 CO_2 1[kg]에 대한 해당 물질 1[kg]의 온난화 정도이다.

정답 49 ✕ 50 ○ 51 ✕ 52 ✕ 53 ✕

54
밀폐된 구획공간에서 이산화탄소 방사 시 산소농도를 10[%]로 설계할 때 방사하는 이산화탄소의 소화농도는 25[%]이다. (단, 대기 중의 산소농도는 20[%]이다.)

○ | ×

54 □□□
이산화탄소의 소화농도는 "소화농도 = (20 − O_2)/20×100[%] = (20 − 10)/20×100[%] = 10/20×100[%] = 50[%]"이다.

55
변압기, 스위치, 회로차단기, 회전기기, 발전기 등의 전기설비를 설치하는 장소에는 이산화탄소 소화약제의 적응성이 있다.

○ | ×

55 □□□
변압기, 스위치, 회로차단기, 회전기기, 발전기 등의 전기설비를 설치하는 장소(C급 화재의 장소)에는 이산화탄소 소화약제의 적응성이 있다.

56
이산화탄소 소화약제는 제3류 위험물 및 제5류 위험물의 소화에 사용한다.

○ | ×

56 □□□
이산화탄소 소화약제는 나트륨, 칼륨 등의 제3류 위험물과 탈탄작용을 하며 적응성이 없다. 또한, 니트로셀룰로오스, 셀룰로이드 제품 등 제5류 위험물의 경우 내부에 산소를 보유하고 있어 이산화탄소를 통한 질식소화가 불가하다.

57
할론2402는 할로겐족 원소를 탄화수소인 메탄(CH_4)의 수소원자(H)와 치환시켜 만든 소화약제이다.

○ | ×

57 □□□
할론2402는 할로겐족 원소를 탄화수소인 에탄(C_2H_6)의 수소원자(H)와 치환시켜 만든 소화약제이다. 할론1301 및 할론1211은 할로겐족 원소를 탄화수소인 메탄(CH_4)의 수소원자(H)와 치환시켜 만든 소화약제이다.

58
표준 상태에서 Halon 1301 소화약제가 공기 중으로 방사되어 균일하게 혼합되어 있을 때 Halon 1301의 증기비중은 4.92이다. (단, 공기의 분자량은 29, F의 원자량은 19, Br의 원자량은 80이다. 소수점 셋째자리에서 반올림하여야 한다.)

○ | ×

58 □□□
Halon 1301의 화학식은 "CF_3Br"로 분자량은 "탄소원자(12) 1개 + 불소원자(19) 3개 + 브롬원자(80) 1개 = 12 + 19×3 + 80 = 149"이다. Halon 1301의 증기비중은 149/29 = 5.137 ≒ 5.14이다.

정답 54 × 55 ○ 56 × 57 × 58 ×

59   기본서 p.172 참조

할론소화약제는 부촉매소화능력이 매우 우수하나, 오존층을 파괴하는 단점이 있다.

○ | ×

60   기본서 p.172 참조

Halon 1301과 Halon 1211은 모두 상온, 상압에서 기체로 존재하며 유류화재, 전기화재, 금속의 수소화합물, 유기과산화물에 적응성이 있다.

○ | ×

61   기본서 p.172 참조

Halon 1211은 자체 증기압이 높아 다른 가압원의 도움 없이 자체 압력으로 방사가 가능하다.

○ | ×

62   기본서 p.172 참조

오존파괴지수(ODP)란 오존층 파괴에 영향을 미치는 정도로서 CFC11 1[kg]에 대한 해당 물질 1[kg]의 오존파괴정도를 의미한다.

○ | ×

63   기본서 p.173 참조

할로겐화합물 및 불활성기체 소화약제는 일반적으로 오존층 파괴에 끼치는 영향이 적을수록, 지구온난화에 끼치는 영향이 적을수록, 독성이 적을수록, 대기 중에 잔존 시간이 길수록 좋다.

○ | ×

해설

59 □□□
할론소화약제는 부촉매소화능력이 매우 우수하나, 오존층을 파괴하는 단점이 있다. 또한, 열분해 시 발생하는 열분해 생성가스(HF, HBr)는 인체에 유해하므로 주의를 요한다. 또한, 열분해생성물의 발생을 제한하기 위해 방사시간을 10초 이내로 제한한다.

60 □□□
Halon 1301과 Halon 1211은 모두 상온, 상압에서 기체로 존재하며 유류화재, 전기화재에 적응성이 있다. 단, 반응성이 뛰어난 금속의 수소화합물(제3류 위험물), 유기과산화물(제5류 위험물)에는 반응성이 뛰어난 할론소화약제는 적응성이 없다.

61 □□□
Halon 1211은 자체 증기압이 낮아 저장용기에 저장할 때 소화약제의 원활한 방출을 위해 질소가스로 가압한다.

62 □□□
오존파괴지수(ODP)란 오존층 파괴에 영향을 미치는 정도로서 CFC11 1[kg]에 대한 해당 물질 1[kg]의 오존파괴정도를 의미한다. 지구온난화지수(GWP)는 지구온난화에 영향을 미치는 정도로서 CO_2 1[kg]에 대한 해당 물질 1[kg]의 온난화 정도를 의미한다.

63 □□□
할로겐화합물 및 불활성기체 소화약제는 일반적으로 오존층 파괴에 끼치는 영향이 적을수록, 지구온난화에 끼치는 영향이 적을수록, 독성이 적을수록, 대기 중에 잔존 시간이 짧을수록 좋다.

정답 59 ○ 60 × 61 × 62 ○ 63 ×

64
기본서 p.173 참조

할로겐화합물 및 불활성기체 소화약제는 할로겐화합물(할론 1301, 할론 2402, 할론 1211 포함) 및 불활성기체로서 전기적으로 비전도성이며 휘발성이 있거나 증발 후 잔여물을 남기는 소화약제를 말한다.

○ | ×

65
기본서 p.173 참조

할로겐화합물 소화약제는 불소(F), 염소(Cl), 브롬(Br) 또는 요오드(I) 중 하나 이상의 원소를 포함하고 있는 무기화합물을 기본성분으로 하는 소화약제를 말한다.

○ | ×

66
기본서 p.173 참조

불활성기체 소화약제는 헬륨(He), 네온(Ne), 아르곤(Ar) 또는 이산화탄소(CO_2) 중 하나 이상의 원소를 기본성분으로 하는 소화약제를 말한다.

○ | ×

67
기본서 p.173 참조

HCFC BLEND A는 할로겐화합물 소화약제에 해당하며, HCFC-123은 9.5[%], HCFC-22는 82[%], HCFC-124는 4.75[%], $C_{10}H_{16}$은 3.75[%]로 구성된다.

○ | ×

해설

64 ☐☐☐
할로겐화합물 및 불활성기체 소화약제는 할로겐화합물(할론 1301, 할론 2402, 할론 1211 제외) 및 불활성기체로서 전기적으로 비전도성이며 휘발성이 있거나 증발 후 잔여물을 남기지 않는 소화약제를 말한다.

65 ☐☐☐
할로겐화합물 소화약제는 불소(F), 염소(Cl), 브롬(Br) 또는 요오드(I) 중 하나 이상의 원소를 포함하고 있는 유기화합물을 기본성분으로 하는 소화약제를 말한다.

66 ☐☐☐
불활성기체 소화약제는 헬륨(He), 네온(Ne), 아르곤(Ar) 또는 질소가스(N_2) 중 하나 이상의 원소를 기본성분으로 하는 소화약제를 말한다.

67 ☐☐☐
HCFC BLEND A는 할로겐화합물 소화약제에 해당하며, HCFC-123은 4.75[%], HCFC-22는 82[%], HCFC-124는 9.5[%], $C_{10}H_{16}$은 3.75[%]로 구성된다.

정답 64 × 65 × 66 × 67 ×

68
할로겐화합물 소화약제 중 HFC-23(트리플루오르메탄)의 화학식은 CHF_3이다.

O | X

68 □□□
할로겐화합물 소화약제 중 HFC-23(트리플루오르메탄)의 화학식은 "0"은 탄소원자의 개수, "2"는 수소원자의 개수, "3"은 불소원자의 개수이다. "탄소원자(0) + 1 = 1", "수소원자(2) - 1 = 1"과 "불소원자(3)"로 구성된 화학식은 CHF_3이다.

69
IG-01, IG-55, IG-100, IG-541 중 질소를 포함하지 않은 약제는 IG-100이다.

O | X

69 □□□
IG-01, IG-55, IG-100, IG-541 중 질소를 포함하지 않은 약제는 IG-01(아르곤 Ar 100[%])이다. IG-100은 질소 N_2 100[%]로 구성된다.

70
IG-541은 불활성기체 소화약제에 해당하며, 질소(N_2) 50[%], 아르곤(Ar) 42[%], 이산화탄소(CO_2) 8[%]으로 구성된다. 또한, 해당 소화약제는 사람이 있는 곳에서는 사용할 수 없다.

O | X

70 □□□
IG-541은 불활성기체 소화약제에 해당하며, 질소(N_2) 52[%], 아르곤(Ar) 40[%], 이산화탄소(CO_2) 8[%]으로 구성된다. 또한, 해당 소화약제는 사람이 있는 곳에서도 사용할 수 있다.

71
할로겐화합물 소화약제는 물리적 및 화학적 소화를 할 수 있으나, 불활성기체 소화약제는 화학적 소화만 할 수 있다.

O | X

71 □□□
할로겐화합물 소화약제는 물리적 및 화학적 소화를 할 수 있으나, 불활성기체 소화약제는 물리적 소화만 할 수 있다.

72
LOAEL은 거주공간에서의 사용을 제한하기 위한 소화약제의 농도로 인체에 부작용이 없고 아무런 악영향을 미치지 않는 최고의 농도를 의미한다.

O | X

72 □□□
NOAEL은 거주공간에서의 사용을 제한하기 위한 소화약제의 농도로 인체에 부작용이 없고 아무런 악영향을 미치지 않는 최고의 농도를 의미한다.

정답 68 O 69 X 70 X 71 X 72 X

73

NOAEL은 클수록, LOAEL은 작을수록 독성이 낮음을 의미한다.

O | X

해설

73 ☐☐☐
NOAEL 및 LOAEL은 클수록 독성이 낮음을 의미한다. 또한, 사람이 상주하는 장소에는 소화약제의 설계농도가 NOAEL보다 낮아야 한다.

74

불활성기체 소화약제의 NOAEL은 할로겐화합물 소화약제의 NOAEL보다 크게 나타난다.

O | X

74 ☐☐☐
불활성기체 소화약제의 NOAEL(43[%])은 할로겐화합물 소화약제의 NOAEL(0.3 ~ 40[%])보다 크게 나타난다.

75

분말소화약제는 안식각을 크게 하여야 하고, 내습성이 좋아야 한다.

O | X

75 ☐☐☐
분말소화약제는 안식각을 작게 하여 유동성을 크게 하여야 하고, 내습성이 좋아야 한다. 또한, 고화성이 없어야 한다.

76

분말소화약제는 입자의 크기가 작을수록 소화효과가 높아지며, 입자는 다양한 것보다 동일한 것이 좋다.

O | X

76 ☐☐☐
분말소화약제는 입자의 크기가 20 ~ 25[μm]에서 최적의 소화효과를 가지며, 입자는 동일한 것보다 다양한 것이 좋다.

77

제3종 분말소화약제를 제외한 분말소화약제는 A급 화재에 적응성이 높다.

O | X

77 ☐☐☐
제3종 분말소화약제를 제외한 분말소화약제는 A급 화재에 적응성이 낮다. 제3종 분말소화약제는 A급 화재에 적응성이 있다.

정답 73 X 74 O 75 X 76 X 77 X

78
분말소화약제는 피연소 물질에 영향을 주지 않으므로 미세한 전기기기를 사용하는 장소에 적응성을 갖는다.

○ | ✕

79
제3종 분말소화약제는 주성분이 제1인산암모늄이며, 색상은 백색이고, 유류, 전기 및 주방화재에 적응성을 갖는다.

○ | ✕

80
제3종 분말소화약제는 제2종 분말소화약제보다 소화성능이 좋다.

○ | ✕

81
분말소화약제는 자체 증기압이 매우 높기 때문에 다른 가압원의 도움 없이 자체 압력으로도 방사가 가능하다.

○ | ✕

82
제1종, 제2종, 제3종 및 제4종 분말소화약제는 모두 열분해 시 이산화탄소(CO_2) 및 수증기(H_2O)를 생성한다.

○ | ✕

해설

78
분말소화약제는 피연소 물질에 영향을 끼치는 단점을 가지고 있으며, 미세한 전기기기를 사용하는 장소에 적응성이 없다.

79
제3종 분말소화약제는 주성분이 제1인산암모늄($NH_4H_2PO_4$)이며, 색상은 담홍색이고, 일반(A급), 유류(B급) 및 전기(C급)화재에 적응성을 갖는다.

80
제3종 분말소화약제는 제2종 분말소화약제보다 소화성능이 나쁘다. (소화성능 : 제4종 분말소화약제 > 제2종 분말소화약제 > 제3종 분말소화약제 > 제1종 분말소화약제)

81
분말소화약제는 자체 증기압이 매우 낮기 때문에 질소(N_2) 또는 이산화탄소(CO_2) 등 고압의 가압원을 필요로 한다.

82
제1종, 제2종, 제3종 및 제4종 분말소화약제는 열분해 시 이산화탄소(CO_2) 및 수증기(H_2O)를 생성한다. (제3종 분말소화약제는 열분해 생성물로 이산화탄소를 발생시키지 않는다. 또한, 제4종 분말소화약제는 열분해 생성물로 수증기(H_2O)를 발생시키지 않는다.)

정답 78 ✕ 79 ✕ 80 ✕ 81 ✕ 82 ✕

83
제2종 분말소화약제는 제1종 분말소화약제보다 더 높은 온도에서 열분해가 된다.

○ | ×

해설

83 ☐☐☐
제2종 분말소화약제(190[℃], 260[℃])는 제1종 분말소화약제(270[℃], 850[℃])보다 더 낮은 온도에서 열분해가 된다.

84
식용유 화재 시 제1종 분말소화약제를 사용할 경우 기름과 나트륨이온(Na^+)이 반응하여 흰색고체의 금속비누(Na_2O)를 형성하는데, 이 비누의 거품에 의해 질식 및 부촉매 소화효과를 갖는 현상이다.

○ | ×

84 ☐☐☐
식용유 화재 시 제1종 분말소화약제를 사용할 경우 기름과 나트륨이온(Na^+)이 반응하여 흰색고체의 금속비누(Na_2O)를 형성하는데, 이 비누의 거품에 의해 질식 및 부촉매 소화효과를 갖는 현상이다.

85
분말소화약제의 방사 시 열분해되는 반응은 발열반응으로서 이로 인하여 연소면의 열을 탈취하여 냉각소화를 한다.

○ | ×

85 ☐☐☐
분말소화약제의 방사 시 열분해되는 반응은 흡열반응으로서 이로 인하여 연소면의 열을 탈취하여 냉각소화를 한다.

86
제3종 분말소화약제의 열분해 결과로 생성되는 물질 중 H_2O에 의해 냉각작용, NH_3에 의해 부촉매작용, HPO_3에 의해 방진작용을 한다.

○ | ×

86 ☐☐☐
제3종 분말소화약제의 열분해 결과로 생성되는 물질 중 H_2O(수증기)에 의해 냉각 및 질식작용, NH_4^+(암모늄이온)에 의해 부촉매작용, HPO_3(메타인산)에 의해 방진작용을 한다.

87
제3종 분말소화약제의 열분해 시 발생하는 피로인산은 종이, 목재, 섬유 등의 섬유소(셀룰로오스)로부터 탈수 및 탄화하여 난연성의 탄소(C)와 물(H_2O)로 분해하여 연소반응을 차단시키는 것으로 "탈수·탄화효과"를 통해 A급 화재에 적응성을 갖는다.

○ | ×

87 ☐☐☐
제3종 분말소화약제의 열분해 시 발생하는 올쏘인산(H_3PO_4)은 종이, 목재, 섬유 등의 섬유소(셀룰로오스)로부터 탈수 및 탄화하여 난연성의 탄소(C)와 물(H_2O)로 분해하여 연소반응을 차단시키는 것으로 "탈수·탄화효과"를 통해 A급 화재에 적응성을 갖는다.

정답 83 × 84 ○ 85 × 86 × 87 ×

88
모든 분말소화약제는 방출 시 가연물과 화염 사이에 운무를 형성하여 화염으로부터의 방사열을 차단하는 방사열 차단효과를 갖는다.

○ | ✕

89
CDC분말소화약제란 수성막포와 제1종 분말소화약제를 겸용하여 소화성능을 향상시킨 것으로 소포성이 있는 분말소화약제라고도 한다.

○ | ✕

90
제3종 분말소화약제의 열분해 생성물 중 방진효과를 발생시켜 A급 화재에 적응성을 갖게 하는 것은 메타인산(HPO_3)이다.

○ | ✕

91
분말소화약제가 활성라디칼을 포착하여 부촉매소화를 하여 약제방출 후 10 ~ 20초 사이에 소화되는 것을 쇼킹타임이라 한다.

○ | ✕

해설

88
모든 분말소화약제는 방출 시 가연물과 화염 사이에 운무를 형성하여 화염으로부터의 방사열을 차단하는 방사열 차단효과를 갖는다.

89
CDC분말소화약제란 수성막포와 제3종 분말소화약제를 겸용하여 소화성능을 향상시킨 것으로 소포성이 없는 분말소화약제라고도 한다.

90
제3종 분말소화약제의 열분해 생성물 중 방진효과를 발생시켜 A급 화재에 적응성을 갖게 하는 것은 메타인산(HPO_3)이다.

91
분말소화약제가 활성라디칼을 포착하여 부촉매소화를 하여 약제방출 후 10 ~ 20초 사이에 소화되는 것을 녹다운효과(Knockdown effect)이라 한다. 또한, 설계농도 유지시간(쇼킹타임, Soaking Time, Hold Time, Retention Time)이란 전역방출방식의 가스계 소화약제가 방호구역 내 방사되어 설계농도에 도달한 후에 완전히 소화되어 재발화되지 않도록 하기 위해 설계농도가 일정시간 유지되는 것을 말한다.

정답 88 ○ 89 ✕ 90 ○ 91 ✕

CHAPTER 05 건축방재 및 피난

01 🔥 기본서 p.180 참조

내장재료의 화재안전성능은 "불연재료 < 준불연재료 < 난연재료"이다.

○ | ✕

02 🔥 기본서 p.180 참조

건축물의 옥외에 있는 운동시설(수영장은 제외한다)은 방염성능기준 이상의 실내장식물 등을 설치하여야 하는 특정소방대상물에 해당한다.

○ | ✕

03 🔥 기본서 p.180 참조

다중이용업소, 교육연구시설 중 합숙소, 방송통신시설 중 방송국 및 촬영소는 모두 방염성능기준 이상의 실내장식물 등을 설치하여야 하는 특정소방대상물에 해당한다.

○ | ✕

04 🔥 기본서 p.181 참조

제조 또는 가공 공정에서 방염처리를 한 두께가 2밀리미터 이상인 종이벽지는 방염대상물품에 해당한다.

○ | ✕

해설

01 ☐☐☐
내장재료의 화재안전성능은 "불연재료 > 준불연재료 > 난연재료"이다.

02 ☐☐☐
건축물의 **옥내**에 있는 문화 및 집회시설, 종교시설, **운동시설(수영장은 제외한다)**은 방염성능기준 이상의 실내장식물 등을 설치하여야 하는 특정소방대상물에 해당한다.

03 ☐☐☐
다중이용업소, 교육연구시설 중 합숙소, 방송통신시설 중 방송국 및 촬영소는 모두 **방염성능기준 이상의 실내장식물 등을 설치하여야 하는 특정소방대상물**에 해당한다.

04 ☐☐☐
제조 또는 가공 공정에서 방염처리를 한 **두께가 2밀리미터 이상인 종이벽지**는 방염대상물품에 해당한다. 벽지류 중에 두께가 2밀리미터 미만인 종이벽지는 제외하지만, 2밀리미터 이상이 종이벽지는 방염대상물품에 해당한다.

정답 01 ✕ 02 ✕ 03 ○ 04 ○

05

산후조리업에 설치하는 섬유류 또는 합성수지류 등을 원료로 하여 제작된 소파, 의자로서 제조 또는 가공 공정에서 방염처리를 한 물품은 방염대상물품에 해당한다.

○ | ×

06

두께 2밀리미터 미만인 종이류를 주원료로 한 물품으로서 건축물 내부의 천장이나 벽에 부착하거나 설치하는 것은 방염대상물품에 해당한다.

○ | ×

07

방염성능기준에 따라 탄화한 면적은 20제곱센티미터 이내, 탄화한 길이는 50센티미터 이내이어야 하며, 불꽃에 의하여 완전히 녹을 때까지 불꽃의 접촉 횟수는 5회 이상이어야 한다.

○ | ×

08

방염성능기준에 따라 잔진시간은 20초 이내이어야 하며, 잔염시간은 30초 이내이어야 한다.

○ | ×

해설

05 □□□
단란주점영업, 유흥주점영업 및 노래연습장업에 설치하는 섬유류 또는 합성수지류 등을 원료로 하여 제작된 소파, 의자로서 제조 또는 가공 공정에서 방염처리를 한 물품은 방염대상물품에 해당한다.

06 □□□
두께 2밀리미터 이상인 종이류를 주원료로 한 물품으로서 건축물 내부의 천장이나 벽에 부착하거나 설치하는 것은 방염대상물품에 해당한다.

07 □□□
방염성능기준에 따라 탄화한 면적은 **50제곱센티미터 이내**, 탄화한 길이는 **20센티미터 이내**이어야 하며, 불꽃에 의하여 완전히 녹을 때까지 불꽃의 접촉 횟수는 **3회 이상**이어야 한다.

08 □□□
방염성능기준에 따라 잔진시간(버너의 불꽃을 제거한 때부터 불꽃을 올리지 않고 연소하는 상태가 그칠 때까지 시간)은 **30초 이내**이어야 하며, 잔염시간(버너의 불꽃을 제거한 때부터 불꽃을 올리며 연소하는 상태가 그칠 때까지 시간)은 **20초 이내**이어야 한다.

정답 05 × 06 × 07 × 08 ×

09 〔기본서 p.182 참조〕

소방본부장 또는 소방서장은 방염대상물품 외에 숙박시설에 사용하는 카펫은 방염처리된 물품을 사용하도록 권장할 수 있다.

O | X

10 〔기본서 p.183 참조〕

주요구조부에는 바닥, 보, 내력벽, 주계단, 기둥, 차양이 있으며, 최하층의 바닥, 보조계단, 옥외계단은 제외한다.

O | X

11 〔기본서 p.183 참조〕

내화구조란 화재 시 일정시간 동안 견딜 수 있는 성능 및 강도를 가지는 구조로서 화재 이후 재사용이 가능하지 않은 것을 의미한다.

O | X

12 〔기본서 p.184 참조〕

벽의 내화구조 기준에 따라 벽돌조로서 두께가 10[cm] 이상인 것이 해당한다. (단, 외벽 중 비내력벽의 경우는 제외한다.)

O | X

13 〔기본서 p.184 참조〕

벽의 내화구조 기준에 따라 고온·고압의 증기로 양생된 경량기포 콘크리트패널 또는 경량기포 콘크리트블록조로서 두께가 5[cm] 이상인 것이 해당한다. (단, 외벽 중 비내력벽의 경우는 제외한다.)

O | X

해설

09 □□□
숙박시설에 사용하는 카펫은 방염대상물품을 권장하는 대상이 아닌 반드시 사용해야 하는 대상에 해당한다. 권장대상에 해당하는 것은 "다중이용업소, 의료시설, 노유자 시설, 숙박시설 또는 장례식장에서 사용하는 침구류·소파 및 의자"이다.

10 □□□
주요구조부에는 바닥, 보, 내력벽, 주계단, 기둥, 지붕틀이 있으며, 최하층의 바닥, 작은 보, 칸막이벽, 간벽, 보조계단, 옥외계단, 샛기둥, 차양은 제외한다.

11 □□□
내화구조란 화재 시 일정시간 동안 견딜 수 있는 성능 및 강도를 가지는 구조로서 화재 이후 재사용이 가능한 것을 의미한다. 재사용이 불가능한 것은 "방화구조"라 한다.

12 □□□
벽의 내화구조 기준에 따라 벽돌조로서 두께가 19[cm] 이상인 것이 해당한다.

13 □□□
벽의 내화구조 기준에 따라 고온·고압의 증기로 양생된 경량기포 콘크리트패널 또는 경량기포 콘크리트블록조로서 두께가 10[cm] 이상인 것이 해당한다.

정답 09 × 10 × 11 × 12 × 13 ×

14 🔥 기본서 p.184 참조

바닥의 내화구조 기준에 따라 철근콘크리트조 또는 철골철근콘크리트조로서 두께가 10[cm] 이상인 것이 해당한다.

○ | ×

15 🔥 기본서 p.185 참조

방화구조의 기준에 따라 시멘트모르타르 위에 타일을 붙인 것으로서 두께가 2[cm] 이상인 것이 해당한다.

○ | ×

16 🔥 기본서 p.185 참조

주요구조부가 내화구조 또는 불연재료로 된 건축물로서 연면적이 500[m²] 이상인 건축물에는 방화구획을 해야 한다.

○ | ×

17 🔥 기본서 p.185 참조

내장재가 불연재료이고 자동식 소화설비가 설치되어 있는 경우로서 11층 이상인 건축물의 경우에는 600[m²] 이내마다 방화구획을 해야 한다.

○ | ×

18 🔥 기본서 p.185 참조

10층 이하인 건축물의 경우에는 자동식 소화설비가 설치되지 않은 경우에는 500[m²] 이내마다, 자동식 소화설비가 설치된 경우에는 1,500[m²] 이내마다 방화구획을 해야 한다.

○ | ×

해설

14 □□□
바닥의 내화구조 기준에 따라 철근콘크리트조 또는 철골철근콘크리트조로서 두께가 10[cm] 이상인 것이 해당한다.

15 □□□
방화구조의 기준에 따라 시멘트모르타르 위에 타일을 붙인 것으로서 두께가 2.5[cm] 이상인 것이 해당한다.

16 □□□
주요구조부가 내화구조 또는 불연재료로 된 건축물로서 연면적이 1,000[m²] 이상인 건축물에는 방화구획을 해야 한다.

17 □□□
내장재가 불연재료이고 자동식 소화설비가 설치되어 있는 경우로서 11층 이상인 건축물의 경우에는 1,500[m²] 이내마다 방화구획을 해야 한다.

18 □□□
10층 이하인 건축물의 경우에는 자동식 소화설비가 설치되지 않은 경우에는 1,000[m²] 이내마다, 자동식 소화설비가 설치된 경우에는 3,000[m²] 이내마다 방화구획을 해야 한다.

정답 14 ○ 15 × 16 × 17 × 18 ×

19
방화벽은 내화구조로서 홀로 설 수 있는 구조이어야 한다. 또한, 방화벽의 양쪽 끝과 위쪽 끝을 건축물의 외벽면 및 지붕면으로부터 1[m] 이상 튀어나오게 하여야 한다.

○ | ✕

20
방화벽에 설치하는 출입문의 너비 및 높이는 각각 2.5[m] 이상으로 하고, 해당 출입문에는 30분 방화문을 설치해야 한다.

○ | ✕

21
60분+ 방화문의 경우에는 연기 및 불꽃을 차단하는 시간이 60분 이상이고, 열을 차단하는 시간이 60분 이상인 것을 의미한다.

○ | ✕

22
무창층은 지하층 중 요건을 모두 갖춘 개구부면적의 합계가 해당 층의 바닥면적의 1/30 이상이 되는 층을 의미한다.

○ | ✕

23
무창층의 개구부 기준에 따라 개구부의 크기는 지름 60[cm] 이상의 원이 통과할 수 있어야 한다.

○ | ✕

해설

19 □□□
방화벽은 내화구조로서 홀로 설 수 있는 구조이어야 한다. 또한, 방화벽의 양쪽 끝과 위쪽 끝을 건축물의 외벽면 및 지붕면으로부터 0.5[m] 이상 튀어나오게 하여야 한다.

20 □□□
방화벽에 설치하는 출입문의 너비 및 높이는 각각 2.5[m] 이하로 하고, 해당 출입문에는 60분+방화문 또는 60분 방화문을 설치해야 한다.

21 □□□
60분+ 방화문의 경우에는 연기 및 불꽃을 차단하는 시간이 60분 이상이고, 열을 차단하는 시간이 30분 이상인 것을 의미한다. 또한, 60분 방화문의 경우에는 연기 및 불꽃을 차단하는 시간이 60분 이상인 것을 의미한다. 또한, 30분 방화문의 경우에는 연기 및 불꽃을 차단하는 시간이 30분 이상 60분 미만인 것을 의미한다.

22 □□□
무창층은 지상층 중 요건을 모두 갖춘 개구부면적의 합계가 해당 층의 바닥면적의 1/30 이하가 되는 층을 의미한다.

23 □□□
무창층의 개구부 기준에 따라 개구부의 크기는 지름 50[cm] 이상의 원이 통과할 수 있어야 한다.

정답 19 ✕ 20 ✕ 21 ✕ 22 ✕ 23 ✕

24

무창층의 개구부 기준에 따라 개구부는 해당 층의 바닥면으로부터 개구부 윗부분까지의 높이가 1.2m 이내이어야 하며, 내부 또는 외부에서 쉽게 부수거나 열 수 없어야 한다.

O | X

25

피난층이란 곧바로 지상으로 갈 수 있는 출입구가 있는 층을 말한다.

O | X

26

지하층이란 건축물의 바닥이 지표면 아래에 있는 층으로서 바닥에서 지표면까지의 평균높이가 해당 층 높이의 1/10 이상인 것을 말한다.

O | X

27

피난계단이란 부속실을 거쳐 계단실에 도달할 수 있도록 한 계단을 말한다.

O | X

28

초고층 건축물의 경우에는 건축물 전체 층수의 2분의 1에 해당하는 층으로부터 상하 5개층 이내에 1개소 이상 피난안전구역을 설치하여야 한다.

O | X

해설

24 ☐☐☐
무창층의 개구부 기준에 따라 개구부는 해당 층의 바닥면으로부터 개구부 밑부분까지의 높이가 1.2m 이내이어야 하며, 내부 또는 외부에서 쉽게 부수거나 열 수 있어야 한다.

25 ☐☐☐
피난층이란 곧바로 지상으로 갈 수 있는 출입구가 있는 층을 말한다.

26 ☐☐☐
지하층이란 건축물의 바닥이 지표면 아래에 있는 층으로서 바닥에서 지표면까지의 평균높이가 해당 층 높이의 1/2 이상인 것을 말한다.

27 ☐☐☐
특별피난계단이란 부속실을 거쳐 계단실에 도달할 수 있도록 한 계단을 말하며, 화재안전성능은 특별피난계단이 피난계단보다 높다.

28 ☐☐☐
초고층 건축물의 경우에는 지상층으로부터 최대 30개 층마다 1개소 이상 피난안전구역을 설치하여야 한다. 또한, 준고층 건축물의 경우에는 건축물 전체 층수의 2분의 1에 해당하는 층으로부터 상하 5개층 이내에 1개소 이상 피난안전구역을 설치하여야 한다.

정답 24 × 25 O 26 × 27 × 28 ×

29
공간적 대응은 설비적 대응을 보완하는 것을 의미하며, 건축물의 내장재를 불연화 또는 난연화를 하는 것은 공간적 대응 중 회피성에 해당한다.

O | X

해설

29 ☐☐☐
건축물의 내장재를 불연화 또는 난연화를 하는 것은 공간적 대응 중 회피성에 해당한다. 또한, 설비적 대응은 공간적 대응을 보완한다.

30
층수가 6층 이상인 건축물은 건축허가등의 동의대상물에 해당한다.

O | X

30 ☐☐☐
층수가 6층 이상인 건축물은 건축허가등의 동의대상물에 해당한다.

31
지하층 또는 무창층이 있는 건축물로서 바닥면적이 100제곱미터 이상인 층이 있는 공연장은 건축허가등의 동의대상물에 해당한다.

O | X

31 ☐☐☐
지하층 또는 무창층이 있는 건축물로서 바닥면적이 150제곱미터(공연장의 경우에는 100제곱미터) 이상인 층이 있는 것은 건축허가등의 동의대상물에 해당한다.

32
승강기 등 기계장치에 의한 주차시설로서 자동차 15대 이상을 주차할 수 있는 시설은 건축허가등의 동의대상물에 해당한다.

O | X

32 ☐☐☐
차고·주차장으로 사용되는 바닥면적이 200제곱미터 이상인 층이 있는 건축물이나 주차시설(승강기 등 기계장치에 의한 주차시설로서 자동차 20대 이상을 주차할 수 있는 시설)은 건축허가등의 동의대상물에 해당한다.

33
특정소방대상물 중 공장 또는 창고시설로서 「화재의 예방 및 안전관리에 관한 법률 시행령」 별표 2에서 정하는 수량의 500배 이상의 특수가연물을 저장·취급하는 것은 건축허가등의 동의대상물에 해당한다.

O | X

33 ☐☐☐
특정소방대상물 중 공장 또는 창고시설로서 「화재의 예방 및 안전관리에 관한 법률 시행령」 별표 2에서 정하는 수량의 750배 이상의 특수가연물을 저장·취급하는 것은 건축허가등의 동의대상물에 해당한다.

정답 29 × 30 ○ 31 ○ 32 × 33 ×

34

가스시설로서 지상에 노출된 탱크의 저장용량의 합계가 100톤 이상인 것은 건축허가 등의 동의대상물에 해당한다.

○ | ×

35

특정소방대상물에 설치되는 비상조명등이 화재안전기준에 적합한 경우 해당 특정소방대상물은 건축허가등의 동의대상물에서 제외할 수 있다.

○ | ×

36

건축물의 증축 또는 용도변경으로 인하여 해당 특정소방대상물에 추가로 소방시설이 설치되는 경우 해당 특정소방대상물은 건축허가등의 동의대상물에서 제외할 수 있다.

○ | ×

37

페일 세이프(Fail safe)는 누구라도 안전하게 사용할 수 있도록 원시적 방법으로 그림, 색채 등을 활용하여야 함을 의미한다.

○ | ×

38

피난경로는 단순해야 하며, 2방향 이상의 피난경로를 확보하여야 한다. 또한, 통로의 말단은 안전한 장소이어야 한다.

○ | ×

해설

34 □□□
가스시설로서 지상에 노출된 탱크의 저장용량의 합계가 100톤 이상인 것은 건축허가등의 동의대상물에 해당한다.

35 □□□
특정소방대상물에 설치되는 피난구조설비(비상조명등은 제외한다)가 화재안전기준에 적합한 경우 해당 특정소방대상물은 건축허가등의 동의대상물에서 제외할 수 있다.

36 □□□
건축물의 증축 또는 용도변경으로 인하여 해당 특정소방대상물에 추가로 소방시설이 설치되지 않는 경우 해당 특정소방대상물은 건축허가 등의 동의대상물에서 제외할 수 있다.

37 □□□
풀 프루프(Fool Proof)는 누구라도 안전하게 사용할 수 있도록 원시적 방법으로 그림, 색채 등을 활용하여야 함을 의미한다. 페일 세이프(Fail safe)는 실패하여도 다음 대책에 의해 안전하도록 하는 것을 의미한다.

38 □□□
피난경로는 단순해야 하며, 2방향 이상의 피난경로를 확보하여야 한다. 또한, 통로의 말단은 안전한 장소이어야 한다.

정답 34 ○ 35 × 36 × 37 × 38 ○

39
피난설비는 이동식 설비로 설치하여야 하며, 복합적인 방법으로 안전하게 사용할 수 있어야 한다.

○ | ✕

기본서 p.193 참조

해설

39 ☐☐☐
피난설비는 고정식 설비로 설치하여야 하며, 원시적인 방법으로 안전하게 사용할 수 있어야 한다.

40
인간의 피난본능에는 추종본능, 귀소본능, 퇴피본능, 우회본능 및 지광본능이 있다.

○ | ✕

기본서 p.194 참조

40 ☐☐☐
인간의 피난본능에는 추종본능, 귀소본능, 퇴피본능, 좌회본능(신체의 오른쪽이 발달하여 피난 시 좌회전하려는 경향) 및 지광본능이 있다.

41
인간은 피난 시에 어두운 곳으로 대피하려는 경향이 있으며, 최초로 행동한 사람을 따르려는 경향이 있다.

○ | ✕

기본서 p.194 참조

41 ☐☐☐
인간은 피난 시에 밝은 곳으로 대피하려는 경향(= 지광본능)이 있으며, 최초로 행동한 사람을 따르려는 경향(= 추종본능)이 있다.

42
피난안전구획은 1차로 계단, 2차로 부속실, 3차로 복도를 구획하여야 한다.

○ | ✕

기본서 p.194 참조

42 ☐☐☐
피난안전구획은 1차로 복도, 2차로 부속실, 3차로 계단을 구획하여야 한다. 최종적으로 화재로부터 가장 안전해야 하는 것은 "계단실"이므로 3차 피난안전구획을 해야 하는 것은 계단실을 의미한다.

43
피난로 중 H형과 CO형은 방향을 확실하게 분간하기 쉬우므로 가장 확실한 피난로가 보장된다.

○ | ✕

기본서 p.194 참조

43 ☐☐☐
피난로 중 X형과 Y형은 방향을 확실하게 분간하기 쉬우므로 가장 확실한 피난로가 보장된다. H형과 CO형의 피난로는 중앙코어식으로 피난자들의 집중으로 병목현상 및 패닉현상이 발생할 우려가 있다.

정답 39 ✕ 40 ✕ 41 ✕ 42 ✕ 43 ✕

44
병목현상은 피난동선이 수평동선과 수직동선으로 분리되어 다수의 피난자가 원활하게 피난할 수 있는 현상을 의미한다.

○ | ✕

45
인명안전기준 중 가시거리에 의한 영향에 따라 집회시설 및 판매시설은 허용가시거리가 7[m]이며, 고휘도 유도등, 바닥유도등, 축광유도표지 설치 시 허용가시거리가 10[m]이다.

○ | ✕

46
인명안전기준 중 독성에 의한 영향에 따라 일산화탄소(CO)의 독성기준치는 50[ppm]이고, 이산화탄소(CO_2)의 독성기준치는 5[%] 이하이다.

○ | ✕

해설

44 □□□
병목현상은 다수의 피난자가 출구나 복도를 지나가려 하면 발생하는 현상으로 피난시간의 지연을 발생한다.

45 □□□
인명안전기준 중 가시거리에 의한 영향에 따라 집회시설 및 판매시설은 허용가시거리가 10[m]이며, 고휘도 유도등, 바닥유도등, 축광유도표지 설치 시 허용가시거리가 7[m]이다.

46 □□□
인명안전기준 중 독성에 의한 영향에 따라 일산화탄소(CO)의 독성기준치는 1,4000[ppm]이고, 이산화탄소(CO_2)의 독성기준치는 5[%] 이하이다. 또한, 산소(O_2)의 독성기준치는 15[%] 이상이다.

정답 44 ✕　45 ✕　46 ✕

CHAPTER 06 위험물 및 특수가연물

01 기본서 p.199 참조

위험물이란 인화성 또는 발화성 등의 성질을 가지는 것으로서 행정안전부령이 정하는 물품을 말한다.

○ | ×

02 기본서 p.199 참조

지정수량이란 위험물의 종류별로 위험성을 고려하여 행정안전부령이 정하는 수량으로서 규정에 의한 제조소등의 설치허가 등에 있어서 최대의 기준이 되는 수량을 말한다.

○ | ×

03 기본서 p.199 참조

유기금속화합물 25[kg]과 아세톤 200[L]를 같은 장소에 저장하는 경우에는 지정수량 이상의 위험물로 본다.

○ | ×

04 기본서 p.201 참조

NFPA 804의 위험물 분류기준에 따라 건강위험성은 백색으로 표시하고, 화재위험성은 적색, 반응위험성은 청색, 특이사항은 황색으로 표현한다.

○ | ×

해설

01 □□□
위험물이란 인화성 또는 발화성 등의 성질을 가지는 것으로서 대통령령이 정하는 물품을 말한다.

02 □□□
지정수량이란 위험물의 종류별로 위험성을 고려하여 대통령령이 정하는 수량으로서 규정에 의한 제조소등의 설치허가 등에 있어서 최저의 기준이 되는 수량을 말한다.

03 □□□
유기금속화합물(제3류 위험물, 지정수량 50[kg]) 25[kg]은 지정수량의 0.5배에 해당한다. 또한, 아세톤(제4류 위험물 중 1석유류, 수용성, 지정수량 400[L]) 200[L]은 지정수량의 0.5배에 해당한다. 2개 위험물을 같은 장소에 저장하는 경우 0.5배 + 0.5배 = "1"이므로 "1 이상인 경우"에 해당하므로 지정수량 이상의 위험물로 본다.

04 □□□
NFPA 804의 위험물 분류기준에 따라 건강위험성은 청색으로 표시하고, 화재위험성은 적색, 반응위험성은 황색, 특이사항은 백색으로 표현한다. 또한, 건강위험성, 화재위험성, 반응위험성은 0등급부터 4등급까지 분류한다.

정답 01 × 02 × 03 ○ 04 ×

05
아이오딘산염류는 제1류 위험물에 해당하며, 지정수량은 1,000[kg]이고, 위험등급은 Ⅲ이다.

○ | ✕

해설

05 □□□
브로민산염류, 질산염류 및 아이오딘산염류는 제1류 위험물(산화성 고체)에 해당하며, 지정수량은 300[kg]이고, 위험등급은 Ⅱ이다.

06
산화성고체란 고체로서 환원력의 잠재적인 위험성 또는 가열분해의 격렬함을 판단하기 위하여 소방청장이 정하여 고시하는 시험에서 고시로 정하는 성질과 상태를 나타내는 것을 말한다.

○ | ✕

06 □□□
산화성고체란 고체로서 산화력의 잠재적인 위험성 또는 충격에 대한 민감성을 판단하기 위하여 소방청장이 정하여 고시하는 시험에서 고시로 정하는 성질과 상태를 나타내는 것을 말한다. (가열분해의 격렬함은 제5류 위험물의 정의에 해당한다.)

07
제1류 위험물은 불연성 물질이며, 강력한 환원제이다. 또한, 다른 가연물의 연소를 돕는 지연성 물질이다.

○ | ✕

07 □□□
제1류 위험물은 불연성 물질이며, 강력한 산화제(강산화성 물질)이다. 또한, 다른 가연물의 연소를 돕는 지연성(조연성) 물질이다.

08
과산화나트륨(Na_2O_2)을 소화하기 위해서는 물을 사용하며, 염소산칼륨($KClO_3$)은 소화하기 위해서 건조사를 사용한다.

○ | ✕

08 □□□
과산화나트륨(Na_2O_2)[제1류 위험물 중 알칼리금속의 과산화물에 해당한다]을 소화하기 위해서는 건조사를 사용하며, 염소산칼륨($KClO_3$)[제1류 위험물 중 염소산염류에 해당한다]은 소화하기 위해서 물을 사용한다.

09
알칼리금속의 과산화물은 물과 접촉할 경우 수소(H_2)를 방출한다.

○ | ✕

09 □□□
알칼리금속의 과산화물은 물과 접촉할 경우 산소(O_2)를 방출하므로, 마른 모래(건조사), 팽창질석, 팽창진주암 등으로 질식소화를 하여야 한다.

정답 05 ✕ 06 ✕ 07 ✕ 08 ✕ 09 ✕

10
제1류 위험물은 대부분 물에 녹지 않으며, 공기 중에 있는 수분을 흡수하여 스스로 녹는 것도 있다.

◯ | ✕

🔥 기본서 p.202 참조

해설

10 ☐☐☐
제1류 위험물은 대부분 비중이 1보다 크고 물에 녹으며(수용성), 공기 중에 있는 수분을 흡수하여 스스로 녹는 것(조해성)도 있다.

11
제2류 위험물 중 황화인, 적린, 황은 지정수량이 100[kg]이고, 위험등급은 Ⅰ이다.

◯ | ✕

🔥 기본서 p.204 참조

11 ☐☐☐
제2류 위험물 중 황화인, 적린, 황은 지정수량이 100[kg]이고, 위험등급은 Ⅱ이다.

12
제2류 위험물이란 고체로서 화염에 의한 발화의 위험성 또는 인화의 위험성을 판단하기 위하여 고시로 정하는 시험에서 고시로 정하는 성질과 상태를 나타내는 것을 말한다.

◯ | ✕

🔥 기본서 p.204 참조

12 ☐☐☐
제2류 위험물(가연성 고체)이란 고체로서 화염에 의한 발화의 위험성 또는 인화의 위험성을 판단하기 위하여 고시로 정하는 시험에서 고시로 정하는 성질과 상태를 나타내는 것을 말한다.

13
황이란 순도가 60중량퍼센트 이상인 것을 말하며, 순도측정을 하는 경우 불순물은 활석 등 불연성물질과 수분을 제외한다.

◯ | ✕

🔥 기본서 p.204 참조

13 ☐☐☐
황이란 순도가 60중량퍼센트 이상인 것을 말하며, 순도측정을 하는 경우 불순물은 활석 등 불연성물질과 수분으로 한정한다.

정답 10 ✕ 11 ✕ 12 ◯ 13 ✕

14
황 120[g]과 활석 80[g]이 섞여 있을 경우 황의 정의에 따라 위험물에 해당한다.

○ | ×

15
철분이란 철의 분말로서 53마이크로미터의 표준체를 통과하는 것이 50중량퍼센트 미만인 것을 말한다.

○ | ×

16
금속분이란 알칼리금속·알칼리토류금속·철 및 니켈 외의 금속의 분말을 말하고, 구리분·마그네슘분 및 150마이크로미터의 체를 통과하는 것이 60중량퍼센트 미만인 것은 제외한다.

○ | ×

17
인화성 고체란 변성알코올 그 밖에 1기압에서 인화점이 섭씨 40도 이상인 고체를 말한다.

○ | ×

해설

14 ○○○
황 120[g]과 활석 80[g]이 섞여 있을 경우에 황의 순도는
$$\frac{황의\ 양}{전체\ 총량} \times 100 = \frac{120}{120+80} \times 100$$
$$= \frac{120}{200} \times 100 = 60\%$$ 에 해당하므로 위험물에 해당한다.
(순도 60중량퍼센트 이상에 해당한다.)

15 ○○○
철분이란 철의 분말로서 53마이크로미터의 표준체를 통과하는 것이 50중량퍼센트 미만인 것은 제외한다.

16 ○○○
금속분이란 알칼리금속·알칼리토류금속·철 및 마그네슘 외의 금속의 분말을 말하고, 구리분·니켈분 및 150마이크로미터의 체를 통과하는 것이 50중량퍼센트 미만인 것은 제외한다.

17 ○○○
인화성 고체란 고형알코올 그 밖에 1기압에서 인화점이 섭씨 40도 미만인 고체를 말한다.

정답 14 ○ 15 × 16 × 17 ×

18 🜄 기본서 p.205 참조

제2류 위험물은 제1류 위험물 또는 제6류 위험물 등 강산화성 물질과의 혼합을 피하여야 한다.

○ | ×

해설

18 □□□
제2류 위험물(가연성 고체)은 강한 환원성 물질로서 반대의 성질을 갖고 있는 제1류 위험물 또는 제6류 위험물 등 강산화성 물질과의 혼합을 피하여야 한다.

19 🜄 기본서 p.205 참조

가연성 고체는 연소속도가 매우 빠른 속연성 물질이며, 급격히 연소 또는 폭발할 수 있는 이연성 물질이다.

○ | ×

19 □□□
가연성 고체는 연소속도가 매우 빠른 속연성(빠르게 연소하는 성질) 물질이며, 급격히 연소 또는 폭발할 수 있는 이연성(쉽게 연소하는 성질) 물질이다.

20 🜄 기본서 p.205 참조

철분, 금속분, 마그네슘은 물 또는 뜨거운 물, 묽은 산과 접촉 또는 반응하여 수소(H_2) 가스를 발생시키므로 이산화탄소 소화약제를 통해 소화한다.

○ | ×

20 □□□
철분, 금속분, 마그네슘은 물 또는 뜨거운 물, 묽은 산과 접촉 또는 반응하여 수소(H_2)가스를 발생시키므로 마른 모래, 팽창질석, 팽창진주암을 통해 질식소화한다.

21 🜄 기본서 p.205 참조

제2류 위험물 중 적린, 황, 인화성 고체는 모두 물을 주수하는 냉각소화가 가능하다.

○ | ×

21 □□□
제2류 위험물 중 적린, 황, 인화성 고체는 모두 물을 주수하는 냉각소화가 가능하다. 철분, 금속분, 마그네슘은 물과 반응하여 수소(H_2)가스를 발생시키므로, 황화인은 물과 반응하여 황화수소(H_2S)를 발생시키므로 주수소화가 불가하며, 마른 모래, 팽창질석, 팽창진주암 등으로 질식소화한다.

정답 18 ○ 19 ○ 20 × 21 ○

22

황화인의 종류에는 삼황화인(P_4S_3), 오황화인(P_2S_5), 칠황화인(P_4S_7)이 존재하며, 이를 동소체라 한다. 또한, 오황화인(P_2S_5)은 연소 시 황화수소(H_2S)를 발생시킨다.

O | X

23

"자연발화성물질 및 금수성물질"이라 함은 고체 또는 액체로서 공기 중에서 발화의 위험성이 있거나 산과 접촉하여 발화하거나 고압 수증기를 발생하는 위험성이 있는 것을 말한다.

O | X

24

칼륨(K), 나트륨(Na), 알킬알루미늄, 알킬리튬을 제외한 기타 물질은 물보다 가볍다.

O | X

25

트리에틸알루미늄은 물과 반응할 경우 에탄(C_2H_6)이 발생하고, 인화알루미늄은 물과 반응할 경우 수소(H_2)가 발생하며, 탄화알루미늄은 물과 반응할 경우 아세틸렌(C_2H_2)이 발생한다.

O | X

해설

22
황화인의 종류에는 삼황화인(P_4S_3), 오황화인(P_2S_5), 칠황화인(P_4S_7)이 존재하며, 이를 동소체라 하지 않는다. 동소체는 하나의 원소로 구성되어 있는 것이어야 하나, 황화인은 "인(P)"과 "황(S)"으로 구성되어 있으므로 동소체라 하지 않는다. 또한, 오황화인(P_2S_5)은 연소 시 오산화인(P_2O_5)과 이산화황(SO_2)을 발생시킨다.

23
"자연발화성물질 및 금수성물질"이라 함은 고체 또는 액체로서 공기 중에서 발화의 위험성이 있거나 물과 접촉하여 발화하거나 가연성가스를 발생하는 위험성이 있는 것을 말한다.

24
칼륨(K), 나트륨(Na), 알킬알루미늄, 알킬리튬을 제외한 기타 물질은 물보다 무겁다. 또한, 칼륨(K), 나트륨(Na)은 칼로 잘릴 정도로 무른 금속(경금속)이다.

25
트리에틸알루미늄은 물과 반응할 경우 에탄(C_2H_6)이 발생하고, 인화알루미늄은 물과 반응할 경우 포스핀(PH_3)이 발생하며, 탄화알루미늄은 물과 반응할 경우 메탄(CH_4)이 발생한다.

정답 22 ✕ 23 ✕ 24 ✕ 25 ✕

26 🔥 기본서 p.207 참조

칼륨(K)이 물과 반응하여 발생하는 가스의 연소범위는 탄화칼슘이 물과 반응하여 발생하는 가스의 연소범위보다 넓다.

○ | ✕

해설

26 ☐☐☐
칼륨(K)이 물과 반응하여 발생하는 가스[수소(H_2)기체]의 연소범위는 탄화칼슘이 물과 반응하여 발생하는 가스[아세틸렌(C_2H_2)]의 연소범위보다 넓다. (연소범위 : 수소(4 ~ 75%) < 아세틸렌(2.5 ~ 81%))

27 🔥 기본서 p.207 참조

황린(P_4)은 자연발화성이 없는 금수성 물질로서 물과 접촉하지 않도록 등유, 경유 등 석유류 속에 저장하여 보관해야 한다.

○ | ✕

27 ☐☐☐
황린(P_4)은 금수성이 없는 자연발화성 물질로서 공기와 접촉하지 않도록 pH 9 이하의 약알칼리성 물 속에 저장하여 보관해야 한다.
(등유, 경유 등 석유류 속에 저장하여 보관하는 것은 나트륨(Na), 칼륨(K)이다.)

28 🔥 기본서 p.208 참조

황린은 연소 시 흰색 연기의 황화수소(H_2S)가 발생하며, 약 260[℃]로 가열할 경우 적린이 된다.

○ | ✕

28 ☐☐☐
황린(제3류 위험물)은 연소 시 흰색 연기의 오산화인(P_2O_5)이 발생하며, 약 260[℃]로 가열할 경우 적린(제2류 위험물)이 된다.

29 🔥 기본서 p.208 참조

제4류 위험물 중 특수인화물, 제1석유류 및 알코올류는 위험등급이 Ⅰ에 해당한다.

○ | ✕

29 ☐☐☐
제4류 위험물 중 특수인화물은 위험등급이 Ⅰ에 해당하며, 제1석유류 및 알코올류는 위험등급이 Ⅱ에 해당한다.

30 🔥 기본서 p.209 참조

특수인화물이란 이황화탄소, 디에틸에테르 등 1기압에서 비점이 섭씨 100도 이하인 것 또는 인화점이 섭씨 영하 20도 이하이고 발화점이 섭씨 40도 이하인 것을 말한다.

○ | ✕

30 ☐☐☐
특수인화물이란 이황화탄소, 디에틸에테르 등 1기압에서 발화점이 섭씨 100도 이하인 것 또는 인화점이 섭씨 영하 20도 이하이고 비점이 섭씨 40도 이하인 것을 말한다.

정답 26 ✕ 27 ✕ 28 ✕ 29 ✕ 30 ✕

31
제4류 위험물 중 벤젠은 제1석유류 중 비수용성에 해당하고, 시안화수소는 제1석유류 중 수용성에 해당한다.

○ | ✕

해설

31 □□□
제4류 위험물 중 휘발유, 벤젠, 톨루엔은 제1석유류 중 비수용성(지정수량 200[L])에 해당하고, 아세톤, 피리딘, 시안화수소는 제1석유류 중 수용성(지정수량 400[L])에 해당한다.

32
제2석유류란 1기압에서 인화점이 섭씨 70도 이상 200도 미만인 것을 말한다. 다만, 도료류 그 밖의 물품에 있어서 가연성 액체량이 40중량퍼센트 이하이면서 인화점이 섭씨 40도 이상인 동시에 연소점이 섭씨 40도 이상인 것은 제외한다.

○ | ✕

32 □□□
제2석유류란 1기압에서 인화점이 섭씨 21도 이상 70도 미만인 것을 말한다. 다만, 도료류 그 밖의 물품에 있어서 가연성 액체량이 40중량퍼센트 이하이면서 인화점이 섭씨 40도 이상인 동시에 연소점이 섭씨 60도 이상인 것은 제외한다.

33
동식물유류란 동물의 지육(머리, 내장, 다리를 잘라 내고 아직 부위별로 나누지 않은 고기를 말한다) 등 또는 식물의 종자나 과육으로부터 추출한 것으로서 1기압에서 인화점이 섭씨 250도 이상인 것을 말한다.

○ | ✕

33 □□□
동식물유류란 동물의 지육(머리, 내장, 다리를 잘라 내고 아직 부위별로 나누지 않은 고기를 말한다) 등 또는 식물의 종자나 과육으로부터 추출한 것으로서 1기압에서 인화점이 섭씨 250도 미만인 것을 말한다.

34
요오드값이란 유지 100[g]이 흡수할 수 있는 요오드의 [g] 수를 의미하고, 요오드값이 클수록 반응성은 낮아짐을 의미한다.

○ | ✕

34 □□□
요오드값이란 유지 100[g]이 흡수할 수 있는 요오드의 [g] 수를 의미하고, 요오드값이 클수록 불포화도가 높고, 반응성은 높아짐을 의미한다.

35
제4류 위험물은 일반적으로 부도체 성질이 강하므로 정전기의 축적이 쉽다. 또한, 연소하한계 및 인화점이 높아 적은 양으로도 화재의 위험성이 있다.

○ | ✕

35 □□□
제4류 위험물은 일반적으로 부도체 성질이 강하므로 정전기의 축적이 쉽다. 또한, 연소하한계 및 인화점이 낮아 적은 양으로도 화재의 위험성이 있다.

정답 31 ○ 32 ✕ 33 ✕ 34 ✕ 35 ✕

36

제4류 위험물은 물보다 무겁고 물에 녹지 않은 것이 많다. 또한, 발생하는 증기는 가연성이며, 증기비중은 대부분 공기보다 가볍다.

○ | ×

37

이황화탄소(CS_2)는 탄소의 황화물로 물보다 무겁고, 증기압이 높아 발생한 증기는 공기보다 가벼운 성질을 갖는다.

○ | ×

38

이황화탄소(CS_2)는 발화점이 34[℃]로 낮은 편이며, 연소 시 이산화탄소(CO_2)와 황화수소(H_2S)를 형성한다.

○ | ×

39

제4류 위험물인 알코올은 내알코올포(泡, foam)를 사용하여 소화한다.

○ | ×

40

제5류 위험물은 고체 또는 액체로서 폭발의 위험성 또는 충격에 대한 민감성을 판단하기 위하여 고시로 정하는 시험에서 고시로 정하는 성질과 상태를 나타내는 것을 말하며, 위험성 유무와 등급에 따라 제1종 또는 제2종으로 분류한다.

○ | ×

해설

36 □□□
제4류 위험물은 물보다 가볍고 물에 녹지 않은 것이 많다(비수용성). 또한, 발생하는 증기는 가연성이며, 증기비중은 대부분 공기보다 무겁다.(= 증기비중이 1보다 크다.)

37 □□□
이황화탄소(CS_2)는 탄소(C)의 황(S)화물로 물보다 무겁고, 증기압이 높아 발생한 증기는 공기보다 무거운 성질을 갖는다.

38 □□□
이황화탄소(CS_2)는 발화점이 100[℃]로 낮은 편이며, 연소 시 이산화탄소(CO_2)와 이산화황(SO_2)을 형성한다. (발화점이 34[℃]인 것은 제3류 위험물 중 황린이다.)

39 □□□
제4류 위험물인 알코올은 수용성 가연물질에 해당하므로 내알코올포(泡, foam)를 사용하여 소화한다.

40 □□□
제5류 위험물(자기반응성물질)은 고체 또는 액체로서 폭발의 위험성 또는 가열분해의 격렬함을 판단하기 위하여 고시로 정하는 시험에서 고시로 정하는 성질과 상태를 나타내는 것을 말하며, 위험성 유무와 등급에 따라 제1종 또는 제2종으로 분류한다.

정답 36 × 37 × 38 × 39 ○ 40 ×

41

제5류 위험물은 밀폐된 공간에서 화재 시 공기호흡기를 착용하여 질식되지 않도록 주의한다.

○ | ×

> 기본서 p.212 참조

해설

41 □□□
제5류 위험물은 연소 시 연소속도가 매우 빠른 폭발성 물질로, 연소 시 다량의 유독성 가스를 발생시키므로 밀폐된 공간에서 화재 시 공기호흡기를 착용하여 질식되지 않도록 주의한다.

42

제5류 위험물은 연소 시 외부로부터의 산소 유입을 차단하여 소화한다.

○ | ×

> 기본서 p.212 참조

42 □□□
제5류 위험물은 자체 내 산소를 함유한 물질로 연소 시 외부로부터의 산소 유입을 차단하여도 질식소화는 불가하다. 따라서 다량의 주수를 하여 분해속도를 낮춰 냉각소화를 하여야 한다.

43

제5류 위험물은 공기 중 노출될 경우 단시간에 자연발화의 위험성이 있으며, 연소 시 다량의 유독성 가스를 발생시킨다.

○ | ×

> 기본서 p.212 참조

43 □□□
제5류 위험물은 공기 중 장시간 저장 시 분해열의 축적으로 자연발화의 위험성이 있으며, 연소 시 다량의 유독성 가스를 발생시킨다. (단시간에 자연발화를 하는 것은 제3류 위험물 중 자연발화성 물질이다.)

44

제5류 위험물 중 나이트로셀룰로오스의 경우에는 질화도가 클수록 폭발성이 증가한다.

○ | ×

> 기본서 p.212 참조

44 □□□
제5류 위험물 중 나이트로셀룰로오스의 경우에는 질화도가 클수록 폭발성이 증가한다.

45

하이드록실아민(NH_2OH)은 이산화탄소소화약제에 의한 질식소화를 한다.

○ | ×

> 기본서 p.212 참조

45 □□□
하이드록실아민(NH_2OH)은 제5류 위험물에 해당하며, 물질 자체에 산소를 함유하고 있어 이산화탄소소화약제에 의한 질식소화는 불가능하다. 다량의 주수를 하여 분해속도를 낮춰 냉각소화를 하여야 한다.

정답 41 ○ 42 × 43 × 44 ○ 45 ×

46
과염소산은 농도가 36중량퍼센트 이상인 것에 한하며, 산화성 액체의 성상이 있는 것으로 본다.

○ | ✕

47
산화성 액체는 과염소산을 제외하고 물과 접촉하여 발열하므로, 주수소화는 불가능하다.

○ | ✕

48
산화성 액체는 과산화수소를 제외하고 강염기성이며, 과염소산의 염기성이 가장 크다.

○ | ✕

49
비중이 1.8인 질산 2[L]의 질량은 900[g]이다.

○ | ✕

50
제6류 위험물의 유출사고 시에는 건조사 및 중화제를 사용한다.

○ | ✕

해설

46
과산화수소는 농도가 36중량퍼센트 이상인 것에 한하며, 산화성 액체의 성상이 있는 것으로 본다.

47
산화성 액체는 과산화수소를 제외하고 물과 접촉하여 발열하므로, 주수소화는 불가능하다.

48
산화성 액체는 과산화수소를 제외하고 강산이며, 과염소산의 산성도가 가장 크다.

49
비중[= 어떤 물질의 밀도/물의 밀도(1g/mL)]이 1.8인 질산의 밀도는 1.8[g/mL]이다. 이때, 밀도는 "질량/부피"이므로, 질산 2[L](=2,000[mL])의 질량은 1.8[g/mL]×2,000[mL] = 3,600[g]이다.

50
제6류 위험물의 유출사고 시에는 건조사 및 중화제(서로 다른 성질을 가진 것이 섞여 각각의 성질을 잃거나 그 중간의 성질을 띠게 하는 것)를 사용한다.

정답 46 ✕ 47 ✕ 48 ✕ 49 ✕ 50 ○

51
제6류 위험물의 소량 화재 시에는 다량의 물로 희석하는 소화방법을 사용할 수 있다.

○ | ×

52
제4류 위험물은 제2류, 제3류 및 제6류 위험물과 혼재가 가능하다. (단, 지정수량 1/30 이하의 위험물에 대해서는 적용하지 않는다.)

○ | ×

53
특수인화물 중 산화프로필렌은 마그네슘이나 동 속에 보관하며, 아세틸렌은 다공성 물질에 따른 아세톤에 용해하여 저장한다.

○ | ×

54
이황화탄소(CS_2)는 물 속에 저장하며, 나트륨(Na)은 경유 등 석유 속에 저장한다.

○ | ×

55
저장소의 종류에는 옥내저장소, 옥외저장소, 옥내탱크저장소, 옥외탱크저장소, 이동탱크저장소, 일반탱크저장소, 지하탱크저장소, 암반탱크저장소가 있다.

○ | ×

해설

51 □□□
제6류 위험물의 소량 화재 시에는 다량의 물로 희석하는 소화방법을 사용할 수 있다.

52 □□□
제4류 위험물은 제2류, 제3류 및 제5류 위험물과 혼재가 가능하다. (단, 지정수량 1/10 이하의 위험물에 대해서는 적용하지 않는다.)

53 □□□
특수인화물 중 산화프로필렌은 알루미늄이나 철 속에 보관하며, 아세틸렌은 다공성 물질에 따른 아세톤에 용해하여 저장한다. (아세트알데히드 및 산화프로필렌은 수은, 은, 동, 마그네슘을 피하여 저장하여야 한다.)

54 □□□
이황화탄소(CS_2) 및 황린(P_4)은 물 속에 저장하며, 나트륨(Na) 및 칼륨(K)은 경유 등 석유 속에 저장한다.

55 □□□
저장소의 종류에는 옥내저장소, 옥외저장소, 옥내탱크저장소, 옥외탱크저장소, 이동탱크저장소, 간이탱크저장소, 지하탱크저장소, 암반탱크저장소가 있다.

정답 51 ○ 52 × 53 × 54 ○ 55 ×

56
취급소의 종류에는 주유취급소, 판매취급소, 이송취급소, 일반취급소가 있으며, 판매취급소란 점포에서 위험물을 용기에 담아 판매하기 위하여 지정수량의 100배 이하의 위험물을 취급하는 장소를 말한다.

○ | ×

해설

56 □□□
취급소의 종류에는 주유취급소, 판매취급소, 이송취급소, 일반취급소가 있으며, 판매취급소란 점포에서 위험물을 용기에 담아 판매하기 위하여 지정수량의 40배 이하의 위험물을 취급하는 장소를 말한다.

57
시·도의 조례가 정하는 바에 따라 관할소방서장의 승인을 받아 지정수량 이상의 위험물을 100일 이내의 기간동안 임시로 저장 또는 취급하는 경우에는 제조소등이 아닌 장소에서 지정수량 이상의 위험물을 취급할 수 있다.

○ | ×

57 □□□
시·도의 조례가 정하는 바에 따라 관할소방서장의 승인을 받아 지정수량 이상의 위험물을 90일 이내의 기간동안 임시로 저장 또는 취급하는 경우에는 제조소등이 아닌 장소에서 지정수량 이상의 위험물을 취급할 수 있다.

58
제조소등의 위치·구조 또는 설비의 변경없이 당해 제조소등에서 저장하거나 취급하는 위험물의 품명·수량 또는 지정수량의 배수를 변경하고자 하는 자는 변경하고자 하는 날의 7일 전까지 행정안전부령이 정하는 바에 따라 소방본부장 또는 소방서장에게 신고하여야 한다.

○ | ×

58 □□□
제조소등의 위치·구조 또는 설비의 변경없이 당해 제조소등에서 저장하거나 취급하는 위험물의 품명·수량 또는 지정수량의 배수를 변경하고자 하는 자는 변경하고자 하는 날의 1일 전까지 행정안전부령이 정하는 바에 따라 시·도지사에게 신고하여야 한다.

59
공동주택의 중앙난방시설을 위한 저장소 또는 취급소는 제조소등의 설치허가, 변경허가 및 변경신고를 하지 아니할 수 있다.

○ | ×

59 □□□
주택의 난방시설(공동주택의 중앙난방시설은 제외한다)을 위한 저장소 또는 취급소는 제조소등의 설치허가, 변경허가 및 변경신고를 하지 아니할 수 있다.

정답 56 × 57 × 58 × 59 ×

60

공업용으로 필요한 건조시설을 위한 지정수량 30배 이하의 저장소는 제조소등의 설치허가, 변경허가 및 변경신고를 하지 아니할 수 있다.

○ | ×

61

탱크안전성능검사의 종류에는 기초·지반검사, 충수·수압검사, 용접부검사, 암반탱크검사가 있으며, 탱크에 배관 그 밖의 부속설비를 부착하기 전에 당해 탱크 본체의 누설 및 변형에 대한 안전성이 행정안전부령으로 정하는 기준에 적합한지 여부를 확인하는 검사는 용접부검사이다.

○ | ×

62

옥내탱크저장소의 액체위험물탱크 중 그 용량이 100만리터 이상인 탱크는 탱크안전성능검사 중 충수·수압검사와 용접부검사를 받아야 한다.

○ | ×

63

탱크안전성능검사 중 충수·수압검사는 탱크본체에 관한 공사의 개시 전에 신청하여야 한다.

○ | ×

해설

60 □□□
농업용, 축산용 또는 수산용으로 필요한 난방시설 또는 건조시설을 위한 지정수량 20배 이하의 저장소는 제조소등의 설치허가, 변경허가 및 변경신고를 하지 아니할 수 있다.

61 □□□
탱크안전성능검사의 종류에는 기초·지반검사, 충수·수압검사, 용접부검사, 암반탱크검사가 있으며, 탱크에 배관 그 밖의 부속설비를 부착하기 전에 당해 탱크 본체의 누설 및 변형에 대한 안전성이 행정안전부령으로 정하는 기준에 적합한지 여부를 확인하는 검사는 충수·수압검사이다.

62 □□□
옥외탱크저장소의 액체위험물탱크 중 그 용량이 100만리터 이상인 탱크는 탱크안전성능검사 중 기초·지반검사와 용접부검사를 받아야 한다.

63 □□□
탱크안전성능검사 중 충수·수압검사는 위험물을 저장 또는 취급하는 탱크에 배관 그 밖의 부속설비를 부착하기 전에 신청하여야 한다. 탱크안전성능검사 중 기초·지반검사, 용접부검사, 암반탱크검사는 공사의 개시 전에 신청하여야 한다.

정답 60 × 61 × 62 × 63 ×

64
지하탱크가 있는 경우에는 당해 지하탱크를 매설하기 전에, 이동탱크저장소의 경우에는 이동저장탱크를 완공하고 상시 설치 장소를 확보한 후에 완공검사를 신청할 수 있다.

○ | ✕

65
이송취급소에는 위험물안전관리자를 선임하지 않아도 되는 제조소등에 해당한다.

○ | ✕

66
소방공무원으로 근무한 경력이 3년 이상인 소방공무원 경력자는 위험물취급자격자에 해당하며 모든 위험물을 취급할 수 있다.

○ | ✕

67
제조소등의 관계인은 위험물안전관리자를 선임한 경우에는 선임한 날부터 30일 이내에 시·도지사에게 신고하여야 한다.

○ | ✕

해설

64
지하탱크가 있는 경우에는 당해 지하탱크를 매설하기 전에, 이동탱크저장소의 경우에는 이동저장탱크를 완공하고 상시 설치 장소를 확보한 후에 완공검사를 신청할 수 있다.

65
이동탱크저장소에는 위험물안전관리자를 선임하지 않아도 되는 제조소등에 해당한다. 그 외에도 설치허가, 변경허가 및 변경신고를 받지 아니하는 제조소등의 경우에도 위험물안전관리자를 선임하지 않아도 된다.

66
소방공무원으로 근무한 경력이 3년 이상인 소방공무원 경력자는 위험물취급자격자에 해당하며 제4류위험물을 취급할 수 있다.

67
제조소등의 관계인은 위험물안전관리자를 선임한 경우에는 선임한 날부터 14일 이내에 소방본부장 또는 소방서장에게 신고하여야 한다.

정답 64 ○ 65 ✕ 66 ✕ 67 ✕

68   기본서 p.220 참조

안전관리자를 선임한 제조소등의 관계인은 안전관리자가 여행·질병 그 밖의 사유로 인하여 일시적으로 직무를 수행할 수 없는 경우에는 국가기술자격법에 따른 위험물의 취급에 관한 자격취득자 또는 위험물안전에 관한 기본지식과 경험이 있는 자로서 행정안전부령이 정하는 자를 대리자로 지정하여 그 직무를 대행하게 하여야 한다. 이 경우 대리자가 안전관리자의 직무를 대행하는 기간은 14일을 초과할 수 없다.

○ | ×

69   기본서 p.220 참조

상호 100미터 이내의 거리에 있는 11개의 암반탱크저장소를 동일인이 설치한 경우에는 1인의 안전관리자를 중복하여 선임할 수 있다.

○ | ×

70   기본서 p.220 참조

동일구 내에 있는 29개의 옥외탱크저장소를 동일인이 설치한 경우에는 1인의 안전관리자를 중복하여 선임할 수 있다.

○ | ×

71   기본서 p.221 참조

대통령령으로 정하는 제조소등의 관계인은 해당 제조소등의 화재예방과 화재 등 재해발생 시의 비상조치를 위하여 행정안전부령으로 정하는 바에 따라 예방규정을 정하여 해당 제조소등의 설치허가를 받기 전에 소방본부장 또는 소방서장에게 제출하여야 한다.

○ | ×

해설

68 □□□
안전관리자를 선임한 제조소등의 관계인은 안전관리자가 여행·질병 그 밖의 사유로 인하여 일시적으로 직무를 수행할 수 없거나 안전관리자의 해임 또는 퇴직과 동시에 다른 안전관리자를 선임하지 못하는 경우에는 국가기술자격법에 따른 위험물의 취급에 관한 자격취득자 또는 위험물안전에 관한 기본지식과 경험이 있는 자로서 행정안전부령이 정하는 자를 대리자로 지정하여 그 직무를 대행하게 하여야 한다. 이 경우 대리자가 안전관리자의 직무를 대행하는 기간은 30일을 초과할 수 없다.

69 □□□
상호 100미터 이내의 거리에 있는 11개의 암반탱크저장소를 동일인이 설치한 경우에는 10개를 초과하였으므로 1인의 안전관리자를 중복하여 선임할 수 없다. (10개 이하의 암반탱크저장소까지만 가능하다.)

70 □□□
동일구 내에 있는 29개의 옥외탱크저장소를 동일인이 설치한 경우에는 30개 이하의 옥외탱크저장소에 해당하므로 1인의 안전관리자를 중복하여 선임할 수 있다.

71 □□□
대통령령으로 정하는 제조소등의 관계인은 해당 제조소등의 화재예방과 화재 등 재해발생 시의 비상조치를 위하여 행정안전부령으로 정하는 바에 따라 예방규정을 정하여 해당 제조소등의 사용시작 전에 시·도지사에게 제출하여야 한다.

정답 68 × 69 × 70 ○ 71 ×

72
암반탱크저장소 및 이동탱크저장소는 예방규정을 정하여야 하는 대상에 해당한다.

○ | ×

73
4,000[L]의 알코올류를 취급하는 제조소는 예방규정을 정하여야 하는 대상에 해당한다.

○ | ×

74
2,500kg의 질산에스터류(제1종)를 저장하는 옥내저장소는 예방규정을 정하여야 하는 대상에 해당한다.

○ | ×

75
150,000[L]의 경유를 저장하는 옥외탱크저장소는 예방규정을 정하여야 하는 대상에 해당한다.

○ | ×

해설

72
암반탱크저장소 및 이송취급소는 예방규정을 정하여야 하는 대상에 해당한다.

73
4,000[L]의 알코올류(제4류 위험물, 지정수량 400[L])를 취급하는 제조소는 지정수량의 10배 ($\frac{4,000[L]}{400[L]} = 10$배) 이상의 제조소에 해당하므로 예방규정을 정하여야 하는 대상에 해당한다.

74
2,500kg의 질산에스터류(제5류 위험물, 제1종, 지정수량 10[kg])를 저장하는 옥내저장소는 지정수량의 150배 ($\frac{2,500[kg]}{10[kg]} = 250$배) 이상의 옥내저장소에 해당하므로 예방규정을 정하여야 하는 대상에 해당한다.

75
150,000[L]의 경유(제4류 위험물 중 제2석유류, 지정수량 1,000[L])를 저장하는 옥외탱크저장소는 지정수량의 200배 ($\frac{150,000[L]}{1,000[L]} = 150$배) 이상의 옥외탱크저장소에 해당하지 않으므로 예방규정을 정하여야 하는 대상에 해당하지 않는다.

정답 72 × 73 ○ 74 ○ 75 ×

76

정기점검을 한 제조소등의 관계인은 점검을 한 날부터 7일 이내에 점검결과를 소방본부장 또는 소방서장에게 제출하여야 한다.

○ | ×

해설

76 □□□
정기점검을 한 제조소등의 관계인은 점검을 한 날부터 30일 이내에 점검결과를 시·도지사에게 제출하여야 한다.

77

정기점검의 대상이 되는 제조소등의 관계인 가운데 대통령령으로 정하는 제조소등의 관계인은 소방본부장 또는 소방서장으로부터 해당 제조소등이 기술기준에 적합하게 유지되고 있는지의 여부에 대하여 정기적으로 검사를 받아야 한다.

○ | ×

77 □□□
정기점검의 대상이 되는 제조소등의 관계인 가운데 대통령령으로 정하는 제조소등의 관계인은 소방본부장 또는 소방서장으로부터 해당 제조소등이 기술기준에 적합하게 유지되고 있는지의 여부에 대하여 정기적으로 검사를 받아야 한다. (정기검사의 권한자 : 소방본부장 또는 소방서장)

78

이동탱크저장소 및 간이탱크저장소는 정기점검을 실시하여야 하는 대상에 해당한다.

○ | ×

78 □□□
예방규정을 정하여야 하는 제소소등, 이동탱크저장소 및 지하탱크저장소, 위험물을 취급하는 탱크로서 지하에 매설된 탱크가 있는 제조소·주유취급소 또는 일반취급소는 정기점검을 실시하여야 하는 대상에 해당한다.

79

정기검사의 실시대상은 정기점검의 대상이 되는 제조소등 중 고체위험물을 저장 또는 취급하는 50만리터 이상의 옥내탱크저장소이다.

○ | ×

79 □□□
정기검사의 실시대상은 정기점검의 대상이 되는 제조소등 중 액체위험물을 저장 또는 취급하는 50만리터 이상의 옥외탱크저장소이다.

80

취급하는 위험물의 최대수량이 지정수량의 20배인 경우에는 보유공지의 너비를 3[m] 이상 확보하여야 한다.

○ | ×

80 □□□
취급하는 위험물의 최대수량이 지정수량의 20배인 경우에는 "지정수량의 10배 초과"에 해당하므로 보유공지의 너비를 5[m] 이상 확보하여야 한다.

정답 76 × 77 ○ 78 × 79 × 80 ×

81
35,000V를 초과하는 특고압 가공전선으로부터 안전거리는 3[m] 이상 확보하여야 하며, 학교와 안전거리는 20[m] 이상 확보하여야 한다.

○ | ×

해설

81 □□□
35,000V를 초과하는 특고압 가공전선으로부터 안전거리는 5[m] 이상 확보하여야 하며, 학교와 안전거리는 30[m] 이상 확보하여야 한다.

82
위험물제조소의 표지 크기는 한 변의 길이가 0.3[m] 이상, 다른 한 변의 길이가 0.6[m] 이상인 직사각형이고, 바탕의 색상은 흑색, 문자의 색상은 백색으로 하여야 한다.

○ | ×

82 □□□
위험물제조소의 표지 크기는 한 변의 길이가 0.3[m] 이상, 다른 한 변의 길이가 0.6[m] 이상인 직사각형이고, 바탕의 색상은 백색, 문자의 색상은 흑색으로 하여야 한다.

83
위험물제조소의 게시판에 기재사항으로는 위험물의 유별·품명, 저장최대수량·취급최대수량, 지정수량의 배수, 안전관리자의 성명·선임일자·연락처가 있다.

○ | ×

83 □□□
위험물제조소의 게시판에 기재사항으로는 위험물의 유별·품명, 저장최대수량·취급최대수량, 지정수량의 배수, 안전관리자의 성명·직명이 있다. (안전관리자의 선임일자, 연락처는 기재하지 않는다.)

84
위험물제조소의 게시판 주의사항 표시기준에 따라 제1류 위험물 알칼리금속의 과산화물, 제2류 위험물 중 철분, 금속분, 마그네슘은 "물기엄금"의 주의사항을 표시하여야 한다. 또한, 물기엄금의 바탕색상은 청색이며, 문자색상은 백색이다.

○ | ×

84 □□□
위험물제조소의 게시판 주의사항 표시기준에 따라 제1류 위험물 알칼리금속의 과산화물, 제3류 위험물 중 금수성물질은 "물기엄금"의 주의사항을 표시하여야 한다. 또한, 물기엄금의 바탕색상은 청색이며, 문자색상은 백색이다.

정답 81 × 82 × 83 × 84 ×

85

위험물제조소의 게시판 주의사항 표시기준에 따라 제2류 위험물(인화성 고체 제외), 제3류 위험물 중 자연발화성 물질, 제4류 위험물, 제5류 위험물, 제6류 위험물은 "화기엄금"의 주의사항을 표시하여야 한다. 또한, 화기엄금의 바탕색상은 적색이며, 문자색상은 백색이다.

O | X

해설

85
위험물제조소의 게시판 주의사항 표시기준에 따라 제2류 위험물 중 인화성 고체, 제3류 위험물 중 자연발화성 물질, 제4류 위험물, 제5류 위험물, 제6류 위험물은 "화기엄금"의 주의사항을 표시하여야 한다. 또한, 화기엄금의 바탕색상은 적색이며, 문자색상은 백색이다.

86

위험물의 운반 시 수납하는 위험물에 따른 주의사항 중 충격주의는 제1류 위험물 및 제6류 위험물에 표시하여야 한다.

O | X

86
위험물의 운반 시 수납하는 위험물에 따른 주의사항 중 충격주의는 제1류 위험물 및 제5류 위험물에 표시하여야 한다. 마찰 등의 충격을 주는 경우 산소(O_2)를 방출하게 된다. 제6류 위험물은 산화성 액체로 "액체"상태이므로 충격을 줘도 산소를 방출하지 않는다.

87

위험물의 운반 시 수납하는 위험물에 따른 주의사항 기준에 따라 제2류 위험물 중 철분·금속분·마그네슘은 주의사항으로 물기엄금, 화기주의를 표시하여야 한다.

O | X

87
위험물의 운반 시 수납하는 위험물에 따른 주의사항 기준에 따라 제2류 위험물 중 철분·금속분·마그네슘은 주의사항으로 물기엄금, 화기주의를 표시하여야 한다. 제2류 위험물 중 인화성 고체는 주의사항으로 화기엄금을 표시하여야 한다.

88

알칼리금속 및 알칼리토금속은 운송책임자의 감독·지원을 받아 운송하여야 하는 위험물에 해당한다.

O | X

88
알킬알루미늄 및 알킬리튬은 운송책임자의 감독·지원을 받아 운송하여야 하는 위험물에 해당한다.

정답 85 X 86 X 87 O 88 X

89
특수가연물의 품명과 수량에 따라 넝마 및 종이부스러기는 1,000[kg] 이상, 석탄·목탄류는 3,000[kg] 이상, 목재가공품 및 나무부스러기는 2[m³] 이상이다.

O | X

해설

89 □□□
특수가연물의 품명과 수량에 따라 넝마 및 종이부스러기는 1,000[kg] 이상, 석탄·목탄류는 10,000[kg] 이상, 목재가공품 및 나무부스러기는 10[m³] 이상이다.

90
특수가연물 중 석탄·목탄류를 발전용으로 저장하는 경우는 품명별로 구분하여 쌓아야 한다.

O | X

90 □□□
특수가연물 중 석탄·목탄류를 발전용으로 저장하는 경우는 특수가연물의 저장 및 취급 기준을 적용하지 않는다.

91
살수설비를 설치하거나 방사능력 범위에 해당 특수가연물이 포함되도록 대형수동식소화기를 설치하는 경우에는 특수가연물의 높이를 10미터 이하, 그 밖의 경우에는 15미터 이하이어야 한다.

O | X

91 □□□
살수설비를 설치하거나 방사능력 범위에 해당 특수가연물이 포함되도록 대형수동식소화기를 설치하는 경우에는 특수가연물의 높이를 15미터 이하, 그 밖의 경우에는 10미터 이하이어야 한다.

92
특수가연물을 실외에 쌓아 저장하는 경우 쌓는 부분이 대지경계선, 도로 및 인접 건축물과 최소 3미터 이상 간격을 둘 것. 다만, 쌓는 높이보다 0.6미터 이상 높은 내화구조 벽체를 설치한 경우는 그렇지 않다.

O | X

92 □□□
특수가연물을 실외에 쌓아 저장하는 경우 쌓는 부분이 대지경계선, 도로 및 인접 건축물과 최소 6미터 이상 간격을 둘 것. 다만, 쌓는 높이보다 0.9미터 이상 높은 내화구조 벽체를 설치한 경우는 그렇지 않다.

정답 89 × 90 × 91 × 92 ×

93 💧 기본서 p.228 참조

특수가연물의 저장 및 취급 기준에 따라 쌓는 부분 바닥면적의 사이는 실내의 경우 1.2미터 또는 쌓는 높이의 1/2 중 큰 값 이상으로 간격을 두어야 하며, 실외의 경우 3미터 또는 쌓는 높이 중 큰 값 이상으로 간격을 둘 것.

O | X

94 💧 기본서 p.229 참조

특수가연물을 저장 또는 취급하는 장소에는 품명, 저장기한, 최대저장수량, 단위부피당 질량 또는 단위체적당 질량, 관리책임자 성명·직책, 선임일자 및 화기취급의 금지표시가 포함된 특수가연물 표지를 설치해야 한다.

O | X

95 💧 기본서 p.229 참조

특수가연물 표지의 바탕은 검은색으로, 문자는 흰색으로 하여야 하고, 특수가연물 표지 중 화기주의 표시 부분의 바탕은 백색으로, 문자는 붉은색으로 할 것.

O | X

해설

93 ☐☐☐
특수가연물의 저장 및 취급 기준에 따라 쌓는 부분 바닥면적의 사이는 실내의 경우 1.2미터 또는 쌓는 높이의 1/2 중 큰 값 이상으로 간격을 두어야 하며, 실외의 경우 3미터 또는 쌓는 높이 중 큰 값 이상으로 간격을 둘 것.

94 ☐☐☐
특수가연물을 저장 또는 취급하는 장소에는 품명, 최대저장수량, 단위부피당 질량 또는 단위체적당 질량, 관리책임자 성명·직책, 연락처 및 화기취급의 금지표시가 포함된 특수가연물 표지를 설치해야 한다. (저장기한은 표지에 포함하지 않는다.)

95 ☐☐☐
특수가연물 표지의 바탕은 흰색으로, 문자는 검은색으로 하여야 하고, 특수가연물 표지 중 화기엄금 표시 부분의 바탕은 붉은색으로, 문자는 백색으로 할 것.

정답 93 O 94 X 95 X

CHAPTER 07 소방시설

01 　　　　　　　　　　　　　　　　기본서 p.232 참조
소방시설의 분류에는 소화설비, 경보설비, 비상구조설비, 소화용수설비 및 소화활동설비가 있다.
○ | ×

02 　　　　　　　　　　　　　　　　기본서 p.232 참조
자동소화장치의 종류에는 주거용 주방자동소화장치, 공업용 주방자동소화장치, 액체자동소화장치, 가스자동소화장치, 분말자동소화장치, 고체에어로졸자동소화장치가 있다.
○ | ×

03 　　　　　　　　　　　　　　　　기본서 p.232 참조
포소화설비, 강화액소화설비 등은 물분무등소화설비에 해당한다.
○ | ×

04 　　　　　　　　　　　　　　　　기본서 p.233 참조
경보설비에는 자동화재속보설비, 자동화재탐지설비, 화재알림설비, 통합감시시설, 무선통신보조설비 등이 있다.
○ | ×

해설

01 □□□
소방시설의 분류에는 소화설비, 경보설비, 피난구조설비, 소화용수설비 및 소화활동설비가 있다.

02 □□□
자동소화장치의 종류에는 주거용 주방자동소화장치, 상업용 주방자동소화장치, 캐비닛형자동소화장치, 가스자동소화장치, 분말자동소화장치, 고체에어로졸자동소화장치가 있다.

03 □□□
물분무소화설비, 미분무소화설비, 포소화설비, 이산화탄소소화설비, 할론소화설비, 할로겐화합물 및 불활성기체소화설비, 분말소화설비, 강화액소화설비, 고체에어로졸소화설비는 물분무등소화설비에 해당한다.

04 □□□
경보설비에는 자동화재속보설비, 자동화재탐지설비, 화재알림설비, 통합감시시설 등이 있다. 무선통신보조설비는 소화활동설비에 해당한다.

정답 01 × 02 × 03 ○ 04 ×

05
인명구조설비는 화재를 진압하거나 인명구조활동을 위하여 사용하는 설비에 해당한다.

○ | ×

06
피난기구의 종류에는 방열복, 방화복, 완강기, 간이완강기 및 그 밖에 화재안전기준으로 정하는 것이 있다.

○ | ×

07
연결송수관설비, 연소방지설비, 상수도소화용수설비 및 제연설비는 소방시설의 범주가 동일한 것에 해당한다.

○ | ×

08
비상구의 크기는 비상구 문틀을 제외한 길이로 가로 50[cm] 이상, 세로 100[cm] 이상이어야 한다.

○ | ×

09
소방시설등은 소방시설과 비상구, 그 밖에 소방 관련 시설로서 대통령령으로 정하는 것(방염대상물품 및 자동방화셔터)을 말한다.

○ | ×

해설

05 □□□
인명구조기구는 화재가 발생할 경우 피난하기 위하여 사용하는 기구 또는 설비(= 피난구조설비)에 해당한다. 화재를 진압하거나 인명구조활동을 위하여 사용하는 설비란 소화활동설비를 의미한다.

06 □□□
피난기구의 종류에는 피난사다리, 구조대, 완강기, 간이완강기 및 그 밖에 화재안전기준으로 정하는 것이 있다. 방열복, 방화복은 인명구조기구에 해당한다.

07 □□□
연결송수관설비, 연소방지설비 및 제연설비는 소방시설의 범주가 동일한 것(= 소화활동설비)에 해당한다. 상수도소화용수설비는 소화용수설비에 해당한다.

08 □□□
비상구의 크기는 비상구 문틀을 제외한 길이로 가로 75[cm] 이상, 세로 150[cm] 이상이어야 한다.

09 □□□
소방시설등은 소방시설과 비상구, 그 밖에 소방 관련 시설로서 대통령령으로 정하는 것(방화문 및 자동방화셔터)을 말한다.

정답 05 × 06 × 07 × 08 × 09 ×

10   🔥 기본서 p.235 참조

대형소화기는 화재 시 사람이 운반할 수 있도록 운반대와 바퀴가 설치되어 있고 능력단위가 A급 5단위 이상, B급 10단위 이상인 소화기를 말하며, 수평거리 30[m] 이내마다 비치하여야 한다.

O | X

11   🔥 기본서 p.235 참조

분말 대형소화기의 소화약제 충전량은 20[kg] 이상이어야 하며, 이산화탄소 대형소화기의 충전량은 80[L] 이상이어야 한다.

O | X

12   🔥 기본서 p.236 참조

가압식 소화기는 본체용기 중에 소화약제와 함께 소화약제의 방출원이 되는 질소 등 압축가스를 봉입한 방식의 소화기를 말하며, 지시압력계의 정상범위는 0.7 ~ 0.98[MPa] 이다.

O | X

13   🔥 기본서 p.237~239 참조

소화기의 사용온도범위가 "-20 ~ 40[℃]"인 것은 분말 소화기와 산·알칼리소화기이다.

O | X

해설

10 ☐☐☐
대형소화기는 화재 시 사람이 운반할 수 있도록 운반대와 바퀴가 설치되어 있고 능력단위가 A급 10단위 이상, B급 20단위 이상인 소화기를 말하며, 보행거리 30[m] 이내마다 비치하여야 한다. 소형소화기는 보행거리 20[m] 이내마다 비치하여야 한다.

11 ☐☐☐
분말 대형소화기의 소화약제 충전량은 20[kg] 이상이어야 하며, 이산화탄소 대형소화기의 충전량은 50[kg] 이상이어야 한다.

12 ☐☐☐
축압식 소화기는 본체용기 중에 소화약제와 함께 소화약제의 방출원이 되는 질소 등 압축가스를 봉입한 방식의 소화기를 말하며, 지시압력계의 정상범위는 0.7 ~ 0.98[MPa]이다.

13 ☐☐☐
소화기의 사용온도범위가 "-20 ~ 40[℃]"인 것은 분말 소화기와 강화액소화기이다. 산·알칼리소화기의 사용온도범위는 "0 ~ 40[℃]"이다.

정답 10 ×   11 ×   12 ×   13 ×

14 🔥 기본서 p.238 참조

포소화기는 사용온도범위가 "5 ~ 40[℃]"이고, 일반화재, 유류화재 및 전기화재에 적응성이 있다.

○ | ✕

15 🔥 기본서 p.238 참조

이산화탄소 소화기는 일반화재, 유류화재 및 전기화재에 적응성이 있다. 또한, 지하층, 무창층 또는 밀폐된 거실로서 그 바닥면적이 50[m²] 미만의 장소에는 설치할 수 없다.

○ | ✕

16 🔥 기본서 p.238~239 참조

분말소화기의 내용연수는 3년이며, 내용연수가 지난 제품은 교체 또는 성능을 확인하여야 한다. 또한, 제1종 분말의 경우에는 일반화재, 유류화재 및 전기화재에 적응성이 있다.

○ | ✕

17 🔥 기본서 p.239 참조

소화기구(자동확산소화기를 제외한다)는 거주자 등이 손쉽게 사용할 수 있는 장소에 바닥으로부터 높이 0.5미터 이상 1.0미터 이하인의 곳에 비치하여야 한다.

○ | ✕

해설

14 ☐☐☐
포소화기는 사용온도범위가 "5 ~ 40[℃]"이고, 일반화재 및 유류화재에 적응성이 있다. 포소화기는 전기화재에는 적응성이 없다.

15 ☐☐☐
이산화탄소 소화기는 일반화재, 유류화재 및 전기화재에 적응성이 있다. 또한, 지하층, 무창층 또는 밀폐된 거실로서 그 바닥면적이 20[m²] 미만의 장소에는 설치할 수 없다.

16 ☐☐☐
분말소화기의 내용연수는 10년이며, 내용연수가 지난 제품은 교체 또는 성능을 확인하여야 한다. 또한, 제3종 분말의 경우에는 일반화재, 유류화재 및 전기화재에 적응성이 있다.

17 ☐☐☐
소화기구(자동확산소화기를 제외한다)는 거주자 등이 손쉽게 사용할 수 있는 장소에 바닥으로부터 높이 1.5미터 이하인의 곳에 비치하여야 한다.

정답 14 ✕ 15 ✕ 16 ✕ 17 ✕

18

위락시설은 소화기구의 능력단위를 바닥면적 100제곱미터마다 1단위 이상으로 해야 할 특정소방대상물에 해당한다.

○ | ✕

해설

18 □□□
위락시설은 소화기구의 능력단위를 바닥면적 30제곱미터마다 1단위 이상으로 해야 할 특정소방대상물에 해당한다.

19

5인승 이상의 승용자동차의 소유자는 차량용 소화기를 설치하거나 비치해야 한다.

○ | ✕

19 □□□
5인승 이상의 승용자동차, 승합자동차, 화물자동차, 특수자동차의 어느 하나에 해당하는 자동차를 제작·조립·수입·판매하려는 자 또는 해당 자동차의 소유자는 차량용 소화기를 설치하거나 비치하여야 한다.

20

소화기구의 소화약제별 적응성에 따라 분말소화약제의 중탄산염류소화약제는 일반화재, 유류화재 및 전기화재에 적응성을 갖는다.

○ | ✕

20 □□□
소화기구의 소화약제별 적응성에 따라 분말소화약제의 인산염류소화약제는 일반화재, 유류화재 및 전기화재에 적응성을 갖는다. 중탄산염류소화약제는 유류화재 및 전기화재에 적응성을 갖는다.

21

소화기구의 소화약제별 적응성에 따라 마른모래, 팽창질석 및 팽창진주암은 전기화재에 적응성을 갖는다.

○ | ✕

21 □□□
소화기구의 소화약제별 적응성에 따라 마른모래, 팽창질석 및 팽창진주암은 일반화재 및 유류화재에 적응성을 갖고, 전기화재에는 적응성을 갖지 않는다.

22

간이소화용구의 종류에는 에어로졸식 소화용구, 투척용 소화용구, 소공간용 소화용구 및 소화약제 외의 것을 이용한 간이소화용구가 있다.

○ | ✕

22 □□□
간이소화용구의 종류에는 에어로졸식 소화용구, 투척용 소화용구, 소공간용 소화용구 및 소화약제 외의 것을 이용한 간이소화용구(마른모래, 팽창질석, 팽창진주암)가 있다.

정답 18 ✕ 19 ○ 20 ✕ 21 ✕ 22 ○

23

팽창질석 또는 팽창진주암의 경우 삽을 상비한 50[L] 이상의 것 1포는 능력단위 1단위를 의미한다.

○ | ×

24

옥내소화전설비의 수원은 유효수량 외에 유효수량의 1/2 이상을 옥상(옥내소화전설비가 설치된 건축물의 주된 옥상을 말한다)에 설치해야 한다.

○ | ×

25

가압수조를 가압송수장치로 설치한 경우에는 옥상수조를 설치하지 않아도 된다.

○ | ×

26

옥내소화전이 1층에 6개, 2층 ~ 35층은 각 1개씩 설치되어 있는 경우에 유효수량은 13[m³]이다.

○ | ×

27

가압송수장치의 종류에는 고가수조방식, 압력수조방식, 펌프방식 및 옥상수조방식이 있으며, 신뢰도가 높은 방식은 고가수조방식 및 펌프방식이다.

○ | ×

해설

23 □□□
팽창질석 또는 팽창진주암의 경우 삽을 상비한 80[L] 이상의 것 1포는 능력단위 0.5단위를 의미한다. 마른 모래의 경우 삽을 상비한 50[L] 이상의 것 1포는 능력단위 0.5단위를 의미한다.

24 □□□
옥내소화전설비의 수원은 유효수량 외에 유효수량의 1/3 이상을 옥상(옥내소화전설비가 설치된 건축물의 주된 옥상을 말한다)에 설치해야 한다.

25 □□□
고가수조 또는 가압수조를 가압송수장치로 설치한 경우에는 옥상수조를 설치하지 않아도 된다.

26 □□□
옥내소화전의 유효수량은 130[l/min]×40[min](층수 30층 이상 49층 이하)×5개(최대 개수 5개 적용) = 26,000[L] = 26[m³]이다.

27 □□□
가압송수장치의 종류에는 고가수조방식, 압력수조방식, 펌프방식 및 가압수조방식이 있으며, 신뢰도가 높은 방식은 고가수조방식 및 가압수조방식이다.

정답 23 × 24 × 25 ○ 26 × 27 ×

28

고가수조방식은 특정소방대상물의 옥상 또는 높은 지점에 수조를 설치하여 자연낙차의 압력으로 급수하는 수조를 말하며, 다양한 형태의 건물에 적용이 용이하여 가장 많이 사용하는 방식이다.

O | X

29

압력수조방식의 부속장치는 수위계, 배수관, 급수관, 맨홀, 급기관, 압력계, 오버플로우관, 압력저하 방지를 위한 자동식 공기압축기가 있다.

O | X

30

수조의 위치가 펌프보다 높은 경우는 정압흡입방식을 의미하며, 해당 흡입방식의 경우 풋밸브, 진공계 또는 연성계, 물올림장치를 설치하여야 한다.

O | X

31

연성계 및 진공계는 펌프의 흡입측 배관에 설치하며, 압력계는 펌프의 토출측 배관에 설치한다. 또한, 대기압 이하를 측정할 수 있는 장치는 연성계 또는 진공계이다.

O | X

해설

28 □□□
고가수조방식은 특정소방대상물의 옥상 또는 높은 지점에 수조를 설치하여 자연낙차의 압력으로 급수하는 수조를 말하며, 고층건축물에 적합한 방식이다. 다양한 형태의 건물에 적용이 용이하여 가장 많이 사용하는 방식은 "펌프방식"을 말한다.

29 □□□
압력수조방식의 부속장치는 수위계, 배수관, 급수관, 맨홀, 급기관, 압력계, 안전장치, 압력저하 방지를 위한 자동식 공기압축기가 있다.

30 □□□
수조의 위치가 펌프보다 낮은 경우는 부압흡입방식을 의미하며, 해당 흡입방식의 경우 풋밸브, 진공계 또는 연성계, 물올림장치를 설치하여야 한다.

31 □□□
연성계 및 진공계는 펌프의 흡입측 배관에 설치하며, 압력계는 펌프의 토출측 배관에 설치한다. 또한, 대기압 이하를 측정할 수 있는 장치는 연성계(대기압 이하/이상 모두 측정가능) 또는 진공계(대기압 이하 측정가능)이다. 압력계는 대기압 이상의 압력 측정이 가능하다.

정답 28 × 29 × 30 × 31 ○

32
펌프의 흡입측 배관에는 버터플라이밸브의 개폐표시형밸브를 설치해야 한다.

○ | ×

해설

32 □□□
펌프의 흡입측 배관에는 버터플라이밸브 외의 개폐표시형밸브를 설치해야 한다. 그 이유는 유체저항에 의한 공동현상 및 순간적인 개폐조작으로 수격현상이 발생할 우려가 있기 때문이다.

33
주펌프 및 충압펌프에는 순환배관 및 성능시험배관을 설치하여야 한다.

○ | ×

33 □□□
주펌프에는 순환배관 및 성능시험배관을 설치하여야 한다. 충압펌프에는 순환배관 및 성능시험배관을 설치하지 않는다.

34
가압송수장치(단, 충압펌프는 제외한다)가 기동이 된 경우에는 자동으로 정지되지 아니하도록 하여야 한다.

○ | ×

34 □□□
가압송수장치(단, 충압펌프는 제외한다)가 기동이 된 경우에는 자동으로 정지되지 아니하도록 하여야 한다.

35
펌프의 임펠러 회전속도를 느리게 하거나 펌프의 흡입측 수두를 크게하여 공동현상을 방지할 수 있다.

○ | ×

35 □□□
펌프의 임펠러 회전속도를 느리게 하거나 펌프의 흡입측 수두를 작게 한 경우에는 흡입측 배관에서 발생하는 손실이 작아지므로 공동현상(캐비테이션, Cavitation)을 방지할 수 있다.

36
수격현상(Water hammering)을 방지하기 위해서는 수격방지기, 서지 탱크(Surge tank), 플라이휠(Flywheel)을 설치하거나 관경의 축소를 통해 유체의 유속을 증가시켜 압력 변동치를 감소시킨다.

○ | ×

36 □□□
수격현상(Water hammering)을 방지하기 위해서는 수격방지기, 서지 탱크(Surge tank), 플라이휠(Flywheel)을 설치하거나 관경의 확대를 통해 유체의 유속을 감소시켜 압력 변동치를 감소시킨다.

정답 32 × 33 × 34 ○ 35 × 36 ×

37

맥동현상이란 소방펌프 내부 유속의 급속한 변화 또는 와류의 발생 등에 의해 액체의 압력이 증기압 이하로 낮아져 기포가 생성되고, 이로 인해 펌프의 성능이 저하되고 진동과 소음이 발생하는 현상을 말한다.

O | X

해설

37
공동현상(캐비테이션, Cavitation)이란 소방펌프 내부 유속의 급속한 변화 또는 와류의 발생 등에 의해 액체의 압력이 증기압 이하로 낮아져 기포가 생성되고, 이로 인해 펌프의 성능이 저하되고 진동과 소음이 발생하는 현상을 말한다. 맥동현상(서징, Surging)이란 주기적으로 진동과 소음 등이 발생하며, 압력계 및 진공계의 지침이 흔들리는 현상을 말한다.

38

가압송수장치의 체절운전 시 수온의 하강을 방지하기 위하여 체크밸브와 펌프사이에서 분기한 구경 20[mm] 이상의 배관에 체절압력 이상에서 개방되는 안전밸브를 설치하여야 한다.

O | X

38
가압송수장치의 체절운전 시 수온의 상승을 방지하기 위하여 체크밸브와 펌프사이에서 분기한 구경 20mm 이상의 배관에 체절압력 미만에서 개방되는 릴리프밸브를 설치하여야 한다.

39

펌프의 성능은 체절운전 시 정격토출압력의 120[%]를 초과하지 않고, 정격토출량의 175[%]로 운전 시 정격토출압력의 65[%] 이상이 되어야 하며, 펌프의 성능을 시험할 수 있는 성능시험배관을 설치하여야 한다.

O | X

39
펌프의 성능은 체절운전 시 정격토출압력의 140[%]를 초과하지 않고, 정격토출량의 150[%]로 운전 시 정격토출압력의 65[%] 이상이 되어야 하며, 펌프의 성능을 시험할 수 있는 성능시험배관을 설치하여야 한다.

40

펌프의 성능시험배관에 설치하는 유량측정장치는 펌프의 정격토출량의 150[%] 이상까지 측정할 수 있는 성능이 있어야 한다.

O | X

40
펌프의 성능시험배관에 설치하는 유량측정장치는 펌프의 정격토출량의 175[%] 이상까지 측정할 수 있는 성능이 있어야 한다.

정답 37 X 38 X 39 X 40 X

41 　　　　　　　　　　　　　　　　🜄 기본서 p.258 참조

물올림장치란 수원의 수위가 펌프보다 낮은 위치에 있는 경우 설치하는 것으로, 펌프와 풋밸브 사이의 배관 내에 항상 물이 공급되도록 하여 펌프가 공회전을 하지 않고 물을 송수할 수 있도록 하는 장치를 말하며, 펌프의 흡입측 배관에 설치한다.

○ | ✕

42 　　　　　　　　　　　　　　　　🜄 기본서 p.259 참조

기동용 수압개폐장치란 소화설비의 배관 내 압력변동을 검지하여 자동적으로 펌프의 기동 및 정지를 시키는 것으로서 압력챔버 또는 기동용압력스위치 등이 있다.

○ | ✕

43 　　　　　　　　　　　　　　　　🜄 기본서 p.251~260 참조

자동기동방식의 펌프가 수원의 수위보다 높은 곳에 설치된 옥내소화전설비의 구성요소로 기동용 수압개폐장치, 릴리프밸브, 동력제어반, 감시제어반, 솔레노이드밸브, 체크밸브, 풋밸브, 물올림장치 등이 있다.

○ | ✕

44 　　　　　　　　　　　　　　　　🜄 기본서 p.262 참조

옥내소화전설비의 함 가까이 보기 쉬운 곳에 그 사용요령을 기재한 표지판을 붙여야 하며, 표지판을 함의 문에 붙이는 경우에는 문의 외부에 붙여야 한다. 이 경우, 사용요령은 외국어와 청각적인 음성을 포함하여 작성해야 한다.

○ | ✕

해설

41 □□□
물올림장치란 수원의 수위가 펌프보다 낮은 위치에 있는 경우 설치하는 것으로, 펌프와 풋밸브 사이의 배관 내에 항상 물이 공급되도록 하여 펌프가 공회전을 하지 않고 물을 송수할 수 있도록 하는 장치를 말하며, 펌프의 토출측 배관에 설치한다.

42 □□□
기동용 수압개폐장치란 소화설비의 배관 내 압력변동을 검지하여 자동적으로 펌프의 기동 및 정지를 시키는 것으로서 압력챔버 또는 기동용압력스위치 등이 있다.

43 □□□
자동기동방식의 펌프가 수원의 수위보다 높은 곳(부압흡입방식)에 설치된 옥내소화전설비의 구성요소로 기동용 수압개폐장치, 릴리프밸브, 동력제어반, 감시제어반, 솔레노이드밸브, 체크밸브, 풋밸브, 물올림장치 등이 있다.

44 □□□
옥내소화전설비의 함 가까이 보기 쉬운 곳에 그 사용요령을 기재한 표지판을 붙여야 하며, 표지판을 함의 문에 붙이는 경우에는 문의 내부 및 외부 모두에 붙여야 한다. 이 경우, 사용요령은 외국어와 시각적인 그림을 포함하여 작성해야 한다.

정답　41 ✕　42 ○　43 ✕　44 ✕

45

옥내소화전설비의 방수구는 바닥으로부터의 높이가 0.5[m] 이상 1.0[m] 이하가 되도록 하여야 하며, 호스는 구경 65[mm] 이상의 것으로서 특정소방대상물의 각 부분에 물이 유효하게 뿌려질 수 있는 길이로 설치하여야 한다.

O | X

45 □□□
옥내소화전설비의 방수구는 바닥으로부터의 높이가 1.5[m] 이하가 되도록 하여야 하며, 호스는 구경 40[mm] 이상의 것으로서 특정소방대상물의 각 부분에 물이 유효하게 뿌려질 수 있는 길이로 설치하여야 한다.

46

옥내소화전설비의 송수구는 지면으로부터 높이가 0.5[m] 이상 1.0[m] 이하의 위치에 설치하여야 하며, 구경 65[mm]의 쌍구형 또는 단구형으로 하여야 한다.

O | X

46 □□□
옥내소화전설비의 송수구는 지면으로부터 높이가 0.5[m] 이상 1.0[m] 이하의 위치에 설치하여야 하며, 구경 65[mm]의 쌍구형 또는 단구형으로 하여야 한다.

47

옥외소화전설비의 방수량은 250[l/min] 이상이어야 하며, 방수압력은 0.17[MPa] 이상으로 하여야 한다.

O | X

47 □□□
옥외소화전설비의 방수량은 350[l/min] 이상이어야 하며, 방수압력은 0.25[MPa] 이상으로 하여야 한다.

48

옥외소화전의 호스접결구는 지면으로부터의 높이가 0.5[m] 이상 1[m] 이하의 위치에 설치하고, 특정소방대상물의 각 부분으로부터 하나의 호스접결구까지의 수평거리가 25[m] 이하가 되도록 설치해야 한다.

O | X

48 □□□
옥외소화전의 호스접결구는 지면으로부터의 높이가 0.5[m] 이상 1[m] 이하의 위치에 설치하고, 특정소방대상물의 각 부분으로부터 하나의 호스접결구까지의 수평거리가 40[m] 이하가 되도록 설치해야 한다.

49

옥외소화전의 개수가 11개 이상 30개 이하인 경우에는 옥외소화전 3개마다 1개 이상의 소화전함을 설치하여야 한다.

O | X

49 □□□
옥외소화전의 개수가 11개 이상 30개 이하인 경우에는 11개 이상의 소화전함을 각각 분산하여 설치하여야 한다. 또한, 옥외소화전의 개수가 31개 이상인 경우에는 옥외소화전 3개마다 1개 이상의 소화전함을 설치하여야 한다.

정답 45 ✕ 46 ○ 47 ✕ 48 ✕ 49 ✕

50

스프링클러설비는 개방형 스프링클러헤드 또는 감지기에 의해 화재가 감지되면 자동적으로 방호구역 또는 방수구역에 물을 살수하여 소화하는 설비를 말한다.

○ | ×

51

35층인 복합건축물의 경우에는 스프링클러설비 수원의 유효수량이 96[m³]이다.

○ | ×

52

스프링클러헤드의 구성품 중 디플렉터(Deflector)는 열에 의하여 작동할 수 있는 장치로 정상상태에서 방수구를 막고 있다가 화재 시 열에 의해 이탈되어 방수구를 개방하는 것이다.

○ | ×

53

개방형 헤드란 감열체 없이 방수구가 항상 열려져 있는 스프링클러헤드이다.

○ | ×

54

조기반응형 헤드란 반응시간지수(RTI)가 350 이상이며, 오피스텔의 침실, 공동주택의 거실, 노유자시설의 거실, 숙박시설의 침실, 병원의 입원실, 의원의 입원실에 설치한다.

○ | ×

해설

50 □□□
스프링클러설비는 폐쇄형 스프링클러헤드 또는 감지기에 의해 화재가 감지되면 자동적으로 방호구역 또는 방수구역에 물을 살수하여 소화하는 설비를 말한다.

51 □□□
35층인 복합건축물의 경우에는 스프링클러설비 수원의 유효수량 = 80[l/min]×40min(층수가 30층 이상 49층 이하이므로 방사시간은 40분이다.)×30개(지하층을 제외한 층수가 11층 이상(아파트 제외)) = 96,000[L] = 96[m³]이다.

52 □□□
스프링클러헤드의 구성품 중 감열체는 열에 의하여 작동할 수 있는 장치로 정상상태에서 방수구를 막고 있다가 화재 시 열에 의해 이탈되어 방수구를 개방하는 것이다. 디플렉터(Deflector)는 헤드에서 방수하는 물을 분산시키는 부분으로 반사판이라고도 한다.

53 □□□
폐쇄형 헤드란 정상상태에서 방수구를 막고 있는 감열체가 일정온도에서 자동적으로 파괴·용해 또는 이탈됨으로써 방수구가 개방되는 스프링클러헤드이다. 또한, 개방형 헤드란 감열체 없이 방수구가 항상 열려져 있는 스프링클러헤드이다.

54 □□□
조기반응형 헤드란 반응시간지수(RTI)가 50 이하이며, 오피스텔의 침실, 공동주택의 거실, 노유자시설의 거실, 숙박시설의 침실, 병원의 입원실, 의원의 입원실에 설치한다. (표준형 헤드는 80 초과 350 이하, 특수반응형 헤드는 50 초과 80 이하이다.)

정답 50 × 51 ○ 52 × 53 ○ 54 ×

55

특수가연물을 저장 또는 취급하는 장소에 있어서 스프링클러헤드의 수평거리는 2.3[m] 이하이다.

○ | ✕

> 기본서 p.275 참조

해설

55 □□□
특수가연물을 저장 또는 취급하는 장소에 있어서 스프링클러헤드의 수평거리는 1.7[m] 이하이다. 또한, 내화구조의 경우에 있어서 스프링클러헤드의 수평거리는 2.3[m] 이하이다.

56

가지배관은 스프링클러헤드가 설치되어 있는 배관을 말하며, 토너먼트 배관방식이 아니여야 한다.

○ | ✕

> 기본서 p.277 참조

56 □□□
가지배관은 스프링클러헤드가 설치되어 있는 배관을 말하며, 토너먼트 배관방식이 아니여야 한다.

57

폐쇄형 스프링클러헤드를 사용하는 스프링클러설비의 방식은 습식, 건식, 준비작동식 및 부압식 스프링클러설비이다.

○ | ✕

> 기본서 p.279 참조

57 □□□
폐쇄형 스프링클러헤드를 사용하는 스프링클러설비의 방식은 습식, 건식, 준비작동식 및 부압식 스프링클러설비이다. 일제살수식 스프링클러설비의 경우에는 개방형 스프링클러헤드를 사용한다.

58

습식, 건식 및 부압식 스프링클러설비는 유수검지장치의 기능 및 성능을 시험할 수 있는 시험장치를 설치해야 하는 대상에 해당한다.

○ | ✕

> 기본서 p.280 참조

58 □□□
습식, 건식 및 부압식 스프링클러설비는 유수검지장치의 기능 및 성능을 시험할 수 있는 시험장치를 설치해야 하는 대상에 해당한다. (감지기에 의해 동작하는 준비작동식과 일제살수식은 필요로 하지 않는다.)

59

습식 스프링클러설비에 설치하는 유수검지장치는 알람체크밸브라고 하며, 준비작동식 스프링클러설비에 설치하는 유수검지장치는 프리액션밸브라고 한다.

○ | ✕

> 기본서 p.279 참조

59 □□□
습식 스프링클러설비에 설치하는 유수검지장치는 알람체크밸브라고 하며, 준비작동식 스프링클러설비에 설치하는 유수검지장치는 프리액션밸브라고 한다.

정답 55 ✕   56 ○   57 ○   58 ○   59 ○

60

리타팅 챔버는 자동경보밸브에 설치되어 누수로 인한 건식 유수검지장치의 오동작을 방지하여 안전장치의 역할을 하는 장치를 말한다.

○ | ✕

61

건식 스프링클러설비의 구성요소로는 폐쇄형 헤드, 감지기, 긴급개방장치, 솔레노이드밸브, 압력스위치 및 자동식 공기압축기 등이 있다.

○ | ✕

62

준비작동식 스프링클러설비란 가압송수장치에서 준비작동식 유수검지장치 1차측까지 배관 내에 항상 물이 가압되어 있고, 2차측에서 폐쇄형 스프링클러헤드까지 압축공기 또는 질소로 있다가 화재발생시 감지기의 작동으로 준비작동식밸브가 개방되면 폐쇄형스프링클러헤드까지 소화수가 송수되고, 폐쇄형 스프링클러헤드가 열에 의해 개방되면 방수가 되는 방식의 스프링클러설비를 말한다.

○ | ✕

63

준비작동식 스프링클러설비의 화재감지기 회로방식은 교차회로 방식이다.

○ | ✕

64

일제살수식 스프링클러설비의 구성요소로는 개방형 스프링클러헤드, 델류지밸브, 화재감지기, 수동조작함, 솔레노이드밸브, 압력스위치, 방출표시등이 있다.

○ | ✕

해설

60 □□□
리타팅 챔버는 자동경보밸브에 설치되어 누수로 인한 습식 유수검지장치의 오동작을 방지하여 안전장치의 역할을 하는 장치를 말한다.

61 □□□
건식 스프링클러설비의 구성요소로는 폐쇄형 헤드, 감지기, 긴급개방장치(익죠스터, 엑셀레이터), 솔레노이드밸브, 압력스위치 및 자동식 공기압축기 등이 있다. 감지기, 솔레노이드밸브는 준비작동식, 일제살수식 및 부압식 스프링클러설비의 구성요소에 해당한다.

62 □□□
준비작동식 스프링클러설비란 가압송수장치에서 준비작동식 유수검지장치 1차측까지 배관 내에 항상 물이 가압되어 있고, 2차측에서 폐쇄형 스프링클러헤드까지 대기압 또는 저압으로 있다가 화재발생시 감지기의 작동으로 준비작동식밸브가 개방되면 폐쇄형스프링클러헤드까지 소화수가 송수되고, 폐쇄형 스프링클러헤드가 열에 의해 개방되면 방수가 되는 방식의 스프링클러설비를 말한다.

63 □□□
준비작동식 및 일제살수식 스프링클러설비의 화재감지기 회로방식은 교차회로 방식이며, 준비작동식 스프링클러설비의 오동작을 방지한다.

64 □□□
일제살수식 스프링클러설비의 구성요소로는 개방형 스프링클러헤드, 델류지밸브, 화재감지기, 수동조작함, 솔레노이드밸브, 압력스위치, 방출표시등이 있다. 방출표시등은 비수계 소화설비(가스계 소화설비)의 구성요소이다.

정답 60 ✕ 61 ✕ 62 ✕ 63 ○ 64 ✕

65

옥외장소 또는 동결우려장소에 사용할 수 있는 스프링클러설비는 건식, 준비작동식 및 일제살수식 스프링클러설비이다.

O | X

해설

65
옥외장소 또는 동결우려장소에 사용할 수 있는 스프링클러설비는 건식, 준비작동식 및 일제살수식 스프링클러설비이다. (2차측 배관에 물이 채워져 있지 않아 동파의 우려가 없다.)

66

부압식 스프링클러설비의 구성요소에는 폐쇄형 스프링클러헤드, 프리액션밸브, 진공펌프 및 진공압력스위치 등이 있으며, 진공펌프는 화재 시에 동작하여 소화수를 방출해주는 역할을 수행한다.

O | X

66
부압식 스프링클러설비의 구성요소에는 폐쇄형 스프링클러헤드, 프리액션밸브, 진공펌프 및 진공압력스위치 등이 있으며, 진공펌프는 오동작 시에 동작하여 소화수가 방출하지 않도록 역할을 수행한다.

67

습식스프링클러설비 및 부압식스프링클러설비 외의 설비에는 하향식 스프링클러헤드를 설치하여야 한다. 다만, 개방형 스프링클러헤드를 사용하는 경우에는 그렇지 않다.

O | X

67
습식스프링클러설비 및 부압식스프링클러설비 외의 설비에는 2차측 배관 내 소화수가 존재하지 않는 것으로 오동작으로 소화수가 2차측 배관으로 이동하는 경우에 동파의 우려가 있으므로 상향식 스프링클러헤드를 설치하여야 한다. 다만, 드라이펜던트 스프링클러헤드를 사용하는 경우, 스프링클러헤드의 설치장소가 동파의 우려가 없는 곳인 경우, 개방형 스프링클러헤드를 사용하는 경우에는 그렇지 않다.

68

스프링클러설비는 건물의 규모에 따라 방사시간이 20분, 40분 또는 60분 이상이며, 간이스프링클러설비는 건축물의 용도 및 규모에 따라 방사시간이 10분 또는 20분 이상이다. 또한, 화재조기진압용 스프링클러설비는 방사시간이 60분 이상이다.

O | X

68
스프링클러설비는 건물의 규모에 따라 방사시간이 20분(29층 이하), 40분(30층 ~ 49층) 또는 60분(50층 이상) 이상이며, 간이스프링클러설비는 건축물의 용도 및 규모에 따라 방사시간이 10분 또는 20분 이상이다. 또한, 화재조기진압용 스프링클러설비는 방사시간이 60분 이상이다.

정답 65 O 66 X 67 X 68 O

69
물분무소화설비의 소화효과로는 질식소화, 냉각소화, 유화소화 및 억제소화가 있다.

○ | ×

💧 기본서 p.293 참조

해설

69 ☐☐☐
물분무소화설비의 소화효과로는 질식소화, 냉각소화, 유화소화 및 희석소화가 있다.

70
"미분무"란 물만을 사용하여 소화하는 방식으로 최소설계압력에서 헤드로부터 방출되는 물입자 중 90[%]의 누적체적분포가 200[㎛] 이하로 분무되고 A, B, C급 화재에 적응성을 갖는 것을 말한다.

○ | ×

💧 기본서 p.294 참조

70 ☐☐☐
"미분무"란 물만을 사용하여 소화하는 방식으로 최소설계압력에서 헤드로부터 방출되는 물입자 중 99[%]의 누적체적분포가 400[㎛] 이하로 분무되고 A, B, C급 화재에 적응성을 갖는 것을 말한다.

71
"고압 미분무소화설비"란 최저사용압력이 1.2[MPa]을 초과하는 미분무소화설비를 말한다.

○ | ×

💧 기본서 p.294 참조

71 ☐☐☐
"고압 미분무소화설비"란 최저사용압력이 3.5[MPa]을 초과하는 미분무소화설비를 말한다. 저압 미분무소화설비는 최고사용압력이 1.2[MPa] 이하인 미분무소화설비를 말하며, 중압 미분무소화설비는 사용압력이 1.2[MPa] 초과 3.5[MPa] 이하인 미분무소화설비를 말한다.

72
농도가 6[%]인 포원액 300[L]에는 포수용액이 45,000[L] 만큼 형성된다.

○ | ×

💧 기본서 p.296 참조

72 ☐☐☐
"포수용액×농도 = 포원액"이므로 "포수용액 = 포원액/농도 = 300[L]/0.06 = 5,000[L]"임을 의미한다.

73
압축공기포소화설비는 압축공기 또는 압축질소를 일정 비율로 포수용액에 강제 주입 혼합하는 방식을 말한다.

○ | ×

💧 기본서 p.297 참조

73 ☐☐☐
압축공기포소화설비는 압축공기 또는 압축질소를 일정 비율로 포수용액에 강제 주입 혼합하는 방식을 말한다.

정답 69 × 70 × 71 × 72 × 73 ○

74 🔥 기본서 p.298 참조

프레져사이드프로포셔너방식이란 펌프와 발포기의 중간에 설치된 벤추리관의 벤추리작용에 따라 포 소화약제를 흡입·혼합하는 방식을 말한다.

O | X

75 🔥 기본서 p.298 참조

팽창비란 최종 발생한 포 수용액 체적을 원래 포 체적으로 나눈 값을 말한다.

O | X

76 🔥 기본서 p.299 참조

차압 혼합방식이란 펌프의 토출관에 압입기를 설치하여 포소화약제 압입용펌프로 포소화약제를 압입시켜 혼합하는 방식을 말하며, 정확한 비율로 혼합할 수 있는 장점이 있다.

O | X

77 🔥 기본서 p.298 참조

펌프프로포셔너방식은 화학소방차에 주로 사용하는 방식이다.

O | X

해설

74 □□□
라인프로포셔너방식이란 펌프와 발포기의 중간에 설치된 벤추리관의 벤추리작용에 따라 포 소화약제를 흡입·혼합하는 방식을 말한다.

75 □□□
팽창비란 최종 발생한 포 체적을 원래 포 수용액 체적으로 나눈 값을 말한다. (팽창비 = 포의 체적/포수용액의 체적)

76 □□□
압입 혼합방식(프레져사이드 프로포셔너방식)이란 펌프의 토출관에 압입기를 설치하여 포소화약제 압입용펌프로 포소화약제를 압입시켜 혼합하는 방식을 말하며, 정확한 비율로 혼합할 수 있는 장점이 있다.

77 □□□
펌프프로포셔너방식은 펌프의 토출관과 흡입관 사이의 배관도중에 설치한 흡입기에 펌프에서 토출된 물의 일부를 보내고, 농도조정밸브에서 조정된 포소화약제의 필요량을 포소화약제 저장탱크에서 펌프 흡입측으로 보내어 이를 혼합하는 방식으로 화학소방차에 주로 사용하는 방식이다.

정답 74 X 75 X 76 X 77 O

78
관로혼합방식은 혼합기의 압력손실이 적고, 흡입 가능한 유량의 범위가 넓다.

○ | ✕

79
프레져프로포셔너방식 중 다이어프램이 설치된 압송식의 경우 약제 원액 잔량을 버리고 다시 충전하여 사용하여야 한다.

○ | ✕

80
압입혼합방식은 포소화전, 소규모 또는 이동식 소화설비에 많이 사용한다.

○ | ✕

81
이산화탄소 소화설비를 저장방식에 따라 분류할 경우 자동냉동장치 및 압력경보장치를 필요로 하는 고압저장방식과 자동냉동장치 및 압력경보장치를 필요로 하지 않는 저압저장방식으로 분류된다.

○ | ✕

82
이산화탄소 소화설비는 화재감지기, 선택밸브, 안전밸브, 부취발생기, 수동잠금밸브, 방출표시등, 압력스위치 등으로 구성된다.

○ | ✕

해설

78
관로혼합방식은 벤추리관의 벤추리작용을 이용하여 약제를 흡입, 혼합하는 방식이기 때문에 그 힘이 상대적으로 약한 편이다. 그에 따라, 혼합기의 압력손실이 크고, 흡입 가능한 유량의 범위가 좁다.

79
프레져프로포셔너방식 중 다이어프램이 설치된 압송식의 경우 약제 원액 잔량을 버리지 않고 계속 사용할 수 있다. 다이어프램이 설치되지 않은 압입식의 경우에는 약제 원액 잔량을 버리고 다시 충전하여 사용하여야 한다.

80
관로혼합방식은 포소화전, 소규모 또는 이동식 소화설비에 많이 사용하고, 압입혼합방식은 비행기 격납고, 석유화학 플랜트 등과 같은 대단위 고정식 소화설비에서 사용한다.

81
이산화탄소 소화설비를 저장방식에 따라 분류할 경우 자동냉동장치 및 압력경보장치를 필요로 하지 않는 고압저장방식과 자동냉동장치 및 압력경보장치를 필요로 하는 저압저장방식으로 분류된다.

82
이산화탄소 소화설비는 화재감지기(교차회로방식), 선택밸브, 안전밸브, 부취발생기, 수동잠금밸브, 방출표시등, 압력스위치 등으로 구성된다.

정답 78 ✕ 79 ✕ 80 ✕ 81 ✕ 82 ○

83
이산화탄소소화설비에 설치되는 기동용기의 가스는 압력스위치 및 자동폐쇄장치를 작동시키는 역할을 한다.

○ | ×

기본서 p.302~303 참조

해설

83 □□□
이산화탄소소화설비에 설치되는 기동용기의 가스는 저장용기 및 선택밸브를 작동시키는 역할을 한다.

84
안전밸브란 2개소 이상의 방호구역 또는 방호대상물에 대해 소화약제 저장용기를 공용으로 사용하는 경우에 사용하는 밸브로서 자동 또는 수동개방장치에 의해 개방되어 화재가 발생한 방호구역만 소화약제가 방출될 수 있도록 하는 밸브이다.

○ | ×

기본서 p.304 참조

84 □□□
선택밸브란 2개소 이상의 방호구역 또는 방호대상물에 대해 소화약제 저장용기를 공용으로 사용하는 경우에 사용하는 밸브로서 자동 또는 수동개방장치에 의해 개방되어 화재가 발생한 방호구역만 소화약제가 방출될 수 있도록 하는 밸브이다. (안전밸브는 과압방지밸브로 과압 발생 시 안전밸브 내부의 봉판이 파괴되어 압력이 외부로 배출되어 저장용기 또는 배관을 보호하는 목적으로 설치된다.)

85
전역방출방식에서 환기장치 등을 설치한 것은 소화약제가 방출된 후에 해당 환기장치 등이 정지될 수 있도록 하고, 개구부 및 통기구가 있어 소화약제의 유출에 따라 소화효과를 감소시킬 우려가 있는 것은 소화약제가 방출된 후에 당해 개구부 및 통기구를 폐쇄할 수 있도록 자동폐쇄장치를 설치해야 한다.

○ | ×

기본서 p.305 참조

85 □□□
전역방출방식에서 환기장치 등을 설치한 것은 소화약제가 방출되기 전에 해당 환기장치 등이 정지될 수 있도록 하고, 개구부 및 통기구가 있어 소화약제의 유출에 따라 소화효과를 감소시킬 우려가 있는 것은 소화약제가 방출되기 전에 당해 개구부 및 통기구를 폐쇄할 수 있도록 자동폐쇄장치를 설치해야 한다.

86
이산화탄소소화설비의 구성요소 중 기동용기 솔레노이드가 동작하면 저장용기밸브 개방, 선택밸브 개방, 분사헤드 가스 방출 순으로 동작한다.

○ | ×

기본서 p.303 참조

86 □□□
이산화탄소소화설비의 구성요소 중 기동용기 솔레노이드가 동작(1)하면 선택밸브 개방(2), 저장용기밸브 개방(3), 분사헤드 가스 방출(4) 순으로 동작한다.

정답 83 × 84 × 85 × 86 ×

87

이산화탄소 소화설비의 저장용기를 설치하는 장소는 직사광선 및 빗물이 침투할 우려가 없는 곳에 설치하여야 한다.

○ | ×

88

분말소화설비의 구성요소 중 정압작동장치는 고압으로 저장된 가압용 가스용기에서 압력을 감소시켜 저장탱크로 보내는 장치를 말한다.

○ | ×

89

분말소화설비의 가압용 가스용기의 가압용 가스 또는 축압용 가스는 질소가스(N_2) 또는 아르곤(Ar)으로 하여야 한다. 또한, 배관의 청소에 필요한 양의 가스도 함께 저장하여야 한다.

○ | ×

90

고체에어로졸은 고체에어로졸화합물의 연소과정에 의해 생성된 직경 76[μm] 이하의 고체 입자와 기체 상태의 물질로 구성된 혼합물을 말한다.

○ | ×

91

고체에어로졸소화설비는 설계밀도 이상의 고체에어로졸을 방호구역 전체에 균일하게 방출하는 설비로서 압축(Condensed)방식이 아닌 분산(Dispersed)방식을 말하며, 고체에어로졸은 전기 전도성이 있어야 한다.

○ | ×

해설

87 □□□
이산화탄소 소화설비의 저장용기(액체상태로 저장한다)를 설치하는 장소는 직사광선 및 빗물이 침투할 우려가 없는 곳에 설치하여야 한다.

88 □□□
분말소화설비의 구성요소 중 "정압작동장치"는 저장용기의 내부압력이 설정압력이 되었을 때 주밸브를 개방하는 장치를 말한다. (고압으로 저장된 가압용 가스용기에서 압력을 감소시켜 저장탱크로 보내는 장치는 "압력조정기"를 의미한다.)

89 □□□
분말소화설비의 가압용 가스용기의 가압용 가스 또는 축압용 가스는 질소가스(N_2) 또는 이산화탄소(CO_2)으로 하여야 한다. 또한, 배관의 청소에 필요한 양의 가스는 별도의 용기에 저장하여야 한다.

90 □□□
고체에어로졸은 고체에어로졸화합물의 연소과정에 의해 생성된 직경 10[μm] 이하의 고체 입자와 기체 상태의 물질로 구성된 혼합물을 말한다.

91 □□□
고체에어로졸소화설비는 설계밀도 이상의 고체에어로졸을 방호구역 전체에 균일하게 방출하는 설비로서 분산(Dispersed)방식이 아닌 압축(Condensed)방식을 말하며, 고체에어로졸은 전기 전도성이 없어야 한다.

정답 87 ○ 88 × 89 × 90 × 91 ×

92 기본서 p.313 참조

단독경보형감지기는 화재발생 상황을 단독으로 감지하여 자체 내장된 음향장치로 경보하는 감지기를 말하며, 수신기와 단독경보형감지기로 구성된다.

○ | ×

93 기본서 p.313 참조

단독경보형감지기는 각 실마다 설치하되, 바닥면적이 150[m²]를 초과하는 경우에는 150[m²]마다 1개 이상 설치하여야 한다.

○ | ×

94 기본서 p.314 참조

비상경보설비 중 발신기는 조작이 쉬운 장소에 설치하고, 조작스위치는 바닥으로부터 1.5[m] 이하의 높이에 설치하여야 하며, 발신기의 위치표시등은 함의 상부에 설치하되, 그 불빛은 부착 면으로부터 15[°] 이상의 범위 안에서 부착지점으로부터 10[m] 이내의 어느 곳에서도 쉽게 식별할 수 있는 녹색등으로 하여야 한다.

○ | ×

95 기본서 p.315 참조

시각경보기의 설치높이는 바닥으로부터 0.8[m] 이상 1.5[m] 이하의 높이에 설치하여야 한다. 다만, 천장의 높이가 1.5[m] 이하인 경우에는 천장으로부터 0.15[m] 이내의 장소에 설치해야 한다.

○ | ×

해설

92 □□□
단독경보형감지기는 화재발생 상황을 단독으로 감지하여 자체 내장된 음향장치로 경보하는 감지기를 말하며, 수신기와 단독경보형감지기로 구성된다. (전선, 수신기, 발신기 등이 설치되지 않는다.)

93 □□□
단독경보형감지기는 각 실마다 설치하되, 바닥면적이 150[m²]를 초과하는 경우에는 150[m²]마다 1개 이상 설치하여야 한다.

94 □□□
비상경보설비 중 발신기는 조작이 쉬운 장소에 설치하고, 조작스위치는 바닥으로부터 0.8[m] 이상 1.5[m] 이하의 높이에 설치하여야 하며, 발신기의 위치표시등은 함의 상부에 설치하되, 그 불빛은 부착 면으로부터 15[°] 이상의 범위 안에서 부착지점으로부터 10[m] 이내의 어느 곳에서도 쉽게 식별할 수 있는 적색등으로 하여야 한다.

95 □□□
시각경보기의 설치높이는 바닥으로부터 2[m] 이상 2.5[m] 이하의 높이에 설치하여야 한다. 다만, 천장의 높이가 2[m] 이하인 경우에는 천장으로부터 0.15[m] 이내의 장소에 설치해야 한다.

정답 92 × 93 ○ 94 × 95 ×

96
열감지기의 종류에는 차동식, 정온식, 보상식이 있으며, 연기감지기의 종류에는 이온화식, 광전식이 있다.

○ | ×

기본서 p.316 참조

97
정온식 감지선형 감지기란 주위온도가 일정 상승률 이상이 되는 경우에 동작하는 것으로서 넓은 범위에서 동작하는 감지기를 말한다.

○ | ×

기본서 p.318 참조

98
보상식 감지기란 차동식 스포트형 감지기와 정온식 스포트형 감지기의 성능을 겸한 것으로 두 가지의 성능이 모두 동작되면 신호를 발하도록 하는 감지기를 말한다.

○ | ×

기본서 p.318 참조

99
광전식 스포트형 감지기는 송광부와 수광부를 감지기 내에 구성한 것으로 송광부에서 보낸 빛이 연기입자에 의해 산란하여 수광부에서 받아서 광량의 감소를 검출하는 감지기를 말한다.

○ | ×

기본서 p.318 참조

해설

96 □□□
열감지기의 종류에는 차동식(스포트형, 분포형), 정온식(스포트형, 감지선형), 보상식이 있으며, 연기감지기의 종류에는 이온화식, 광전식(스포트형, 분리형)이 있다.

97 □□□
차동식 분포형 감지기란 주위온도가 일정 상승률 이상이 되는 경우에 동작하는 것으로서 넓은 범위에서 동작하는 감지기를 말한다. (정온식 감지선형 감지기란 일국소의 주위온도가 일정한 온도 이상이 되는 경우에 동작하는 것으로서 외관이 전선으로 되어 있는 감지기를 말한다.)

98 □□□
보상식 감지기는 차동식 스포트형 감지기와 정온식 스포트형 감지기의 성능을 겸한 것으로 두 가지의 성능 중 어느 한 기능이 동작되면 신호를 발하도록 하는 감지기를 말한다.

99 □□□
광전식 스포트형 감지기는 송광부와 수광부를 감지기 내에 구성한 것으로 송광부에서 보낸 빛이 연기입자에 의해 산란하여 수광부에서 받아서 광량의 증가를 검출하는 감지기를 말한다.

정답 96 ○ 97 × 98 × 99 ×

100
이온화식 감지기는 광전식 감지기보다 큰 연기 입자의 검출에 유리하며, 검은색 연기 입자보다는 엷은 회색의 연기 입자의 감도에 유리하다.

○ | ✕

101
아날로그식 감지기는 주위의 온도 또는 연기의 양의 변화에 따라 각각 다른 전류치 또는 전압치 등의 출력을 발하는 방식의 감지기로서 화재판단을 수신기가 하는 감지기를 말한다.

○ | ✕

102
분포형 감지기, 정온식 감지선형 감지기, 광전식 분리형 감지기 등은 오동작을 방지할 수 있는 신뢰도가 높은 감지기에 해당한다.

○ | ✕

103
감지기 부착높이가 8[m] 이상 15[m] 미만인 곳에는 차동식 스포트형 감지기를 설치할 수 있다.

○ | ✕

해설

100
이온화식 감지기는 광전식 감지기보다 작은 연기 입자의 검출에 유리하며, 연기의 색상과는 무관하다. 광전식 감지기는 이온화식 감지기보다 큰 연기 입자의 검출에 유리하며, 검은색 연기입자보다는 엷은 회색의 연기 입자의 감도에 유리하다.

101
아날로그식 감지기는 주위의 온도 또는 연기의 양의 변화에 따라 각각 다른 전류치 또는 전압치 등의 출력을 발하는 방식의 감지기로서 화재판단을 수신기가 하는 감지기를 말한다.

102
축적방식의 감지기, 복합형 감지기, 분포형 감지기, 정온식 감지선형 감지기, 광전식 분리형 감지기, 아날로그방식의 감지기, 불꽃감지기, 다신호방식의 감지기는 오동작을 방지할 수 있는 신뢰도가 높은 감지기에 해당한다.

103
감지기 부착높이가 8[m] 이상 15[m] 미만인 곳에는 차동식 분포형 감지기, 이온화식 1종 또는 2종, 광전식(스포트형, 분리형, 공기흡입형) 1종 또는 2종, 연기복합형, 불꽃감지기를 설치할 수 있다.

정답 100 ✕ 101 ○ 102 ○ 103 ✕

104

R형 수신기란 감지기 또는 발신기로부터 발하여지는 신호를 직접 또는 중계기를 통하여 공통신호로서 수신하여 화재의 발생을 해당 특정소방대상물의 관계자에게 경보하여 주는 것을 말하며, 신호를 개별전송방식으로 전송하는 것을 의미한다.

○ | ×

105

경계구역이란 특정소방대상물 중 화재신호를 발신하고 그 신호를 수신 및 유효하게 제어할 수 있는 구역을 말한다.

○ | ×

106

하나의 경계구역의 면적은 500[m²] 이하로 하고 한 변의 길이는 60[m] 이하로 할 것. 다만, 해당 특정소방대상물의 주된 출입구에서 그 내부 전체가 보이는 것에 있어서는 한 변의 길이가 60[m]의 범위 내에서 1,500[m²] 이하로 할 수 있다.

○ | ×

107

지하 3층, 지상 20층인 공동주택의 지하 1층에서 화재가 발생하였을 경우 경보하여야 하는 층은 지하 전체 층, 지상 1층 ~ 지상 4층이다.

○ | ×

해설

104
R형 수신기란 감지기 또는 발신기로부터 발하여지는 신호를 직접 또는 중계기를 통하여 고유신호로서 수신하여 화재의 발생을 해당 특정소방대상물의 관계자에게 경보하여 주는 것을 말하며, 신호를 다중전송방식으로 전송하는 것을 의미한다. (대규모 건물에 적합, 변경 또는 증설 용이)

105
경계구역이란 특정소방대상물 중 화재신호를 발신하고 그 신호를 수신 및 유효하게 제어할 수 있는 구역을 말한다.

106
하나의 경계구역의 면적은 600[m²] 이하로 하고 한 변의 길이는 50[m] 이하로 할 것. 다만, 해당 특정소방대상물의 주된 출입구에서 그 내부 전체가 보이는 것에 있어서는 한 변의 길이가 50[m]의 범위 내에서 1,000[m²] 이하로 할 수 있다.

107
지하 3층, 지상 20층인 공동주택의 경우 "층수가 16층 이상인 공동주택에 해당하므로 우선경보방식"을 적용하여야 한다. 이때, 지하 1층에서 화재가 발생하였을 경우 경보하여야 하는 층은 "발화층 + 직상층 + 기타의 지하층"이므로 지하 전체 층, 지상 1층이다.

정답 104 × 105 ○ 106 × 107 ×

108
자동화재탐지설비의 음향은 음향의 크기는 부착된 음향장치의 중심으로부터 1[m] 떨어진 위치에서 70[dB] 이상이 되는 것으로 하여야 한다.

O | X

109
비상방송설비 중 증폭기는 소리를 크게 하여 멀리까지 전달될 수 있도록 하는 장치로써 일명 스피커를 말한다.

O | X

110
통합감시시설이란 자동화재탐지설비 수신기의 화재신호와 연동으로 작동하여 관계인에게 화재발생을 경보함과 동시에 소방관서에 자동적으로 통신망을 통한 당해 화재발생 및 당해 소방대상물의 위치 등을 음성으로 통보하여 주는 것을 의미한다.

O | X

111
자동화재속보설비는 작동신호를 수신하거나 수동으로 동작시키는 경우 10초 이내에 소방관서에 자동적으로 신호를 발하여 통보하되, 5회 이상 속보할 수 있어야 한다.

O | X

해설

108
자동화재탐지설비의 음향은 음향의 크기는 부착된 음향장치의 중심으로부터 1[m] 떨어진 위치에서 90[dB] 이상이 되는 것으로 하여야 한다. (가스누설경보기의 음향 : 70[dB] 이상)

109
비상방송설비 중 확성기는 소리를 크게 하여 멀리까지 전달될 수 있도록 하는 장치로써 일명 스피커를 말한다. (증폭기는 전압전류의 진폭을 늘려 감도를 좋게 하고 미약한 음성전류를 커다란 음성전류로 변화시켜 소리를 크게 하는 장치를 말한다.)

110
자동화재속보설비란 자동화재탐지설비 수신기의 화재신호와 연동으로 작동하여 관계인에게 화재발생을 경보함과 동시에 소방관서에 자동적으로 통신망을 통한 당해 화재발생 및 당해 소방대상물의 위치 등을 음성으로 통보하여 주는 것을 의미한다.

111
자동화재속보설비는 작동신호를 수신하거나 수동으로 동작시키는 경우 20초 이내에 소방관서에 자동적으로 신호를 발하여 통보하되, 3회 이상 속보할 수 있어야 한다.

정답 108 × 109 × 110 × 111 ×

112
누전경보기란 내화구조가 아닌 건축물로서 벽, 바닥 또는 천장의 전부나 일부를 불연재료 또는 준불연재료가 아닌 재료에 철망을 넣어 만든 건물의 전기설비로부터 누설전류를 탐지하여 경보를 발하는 기기로서, 변류기와 수신부로 구성된 것을 말한다.

O | X

해설

112 □□□
누전경보기란 내화구조가 아닌 건축물로서 벽, 바닥 또는 천장의 전부나 일부를 불연재료 또는 준불연재료가 아닌 재료에 철망을 넣어 만든 건물의 전기설비로부터 누설전류를 탐지하여 경보를 발하는 기기로서, 변류기(누설전류를 자동적으로 검출)와 수신부(변류기로부터 검출된 신호를 수신)로 구성된 것을 말한다.

113
일산화탄소(CO) 경보기란 일산화탄소(CO)가 새는 것을 탐지하여 관계자나 이용자에게 경보하여 주는 것으로 바닥으로부터 0.3[m] 이하에 탐지부를 설치하여야 한다.

O | X

113 □□□
일산화탄소(CO) 경보기란 일산화탄소(CO)가 새는 것을 탐지하여 관계자나 이용자에게 경보하여 주는 것으로 천장으로부터 0.3[m] 이하에 탐지부를 설치하여야 한다. (천장으로부터 0.3[m] 이하에 가스누설경보기의 탐지부를 설치해야 하는 것 : 액화천연가스(LNG), 일산화탄소(CO))

114
화재알림설비란 화재발생 시 화재위치를 감지하여 소방관서(119) 및 상인에게 자동으로 통보하는 시스템으로 유·무선 방식이 모두 가능한 것을 말한다.

O | X

114 □□□
화재알림설비란 화재발생 시 화재위치를 감지하여 소방관서(119) 및 상인에게 자동으로 통보하는 시스템으로 유·무선 방식이 모두 가능한 것을 말한다. (자동화재탐지설비＋자동화재속보설비＋사물인터넷(IoT))

115
화재알림설비의 구성요소 중 "화재알림형 비상경보장치"란 화재알림형 감지기, 발신기, 표시등, 지구음향장치(경종 또는 사이렌 등)를 내장한 것으로 화재발생 상황을 경보하는 장치를 말한다.

O | X

115 □□□
화재알림설비의 구성요소 중 "화재알림형 비상경보장치"란 발신기, 표시등, 지구음향장치(경종 또는 사이렌 등)를 내장한 것으로 화재발생 상황을 경보하는 장치를 말한다. 비상경보장치는 사람이 동작시키는 수동식 경보장치이므로 화재알림형 감지기는 구성요소가 될 수 없다.

정답 112 O 113 X 114 O 115 X

116
　　　　　　　　　　　　　　　🜆 기본서 p.333 참조

화재알림설비의 구성요소 중 "화재알림형 수신기"란 화재알림형 감지기나 발신기에서 발하는 화재정보값 또는 화재신호 등을 직접 수신하거나 화재알림형 중계기를 통해 수신하여 화재의 발생을 표시 및 경보하고, 화재정보값 등을 수동으로 저장하여, 자체 내장된 속보기능에 의해 화재신호를 통신망을 통하여 소방관서에는 음성 등의 방법으로 통보하고, 관계인에게 음성의 방법으로 전달할 수 있는 장치를 말한다.

○ | ✕

117
　　　　　　　　　　　　　　　🜆 기본서 p.333 참조

화재알림설비의 구성요소 중 "원격감시서버"란 원격지에서 각각의 화재알림설비로부터 수신한 화재정보값 및 화재신호, 상태신호 등을 원격으로 감시하기 위한 서버를 말한다.

○ | ✕

118
　　　　　　　　　　　　　　　🜆 기본서 p.335 참조

승강식 피난기란 포지 등을 사용하여 자루 형태로 만든 것으로서 화재 시 사용자가 그 내부에 들어가서 내려옴으로써 대피할 수 있는 것을 말한다.

○ | ✕

119
　　　　　　　　　　　　　　　🜆 기본서 p.335 참조

완강기란 사용자의 몸무게에 따라 자동적으로 내려올 수 있는 기구 중 사용자가 연속적으로 사용할 수 없는 것을 말한다.

○ | ✕

해설

116 ☐☐☐
화재알림설비의 구성요소 중 "화재알림형 수신기"란 화재알림형 감지기나 발신기에서 발하는 화재정보값 또는 화재신호 등을 직접 수신하거나 화재알림형 중계기를 통해 수신하여 화재의 발생을 표시 및 경보하고, 화재정보값 등을 자동으로 저장하여, 자체 내장된 속보기능에 의해 화재신호를 통신망을 통하여 소방관서에는 음성 등의 방법으로 통보하고, 관계인에게는 문자로 전달할 수 있는 장치를 말한다.

117 ☐☐☐
화재알림설비의 구성요소 중 "원격감시서버"란 원격지에서 각각의 화재알림설비로부터 수신한 화재정보값 및 화재신호, 상태신호 등을 원격으로 감시하기 위한 서버를 말한다.

118 ☐☐☐
구조대란 포지 등을 사용하여 자루 형태로 만든 것으로서 화재 시 사용자가 그 내부에 들어가서 내려옴으로써 대피할 수 있는 것을 말한다.

119 ☐☐☐
간이완강기란 사용자의 몸무게에 따라 자동적으로 내려올 수 있는 기구 중 사용자가 연속적으로 사용할 수 없는 것을 말한다. 완강기란 사용자의 몸무게에 따라 자동적으로 내려올 수 있는 기구 중 사용자가 연속적으로 사용할 수 있는 것을 말한다.

정답 116 ✕ 117 ○ 118 ✕ 119 ✕

120

피난용트랩이란 인접 건축물 또는 피난층과 연결된 다리 형태의 피난기구를 말한다.

○ | ×

해설

120 □□□
피난교란 인접 건축물 또는 피난층과 연결된 다리 형태의 피난기구를 말한다. 피난용트랩이란 화재층과 직상층을 연결하는 계단형태의 피난기구를 말한다.

121

4층 이상 10층 이하의 노유자시설에 설치하는 구조대의 적응성은 노인 관련 시설로서 주된 사용자 중 스스로 피난이 불가한 자가 있는 경우 추가로 설치하는 경우에 한한다.

○ | ×

121 □□□
4층 이상 10층 이하의 노유자시설에 설치하는 구조대의 적응성은 장애인 관련 시설로서 주된 사용자 중 스스로 피난이 불가한 자가 있는 경우 추가로 설치하는 경우에 한한다.

122

피난 또는 소화 활동상 유효한 개구부는 가로 1.0[m] 이상, 세로 0.5[m] 이상인 것으로, 개구부 하단이 바닥에서 1.0[m] 이상이면 발판 등을 설치하고 개방된 창문은 쉽게 파괴할 수 있는 파괴장치를 비치하여야 한다.

○ | ×

122 □□□
피난 또는 소화 활동상 유효한 개구부는 가로 0.5[m] 이상, 세로 1.0[m] 이상인 것으로, 개구부 하단이 바닥에서 1.2[m] 이상이면 발판 등을 설치하고 밀폐된 창문은 쉽게 파괴할 수 있는 파괴장치를 비치하여야 한다.

123

4층 이상의 층에 하향식 피난구용 내림식사다리를 설치하는 경우에는 금속성 고정사다리를 설치하고, 당해 고정사다리에는 쉽게 피난할 수 있는 구조의 노대를 설치하여야 한다.

○ | ×

123 □□□
4층 이상의 층에 피난사다리(하향식 피난구용 내림식사다리는 제외한다)를 설치하는 경우에는 금속성 고정사다리를 설치하고, 당해 고정사다리에는 쉽게 피난할 수 있는 구조의 노대를 설치하여야 한다.

정답 120 × 121 × 122 × 123 ×

124 기본서 p.337 참조

피난기구는 특정소방대상물의 기둥·바닥·보 기타 구조상 견고한 부분에 볼트조임·매입·용접 기타의 방법으로 견고하게 부착하여야 한다.

O | X

해설

124 □□□
피난기구는 특정소방대상물의 기둥·바닥·보 기타 구조상 견고한 부분에 볼트조임·매입·용접 기타의 방법으로 견고하게 부착하여야 한다.

125 기본서 p.338 참조

다수인 피난장비의 사용 시에 탑승기 외측 문이 먼저 열리고 보관실 외측으로 자동으로 전개될 것.

O | X

125 □□□
다수인 피난장비의 사용 시에 보관실 외측 문이 먼저 열리고 탑승기가 외측으로 자동으로 전개될 것.

126 기본서 p.340 참조

인명구조기구 중 방열복은 화재진압 등의 소방활동을 수행할 수 있는 피복이며, 방화복은 고온의 복사열에 가까이 접근하여 소방활동을 수행할 수 있는 내열피복이다.

O | X

126 □□□
인명구조기구 중 방열복은 고온의 복사열에 가까이 접근하여 소방활동을 수행할 수 있는 내열피복이며, 방화복은 화재진압 등의 소방활동을 수행할 수 있는 피복이다.

127 기본서 p.341 참조

물분무등소화설비 중 할로겐화합물 및 불활성기체 소화설비를 설치하여야 하는 특정소방대상물에는 할로겐화합물 및 불활성기체 소화설비가 설치된 장소의 출입구 외부 인근에 1대 이상 공기호흡기를 비치하여야 한다.

O | X

127 □□□
물분무등소화설비 중 이산화탄소 소화설비를 설치하여야 하는 특정소방대상물에는 이산화탄소 소화설비가 설치된 장소의 출입구 외부 인근에 1대 이상 공기호흡기를 비치하여야 한다. (이산화탄소 소화설비는 소화약제 방사 시 질식의 우려가 있다.)

128 기본서 p.341 참조

지하층을 포함하는 층수가 5층 이상인 관광호텔에는 방열복 또는 방화복, 공기호흡기, 인공소생기를 각 2개 이상 비치하여야 한다.

O | X

128 □□□
지하층을 포함하는 층수가 7층 이상인 관광호텔에는 방열복 또는 방화복, 공기호흡기, 인공소생기를 각 2개 이상 비치하여야 한다. (지하층을 포함하는 층수가 5층 이상인 병원에는 방열복 또는 방화복, 공기호흡기를 각 2개 이상 비치하여야 한다.)

정답 124 O 125 × 126 × 127 × 128 ×

129 〰️ 기본서 p.342 참조

통로유도등의 종류에는 거실통로유도등, 복도통로유도등, 객석통로유도등이 있으며, 녹색바탕에 백색표시를 한다.

○ | ×

해설

129 ☐☐☐
통로유도등의 종류에는 거실통로유도등, 복도통로유도등, 계단통로유도등이 있으며, 백색바탕에 녹색표시를 한다.

130 〰️ 기본서 p.342 참조

2선식 배선이란 평상시에는 유도등을 소등 상태로 유도등의 비상전원을 충전하고, 화재 등 비상시 점등 신호를 받아 유도등을 자동으로 점등되도록 하는 방식의 배선을 말한다.

○ | ×

130 ☐☐☐
3선식 배선이란 평상시에는 유도등을 소등 상태로 유도등의 비상전원을 충전하고, 화재 등 비상시 점등 신호를 받아 유도등을 자동으로 점등되도록 하는 방식의 배선을 말한다. 2선식 배선이란 항시 점등상태를 유지하는 배선을 말한다.

131 〰️ 기본서 p.343 참조

피난유도선이란 햇빛이나 전등불에 따라 축광(축광방식)하거나 전류에 따라 빛을 발하는(광원점등방식) 유도체로서 어두운 상태에서 피난을 유도할 수 있도록 띠 형태로 설치되는 피난유도시설을 말한다.

○ | ×

131 ☐☐☐
피난유도선이란 햇빛이나 전등불에 따라 축광(축광방식)하거나 전류에 따라 빛을 발하는(광원점등방식) 유도체로서 어두운 상태에서 피난을 유도할 수 있도록 띠 형태로 설치되는 피난유도시설을 말한다.

132 〰️ 기본서 p.344 참조

피난구유도등의 설치높이는 피난구의 바닥으로부터 높이 1.0[m] 이상으로서 출입구에 인접하도록 설치해야 한다. 또한, 피난층으로 향하는 피난구의 위치를 안내할 수 있도록 출입구 인근 천장에 설치된 피난구유도등의 면과 평행이 되도록 피난구유도등을 추가로 설치해야 한다. 다만, 설치된 피난구유도등이 입체형인 경우에는 그렇지 않다.

○ | ×

132 ☐☐☐
피난구유도등의 설치높이는 피난구의 바닥으로부터 높이 1.5[m] 이상으로서 출입구에 인접하도록 설치해야 한다. 또한, 피난층으로 향하는 피난구의 위치를 안내할 수 있도록 출입구 인근 천장에 설치된 피난구유도등의 면과 수직이 되도록 피난구유도등을 추가로 설치해야 한다. 다만, 설치된 피난구유도등이 입체형인 경우에는 그렇지 않다.

정답 129 × 130 × 131 ○ 132 ×

133
계단통로유도등은 바닥으로부터 높이 0.5[m] 이하의 위치에 설치하여야 한다.

○ | ×

134
객석유도등은 객석의 통로, 바닥 또는 천장에 설치해야 하며, 객석 통로의 직선 부분의 길이가 50[m]인 곳에는 객석유도등을 12개 설치해야 한다.

○ | ×

135
광원점등방식 피난유도선의 피난유도 표시부는 바닥으로부터 높이 1[m] 이하의 위치 또는 바닥 면에 설치하여야 한다.

○ | ×

136
의료시설에 설치하는 피난구유도등은 "대형"으로 설치해야 한다.

○ | ×

137
휴대용 비상조명등은 바닥으로부터 0.5[m] 이상 1.0[m] 이하의 높이에 설치하며, 숙박시설 및 다중이용업소에는 객석 또는 영업장 안의 구획된 실마다 잘 보이는 곳에 3개 이상 설치하여야 한다.

○ | ×

해설

133
계단통로유도등은 각층의 경사로 참 또는 계단참마다(1개 층에 경사로 참 또는 계단참이 2 이상 있는 경우에는 2개의 계단참마다) 설치하며, 바닥으로부터 높이 1[m] 이하의 위치에 설치하여야 한다.

134
객석유도등은 객석의 통로, 바닥 또는 벽에 설치해야 하며, 객석 통로의 직선 부분의 길이가 50[m]인 곳에는 객석유도등을 "(50[m]/4) − 1 = 12.5 − 1 = 11.5"로 12개 설치해야 한다.

135
광원점등방식 피난유도선의 피난유도 표시부는 바닥으로부터 높이 1[m] 이하의 위치 또는 바닥 면에 설치하여야 한다.

136
의료시설, 지하상가, 지하철역사, 공연장, 집회장, 관람장, 전시장 등에 설치하는 피난구유도등은 "대형"으로 설치해야 한다.

137
휴대용 비상조명등은 바닥으로부터 0.8[m] 이상 1.5[m] 이하의 높이에 설치하며, 숙박시설 및 다중이용업소에는 객석 또는 영업장 안의 구획된 실마다 잘 보이는 곳에 1개 이상 설치하여야 한다. (지하역사, 지하상가, 대규모점포, 영화상영관 : 3개 이상 설치)

정답 133 × 134 × 135 ○ 136 ○ 137 ×

138

상수도소화용수설비의 설치기준에 따라 호칭지름 100[mm] 이상의 수도배관에 호칭지름 75[mm] 이상의 소화전을 접속하여야 하며, 특정소방대상물의 수평투영면의 각 부분으로부터 100[m] 이하가 되도록 설치해야 한다.

○ | ×

139

1층 및 2층의 각 바닥면적은 5,000[m²], 3층의 바닥면적 2,500[m²]인 건축물에 대한 소화수조 및 저수조의 저수량은 20[m³]이다.

○ | ×

140

소화수조 및 저수조의 채수구는 소방용호스 또는 소방용흡수관에 사용하는 구경 40[mm] 이상의 나사식 결합금속구를 설치하여야 하며, 지면으로부터의 높이가 0.8[m] 이상 1.5[m] 이하의 위치에 설치하고 "채수구"라고 표시한 표지를 하여야 한다.

○ | ×

141

소화수조 및 저수조는 지표면으로부터의 깊이가 1.5[m] 이상인 지하에 소화수조 또는 저수조가 설치된 경우 가압송수장치를 설치하여야 한다.

○ | ×

해설

138
상수도소화용수설비의 설치기준에 따라 호칭지름 75[mm] 이상의 수도배관에 호칭지름 100[mm] 이상의 소화전을 접속하여야 하며, 특정소방대상물의 수평투영면의 각 부분으로부터 140[m] 이하가 되도록 설치해야 한다.

139
소화수조 및 저수조의 저수량
= 연면적/기준면적×20[m³]
= (5,000＋5,000＋2,500)/12,500×20[m³]
= 12,500/12,500×20[m³] = 1×20[m³] = 20[m³]이다. (1층 및 2층의 바닥면적의 합계가 15,000[m²] 이상인 특정소방대상물에 해당하지 않으므로 기준면적은 12,500[m²]을 적용한다.)

140
소화수조 및 저수조의 채수구는 소방용호스 또는 소방용흡수관에 사용하는 구경 65[mm] 이상의 나사식 결합금속구를 설치하여야 하며, 지면으로부터의 높이가 0.5[m] 이상 1[m] 이하의 위치에 설치하고 "채수구"라고 표시한 표지를 하여야 한다.

141
소화수조 및 저수조는 지표면으로부터의 깊이가 4.5[m] 이상인 지하에 소화수조 또는 저수조가 설치된 경우 가압송수장치를 설치하여야 한다.

정답 138 × 139 ○ 140 × 141 ×

142

스모크타워 제연방식은 굴뚝효과를 이용하여 창살 또는 유리창에 달린 지붕 위의 원형구조물인 루프모니터를 설치하여 제연하는 방식을 말하며, 저층 건축물에 주로 사용하는 제연방식이다.

O | X

해설

142 ☐☐☐
스모크타워 제연방식은 굴뚝효과를 이용하여 창살 또는 유리창에 달린 지붕 위의 원형구조물인 루프모니터를 설치하여 제연하는 방식을 말하며, 고층 건축물에 주로 사용하는 제연방식이다.

143

제2종 기계제연방식은 송풍기만 설치하여 급기 및 배기를 하는 방식이고, 제3종 기계제연방식은 배연기만 설치하여 급기 및 배기를 하는 방식을 말한다.

O | X

143 ☐☐☐
제2종 기계제연방식은 송풍기만 설치하여 급기 및 배기를 하는 방식이고, 제3종 기계제연방식은 배연기만 설치하여 급기 및 배기를 하는 방식을 말한다.

144

하나의 제연구역의 면적은 600[m²] 이내로 하여야 하며, 하나의 제연구역은 직경 50[m] 원내에 들어갈 수 있어야 한다.

O | X

144 ☐☐☐
하나의 제연구역의 면적은 1,000[m²] 이내로 하여야 하며, 하나의 제연구역은 직경 60[m] 원내에 들어갈 수 있어야 한다.

145

제연경계는 제연경계의 폭이 2[m] 이상이고, 수직거리는 0.6[m] 이내이어야 한다. 다만, 구조상 불가피한 경우는 0.6[m]를 초과할 수 있다.

O | X

145 ☐☐☐
제연경계는 제연경계의 폭이 0.6[m] 이상이고, 수직거리는 2[m] 이내이어야 한다. 다만, 구조상 불가피한 경우는 2[m]를 초과할 수 있다.

정답 142 X   143 O   144 X   145 X

146

연결송수관설비는 건축물의 옥내에 설치된 송수구에 소방차로부터 가압수를 송수하고 소방관이 건축물 내에 설치된 방수기구함에 비치된 호스를 헤드에 연결하여 화재를 진압하는 소화활동설비이다.

○ | ×

147

연결송수관설비의 송수구는 지면으로부터 높이가 0.5[m] 이상 1[m] 이하의 위치에 설치하여야 하며, 구경 65[mm]의 쌍구형으로 하여야 한다.

○ | ×

148

연결송수관설비 방수기구함은 피난층과 가장 가까운 층을 기준으로 5개층마다 설치하되, 그 층의 방수구마다 보행거리 3[m] 이내에 설치하여야 한다.

○ | ×

149

연결살수설비의 구성요소로는 호스접결구, 송수구, 선택밸브, 자동배수밸브, 폐쇄형 헤드, 개방형 헤드 등이 있다.

○ | ×

해설

146
연결송수관설비는 건축물의 옥외에 설치된 송수구에 소방차로부터 가압수를 송수하고 소방관이 건축물 내에 설치된 방수기구함에 비치된 호스를 방수구에 연결하여 화재를 진압하는 소화활동설비이다.

147
연결송수관설비의 송수구는 지면으로부터 높이가 0.5[m] 이상 1[m] 이하의 위치에 설치하여야 하며, 구경 65[mm]의 쌍구형으로 하여야 한다.

148
연결송수관설비 방수기구함은 피난층과 가장 가까운 층을 기준으로 3개층마다 설치하되, 그 층의 방수구마다 보행거리 5[m] 이내에 설치하여야 한다.

149
연결살수설비의 구성요소로는 호스접결구, 송수구, 선택밸브, 자동배수밸브, 폐쇄형헤드, 개방형 헤드 등이 있다.

정답 146 × 147 ○ 148 × 149 ○

150
비상콘센트설비의 전원회로는 3상교류 380[V]인 것으로서, 그 공급용량은 1.5[kVA] 이상인 것으로 할 것.

○ | ×

💧 기본서 p.359 참조

해설

150 ☐☐☐
비상콘센트설비의 전원회로는 단상교류 220[V]인 것으로서, 그 공급용량은 1.5[kVA] 이상인 것으로 할 것.

151
무선통신보조설비 중 분파기란 신호의 전송로가 분기되는 장소에 설치하는 것으로 임피던스 매칭과 신호 균등분배를 위해 사용하는 장치를 말한다.

○ | ×

💧 기본서 p.360 참조

151 ☐☐☐
무선통신보조설비 중 분배기란 신호의 전송로가 분기되는 장소에 설치하는 것으로 임피던스 매칭과 신호 균등분배를 위해 사용하는 장치를 말한다. (분파기란 서로 다른 주파수의 합성된 신호를 분리하기 위해서 사용하는 장치이다.)

152
무선통신보조설비의 구성요소에는 누설동축케이블, 분배기, 분파기, 혼합기, 확성기, 증폭기, 음량조절기, 무선중계기, 옥외안테나, 임피던스 등이 있다.

○ | ×

💧 기본서 p.360 참조

152 ☐☐☐
무선통신보조설비의 구성요소에는 누설동축케이블, 분배기, 분파기, 혼합기, 확성기, 증폭기, 음량조절기, 무선중계기, 옥외안테나, 임피던스 등이 있다. 확성기, 음량조절기는 비상방송설비의 구성요소이다.

153
지하구에 설치하는 연소방지설비의 헤드는 소방대원의 출입이 가능한 환기구·작업구마다 지하구의 한쪽방향으로 살수헤드를 설정하되, 한쪽 방향의 살수구역의 길이는 5[m] 이상으로 할 것.

○ | ×

💧 기본서 p.362 참조

153 ☐☐☐
지하구에 설치하는 연소방지설비의 헤드는 소방대원의 출입이 가능한 환기구·작업구마다 지하구의 양쪽방향으로 살수헤드를 설정하되, 한쪽 방향의 살수구역의 길이는 3[m] 이상으로 할 것.

정답 150 × 151 × 152 × 153 ×

CHAPTER 08 소방행정 및 조직

01 　　　　　　　　　　　　　　　💧 기본서 p.368 참조
고려시대에는 소방을 사라질 소, 재앙 재 "소재(消災)"라 하였다.
　　　　　　　　　　　　　　　　　　○ | ×

02 　　　　　　　　　　　　　　　💧 기본서 p.368 참조
협의의 소방이란 현대사회의 다양한 소방서비스 요구에 부합하는 각종 재난 및 안전 관련 업무까지 포함하는 것을 의미한다.
　　　　　　　　　　　　　　　　　　○ | ×

03 　　　　　　　　　　　　　　　💧 기본서 p.369 참조
소방기본법령상 목적은 화재를 예방·경계하거나 진압하고 화재, 재난·재해, 그 밖의 위급한 상황에서의 구조·구급활동 등을 통하여 국민의 생명·신체 및 재산을 보호함으로써 공공의 안전 및 국민 경제에 이바지함을 목적으로 한다.
　　　　　　　　　　　　　　　　　　○ | ×

04 　　　　　　　　　　　　　　　💧 기본서 p.369 참조
소방의 심벌 중 "독수리"는 우리나라 전통 텃새로서 천연기념물로 지정한 것으로, 예방과 경계, 용맹을 상징한다.
　　　　　　　　　　　　　　　　　　○ | ×

해설

01 □□□
고려시대에는 소방을 사라질 소, 재앙 재 "소재(消災)"라 하였다. 조선시대에는 소방을 금할 금, 불 화 "금화(禁火)"라 하였다.

02 □□□
광의의 소방이란 현대사회의 다양한 소방서비스 요구에 부합하는 각종 재난 및 안전 관련 업무까지 포함하는 것을 의미한다. 협의의 소방이란 화재의 예방, 경계, 진압, 구조·구급활동 등을 통한 국민의 생명·신체 및 재산을 보호하는 것을 의미한다.

03 □□□
소방기본법령상 목적은 화재를 예방·경계하거나 진압하고 화재, 재난·재해, 그 밖의 위급한 상황에서의 구조·구급활동 등을 통하여 국민의 생명·신체 및 재산을 보호함으로써 공공의 안녕 및 질서 유지와 복리증진에 이바지함을 목적으로 한다.

04 □□□
소방의 심벌 중 "새매"는 우리나라 전통 텃새로서 천연기념물로 지정한 것으로, 예방과 경계, 용맹을 상징한다.

정답　01 ○　02 ×　03 ×　04 ×

05
1948년에 소방법이 제정되었으며, 이 시기의 소방은 풍수해, 설해 및 화재를 포함하였다. 또한, 1958년 풍수해대책법이 제정되어 소방에서 풍수해, 설해는 제외되고 화재의 예방, 경계, 진압의 개념을 나타내었다.

○ | ×

05 □□□
1958년에 소방법이 제정되었으며, 이 시기의 소방은 풍수해, 설해 및 화재를 포함하였다. 또한, 1967년 풍수해대책법이 제정되어 소방에서 풍수해, 설해는 제외되고 화재의 예방, 경계, 진압의 개념을 나타내었다.

06
소방에서 기본적 임무는 구조대 및 구급대의 운영 등 정부의 기능 중 봉사기능, 그 가운데에서도 직접적 서비스 기능을 말한다.

○ | ×

06 □□□
소방에서 파생적 임무는 구조대 및 구급대의 운영 등 정부의 기능 중 봉사기능, 그 가운데에서도 직접적 서비스 기능을 말한다. 기본적 임무는 화재의 예방·경계·진압을 통해 국민의 생명·신체 및 재산을 보호하는 임무를 나타낸다.

07
석기시대에 처음 금화의식이 탄생하였고, 삼국시대에 화재에 대한 예방의식이 높아져 초가지붕보다 기와지붕을 사용하였다.

○ | ×

07 □□□
삼국시대에 처음 금화의식이 탄생하였고, 통일신라시대에 화재에 대한 예방의식이 높아져 초가지붕보다 기와지붕을 사용하였다.

08
조선시대에는 화재의 발생빈도가 높아짐에 따라 금화원 제도를 시작하였다.

○ | ×

08 □□□
고려시대에는 화재의 발생빈도가 높아짐에 따라 금화원(금화관리자) 제도를 시작하였다. 이 제도는 방화전담관리자를 둔 것으로 우리나라 최초의 소방행정의 근원이다.

09
금화조건은 우리나라 최초의 소방법규로 조선시대의 태종 17년에 공포하였다.

○ | ×

09 □□□
금화(법)령은 우리나라 최초의 소방법규로 조선시대의 태종 17년에 공포하였다. 금화조건은 화재가 발생한 상황을 대비하여 화재를 진압하는 방법을 세종 5년에 규정한 것이다.

정답 05 × 06 × 07 × 08 × 09 ×

10
세종 8년에 금화도감은 한성부의 대형화재를 계기로 우리나라 최초의 소방기구로 설치되었다.

○ | ×

11
금화도감은 공조소속으로 두었으며, 제조 7명, 사 5명, 부사 6명, 판관 6명으로 구성되었다.

○ | ×

12
세종 5년에 상시로 다스릴 일이 없는 성문도감과 금화도감을 병합하여 수성금화도감을 설치하였으며, 제조 2명, 사 2명, 부사 2명, 판관 4명으로 구성되었다.

○ | ×

13
세조 13년에 노비로 구성된 금화군을 "멸화군"으로 개편하였으며, 10명의 상주 인원으로 구성되었다.

○ | ×

14
조선 시대에는 5가를 1통으로 묶어 우물을 파고 물통을 준비하도록 하는 5가 작통제를 시행하였다. 아울러 세종 8년(1426년) 2월에 금화도감을 설치하였고, 6월에는 수성금화도감으로 개편하였다.

○ | ×

해설

10
세종 8년(1426년 2월)에 금화도감은 한성부의 대형화재를 계기로 우리나라 최초의 소방기구로 설치되었다.

11
금화도감은 병조소속으로 두었으며, 제조 7명, 사 5명, 부사 6명, 판관 6명으로 구성되었다. 공조소속으로 둔 것은 수성금화도감이다.

12
세종 8년(1426년 6월)에 상시로 다스릴 일이 없는 성문도감과 금화도감을 병합하여 수성금화도감을 설치하였으며, 제조 4명, 사 2명, 부사 2명, 판관 2명으로 구성되었다.

13
세조 13년에 노비로 구성된 금화군을 "멸화군"으로 개편하였으며, 50명의 상주 인원으로 구성되었다.

14
조선 시대에는 5가를 1통으로 묶어 우물을 파고 물통을 준비하도록 하는 5가 작통제를 시행하였다. 아울러 세종 8년(1426년) 2월에 병조소속으로 금화도감을 설치하였고, 6월에는 공조소속으로 수성금화도감으로 개편하였다.

정답 10 ○ 11 × 12 × 13 × 14 ○

15

갑오개혁에 처음으로 "소방(消防)"의 용어를 사용하였으며, 1895년에 수도급수규칙이 제정되어 소화전이 설치되었다.

○ | ✕

해설

15 ☐☐☐
갑오개혁(갑오경장)에 처음으로 "소방(消防)"의 용어를 사용하였으며, 1909년에 수도급수규칙이 제정되어 소화전이 설치되었다.

16

1910년에 우리나라 최초의 소방서인 경성소방서가 설치되었다.

○ | ✕

16 ☐☐☐
1925년에 우리나라 최초의 소방서인 경성소방서가 설치되었다. (1910년에는 소방조 소속의 상비소방수에서 경무부 소속의 상비소방수제도가 생겨났다.)

17

1894년에 경무청이 설치되고, '소방'이란 용어가 처음으로 사용되었다.

○ | ✕

17 ☐☐☐
1894년에 경무청이 설치되고, 이후 1895년 경무청 직제를 제정하면서 '소방'이란 용어가 처음으로 사용되었다.

18

일제 강점기에는 1925년 최초의 소방서인 경성소방서가 설치되었다. 이후 1938년 부산 및 평양에 소방서가 개소되었으며, 1944년 용산·인천·함흥에 소방서가 증설되었다.

○ | ✕

18 ☐☐☐
일제 강점기에는 1925년 최초의 소방서인 경성소방서가 설치되었다. 이후 1939년 4월 1일에는 부산소방서와 평양소방서가 설치되었으며, 1945년 광복까지는 청진, 용산, 인천, 함흥, 성동소방서 등 모두 8개의 소방서가 설치되기에 이르렀다.

19

1945년에 중앙소방위원회 및 중앙소방청을 설치하였다.

○ | ✕

19 ☐☐☐
1946년에 중앙소방위원회를 설치하였으며, 1947년에 중앙소방청을 설치하였다.

정답 15 ✕ 16 ✕ 17 ○ 18 ✕ 19 ✕

20
과도기 미군정 시대에는 자치소방체제로 소방부 및 소방위원회를 구성하고 소방행정을 경찰에서 분리하여 자치화하였다.

○ | ×

21
미군정 시대에는 1946년 소방부 및 소방위원회를 설치하고, 소방조직 및 업무를 경찰로부터 독립하여 자치소방체제로 전환하였다. 1947년 중앙소방위원회의 집행기구로 소방청이 설치되었다.

○ | ×

22
1958년에 경찰공무원법이 제정되면서 소방공무원은 국가공무원법에서 경찰공무원법의 적용을 받으며, 일반직 공무원에서 "특정직 경찰공무원의 소방직" 신분으로 바뀌었다.

○ | ×

23
지방소방공무원법(1973년)이 제정 당시에는 국가소방과 자치소방의 이원적 소방행정체제가 시행되었다.

○ | ×

24
대구지하철 화재 발생(2003) 당시에는 국가소방체제였다.

○ | ×

해설

20 □□□
과도기 미군정 시대에는 자치소방체제로 소방부 및 소방위원회를 구성하고 소방행정을 경찰에서 분리하여 자치화하였다.

21 □□□
미군정 시대에는 1946년 소방부 및 소방위원회를 설치하고, 소방조직 및 업무를 경찰로부터 독립하여 자치소방체제로 전환하였다. 1947년 중앙소방위원회의 집행기구로 소방청이 설치되었다.

22 □□□
1969년에 경찰공무원법이 제정되면서 소방공무원은 국가공무원법에서 경찰공무원법의 적용을 받으며, 일반직 공무원에서 "별정직 경찰공무원의 소방직" 신분으로 바뀌었다.

23 □□□
지방소방공무원법(1973년)이 제정 당시에는 국가소방과 자치소방의 이원적 소방행정체제가 시행되었다.

24 □□□
대구지하철 화재 발생(2003) 당시에는 모든 시·도에 소방본부를 설치한 광역자치소방체제였다. 소방사무의 책임이 시·도의 책임으로 일원화되었다.

정답 **20** ○ **21** ○ **22** × **23** ○ **24** ×

25
1977년에 청원소방원 제도를 도입하게 되었으며, 청원소방원은 방화관리자(현. 소방안전관리자)와 위험물 안전관리자의 업무를 보조하고 화재 현장에서 사람을 구출하고 불을 끄거나 불이 번지지 않도록 조치, 소방서장이 화재의 예방·경계 및 진압상 필요하다고 인정하여 명하는 직무를 담당하였다.

○ | ×

26
2004년에 「재난관리법」을 공포하였다.

○ | ×

27
1983년에 구조업무를 소방업무에 포함시켰으며, 1989년에 구급대 운영규정이 신설되고 구급업무를 소방업무 범위에 포함시켰다.

○ | ×

28
소방 조직의 설치가 중앙소방위원회 → 내무부 치안국 소방과 → 내무부 소방국 → 소방방재청 → 국민안전처 중앙소방본부 → 소방청이다.

○ | ×

29
소방공무원의 신분은 일반직 공무원 → 특정직 공무원 → 별정직 공무원으로 변화되었다.

○ | ×

해설

25
1983년에 청원소방원 제도를 도입하게 되었으며, 청원소방원은 방화관리자(현. 소방안전관리자)와 위험물 안전관리자의 업무를 보조하고 화재 현장에서 사람을 구출하고 불을 끄거나 불이 번지지 않도록 조치, 소방서장이 화재의 예방·경계 및 진압상 필요하다고 인정하여 명하는 직무를 담당하였다. 이후 1999년 2월 소방법의 개정으로 청원소방원 제도는 폐지되었다.

26
성수대교의 붕괴, 삼풍백화점 붕괴를 계기로 1995년에 「재난관리법」을 공포하였으며, 2003년에 대구지하철 화재참사를 계기로 2004년에 「재난 및 안전관리 기본법」을 제정하였다.

27
1983년에 구급대 운영규정이 신설되고 구급업무를 소방업무 범위에 포함시켰으며, 1989년에 구조업무를 소방업무에 포함시켰다.

28
소방 조직의 설치가 중앙소방위원회(1946년) → 내무부 치안국 소방과(1948년) → 내무부 소방국(1975년) → 소방방재청(2004년) → 국민안전처 중앙소방본부(2014년) → 소방청(2017년)이다.

29
소방공무원의 신분은 일반직 공무원 → 별정직 공무원 → 특정직 공무원으로 변화되었다.

정답 25 × 26 × 27 × 28 ○ 29 ×

30
한국소방안전원은 직접적 중앙소방행정조직에 해당하며, 국립소방연구원은 간접적 중앙소방행정조직에 해당한다.

O | X

31
의용소방대는 지방소방행정조직에 해당하며, 의무소방대는 민간소방행정조직에 해당한다.

O | X

32
소방청장의 관장사무를 지원하기 위하여 국무총리 소속으로 중앙소방학교 및 중앙119구조본부를 둔다.

O | X

33
소방청장의 직급은 소방총감 또는 소방정감이며, 소방청의 차장의 직급은 소방감에 해당한다.

O | X

34
1978년에 소방학교 직제를 공포하였으며, 2005년에 중앙소방학교로 개칭하였다.

O | X

해설

30
국립소방연구원은 직접적 중앙소방행정조직에 해당하며, 한국소방안전원은 간접적 중앙소방행정조직에 해당한다.

31
의무소방대는 지방소방행정조직에 해당하며, 의용소방대는 민간소방행정조직에 해당한다.

32
소방청장의 관장사무를 지원하기 위하여 소방청장 소속으로 중앙소방학교 및 중앙119구조본부를 둔다.

33
소방청장의 직급은 소방총감 또는 소방정감이며, 소방청의 차장의 직급은 소방정감에 해당한다.

34
1978년에 소방학교 직제를 공포하였으며, 1995년에 중앙소방학교로 개칭하였다.

정답 30 X 31 X 32 X 33 X 34 X

35
소방기술과 안전관리기술의 향상 및 홍보, 그 밖의 교육·훈련 등 행정기관이 위탁하는 업무의 수행과 소방 관계 종사자의 기술 향상을 위하여 한국소방안전원을 시·도지사의 인가를 받아 설립한다.

○ | ✕

36
한국소방산업기술원에 관하여 이 법에서 규정한 것을 제외하고는 「민법」의 사단법인에 관한 규정을 준용한다.

○ | ✕

37
설치된 소방서의 관할구역에 설치된 119안전센터의 수가 3개를 초과하는 경우에는 소방서를 추가로 설치할 수 있다.

○ | ✕

38
소방서장의 소관 사무를 분장하게 하기 위하여 해당 시·도의 조례로 정하는 바에 따라 소방서장 소속으로 119출장소·119안전센터·119구조대·119구급대·119구조구급센터·소방정대 및 119지역대를 둘 수 있다.

○ | ✕

해설

35 ☐☐☐
소방기술과 안전관리기술의 향상 및 홍보, 그 밖의 교육·훈련 등 행정기관이 위탁하는 업무의 수행과 소방 관계 종사자의 기술 향상을 위하여 한국소방안전원을 소방청장의 인가를 받아 설립한다.

36 ☐☐☐
한국소방산업기술원에 관하여 이 법에서 규정한 것을 제외하고는 「민법」의 재단법인에 관한 규정을 준용한다. (한국소방안전원, 한국소방산업기술원 : 재단법인 / 소방산업공제조합 : 사단법인)

37 ☐☐☐
설치된 소방서의 관할구역에 설치된 119안전센터의 수가 5개를 초과하는 경우에는 소방서를 추가로 설치할 수 있다.

38 ☐☐☐
소방서장의 소관 사무를 분장하게 하기 위하여 해당 시·도의 규칙으로 정하는 바에 따라 소방서장 소속으로 119출장소·119안전센터·119구조대·119구급대·119구조구급센터·소방정대 및 119지역대를 둘 수 있다. (소방서 – 시·도의 조례)

정답 35 ✕ 36 ✕ 37 ✕ 38 ✕

39

소방서는 시·도, 시·읍 또는 면 단위로 설치하되, 소방업무의 효율적인 수행을 위하여 특히 필요한 경우에는 인근 시·도, 시·읍 또는 면을 포함한 지역을 단위로 설치할 수 있다.

○ | ✕

해설

39 □□□
소방서는 시·군·구 단위로 설치하되, 소방업무의 효율적인 수행을 위하여 특히 필요한 경우에는 인근 시·군·구를 포함한 지역을 단위로 설치할 수 있다.

40

의용소방대의 숭고한 봉사와 희생정신을 알리고 그 업적을 기리기 위하여 매년 3월 11일을 의용소방대의 날로 정하여 기념행사를 하며, 의용소방대의 날 기념행사에 관하여 필요한 사항은 시·도지사 또는 소방서장이 따로 정하여 시행할 수 있다.

○ | ✕

40 □□□
의용소방대의 숭고한 봉사와 희생정신을 알리고 그 업적을 기리기 위하여 매년 3월 19일을 의용소방대의 날로 정하여 기념행사를 하며, 의용소방대의 날 기념행사에 관하여 필요한 사항은 소방청장 또는 시·도지사가 따로 정하여 시행할 수 있다.

41

방공단을 대체할 새로운 기구가 요구되어 1954년엔 "의용소방대"를 전국적으로 재구성하며 의용소방대의 설치 규정을 마련하고 의용소방대가 확고한 법적 지위를 획득하였다.

○ | ✕

41 □□□
방공단을 대체할 새로운 기구가 요구되어 1954년엔 "의용소방대"를 전국적으로 재구성하였는데 이때에는 별도의 설치 규정을 마련하지 않고 종전의 예에 따랐다.

42

민간 소방조직 중 의용소방대는 경방단 → 방공단 → 소방대 → 의용소방대로 변화하였다.

○ | ✕

42 □□□
민간 소방조직 중 의용소방대는 경방단(1939년) → 소방대(1946년) → 방공단(1951년 방공법 제정, 1952년 방공단 규칙 제정) → 의용소방대(1954년)로 변화하였다.

정답 39 ✕ 40 ✕ 41 ✕ 42 ✕

43
소방본부장 또는 소방서장은 재난현장에서 화재진압, 구조·구급 등의 활동과 화재예방활동에 관한 업무를 보조하기 위하여 의용소방대를 설치할 수 있다.

○ | ✕

해설

43 □□□
시·도지사 또는 소방서장은 재난현장에서 화재진압, 구조·구급 등의 활동과 화재예방활동에 관한 업무를 보조하기 위하여 의용소방대를 설치할 수 있다.

44
의용소방대의 구성원 중 대장 및 부대장은 의용소방대원 중 소방청장의 추천에 따라 시·도지사가 임명하며, 대장과 부대장의 임기는 2년이다.

○ | ✕

44 □□□
의용소방대의 구성원 중 대장 및 부대장은 의용소방대원 중 관할 소방서장의 추천에 따라 시·도지사가 임명하며, 대장과 부대장의 임기는 3년이다.

45
의용소방대는 비상근으로 하며, 소방시설 점검업무의 보조 임무를 수행한다.

○ | ✕

45 □□□
의용소방대는 비상근으로 하며, 화재의 경계와 진압업무의 보조 임무를 수행한다. 소방시설 점검업무의 보조 임무는 수행하지 않는다.

46
소방청장, 소방본부장 또는 소방서장은 의용소방대원이 그 품위를 유지할 수 있도록 복무에 대한 지도·감독을 실시하여야 한다.

○ | ✕

46 □□□
소방청장, 소방본부장 또는 소방서장은 의용소방대원이 그 품위를 유지할 수 있도록 복무에 대한 지도·감독을 실시하여야 한다.

47
자위소방대는 대장, 부대장, 비상연락팀, 초기소화팀, 피난유도팀, 응급구조팀, 방호안전팀으로 구성된다.

○ | ✕

47 □□□
자위소방대는 대장, 부대장, 비상연락팀, 초기소화팀, 피난유도팀, 응급구조팀, 방호안전팀으로 구성된다.

정답 43 ✕ 44 ✕ 45 ✕ 46 ✕ 47 ○

48
지하 5층, 지상 25층인 근린생활시설은 1급 소방안전관리대상물에 해당한다.

○ | ×

> 기본서 p.394 참조

해설

48 □□□
지하 5층, 지상 25층인 근린생활시설(지하층을 포함하는 층수가 30층 이상인 특정소방대상물에 해당)은 특급 소방안전관리대상물에 해당한다.

49
연면적 10만제곱미터인 동·식물원은 특급 소방안전관리대상물에 해당한다.

○ | ×

> 기본서 p.394 참조

49 □□□
동·식물원은 연면적 및 층수에 관계 없이 특급 소방안전관리대상물에 해당하지 않는다. (특급 및 1급 소방안전관리대상물의 제외대상: 동·식물원, 철강 등 불연성 물품을 저장·취급하는 창고, 위험물 저장 및 처리 시설 중 제조소 등, 지하구)

50
호스릴방식의 물분무등소화설비만 설치할 수 있는 특정소방대상물은 2급 소방안전관리대상물에 해당한다.

○ | ×

> 기본서 p.394 참조

50 □□□
호스릴방식의 물분무등소화설비만 설치할 수 있는 특정소방대상물은 2급 소방안전관리대상물에 해당하지 않는다.

51
「공동주택관리법」의 어느 하나에 해당하는 공동주택으로서 옥내소화전설비 또는 스프링클러설비가 설치되어 있는 것은 2급 소방안전관리대상물에 해당한다.

○ | ×

> 기본서 p.394 참조

51 □□□
「공동주택관리법」의 어느 하나에 해당하는 공동주택으로서 옥내소화전설비 또는 스프링클러설비가 설치되어 있는 것은 2급 소방안전관리대상물에 해당한다.

52
「건축법 시행령」에 따른 아파트 중 150세대 이상인 아파트는 소방안전관리보조자를 선임해야 하는 대상에 해당하며, 초과되는 150세대마다 1명 이상을 추가로 선임해야 한다.

○ | ×

> 기본서 p.395 참조

52 □□□
「건축법 시행령」에 따른 아파트 중 300세대 이상인 아파트는 소방안전관리보조자를 선임해야 하는 대상에 해당하며, 초과되는 300세대마다 1명 이상을 추가로 선임해야 한다.

정답 48 × 49 × 50 × 51 ○ 52 ×

53
신축하려는 부분의 연면적이 5천제곱미터 이상인 것으로서 지상층의 층수가 6층 이상인 것은 건설현장 소방안전관리자를 선임해야 하는 대상에 해당한다.

○ | ×

54
지하층을 제외한 층수가 11층 이상인 복합건축물은 관리의 권원이 분리된 특정소방대상물의 소방안전관리 대상에 해당한다.

○ | ×

55
제조소에서 취급하는 제4류 위험물의 최대수량의 합이 지정수량의 50만배인 사업소의 경우에는 화학소방자동차의 대수는 4대, 자체소방대원의 수는 20인이다.

○ | ×

56
옥외탱크저장소에서 저장하는 제4류 위험물의 최대수량의 합이 지정수량의 50만배인 사업소의 경우에는 화학소방자동차의 대수는 4대, 자체소방대원의 수는 20인이다.

○ | ×

해설

53
신축하려는 부분의 연면적이 5천제곱미터 이상인 것으로서 지상층의 층수가 11층 이상인 것은 건설현장 소방안전관리자를 선임해야 하는 대상에 해당한다.

54
지하층을 제외한 층수가 11층 이상인 복합건축물은 관리의 권원이 분리된 특정소방대상물의 소방안전관리 대상에 해당한다.

55
제조소에서 취급하는 제4류 위험물의 최대수량의 합이 지정수량의 50만배인 사업소(지정수량의 48만배 이상인 것에 해당)의 경우에는 화학소방자동차의 대수는 4대, 자체소방대원의 수는 20인이다.

56
옥외탱크저장소에서 저장하는 제4류 위험물의 최대수량의 합이 지정수량의 50만배인 사업소(지정수량의 50만배 이상인 것에 해당)의 경우에는 화학소방자동차의 대수는 2대, 자체소방대원의 수는 10인이다.

정답 53 × 54 ○ 55 ○ 56 ×

57
소방공무원으로 근무한 경력이 3년 이상인 자는 제6류 위험물을 취급할 수 있다.

○ | ×

58
소방시설공사업이란 소방시설공사에 관한 발주자의 권한을 대행하여 소방시설공사가 설계도서와 관계법령에 따라 적법하게 시공되는지를 확인하고 품질·시공관리에 대한 기술지도를 하는 영업을 말한다.

○ | ×

59
소방조직은 통제수단이 규범적 권력이 사용되고 구성원이 높은 귀속감을 지닌 "규범적 조직"에 해당한다.

○ | ×

60
명령통일의 원리는 특정 사안에 대한 결정에 있어서 의사결정과정에서는 개인의 의견이 참여되지만 결정을 내리는 것은 개인이 아닌 소속 기관의 장임을 의미한다.

○ | ×

해설

57 ☐☐☐
안전관리자 교육이수자, 소방공무원으로 근무한 경력이 3년 이상인 자는 제4류 위험물을 취급할 수 있다. 또한, 위험물기능장, 위험물산업기사, 위험물기능사의 자격을 취득한 사람은 모든 위험물을 취급할 수 있다.

58 ☐☐☐
소방공사감리업이란 소방시설공사에 관한 발주자의 권한을 대행하여 소방시설공사가 설계도서와 관계법령에 따라 적법하게 시공되는지를 확인하고 품질·시공관리에 대한 기술지도를 하는 영업을 말한다.

59 ☐☐☐
소방조직은 통제수단이 규범적 권력이 사용되고 구성원이 높은 귀속감을 지닌 "규범적 조직"에 해당한다. (통제수단을 기준으로 한 분류)

60 ☐☐☐
계선의 원리는 특정 사안에 대한 결정에 있어서 의사결정과정에서는 개인의 의견이 참여되지만 결정을 내리는 것은 개인이 아닌 소속 기관의 장임을 의미한다.

정답 57 × 58 × 59 ○ 60 ×

61
소방업무의 특성상 과정이나 절차를 중요시하는 "과정성"을 가지고 있으며, 불확실한 사고에 대비하기 위해 충분한 인력 및 장비의 여유자원을 갖추어져 충분해야 하므로 "가외성"을 가지고 있다.

O | X

62
소방행정조직의 업무적 특성에 따라 가외성, 긴급성, 신속·대응성, 전문성 등이 해당한다.

O | X

63
강등이란 동종의 직무 내에서 하위의 직위에 임명하는 것을 말한다.

O | X

64
임용의 종류 중 징계에 해당하는 것은 "파면, 해임, 감봉, 직위해제"가 있다.

O | X

65
소방공무원의 계급의 순서가 높은 것부터 낮은 것 순서대로 나열하면 "소방총감 – 소방정감 – 소방감 – 소방준감 – 소방령 – 소방경 – 소방정 – 소방위 – 소방장 – 소방교 – 소방사"이다.

O | X

해설

61
소방업무의 특성상 과정이나 절차를 중요시하는 일반행정과 달리 상대적으로 결과를 중요시하는 "결과성"을 가지고 있으며, 불확실한 사고에 대비하기 위해 충분한 인력 및 장비의 여유자원을 갖추어져 충분해야 하므로 "가외성"을 가지고 있다.

62
소방행정조직의 업무적 특성에 따라 가외성(불확실한 사고에 대비하기 위해 충분한 인력 및 장비의 여유자원을 갖추어져 충분해야 함), 긴급성, 신속·대응성(각종 사고발생 시 한정된 시간 내에 신속하고 정확하게 대처를 해야 함), 전문성(건축, 전기, 가스, 위험물 등 다양한 분야의 전문성이 요구되는 전문기술업무 임) 등이 해당한다.

63
강임이란 동종의 직무 내에서 하위의 직위에 임명하는 것을 말한다.

64
임용의 종류에는 신규채용·승진·전보·파견·강임·휴직·직위해제·정직·강등·복직·면직·해임 및 파면이 있으며, 이 중 징계에 해당하는 것은 "파면, 해임, 강등, 정직"이 있다. (감봉과 견책은 징계의 종류에는 해당하지만 임용의 종류에 해당하지 않는다.)

65
소방공무원의 계급의 순서가 높은 것부터 낮은 것 순서대로 나열하면 "소방총감 – 소방정감 – 소방감 – 소방준감 – 소방정 – 소방령 – 소방경 – 소방위 – 소방장 – 소방교 – 소방사"이다.

정답 61 ✕ 62 ○ 63 ✕ 64 ✕ 65 ✕

66

계급정년은 소방경 14년, 소방령 11년, 소방정 6년, 소방준감 4년이다.

○ | ×

해설

66 □□□
계급정년은 소방령 14년, 소방정 11년, 소방준감 6년, 소방감 4년이다.

67

소방장의 소방공무원이 승진하기 위해 최소 근무해야 하는 연수는 1년이다.

○ | ×

67 □□□
소방장의 소방공무원이 승진하기 위해 최소 근무해야 하는 연수는 1년이다. (최저근무연수 : 소방사, 소방교, 소방장, 소방위는 "1년", 소방경, 소방령은 "2년", 소방정은 "3년"이다.)

68

소방경의 강등, 소방령의 정직 및 소방준감의 직위해제는 모두 소방청장이 임용한다.

○ | ×

68 □□□
소방경의 강등(소방경 이하의 소방공무원은 소방청장이 임용한다.), 소방령의 정직(소방령 이상 소방준감 이하의 소방공무원의 정직은 소방청장이 임용한다.) 및 소방준감의 직위해제(소방령 이상 소방준감 이하의 소방공무원의 직위해제는 소방청장이 임용한다.)는 모두 소방청장이 임용한다.

69

「소방공무원 교육훈련규정」에 따라 "소방정책관리자교육"을 받아야 하는 대상은 소방위, 소방경, 소방령의 계급이다.

○ | ×

69 □□□
「소방공무원 교육훈련규정」에 따라 "소방정책관리자교육"을 받아야 하는 대상은 소방정의 계급이다. 「소방공무원 교육훈련규정」에 따라 "관리역량교육"을 받아야 하는 대상은 소방위, 소방경, 소방령의 계급이다.

70

「소방기본법」에 따라 "현장지휘훈련"을 받아야 하는 대상은 소방정, 소방위, 소방경, 소방령의 계급이다.

○ | ×

70 □□□
「소방기본법」에 따라 "현장지휘훈련"을 받아야 하는 대상은 소방정, 소방위, 소방경, 소방령의 계급이다.

정답 66 × 67 ○ 68 ○ 69 × 70 ○

71 〔기본서 p.409 참조〕

징계강도에 따른 분류로 파면, 해임은 "중징계"에 해당하며, 강등, 정직, 감봉, 견책은 "경징계"에 해당한다.

O | X

72 〔기본서 p.409 참조〕

강등이란 1계급 아래로 직급을 내리고 공무원신분은 보유하나 1개월 이상 3개월 이하의 기간동안 직무에 종사하지 못하며 그 기간 중 보수는 전액을 감한다.

O | X

73 〔기본서 p.409 참조〕

감봉은 1개월 이상 3개월 이하의 기간 동안 보수의 1/2을 감한다.

O | X

74 〔기본서 p.410 참조〕

소방정인 지방소방학교장에 관한 징계는 시·도에 설치된 징계위원회에서 심의·의결한다.

O | X

75 〔기본서 p.413 참조〕

소방본부장 또는 소방서장은 소방활동에 필요한 소화전·급수탑·저수조를 설치하고 유지·관리하여야 한다.

O | X

해설

71 ☐☐☐
징계강도에 따른 분류로 파면, 해임, 강등, 정직은 "중징계"에 해당하며, 강등, 정직, 감봉, 견책은 "경징계"에 해당한다.

72 ☐☐☐
강등이란 1계급 아래로 직급을 내리고 공무원신분은 보유하나 3개월간 직무에 종사하지 못하며 그 기간 중 보수는 전액을 감한다.

73 ☐☐☐
감봉은 1개월 이상 3개월 이하의 기간 동안 보수의 1/3을 감한다.

74 ☐☐☐
소방청 소속 소방정 이하의 소방공무원, 소방정인 지방소방학교장에 관한 징계 등은 소방청에 설치된 징계위원회에서 심의·의결한다.

75 ☐☐☐
시·도지사는 소방활동에 필요한 소화전·급수탑·저수조를 설치하고 유지·관리하여야 한다.

정답 71 X 72 X 73 X 74 X 75 X

76
지하에 설치하는 승하강식 소화전의 소방용수표지에 대한 맨홀뚜껑은 지름 648[mm] 이상이어야 한다.

○ | ×

77
지상에 설치하는 소화전의 소방용수표지 색상은 안쪽 문자는 붉은색, 바깥쪽 문자는 파란색이고, 안쪽 바탕은 흰색, 바깥쪽 바탕은 노란색이다.

○ | ×

78
저수조의 낙차는 지면으로부터 5.5[m] 이하이어야 하며, 수심은 1[m] 이상이어야 한다.

○ | ×

79
소화전은 상수도와 연결하여 지상식 또는 지하식의 구조로, 연결금속구의 구경은 65[mm]이어야 한다.

○ | ×

해설

76 □□□
지하에 설치하는 승하강식 소화전의 소방용수표지에 대한 맨홀뚜껑은 지름 648[mm] 이상의 규정을 적용하지 않는다.

77 □□□
지상에 설치하는 소화전의 소방용수표지 색상은 안쪽 문자는 흰색, 바깥쪽 문자는 노란색이고, 안쪽 바탕은 붉은색, 바깥쪽 바탕은 파란색이다.

78 □□□
저수조의 낙차는 지면으로부터 4.5[m] 이하이어야 하며, 수심은 0.5[m] 이상이어야 한다.

79 □□□
소화전은 상수도와 연결하여 지상식 또는 지하식의 구조로, 연결금속구의 구경은 65[mm]이어야 한다.

정답 76 × 77 × 78 × 79 ○

80
급수탑의 급수배관의 구경은 150[mm] 이상이어야 하며, 개폐밸브는 지상에서 0.8[m] 이상 1.5[m] 이하의 위치에 설치하여야 한다.

○ | ✕

🔥 기본서 p.415 참조

해설

80 □□□
급수탑의 급수배관의 구경은 100[mm] 이상이어야 하며, 개폐밸브는 지상에서 1.5[m] 이상 1.7[m] 이하의 위치에 설치하여야 한다.

81
소방자동차, 소방헬리콥터 및 소방정, 소방전용통신설비 및 전산설비, 그 밖에 방화복 등 소방활동에 필요한 장비는 국고보조 대상사업의 범위에 해당한다.

○ | ✕

🔥 기본서 p.416 참조

81 □□□
소방자동차, 소방헬리콥터 및 소방정, 소방전용통신설비 및 전산설비, 그 밖에 방화복 등 소방활동에 필요한 장비는 국고보조 대상사업의 범위에 해당한다. 또한, 소방관서용 청사의 건축도 국고보조 대상사업의 범위에 해당한다.

정답 80 ✕ 81 ○

CHAPTER 09 소방기능

01 기본서 p.420 참조

자연재해에 따른 급수·배수 및 제설 등 지원활동, 단전사고 시 비상전원 또는 조명의 공급은 소방지원활동에 해당한다.

○ | ×

해설

01 □□□
자연재해에 따른 급수·배수 및 제설 등 지원활동은 소방지원활동에 해당하며, 단전사고 시 비상전원 또는 조명의 공급은 생활안전활동에 해당한다.

02 기본서 p.421 참조

소방시설 오작동 신고에 따른 조치활동은 생활안전활동에 해당한다.

○ | ×

02 □□□
소방시설 오작동 신고에 따른 조치활동은 소방지원활동에 해당한다.

03 기본서 p.421 참조

소방청장은 소방자동차의 공무상 운행 중 교통사고가 발생한 경우 그 운전자의 법률상 분쟁에 소요되는 비용을 지원할 수 있는 보험에 가입하여야 한다.

○ | ×

03 □□□
시·도지사는 소방자동차의 공무상 운행 중 교통사고가 발생한 경우 그 운전자의 법률상 분쟁에 소요되는 비용을 지원할 수 있는 보험에 가입하여야 한다.

04 기본서 p.422 참조

소방대는 소방공무원, 의무소방원, 의용소방대원으로 구성된다.

○ | ×

04 □□□
소방대는 소방공무원, 의무소방원, 의용소방대원으로 구성되며, 소방대장이란 소방본부장 또는 소방서장 등 화재, 재난·재해, 그 밖의 위급한 상황이 발생한 현장에서 소방대를 지휘하는 사람을 말한다.

정답 01 × 02 × 03 × 04 ○

05
시·도지사가 소방활동을 위하여 출입을 허가한 사람은 소방활동구역에 출입할 수 있다.

O | X

해설

05 ☐☐☐
소방대장이 소방활동을 위하여 출입을 허가한 사람은 소방활동구역에 출입할 수 있다. 그 외에도 소방활동구역 안에 있는 소방대상물의 관계인, 전기·가스·수도·통신·교통의 업무에 종사하는 사람으로서 원활한 소방활동을 위하여 필요한 사람, 의사·간호사 그 밖의 구조·구급 업무에 종사하는 사람, 취재인력 등 보도업무에 종사하는 사람, 수사업무에 종사하는 사람이 소방활동구역에 출입할 수 있다.

06
소방활동의 종사명령에 따라 소방활동에 종사한 사람으로서 화재 또는 구조·구급 현장에서 물건을 가져간 사람은 시·도지사로부터 소방활동의 비용을 지급받을 수 없다.

O | X

06 ☐☐☐
소방활동의 종사명령에 따라 소방활동에 종사한 사람으로서 소방대상물에 화재, 재난·재해, 그 밖의 위급한 상황이 발생한 경우 그 관계인, 고의 또는 과실로 화재 또는 구조·구급 활동이 필요한 상황을 발생시킨 사람, 화재 또는 구조·구급 현장에서 물건을 가져간 사람은 시·도지사로부터 소방활동의 비용을 지급받을 수 없다.

07
소방청장, 소방본부장 및 소방서장은 사람을 구출하거나 불이 번지는 것을 막기 위하여 필요할 때에는 화재가 발생하거나 불이 번질 우려가 있는 소방대상물 및 토지를 일시적으로 사용하거나 그 사용의 제한 또는 소방활동에 필요한 처분을 할 수 있다.

O | X

07 ☐☐☐
소방본부장, 소방서장 또는 소방대장은 사람을 구출하거나 불이 번지는 것을 막기 위하여 필요할 때에는 화재가 발생하거나 불이 번질 우려가 있는 소방대상물 및 토지를 일시적으로 사용하거나 그 사용의 제한 또는 소방활동에 필요한 처분을 할 수 있다. (강제처분에 대한 설명이다.)

08
소방기본법령에서 규정하는 일부의 경우를 제외하고 소방자동차의 우선 통행에 관하여는 「자동차관리법」에서 정하는 바에 따른다.

O | X

08 ☐☐☐
소방기본법령에서 규정하는 일부의 경우를 제외하고 소방자동차의 우선 통행에 관하여는 「도로교통법」에서 정하는 바에 따른다.

정답 05 × 06 ◯ 07 × 08 ×

09
소방청장은 소방활동을 할 때에 긴급한 경우에는 소방본부장 또는 소방서장에게 소방업무의 응원(應援)을 요청할 수 있다.

○ | ✕

> 기본서 p.424 참조

해설

09 ☐☐☐
소방본부장이나 소방서장은 소방활동을 할 때에 긴급한 경우에는 이웃한 소방본부장 또는 소방서장에게 소방업무의 응원(應援)을 요청할 수 있다.

10
소방력의 동원에 따라 동원된 소방대원이 다른 시·도에 파견·지원되어 소방활동을 수행할 때에는 특별한 사정이 없으면 소방청장의 지휘에 따라야 한다.

○ | ✕

> 기본서 p.425 참조

10 ☐☐☐
소방력의 동원에 따라 동원된 소방대원이 다른 시·도에 파견·지원되어 소방활동을 수행할 때에는 특별한 사정이 없으면 화재, 재난·재해 등이 발생한 지역을 관할하는 소방본부장 또는 소방서장의 지휘에 따라야 한다.

11
소방신호의 종류에는 비상신호, 발화신호, 해제신호, 훈련신호가 있으며, 소방신호의 방법으로는 타종신호, 싸이렌신호, 음성신호가 있다.

○ | ✕

> 기본서 p.426 참조

11 ☐☐☐
소방신호의 종류에는 경계신호, 발화신호, 해제신호, 훈련신호가 있으며, 소방신호의 방법으로는 타종신호, 싸이렌신호, 음성신호가 있다.

12
소방대의 비상소집을 하는 경우에는 훈련신호를 사용할 수 있으며, 훈련신호는 타종신호로 연 3타를 반복한다.

○ | ✕

> 기본서 p.426 참조

12 ☐☐☐
소방대의 비상소집을 하는 경우에는 훈련신호를 사용할 수 있으며, 훈련신호는 타종신호로 연 3타를 반복한다.

13
경계신호는 타종신호로 하는 경우 1타와 연 2타를 반복하고, 사이렌 신호로 하는 경우에는 5초 간격을 두고 10초씩 3회로 한다.

○ | ✕

> 기본서 p.426 참조

13 ☐☐☐
경계신호는 타종신호로 하는 경우 1타와 연 2타를 반복하고, 사이렌 신호로 하는 경우에는 5초 간격을 두고 30초씩 3회로 한다.

정답 09 ✕ 10 ✕ 11 ✕ 12 ○ 13 ✕

14
누구든지 「액화석유가스의 안전관리 및 사업법」에 따른 액화석유가스의 저장소·판매소에서는 용접·용단 등 불꽃을 발생시키는 행위를 하여서는 아니 된다.

○ | ✕

해설

14 ☐☐☐
누구든지 「액화석유가스의 안전관리 및 사업법」에 따른 액화석유가스의 저장소·판매소에서는 모닥불, 흡연 등 화기의 취급, 풍등 등 소형 열기구 날리기, 용접·용단 등 불꽃을 발생시키는 행위, 위험물을 방치하는 행위를 하여서는 아니 된다.

15
시·도지사는 목재, 플라스틱 등 가연성이 큰 물건의 제거, 이격, 적재 금지 등의 명령을 내릴 수 있다.

○ | ✕

15 ☐☐☐
소방청장, 소방본부장 또는 소방서장은 목재, 플라스틱 등 가연성이 큰 물건의 제거, 이격, 적재 금지 등의 명령을 내릴 수 있다.

16
소방청장, 소방본부장 또는 소방서장은 옮긴 물건 등을 보관하는 경우에는 그날부터 7일 동안 해당 소방관서의 인터넷 홈페이지에 그 사실을 공고해야 하며, 옮긴물건등의 보관기간은 공고기간의 종료일 다음 날부터 14일까지로 한다.

○ | ✕

16 ☐☐☐
소방청장, 소방본부장 또는 소방서장은 옮긴 물건 등을 보관하는 경우에는 그날부터 14일 동안 해당 소방관서의 인터넷 홈페이지에 그 사실을 공고해야 하며, 옮긴물건등의 보관기간은 공고기간의 종료일 다음 날부터 7일까지로 한다.

17
화재예방강화지구란 소방청장이 화재발생 우려가 크거나 화재가 발생할 경우 피해가 클 것으로 예상되는 지역에 대하여 화재의 예방 및 안전관리를 강화하기 위해 지정·관리하는 지역을 말한다.

○ | ✕

17 ☐☐☐
화재예방강화지구란 시·도지사가 화재발생 우려가 크거나 화재가 발생할 경우 피해가 클 것으로 예상되는 지역에 대하여 화재의 예방 및 안전관리를 강화하기 위해 지정·관리하는 지역을 말한다.

정답 14 ○ 15 ✕ 16 ✕ 17 ✕

18

화재예방강화지구의 대상지역으로는 주택단지, 목조건물이 있는 지역, 소방시설·소방용수시설 또는 소방출동로가 있는 지역 등이 있다.

○ | ×

해설

18 □□□
화재예방강화지구의 대상지역으로는 시장지역, 목조건물이 밀집한 지역, 석유화학제품을 생산하는 공장이 있는 지역, 공장·창고가 밀집한 지역, 노후·불량건축물이 밀집한 지역, 위험물 저장 및 처리 시설이 밀집한 지역, 산업단지, 소방시설·소방용수시설 또는 소방출동로가 없는 지역, 물류단지 등이 있다.

19

소방청장, 소방본부장 또는 소방서장은 화재예방강화지구 안의 소방대상물의 위치·구조 및 설비 등에 대하여 화재안전조사를 연 1회 이상 실시하여야 한다.

○ | ×

19 □□□
소방청장, 소방본부장 또는 소방서장은 화재예방강화지구 안의 소방대상물의 위치·구조 및 설비 등에 대하여 화재안전조사를 연 1회 이상 실시하여야 한다.

20

「노인복지법」 제27조의2에 따른 홀로 사는 노인은 화재안전취약자에 해당한다.

○ | ×

20 □□□
화재안전취약자란 「국민기초생활 보장법」 제2조 제2호에 따른 수급자, 「장애인복지법」 제6조에 따른 중증장애인, 「한부모가족지원법」 제5조에 따른 지원대상자, 「노인복지법」 제27조의2에 따른 홀로 사는 노인, 「다문화가족지원법」 제2조 제1호에 따른 다문화가족의 구성원, 그 밖에 화재안전에 취약하다고 소방관서장이 인정하는 사람을 말한다.

21

선착대는 화점 근처의 소방용수시설을 점유하고 급수, 비화경계, 수손방지 등의 특정업무를 수행한다.

○ | ×

21 □□□
선착대는 화점 근처의 소방용수시설을 점유하며, 후착대는 급수, 비화경계, 수손방지 등의 특정업무를 수행한다.

정답 18 × 19 ○ 20 ○ 21 ×

22

후착대는 불필요한 파괴는 하지 않으며, 인접건물 및 선착대가 진입하지 않은 곳을 우선 방어한다.

○ | ✕

🜂 기본서 p.431 참조

23

소방대의 진입순서는 화점실 → 인근실 → 연소층 → 화점하층 → 화점상층이다.

○ | ✕

🜂 기본서 p.431 참조

24

구획 중앙부에서 화재가 발생할 경우에는 관창을 풍상측에 우선 배치하며, 도로에 면하는 화재에서는 도로에 접하는 쪽에 관창을 우선 배치한다.

○ | ✕

🜂 기본서 p.432 참조

25

확산주수란 장애물로 인한 주수사각에 벽, 천장 등에 물을 확산시켜 주수하는 방법을 말한다.

○ | ✕

🜂 기본서 p.432 참조

해설

22 □□□
후착대는 불필요한 파괴는 하지 않으며, 인접건물 및 선착대가 진입하지 않은 곳을 우선 방어한다.

23 □□□
소방대의 진입순서는 화점실 → 인근실 → 연소층 → 화점상층 → 화점하층이다.

24 □□□
구획 중앙부에서 화재가 발생할 경우에는 관창을 풍하측에 우선 배치하며, 도로에 면하는 화재에서는 도로의 접하지 않는 쪽에 관창을 우선 배치한다.

25 □□□
반사주수란 장애물로 인한 주수사각에 벽, 천장 등에 물을 반사시켜 주수하는 방법을 말한다. 확산주수란 넓게 관창을 상하, 좌우, 원을 그리듯이 주수하는 방법을 말한다.

정답 22 ○ 23 ✕ 24 ✕ 25 ✕

26

블록전술이란 화세에 비해 소방력이 부족하여 전체 화재현장을 모두 제어할 수 없는 경우 사회, 경제적 또는 소방상 중요 시설 및 대상물을 중점적으로 대응 또는 진압하는 전술형태를 말한다.

○ | ×

27

화재조사는 강제성을 지니며, 프리즘식으로 진행한다.

○ | ×

28

고스트마크(Ghost mark)란 쏟아진 가연성 액체가 연소하면서 열에 의해 스스로 가열되어 액면이 끓으면서 주변으로 튄 액체가 국부적으로 점처럼 연소된 흔적을 말한다.

○ | ×

29

도넛패턴(Doughnut Patterns)이란 도넛모양 형태로 가연성 액체가 웅덩이처럼 고여 있을 경우 발생하는 것으로 연소된 부분을 덜 연소된 부분이 둘러싸고 있는 형태이다.

○ | ×

30

목재의 균열흔 중 완소흔이 열소흔보다 더 높은 온도에서의 균열흔을 나타낸다.

○ | ×

해설

26 □□□
중점전술이란 화세에 비해 소방력이 부족하여 전체 화재현장을 모두 제어할 수 없는 경우 사회, 경제적 또는 소방상 중요 시설 및 대상물을 중점적으로 대응 또는 진압하는 전술형태를 말한다. 블록전술이란 주로 인전건물로의 화재확대방지를 위해 적용하는 전술형태로 블록의 4방면 중 확대가능한 면을 동시에 방어하는 전술형태를 의미한다.

27 □□□
화재조사는 강제성을 지니며, 프리즘식으로 진행한다. 또한, 현장성, 신속성, 안전성의 특성을 나타내며, 증거물에 대한 보존성, 정밀과학성을 가져야 한다.

28 □□□
스플래시패턴(Splash Patterns)이란 쏟아진 가연성 액체가 연소하면서 열에 의해 스스로 가열되어 액면이 끓으면서 주변으로 튄 액체가 국부적으로 점처럼 연소된 흔적을 말한다. 고스트마크(Ghost Mark)란 뿌려진 인화성 액체가 바닥재에 스며들어 바닥면과 타일 사이의 연소로 인한 흔적을 말한다.

29 □□□
도넛패턴(Doughnut Patterns)이란 도넛모양 형태로 가연성 액체가 웅덩이처럼 고여 있을 경우 발생하는 것으로 덜 연소된 부분을 연소된 부분이 둘러싸고 있는 형태이다.

30 □□□
목재의 균열흔 중 열소흔(1,100℃)이 완소흔(700~800℃)보다 더 높은 온도에서의 균열흔을 나타낸다.

정답 26 × 27 ○ 28 × 29 × 30 ×

31
탄화심도는 발화부에 가까울수록 깊게 나타난다.

○ | ×

32
119항공대원은 구조·구급을 위한 119항공대에 근무하는 조종사, 정비사, 항공교통관제사, 운항관리사를 의미하며, 119구조·구급대원은 포함하지 않는다.

○ | ×

33
소방청장은 구조·구급의 업무를 수행하기 위하여 관계 중앙행정기관의 장과 협의하여 대통령령으로 정하는 바에 따라 구조·구급 기본계획을 매년 수립·시행하여야 한다.

○ | ×

34
시·도지사는 위급상황에서 요구조자의 생명 등을 신속하고 안전하게 구조하는 업무를 수행하기 위하여 대통령령으로 정하는 바에 따라 119구조대를 편성하여 운영하여야 한다.

○ | ×

35
특수구조대의 종류에는 화학구조대, 산악구조대, 고속철도구조대, 수상구조대, 지하철구조대가 있다.

○ | ×

해설

31 □□□
탄화심도는 목재의 탄화된 정도를 의미하는 것으로, 발화부에 가까울수록 탄화의 정도가 심해져 탄화심도는 깊게 나타난다.

32 □□□
119항공대원은 구조·구급을 위한 119항공대에 근무하는 조종사, 정비사, 항공교통관제사, 운항관리사, 119구조·구급대원을 말한다.

33 □□□
소방청장은 구조·구급의 업무를 수행하기 위하여 관계 중앙행정기관의 장과 협의하여 대통령령으로 정하는 바에 따라 구조·구급 기본계획을 5년마다 수립·시행하여야 한다. (전년도 8월 31일까지 수립)

34 □□□
소방청장·소방본부장 또는 소방서장은 위급상황에서 요구조자의 생명 등을 신속하고 안전하게 구조하는 업무를 수행하기 위하여 대통령령으로 정하는 바에 따라 119구조대를 편성하여 운영하여야 한다.

35 □□□
특수구조대의 종류에는 화학구조대, 산악구조대, 고속국도구조대, 수난구조대, 지하철구조대가 있다.

정답 31 ○ 32 × 33 × 34 × 35 ×

36

소방청장 또는 소방본부장은 국외에서 대형재난 등이 발생한 경우 재외국민의 보호 또는 재난발생국의 국민에 대한 인도주의적 구조 활동을 위하여 국제구조대를 편성하여 운영할 수 있다.

○ | ×

37

국제구조대의 임무로는 인명 탐색 및 구조, 응급처치, 위험성평가, 재난관리, 화재진압 등이 있다.

○ | ×

38

일반구급대는 시·도의 조례로 정하는 바에 따라 소방본부마다 1개 대 이상 설치하여야 한다. 다만, 소방서가 설치되지 아니한 시·군·구의 경우에는 해당 시·군·구 지역의 중심지에 소재한 119안전센터에 설치할 수 있다.

○ | ×

39

119항공대의 항공기는 조종사 1명이 탑승하되, 해상비행·계기비행 및 긴급 구조·구급 활동을 위하여 필요한 경우에는 정비사 2명을 추가로 탑승시킬 수 있다.

○ | ×

해설

36 □□□
소방청장 또는 소방본부장은 국외에서 대형재난 등이 발생한 경우 재외국민의 보호 또는 재난발생국의 국민에 대한 인도주의적 구조 활동을 위하여 국제구조대를 편성하여 운영할 수 있다.

37 □□□
국제구조대의 임무로는 인명 탐색 및 구조, 안전평가, 상담, 응급처치, 응급이송, 시설관리, 공보연락 등의 임무 등이 있다.

38 □□□
일반구급대는 시·도의 규칙으로 정하는 바에 따라 소방서마다 1개 대 이상 설치하여야 한다. 다만, 소방서가 설치되지 아니한 시·군·구의 경우에는 해당 시·군·구 지역의 중심지에 소재한 119안전센터에 설치할 수 있다.

39 □□□
119항공대의 항공기는 조종사 2명이 탑승하되, 해상비행·계기비행 및 긴급 구조·구급 활동을 위하여 필요한 경우에는 정비사 1명을 추가로 탑승시킬 수 있다.

정답 36 × 37 × 38 × 39 ×

40 기본서 p.440 참조

소방본부장은 소방항공기의 안전하고 신속한 출동과 체계적인 현장활동의 관리·조정·통제를 위하여 시·도 소방본부에 119항공운항관제실을 설치·운영하여야 한다.

O | X

41 기본서 p.439 참조

소방청에 설치하는 119항공대에 두는 항공기는 5대 이상 갖추어야 한다.

O | X

42 기본서 p.441 참조

소방청장은 119구조견대를 중앙소방학교에 편성·운영하며, 소방본부장은 시·도의 조례로 정하는 바에 따라 시·도 소방본부에 구조견대를 편성하여 운영한다.

O | X

43 기본서 p.443 참조

구조활동의 우선순위는 "신체구출 → 구명(救命) → 정신적·육체적 고통경감 → 피해의 최소화"이다.

O | X

44 기본서 p.443 참조

섭씨 38도 이상의 고열의 감기환자는 단순 감기환자이므로 구급활동 요청을 거절할 수 있으며, 의사가 동승한 응급환자의 병원간 이송도 구급활동 요청을 거절할 수 있다.

O | X

해설

40 □□□
소방청장은 소방항공기의 안전하고 신속한 출동과 체계적인 현장활동의 관리·조정·통제를 위하여 소방청에 119항공운항관제실을 설치·운영하여야 한다.

41 □□□
소방청에 설치하는 119항공대에 두는 항공기는 3대 이상 갖추어야 한다.

42 □□□
소방청장은 119구조견대를 중앙119구조본부에 편성·운영하며, 소방본부장은 시·도의 규칙으로 정하는 바에 따라 시·도 소방본부에 구조견대를 편성하여 운영한다.

43 □□□
구조활동의 우선순위는 "구명(救命) → 신체구출 → 정신적·육체적 고통경감 → 피해의 최소화"이다.

44 □□□
섭씨 38도 이상의 고열의 감기환자는 구급활동 요청을 거절할 수 없으며, 의사가 동승한 응급환자의 병원간 이송도 구급활동 요청을 거절할 수 없다.

정답 40 × 41 × 42 × 43 × 44 ×

45
로프매듭은 크기가 큰 방법을 선택하여야 하며, 매듭법은 많이 아는 것이 가장 중요하다.

○ | ✕

> 기본서 p.445 참조

해설

45 ☐☐☐
로프매듭은 크기가 작은 방법을 선택하여야 하며, 매듭법은 많이 아는 것보다 잘 쓰이는 매듭을 정확히 숙지하는 것이 더욱 중요하다.

46
2급 응급구조사로서 응급구조사의 업무에 3년 이상 종사한 사람으로서 소방청장이 실시하는 시험에 합격한 후 소방청장의 자격인정을 받은 경우 1급 응급구조사가 될 수 있다.

○ | ✕

> 기본서 p.451 참조

46 ☐☐☐
2급 응급구조사로서 응급구조사의 업무에 3년 이상 종사한 사람으로서 보건복지부장관이 실시하는 시험에 합격한 후 보건복지부장관의 자격인정을 받은 경우 1급 응급구조사가 될 수 있다.

47
인공호흡기를 이용한 호흡유지, 정맥로의 확보는 2급 응급구조사가 수행할 수 있는 업무에 해당한다.

○ | ✕

> 기본서 p.452 참조

47 ☐☐☐
인공호흡기를 이용한 호흡유지, 정맥로의 확보는 1급 응급구조사가 수행할 수 있는 업무에 해당한다. (2급 응급구조사는 할 수 없다.)

48
환자가 니트로글리세린을 휴대하고 있는 경우에 해당 약물의 혀아래 투여는 2급 응급구조사가 수행할 수 있는 업무에 해당한다.

○ | ✕

> 기본서 p.452 참조

48 ☐☐☐
환자가 니트로글리세린을 휴대하고 있는 경우에 해당 약물의 혀아래 투여는 2급 응급구조사가 수행할 수 있는 업무에 해당한다. (환자가 해당 약물을 보유하고 있는 경우에만 가능하다.)

49
심폐소생술은 "기도개방(A) → 가슴압박(C) → 인공호흡(B)" 순으로 실시하며, 10회의 가슴압박과 2회의 인공호흡 비율로 한다.

○ | ✕

> 기본서 p.454 참조

49 ☐☐☐
심폐소생술은 "가슴압박(C) → 기도개방(A) → 인공호흡(B)" 순으로 실시하며, 30회의 가슴압박과 2회의 인공호흡 비율로 한다.

정답 45 ✕ 46 ✕ 47 ✕ 48 ○ 49 ✕

50 기본서 p.455 참조

하악거상법이란 음식물 등으로 인한 기도폐쇄 시 복부 또는 등을 압박하여 환자의 기도에 걸린 이물질을 강하게 밖으로 꺼내는 응급처치 방법을 말한다.

O | X

51 기본서 p.456 참조

트리아제(Triage)의 분류에 따라 응급환자(Urgent)의 심벌은 토끼, 색상은 적색으로 표시한다.

O | X

52 기본서 p.456 참조

경추손상이 의심되거나 기도화상을 동반한 중증의 화상의 경우에는 트리아제(Triage)의 분류에 따라 "긴급환자(Critical)"로 분류한다.

O | X

53 기본서 p.457 참조

KTAS 한국형 응급환자의 분류기준에 따라 응급은 "Level 3"으로 빨간색으로 표현한다.

O | X

54 기본서 p.457 참조

응급환자의 평가에서 1차 평가는 순환(Circulation) → 기도확인(Airway) → 호흡(Breathing) 순으로 진행된다.

O | X

해설

50 □□□
하임리히법이란 음식물 등으로 인한 기도폐쇄 시 복부 또는 등을 압박하여 환자의 기도에 걸린 이물질을 강하게 밖으로 꺼내는 응급처치 방법을 말한다.

51 □□□
트리아제(Triage)의 분류에 따라 긴급환자(Critical)의 심벌은 토끼, 색상은 적색으로 표시한다. 응급환자(Urgent)의 심벌은 거북이, 색상은 황색으로 표시한다.

52 □□□
경추손상이 의심되거나 기도화상을 동반한 중증의 화상의 경우에는 트리아제(Triage)의 분류에 따라 "긴급환자(Critical)"로 분류한다.

53 □□□
KTAS 한국형 응급환자의 분류기준에따라 응급은 "Level 3"으로 노란색으로 표현한다.
(Level 1 : 소생, 파란색 / Level 2 : 긴급, 빨간색 / Level 3 : 응급, 노란색 / Level 4 : 준응급, 녹색 / Level 5 : 비응급, 흰색)

54 □□□
응급환자의 평가에서 1차 평가는 기도확인(Airway) → 호흡(Breathing) → 순환(Circulation) 순으로 진행된다.

정답 50 × 51 × 52 ○ 53 × 54 ×

55
기능장애평가, 기도유지평가, 활력징후평가, 의식상태평가는 응급환자의 평가 중 2차 평가에 해당한다.

O | X

기본서 p.457 참조

56
성인의 정상 혈압은 80 ~ 120[mmHg]이며, 호흡은 분당 12 ~ 20회이다.

O | X

기본서 p.458 참조

해설

55 □□□
기능장애평가, 기도유지평가, 의식상태평가는 응급환자의 평가 중 1차 평가에 해당하며, 활력징후평가는 응급환자의 평가 중 2차 평가(1차 평가 후 머리에서 발끝까지 자세한 평가를 실시하는 것을 말하며, 위급한 환자는 병원으로 이송하는 구급차 내에서 시행한다)에 해당한다.

56 □□□
성인의 정상 혈압은 80 ~ 120[mmHg]이며, 호흡은 분당 12 ~ 20회이다. 또한, 맥박은 60 ~ 100회, 체온은 36.5 ~ 37[℃]이다.

정답 55 ✗ 56 ○

CHAPTER 10 재난관리론

01 　　　　　　　　　　　　　　기본서 p.461 참조

아네스(Br. J. Anesth)는 재난을 크게 자연재난과 인적(인위)재난으로 구분하였고, 존스(David K. Jones)는 재난을 크게 자연재난, 준자연재난, 인적(인위)재난으로 구분하였다.

O | X

해설

01 ☐☐☐
아네스(Br. J. Anesth)는 재난을 크게 자연재난과 인적(인위)재난으로 구분하였고, 존스(David K. Jones)는 재난을 크게 자연재난, 준자연재난, 인적(인위)재난으로 구분하였다.

02 　　　　　　　　　　　　　　기본서 p.461 참조

존스(Jones)의 재해의 분류 중 "쓰나미"는 자연재해 중 기상학적 재해에 속한다.

O | X

02 ☐☐☐
존스(Jones)의 재해의 분류 중 "쓰나미"는 자연재해 중 지질학적 재해에 속한다.

03 　　　　　　　　　　　　　　기본서 p.461 참조

존스(Jones)의 재해의 분류 중 "산사태"는 자연재해 중 지형학적 재해에 속하며, "눈사태"는 자연재해 중 기상학적 재해에 속한다.

O | X

03 ☐☐☐
존스(Jones)의 재해의 분류 중 "산사태"는 자연재해 중 지형학적 재해에 속하며, "눈사태"는 준자연재해에 속한다.

04 　　　　　　　　　　　　　　기본서 p.462 참조

「재난 및 안전관리 기본법」 제3조 제1호에 따른 재난은 자연재난, 사회재난, 해외재난으로 구분된다.

O | X

04 ☐☐☐
「재난 및 안전관리 기본법」 제3조 제1호에 따른 재난은 자연재난, 사회재난, 해외재난으로 구분된다.

정답 **01** O **02** X **03** X **04** X

05

가뭄, 폭염, 황사, 조류 대발생, 조수, 붕괴, 폭발은 모두 「재난 및 안전관리 기본법」 제3조 제1호에 따른 "자연재난"으로 구분된다.

O | X

해설

05 □□□
가뭄, 폭염, 황사, 조류 대발생, 조수, 붕괴, 폭발은 모두 「재난 및 안전관리 기본법」 제3조 제1호에 따른 "자연재난"으로 구분된다. 붕괴와 폭발은 "사회재난"에 해당한다.

06

다중운집인파사고 등으로 인하여 발생하는 대통령령으로 정하는 규모 이상의 피해와 국가핵심기반의 마비는 「재난 및 안전관리 기본법」 제3조 제1호에 따른 "사회재난"으로 구분된다.

O | X

06 □□□
다중운집인파사고 등으로 인하여 발생하는 대통령령으로 정하는 규모 이상의 피해와 국가핵심기반의 마비는 「재난 및 안전관리 기본법」 제3조 제1호에 따른 "사회재난"으로 구분된다.

07

재난의 특성 중 "불확실성"이란 가시적 발생 이전부터 누적되어온 위험요인들이 특정한 시점에 표출된 결과를 의미한다.

O | X

07 □□□
재난의 특성 중 "누적성"이란 가시적 발생 이전부터 누적되어온 위험요인들이 특정한 시점에 표출된 결과를 의미한다. "불확실성"이란 재난은 비선형적·유기적 혹은 진화적인 과정에 따라 발생을 의미한다.

08

자연재난은 사회재난에 비해 통제 불가능한 것으로 인식하며, 발생기간이 단기적이고 급격하게 나타나며 피해범위가 넓다는 특징을 갖는다.

O | X

08 □□□
자연재난은 사회재난에 비해 통제 불가능한 것으로 인식하며, 발생기간이 장기적이고 완만하게 나타나며 피해범위가 넓다는 특징을 갖는다.

정답 05 × 06 O 07 × 08 ×

09

하인리히(H. W. Heinrich)의 도미노 이론은 재해발생과정을 개인적 결함 → 유전적 요인 및 사회적 환경 → 불안전 행동 및 불안전 상태 → 사고 → 재해(상해)라는 5개 요인의 연쇄작용으로 설명하였다.

○ | ×

09 □□□
하인리히(H. W. Heinrich)의 도미노 이론은 재해발생과정을 유전적 요인 및 사회적 환경 → 개인적 결함 → 불안전 행동 및 불안전 상태 → 사고 → 재해(상해)라는 5개 요인의 연쇄작용으로 설명하였다.

10

하인리히(H. W. Heinrich)의 고전적 도미노 이론에 의한 재해발생비는 "1 : 10 : 300"이고, 플랭크 버드(Frank Bird)의 최신식 도미노 이론에 의한 재해발생비는 "1 : 50 : 300 : 600"이다.

○ | ×

10 □□□
하인리히(H. W. Heinrich)의 고전적 도미노 이론에 의한 재해발생비는 "1 : 29 : 300"이고, 플랭크 버드(Frank Bird)의 최신식 도미노 이론에 의한 재해발생비는 "1 : 10 : 30 : 600"이다.

11

하인리히(H. W. Heinrich)의 도미노 이론의 5단계 중 사고의 직접적 원인이 되는 3번째 단계에 해당하는 것은 "사회적 환경요소"이다.

○ | ×

11 □□□
하인리히(H. W. Heinrich)의 도미노 이론의 5단계 중 사고의 직접적 원인이 되는 3번째 단계에 해당하는 것은 "불완전한 행동"이다.

12

플랭크 버드(Frank Bird)의 도미노 이론에서는 3단계의 직접원인을 반드시 제거해야 사고를 방지할 수 있음을 의미한다.

○ | ×

12 □□□
플랭크 버드(Frank Bird)의 도미노 이론에서는 2단계의 기본원인을 반드시 제거해야 사고를 방지할 수 있음을 의미한다.

정답 09 × 10 × 11 × 12 ×

13
                                    기본서 p.464 참조

기본원인에 따라 재해의 원인을 Man, Machine, Manner, Management 요인으로 구분하여 분석한다.

○ | ×

해설

13 □□□
기본원인(4M)에 따라 재해의 원인을 Man(인간적 요인), Machine(기계설비적 요인), Media(작업·환경적 요인), Management(관리적 요인) 요인으로 구분하여 분석한다.

14
                                    기본서 p.465 참조

재해예방의 4원칙 중 대책선정의 원칙에 의해 사고의 원인이나 불안전요소가 발견되면 반드시 대책을 선정 및 실시하고 사고예방을 위한 가능한 안전대책은 반드시 존재한다.

○ | ×

14 □□□
재해예방의 4원칙 중 대책선정의 원칙에 의해 사고의 원인이나 불안전요소가 발견되면 반드시 대책을 선정 및 실시하고 사고예방을 위한 가능한 안전대책(3E)은 반드시 존재한다.

15
                                    기본서 p.466 참조

재난의 유형별 특징을 강조하는 것으로서 단일 부처의 기관이 참여하여 책임 및 부담이 집중된 것은 재난관리의 방식 중 "분산관리방식"의 특징이다.

○ | ×

15 □□□
재난의 유형별 특징을 강조하는 것으로서 다수 부처의 기관이 참여하여 책임 및 부담이 분산된 것은 재난관리의 방식 중 "분산관리방식"의 특징이다.

16
                                    기본서 p.466 참조

재난관리방식 중 "분산관리방식"은 재난 시 유사한 자원동원 체계와 자원유형을 필요로 한다.

○ | ×

16 □□□
재난관리방식 중 "통합관리방식"은 재난 시 유사한 자원동원 체계와 자원유형을 필요로 하며, 복합적 성격의 재난에 대한 효율적이 대처가 가능하다.

17
                                    기본서 p.466 참조

페탁(Petak)의 재난관리는 "예방 – 대비 – 대응 – 복구"의 단계로 나뉘며, 소방이 주도적인 역할을 하는 단계는 "복구"단계이다.

○ | ×

17 □□□
페탁(Petak)의 재난관리는 "예방 – 대비 – 대응 – 복구"의 단계로 나뉘며, 소방이 주도적인 역할을 하는 단계는 대응단계이다.

정답 13 × 14 ○ 15 × 16 × 17 ×

18 △ 기본서 p.467~468 참조

재난안전통신망의 구축·운영은 재난관리의 단계 중 "대비단계"에 해당하며, 국가핵심기반의 지정은 재난관리의 단계 중 "대응단계"에 해당한다.

○ | ✕

19 △ 기본서 p.467~468 참조

재난 예보·경보체계 구축·운영은 재난관리의 단계 중 "대응단계"에 해당하며, 재난분야 위기관리 매뉴얼 작성·운용은 재난관리의 단계 중 "예방단계"에 해당한다.

○ | ✕

20 △ 기본서 p.467~468 참조

재난사태의 선포는 재난관리의 단계 중 "대응단계"에 해당하며, 특별재난지역의 선포는 재난관리의 단계 중 "복구단계"에 해당한다.

○ | ✕

21 △ 기본서 p.470 참조

안전기준이란 재난이나 그 밖의 각종 사고로부터 사람의 생명·신체 및 재산의 안전을 확보하기 위하여 하는 모든 활동을 말한다.

○ | ✕

22 △ 기본서 p.472~476 참조

승강기의 사고 또는 고장으로 인해 발생하는 대규모 피해는 재난관리주관기관 중 과학기술정보통신부가 담당한다.

○ | ✕

해설

18 □□□
재난안전통신망의 구축·운영은 재난관리의 단계 중 "대비단계"에 해당하며, 국가핵심기반의 지정은 재난관리의 단계 중 "예방단계"에 해당한다.

19 □□□
재난 예보·경보체계 구축·운영은 재난관리의 단계 중 "대응단계"에 해당하며, 재난분야 위기관리 매뉴얼 작성·운용은 재난관리의 단계 중 "대비단계"에 해당한다.

20 □□□
재난사태의 선포는 재난관리의 단계 중 "대응단계"에 해당하며, 특별재난지역의 선포는 재난관리의 단계 중 "복구단계"에 해당한다.

21 □□□
안전관리란 재난이나 그 밖의 각종 사고로부터 사람의 생명·신체 및 재산의 안전을 확보하기 위하여 하는 모든 활동을 말한다. 안전기준이란 각종 시설 및 물질 등의 제작, 유지관리 과정에서 안전을 확보할 수 있도록 적용하여야 할 기술적 기준을 체계화한 것을 말하며, 안전기준의 분야, 범위 등에 관하여는 대통령령으로 정한다.

22 □□□
승강기의 사고 또는 고장으로 인해 발생하는 대규모 피해, 「유도 및 도선 사업법」에 따른 사고로 인해 발생하는 대규모 피해 등은 재난관리주관기관 중 행정안전부가 담당한다.

정답 18 ✕ 19 ✕ 20 ○ 21 ✕ 22 ✕

23 🔥 기본서 p.472~476 참조

일반인이 자유로이 모이거나 통행하는 도로, 광장 및 공원의 다중운집인파사고로 인해 발생하는 대규모 피해는 재난관리주관기관 중 경찰청 및 소방청이 담당한다.

○ | ×

24 🔥 기본서 p.472~476 참조

해양사고(해양에서 발생한 사고로 한정하며, 해양오염은 제외한다)로 인해 발생하는 대규모 피해는 재난관리주관기관 중 해양수산부 및 해양경찰청에서 담당한다.

○ | ×

25 🔥 기본서 p.472~476 참조

산사태로 인해 발생하는 재해, 지진재해, 화산재해는 재난관리주관기관 중 산림청에서 담당한다.

○ | ×

26 🔥 기본서 p.472~476 참조

외국인보호실 및 외국인보호소의 화재등으로 인해 발생하는 대규모 피해는 재난관리주관기관 중 법무부에서 담당한다.

○ | ×

27 🔥 기본서 p.477 참조

긴급구조기관이란 소방청·소방본부 및 소방서를 말한다. 다만, 해양에서 발생한 재난의 경우에는 경찰청·지방경찰청 및 경찰서를 말한다.

○ | ×

해설

23 ☐☐☐
일반인이 자유로이 모이거나 통행하는 도로, 광장 및 공원의 다중운집인파사고로 인해 발생하는 대규모 피해는 재난관리주관기관 중 행정안전부 및 경찰청이 담당한다.

24 ☐☐☐
해양사고(해양에서 발생한 사고로 한정하며, 해양오염은 제외한다)로 인해 발생하는 대규모 피해는 재난관리주관기관 중 해양수산부에서 담당한다. (해양수산부 및 해양경찰청 : 해양오염으로 인해 발생하는 대규모 피해)

25 ☐☐☐
산사태로 인해 발생하는 재해는 재난관리주관기관 중 산림청에서 담당한다. (지진재해, 화산재해는 재난관리주관기관 중 행정안전부에서 담당한다.)

26 ☐☐☐
교정시설, 보호관찰소 및 갱생보호시설, 소년원 및 소년분류심사원, 치료감호시설, 난민신청자의 주거시설 및 난민지원시설, 외국인보호실 및 외국인보호소의 화재등으로 인해 발생하는 대규모 피해는 재난관리주관기관 중 법무부에서 담당한다.

27 ☐☐☐
긴급구조기관이란 소방청·소방본부 및 소방서를 말한다. 다만, 해양에서 발생한 재난의 경우에는 해양경찰청·지방해양경찰청 및 해양경찰서를 말한다.

정답 23 × 24 × 25 × 26 ○ 27 ×

28

국가재난관리기준이란 모든 유형의 재난에 공통적으로 활용할 수 있도록 재난관리의 전 과정을 통일적으로 단순화·체계화한 것으로서 국무총리가 고시한 것을 말한다.

O | X

29

재난관리정보는 재난관리를 위하여 필요한 재난상황정보, 동원가능 자원정보, 시설물정보, 지리정보를 말한다.

O | X

30

국무총리는 국가 및 지방자치단체가 행하는 재난 및 안전관리 업무를 총괄·조정한다.

O | X

31

재난사태의 선포에 관한 사항, 특별재난지역의 선포에 관한 사항은 안전정책조정위원회에서 사전에 검토하여야 하는 사항에 해당한다.

O | X

32

재난 및 안전관리에 관한 사항을 심의하기 위하여 행정안전부 소속으로 중앙안전관리위원회를 두어야 하며, 위원장은 국무총리가 된다.

O | X

해설

28 □□□
국가재난관리기준이란 모든 유형의 재난에 공통적으로 활용할 수 있도록 재난관리의 전 과정을 통일적으로 단순화·체계화한 것으로서 행정안전부장관이 고시한 것을 말한다.

29 □□□
재난관리정보는 재난관리를 위하여 필요한 재난상황정보, 동원가능 자원정보, 시설물정보, 지리정보를 말한다.

30 □□□
행정안전부장관은 국가 및 지방자치단체가 행하는 재난 및 안전관리 업무를 총괄·조정한다.

31 □□□
재난 및 안전관리에 관한 중요 정책에 관한 사항, 국가안전관리기본계획에 관한 사항, 재난 및 안전관리 사업 관련 중기사업계획서, 투자우선순위 의견 및 예산요구서에 관한 사항, 재난사태의 선포에 관한 사항, 특별재난지역의 선포에 관한 사항, 「재난안전산업 진흥법」에 따른 기본계획에 관한 사항은 안전정책조정위원회에서 사전에 검토하여야 하는 사항에 해당하지 않는다.

32 □□□
재난 및 안전관리에 관한 사항을 심의하기 위하여 국무총리 소속으로 중앙안전관리위원회를 두어야 하며, 위원장은 국무총리가 된다.

정답 28 × 29 ○ 30 × 31 × 32 ×

33

안전정책조정위원회의 심의사항 중 집행계획의 심의결과, 국가핵심기반의 지정에 관한 사항의 심의결과, 재난 및 안전관리기술 종합계획의 심의결과는 중앙안전관리위원회에 보고하여야 한다.

○ | ✕

34

안전정책조정위원회의 위원장은 행정안전부장관이며, 간사위원 1명은 행정안전부의 재난안전관리사무를 담당하는 본부장이 된다.

○ | ✕

35

실무위원회는 위원장 1명을 포함하여 25명 내외의 위원으로 구성하며, 실무위원장은 행정안전부의 재난안전관리사무를 담당하는 본부장이 된다.

○ | ✕

36

시·도 안전관리위원회의 위원장은 소방본부장이 되고, 시·군·구 안전관리위원회의 위원장은 소방서장이 된다.

○ | ✕

해설

33
안전정책조정위원회의 심의사항 중 집행계획의 심의결과, 국가핵심기반의 지정에 관한 사항의 심의결과, 중앙위원회로부터 위임받아 심의한 사항 중 조정위원회 위원장이 필요하다고 인정하는 사항의 결과는 중앙안전관리위원회에 보고하여야 한다. 재난 및 안전관리기술 종합계획의 심의결과는 중앙안전관리위원회에 보고하여야 하는 사항에 해당하지 않는다.

34
안전정책조정위원회의 위원장은 행정안전부장관이며, 간사위원 1명은 행정안전부의 재난안전관리사무를 담당하는 본부장이 된다.

35
실무위원회는 위원장 1명을 포함하여 50명 내외의 위원으로 구성하며, 실무위원장은 행정안전부의 재난안전관리사무를 담당하는 본부장이 된다.

36
시·도 안전관리위원회의 위원장은 시·도지사가 되고, 시·군·구 안전관리위원회의 위원장은 시장·군수·구청장이 된다.

정답 33 ✕ 34 ○ 35 ✕ 36 ✕

37
중앙안전관리위원회에 두는 중앙재난방송협의회는 위원장 1명을 포함한 35명 이내의 위원으로 구성한다.

○ | ✕

기본서 p.487 참조

해설

37 □□□
중앙안전관리위원회에 두는 중앙재난방송협의회는 위원장 1명과 부위원장 1명을 포함한 25명 이내의 위원으로 구성한다.

38
중앙안전관리위원회의 위원장은 재난 및 안전관리에 관한 민관 협력관계를 원활히 하기 위하여 중앙안전관리민관협력위원회를 구성·운영할 수 있다.

○ | ✕

기본서 p.489 참조

38 □□□
안전정책조정위원회의 위원장은 재난 및 안전관리에 관한 민관 협력관계를 원활히 하기 위하여 중앙안전관리민관협력위원회를 구성·운영할 수 있다.

39
중앙안전관리민관협력위원회는 공동위원장 2명을 포함하여 25명 이내의 위원으로 구성하며, 중앙민관협력위원회의 공동위원장은 행정안전부장관과 위촉된 민간위원 중에서 중앙민관협력위원회의 의결을 거쳐 행정안전부장관이 지명하는 사람이 된다.

○ | ✕

기본서 p.489 참조

39 □□□
중앙안전관리민관협력위원회는 공동위원장 2명을 포함하여 35명 이내의 위원으로 구성하며, 중앙민관협력위원회의 공동위원장은 행정안전부의 재난안전관리사무를 담당하는 본부장과 위촉된 민간위원 중에서 중앙민관협력위원회의 의결을 거쳐 행정안전부장관이 지명하는 사람이 된다.

40
대통령령으로 정하는 대규모 재난의 대응·복구(수습) 등에 관한 사항을 총괄·조정하고 필요한 조치를 하기 위하여 국무총리 소속으로 중앙재난안전대책본부를 둔다.

○ | ✕

기본서 p.492 참조

40 □□□
대통령령으로 정하는 대규모 재난의 대응·복구(수습) 등에 관한 사항을 총괄·조정하고 필요한 조치를 하기 위하여 행정안전부에 중앙재난안전대책본부(중앙대책본부)를 둔다.

정답 37 ✕ 38 ✕ 39 ✕ 40 ✕

41

중앙대책본부의 본부장은 행정안전부장관이 되며, 중앙대책본부장은 중앙대책본부의 업무를 총괄하고 필요하다고 인정하면 중앙재난안전대책본부회의를 소집할 수 있다. 다만, 해외재난의 경우에는 외교부장관이, 「원자력시설 등의 방호 및 방사능 방재대책법」에 따른 방사능재난의 경우에는 중앙방사능방재대책본부의 장이 각각 중앙대책본부장의 권한을 행사한다.

○ | ×

42

재난의 효과적인 수습을 위하여 국무총리가 범정부적 차원의 통합 대응이 필요하다고 인정하는 경우에는 대통령이 중앙대책본부장의 권한을 행사한다.

○ | ×

43

중앙대책본부회의에서는 재난복구계획에 관한 사항, 재난예방대책에 관한 사항, 재난응급대책에 관한 사항, 재난에 따른 피해지원에 관한 사항을 심의한다.

○ | ×

44

특수기동구조대의 대원은 소방청 중앙소방학교 및 해양경찰청 중앙해양특수구조단 소속 공무원 중에서 선발한다.

○ | ×

해설

41 □□□
중앙대책본부의 본부장은 행정안전부장관이 되며, 중앙대책본부장은 중앙대책본부의 업무를 총괄하고 필요하다고 인정하면 중앙재난안전대책본부회의를 소집할 수 있다. 다만, 해외재난의 경우에는 외교부장관이, 「원자력시설 등의 방호 및 방사능 방재 대책법」에 따른 방사능재난의 경우에는 중앙방사능방재대책본부의 장이 각각 중앙대책본부장의 권한을 행사한다.

42 □□□
재난의 효과적인 수습을 위하여 국무총리가 범정부적 차원의 통합 대응이 필요하다고 인정하는 경우에는 국무총리가 중앙대책본부장의 권한을 행사한다.

43 □□□
중앙대책본부회의에서는 재난복구계획에 관한 사항, 재난예방대책에 관한 사항, 재난응급대책에 관한 사항, 국고지원 및 예비비 사용에 관한 사항, 그 밖에 중앙대책본부장이 회의에 부치는 사항을 심의한다. 재난에 따른 피해지원에 관한 사항은 지역대책본부회의에서 심의하는 사항이다.

44 □□□
특수기동구조대의 대원은 소방청 중앙119구조본부 및 해양경찰청 중앙해양특수구조단 소속 공무원 중에서 선발한다.

정답 41 ○ 42 × 43 × 44 ×

45

기본서 p.497 참조

중앙사고수습본부의 장은 해당 재난관리책임기관의 장이 되며, 중앙사고수습본부의 장은 지역사고수습본부를 운영할 수 있다.

○ | ✕

46

기본서 p.498 참조

해당 관할 구역에서 재난의 수습 등에 관한 사항을 총괄·조정하고 필요한 조치를 하기 위하여 행정안전부장관은 시·도재난안전대책본부를 두고, 시·도지사는 시·군·구재난안전대책본부를 둔다.

○ | ✕

47

기본서 p.501 참조

행정안전부장관은 재난정보의 수집·전파, 상황관리, 재난발생 시 초동조치 및 지휘 등의 업무를 수행하기 위하여 상시 중앙재난안전상황실을 설치·운영하여야 한다.

○ | ✕

48

기본서 p.505 참조

행정안전부장관은 재난 및 사고로부터 국민의 생명·신체 및 재산을 보호하기 위하여 5년마다 국가의 재난 및 안전관리업무에 관한 기본계획을 수립하여야 한다.

○ | ✕

해설

45 ☐☐☐
중앙사고수습본부의 장은 해당 재난관리주관기관의 장이 되며, 중앙사고수습본부의 장은 지역사고수습본부를 운영할 수 있다.

46 ☐☐☐
해당 관할 구역에서 재난의 수습 등에 관한 사항을 총괄·조정하고 필요한 조치를 하기 위하여 시·도지사는 시·도재난안전대책본부를 두고, 시장·군수·구청장은 시·군·구재난안전대책본부를 둔다.

47 ☐☐☐
행정안전부장관은 재난정보의 수집·전파, 상황관리, 재난발생 시 초동조치 및 지휘 등의 업무를 수행하기 위하여 상시 중앙재난안전상황실을 설치·운영하여야 한다. (시·도지사 및 시장·군수·구청장 : 시·도별 및 시·군·구별 재난안전상황실)

48 ☐☐☐
국무총리는 재난 및 사고로부터 국민의 생명·신체 및 재산을 보호하기 위하여 5년마다 국가의 재난 및 안전관리업무에 관한 기본계획을 수립하여야 한다.

정답 45 ✕ 46 ✕ 47 ○ 48 ✕

49

행정안전부장관은 관계 중앙행정기관의 장이 제출한 기본계획을 종합하여 국가안전관리기본계획안을 작성한 후 국무총리에게 제출하고, 국무총리는 중앙안전관리위원회의 심의를 거쳐 국가안전관리기본계획을 확정한다.

○ | ×

50

국가안전관리기본계획에는 재난의 예방·대비·대응 및 복구에 필요한 기반 조성에 관한 사항이 포함되어야 한다.

○ | ×

51

관계 중앙행정기관의 장은 통보받은 국가안전관리기본계획에 따라 매년 그 소관 업무에 관한 집행계획을 작성하여 중앙안전관리위원회의 심의를 거쳐 확정한다.

○ | ×

52

행정안전부장관은 시·도안전관리계획에 따라 매년 시·군·구안전관리계획의 수립지침을 작성하여 시장·군수·구청장에게 통보하여야 한다.

○ | ×

53

특정관리대상지역의 안전등급의 평가기준에 따라 실시하여야 하는 정기안전점검은 C등급, D등급의 경우 월 1회 이상 실시하여야 한다.

○ | ×

해설

49
행정안전부장관은 관계 중앙행정기관의 장이 제출한 기본계획을 종합하여 국가안전관리기본계획안을 작성한 후 국무총리에게 제출하고, 국무총리는 중앙안전관리위원회의 심의를 거쳐 국가안전관리기본계획을 확정한다.

50
국가안전관리기본계획에는 재난 및 안전관리의 중장기 목표 및 기본방향, 재난 및 안전관리 현황 및 여건 변화, 전망에 관한 사항, 재난 및 안전관리를 위한 법령·제도의 마련 등 재난 및 안전관리체계 확립에 관한 사항, 재난의 예방·대비·대응 및 복구에 필요한 기반 조성에 관한 사항, 그 밖에 재난 및 안전관리에 관한 사항으로서 대통령령으로 정하는 사항이 포함되어야 한다.

51
관계 중앙행정기관의 장은 통보받은 국가안전관리기본계획에 따라 매년 그 소관 업무에 관한 집행계획을 작성하여 안전정책조정위원회의 심의를 거쳐 확정한다.

52
시·도지사는 시·도안전관리계획에 따라 매년 시·군·구안전관리계획의 수립지침을 작성하여 시장·군수·구청장에게 통보하여야 한다.

53
특정관리대상지역의 안전등급의 평가기준에 따라 실시하여야 하는 정기안전점검은 C등급의 경우 반기별 1회 이상 실시하여야 하며, D등급의 경우 월 1회 이상 실시하여야 한다.

정답 49 ○ 50 ○ 51 × 52 × 53 ×

54
「사방사업법」 제2조 제3호에 따른 사방시설과 「기상법」 제2조 제13호에 따른 기상시설은 모두 재난방지시설에 해당한다.

O | X

해설

54 □□□
「사방사업법」 제2조 제3호에 따른 사방시설, 「국토의 계획 및 이용에 관한 법률」 제2조 제6호 마목에 따른 방재시설, 「항만법」 제2조 제5호에 따른 항만시설 등은 재난방지시설에 해당한다. 「기상법」 제2조 제13호에 따른 기상시설은 재난방지시설에 해당하지 않는다.

55
재난안전분야 종사자의 교육기준에 따라 전문교육의 대상자는 해당 업무를 맡은 후 3개월 이내에 신규교육을 받아야 하며, 신규교육을 받은 후 매년 정기교육을 받아야 한다.

O | X

55 □□□
재난안전분야 종사자의 교육기준에 따라 전문교육의 대상자는 해당 업무를 맡은 후 6개월 이내에 신규교육을 받아야 하며, 신규교육을 받은 후 매 2년마다 정기교육을 받아야 한다.

56
안전취약계층으로 지원하는 대상은 15세 미만의 어린이, 60세 이상의 노인, 「장애인복지법」 제2조에 따른 장애인, 그 밖에 재난이나 그 밖의 각종 사고에 취약하다고 인정되는 사람이다.

O | X

56 □□□
안전취약계층으로 지원하는 대상은 13세 미만의 어린이, 65세 이상의 노인, 「장애인복지법」 제2조에 따른 장애인, 그 밖에 재난이나 그 밖의 각종 사고에 취약하다고 인정되는 사람이다.

57
행정안전부장관은 재난을 예방하고 국민의 안전의식을 높이기 위하여 재난관리책임기관의 장의 의견을 들어 3년마다 집중 안전점검 기간을 설정하고 그 운영에 필요한 계획을 수립하여야 한다.

O | X

57 □□□
행정안전부장관은 재난을 예방하고 국민의 안전의식을 높이기 위하여 재난관리책임기관의 장의 의견을 들어 매년 집중 안전점검 기간을 설정하고 그 운영에 필요한 계획을 수립하여야 한다.

정답 54 X 55 X 56 X 57 X

58

재난현장에서 임무를 직접 수행하는 기관의 행동조치 절차를 구체적으로 수록한 문서는 위기관리 표준매뉴얼이다.

O | X

59

국가적 차원에서 관리가 필요한 재난에 대하여 재난관리 체계와 관계 기관의 임무와 역할을 규정한 문서를 위기관리 표준매뉴얼이라고 하며, 재난관리주관기관의 장이 작성한다.

O | X

60

행정안전부장관은 위기관리 매뉴얼의 작성·운용 실태를 매년 점검하여야 하며, 필요한 경우 수시로 점검할 수 있고, 그 결과에 따라 이를 시정 또는 보완하기 위하여 위기관리 매뉴얼을 작성·운용하는 기관의 장에게 필요한 조치를 하도록 권고할 수 있다.

O | X

61

운동시설에 해당하는 용도로 쓰는 바닥면적의 합계가 5천[m²] 이상인 건축물은 위기상황 매뉴얼을 작성해야 하는 다중이용 건축물에 해당한다.

O | X

해설

58
재난현장에서 임무를 직접 수행하는 기관의 행동조치 절차를 구체적으로 수록한 문서는 현장조치 행동매뉴얼이다.

59
국가적 차원에서 관리가 필요한 재난에 대하여 재난관리 체계와 관계 기관의 임무와 역할을 규정한 문서를 위기관리 표준매뉴얼이라고 하며, 재난관리주관기관의 장이 작성한다.

60
행정안전부장관은 위기관리 매뉴얼의 작성·운용 실태를 반기별로 점검하여야 하며, 필요한 경우 수시로 점검할 수 있고, 그 결과에 따라 이를 시정 또는 보완하기 위하여 위기관리 매뉴얼을 작성·운용하는 기관의 장에게 필요한 조치를 하도록 권고할 수 있다.

61
판매시설, 문화 및 집회시설(동물원 및 식물원은 제외한다), 종교시설, 의료시설 중 종합병원, 운수시설 중 여객용 시설, 숙박시설 중 관광숙박시설에 해당하는 용도로 쓰는 바닥면적의 합계가 5천[m²] 이상인 건축물은 위기상황 매뉴얼을 작성해야 하는 다중이용 건축물에 해당한다.

정답 58 × 59 ○ 60 × 61 ×

62

위기상황 매뉴얼을 작성·관리하는 관계인은 매년 1회 이상 위기상황 매뉴얼에 따른 훈련을 실시하여야 한다.

○ | ×

해설

62 □□□
위기상황 매뉴얼을 작성·관리하는 관계인은 매년 1회 이상 위기상황 매뉴얼에 따른 훈련을 실시하여야 한다. 위기상황 매뉴얼을 작성·관리하는 관계인은 훈련 결과를 반영하여 위기상황 매뉴얼이 실제 위기상황에서 무리 없이 작동하도록 지속적으로 보완·발전시켜야 한다.

63

행정안전부장관은 체계적인 재난관리를 위하여 재난안전통신망을 구축·운영하여야 하며, 재난관리주관기관·훈련주관기관 및 훈련참여기관은 재난관리에 재난안전통신망을 사용하여야 한다.

○ | ×

63 □□□
행정안전부장관은 체계적인 재난관리를 위하여 재난안전통신망을 구축·운영하여야 하며, 재난관리책임기관·긴급구조기관 및 긴급구조지원기관은 재난관리에 재난안전통신망을 사용하여야 한다.

64

행정안전부장관은 5년마다 재난대비훈련 기본계획을 수립하고 재난관리책임기관의 장에게 통보하여야 한다.

○ | ×

64 □□□
행정안전부장관은 매년 재난대비훈련 기본계획을 수립하고 재난관리책임기관의 장에게 통보하여야 한다.

65

대통령은 대통령령으로 정하는 재난이 발생하거나 발생할 우려가 있는 경우 사람의 생명·신체 및 재산에 미치는 중대한 영향이나 피해를 줄이기 위하여 긴급한 조치가 필요하다고 인정하면 안전정책조정위원회의 심의를 거쳐 재난사태를 선포할 수 있다.

○ | ×

65 □□□
행정안전부장관은 대통령령으로 정하는 재난이 발생하거나 발생할 우려가 있는 경우 사람의 생명·신체 및 재산에 미치는 중대한 영향이나 피해를 줄이기 위하여 긴급한 조치가 필요하다고 인정하면 중앙안전관리위원회의 심의를 거쳐 재난사태를 선포할 수 있다.

정답 62 ○ 63 × 64 × 65 ×

66 ◯ 기본서 p.536 참조

시장·군수·구청장은 관할 구역에서 재난이 발생하거나 발생할 우려가 있는 등 대통령령으로 정하는 경우 사람의 생명·신체 및 재산에 미치는 중대한 영향이나 피해를 줄이기 위하여 긴급한 조치가 필요하다고 인정하면 시·군·구안전관리위원회의 심의를 거쳐 재난사태를 선포할 수 있다.

◯ | ✕

67 ◯ 기본서 p.536 참조

재난사태가 선포된 지역에는 해당 지역에 소재하는 행정기관 소속 공무원의 비상소집, 해당 지역에 대한 여행 등 이동 제한명령을 할 수 있다.

◯ | ✕

68 ◯ 기본서 p.537 참조

시·도긴급구조통제단 및 시·군·구긴급구조통제단의 단장의 경우에는 진화에 대한 응급조치와 경보의 발령 또는 전달이나 피난의 권고 또는 지시만 하여야 한다.

◯ | ✕

69 ◯ 기본서 p.537 참조

위기경보는 국무총리가 발령하며, 재난 피해의 전개 속도, 확대 가능성 등 재난상황의 심각성을 종합적으로 고려하여 관심·주의·경계·심각으로 구분할 수 있다.

◯ | ✕

해설

66 ☐☐☐
시·도지사는 관할 구역에서 재난이 발생하거나 발생할 우려가 있는 등 대통령령으로 정하는 경우 사람의 생명·신체 및 재산에 미치는 중대한 영향이나 피해를 줄이기 위하여 긴급한 조치가 필요하다고 인정하면 시·도안전관리위원회의 심의를 거쳐 재난사태를 선포할 수 있다.

67 ☐☐☐
재난사태가 선포된 지역에는 해당 지역에 소재하는 행정기관 소속 공무원의 비상소집, 해당 지역에 대한 여행 등 이동 자제 권고를 할 수 있다.

68 ☐☐☐
시·도긴급구조통제단 및 시·군·구긴급구조통제단의 단장의 경우에는 진화에 대한 응급조치와 긴급수송 및 구조 수단의 확보, 현장지휘통신체계의 확보만 하여야 한다.

69 ☐☐☐
위기경보는 재난관리주관기관의 장이 발령하며, 재난 피해의 전개 속도, 확대 가능성 등 재난상황의 심각성을 종합적으로 고려하여 관심·주의·경계·심각으로 구분할 수 있다.

정답 66 ✕ 67 ✕ 68 ✕ 69 ✕

70
재난에 관한 예보·경보·통지 중 호우 또는 태풍에 의한 1시간 누적 강우량이 72[mm] 이상 관측되는 경우에는 소방청장이 예보·경보·통지를 실시한다.

○ | ×

해설

70 ☐☐☐
재난에 관한 예보·경보·통지 중 호우 또는 태풍에 의한 1시간 누적 강우량이 50[mm] 이상이면서 3시간 누적 강우량이 90[mm] 이상 관측되는 경우, 호우 또는 태풍에 의한 1시간 누적 강우량이 72[mm] 이상 관측되는 경우에는 기상청장이 예보·경보·통지를 실시한다.

71
중앙대책본부장과 시장·군수·구청장은 재난이 발생하거나 발생할 우려가 있는 경우에 사람의 생명 또는 신체에 대한 위해 방지나 질서의 유지를 위하여 필요하면 위험구역을 설정한다.

○ | ×

71 ☐☐☐
시장·군수·구청장과 지역통제단장은 재난이 발생하거나 발생할 우려가 있는 경우에 사람의 생명 또는 신체에 대한 위해 방지나 질서의 유지를 위하여 필요하면 위험구역을 설정한다.

72
시장·군수·구청장과 지역통제단장은 그 관할 구역에서 재난이 발생하거나 발생할 우려가 있어 응급조치를 하여야 할 급박한 사정이 있으면 해당 재난현장에 있는 사람이나 인근에 거주하는 사람에게 응급조치에 종사하게 하거나 대통령령으로 정하는 바에 따라 다른 사람의 토지·건축물·인공구조물, 그 밖의 소유물을 일시 사용할 수 있으며, 장애물을 변경하거나 제거할 수 있다.

○ | ×

72 ☐☐☐
시장·군수·구청장과 지역통제단장은 그 관할 구역에서 재난이 발생하거나 발생할 우려가 있어 응급조치를 하여야 할 급박한 사정이 있으면 해당 재난현장에 있는 사람이나 인근에 거주하는 사람에게 응급조치에 종사하게 하거나 대통령령으로 정하는 바에 따라 다른 사람의 토지·건축물·인공구조물, 그 밖의 소유물을 일시 사용할 수 있으며, 장애물을 변경하거나 제거할 수 있다. (응급부담)

73
긴급구조에 관한 사항의 총괄·조정, 긴급구조기관 및 긴급구조지원기관이 하는 긴급구조활동의 역할 분담과 지휘·통제를 위하여 소방청에 중앙긴급구조통제단을 두며, 단장은 소방청장이 된다.

○ | ×

73 ☐☐☐
긴급구조에 관한 사항의 총괄·조정, 긴급구조기관 및 긴급구조지원기관이 하는 긴급구조활동의 역할 분담과 지휘·통제를 위하여 소방청에 중앙긴급구조통제단을 두며, 단장은 소방청장이 된다.

정답 70 × 71 × 72 ○ 73 ○

74

중앙긴급구조통제단의 부단장은 소방청 차장이 되며, 중앙통제단에는 대응계획부·현장지휘부 및 자원지원부를 둔다.

> 기본서 p.545 참조

○ | ×

해설

74 □□□
중앙긴급구조통제단의 부단장은 소방청 차장이 되며, 중앙통제단에는 대응계획부·현장지휘부 및 자원지원부를 둔다.

75

시·도긴급구조통제단과 시·군·구긴급구조통제단에는 각각 단장 1명을 두되, 시·도긴급구조통제단의 단장은 시·도지사가 되고 시·군·구긴급구조통제단의 단장은 시장·군수·구청장이 된다.

> 기본서 p.547 참조

○ | ×

75 □□□
시·도긴급구조통제단과 시·군·구긴급구조통제단에는 각각 단장 1명을 두되, 시·도긴급구조통제단의 단장은 소방본부장이 되고 시·군·구긴급구조통제단의 단장은 소방서장이 된다.

76

재난현장에서는 중앙대책본부장이 긴급구조활동을 지휘한다. 다만, 치안활동과 관련된 사항은 관할 경찰관서의 장과 협의하여야 한다.

> 기본서 p.550 참조

○ | ×

76 □□□
재난현장에서는 시·군·구긴급구조통제단장이 긴급구조활동을 지휘한다. 다만, 치안활동과 관련된 사항은 관할 경찰관서의 장과 협의하여야 한다.

77

재난현장에서의 긴급구조 현장지휘 사항에는 재난현장에서 인명의 탐색·구조, 추가 재난의 방지를 위한 응급조치 등에 관한 사항이 해당한다.

> 기본서 p.551 참조

○ | ×

77 □□□
재난현장에서의 긴급구조 현장지휘 사항에는 재난현장에서 인명의 탐색·구조, 긴급구조기관 및 긴급구조지원기관의 긴급구조요원·긴급구조지원요원 및 재난관리자원의 배치와 운용, 추가 재난의 방지를 위한 응급조치, 긴급구조지원기관 및 자원봉사자 등에 대한 임무의 부여, 사상자의 응급처치 및 의료기관으로의 이송, 긴급구조에 필요한 재난관리자원의 관리, 현장접근 통제, 현장 주변의 교통정리, 그 밖에 긴급구조활동을 효율적으로 하기 위하여 필요한 사항이 해당한다.

정답 74 ○ 75 × 76 × 77 ○

78

긴급구조대응계획 중 기본계획에는 긴급구조대응계획의 목적 및 적용범위, 긴급구조대응계획의 기본방침과 절차, 긴급구조대응계획의 현장통제에 관한 사항이 포함되어야 한다.

O | X

79

소방청장은 5년마다 시·도긴급구조대응계획의 수립에 관한 지침을 작성하여 시·도긴급구조기관의 장에게 전달하여야 한다.

O | X

80

긴급구조지휘대는 소방서현장지휘대, 방면현장지휘대, 소방본부현장지휘대 및 권역현장지휘대로 구분하되, 방면현장지휘대는 2개 이상 4개 이하의 소방본부별로 소방청장이 1개를 설치·운영한다.

O | X

81

긴급구조지원기관에서 긴급구조업무와 재난관리업무를 담당하는 부서의 담당자 및 관리자는 신규교육의 경우 해당 업무를 맡은 후 6개월 이내 긴급구조에 관한 교육을 받아야 한다.

O | X

해설

78 □□□
긴급구조대응계획 중 기본계획에는 긴급구조대응계획의 목적 및 적용범위, 긴급구조대응계획의 기본방침과 절차, 긴급구조대응계획의 운영책임에 관한 사항이 포함되어야 한다.

79 □□□
소방청장은 매년 시·도긴급구조대응계획의 수립에 관한 지침을 작성하여 시·도긴급구조기관의 장에게 전달하여야 한다.

80 □□□
긴급구조지휘대는 소방서현장지휘대, 방면현장지휘대, 소방본부현장지휘대 및 권역현장지휘대로 구분하되, 권역현장지휘대는 2개 이상 4개 이하의 소방본부별로 소방청장이 1개를 설치·운영한다. (방면현장지휘대는 2개 이상 4개 이하의 소방서별로 소방본부장이 1개를 설치·운영한다.)

81 □□□
긴급구조지원기관에서 긴급구조업무와 재난관리업무를 담당하는 부서의 담당자 및 관리자는 신규교육의 경우 해당 업무를 맡은 후 1년 이내 긴급구조에 관한 교육을 받아야 한다. (정기교육 : 신규교육을 받은 후 2년마다 받는 긴급구조교육)

정답 78 × 79 × 80 × 81 ×

82

국방부장관은 항공기 조난사고가 발생한 경우 항공기 수색과 인명구조를 위하여 항공기 수색·구조계획을 수립·시행하여야 한다.

기본서 p.560 참조

○ | ×

83

긴급구조통제단장은 기능별 긴급구조대응계획의 어느 하나에 해당하는 기능의 수행이 필요한 경우에는 중앙긴급구조통제단 또는 지역긴급구조통제단을 구성하여 운영해야 한다.

기본서 p.560 참조

○ | ×

84

통제단이 설치·운영되는 경우에 긴급구조지휘대를 구성하는 요원과 해당 요원이 배치되는 부서는 "통신지원요원 – 현장지휘부", "상황조사요원 – 현장지휘부" 및 "구급지휘요원 – 현장지휘부"이다.

기본서 p.561 참조

○ | ×

85

중앙사고수습본부장은 대통령령으로 정하는 규모의 재난이 발생하여 국가의 안녕 및 사회질서의 유지에 중대한 영향을 미치거나 피해를 효과적으로 수습하기 위하여 특별한 조치가 필요하다고 인정하거나 지역대책본부장의 요청이 타당하다고 인정하는 경우에는 안전정책조정위원회의 심의를 거쳐 해당 지역을 특별재난지역으로 선포할 것을 대통령에게 건의할 수 있다.

기본서 p.564 참조

○ | ×

해설

82 □□□
소방청장은 항공기 조난사고가 발생한 경우 항공기 수색과 인명구조를 위하여 항공기 수색·구조계획을 수립·시행하여야 한다.

83 □□□
긴급구조통제단장은 기능별 긴급구조대응계획의 어느 하나에 해당하는 기능의 수행이 필요한 경우에는 중앙긴급구조통제단 또는 지역긴급구조통제단을 구성하여 운영해야 한다.

84 □□□
통제단이 설치·운영되는 경우에 긴급구조지휘대를 구성하는 요원과 해당 요원이 배치되는 부서는 "통신지원요원 – 현장지휘부", "상황조사요원 – 대응계획부" 및 "구급지휘요원 – 현장지휘부"이다.

85 □□□
중앙재난안전대책본부장(중앙대책본부장)은 대통령령으로 정하는 규모의 재난이 발생하여 국가의 안녕 및 사회질서의 유지에 중대한 영향을 미치거나 피해를 효과적으로 수습하기 위하여 특별한 조치가 필요하다고 인정하거나 지역대책본부장의 요청이 타당하다고 인정하는 경우에는 중앙안전관리심의위원회의 심의를 거쳐 해당 지역을 특별재난지역으로 선포할 것을 대통령에게 건의할 수 있다.

정답 82 × 83 ○ 84 × 85 ×

86
대규모 인명피해가 발생하는 등 시급하게 특별재난지역으로 선포할 필요가 있는 경우로서 중앙대책본부장의 요청(국무총리가 중앙대책본부장의 권한을 행사하는 경우는 제외한다)을 받아 중앙안전관리위원회의 심의를 거칠 시간적 여유가 없다고 중앙안전관리위원회의 위원장이 인정하는 경우 중앙대책본부장은 중앙안전관리위원회의 심의를 거치지 아니하고 해당 지역을 특별재난지역으로 선포할 것을 대통령에게 건의할 수 있다.

O | X

87
특별재난지역의 선포를 건의받은 대통령은 해당 지역을 특별재난지역으로 선포할 수 있다.

O | X

88
"자연재난으로서 「자연재난 구호 및 복구 비용 부담기준 등에 관한 규정」 제5조 제1항에 따른 국고 지원 대상 피해 기준금액의 1.5배를 초과하는 피해가 발생한 재난"은 특별재난지역의 선포를 건의할 수 있는 재난에 해당한다.

O | X

89
국가와 지방자치단체는 재난으로 피해를 입은 사람에 대하여 심리적 안정과 사회 적응을 위한 상담 활동을 지원할 수 있다.

O | X

해설

86 □□□
대규모 인명피해가 발생하는 등 시급하게 특별재난지역으로 선포할 필요가 있는 경우로서 중앙대책본부장의 요청(국무총리가 중앙대책본부장의 권한을 행사하는 경우는 제외한다)을 받아 중앙안전관리위원회의 심의를 거칠 시간적 여유가 없다고 중앙안전관리위원회의 위원장이 인정하는 경우 중앙대책본부장은 중앙안전관리위원회의 심의를 거치지 아니하고 해당 지역을 특별재난지역으로 선포할 것을 대통령에게 건의할 수 있다.

87 □□□
특별재난지역의 선포를 건의받은 대통령은 해당 지역을 특별재난지역으로 선포할 수 있다.

88 □□□
"자연재난으로서 「자연재난 구호 및 복구 비용 부담기준 등에 관한 규정」 제5조 제1항에 따른 국고 지원 대상 피해 기준금액의 2.5배를 초과하는 피해가 발생한 재난"은 특별재난지역의 선포를 건의할 수 있는 재난에 해당한다.

89 □□□
국가와 지방자치단체는 재난으로 피해를 입은 사람에 대하여 심리적 안정과 사회 적응을 위한 상담 활동을 지원할 수 있다.

정답 86 O 87 O 88 X 89 O

90
재난지역에 대한 국고보조 등에 지원되는 금품 또는 이를 지급받을 권리는 양도·압류하거나 담보로 제공할 수 있다.

O | X

91
국가는 국민의 안전의식 수준을 높이기 위하여 매년 5월 25일을 국민안전의 날로 정하여 필요한 행사 등을 한다.

O | X

92
행정안전부장관은 재난을 예방하고, 재난이 발생할 경우 그 피해를 최소화하기 위하여 재난 및 안전관리업무에 종사하는 자가 지켜야 할 사항 등을 정한 안전관리헌장을 제정·고시하여야 한다.

O | X

93
중앙행정기관의 장 또는 지방자치단체의 장은 축제기간 중 순간 최대 관람객이 500명 이상이 될 것으로 예상되는 지역축제를 개최하려면 해당 지역축제가 안전하게 진행될 수 있도록 지역축제 안전관리계획을 수립하고, 그 밖에 이에 필요한 조치를 하여야 한다.

O | X

해설

90
재난지역에 대한 국고보조 등에 지원되는 금품 또는 이를 지급받을 권리는 양도·압류하거나 담보로 제공할 수 없다.

91
국가는 국민의 안전의식 수준을 높이기 위하여 매년 4월 16일을 국민안전의 날로 정하여 필요한 행사 등을 한다. (방재의 날 : 매년 5월 25일)

92
국무총리는 재난을 예방하고, 재난이 발생할 경우 그 피해를 최소화하기 위하여 재난 및 안전관리업무에 종사하는 자가 지켜야 할 사항 등을 정한 안전관리헌장을 제정·고시하여야 한다.

93
중앙행정기관의 장 또는 지방자치단체의 장은 축제기간 중 순간 최대 관람객이 1천명 이상이 될 것으로 예상되는 지역축제를 개최하려면 해당 지역축제가 안전하게 진행될 수 있도록 지역축제 안전관리계획을 수립하고, 그 밖에 이에 필요한 조치를 하여야 한다.

정답 90 × 91 × 92 × 93 ×

94
동일한 지역축제가 2개 이상의 시·군·구에서 동시에 열리는 경우에는 시·도지사가 관할 시·군·구의 지역축제 안전관리계획을 받아 이를 종합하여 지역축제 안전관리계획을 수립할 수 있다.

O | X

94 ☐☐☐
시장·군수·구청장이 해당 지역축제에 대해 시·군·구의 안전관리 역량을 넘는 규모로 판단하거나 광범위한 지역에서의 다중운집이 있을 것으로 예상하여 시·도지사에게 지역축제 안전관리계획의 수립을 요청하는 경우, 동일한 지역축제가 2개 이상의 시·군·구에서 동시에 열리는 경우에는 시·도지사가 관할 시·군·구의 지역축제 안전관리계획을 받아 이를 종합하여 지역축제 안전관리계획을 수립할 수 있다.

95
중앙행정기관의 장 또는 지방자치단체의 장 외의 자로서 지역축제를 개최하려는 자는 지역축제 안전관리계획을 수립하여 축제 개최일 4주 전까지 관할 시장·군수·구청장에게 제출해야 한다. 이 경우 지역축제 안전관리계획을 변경하려는 경우에는 해당 축제 개최일 10일 전까지 변경된 내용을 제출해야 한다.

O | X

95 ☐☐☐
중앙행정기관의 장 또는 지방자치단체의 장 외의 자로서 지역축제를 개최하려는 자는 지역축제 안전관리계획을 수립하여 축제 개최일 3주 전까지 관할 시장·군수·구청장에게 제출해야 한다. 이 경우 지역축제 안전관리계획을 변경하려는 경우에는 해당 축제 개최일 7일 전까지 변경된 내용을 제출해야 한다.

96
행정안전부장관은 다중운집으로 인한 재난이나 각종 사고가 발생하는 것을 예방하기 위하여 대통령령으로 정하는 시설·장소에 대하여 다중운집의 일시 및 장소 등의 사항을 포함한 실태조사를 실시하여야 한다.

O | X

96 ☐☐☐
지방자치단체의 장은 다중운집으로 인한 재난이나 각종 사고가 발생하는 것을 예방하기 위하여 대통령령으로 정하는 시설·장소에 대하여 다중운집의 일시 및 장소 등의 사항을 포함한 실태조사를 실시하여야 한다.

97
국무총리는 누구든지 안전에 위협이 될 우려가 있는 요인이나 징후를 발견하였을 때 이를 행정기관에 안전신고를 할 수 있도록 필요한 통합정보시스템을 구축·운영할 수 있다.

O | X

97 ☐☐☐
행정안전부장관은 누구든지 안전에 위협이 될 우려가 있는 요인이나 징후를 발견하였을 때 이를 행정기관에 안전신고를 할 수 있도록 필요한 통합정보시스템을 구축·운영할 수 있다.

정답 94 O 95 X 96 X 97 X

98

재난관리기금의 매년도 최저적립액은 최근 5년 동안의 「지방세법」에 의한 보통세의 수입결산액의 평균연액의 300분의 1에 해당하는 금액으로 한다.

○ | ✕

99

행정안전부장관은 재난사태를 선포하게 한 재난의 경우에는 재난안전 분야 전문가 및 전문기관 등이 공동으로 참여하는 정부합동 재난원인조사단을 편성하고, 이를 현지에 파견하여 재난안전조사를 실시할 수 있다.

○ | ✕

100

국무총리는 매년 재난상황 등을 기록한 재해연보 또는 재난연감을 작성하여야 한다.

○ | ✕

101

과학기술정보통신부장관은 재난 및 안전관리에 관한 과학기술의 진흥을 위하여 5년마다 관계 중앙행정기관의 재난 및 안전관리기술개발에 관한 계획을 종합하여 중앙안전관리위원회의 심의와 「국가과학기술자문회의법」에 따른 국가과학기술자문회의의 심의를 거쳐 재난 및 안전관리기술개발 종합계획을 수립하여야 한다.

○ | ✕

102

「식품위생법 시행령」 제21조 제8호 가목에 따른 휴게음식점영업 또는 같은 호 나목에 따른 일반음식점영업을 위하여 영업장으로 사용하는 바닥면적의 합계가 33제곱미터 이상인 시설의 소유·관리 또는 점유하는 자는 해당 시설에서 발생하는 화재, 붕괴, 폭발 등으로 인한 타인의 생명·신체나 재산상의 손해를 보상하기 위하여 보험 또는 공제에 가입하여야 한다.

○ | ✕

해설

98
재난관리기금의 매년도 최저적립액은 최근 3년 동안의 「지방세법」에 의한 보통세의 수입결산액의 평균연액의 100분의 1에 해당하는 금액으로 한다.

99
행정안전부장관은 특별재난지역을 선포하게 한 재난의 경우에는 재난안전 분야 전문가 및 전문기관 등이 공동으로 참여하는 정부합동 재난원인조사단을 편성하고, 이를 현지에 파견하여 재난안전조사를 실시할 수 있다.

100
행정안전부장관은 매년 재난상황 등을 기록한 재해연보 또는 재난연감을 작성하여야 한다.

101
행정안전부장관은 재난 및 안전관리에 관한 과학기술의 진흥을 위하여 5년마다 관계 중앙행정기관의 재난 및 안전관리기술개발에 관한 계획을 종합하여 (안전정책)조정위원회의 심의와 「국가과학기술자문회의법」에 따른 국가과학기술자문회의의 심의를 거쳐 재난 및 안전관리기술개발 종합계획을 수립하여야 한다.

102
「식품위생법 시행령」 제21조 제8호 가목에 따른 휴게음식점영업 또는 같은 호 나목에 따른 일반음식점영업을 위하여 영업장으로 사용하는 바닥면적의 합계가 100제곱미터 이상인 시설의 소유·관리 또는 점유하는 자는 해당 시설에서 발생하는 화재, 붕괴, 폭발 등으로 인한 타인의 생명·신체나 재산상의 손해를 보상하기 위하여 보험 또는 공제에 가입하여야 한다.

정답 98 ✕ 99 ✕ 100 ✕ 101 ✕ 102 ✕

MEMO

다시 처음으로 돌아가 시작점을 바꿀 수는 없지만,
지금 있는 곳에서 시작해 결과를 바꿀 수는 있다.

MEMO

나 될까?
자기 인생에 물음표 던지지마.
그냥 느낌표만 딱 던져.
물음표랑 느낌표랑 섞어서 던지는 건 더 나쁘고
난 될거다. 난 될거다. 이번에 꼭 될거다.
느! 낌! 표!
알았어?